자유무역과 보호무역의 논쟁사

국제무역

이론사

자유무역과 보호무역의 논쟁사

국제무역 이론사

| 이균 지음

History of International Trade Theory

KSI 한국학술정보㈜

이 책은 국제무역이론의 역사를 설명하고자 하는 것이다.

먼저 스미스(Adam Smith) 및 고전학파 경제학자 이전의 사상과 내용을 찾고, 이어서 그 이후의 자유무역의 전개와 이들 이론에 대한 이론적 반대론의 대표적인 논의를 소개한다.

이 책은 경제학자들의 사상과 내용에 초점을 맞추었다.

경제학자들은 과거 몇 세기에 걸쳐 경제정책으로서 자유무역과 보호무역의 장·단점에 관하여 오랫동안 많이 논의하여 왔다.

이 책은 몇 세기에 걸쳐 진취적인 서유럽의 경제학자들의 사상과 이론을 파악하여 국제무역에 관한 기본적인 이론에 관한 진화를 취급하는 것이다.

이 책은 연대순으로는 고대 그리스로 거슬러 올라가지만, 이 문제의 내용은 경제사상의 거의 대부분이 1776년 스미스의 <국부론>으로부터 시작한다. 스미스는 자유무역을 강력하게 주장하여 설득력 있게 전개하였다. 그 이후, 서유럽의 경제학자들은 스미스의 일반명제를 대부분 승인하고, 그 이론적 수정·보완에 노력하여 왔다. 그러나 이 과정에서 어떤 조건, 어떤 상황 아래에서, 자유무역사상의 이론적 정당성에 반복하여 의문이 제기되었다. 중상주의사상에 기초한 유치산업과 임금격차 그리고 저개발이라는 여러 가지 사정에 관하여 면밀한 고찰이 이루어졌다. 즉, 국민국가의 대외무역에 대한 타당한 정책이란 어떤 것인가, 수입의 경쟁으로부터 국내생산자를 보호하는 정책에 비하여 자유무역정책의 장점이란 어떤 것인가를 묻는 것이다. 그러나 뒤돌아보면, 스미스가 구축한 자유무역의 이론기초는 견고하며, 그 기초의 이론적 가정이 변화하여도, 그렇게 많은 영향을 받지 않는다는 것이 다시 확인되었다.

 "국제무역의 자유는 전체로서 보호보다도 경제적으로 바람직하다는 명제는 경제이론이 경제정책의 지침으로서 제시한 가장 기본적인 명제의 하나이다."라는 이 주장은 스미스(Adam Smith)가 <국부론>에서 유명한 자유무역론을 설명함으로서, 오늘날 또 경제학자들의 압도적인 지지를 얻고 있다. 자유무역이 어떻게 하여 지배적인 지위를 경제학에서 차지하게 되었는가, 또 과거 2세기에 걸쳐 제기된 많은 반론에도 불구하고, 자유무역이 어떻게 하여 교의(doctrine)로서의 지적 능력이 유지되어 왔는가, 그런 가운데에서 보호무역이론이 어떻게 전개되었는가 등을 학설사적으로 해명하는 것이 이 책의 목적이다.

 이와 같은 명확한 주제와 그것에 관련하는 여러 가지 테마를 취급하기 위하여, 이 책을 두 가지 체계로 나눈다. 하나는 자유무역이론이며, 다른 하나는 보호무역이론이다. 즉, 전자는 스미스와 정통파 경제학자들의 자유무역의 사상과 그 이론이며, 후자는 중상주의사상과 국민국가의 형성을 위한 보호무역의 사상과 이론이다.

 이 책은 자유무역이론의 배후에 있는 경제이론이 아담 스미스 이후에 이루어진 다양한 비판·재비판에 어떻게 대처하였는가, 혹은 타협하였는가에 관하여 고찰한다. 이상할 정도로 강력한 보호무역론이 몇십 년마다 등장하여, 경제학자 사이에 자유무역이론의 장점·단점에 관하여 논의를 불러일으켰다. 그 가운데 유치산업보호론이 가장 많은 지지를 받았다. 그 밖에도 많은 사례가 있다. 가장 최근의 예에서는 전후 종속이론에 이어 공정무역과 전략적 무역정책의 이론이 그것이다.

 이 책에서는 자유무역에 반대하는 이론의 주장의 각각에 관해서도 설명한다. 그 대신에 자유무역의 경제적 장점에 관한 가장 중요한 그리고 부단한 논쟁의 씨앗이라고 생각되는 것에 초점을 맞춘다. 먼저 자유무역에 반대하고, 보호무역에 찬성하는 쪽의 경제적 논의의 타당성과 일반성을 설명하고, 다음에 자유무역을 옹호하는 쪽에 관하여 설명한다. 그렇게 함으로서, 그 이론적 주장이 어느 정도 자유무역이론으로서 타당한가, 그렇지 않으면 중대한 수정을 더 하여 용인해야 하는가, 혹은 실제의 경제정책에는 거의 관계가 없는 것을 배척해야 하는가, 또 단지 논리적이 아니라는 이유로 거부해야 하는가에 관하여 고찰한 뒤, 결론을 내리는 것으로 한다. 다시 이들 논쟁의 역사적 측면을 강조한다. 그리고 그것이 현재의 상황에 어떤 의미를 갖는가에 관하여 탐구한다. 그러나 동시에 이들의 논의에 관한 많은 시사적 문헌에 매몰하지 않도록 노력하였다.

 이 책은 경제사상과 경제분석을 관련시키면서, 자유무역과 보호무역의 사상과 내용이 어떻게 발전하여 왔는가에 관하여 설명한다. 그것은 우리로 하여금 역사문헌에 정통시키는 것과는 별개로, 경제정책에 관한 이론적·개념적 지식이 어떻게 출현하여, 그것이 시간의 흐름과 더불어 어떻게 축적되어 왔는가를 가르쳐주는 것이다. 이 지식에 의하여 우리는 넓은 관점에서 무역정책에 관한 현재의 사고방식이 어디에서 왔는가를 이해할 수 있게 되며, 또 경제과학이 경제정책에 대하여 갖는 의미에 관하여 약간의 잠정적 결론을 도출할 수 있게 될 것이다.

이 책의 주요한 결론에 관해서는 미리 언급해 둘 수가 있다. 1776년에 스미스는 당시 유행하던 경제학설(중상주의이론)에 반대하여, 강력한 자유무역이론을 전개하였다. 그 논의는 강력하고 논리적이며, 설득력이 있다. 그 이후, 자유무역이론은 엄밀한 그리고 예리한 연구에 폭로되어, 때로는 심각한 공격을 받았다. 그러나 자유무역의 사상과 이론의 기반은 수많은 비판적 연구의 조류에도 불구하고 살아남았다.

이 책은 국제무역을 이론분야뿐만 아니라, 정책분야도 경제사상의 영역에서 취급하는 것이다. 정책의 분야에서는 자유무역은 경제정책으로서는 거의 수용되지 않았다. 과거 한국을 포함하여 많은 나라의 정부는 자유로운 무역정책의 실시에는 일반적으로 전적으로 반대의 입장이었다. 이런 저항은 사회의 어느 이익그룹이 자유무역에 의하여 불리한 영향을 받는다는 사실에 기인한 것이다. 이들 이익그룹이 정부에 보호정책을 채택하도록 로비를 할 뿐만 아니라, 그런 특정한 경우에는 자유무역이 현명한 정책이 아니라는 것을 국민에게 믿도록 설득하였기 때문이다.

이 책이 빛을 보게 되게끔 대학원시절(早稻田大學校大學院)에 지도하여 주신 지도교수인 마찌다 미노루(町田實) 교수님(고전학파무역이론과 후진국무역이론 담당)과 다나까 끼쓰께(田中喜助) 교수님(근대무역이론 담당) 그리고 연구를 위하여 두 차례 초청하여 주신 선배이신 에나츠 겐이찌(江夏健一) 교수님(早稻田大學校副總長)에게 감사의 뜻을 표한다.

이 책은 경제학자는 물론 일반인들도 비교적 쉽게 가까이할 수 있도록 간략하게 편집·정리하였다.

이 책이 출판되기까지 많은 격려와 성원을 하여주신 한국학술정보(주) 여러분에게 심심한 사의를 표하며, 저자 연구실의 오유리 조교(대학원무역학과 석사과정)와 김소희 조교(4학년)가 원고정리와 교정에 많은 시간을 할애하였다.

그리고 누구보다 그동안 학문하는 남편을 뒷바라지하며 고생한 아내와 열심히 노력하며 곱게 따라준 세 아이들에게 고마움의 뜻을 여기에 담는다.

저자는 오랫동안 연구하고 가르치며 정년을 맞이하여 전공학문(국제무역이론)에 관하여 한 권의 책으로 체계 있게 정리·출판하여 교수생활을 마무리할 수 있어 큰 기쁨을 만끽한다.

2008년 7월 20일
서래마을 자택서재에서
저자 이 균 씀

목 차

제1편 서 장

이 책은 약 200년 전에 중상주의 조류에 항거하여 자유무역주의가 탄생하고, 자유무역사상이 국제무역이론에서 정론으로 지배하게 되었다. 그 뒤, 몇몇의 보호주의에 의한 도전을 제압하여(또 하나의 조류에 항거하여), 자유무역주의는 지금까지 최선의 이론과 정책으로서 신뢰받고, 계속 연명하고 있다. 이 책은 이와 같은 자유무역사상과 그 반론인 보호무역사상에 바탕을 둔 국제무역이론의 생성·발전에 관한 상세한 학설사적 연구이다. 이 책을 간단히 소개함과 아울러, 자유무역과 보호무역의 논쟁에 관한 주요문제에 관하여 차례로 소개하고자 한다.

이 책은 5개 편의 23개 장으로 구성되어 있다. 제1편은 서장으로, 제2편은 무역이론의 기원에 관하여, 제3편은 19세기의 논쟁(자유무역과 보호무역)에 관하여 그리고 제4편은 20세기의 논쟁(자유무역과 보호무역)에 관하여, 자유무역주의와 보호무역주의가 어떻게 하여 생성·확립하였는가를 상세하게 해설하고 있다. 그리고 제5편은 국제무역의 과거와 미래에 관하여 서술하였다.

제2편 국제무역론의 기원

1. 중상주의로부터 자유무역주의로

국제무역의 전사(前史)인 자유무역주의는 그리스의 플라톤(Plato) 등으로부터 시작, 보편경제의 이론(The Doctrine of Universal Economy)과 자연법철학자(Scholastics and Natural Law Thinker)들에게서 볼 수 있는 자유무역의 지지와 특정무역제한과의 혼합사상이 먼저 검토된다(제2장). 그리고 특정수입의 제한, 수출의 장려, 그리고 유리한 무역수지라는 중상주의의 주장이 검토된다(제3장). 이어서 중상주의 진영의 내부로부터도, 특정수입품의 제한은 어쩔 수 없다고 하면서, 무역의 자유화를 지지하는 논의가 점차 고조되어 왔다(제5장). 농산물 수출의 발전에는 자유무역이 좋다고 하는 중농주의자(Physiocracy), 또는 경제적 자유에 찬성하는 도덕철학자(Moral Philosophy)로부터도 자유무역 지지론이 검토된다(제5장). 그리고 최후의 중상주의자로 일컬어지는 스튜어트(James Steuart)의 이론이 소개된다(제4장). 아담 스미스 이전의 이들 무역사상사를 추적하여 해설하고 평가한다. 여기에서는 저자의 관심에 따라, 아담 스미스가 어떠한 이유에서 자유무역을 추천하고 있는가, 또 이전의 보호무역주의의 주장을 어떻게 비판하고 극복하고 있는가를 검토하기로 한다. 말하자면 학설사라기보다는 자유무역과 보호무역의 이론적 대립점의 음미라는 관점에서, 해설을 시도하여 보는 것이다.

제3편 19세기의 논쟁(1): 자유무역과 보호무역

1. 스미스(Adam Smith)의 자유무역론

스미스의 <국부론(An Inquiry into the Nature and Causes of the Wealth of the Nations, 1776)>에 의하여 자유무역의 이론이 수립되었다고 한다. 스미스가 어떠한 이유에서 자유무역을 추천하고 있는 것인가를 제7장에서 상세히 소개한다. 스미스의 자유무역을 뒷받침하는 기본원리가 리카도(David Ricardo)와 밀(John Stuart Mill) 등 고전학파 경제학자에 의하여 정치화(精緻化)되었지만, 그것을 제8장에서 해설하였다. 제9장과 제12장을 통하여 얻을 수 있는 '스미스의 자유무역론'의 기본원리를 요약하여 보자.

첫째로, 스미스는 한 나라 경제의 전체의 균형과 발전, 말하자면 일반균형을 마음속에 두고 있다. 먼저, 무역정책(수입관세, 수입금지, 수출장려 등)의 시비, 그 효과의 정도를 평가하는 기준은 한 나라의 국민소득(혹은 국민총생산)을 어느 정도 높일 것인가라는 경제적 공헌이지 않으면 아니 된다고 한다. 이것은 무역정책에 대한 전적으로 새로운 관점이 스미스에 의하여 도입되었다.

여기에서, "수입관세가 국내의 경쟁적 생산부문의 고용과 생산을 증가한다"는 이유(부분균형적 관점)만으로 관세부과를 시인하는 것은 아니 된다. 단, 외국상품보다도 높은 코스트가 투입되는 한 나라 국내생산의 확대는 보다 생산성이 높은 부문에서 지원을 이쪽으로 전환한다는, 자원의 나쁜 배분(역전환)을 가져와, 경제 전체의 국민소득의 극대생산이라는 능률을 저하시키는 것이 되는 것이다(일반균형적 평가). 그 때문에 수입관세 등의 보호조치는 시인할 수 없다. 반대로 말하면, 정부의 개입·규제가 없는 "자유로운 무역(free trade)"이 최선이라는 것이다.

둘째로, 개인의 자유로운 사적 이익추구활동에 맡겼다면, 국민소득의 최대의 생산을 가져오는 것(이것이 사적이익)과 같은 가장 능률적인 자원배분이 시장의 기능에 의하여 잘 실현될 것이다. 여기에서 '눈에 보이지 않는 손(invisible hand)'이라는 아담 스미스의 유명한 예정조화론이 있다. "모든 개인이 각각의 자본을 사용하여 국내산업을 지지하는 것, 및 그 산업을 그 생산물이 최대의 가치를 가져오도록 방향 짙도록 하는 것의 두 가지를 가능한 한, 달성하고자 노력하는 것이기 때문에, 필연적으로 모든 개인이 사회의 매년의 수입(收入)을 가능한 한, 크게 하는 것이 된다. …… 자기 자신의 이익만을 도모하고 있는 것이지만, 동시에 그는 …… 눈에 보이지 않는 손에 유도되어, 그가 의도하지 않았던 목적(사회의 이익)을 촉진하는 것이다." 외국무역도 자유로이 하는 쪽이 좋다는 것은 스미스에게서는, 이 시장의 보이지 않는 손이라는 예정조화론의 하나인 것이다. 또 수입증가에 수반하여 배출되는 고용은 반드시 보다 유리한 부문으로 전환할 수 있다고 한다. 여기에서도 스미스의 낙관적 예정조화론이 작동하고 있다.

셋째로, 자원(여러 생산요소)의 최적배분을 달성하기 위해서는 기회비용(opportunity cost)에 따라, 보다 높은 코스트가 투입되는 생산(X상품이라 하자)을 중지하고, 보다 낮은 코스트가 투입되는 생산(Y상품이라 하자)에 집중(특화)하는 것이 좋다. 단, 그것은 상대국에 있어서 기회비용과 비교하여 상대적으로(절대적이 아니라), 낮은가 높은가가 판단된다. 여기에 '비교생산비(comparative costs)' 내지 '비교우위(comparatiove advantages)'라는 사고방식이 성립한다.

비교생산비의 차이가, 지시하는 방향으로 무역하는 것으로부터 정태적(static) 무역이익이 발생된다. 즉, 각 나라는 비교열위상품(X상품)을 직접 생산하는 것이 아니라, 이를 위하여 사용되는 생산자원을 비교우위상품(Y상품)의 생산으로 전환, 생산이 증가한 비교우위상품을 수출하여, 그것과 교환으로 비교열위상품을 수입하게 된다면, 비교열위상품을 직접적으로 국내에서 생산하였을 때보다도 보다 많은 비교열위상품을 획득할 수 있다. 비교열위상품의 수입은 그런 의미에서 비교우위상품의 수출에 의한 비교열위상품의 간접생산이다. 간단히 말하면, 무역이익이란 직접생산에 대신하는 간접생산이다. 또 그것은 교환의 이익이라고 하여도 좋다.

비교열위의 수입상품을 무역 전과 비교하여 보다 많이, 보다 저렴하게 입수할 수 있는 것은 소비자인 일반국민의 후생(welfare)을 높이게 된다. 그만큼 실질국민소득이 증가하게 된다. 또 그만큼 국민경제의 생산성이 높아지고, 보다 효율적(efficient)이 된다고 하여도 좋다.

이러한 무역이익은 수입에 장해를 설치하지 않고, 자유로이 하는 쪽이 가장 많이 실현될 수 있다. 여기에 자유무역의 주장이 확립된다. 자국의 이익이 되는 것이기 때문에, 상대국이 보호주의의 여부에 관계없이, 무역자유화는 자국이 자주적으로 일방적으로 하여도 좋다(일방적(unilateral) 무역자유화).

무역은 자국에 이익을 가져올 뿐만 아니라, 상대국에도 또한 무역참가의 세계 전체에도, 후생향상과 생산성 증가의 이익을 가져온다. 그런데 비교생산비에 따르기 때문에, 절대생산성이 낮은 개도국에도, 수출기회를 부여하게 된다. 그러한 의미에서, 무역은 공존공영의 우수한 수단이다.

자유무역의 주장의 최대의 기반을 이루는 비교생산비설에 관해서는 아담 스미스가 전개한 절대생산비설은 미숙하였다. 그것을 정치화한 것이 리카도(David Ricardo) 기타의 고전학파 경제학자들이다. 비교생산비설의 정식화를 둘러싼 내용이 제8장에서 흥미 깊게 검토되어 있다.

넷째로, 아담 스미스는 주어진 비교생산비 차이에 기초하여 교환의 이익이라는 무역의 정태적 이익뿐만이 아니라, 무역의 경제성장 촉진에 대한 동태적 공헌도 중시하고 있다. 아담 스미스는 유명한 핀 생산의 예를 이용하여, 생산공정의 분업이 노동의 생산성을 크게 높인다고 한다. 분업은 하나의 기술진보이다. 그렇지만 분업의 심도는 시장의 크기에 의존한다. 왜 국내시장을 목표로 하는 분업만이 아니라, 외국시장의 개척도 포함한 분업의 쪽이(말하자면 수출시장을 확대하면) 보다 큰 규모로의 생산을 가능하게 하고, 규모경제의 실현, 코스트체감을 도출한다. 그만큼 실질국민소득의 증가라는 경제성장의 촉진에 공헌하는 것이다. 상호 자유무역으로 하고 수입시장을 개방하는 만큼, 분업(특화)생산의 규모를 확대하여, 규모경제와 코스트·다운의 이익을 서로 크게 한다. 그 위에 자유무역은 새로운 생산방법과 경영지식을 전파시킨다. 경제성장의 국제적 순환이 야기되는 것이다.

국제분업과 무역의 중요성을 국민적 생산력의 혁신을 가져온다고 하는 동태적 공헌으로부터 평가하고 있는 것은 아담 스미스를 비롯하여, 리카도, 밀(J.S.Mill) 등 영국의 고전학파 경제학의 특색이며, 중상주의와 결별하는 포인트가 되고 있다. 생산력 혁신에 의한 생산의 이익과 비교생산비에 따른 무역에 의한 교환의 이익이 양립하도록 하면, 경제성장은 크게 상승적으로 촉진되는 것이다.

무역의 동태적 효과에 관해서 리카도는 보다 적극적인 평가를 부여하고 있다. 식량도 인간(노동력) 재생산을 위한 투입재라고 보면, 당시 영국의 수입품은 식량과 면화, 철강석이라는 중간재가 대부분이었다. 이 중간재가 자유무역 촉진에 의하여 저렴하게 풍부하게 수입될 수 있다면, 임금을 낮은 수준으로 유지하게 할 수가 있고, 이윤율은 체감경향을 면하며, 투자·생산·수출이 확대하고, 경제는 번영한다는 것이다.

2. 중상주의 비판

16세기 말부터 18세기에 걸쳐 치열하였던 영국의 중상주의(mercantilism)는(제3장) 국내산업보호를 위하여, 수입저지·수출확대 그리고 유리한 무역차액이 바람직하다고 한다. 출초(出超)는 귀금속의 유입을 가져온다. 이것이 눈에 보이는 무역이익이라고 중상주의자는 주장한다. 귀금속을 벌어들임으로서, 매년의 국민소득을 증가시켜 가는 생산력이야말로 중요하다고 자유무역이론으로부터는 비판받는다. 또 무역은 쌍방적이기 때문에 수입의 삭감을 도모하면, 그것만큼 수입국의 자국상품의 구매력이 감소, 수출국의 상품의 수출도 축소되게 된다. 그 때문에 수입저지와 수출확대의 양자를 노리는 중상주의는 모순을 안고 있다.

중상주의의 또 하나의 중심명제는 수출과 수입의 상품구성을 중시하는 점에 있다. 즉, 가공제품(이하 공산품이라 한다)은 높은 부가가치와 많은 고용을 창출한다. 국내생산과 수출은 이러한 공산품을 지향해야 한다. 따라서 사치적인 소비재의 수입은 좋지 않다. 수입은 리카도명제를 기다릴 것도 없이, 원재료·식량 등 중간재에 한정해야 한다. 중간재 수입에는 낮은 관세에 그치고, 공산품의 수입에는 높은 관세를 부과해야 한다. 원재료의 수출은 과세하여 외국으로 유출하지 않도록 하라. 이것들이 중상주의의 주장이다.

흥미 있는 것은 중농주의는(제6장), 농업이야말로 국민경제의 기본이라고 하고, 농업의 보호, 농산물 수입의 저지, 농산물 수출의 진흥을 요망하고 있는 것이다.

아담 스미스의 자유무역이론에서는 수출입의 상품구성에 관하여 거의 관심을 나타내고 있지 않다. 국방은 부유보다도 중요하다는 비경제적 예외의 고려로부터 국방관련 산업의 보호를 인정하고 있을 뿐이다. 16~18세기의 중상주의 지배의 시대에는 영국의 공업은 뒤처져 있었던 것이 스미스의 <국부론>까지에 충분한 경쟁력을 갖기까지에 공업은 이미 성장하고 있는 것일까. 그러나 공업의 쪽이 농업에 비교하여 무언가 이점을 갖고 있으며, 후발국에서 공업은 보호·육성할 가치가 있다는 문제가, 다음 절에서 검토하는 바와 같이, 자유무역이론에 대한 유보조건(qualification)으로서, 영구히 존속하는 것 같이 생각된다.

3. 공업우선보호론

제9장부터는 자유무역이론을 완전히는 지지할 수 없는 유보조건, 즉, 예외적으로 보호를 인정하여도 좋을지 모르는 케이스 몇 가지(여기에서는 8가지)를 먼저 소개하지만, 그러한 주장을 둘러싸고 고전적 이론논쟁이 검토되고 있다. 그 가운데의 4가지는 수출입의 상품구성에 관하여, 공산품을 자국에서 생산·수출의 주축으로 두는 것이 유리하다는 '공업화우선론'이다. 또 무역의 정태적 이익이 아니라, 동태적 이익에 역점을 두고 있는 점에 공통적 특색이 있다. 이것에 대하여 제16장~제21장의 3개의 장은 정태적 균형분석에서 나오는 보호의 주장을 다시 논하기로 한다. 제9장의 교역조건에 관한 논쟁은 정태적·동태적 분석을 통한(관세 등) 무역정책조치에 관한 총론의 입지를 점하고 있다.

4. 관세에 의한 교역조건유리화론

먼저 제13장에서는 교역조건(terms of trade)의 유리화를 둘러싼 보호주의에 관한 논쟁의 전개가 소개되어 있다. 교역조건이란 수출품 1단위당 획득할 수 있는 수입품의 양이라는 수량적 교환비율이다. 보다 많은 수입수량을 획득할 수 있을 정도로 교역조건을 유리하게 하였다고 한다. 그것은 수출품과 수입품의 상대가격으로도 파악된다. 수출품이 보다 높게 수출되어, 수입품이 보다 저렴하게 수입될 정도로 교역조건은 유리하게 되는 것이다.

자국의 수입액과 외국의 수입액이 균형 잡히도록 교역조건이 결정된다. 수출함으로서 외국상품을 수입할 구매력이 생겨, 그것과 등가의 수입이 가능하게 된다. 그 때문에, 수입이란 수출과 등가의 수요, 말하자면 상호수요(reciprocal demand)라고 한다. 이러한 자국의 상호수요와 외국의 상호수요가 균형 잡히는 상태에서, 또 그렇게 되도록, 교역조건이 결정되는 것이다. 이것이 밀이 수요 측면에서 도입한 '상호수요설'이라는 '국제가치론'이다.

밀은 상호수요표를 수자의 예로 표시하였지만, 마샬(Alfred Marshall)이 그것을 일반화하여 그림으로 표시하였다. 이것이 뒤에 오퍼곡선(offer curve)이라는 것이다. 이 오퍼곡선을 도출하는 데에는 하벌러의 생산가능곡선과 레논티네프의 무차별곡선(indifference curve)을 사용하여야 한다는 에지위스의 보완이 있다. 이러한 '상호수요균형이론'의 생성과 정치화에 관해서는 이 책에서 상세히 소개하고 있다.

그러면 토랜스(Rober Torens, The Budget: On Commercial and Colonial Policy, London, Smith Elder,1844)가 "관세는 교역조건을 유리하게 한다"라는 (중상주의에 유사한) 보호의 주장을 전개하였다. 토랜스는 이렇게 말한다. (수입)관세를 부과하면 무역출초가 발생한다. 귀금속이 유입되어, 국내물가, 임금, 이윤율을 높인다. 노동의 금(gold)으로 측정한 구매력이 높아진다. 이것이 요소교역조건의 유리화라는 바람직한 효과이다. 또 관세인하는 다른 나라의 인하와 상호적(reciprocal)으로 되는 바와 같이 점차적으로 이루어져야 한다. 일방적으로(unilateral) 하지 않으면, 본래의 자유무역론과는 반대의 권고를 하고 있다.

또 하나는 자국소비자가 아니면 외국공급자가 일단 누군가 수입관세를 부담하는 것인가라는 관세부담귀속에 관한 문제가 논쟁되고 있다. 수입관세를 부과하였을 때, 관세분만큼 가격이 등귀하면, 수입국의 소비자가 관세분을 부담하고, 후생을 저하시키는 손실을 입는다. 그때, 관세수입은 후생에 어떻게 영향을 미치는가라는 문제도 남는다. 이것에 대하여, 외국의 공급자에게 그 수출가격을 인하시키게 되면, 또 제3국의 경쟁이 심한 경우에는 곧잘 그렇게 될 것이지만, 수입관세의 부담을 외국공급자에게 전가할 수 있게 된다. 이들 가운데 어느 것이 되는가가 논쟁되었지만, 밀은 중간의 답을 선택하였다. 빅커다이크에 의한 이론적(부분균형분석이지만) 검토도 더하였다. 수입관세에 의한 교역조건을 유리하게 하는 약간의 여지가 있는 것을 알고, 이것이 최적관세론으로 연결되어 갔다. 그렇게 하면, 상대국은 보복한다. 여기에서 자국은 다시 관세를 인상한다. 이러한 흥정정책(bargaining), 관세인상경쟁으로 빠지게 된다.

이 '관세에 의한 교역조건유리화론'을 이론적으로는 올바른 것이 포함되지만, 실제적으로는 위험한 사고방식이라고 생각한다. '관세인상경쟁'과 같이 국제무역을 제로상태로 끌어가기 때문이다. 그렇지만 동시에, 실제적으로는 미국의 2국 간 통상협상이 WTO협상에서도, 상호주의를 기본정책에 두고 있는 것에 주의하지 않으면 아니 된다. 빅커다이크 등의 교역조건유리화론의 결점은 본래 입각해야 할 일반균형분석에 의한 것이 아니라, 한 상품에 관한 부분균형분석으로 시종하고 있는 점에 있다.

5. 유치경제보호론

동태적 보호론의 전형(典型)으로서 제11장의 유치경제보호론을 먼저 들 수 있다. 장기적 발전과정에서 중요한 것은 부 그 자체보다도 부를 생산하는 힘, 말하자면 자본재와 숙련이다(제11장). 공산품의 수입은 저지하고, 이 유치공산품을 수출할 수 있도록 보호·육성하는 것은 필요하다. 그것은 새로운 기술과 숙련을 획득시키는 것이 된다. 이를 위해서는 '보조금'의 지급이 좋다(해밀턴). 이것이 유치산업보호론의 골자이다. 독일의 리스트(Friedrich List, The National System of Political Economy, 1841, translated by Sampson S. Lloid, London, Longman)나 미국의 해밀턴(Alexander Hamilton, Report on the Subject of Manufactures, 1971)과 같이, 후발공업국에서 유치산업보호론이 제기되어, 반대로 공업에서 비교우위에 선 영국에서는 아담 스미스와 같이 이 유치산업문제에는 관여하지 않고, 오로지 자유무역론을 주장하게 되었다. 확실히 공업화의 역사적 발전단계의 격차와 유치산업보호론은 관련되고 있다.

그렇지만, 자유무역의 창도자인 밀(J.S.Mill, Principles of Political Economy,1836)이 정당화할 수 있는 자유무역으로부터의 유일한 예외는 유치산업보호론이라고 하였다. 외국이 어느 제조공업에서 우위를 갖고 있는 것은 외국이 그것을 조기에 착수하였기 때문인지, 숙련과 경험을 다른 나라보다 먼저 획득하였기 때문일지도 모른다. 규모경제를 실현한 초기 고정투자의 어려움이 극복되면 보호 없이도 해 나갈 수 있게 된다. 밀은 이와 같이 언급한다.

수입가능상품이 보다 저렴하게 풍부하게 입수될 수 있게 되며 소비후생이 높아지는 것이 무역이익이라고 하는 '수요중심 무역이론'에 입각한 밀이 유치산업보호론을 지지한 것은 불가사이이며, 의외이다. 바스테이블 기타 다수의 비판을 받아, 밀 자신이 이 보호론을 철회하고지 조차 하였다. 결국, 일시적 보호에 한정한다는 조건을 붙여, 원칙적 지지를 취하하지 않았다.

이 밖에 유치산업보호의 가부를 둘러싸고 다수의 논쟁이 소개되고 있고, 유치산업보호론은 지금 확실한 이론적 기초를 갖고 있지 않다. 그럼에도 불구하고, 그것은 전면적으로 해방할 수도 없다. 그러한 불안정한 지위에 있다.

확실히 보호관세의 비용·이익의 계산이라는 정태적 분석에 의하면, 코스트의 쪽이 이윤을 상회, 보호에는 찬성할 수 없는 것이다. 그러나 동태적으로 고려하면, 경제성장을 가져오는 요인은 저축＝자본형성만이 아니라, 기술혁신, 학습효과에 의한 규모경제와 기능의 향상이라는 것이다. 그것을 실현하는 수출공업을 육성하는 것은 보호의 여부에 관계없이, 필요불가결하다고 생각된다. 외국으로부터 직접투자를 도입한다는 방법도 있다. 1960년대의 '내생적 경제성장론'이 여러 가지를 가르쳐주고 있는 것이다.

제4편 20세기의 논쟁: 자유무역과 보호무역

1. 체증수확산업론

제13장은 그래함(Frank D.Graham, "Some Aspects of Protection Further Considered", Quarterly Journal of Econmics, 37, February1923)을 들고 있다. 공업은 규모확대에 따라 수확체증(increasing returns to scale)인데, 농업은 반대로 수확체감이라고 하자. 이러한 콘트라스트가 있게 되면, 수확체증의 공업을 자국의 생산과 수출의 중축(中軸)에 두도록 영구적(permanent) 보호를 해도 좋다고 그래함은 주장하는 것이다. 그가 '공급중심 무역이론'의 입장에서 규모경제를 얻는 산업을 우선하고자 하고 있는 것이다. 보호가 일시적인가 아니면 영구적인가의 차이가 있는 것으로, 유치산업보호론과 동일한 장기적·

동태적 사고방식의 선상에 있다.

　그래함에 대하여 많은 비판이 있었다. 비판의 중심은 체감비용이 기업의 내부경제에 기초한 것이라면 시장경제와 양립하지 않고, 독점으로 빠지기 때문에, 지지할 수 없다. 외부경제에 기초한 산업의 장기적 비용체감이지 않으면 아니 된다. 기술진보, 규모경제, 지식의 전파, 시장의 규모 등의 외부경제에서, 공업의 쪽이 농업에 비교하여 몇 가지 장점을 갖고 있는 것은 부정할 수 없는 것같이 생각된다. 그런 의미에서 그래함의 주장은 또한 살아남아 있다.

　그래함의 체증수확의 산업보호론이 성립하는가의 여부에 관하여, 이 책에서는 실로 복잡하게 얽혀 있어 신중하게 검토되어 있지 않다. 특히 마샬의 '외부경제'의 정밀화가 요청되고 있다. 이것은 최근의 '내생적 경제성장론'에 연결되는 중요한 문제이다.

2. 임금격차의 문제

　제14장에서는 임금격차와 무역의 관련을 둘러싸고 두 가지의 논쟁이 검토되고 있다.

　첫째, 국제 간 임금격차의 존재이다. 중상주의의 아래에서는 후발국의 저임금이 고임금의 선진국의 공산품을 판매하는 위협이라고 논하였다. 이것은 오늘날에도 아시아의 저임금, 열악한 노동조건, 인권무시라는 이유에서 불공정무역(unfair trade)이라고 비난받고 있는 것과 관련되고 있다. 빈궁노동자(pauper labour) 혹은 사회덤핑(social dumping)이라고도 한다(그리고 열악한 공해방지조치의 아래에서의 낮은 가격으로의 수출이 환경덤핑(eco dumping)이라고 비난받고 있는 것과 같다). 이와 같은 이유에 기초하는 수입저지적 보호조치는 전적으로 틀려 있다. 아마 선진국의 고임금은 높은 생산성에 기초한 부유와 번영의 향수에 지나지 않는다. 후발국의 저임금이야말로 동정할 가치가 있는 것으로, 그 경제발전이 당연히 지원되어야 한다. 비교생산비설에 따르면, 고임금국은 고급 공산품을 저임금국은 미숙련노동을 많이 사용하는 상품을 생산하는 바와 같이, 각각에 적합한 상품의 생산에서 비교우위를 획득하여, 각각 수출할 수 있도록 하는 것이다. 일반균형의 관점에서 보면, 후발국의 저임금을 위협으로 볼 필요는 없고, 그것을 보호의 이유로 하는 것은 올바르지 않은 것이다.

　둘째, 루마니아의 상공장관이었던 마노이레스코(Mihail Manoilesco, The Theory of Protection and International Trade, London, P.S.King, 1931)가 제시한 '국내의 임금격차'

의 문제이다. 농업부문에 비하여 공업부문에서는 임금률이 2배라는 임금격차가 있다고 하자. 이것은 노동이동의 어려움에 의한 시장의 실패가 각 부문이 '무경쟁집단'(노동서비스의 질이 다르기 때문에 상호 경쟁하지 않는 그룹)이기 때문이다.

제14장에서 취급한 마노이레스코가 제기한 문제는 하벌러(Gottfried von Haberler, The Theory of International Trade, London, Hodge&Co., 1936, pp.196-198)의 해설적 수자예를 빌리면 다음과 같다.

〈표〉

A	B	C
국내실질생산비(국내생산대체율)	국내상대가격(국내교환비율)	교역조건(국제교환비율)
농산품(1노동)	농산품(2단위)	농산품(3단위)
공산품(1노동)	공산품(1단위)	공산품(1단위)

지금 노동1단위에 의하여 농산품1단위 또는 공산품1단위를 생산(위의 〈표〉의 A)할 수 있는 것으로 한다. 그러나 공업의 임금률은 농업의 그것의 2배라는 임금격차가 있다면, 국내교환비율(〈표〉의 B)은 국내생산대체율(〈표〉의 A)과는 달리, 농산품2단위 대 공산품1단위와, 공산품의 값이 비싸게 된다. 무역이 개시되어, 농산품3단위 대 공산품2단위로 국제교환비율(교역조건)(〈표〉의 C)이 결정되었다고 하자.

〈표〉의 C의 교역조건(농산품3 / 2단위 대 공산품1단위)에 비하면, 〈표〉의 B의 국내교환비율(농산품2단위 대 공산품1단위)은 농산품이 저렴한 것을 나타낸다. 이 때문에 이 나라는 농업에 특화한다. 즉, 공산품생산을 중지하고, 여기에 종사하고 있던 2단위(가정)의 노동에 의한 공산품2단위의 생산을 포기한다. 이것에 의하여 대신에 농산품2단위가 증산될 수 있다(〈표〉의 A)의 국내생산대체율에 따라). 이 농산품2단위를 수출하면, (〈표〉의 C)의 교역조건에 따라 2 / 3 × 2＝4 / 3단위의 공산품이 입수될 수 있게 된다. 이것은 공산품의 국내생산(2단위)보다도 소량이다. 그렇지만 위와 같이 농업에 특화하지 않고, 반대로 공산품을 수출한다고 하자. 이것은 (〈표〉의 A)의 국내생산대체율을 〈표〉의 C의 교역조건과 비교하면, 이 나라는 실은 공산품생산에서 비교우위를 갖고 있는 것을 알 수 있기 때문이다. 여기에서 농산품의 생산을 중지하여 생산을 증가한 공산품(2단위)을 수출하게 되면, (〈표〉의 C)의 교역조건에 따라서, 3단위의 농산품을 입수할 수 있게 된다. 이것은 농업특화에 의한 경우에 2단위의 농산품밖에 증산할 수 없는 것에 비하면,

유리한 것이다.

요는, 하벌러 그리고 마노이레스코는 이렇게 언급한다. 특화는 실질생산비의 비교우위(<표>의 A)에 의하여 결정되지 않으면 아니 된다. 2상품의 실질생산비 말하자면 노동의 한계생산력과 같은 임금률은 결정되지 않으면 아니 된다. 그것과 달리, 농업이 부당하게 낮은 임금률, 반대로 공업이 부당하게 높은 임금률에 있게 되면, (<표>의 B)와 같은 잘못된 국내상대가격이 되며, 잘못된 특화방향을 시사하게 되는 것이 된다. 잘못된 특화를 피하는 데에는, 부당하게 높은 임금률을 시정하도록, 공업부문에 보호를 부여하는 것이 좋다고 결론 맺는 것이다.

보호를 어떠한 수단으로 부여하는 것이 좋은가가 다음의 문제가 되었다. 보호는 부당한 격차(diversion) 말하자면 왜곡(distortion)을 직접적으로 개선하는 방법이 최선이다. 부당한 임금격차라는 왜곡을 수정하는 데에는, 관세 등 간접적인 보호조치가 아니라, 공업부문에 대한 임금보조금이 가장 효과적이라는 결론에 이른다. 이리하여 왜곡의 이론이라는 것이 개방경제에 있어서 하나의 중요한 명제가 되어 온 것이다.

3. 농업특화의 불리성

비교우위를 갖는 수출산업이 수확체증(체감비용)을 실현하는 공업이라면, 비교생산비 차이에 기초한 무역이익과 체증수확이라는 생산성 상승의 이익의 양쪽을 얻을 수 있다. 이것이 제13장의 그래함이론의 기본명제이다. 이것과는 대조적으로, 농업에 압도적인 비교우위가 있는 오스트레일리아와 같은 1차산품국에서 농업의 생산과 수출의 확대가 수확체감(체증비용)에 지배되게 되면, 자유무역은 과연 경제성장을 촉진하는 효과를 갖는 것일까. 아니 경제성장을 저해한다, 따라서 공산품의 수입규제라는 보호가 필요하다는 결론을 얻었다. 토랜스와 시지위크 등 영국의 고전학파에 의하여 이전에 논의된 문제가 있지만, 오스트레일리아의 브리그덴(J.B.Brigden) 등에 의한 보고서(The Australian Tariff; An Economc Inquiry, Melbourne University Press, 1929)가 이 문제를 깊이 규명하고 있는 것이 유명하게 되어, '오스트레일리아의 보호무역론'이라고 일컬어지게 되었다. 제15장이 취급한 또 하나의 보호의 주장이다.

문제는 이러하다. 지금 압도적으로 1차산업에 의존하지만, 약간의 필수공산품은 생산하고 있던 농업국(A국)이 개방경제로 전환하여, 무역을 시작하였다고 하자. 공산품이 유입하여 온다. 이 공산품수입의 대가를 지불하기 위하여, 농산품수출을 증가하는 데에 직면한다. 이 A국의 농업생산에서의 비교우위가 강하여, 낮은 코스트인 동안은 좋지만, 곧 세계시장에서의 교역조건(공산품 대 농산품의 상대가격)의 아래에서는, A국의 농산물 수출은 곧 수지가 맞지 않게 된다. 농산물 수출국은 농업의 수확체감 때문에, 한계에 부딪치는 것이다.

농업의 생산과 수출의 확대과정에서, 지주는 지대의 증가에 의하여 유복하게 된다. 그렇지만, 공산품 수입증가에 따라 방출되는 공업부문의 노동자는 농업생산의 확대가 수확체감으로 한정되기 때문에, 일부 실업이 되든가, 농업부문으로 흡수되는 노동자도 같은 이유로, 전보다도 낮은 임금을 감수하지 않으면 아니 된다. 결국, 자유무역은 보다 적은 인구에, 보다 높은 소득수준을 부여하는 데에 지나지 않는다는 결론에 도달한다.

관세에 의하여 공산품수입의 급격한 증가를 저지하고, 공업부문에서의 고용을 유지한다. 농업의 생산과 수출의 확대는 수확체감의 큰 압력에 굴복하지 않을 정도로 멈춘다. 이러한 약간 소극적인 정책판단에 도달하는 것이다. 단, 공업보호가 성장에 공헌하는 것이 아니기 때문에, 자유무역론을 부정하는 것은 되지 않는다.

관세의 소득분배효과는 더욱 엄밀하게 검토되지 않으면 아니 되지만, 그것이 유명한 헥셔·오린·새뮤엘슨정리(Heckscher－Ohlin－Samuelson theorem)이다(Wolfang F. Stolf and Pal Samuelson, "Protection and Real Wage", Review of Economic Studies, 9, November, 1941). 또는 메츨러(Lloid Metzler)의 고찰도 중요한 관련을 갖는다(Lloid Metzler, "Tariffs, the Terms of Trade, and Distribution of National Income", Journal of Political Economy 62, February 1949).

이러한 브리그덴의 보고서는 고용유지와 소득분배 개선의 관점에서 보호를 지지하고 있다. 그렇게 하지 않고, 1차산업 특화의 불리함에서 벗어나기 위하여 공업화를 권장하는 것이 하나의 정도(正道)일 것이다. 혹은 이 보고서가 석유위기와 같은 자원칼텔에 의한 교역조건 개선책의 선구론이 되어 있는지도 모른다.

4. 공업과 농업의 우열(優劣)

이상으로 네 가지 보호의 주장, 즉, ①유치산업보호론, ②체증수확산업, ③공업의 고임금 및 ④농업특화의 불리함 등은 공통적인 논지를 포함하고 있다. 몇 가지의 조건에서 제조공업은 농업(1차산업)에 비하여 장점을 갖고 있는 것으로, 그것을 국내생산과 수출의 중심에 둘 수 있도록 필요하면 보호하고 육성해야 한다(단, ④는 약간 다르지만)고 주장하는 것이다. 보호 없이도 대외경쟁력을 갖게 되도록 하는 일시적 보호에 한정한다. 또 보호는 관세보다도 보조금이 유리하다는 논의도 전개되고 있다.

공업 대 농업(1차산업)의 우열은 선진공업국 대 후발농업국의 이익상반의 문제로 연결된다. 자유무역은 강자에 유리하므로 후발국은 보호의 아래에서, 공업화를 추진하여 선진국에 따라붙는다고 한다. 보호의 주장은 발전단계의 차이의 산물인지도 모른다. 그렇지만, 자유무역의 정태적 이익과 장기적 경제발전을 양립시켜, 상호 보완적으로 작동하도록 하는 상호적 동태이론이 전개될 수 없는 것일까.

공업에도 여러 종류가 있다. 노동집약적인 상품에서 보다 자본집약적인 상품으로, 혹은 다시 보다 지식·기술집약적인 상품이라는 다양화·고도화가 지향된다. 개방경제의 경제발전에 따라, 차례차례로 보다 고도의 공업이 비교우위산업이 되게 되면, 자유무역과 양립하면서 순조롭고 급속한 성장이 지속될 수 있다. 그러한 경제발전과 무역구조의 고도화의 동태이론이 기대된다.

또 하나의, 두 나라가 동일한 공업에 특화하고자 하면, 상호의 산업·무역구조가 유사하게 된다. 이러한 상황의 아래에서도 상호의 무역을 확대하는 길이 있을 것이다. 산업내무역(intra-industry trade) 혹은 '합의적 국제분업'의 이론적 발전이 기대되지 않으면 아니 된다.

나머지의 3개의 장은 각각 독자적 보호의 이유를 검토하고 있지만, '신중상주의'로 총괄하여 두자. 이것들은 제9장(토랜스와 교역조건론)의 연장선상에 있고, 무역(혹은 개방경제)의 일반균형적 정태분석의 틀에서 발생하는 문제를 취급하고 있다. 그러한 의미에서 제15장~제23장에 걸친 장기적(동태적) 경제발전론의 관점에서 보는 자유무역론의 비판과는 차원이 다른 것같이 생각된다.

5. 보상원리의 문제

먼저 제16장은 '자유무역의 후생경제학'이라는 제목이 붙어 있다. 자유무역은 국민경제 전체로서는 무역이익을 가져온다는 것이지만, 이익이 되는 그룹과 함께 손실을 입는 그룹이 발생한다. 즉, ①수입품을 국내생산보다도 저렴하게 많이 입수할 수 있게 되기 때문에, 수입 가능한 상품에 관하여 소비자잉여가 발생한다. ②그러나 수입경쟁산업에서는 생산자잉여가 감소하든지 실업이 발생한다. ③수출 가능한 상품의 소비량은 감소하든가 가격이 등귀하기 때문에, 그 소비자잉여는 감소한다. ④수출증가에 따라 수출부문의 생산자잉여와 고용이 증가한다.

여기에서 이익을 얻는 그룹에서 손실을 입는 그룹으로 소득보상(compensation)이 이루어지지 않으면 아니 된다. 무조건으로 전적으로 자유무역에 찬성할 수가 없는 이유가 여기에 있다.

"몇 사람의 후생을 악화하는 것 없이는, 누군가의 후생을 개선할 수가 없다."라는 파레토최적을 달성시키지 않으면 아니 된다. 이를 위해서는 자유무역에 의하여 이익을 받는 그룹이 손실을 입는 그룹에게 보상하지 않으면 아니 된다는 보상원리(compensation principle)를 밀(J.S.Mill)이 제안하였다. 그러나 보상하기 위해서는 개인 사이의 효용비교가 가능하지 않으면 아니 되지만, 새로운 후생경제학의 입장에서 그것은 불가능하다. 여기에서 효용의 비교를 회피하여 보상을 하는 기준이 여러 가지 검토되었다. 시토브스키(1941)의 2중 테스트에까지 이르고 있지만, 또 만족할 수 있는 해답에는 이르지 않은 것 같다.

이 귀찮은 보상원리의 문제의 중요성을 충분히 이해하는 것은 쉬운 일이 아니다. 파레토최적의 명제를 명확하게 수립할 수가 없기 때문에, 새로운 후생경제학은 실패이다. 그렇다면, 자유무역은 보다 많은 상품의 입수를 가능하게 하고, 국부(wealth)－후생(wealfae)이 아니라－를 극대로 한다는 고전적 명제로 어쩔 수 없이 되돌아오려고 한다. 단, 자유무역이 최선이 아니라, 분배의 어려움, 후생악화를 입는 그룹이 생기는 것을 잊어서는 아니 된다. 새로운 후생경제학은 자유무역에 그러한 한계가 있는 것을 지적한 점에서 공헌한 것이다.

실제문제로서는 수입증가에 의하여 피해를 입는 생산자(기업가와 노동조합)로부터 로비활동을 통하여 수입저지조치가 의회와 정부에 요청된다. 다른 한편, 수출확대를 위한 지원(미국 통상법의 제301조와 같은)을 요구한다. 그리고 입초의 시정이 우선과제라고 한다. 이러한 보호주의가 미국에서는 1980년 이후 대두하여 왔다. 신중상주의라 명명하고 싶은 것이다.

6. 고용문제와 무역

그러면 제17장은 국내균형(완전고용)과 대외균형(국제수지의 균형)의 동시달성의 어려움에 관한, 케인즈(J.M.Keynes, The General Theory of Employment, Interest and Money, 1936)에 의한 정책적·이론적 문제의 제기를 취급하였다. 이 제17장은 구조적·영속적 실업의 문제를 해결하기 위하여 보호무역조치가 필요한가라는 신중상주의의 또 하나의 주장을 검토하게 되는 것이 된다.

케인즈는 자신의 저서에 의하여 너무나도 유명하다. 그는 원래, 강력한 자유무역 지지자였지만, 1920년대 말부터 1930년대 초기에 걸친 영국에 있어서 대량실업의 발생을 앞에 두고, 관세에 의하여 국내생산과 고용을 확대하여야 한다고 제안하기에 이르렀다.

대량실업이라는 국내불균형을 시정하는 데에는 기본적으로 다음의 네 가지의 선택지가 고려된다. ①저금리에 의한 투자자극, ②재정금융정책에 의한 내수확대, ③비교적 높은 환율의 시정, 및 ④수입관세, 수입수량제한 등의 보호조치 등이다. ①과 ②는 경기진작과 실업감소에는 도움이 되지만, 수입을 증가시켜, 국제수지를 악화시킨다는 모순이 발생한다. 금본위제 아래에 있었던 1939년 당시에서는, 케인즈는 ③의 평가절하는 허용하지 않는 것으로 하였다. 여기에서 ④의 관세정책밖에 없다고 하였다. 수입관세의 부과에 의하여 수입량이 감소, 수입경쟁국의 국내생산과 수출산업의 고용이 증가하면(이를 위해서는 부문 사이의 생산요소의 이동이 일어나, 임금하방경직성이라는 저항이 없는 것이 필요하지만), 국제수지를 악화시키지 않고(오히려 개선시키면서), 고용을 증가할 수가 있다고 보는 것이다.

케인즈는 관세조치를 끝까지 단기적인 것으로 하여야 한다고 하는 것이지만, 이 주장이 예부터 어느 중상주의적 보호무역론을 다시 대두시키는 것이 된 것이다. 전후는 1971년까지 IMF의 고정환율제였지만, 그 이후 변동환율제로 전환, ③의 방책이 가능하게 되었으며, 환율변화의 쪽이 관세조치보다도 유효하다는 논의도 나왔다. 그러나 환율변화도 국제수지의 조정수단의 하나로서 사용되게 되었지만, 막대한 단기자금(헤지펀드에 의한 투기도 포함)의 이동이라는 문제도 더하여, 국내균형과 국제균형을 양립시키는 정책운영은 매우 어렵게 되어 왔다. 또 그 해결책을 명확하게 기초 매김하는 '개방경제거시경제학'도 동요하고 있다. 그 훌륭한 전개가 기대되지 않으면 아니 된다.

7. 종속학파의 교역조건악화론

제18장～제22장은 지배적인 이론체계에 집착하고 있는 사람들은 주류파그룹을 형성하여 그들이 연구하고 발표하는 논문들은 일단 그 분야의 학문 내에서는 권위가 부여된다. 따라서 이들 그룹 내의 논문은 상호 인용되지만 그룹 밖의 학자들이 집필한 문헌은 거의 인용되지 않는 것이 상례라 할 수 있다. 득히 주류파그룹에 공통된 어프로치와 이론에 극단적인 형태로 이의를 제기하는 반역적인 학자가 존재한다면 이들은 그것을 결코 용인하지 않을 뿐 아니라 또한 인용하려 하지도 않는다.

이런 현상은 국제무역이론의 분야에 있어서도 예외가 될 수 없다.

이미 권위가 부여된 리카도(Davido Ricado)의 비교생산비설을 기점으로 한 고전학파의 이론은 불후의 학설로 국제무역에 관한 학문분야를 지배해 왔다.

이 이론 이후 새로운 혁신과 독창성은 높이 평가되기는 하나 대부분의 경우에 이들이 지금까지의 어프로치와 이론에 어떤 것을 부가하거나 일부 수정할 때에만 상당한 평가를 받아왔다.

이것이 바로 고전학파의 이론을 이어받은 마샬(Alfred Marshall), 타우싱(F.W.Taussing) 등의 신고전학파 그리고 그 후, 이들의 대(代)를 계승하는 사람들 즉, 하벌러(Gotfried von Harberler), 오린(Bertil Ohlin), 해로드(H.R. Harrod) 등의 근대무역이론이 그 주류를 형성하고 있다는 것은 아무도 부인할 수 없을 것이다.

이와 같은 중심적인 이론은 전통적으로 가장 높은 평가를 받아왔고 그래서 이들 지식에 관한 한, 비판적 검토가 거의 가해지지 않았기 때문에 낙관적인 이론으로 정착되지 않았나 생각된다.

그러나 어느 분야를 불문하고 확립된 어프로치와 이론의 기본체계를 문제시한다는 것은 하나의 비전이라 할 수 있겠으나 어느 정도 논쟁의 여백은 남아 있을 수 있다.

확실히 우리는 전통적인 국제무역이론의 늪에 빠져 헤어나지 못하고 있는 것이 아닌가 하고 착각할 때가 많다. 개도국에 살고 있는 우리의 현실과 유리된 선진국 학자의 이론－가공된 가정 아래에서 전개되고 또 그것마저 못마땅해 수학적, 기하학적 어프로치의 시도에 의한 이론－이 만연되어 이 분야의 학문을 연구하는 자들을 어떤 의미에서는 현실을 왜곡시켜 방황케 하고 있는 것은 아닐지, 왜냐하면 학문은 특정인의 소유물일 수 없기 때문에 관심 있는 자들에 의하여 거듭되는 비판이 가해질 때 더욱 빛이 나는 법이기 때문이다.

전통적인 국제무역이론은 부가되고 수정되어 주류의 맥을 이어왔지만 이에 대한 비판이 전혀 없었던 것은 아니다. 뮤르달(Gunnar Myrdal), 바그와티(J. N. Bhagwati), 민트(Lla Myant), 넉시(R. Nurkse) 등 많은 선진국들의 경제학자들에 의하여 역사적으로 이론적으로 비판을 받아왔지만 '무역이익'에 관한 한, 큰 충격을 주지 못한 것은 주지의 사실이다. 그 이유는 이들 역시 선진국에 살고 있는 학자들이기 때문에 현상파악이 예리하지 못하다고나 할까,

여기에 등장한 것이 종속학파의 국제무역이론이고 그 대표적인 학설이 바로 '싱거·프레비쉬명제'라 하겠다.

이 명제가 부각된 것은 프레비쉬(Ra'ul Prebish)라는 소위 개도국의 학자에 의하여 이론이 전개되었다는 것과 그리고 개도국도 오늘날 공업화 — 그 자체의 성격에 많은 문제를 내포하고 있지만 — 가 진행되고 있지만 국내시장의 협소로 경제성장의 원동력이 되지 못하므로 이에 새로운 전략을 제시한 데 큰 의의를 인정하지 않으면 아니 될 것이다.

따라서 이 명제는 UNCTAD 무대에서 많은 개도국으로부터 뜨거운 환영을 받아왔다.

이에 우리는 1930년대의 세계적 대공황 때에 라틴·아메리카에서 처음으로 추진된 공업화를 배경으로 '싱거·프레비쉬명제'라는 이론과 그리고 이 이론을 바탕으로 새로운 이론이 전개되고 곧 이것은 오늘날 제3세계를 지배하는 경제이론으로 부각된 것은 사실이며, 이 이론을 다시 지적 원천이라는 각도에서 볼 때 확립되고 있는 신종속학파의 이론의 본질과 성격을 알고 그 의의를 찾는 데 관심을 가져야 할 것이다. 신종속학파의 이론으로는 크게 두 가지의 흐름으로 나눌 수 있다.

첫째, '싱거·프레비쉬명제'를 다시 발전시킨 것으로 라틴·아메리카의 학자들에게 광범하게 받아들이게 된 종속성(dependencia)의 이론이다. 이 이론은 1950년대 초의 인플레이션에 관한 구조학파와 마니터리스트 사이의 논쟁을 기회로 라틴·아메리카경제의 독자성을 탐구하려는 것으로 아주 **빠른** 템포로 각 나라에서 전파되었다. 그 대표적인 학자로서 칠레의 선켈(Osvaldo Sunkel), 프랭크(A. G. Frank), 브라질의 산토스(Theo tonio Dos Santos), 프르타도(Celso Fultado), 멕시코의 마리니(Ruy Mauro Marini), 스타벤하겐(rodolfo Stavenhagen), 베네수엘라의 알다나(Ramon Losada Aldana) 등이 있다.

둘째, 리스트(Friedrich List)로부터 역사학파, 슘퍼터(J. S. Schumpeter) 등 앵글로색슨 지배경제에 대항하여 유럽에서 형성된 '지배 — 피지배의 이론'을 계승하여, 이것을 제3세계의 현실에 비추어 검증, 저개발경제의 특성을 제시하려는 흐름으로 그 대표적인 이론

가로서는 바란(Paul A. Baran), 에마뉴엘(A. Emmanuel), 이집트의 아민(Samir Amin), 레바논의 살키즈(N. Sarkis), 알제리아의 아카슈(Ahmed Akka-che) 등을 들 수 있으며, 프랭크도 이 흐름의 영향을 크게 받고 있다.

이 흐름의 학자들은 때때로 마르크스주의의 제국주의이론을 제3세계의 현실로서 설명하는 기본적 관점으로 받아들이지만 이 경우에도 마르크스주의 그 자체를 제3세계의 입장에서 재검토하려는 지향이 강하다.

여기서 먼저 종속학파와 신종속학파의 주된 차이점을 들자면 종속학파는 임금을 결정하는 것을 가격에서 찾고 있는 반면, 신종속학파는 가격을 결정하는 것은 임금이라고 주장하는 데 있다 하겠다.

이 책에서는 이들 이론 가운데 국제무역에 관련된 부분만을 검토하기로 하며, 먼저 종속학파의 이론을 고찰하고 그 뒤, 신종속학파의 이론에 들어가고자 한다. 그리고 비판과 비판의 거듭에 의한 학문의 발전이라는 의미에서 이들 이론에 대한 주류파이론 즉, 하벌러 등의 반론도 제시해 두고자 한다.

8. 전략적 무역정책

제22장은 과거 20년 정도의 사이에 유명하게 된 전략적 무역정책(strategic trade policy)을 소개하고 있다. 소수 대기업의 과점적 경쟁의 문제이다. 대형항공기의 생산이 보잉사에 의하여 독점되고 있던 때, 유럽 각 나라의 정부가 에어버스사에 보조금을 지급함으로서 에어버스기의 개발과 산업적 생산화에 성공하여, 대형항공기시장에 참여한 사례가 게임이론으로서 크루그만(Paul R. Krugman, "Is Free Trade Passe?", Journal of Economic Perspectives, Fall 1987) 등에 의하여 검토되고 있다. 자기업은 상대기업의 공급행동을 전제로 하여, 이윤극대화를 도모하는 반응함수(reaction function)를 결정한다. 상대기업도 마찬가지로 행동한다. 이 때, 자국정부의 개입(보조금지급)이 있으면, 자기업의 반응곡선은 확대하고, 보다 많은 판매와 이윤을 획득할 수 있게 된다. 이 이윤증대의 이익은 코스트인 보조금을 상회한다. 이리하여 과점경쟁을 유리하게 하기 위한 보호가 정당화된다.

이 이론의 기본이 된 브랜더＝스펜서 모델(James A. Brander, "Rationales for Strategic Trade Policy and Industrioal Policy" in Paul R. Krugman(ed.), Strategic Trade Policy and the New International Economics, Cambridge, MIT Press, 1986)이 새로운 보호주의를 기초

매김할 것인가에 주목되어 많이 논의되었다. 지금, 많은 전제조건을 충족하지 않으면 아니 되므로, 일반적 타당성을 갖는다고는 인정할 수 없다. 또 상대기업이 보복행동으로 나오는 것은 당연하며, 그렇게 하면 최적관세론의 경우와 마찬가지로 흥정의 문제가 된다. 그것은 각각의 이윤극대화를 목표로 한 흥정이 되며, '공급중심 무역이론'의 입장이다.

이상으로, 새로운 중상주의와 일괄한(교역조건론을 포함) 네 가지의 보호의 주장은 경제발전의 촉진이라는 이유로 지지할 수 있는 보호가 아니라, 오히려 한국·미국 사이 등 2국 간 협상의 대상이 된 무역마찰에 관한 미국 쪽의 주장의 배경이 되고 있는 사고방식이다. 그 대부분은 보호주의로서 충분한 정당성을 갖고 있다고 하기는 어렵다.

제5편 국제무역의 과거와 미래

이상과 같이 이 책은 정말 흥미 깊다. 약 200년 전, 아담 스미스가 중상주의의 조류에 항거하여 자유무역이론을 확립한 것, 그리고 오늘날까지 다수의 유력한 보호주의에 의한 도전에 조우하면서도, 경제정책에 대한 가장 건전한 지침으로서 자유무역이론이 생생하게 살아가고 있는 것을 주요한 논쟁의 검토를 통하여 선명하게 하고 있다. 마지막 장(제23장)에 저자 자신의 견해를 요약하였다. 긴 역사적 사실에 서서, 실로 많은 문헌을 참고하여 복잡한 자유무역과 보호무역이라는 논쟁사를 집필하는 데 충실하고 엄밀하게 뒷받침하였다.

"이 책에서 설명하는 역사적 경험이 계속하는 한, 국제무역은 경제분석이 경제정책에 제공하는 가장 영속적이고 건전한 명제의 하나로서 살아남을 것이다.

그렇지만, WTO의 GATT규정에서도, 한·미 사이(KORUS FTA)의 등 두 나라 사이의 무역협상에서도, 대의명분으로서는 '자유무역의 원칙'이 주창되면서, 실제로는 신중상주의의 입장에서 수입저지, 수출확대의 보호주의가 특히 미국에서 압도적으로 지배하고 있다. 이것은 어떻게 된 것일까. 역사적 상황의 산물이라고 방치하여서는 아니 된다. 너무나도 많은 보호주의를 철회시키는 이론을 더욱 전개하지 않으면 아니 된다.

여기에 몇 가지 문제점을 들면 다음과 같다.

첫째, 국제분업과 무역, 혹은 널리 투자도 포함한 대외경제활동의 실제 면의 이론만이 아니라, 그것과 평행하여 화폐적 측면의 분석이 바람직하다(흄의 이론 등 약간 언급하긴 하지만). 말하자면 '국제무역론과 국제금융론이라는 테마는 또 하나의 다른 저서를 필요로 할 것이지만, 검토할 가치가 있는 문제이다.

둘째, 유치산업보호론 등도 취급되고 있지만, 이 책은 전체적으로 선진국, 성숙경제의 대외경제사상의 검토가 중심이다. 개도국의 대외경제정책 혹은 남북문제의 사고방식에 관해서도 물론 포함하여 소개하였지만.

셋째, 학설사연구로서는 이 책과 같은 해명방법이 당연할지도 모른다. 그러나 보호무역으로부터 자유무역으로 파도친 사상의 조류가 독일, 미국이라는 주요국(혹은 이들 나라를 포함한 세계경제)의 경제성장, 경기변동, 국제수지 등의 실제경제의 변화와 대응시켜, 해명되었다면, 이해를 많이 촉진하였을 것이라고 생각한다. 한국에 관한 대외경제사상의 변천과 그것에 대응하는 실제경제의 발전이라는 문제는 우리가 시비를 하지 않으면 아니 되는 중요과제이다.

제1편

서 장

제1장

서 론

존슨(Harry B. Johnson, 1971, 187)은 "국제무역의 자유는 전체로서 보호보다도 경제적으로 바람직하다는 명제는 경제이론이 경제정책의 지침으로서 제시한 가장 기본적인 명제의 하나이다."라고 설명하였지만, 이 명제는 스미스(Adam Smith)가 <국부론>에서 유명한 자유무역론을 설명하여 경제학자들의 제삼의 추구에 견디어, 오늘날 또 전문경제학자들의 압도적인 지지를 얻고 있다.[1] 자유무역이 어떻게 하여 국제무역이론에서 지배적인 지위를 확보하게 되었는가, 또 과거 2세기에 걸쳐 제기된 많은 반론에도 불구하고, 자유무역이 어떻게 하여 교의(doctrine)로서의 지적 능력을 유지하여 왔는가, 그리고 보호무역이론이 그것에 어떻게 대항하여 왔는가, 이것을 분명히 하는 것이 이 책의 목적이다.

이와 같은 명확한 주제와 그것에 관련하는 여러 가지 테마를 취급하기 위하여, 이 책을 두 가지 부분으로 나눈다. 제1편은 아담 스미스 이전의 경제사상에 널리 볼 수 있는 추정명제, 즉 수입관세 기타 정부의 무역제한이 자유무역보다도 현명한 경제정책이라고 하는 명제의 논거를 문제로 한다. 이 견해는 17세기 중상주의에 관한 문헌에서 피크에

---

1) 어느 조사에 의하면, 미국에서 질문을 받은 경제학자의 95%(미국, 오스트리아, 프랑스, 독일 및 스위스에서는 조사한 85%)는 "관세 및 수입할당은 일반적으로 경제후생을 감소시킨다."라는 명제를 지지 혹은 조건부로 지지하고 있다. — Bruno Frey(1984)를 보라.

이른 것이다. 이 무역제한의 찬성론에 공통하는 일반적 추론은 경제적 자유에 찬성하는 도덕철학자 기타의 사람들로부터의 전적으로 다른 논의뿐만이 아니라, 중상주의 진영 내부로부터의 비판에 의하여도 점차 무너뜨려지게 되어, 마지막에는 아담 스미스 및 고전학파 경제학자들의 보다 이론적인 분석에 의하여 붕괴된 것이다. 경제사상가들 가운데에서 스미스와 고전학파 경제학자들이 자유무역 쪽이 보다 많은 경제적 부를 낳는다는 의미에서, 수입으로부터의 보호보다도 훌륭하다는 명제를 확립하였다. 그 뒤의 경제논의에서는, 이 정책이 한 나라의 경제적 부에 공헌하는지 어떤지의 거증책임(擧證責任)은 규제에 찬성하는 사람들 쪽으로 부가되게 되었다.

밀(J. S. Mill(1848), 1909, 920)은 다음과 같이 설명하였다. "보호주의의 이론은 일반이론으로서는 이미 파산되고 있고, 그것이 지지되는 것은 약간의 특별한 케이스이다."—오히려 그것이 지지될 수 있는 케이스를 탐구하고 있다고 하는 쪽이 정확할지도 모른다.

이 책의 제2장 이후는 자유무역론의 배후에 있는 경제이론이 아담 스미스 이후에 이루어진 다양한 비판·재비판에 어떻게 대처하였는가 혹은 타협하였는가에 관하여 고찰한다. 이상한 것은, 강력한 보호찬성론이 수십 년마다 나타나, 경제학자 사이에 자유무역론의 장점·단점에 관하여 논의를 불러일으켰다. 예를 들면 유치산업보호론이 가장 많은 지지를 받았다. 그 밖에도 많은 사례가 있다. 가장 최근의 예에서는 1960년대의 종속이론과 1980년대의 전략적 무역정책의 이론이 그것이다.

이 책에서는 자유무역에 반대하는 이론의 주장에 각각에 관하여 구체적으로 설명한다. 그 대신에 자유무역의 경제적 장점에 관한 가장 중요한 그리고 부단한 논쟁의 씨앗이라고 생각되는 것에 초점을 맞춘다. 먼저 자유무역에 반대하고, 보호무역에 찬성하는 쪽의 경제적 논의의 타당성·일반성을 설명하고, 다음에 자유무역을 옹호하는 쪽에 관하여 설명한다. 그렇게 함으로서, 그 이론적 주장이 어느 정도 자유무역론으로서 타당한가, 그렇지 않으면 중대한 수정을 더하여 용인해야 하는가 혹은 실제의 경제정책에는 거의 관계가 없는 추구를 좋아함으로서 배척해야 하는가, 또 단지 논리적이 아니라는 이유로 거부해야 하는가에 관하여 고찰한 뒤, 결론을 내리는 것으로 한다. 다시 이들 논쟁의 역사적 측면을 강조한다. 그리고 그것이 현재의 사태에 어떠한 의미를 갖는가에 관하여 탐구한다. 그러나 동시에 이들의 논의에 관한 많은 시사적 문헌에 매몰하지 않도록 노력할 것이다.

자유무역과 보호무역의 이론적 기원을 탐문하는 제2편은 자유무역과 보호무역에 관한 광범위한 찬성·반대의 양론을 취급하는 것이지만, 이를 위하여 필연적으로 절충주의로

되지 않으면 아니 되었다. 그러나 제2편은 논의를 보다 좁혀, 자유무역에 반대하고, 보호에 찬성하는 경제적 논의에 초점을 맞춘다. 여기에서 언급하는 경제적 논의란 어느 정책이 경제적 부의 총량을 증가시키는 것이 아닌가라는 경제학자의 엄격한 논의이다. 부(富)란 예를 들면 실질국민소득에 의하여 적절하게 정의된 것을 말한다.[2] 자유무역과 보호무역의 경제학에 관계하는 모든 논의에는 효율문제가 포함된다. 즉, 특정의 무역정책이 한 나라의 유한한 자원(토지·노동·자본이라는 본원적 생산요소)을 사용하여 최대 가능한 실질소득을 산출하는 능력에 어떻게 영향을 미치는가라는 문제이다. 이 실질소득이 모든 상품의 보다 많은 조합의 입수를 가능하게 하는 것이다.

이 경제학적 접근방법에 비판적인 논자는 가끔 부를 기준으로 하는 것은 너무나도 협소한 유물주의이며, 그 밖의 보다 중요한 사회적 배려를 제외하는 것이라고 주장한다. 여기에서 무역정책론의 항구적인 특색인 몇 가지 비경제적 보호론이 발생한다.[3] 이것에는 정치적인 논의(예를 들면, 방위산업보호론)와, 약간의 애매한 국가적·사회적 목적에 결부된 보호론(예를 들면, 특정상품의 자급도의 향상)이 포함된다. 그와 같은 배려는 중요할지도 모르지만, 그렇지 않을지도 모른다. 그것에 관해서는 이 책에서는 취급하지 않는다. 경제적 분석은 그와 같은 정책목적 그 자체가 바람직한지 아닌지의 결정에는 조금도 도움이 되지 않는 것이다. 그러나 이것은 비경제적 목적을 달성하기 위한 여러 수단(정책수단)의 상대적 코스트에 관해서는 상당한 발언을 할 수가 있을 것이다.[4]

논의를 진행하기 전에 자유무역이라는 결정된 정의가 없는 용어의 의미에 관하여 간단하게 설명하고자 한다. 자유무역은 이론적인 용어로서는 일반적으로 다음 내용을 의미한다. 즉, 한 나라의 시장을 초월하여 이루어지는 상품의 교환에 인위적인 장해가 없이, 따라서 생산자와 소비자가 직면하는 가격이 세계시장에서 형성되는 가격과 같다(단, 수송비 기타의 거래비용을 차감한다). 이 가격은 그 상품의 세계에 있어서 상대적인 희소성과 풍부성을 반영하고, 또 국내의 기업 및 가계에 있어서의(따라서 한 나라에 있어서의)상대적 기회비용을 나타내는 것이다. 왜냐하면, 세계시장에 있어서는 항상 이 가격

---

2) 경제정책의 기준으로서, 경제적 부가 아니라, 경제후생을 사용하는 경우의 어려운 분배문제에 관해서는, 제16장에서 상세하게 취급한다.
3) 경제학적 접근방법에 대한 이 비판은, 그 범위에서는 옳다. 그러나 가끔 비경제적 보호의 찬성자들은 그 결론에 도달하기 위하여 사용된 기준을 명시하지 않고, 그 정책이 한 나라의 이익이 된다고 주장한다. 당연히 여러 가지 정책의 비용＝이익평가에 관하여 일관된 척도를 사용하는 것이 어렵게 되며 혹은 불가능하게 된다.
4) 예를 들면 Jagdish Bhagwati and T. N. Srinivan(1969)를 보라.

으로 교환할 수가 있기 때문이다. 통상적인 용어로 언급하면, 자유무역이란 어느 국민국가가 외국과 무역을 하는 데 있어서, 무역장해가 없이, 외국으로부터의 상품 수입에 규제가 없이, 또 다른 나라의 시장으로 자국상품을 수출하는 것에도 규제가 없는 상태를 말한다.[5] 이것에 비하여 보호정책의 아래에서는, 국내의 생산자가 유리하게 되는 바와 같이, 정부의 정책이 수입품을 차별한다. 일반적으로 관세·수량제한 기타의 수입장벽에 의하여 국내의 생산자를 외국의 경쟁으로부터 보호하려고 한다. 이와 같은 무역장벽은 국내의 생산자와 소비자가 직면하는 가격을 세계시장에서 성립하는 가격으로부터 차별화하는 것이다.

슘피터(Joseph Schumpeter, 154, 370)는 불후의 명저서인 <경제분석의 역사(History of Economic Analysis)>에서 "자유무역의 정책 및 이념의 발전, 이 양자에 관한 분석의 발전을 명확히 구별하는 것"의 중요성을 강조하고 있다. 이 저서는 이론사(intellectual history)를 문제로 하는 것이며, 경제분석이 어떻게 자유무역을 지지하고 혹은 배반하였는가를 설명하도록 하는 것이다. 즉, 이 책은 자유무역론과 관련한 경제분석의 책이다. 이 책은 무역정책의 경제사가 아니라, 또 그것이 어느 시점에 있어서 어느 나라의 특정의 무역정책을 설명하도록 하는 것도 아니며, 또 그것이 자유무역적이었는가 보호무역적이었는가를 묻는 것도 아니다. 다시 또 이 책은 경제분석(가끔 불명확한 용어로 아이디어를 우롱하는 분석)이 경제정책에 어떠한 영향을 미쳤는가라는 매력적이지만 전적으로 다른 문제를 취급하는 것도 아니다.

우리의 논의가 과도하게 경제분석의 영역에 집중하고, 그 때문에 그 논의가, 그것이 실제로 이루어진 때의 정치적·경제적 상황에서 벗어나 버리는 것이 있을지도 모른다. 그와 같은 우리의 방법에 대해서는, 때로는 의문이 있을지도 모른다. 그러나 그것이 가끔 역사적 문헌을 올바르게 평가하는 것에 유익한 것으로부터, 나는 이 방법을 두 가지 이유에서 옹호하고 싶다.[6] 첫째 이유는 단지 편의상의 문제이다. 이 책의 논점이 힘에 부칠 정도로 팽창하는 것을 억제하지 않으면 아니 된다. 아마 나 개인에 있어서는, 그

---

5) 이 정의는 19세기에는 약간 좁지만, 자유무역이란 정부가 과세 혹은 규제조치에 의하여 자국품과 외국품을 차별하지 않는 상태이라고 하면, 만약 국내생산에 대하여 마찬가지 효과를 갖는 직접 과세를 함으로써, 자국품으로부터 외국품에로의 선호를 허용하지 않으면, 그 경우 제로(0)관세이라고 하여도, 반드시 자유무역인 것을 의미하지 않는다.
6) 이것이 통상적인 방법이지만, 때로는 그것으로부터 벗어나는 자유를 가질 것이다. 예를 들면 제17장과 같이, 케인즈(J. M. Keynes)의 보호찬성론의 뉘앙스를 이해하기 위해서는(그리고 이 한계를 평가하기 위해서는), 당시의 사정이 도움이 되는 것이다.

이론적 사색의 배후에 있는 정치적·사회적·경제적 상황을 아는 것은 그 아이디어의 발생과 전개에 관한 지식을 풍부하게 하여 주는 것일 것이다. 그러나 그 논리적 명제로서의 경제사상·경제분석의 질과 영속성을 평가하는 것은 일반적으로 요구되고 있는 것은 아니다. 예를 들면, 1701년의 마틴(Henry Martyn)의 자유무역의 옹호의 탁월성·독창성을 평가하기 위하여, 반드시 17세기 후기의 섬유거래의 복잡한 경쟁을 이해하는 것은 필요하지 않다. 또 1980년대의 전략적 무역정책의 배후에 있는 경세논리를 이해하는 것에도, 우리는 당시의 미국에 있어서 무역정책에 관한 정치적 논의를 알지 못하여도 좋은 것이다.

환경(circumstance)이 어느 일(사상)의 체계―예를 들면, 새로운 이론, 새로운 분석―를 낳을 것이다. 또 그 일이 현실의 정책에 적용할 수 있을지 어떨지를 판단하는 데 있어서 환경이 필요하게 될 것이다. 그러나 개념적 틀(conceptual framework)이 없었다면, 환경을 가져온 곳에서, 기존이론에 반론하고자 하는 도전을 이해하는 데는 아무런 도움도 되지 않을 것이다. 그 배후에 있는 논리를 추구하는 것 없이도, 그 명제가 많은 일반성을 갖는다고 주장한다. 실체적인 경제논의를 올바르게 평가하는 것은 불가능하다. 경제분석이라는 것은 잡다한 경제현상을 이해하고, 여러 가지 경제정책의 효과를 평가하기 위한 단순한 이치에 기초한 이론적 틀(principled conceptual framework)인 것이다. 그것에는 어느 수준의 사고와 논리를 사람들에게 몰아붙인다는 장점이 있다고는 하지만, 그 수준도 분명히 시간과 함께 변화하는 것이다. 이 책의 밑바탕에 흐르고 있는 사고방식은 무역정책을 평가하는 이론적 틀도 또한 시간과 함께 변화한다고 하는 것이다.

이와 같은 경제과학의 역사에 관한 이 책의 접근방법은 전적으로 슘피터와 같은 것이다(그러나 슘피터 자신도 가끔 이 목표에서 이탈하였다). 또 슘피터(1954, p.10, p.337)는 경제사상의 배후의 동기(정치적·이데올로기적·이기적의 어느 것이든)는 그 논의의 분석적 메리트의 평가와는 관계없다고 가르치고 있다. 즉, "주어진 분석이 과학적인지 아닌지는 그것이 이루어진 동기와는 관계없다. …… 가장 완고한 계급이익에서조차도, 올바른 유익한 분석을 할 것이며, …… 가장 욕심이 없는 동기라도 오류와 진부 밖의 누구라도 낳게 하지 않을 것이다. …… 동기와 명제의 목적성과는 관계없는 것이다." 우리가 자유무역과 보호무역의 어느 것을 지지할 때는 이 점에 유의하지 않으면 아니 된다. 17세기 중상주의의 문헌을 취급하는 경우는 특히 그러하다, 이 시대의 경제분석에는 두 진영의 이기적인 항변이 교묘하게 포함되어 있기 때문이다. 이 책은 누가 뭐라 언급하였는가, 왜 그렇게 언급하였는가는 별로 파악되지 않고, 오히려 무엇이 언급되어, 그것이 그 시대의 비평가와 그 뒤의 연구자의 비판적 음미를 받은 뒤에 있어서도, 또 의미 있는 것으로 계속되었는가에 주목하는 것이다.

이 책은 경제분석과 경제사상을 관련시키면서, 자유무역과 보호무역의 아이디어가 어떻게 발전하여 왔는가에 관하여 설명한다. 그것은 우리로 하여금 역사문헌에 정통시키는 것과는 별개로, 무역정책에 관한 이론적·개념적 지식이 어떻게 출현하여, 그것이 시간과 더불어 어떻게 축적되어 왔는가를 가르쳐 주는 것이다. 이 지식에 의하여 우리는 넓은 관점에서 무역정책에 관한 현재의 사고방식이 어디에서 왔는가를 이해할 수 있게 되며, 또 경제과학이 경제정책에 대하여 갖는 의미에 관하여 약간의 잠정적 결론을 도출할 수 있게 될 것이다.

과거 수십 년, 수백 년의 논쟁을 설명하는 데 있어서, 저자는 전면적으로 1차적인 자료로부터의 인용에 의하여, 토론관계자들이 처음으로 사용한 논리와 그 토론의 향기를 전하고자 시도하였다. 이 책은 영어 문헌에 크게 의존하고 있다 하여도, 그 이유의 일부는 경제문답·경제논의의 압도적으로 많은 부분이 영국에서 이루어졌기 때문이다. 예를 들면, 중상주의 시대에, 프랑스·스페인 기타 지역의 경제사조는 영국의 경제사상을 밀접하게 반영한 것이며(그 반대도 진실이다), 가령 영어문헌에 집중하였다 하여도, 그것이 다른 지역의 그것을 나타내는 것으로 생각하여도 지장은 없을 것이다. 또 19세기와 같은 시기에 영국은 가장 우수하고 혁신적인 경제분석의 모국으로서, 세계에서 독특한 지위를 차지하고 있었다. 따라서 영어문헌에 크게 의존하였다 하여도, 그것은 국제무역의 의견 혹은 정책일반의 연구로서는 큰 영향을 가질지도 모르지만, 국제무역의 경제분석의 연구로서는 많은 장해가 되지 않을 것이다.

이 책의 주요한 결론에 관해서는 미리 언급해 둘 수가 있다. 1776년에 아담 스미스는 당시 유행하던 경제학설에 반대로 강력한 자유무역론을 전개하였다. 그 논의는 강력하고 이지적이며, 설득력이 있었다. 그 이래, 자유무역론은 엄밀한 그리고 예리한 연구에 폭로되어, 때로는 심각한 의혹을 받았다. 그러나 자유무역의 사상과 이론 기반은 재삼재사의 비판적 연구의 조류에도 불구하고, 그 대부분이 손상되지 않고 살아남았다. 말할 필요도 없이, 그 연구에 의하여 자유무역론의 장점과 단점이 명확하게 되고, 또 때로는 이론수정이 추가되었다. 그러나 자유무역론은 한정된 범위의 여러 가지 수정·예외에 의하여 참고 견디며 벗어났다. 숨겨진 것은 없었다. 이리하여 경제이론의 명제가 경제정책에 그 의의를 주장하여 온 바와 같이, 자유무역도 또한 건전하게 살아남아 가는 것이다.

참고문헌

1) Bhagwati, Jagdish, and T. N. Srinivan, "Optimal Intervention to Achive Non Economic Objectives", Review of Economic Studies 36(January 1969): 27－38.

2) Frey, Bruno S., W. W. Pommerehne, F. Schneider, and G. Gilbert, "Consensus and Dissension Among Economists: An Empirical Inquiry", American Economic Review 74(December1984): 986－94.

3) Johson, Harry G., Aspects of the Theory of Tariffs, Cambridge: Harvard University Press, 1971.

4) Taussig, Frank W., "The Present Position of the Doctrine of Free Trade", Pubrication of the American Economic Association, 3d ser.6(February 1905): 29－65

국제무역이론의 기원

초기의 외국무역론

　1776년, 아담 스미스의 <국부론>이 출판되기 이전, 자유로운 국제무역에 찬성하는 논의는 지식인 사이에서는 거부되어 있었지만, 그것은 어떠한 이유에 의한 것일까. 자유무역론은 최종적으로는 경제사상가들이 용인하게 되었지만, 그것은 어떠한 이론적 근거에 기초하는 것일까. 이 두 가지 의문에 해답하는 것이 이 장의 전반적인 과제이다. 자유무역을 지지하는 경제사상은 17-18세기의 중상주의 문헌에 대한 반동으로서 출현하여, 그 형태를 정비하게 되었다. 그 문헌은 가끔 여러 가지 목적으로 외국무역에 대한 정부규제(관세와 기타의 무역장벽)를 제안하였다. 이들의 문헌에 관해서는 제3장에서 취급하지만, 그 앞에, 무역에 대한 초기의 태도와 무역정책에 관하여, 특히 그리스-로마의 전통 및 유다야-그리스도교의 전통에 널리 볼 수 있는 태도에 관하여, 간단하게 설명하지 않으면 아니 된다. 초기의 몇 세기에 등장한 이들의 사상에는, 의미 있는 경제분석이 결여되어 있다고는 하지만, 후세의 통상정책의 지적 기반에 큰 영향을 미쳤던 것이다.

1. 외국무역에 대한 고대의 태도

고대의 육상교통은 코스트가 높고, 그 반면, 바다가 동지중해 및 그 멀리의 각 지역에로 접근이 저렴하게 되어 있었기 때문에, 고대 사람들의 바다에 대한 태도는 대외통상의 성격, 그 전망에 관한 사고방식에 큰 영향을 미치고 있다. 그리스-로마의 저술가들은 바다에 가까운 것이 축복인 것이 주술(呪術)되어 있었던 것인가에 관하여 애증병존(愛憎竝存)의 감정을 안고 있다. 어떤 사람은 신이 바다를 창조한 것은 지상의 사람들 사이에 교통을 왕성하게 하고, 무역을 용이하게 하기 때문이라고 믿었다. 예를 들면 서기100년경에 프루타크(Plutarch, 1927, 299)는 바다의 은혜에 관하여 이렇게 쓰고 있다. "우리의 생활이 아직 야만이고, 비사교적인 시기, 이 요인(바다)은 우리를 결부하여, 상호원조와 무역에 의하여 생활을 보완하고, 협동과 우정을 육성하여 왔다. …… 바다는 인도로부터는 그리스에로 포도주를 가져오고, 그리스로부터는 곡물의 이용을 바다의 저쪽으로 전하고, 페니키아로부터는 물건상실 예방을 위한 활자를 수입하고, 그것에 의하여 인류의 대부분을 술 없이, 곡물 없이, 무학문맹으로부터 구제한 것이다." 그리고 프루타크는 바다에 의하여 가능하게 된 무역이 없어서는, 인류는 '야만적이고 빈곤한 태도'이지 않을 수 없었다고 주장하였다.

한편, 다른 저술가와 시인들은 바다에 대하여 더욱 회의적이었다. 바다의 효용은 은혜적이 아니라, 알 수 없는 사람과 접촉함으로서, 행세가 나쁘고, 도덕이 결여된 야만인에게 자국시민을 폭로하여, 그 가정생활을 파괴하지 않을 수 없는 것이다. (로마의 시인) 호라디우스(Horace)는 영탄(詠嘆)의 언어로, 바다를 알력의 원천으로 간주하고 있다. (그럼에도 불구하고), 만약 나쁜 배가 신이 부여한 한계를 넘어 해상을 간다면, 바다에 의하여 육지를 분할한 신의 영지(英知)는 무(0)로 돌아가 버리는 것이다.

이와 같은 바다에 관한 상반되는 견해는 당연히 두 가지 무역관(貿易觀)을 낳았다. 즉, 하나는 바다는 국가번영의 기회를 증가한다고 한다. 다른 하나는 나라의 안전과 경제를 위태롭게 한다는 것이다. 이와 같은 의견의 분열은 역사를 통하여 현재까지 계속하고 있다. 자유무역에 대한 일반대중의 선호는, 일부는 사람들의 국제무역에 대하여 안고 있는 선입관(위협인가 호기인가)에 의존한다.

상업에 종사하는 사람들에 대한 고대의 태도도 또 초기의 무역개념의 형성에 힘을 두는 것이었다. 기원전 4-5세기, 고대그리스의 철학자들은 무역상과 상인, 특히 소매상인을 시민의 품위에 어긋나는 직업으로서 경멸하였다. 예를 들면, 플라톤은 그의 저서 <국가, Republic> 가운데에서, 잘 관리된 도시에 있어서 상점주와 노동자는 다른 일로서는 도움이 되지 않는, 뒤떨어진 인간의 직업이라고 설명하고 있다. 아리스토텔레스는 그의 저서 <정치, Politics>에서, 화폐를 교환으로서 건네는 것은 수출하거나 수입하거나 하는 것으로부터 발생한 것이라고 하며, 그와 같은 비물물교환은 "(일의 본질과는 맞지 않는, 인간이 물건을 뺏는 것을 의미한다) 실로 유감스러운 행위이다."라고 비난하고 있다. 사실, 시민은 상업에는 관여하지 않고, 그것은 정치권력이 없는, 그리스 도시국가의 시민생활로부터 격리되었다. 재류이방인에게 완전하게 맡겨야 한다고 널리 믿고 있다. 하즈브로크(Johannes Hasebroke)에 의하면, 상업과 시민과의 분리는 "(그리스의 대외무역이) 자국의 노동력에 의존하지 않을 뿐만 아니라, 시민생활로부터도 격리된 것이었다."라는 것을 의미하고 있다. 따라서 시민의 국내생산활동을 수입이 뺏어 대신하였다 하여도, 그것은 참된 의미에서의 경제문제가 아니라, 또 실제로 "보호관세라는 관념도 …… 고대그리시아 세계에서는 전적으로 알려져 있지 않았다."라는 것이다.

달무스(John D'Arms)가 설명하고 있는 바와 같이, 고대로마의 철학자·정치가들도 상인과 거래를 일반적으로 경멸하여, 그것을 얕보는 기풍을 가지고 있다. 그들에게 있어서 상품을 어느 가격으로 구입하여, 그것에 아무런 변경도 더하는 것 없이, 보다 높은 가격으로 소매하는 무역상·중간상인은 비천한 직업인 것이다. 그와 같은 직업은 에리트 시민의 위엄에 관련되는 것이다. 법률도 또한 원로원의원이 상업에 참가하는 것을 금지하고 있다.

키케로(Cicero)는 그의 저서 <의무에 관하여(De Offiis)>에서, 국제무역에 관한 이 견해에는 동조하면서도, 예외로서 상업이 사람들에게 많은 이익을 가져오며, 사람들의 지성을 풍부하게 하는 것을 인정하고 있다. 그러나 키케로는 무역의 많은 이익을 인정하면서도, 그 견해는 적극적으로 지지하게까지에는 이르지 않고, 그 부정적 태도를 완화하는 데 그쳤다. 즉, "무역은 그것이 소규모라면 천박한 것일지도 모르지만, 만약 대규모적으로 세계의 각지로부터 대량으로 수입하고, 그것을 다수의 사람들에게 성실하게 배분하는 것이라면 그 정도로 크게 비난받아야 하는 것"은 아니다. 프리니우스(Pliny)의 해외무역에 대한 태도는 더욱 적극적이어서, 도로 특히 항구와 같은 공공시설의 건설을 추진하고, 그것은 "먼곳의 사람들을 거래로 결부하고, 각지 하늘의 혜택을 모든 사람들에게 가져오게 하여 …… 그런데 누구에게도 해를 주지 않는 것과 같이 생각된다."라고 말하고 있다.

　그리스인은 상품의 자발적 거래에 종사하는 사람들이 그 거래로부터 이익을 받아, 다시 이것이 해외거래에도 타당하는 것을 알고 있다. 또 어떤 저자는 상인이 이익을 찾아 행하는 상품가격의 재정(裁定)으로부터, 공공의 이익이 가져오게 되는 것을 평가하였다. 쿠세노폰(Xenophon)은 상인이 그 직업을 본래적으로 좋아하였기 때문에 그 일을 영위한다고 하는 관념을 단념하여, 다음과 같이 말하고 있다

　　"(상인의) 곡물에 대한 애정이 매우 깊기 때문에, 그것이 어느 지역에서 풍작이라고 들으면, 그들은 그것을 찾아 항해에 나선다. 그들은 에게해, 흑해, 시시리해를 횡단한다. 그리고 그들은 그것을 마음껏 많이 입수하여, 바다를 넘어 운반, 그들 자신이 항해한 선박에 그것을 실제로 저장한다. 그리고 그들은 화폐가 필요한 때는 곡물을 투매하는 일은 하지 않고, 그것이 가장 높은 가격의 곳으로, 사람들이 가장 높은 가격을 지불하는 곳으로 가져가 그것을 인도하는 것이다. …… 모든 사람은 당연한 것이지만 자신의 이익이 되는 것을 사랑하는 것이다."

　몇 세기 뒤에 분명하게 되었지만, 자유무역의 기초는 대부분 분업의 이익이다. 만약 개인, 지역 혹은 나라가 그 지역의 최적한 상품의 생산에 특화하여, 그것을 상호 교환하게 되면, 생산·소비의 총량은 특화가 이루어지지 않는 경우에 비교하여 증가한다. 아마 플라톤의 경제학에 대한 최대의 공헌은 <국가, Republic>에서 설명한 분업의 이익에 관한 그의 초기의 논의(기원전 350년경)이다. 즉, "(이와 같은 분업의) 결과, 어떤 사람이 어떤 일을 자신에게 적합한 바와 같이, 적절한 시기에 다른 일을 그만두고 행하게 되면, 보다 다량의 상품을 보다 쉽게 만들 수가 있을 것이다." 또 플라톤은 이 논의에서, "수입품을 필요로 하지 않는 지역에 도시를 건설하는 것은 사실상 불가능하다."라고 설명하고 있다. 다시 그는 거래가 이루어지기 위해서는 나라가 상인을 필요로 하는 것, 또 상품의 국내생산이 국내필요량을 초과하여, 그 초과분이 수입품과 교환할 수 있는 필요성을 인식하고 있다.

　아마 이것은 분업과 특화의 이익이 암묵리에 여러 나라·지역에 파급하는 것을 의미하고 있는 것이지만, 플라톤은 그 관계를 명확하게 설명하지 않았다. 플라톤의 약 20년 뒤, 쿠세노폰은 분업의 범위와 시장의 크기를 관련지었다. 쿠세노폰은 작은 도시에서는 개인이 복수의 일에 종사하여도, 대도시에서는 개인이 단일의 일에 전념하는 것에 주목한다. "당연하지만, 매우 고도로 전문화한 일에 종사하는 사람은 생각할 수 있는 최선의 방법으로 일에 임하지 않으면 아니 된다." 그는 지역 사이 교환이 시장규모를 적극적으

로 확대하고, 분업을 보다 촉진하고, 물적 경제이익을 발생하는 것에 관하여, 상당히 가까운 곳까지 인식하였다 하여도, 그것을 명확하게 하는 데에는 이르지 않았다. 플라톤과 쿠세노폰은 함께 분업을 개인과의 관련으로 설명하였다고는 하여도, 그 생각을 세계의 모든 무역지역에 적용하는 데에는 이르지 못하였다.

또 이 사고방식이 대외무역을 바람직한 방향으로 발전하는 것도 없었다. 사실, 그리스의 철학자들은 무역에 수반하는 도덕 및 시민에 대한 위험을 이유로, 무역의 규제를 주장하였다. 그들은 알지 못하는 외국인과 접촉하는 것은 법과 질서에 있어서 유해하며, 사회의 도덕체계를 붕괴시킬 수밖에 없다고 생각하였다. 아리스토텔레스는 <정치, Politics>에서, 예를 들면, 도시의 이상적 위치를 선정하는 데 있어서는, 자급자족을 최대한으로 가능하게 하는 것과 같은 지역을 선정해야 한다고 논하고 있다. 그 이유는 그것에 의하여 거래는 '자연적인' 국내의 물물거래에 한정되어, 국방이 강화되고, 국내의 도의가 유지되기 때문이며, 이것은 전부 외국인과의 접촉을 축소함으로서 가져오게 되는 것이다. 자급(self-sufficiency)은 반드시 완전한 자급자족(complete autarky)을 의미하는 것이 아니지만, 그리스의 철학자들은 어느 정도의 외국무역은 어쩔 수 없다고 인정하고 있는 바와 같이, 자급은 대외무역의존보다도 바람직하다고 생각하고 있다.[1] 만약 바람직하지 않은 외국인과의 접촉이 회피할 수 없다는 조건부로, 아리스토텔레스는 다음의 것에 동의한다. 즉, "무역은 국방과 필수품공급의 양면에서 유익하며 …… 자국에서 입수할 수 없는 상품을 수입하고, 자국의 잉여상품을 수출하는 것은 필요한 것이다." 예를 들면, 활발한 무역을 하는 해항이 인접하고 있다 하여도, 그것에 관해서는 (아마 장벽에 의하여) 격리하여, 당국이 엄중하게 감시할 수가 있을 것이다. 그렇지만 아리스토텔레스는 그와 같은 조건 아래에서도, 수입무역은 특정한 기본적 품목-소비용의 식량과 선박용의 목재라는-에 한정해야 하며, 그것을 넘어 이윤을 위하여 이루어져서는 아니 된다고 강조하였다. 이렇게 하여 아리스토텔레스는 수출·수입이 '필요한' 것은 외국과 통상협정을 체결하여, 그들이 필요로 하는 상품을 공급하고, 그 거래의 계속을 확보하기 위하여 어느 것을 정치가들에게 알려야 한다고 충고하고 있다. 플라톤은 아리스토텔레스보다 더욱 확실히 자급달성의 수단에 관하여 설명하고 있다. 즉, 수출품·수입품에는 관세를 부과하여서는 아니 되지만, 정부는 '불필요한 용도를 위한 외국산원료'의 수입은 금지하여야 하며, '국내에 남는 필요한 어떠한 상품'의 수출도 금지하여야 한다.

---

1) 이 점에 관해서는 Marcus Wheeler(1955)가 상세하게 논하고 있다.

이것은 고대에는 무역이 거의 인정되어 있지 않았다고 하는 것일까. 그리스인·로마인은 무역의 경제적 이익을 확실히 인식하고 있었지만, 대부분의 비경제적 이유에서 무역에 의혹의 눈을 돌린 것이다. 그들은 어느 것이나 자신들이 외국인보다 우수하다고 생각하여, 외부와의 접촉을 넓히고자 하지 않았던 것이다. 초기의 저자들은 상인과 무역상에 대해 회의적이며, 그들의 행동과 시민으로서의 충성심에 대하여 의아심을 품고 있었던 것이다. 하스브로크(Johannen Hasebroke)는 이렇게 설명하고 있다. "산업(과 무역)에 대한 그리스인의 경멸의 생각은 많은 문헌에서 볼 수 있는 바와 같이, 실제는 귀족적인 편견인 것은 있었지만, 정말 그 이상으로 깊고 광범한 것이었다." 그러나 무역이 터무니없이 비난받게 되는 일은 없이, 또 자급이라는 목표도 그것이 완전한 자급자족을 의미한다고는 생각하지 않았다. 초기의 사상가들은 싫어하면서도 일정 양의 무역은 불가피하며, 따라서 상인과 무역상은 장려해서는 아니 된다고 하여도, 너그럽게 보아야 한다고 생각하고 있는 것이다.

2. 보편경제의 이론

보편경제의 이론(the doctrine of universal economy)은 바다를 호의적으로 해석하는 데서 시작, 이어서 지역 사이 교환을 유리한 것으로 인정 그리고 그것이 개입 없이 자유로이 이루어지는 것을 허용하는 지도적 이론으로 발전하였다. 이 이론은 신이 현명하게도 자원과 상품을 세계로 불평등하게 배분하여, 지역 사이의 교환을 촉진하였다는 것이다.[2] 바이너(Jacob Viner, 1976, 27−54)에 의하면, 이 이론에는 네 가지는 확실한 사상이 훌륭하게 포함되어 있다. 첫째로, 거기에는 인간의 보편적인 형제애에 대한 금욕적인 세계주의의 신앙이 포함되어 있다. 둘째로, 무역과 상품의 교환에 의한 인류에 대한 은혜가 설명되어 있다. 셋째, 경제자원이 세계에 불평등하게 배분되고 있다는 관념이다. 넷째로, 이것이 전체로서 사람들 사이에 무역과 평화로운 협조를 가져온다는 신의 현명한 배려에 의한 것이다.

바이너(Jacob Viner, 1991, 42)는 "이 이론은 …… 우리가 알고 있는 한 가장 오래되

---

2) 바이너는 "이 이론은 …… 우리가 알고 있는 한, 가장 오래된, 최장수의 (경제)이론이다."라고 까지 언급하며, 그것이 현대국제무역이론에 있어서 요소부존이론의 선구이라는 것을 시사하고 있다. —Jacob Viner(1991, p.42)

고, 최장수의 (경제)이론이다.”라고까지 말하고, 그것이 현대국제무역이론에 있어서 요소 부존이론의 선구이라는 것을 나타내고 있다.

이 이론은 기원 후, 최초의 몇 세기 동안에 철학자·신학자가 발전시킨 것이다. 기원 65년 약간 이전에, 철학자 세네카(Seneca)는 이 이론을 대개 완성한 형태로 설명하고 있다. 세네카(1972, 115)는 신의 배려가 자연요인에 작동하여, “바람이 모든 사람들에게 연락을 가능하게 하여, 지리적으로는 각각의 여러 나라를 하나로 맺게 한다.”라고 설명하고 있다. 그러나 이 세네카의 말은 앞에서 설명한 부루타크의 말과는 크게 다른 것은 아니다. 알렉산드리아의 필로(Philo)는 이 이론(doctrine)을 보다 상세하게 설명하고 있다.

> “인간은 그 밖에는 전적으로 필요로 하지 않는 정도로 완전하게 특정의 물건을 만들어 내지 않는다. 따라서 사람들은 필요한 것을 입수하기 위하여 그것을 공급하는 곳으로 가까이 하지 않으면 아니 된다. 그것에 가까이 하는 것은 상호적 그리고 쌍방적이지 않으면 아니 된다. 이리하여 이 상호성과 결합성을 통하여 …… 신이 의도하는 곳은 사람들이 동료의식을 길러서 공통의 조화를 창출하는 것이며, 다시 이 보편적 물물교환(give and take)이 전 세계를 완전한 것으로 하는 것이다.”

초기 그리스도교도, 작가 오리게네스(Origen, 1953, 245)는 245년경 이렇게 쓰고 있다.

> “또 생활필수품의 부족은 다른 장소에서 생산되고 있는 상품을 조선(造船)과 항해의 기술로 그것을 갖지 못한 사람이 있는 곳으로 운반시킴으로서, 사람들로 하여금 신의 배려에 감사하게 하는 것이다.”

아마 이 교의(doctrine)의 가장 세련된 표현은 4세기의 다신교도(多神敎徒), 리바니우스(Libanius)의 그것일 것이다. 그는 그의 저서(기도 3, Oration(3))에서 이렇게 쓰고 있다.

> “신은 지상의 모든 장소에, 모든 생산물을 주는 것은 하지 않고, 사람들이 서로의 도움의 필요를 느껴 사회관계를 만들게 되기 때문에, 신의 은혜를 각 지역으로 나누어 주었다. 이와 같이 신은 상업을 발생시켜, 모든 사람이 지상의 생산물을 그것이 어디에서 만들어졌는가에 관계없이 함께 향유할 수 있도록 조치한 것이다.”[3]

---

3) 이 <기도>에 현대영어의 번역이 있는지 여부를 알지 못한다. 이 인용은 Grotius(1625)이기 때문이다.

이 간결한 표현에는, 바이너가 지적하고, 그 뒤, 몇 세기에 걸쳐 보편경제이론의 전형 (典型)으로 가끔 인용된다, 네 가지 요인이 전부 포함되어 있다. 리바니우스(Libanius)는 안티오키아(Antioch, 고대그리스의 도시)에서 이것을 몇 사람의 제자들에게, 그들이 그 것을 다시 보급시켰다. 즉, 성 바시리우스(St. Basil)는 이렇게 쓰고 있다. 바다는 '상인 의 부의 패트론(patron)'이다. 그것은 유복한 자가 여분의 물자를 수출하고, 그것이 부족 하여 도움을 구하고 있는 자에게 나누어 줌으로서, 생활필수품의 공급을 쉽게 하고 있 다.4) 리바니우스의 지금 한 제자, 신학자의 성 존크리소스톰(St. John Chrysostom)은 그 은사의 말씀을 받아, 바다가 여러 육지를 연결, 거리가 우정을 손상하는 것을 방지 그 리고 지구를 마치 그것이 모든 사람이 살고 있는 하나의 가옥인 것과 같이 하였다고 쓰고 있다.

안티오키아의 신학자, 크리소스톰의 제자, 데오데레트(Theoderet)는 이 교의의 가장 우 수한 해설자의 한 사람이지만, 그는 437년경, 그의 저서 <神慮講義, Discourse on Providence) 에서 다음과 같이 쓰고 있다.

> "창조주는 사람들 사이에 조화가 이루어지는 것을 바라고, 여러 가지 필요한 물건을 상 호 의존하도록 배려하였다. 이를 위하여 우리는 긴 항해를 하여, 필요한 물건을 다른 사람 에게 구하여, 우리에게 부족한 것을 가지고 돌아가는 것이다. 즉, 신은 자급자족이 우정을 손상하는 것을 걱정하여, 지상의 각 지역에 인간이 필요로 하는 모든 물건을 배려하는 것 을 하지 않았던 것이다. 그 때문에, 바다가 지상의 한가운데에 걸쳐, 대도시의 시장과 같은 무수한 항만을 만들어, 거기에서 모든 필수품을 준비하여, 많은 매도인·매수인을 맞이하 여, 그들로 하여금 어느 장소에서 다른 장소로 왕래하도록 하는 것이다."

이들 저서 이후, 몇 세기에 걸쳐, 이 보편경제의 이론은 반복하여 자유무역론의 테마 가 되었다. 이 이론은 중상주의론자와 자유무역론자 쌍방에 의하여 수용되었다. (전자의 경우, 그것은 주장자의 특별한 목적에 따르도록 약간 왜곡되었다.) 드디어 이 이론은 자 연법(natural law)의 가르침의 일부가 되고, 철학자들의 세계주의론(cosmopolitan doctorine)에 로의 길을 개척, 계몽운동기와 그 이후에 있어서 전성기에 이른 것이다.5) 만약 이 이론

---

4) 389년경, St. Ambrose(1961, p.83)는 바시리우스에 호응하여 "바다는 상품을 운반하고, …… 원 격지의 사람들을 하나로 묶는다."라고 언급하고 있다.

5) 무역의 발생에는 신의 배려가 큰 역할을 수행하고 있는 점에 고전학파경제학이 가끔 언급하고 있는 것은 James Mill, John Ramsay McCullock, Nassau Senior 및 Robert Torrens의 저서에서 볼 수 있지만, John Stuart Mill에게서는 볼 수 없다.

을 초기 그리스인·로마인의 그것과 일괄하여 고려한다면, 무역의 경제적 이익이 이른 단계부터 인식되어 있었던 것이 분명하다. 완전한 형태의 자유무역론은 자원배분이 지역에 따라 차이가 있다는 관념 및 분업은 그 지역의 성격에 따라 이루어진다는 사고방식에 의하여 형성되는 것이다. 그렇지만 대부분의 경우, 무역이 가져오는 비경제적 영향에 대한 배려가 당시의 저술가들로 하여금 국제무역은 바람직하지 않다고 생각하게 하는 것이다.

3. 초기 그리스도교 및 스콜라파의 경제이론

보편경제의 이론이 그리스도교의 신학에 침투하였음에도 불구하고, 초기 그리스도교의 신부들은 경제학을 윤리학의 일부로 생각, 이전의 그리스인, 로마인과 마찬가지로, 상업을 사기를 하고, 욕망을 몰아내고, 현세의 이득을 추구하는 것이라고 비난하였다.[6]

초기 그리스도의 대부분은 신이 상인을 교회로부터 추방하였다고 하는 성서의 말씀으로부터 암시를 받았다. 따라서 무역에 종사하는 것은 약간의 예를 지적할 뿐이라도, 탐욕, 거짓말, 사기, 기만이라는 여러 가지 유혹에 우리의 혼을 크게 폭로하게 되는 것이다. "그리스도교도는 몸을 단정하게 하고, 무역에 종사하여서는 아니 된다."라고 성 아우구스티누스(St. Augustine, 1888, p.320)가 15세기 초기에 사람들에게 충고하고 있다. 그는 대외무역에 종사한 도덕적으로 정직한 상인의 애매한 변명을 동정적으로 들었어도, 결국 그것을 거부하였다. "그들이 활발한 상인이기 때문에 …… 그들은 신의 영광에는 관여하지 않는 것이다."

성 암브로시우스(St. Ambrose)는 리바니우스의 가르침에 반대하여, "신은 바다의 항해를 위해서가 아니라, 천연(element)의 아름다움 때문에 만든 것이다. 바다는 태풍 때는 미친 듯이 날뛴다. 따라서 우리는 바다를 경외하여야 하며, 이용해서는 아니 된다. …… 식량 때문에 사용하여도, 상업목적에 사용해서는 아니 된다."라고 쓰여 있다.[7] 암브로시우스는 상업이 존재하는 것은 상인의 강한 욕구가 바다의 황량함을 능가하기 때문이라고 믿었다. 암브로시우스의 번역자는 그가 "성실한 무역의 가능성을 믿고 있었다고는

---

6) 간단한 개관은 Jacob Viner(1978, pp.34−38)를 참조하라.
7) F. Homes Dudden(1935, 2: 549)에서 인용.

생각하지 않는다."8)라고 설명하고, 상업을 가차 없이 비난하고 있다.

외국무역에 대한 그리스도교교도의 반대와 그리스인·로마인의 반대로는 상업을 크게 비난하는 점에서는 공통적이다. 양자의 사이에는 몇 가지 중요한 차이가 있다. 그리스도교도가 (무역에) 안고 있는 적의(敵意)에는 귀족주의적인 편견은 존재하지 않고, 보다 덕(德)이 있다고 가르치고 있는 가난한 소상인에게 상당히 큰 동정을 하는 것이었다. 그리스도교의 신부들은 그 이전의 그리스인·로마인과는 달리, 지역의 자급에는 관심이 없고, 또 문화적 자족성도 주장하지 않고, 오로지 자신들의 종교적 기타의 도덕적 가치를 세계에 넓히고자 하는 것이었다. 그렇지만 그들은 무역이 식욕과 사치를 자극한다고 한 도덕적 측면에 관해서는 그리스인·로마인과 같은 걱정을 안고, 무역이 과다한 관심을 세속적인 이익으로 향하게 한다고 부언하고 있다. 그리고 그들은 상품의 가치를 증가시키는 상업활동과, 동일한 상품을 단지 보다 높은 가격으로 판매하는 것만의 당연히 비난받아야 할 상업활동과의 차이를 구별하고 있다.

중세 스콜라파의 사상은 상업활동에 대하여 의심을 품은 것이었지만, 그것은 시간의 흐름과 더불어 확실히 자유롭게 되었다. 스콜라파의 사람들은 학식 있는 성직자·연구자(대개 800-1500년에 저서활동을 하였던)이며, 교회의 교의와 그리스철학(특히 아리스토텔레스파)을 모든 면의 인간연구로 향하여, 그리고 확충시킨 것이다. 스콜라파의 교의(doctrine)는 상업에 관해서는 도덕적으로는 무관심하였지만, 마지막의 판단은 상업활동의 목적과 그때의 사정에 의존하는 것이었다.9) 자신의 노동력을 생산적인 경제활동에 사용하는 것과, 단순한 무역상·상인이라는 하급직업과의 차이가 다시 강조된 것이다. 교회의 교의에서는 노동에 대한 보수는 정당화되었지만, 아무것도 만들지 않고, 단지 이익을 위하여 상품을 교환하는 것만의 무역상·상인에 관해서는 그렇지 않았다. 과도한 이익추구가 유혹을 초래, 인간의 혼을 위험에 빠뜨리는 것으로부터, 무역상은 사기·탐욕에 결부되기 쉽다고 하는 것이다.

중세의 지도적 신학자, 성토마스·아퀴나스(St.Thomas Aquinas)는 무역과 상인에 불리한 교의조항을 완화하여, 그 해석을 유리하게 교묘히 바꾸는 것에 성공하였다. 아퀴나스는 13세기에 쓴 <신학대전, Summa Theologica>에서 사회에 유용한 경제활동으로서 상품의 저장, 필요물자의 수입, 상품의 잉여지역으로부터 부족지역에로의 수송의 세 가지 유형을 인정하였다. 그리고 아퀴나스(1747, 2: 1517)는 금전적 이득에 관하여 논하고, 무

---

8) F. Homes Dudden(1935, 2: 548)에서 인용.
9) George O'Brien(1920, 144ff) 및 Raymond de Roover(1974)를 참조하라.

역에는 '어떤 종류의 타락'이 수반하는 것이지만, 본래적으로 무역 그 자체에는 고결하다든가 필요하다든가 하는 의미는 없지만, 그렇다고 해서 죄가 깊다든지 배덕이라는 것을 의미하는 것도 아니라고 언급하고 있다. 경제활동에 도의적 의의를 확정하는 것에는 상인의 동기와 행위가 중요한 것이다.

아퀴나스는 무역을 적법하다고는 하였지만, 보편경제의 전통에 따라서 국내거래를 외국무역보다 바람직하다고 하는 아리스토텔레스의 선호에 따라 크게 기울어져 있다. 아퀴나스(1945, 75)는 식량은 국내생산과 해외무역의 어느 것으로부터도 입수할 수 있지만, '자급이 보다 중요하다'는 것으로부터, 국내생산 쪽이 우수하다고 생각하였다. 또 아퀴나스는 아리스토텔레스에 따라서, 외국인과의 접촉은 시민생활을 혼란시킨다고 경고하였다. 그리고 '만약 시민 자신이 그 생활을 무역에 바친다면', 강한 욕망, 부패, 부도덕이라는 '많은 악덕에로의 길을 열 것이다.'라고 한다. 그러나 동시에 "무역을 도시로부터 완전하게 추출해야 하는 것은 아니다. 왜냐하면 생활필수품이 넘쳐나고 있기 때문에 다른 지역의 물자를 필요로 하지 않는 지역이 존재하지 않는다는 것, 또 한 지역의 과잉한 물자를 다른 지역으로 이동해서는 아니 된다는 이유도 없는 것"을 인정하고 있다. 말하자면 아퀴나스는 무역을 위하여 상인을 '적당하게 이용하는 것'을 권장하는 것이다. 스콜라파의 사고방식을 아리스토텔레스의 체계에 꼭 주입함으로서, 아퀴나스는 스콜라파의 사상을 무역찬성의 방향으로 가져가, 무역상인과 그 직업에 대하여 모욕적인 말을 내뱉지 않고, 어떠한 나라에 있어서도 어느 정도의 무역이 필요한 것을 인정한 것이다.

아퀴나스의 견해는 그 뒤의 교의의 기초가 되어, 몇 사람의 동시대인과 후계자들이 상업에 한층 좋은 상황을 만들어 내었다. 13세기 초기, 토마스 초브햄(Thomas Chbham)은 이렇게 말하고 있다. "상업은 어느 물품을 다른 장소에서 높게 팔기 위하여 값싸게 구입한다. 그리고 이것은 속인(비성직자)에게는 전적으로 올바른 것이다. 그들이 먼저 구입하여 뒤에 높게 판매하는 물품에 어떤 개선도 추가하지 않는 경우에도, 그러하다. 만일 그렇지 않으면, 각지에 대단한 부족이 일어날 것이다. 왜냐하면 상인이 어느 장소에서 남은 물품을 그것이 부족한 장소로 운반하고 있기 때문이다."[10] 이것은 무역의 이익에 관한 쿠세노폰의 말과 동일하다. 시장 사이에서 상품을 이전하는 상인이 유용한 서비스를 제공하고 있는 것을 지적하는 것이다.

---

10) Odd Langholm(1992, pp.54－55)에서 인용.

사실, 리차드 미들타운(Richad Middletown)은 13세기 후기의 저서로, 국제무역의 기원과 이익에 관하여 명확하게 설명하고 있다.

> "모든 인간은 유일한 지배자인 신 아래에서 살고 있는 한, 자연의 올바른 지시에 따라서, 상호 접촉하고, 상호 부조하지 않으면 아니 된다. 세계의 어느 부분에서는, 물자가 사람의 사용에 풍부하게 있고, 한편 다른 나라에서는 그것이 부족하다고(또는 그 반대) 하는 상태이다. 예를 들면 세계의 이 부분에서는 옥수수가 풍부하고 포도주가 부족하여, 다른 부분에서는 포도주가 풍부하고 옥수수가 부족하다. …… 이 경우, 도리에 알맞은 올바른 판단은 인간의 도움이 되는 물품이 풍부한 나라는 그것이 부족한 세계의 다른 부분의 원조를 받는 것이며, 옥수수가 풍부한 나라는 그것이 부족한 다른 나라를 원조하여, 또 포도주가 풍부한 나라로부터 원조를 받는 것이다. 이 경우 도리에 알맞은 올바른 판단에 의한 거래와 그것에 의하여 주어지는 은혜는 그 나라가 받는 은혜와 마찬가지로 큰 것이며, 그런데 그 거래는 유리한 것이다. 왜냐하면 그 나라의 옥수수 한 자루의 가치는 다른 나라의 포도주 한 상자의 가치보다도 크기 때문이다."[11]

이 미들타운의 무역에 관한 서술은 당시로서는 가장 앞선 것이며, 분명하게 누구도 언급하지 않았던 것이다. 그 뒤의 스콜라파의 문헌에서, 무역이 모든 나라 사이에 있어서 상품의 풍부·희소에 따라 이루어지는 것 혹은 시장 사이의 가격차이가 무역에 의하여 균등화된다는 것을 논한 것은 거의 발견되지 않는다. 또 통상정책에 관한 논의도 전적으로 하지 않았다.

스콜라파의 교의는 15세기까지에는 무역의 '어떤 종류의 타락'론으로부터 벗어나, 상업에는 부패의 가능성이 있다고는 하지만, 그것을 윤리적으로 중립적으로 볼 수 있도록 바뀌었다. 카르테우스(carletus)가 <천사대전, Summa Angelica>의 가운데에서 설명하고 있는 바와 같이, "상업 그 자체는 나빠도 불법이 아니라면, 그것이 이루어지고 있는 사정과 변동에 따라 사악한 것이 될 가능성이 있다."[12] 그것으로부터 몇 세기 사이, 신학자들은 이 스콜라파의 교의로부터 크게 떨어진 것은 아니었다. 존 칼빈(John Calvin)은 보편경제의 이론과 무역의 도덕적 근심을 결부하여, 일반적으로 받아들이고는 있다고는 하지만, 아주 낡은 상업에 대한 애증병존(愛憎竝存)의 감정을 표명하였다. 즉, "항해 그 자체를 비난하는 것은 사실상 불가능하다. 인간은 수출·수입에 의하여 큰 이익을 받고

---

11) Odd Langholm(1992, pp.333-3345)에서 인용.
12) George O'Brien(1920, 150)에서 인용.

있기 때문이다. 또 여러 나라 사이의 거래의 방법에 관해서도 결점은 발견되지 않는다. 전 인류가 그 관대한 행위에 의하여 상호 맺어지는 것은 신의 배려이기 때문이다. 그러나 가끔 볼 수 있는 바와 같이, 부유한 방만과 냉혹함을 수반하는 것이다. 이자야(Isaiah)는 지상의 부의 원천인 곳의 상품의 이 성격을 경계하고 있다. 멀리 떨어진 외국으로 운반하는 상품에는 가끔 큰 속임수와 부정이 숨겨져 있고, 이익을 얻고자 하는 욕망에는 끝이 없다."

확실히, 그 뒤의 무역에 관한 모든 신학문서는 위에서 설명한 스콜라파의 견해와 같이는 자유롭지 않았다. 모든 사람이 아퀴나스의 상업에 대한 비교적 호의적인 견해를 인정은 하지 않았기 때문이다. 예를 들면 마틴 루터(Martin Luther)는 국내의 (물자가) 풍부한 것은 국내의 부족을 극복하는 수단으로서 외국무역에 의존할 필요를 없애는 것이기 때문, 사람들은 국내거래에 더 만족해야 한다고 논하였다. 그리고 루텔은 어느 종류의 비기본적으로 허영적인 상품의 수입에도 반대하였다. "신은 확실히 우리에게 다른 나라와 마찬가지로, 모든 계급의 사람들의, 상품으로 훌륭한 복장에 필요한, 충분한 양의 양모, 아마 기타를 보급하였다. 우리는 실크, 밸배트, 금 장식품, 기타 외국품에 법외적인 금액을 소비할 필요는 없다." 그리고 루텔은 향료와 같은 방만과 질투를 지나치게 자극하는 상품의 수입억제조차도 주창하였다. "많은 훌륭한 습관이 상업을 통하여 이 나라에 들어왔다고는 생각할 수 없다."라고 괴롭게 결론 맺고 있다.

그리고 또 아퀴나스에 의하여 수립된 스콜라파의 전통은 시간의 흐름과 더불어 무역과 상업을 종래보다 무법적인 것이라고는 생각하지 않게 되었다. 무역에 대한 스콜라파의 학자들의 회의적인 언동에도 불구하고, 모든 나라는 사실상 상당한 규모의 무역에 종사하게 되고, 그 결과, 필연적으로 중요한 법적·정치적 문제가 발생하게 되었다. 그리고 아퀴나스의 '자연법'에 관한 개념(무엇이 올바른가, 정당한가라는 신의 배려에 대하여, 인간의 이성을 적용하는 것)이 점차 영향을 강하게 하고, 자유로운 상업을 인정하는 새로운 논거로 되었다. 도미니카파 신부·국제법학자 프란시스코 드 빅토리아(Francisco de Victoria)는 이 개념을 여러 나라 사이의 관계에 적용하여, 국제법의 창시자의 한 사람이 되었다. 빅토리아는 스페인의 탐험가들에 대하여 인디언의 주권을 옹호하여, "스페인 사람은 원주민에 위해(危害)를 더하지 않는다고 하는 조건으로, 인디언의 토지를 여행할 권리를 갖는다."라고 논하고, 그리고 실제로 원주민은 스페인 사람들의 여행을 방해하지 않을 것이라고 논하였다. 그는 "이 명제는 '만국법(jus gentium)'에 유래하여, 어느 것이나 자연법이며, 자연법으로부터 파생한 것이다."라고 논하였다. 그리고 "외국인이 시민(현지인)에게 해를 주지 않는 한, 외국인이 무역을 할 수 있다고 하는 것은 만국법의 명확한 원칙이다." 예를 들면 "현지의 지배자들은 현지 주민이 스페인 사람들과의 거래를 방해해서는 아니 된다. 마찬가지로 스페인의 지배자들도 현지 주민과의 거래를 방해하여서는 아니 된다." 이리하여 "만약 스페인 사람들이 프랑스 사람들을 스페인과의 무역으로부터 추출하면, 그것은 스페인을 위해서는 아니 되는 것이며, 만약 프랑스인이 이익에 관여하는 것을 방해하기 위한 것이라면, 그것은 정의와 자애(慈愛)의 정신에 어긋나는 행위이다."

여기에서 우리는 그 도덕적 의미의 여하에 관계없이, 무역이 한 나라의 권리이라는 주장을 보는 것이다. 물론 스페인이 강대한 해양국가이었던 16세기에, 자유무역은 자연법이 명령하는 것이라고 논한 스페인의 주장은 네덜란드가 강대한 해양국가였던 17세기의 네덜란드의 주장과 마찬가지, 순수한 국가적 이기심의 표현이라고 정리할 수가 있을 것이다. 그러나 이 빅토리아의 국가론적 자연법의 논법(natural-law-of-nations approach)은 다른 지적 연쇄에 의하여, 자유무역은 명확하게 개시되었음에도 불구하고, 결국 그것은 영속적인 자유무역의 논거로서의 지적 기반의 형성에는 이르지 않은 것이다.

4. 자연법철학자들

17·18세기의 자연법철학자들은 중상주의 이전의 무역에 관한 서유럽의 사고방식을 담당하는 최후의 한 무리로서, 후기스콜라파의 사상을 크게 인계하고 있다. 그들은 빅토리아와 마찬가지로, 아퀴나스의 자연법 개념을 국제관계에 적용하고자 하였다. 그들의 목표는 도덕적·법적 관점에서 바로 스콜라파가 개인에 관하여 요구한 것과 마찬가지로, 나라의 행동에 관하여 공정하고 자연적으로 모순하지 않는 객관적인 법체계를 요구하는 것이었다. 이 자연법의 접근에는 경제학적인 추론이 거의 발견될 수 없다고는 하지만, 중요한 사상의 흐름으로서 통상정책의 형성에 중요한 공헌을 하였던 것이다.

초기 자연법학자들은 빅토리아에 따라서, 소수의 예외를 인정하는 작은 애매한 말로, 무역에 관하여 자유원칙을 수립하였다. 프린시스코 슈아레스(Francoisco Suarez)는 모든 국제통상은 자연법의 의무로서가 아니라, 만국의 법(jus gentium)의 의무로서, 자유이지 않으면 아니 된다고 믿고, "모든 사람, 모든 나라는 상호의 관계를 존중하지 않으면 아니 된다."라고 하여도 그는 말한다. "생각건대 한 나라는 예를 들면 비우호적인 감정에서가 아니라 하여도, 스스로 고립하여, 다른 나라와의 통상관계를 거부할 수가 있을 것이다.” “그러나 통상관계는 자유로워야 하는 것, 또 정당한 이유 없이 금지되게 된다면 그것은 법체계에 어긋나는 것이라는 것이 만국의 법에 의하여 확립되고 있다.” 그리고 슈아레스는 어떠한 나라도 완전하게 외국무역을 회피할 수 있을 정도로는 자급자족이 아니라고 주장한다.

알베르코 젠티리(Alberico Gentili)는 무역을 기부히는 나라에 대한 전쟁을 정당화할 수 있다고조차 말하고 있다. 즉, “만약 누군가가 우리가 자연의 권리를 행사하는 것을 거부함으로서 전쟁이 발생한다고 하면, 그 전쟁은 당연하다. …… 예를 들면 통행권의 부정, 입항·물자보급·통신·무역의 거부가 그것이다.” 동시에 만약 수입품이 그 나라의 도덕기준에서 유해하다고 판단되게 되면, 금지할 수가 있고, 금·은의 수출도 금지할 수가 있고 그리고 외국상인의 자국 내부로의 출입조차도 금지할 수가 있는 것이다. “외국인이 이것들에 관하여 논의할 권리는 없다. 왜냐하면 그들에게는 다른 나라의 제도·습관을 변경할 자격이 없기 때문이다. …… 그러나 이러한 이유와 기타에 의하지 않고, 통상이 방해되게 되면, 그 때는 전쟁에 호소하는 것이 허용되는 것이다.”

휴고 그로티우스(Hugo Grotius)－당시의 가장 걸출한 자연법사상가－도 마찬가지로, 포르투갈이 네덜란드를 동인도무역으로부터 배제한 것을 강하게 비난하였다. “만국의 법 아래에서는, 모든 사람들은 서로 자유로이 거래할 권리가 있다는 원리가 확립하고 있다.” 어떠한 나라도 다른 국민이 자국국민에 접근하여 무역할 권리를 방해할 수는 없다, 왜냐하면 “상업에 종사하는 권리가 만인에게 평등하게 부여하고 있기” 때문이며, 또 방해됨이 없이 항해할 권리에 관해서도 동일하다. 그리고 그로티우스는 “만국의 법 아래의 공통재산인 이것들의 일에 대한 참가가 거부된” 자는 전쟁에 호소할 권리를 갖는 것을 시사하고 있다. 따라서 그는 “무역의 자유는 자연적이고 영구적인 근거를 갖는다, 여러 나라의 기본적 권리이며, 따라서 그것은 파기될 수 없다. 혹은 어떠한 경우라도 모든 나라의 동의 없이는 파기될 수 없는 권리이다.”라고 결론짓는 것이다.

그로티우스는 그 대작 <전쟁과 평화의 법(The Law of War and Peace)>에서, 이 점을 반복하여 설명하고 있다. “사실, 어떠한 나라도 어느 나라가 먼 나라와 무역하는 것을 방해할 권리는 없다. 이것을 인정하는 것은 인간사회의 이익이며, 누구라도 해를 미치는 것은 아니 된다.” 그로티우스의 요점은 다른 나라가 서로 무역할 기회를 한 나라가 부정할 수는 없다는 것이다. 그것은 무역은 자유이어야 하며, 한 나라의 무역은 제한되는 것은 아니 된다는 것을 의미한다. 그러나 그로티우스는 자유무역에 다음과 같은 해석도 인정하고자 하였다. 즉, 그는 "무역에 소액의 세금을 부과하여, 대외거래에 수반하는 안전 기타의 경비(예를 들면 등대)에 충당하는 것은 인정하지만, 그 화물과는 무관계한 세금에 관해서는 인정하지 않는다고 하는 것이다." 확실히 공평의 개념은 현재 수송 중의 화물 과는 아무런 관계가 없는, 어떠한 부담도 인정하는 것은 없다. …… 그러나 만약 화물의 안전에 필요한 비용을 보상하기 위해서라면, 그 화물에 과세하는 것은 허용되는 것이다.

그로티우스는 이전의 보편경제론을 참고로 하여, 그 부활에 큰 역할을 수행하였다. 즉, 그로티우스는 이 생각을 다음과 같이 뒷받침하였다. "자연이 모든 지역에, 생활에 필요한 모든 것을 준다는 것은 신의 의사가 아니다. 신은 모든 나라가 각각 상이한 기 술에 뛰어난 것을 인정하고 있다." 예를 들면 바다를 건너는 미풍을 생각해 보자. "그것 은 모든 나라가 다른 모든 나라에 접근하는 것을 자연이 인정하고 있는 충분한 증거는 없을까."

그로티우스는 후세의 학자에 있어서는 큰 권위가 되었지만, 그의 특유한 무역의 자유 에 관한 견해는 큰 지지를 받지 못하였다. 예를 들면 그로티우스는 독일의 법학자 사뮤 엘 푸펜돌프(Samuel Pufendorf)에게 많은 문제에서 큰 영향을 주었음에도 불구하고, 푸 펜돌프는 자연법의 자유무역을 지지하는 근거에 대하여, 중대하고 파괴적인 예외를 계 속 제시하였다. 사실, 푸펜돌프는 개방된 무역관계를 일반적으로 주장하는 종래의 철학 의 교의를 크게 약하게, 거의 모든 무역정책(예를 들면 그것이 제한적인 것이어도)을 그 나라가 정당화할 수 있도록 변화시키는 것이다. 처음 푸펜돌프는 그로티우스와 리바니 우스를 인용하여, 보편경제의 이론을 전개하였다. "모든 사람이 무역으로부터 받는 큰 이익은 모든 장소에서 모든 물건을 평등하게 생산하는 것을 허용하지 않는다. 그리고 특정한 산물을 그 지역의 특산물로 하는, 소위 대지의 인색함에 대한 대상(代償)이다. …… 따라서 모든 사람의 공통의 아버지가 생산한 이것들의 상품을 우리의 세계의 어느 지역의 주민이 사용하는 것을 거부하는 것은 너무나도 비인간적인 것이 아니다."

여기에서 푸펜돌프는 부언한다. "그러나 이 주장에는 많은 제한이 있다." 어느 국민은 인간에게 있어서 필요하지 않은 물품(사치품)의 거래에는 참가하는 것이 허용되지 않고, 또 어느 필요품이 국내에서 부족하다면 혹은 "수출금지에 의하여 공화국이 풍요하게 되 면", 그 수출을 금지하는 것이 허용된다. "만약 우리나라가 그것에 의하여 큰 이익을 상 실하는 것이라면, 또 어떠한 간접적인 방법으로 해를 미치는 것이라면" 그 무역을 금지 할 수가 있다. 푸펜돌프에 의하면, 훌륭한 품종의 말의 수출을, 외국에서의 번식을 방지 하기 위하여 합법적으로 금지할 수가 있으며, 또 화물에 과세하는 경우도, 외국인보다도 자국민을 유리하게 취급하는 것이 허용되는 것이다. 그리고 수입품에 세금을 부과할 수 있을 뿐만 아니라, "그 수입에 의하여 나라가 상당한 손해를 받는다고 생각될 때는 혹은 그것에 의하여 자국민이 산업진흥에 노력하게 되는 것이라면 그리고 자국의 부가 외국인의 손에 넘어가지 않도록 되는 것이라면", 수입금지조차도 허용되는 것이다.

푸펜돌프는 대단히 많은 예외를 인정함으로서, '만국의 법'에 의한 자유무역의 주장을 거의 완전하게 내용이 없게 하였다. 이 시점부터, 초기 자연법학자의 세계주의는 포기되고, 국민국가의 무역을 제한하는 자주권을 지지하는 방향으로, 풍향(風向)이 바뀌는 것이다. 18세기의 두 사람의 저명한 자연법학자가 무역에 대한 나라의 규제는 자연법 혹은 '만국의 법'에 반하는 것은 아니라는 견해에, 그리고 찬의(贊意)를 표명하였다. 에멜리히 드 바텔(Emmerich de Vattel)은 언급한다. "한 나라의 지배자들이 무역을 강제적인 통제에 의하지 않고, 다른 방향으로 바꾸고자 할 때, 그들은 자국으로부터 몰아내고자 하는 상품에 수입세를 부과하여, 소비를 억제하고자 한다. …… 그와 같은 정책은 전적으로 현명하며, 공정하다. …… 어떠한 나라도 외국품을 받아들이는 조건 혹은 전연 받아들이지 않는 조건도 결정할 수가 있기 때문이다." 또 크리스찬 월프(Christian Wolff)는 다음과 같이 논하였다. "어떠한 나라에도 자국상품을 외국의 동의 없이는, 외국에 판매할 권리는 없는 것이기 때문에, 만약 어느 나라가 자국의 영역에 외국품을 가지고 들어오는 것을 희망하지 않을 때는 수입하는 것과 판매를 금지하여도, 그것은 그 수출국에 나쁜 것을 한 것이 되는 것은 아니다. 그것이 금지된 것에 외국인이 불평을 말할 권리는 없는"[13) 것이다.

이들의 설명은 그로티우스 기타가 수립한 초기 자연법의 교의에 정면으로부터 반대하는 것이다. 이것은 매우 묘한 바꿔치기이며, 모든 나라의 무역할 권리가 그 나라의 무역을 규제할 권리로 바꿔치기한 것이다. 이 기준변경에 의하여, 거의 모든 보호조치가 여러 가지 구실 아래에서 정당화되는 것같이 되었다. 그리고 초기 자연법 철학자들에 의하여 주어진 보편경제의 세계주의적 성격이 불명확한 것이 되어 버렸던 것이다. 이 명확한 지적 변화의 원인이 무엇이던(내쇼낼리즘의 발흥인지도 모른다), '만국의 법'의 교의는 얼빠진 것이 되어 버리고, 지적인, 사리에 맞는 자유무역론이 될 수 없게 되어 버렸다.

---

13) 월프(Wolff)는 뒤에 다음과 같이 쓰고 있지만, 이것은 분명히 그의 자기모순이다. "각 나라는 본래 힘이 미치는 한, 다른 나라와의 무역에 종사하지 않으면 아니 된다는 것이다. 또 어떠한 나라도 다른 나라가 상호 무역하는 것을 금지 혹은 방해할 수는 없는 것이기 때문에, 여러 나라 사이의 무역의 자유는 본래 가능한 한, 구속하면 아니 된다."

이상으로, 중상주의 이전의 무역정책에 관한 스케치는 약간 표면적인 것이 돼 버렸다 하여도, 그 이유의 일부는 17세기 이전에는, 나라의 국제무역에 대한 정책에는 거의 기록이 없기 때문이다. 하찮은 문제로서 취급되어 왔다. 경제학에 관한 저서는 국제무역에 관하여서가 아니라, 오히려 가치, 가격, 높은 이자라는 문제에 관해서였다. 그리스·로마의 저자들은 분업에 관한 설명은 있지만, 그 주의(注意)는 대체적으로 다른 방향으로 향하고 있다. 즉, 스콜라파의 학자들은 주로 경제활동의 윤리적인 측면에 흥미를 가져, 신의 규칙으로부터 시장의 행동기준을 도출하였다. 또 자연법의 학자들은 자연법에 모순하지 않는 객관적인 도덕기준을 만들어 내려고 하였다. 그로티우스 기타의 학자들이 '자연권(natural right)'을 사용하여, 일반명제로서의 자유무역을 정당화하고자 한 것은 흥미 깊은 것은 있지만, 요제프 슘피터(1954, p.371)가 언급하는 바와 같이, 그것들은 "전적으로 과학적 의미에 결여하는 것"이었다. 그러나 그것은 또, 스콜라파 및 자연법학파의 세계주의적 교의가 중요한 유산으로서, 그 뒤의 무역정책에 관한 연구자들에게 인계되고, 그리고 아리스토텔레스부터 아퀴나스, 빅토리아, 자연법학자 그리고 스코틀랜드의 도덕철학자들, 특히 아담 스미스의 은사의 한 사람 프란시스코 허치슨(Francis Hutcheson)으로, 명백한 지적 고리로서 지속된 것이다. 그러나 그곳으로 나아가기 전에 17세기의 전반에 걸쳐 무역에 관한 저서는 계속 출판되었다. 많은 중상주의의 저자들에 관하여 고찰하지 않으면 아니 된다.

참고문헌

1) Aristotles, The Art' of Rhetoric, Leob Classical Library, 1926.

2) ________, Politics, Leob Classical Library, 1932.

3) Calvin, John., Commentary on the Book of the Prophet Isaiah, Translated by W. Pringle. Grand Rapids: Eerd, and Pub., 1953.

4) Cicero., De Officios, Leob Classical Library, 1926.

5) D'Arm, John H., Commerce and Social Standing in Ancient Rome, Cambridge: Harvard University Press, 1981.

6) de Roover, Raymond., "The Scholastic Attitude toward Trade and Entrepreneurship", in Business, Banking, and Economic Thought, Chicago: University of Chicago Press, 1974.

7) de Vattel, Emmerich., Le Droit Des Gens ou Principes de la Loi Naturelle(1758)[The

Law of Nations or the Principles of Natural Law, trans by Charles G. Fenwick, Carmegie Institute, 1916.

8) Duddem, F. Home., The Life and Times of St. Ambrase, Oxford: Clarendon Press, 1935.

9) Gentili, Alberico., De Jure Belli Tres(1612)[The Three Books on the Law of War], ed. by John C. Rolfe, Oxford: Clarendon Press, 1933.

10) Grotius, Hug o., De Jure Praedae Commentarius(1604)[Commentaries on the Law of Prize and Booty, trans. by G. L. William, Oxford: Clarendon Press, 1950.

11) ______, Mare Liberum(1608), The Freedom of the Seas, ed. by James B. Scott, New York: Oxford University Press, 1916.

12) ______, De Jure Belli Ac Pacis Libri Tres(1625)[The Law of War and Peace, trans. by F. W. Kelsey, Oxford: Clarendon Press, 1925.

13) Hasebroe k, Johannes, Trade and Politics in Ancient Greece, London: G. Bell & Sons, 1933.

14) Langholm, Odd, Economics in the Medical Schools, Leiden: E. J. Brill, 1992.

15) Luther, Martin, "To the Christian Nobility of the German Nation(1952) in Luther's Works", ed. by Helmut T. Lehmann, vol.44, Philadelphia: Fortress Press, 1966.

16) O'Brien, George, An Essay on Mediaeval Economic Teaching, London: Longmans, Green & Co, 1920.

17) Origen, Contra Celsum, Leob Classical Library, 1953.

18) Plato, Laws, Leob Classical Library, 1953[森進一, 法律, 岩波書店, 平成5年].

19) ____, The Republic, Leob Classical Library, 1930[藤澤令夫, 國家, 岩波書店, 昭和54年].

20) Philo, "On the Cherubim", in Philo, Leob Classical Library, 1929.

21) Pliny, "Panegyricus", in Letters and Panegyricus, Leob Classical Library, 1969.

22) Plutarch, "On whether Water or Fire is More Useful", in Plutarch's Moralia, vol.12, Leob Classical Library, 1927.

23) Pufendorf, Samuel, De Jure Nature et Geentium Libri Octo(1660)[The Law of Nature and Nations, trans by C. H. Oldfield and W. A. Oldfield, vol.12, Oxford: Clarendon Press, 1934.

24) St. Ambrose, "Creation", in Hexameron, trans by J. Savage, The Father of the Church, New York: The Fathers of the Church, Inc., 1961.

25) St. Augustine, Saint Augustine: Exposition on the Book of Psalms, ed. by Philip Schaff, vol.Ⅶ, A Select Library of the Nicene and Post−Nicene Father of the Christian Church, New York: Brown Bros, 1888.

26) St. Basil, "On Hexameron, Homily4>" in Exegetic Homillies, trans by A. Way, Father

of the Church, vol.46, Washington: Catholic University Press, 1963.

27) St. John Chrysostom, "Diiscours sur la Componction(2)", in Oeuvres Completes de St. Jean Chrysostom, vol.1, ed. by M. L'abbe J. Bareile, Paris: Libraaire de Louis Vives, 1874.

28) St. Thomas Aquinas, De Regno., Ad Regem Cypri[On Kingship, to the King of Cyprus, trans by G. B. Phelan, Toronto: Pontifical Institute of Mediaeval Studies, 1944.

29) ______, Suma Theologica, New York: Benziger Bros, 1947.(高田三郎, 神學大全, 創文社, 昭和35年).

30) Seneca, Naturale Quaestiones, Leob Classical Library, 1972.

31) Suarez, Francisco., De Legibus, Ac De o Leg islatore(1612), in Selections from Three Works of Francoisc Suarez, S. J., vol.2, Oxford: Clarendon Press, 1934.

32) Theodoro, On Divine Pro vidence, trans. by T. Halton, Acient Christian Writers, no.49, New York: Newman Press, 1988.

33) Vimer, Jacob, The Role of the rovindence in the Social Order, Princeton: Princeton University Press, 1976.

34) ______, Religious Thought and Economic Society, Durham. N.C: Duke University Press, 1978.

35) ______, Essays on the Intellectual History of Economiocs, ed. by Douglas A. Irwin, Princeton: Princeton University Press, 1976.

36) Wheeler, Marcus., "Self−Sufficiecy and the Greek City", Journal of the History of Ideas 16(June 1955): 416−20.

37) Wolff, Christian., Jus Gentium Methodo Scientifica Pertractatum(1764)[The Law of Nations Treated According to a Scientific Method, rans. by Joseph H. Drake, Oxford: Clarendon Press, 1934.

38) Xenephon, Cyropaedia, Leob Classical Library, 1914.

39) ______, "Oeconomicus", in Memorabillia and Oeconomicus, Leob Classical Library, 1918.

제3장

영국의 중상주의 문헌

　자연법 철학자들이 많은 소책자를 집필한 그 시기에, 영국에서는 무역정책에 관한 소책자 문화가 개화하였다. 그것은 무역과 무역정책에 관해서는 장대(壯大)한 전망을 연 것이지만, 그 막대하고 광범한 문헌을 특징짓고 있던 명확한 테마로부터 이것들의 문헌에는 '중상주의자(mercantilist)'라는 상표가 첨부되었다. 모든 저자들은, 예를 들면 "화폐 또는 금의 축적, 국부 혹은 경제성장의 촉진, 무역수지의 흑자의 달성, 고용의 극대화, 국내산업의 보호 혹은 국력의 증진"[1]이라는 다양한 목적으로부터 나라의 무역통제를 추천하고 있다. 나라는 국제무역을 규제하지는 않아도 감시해야 한다는 결론은 많은 점에서, 그때까지의 전통과는 근본적으로 다른 것은 아니다. 그러나 이 결론에 관한 중상주의자의 추론과 그 정당화는 과거의 사례에 비교하여, 명료하고 확실하게 세련된 것이다. 그리고 중상주의의 교의(doctorine)는 경제사상에 한 시대를 구획하였을 뿐만 아니라, 자유무역 사상의 출현의 직접적인 배경이 되는 것이다.

　17세기는 영국의 상인, 정부의 관리 기타의 소책자 집필자에 의하여, 광범위한 경제문제, 특히 국제무역에 관한 많은 소책자가 출판된 시대였다. 이 시대에 있어서 무역과

---

1) A. W. Coats(1992, p.46)를 보라, 이 문헌은 중상주의 사상의 평가를 가끔 비난하고 있는 곳의, 고정관념과 애매함을 정리하는 데 도움이 된다.

해외탐험의 방법도 없는 확대는 특정한 정책을 채용시킬 목적으로부터 혹은 무역 본래의 성격 또 그것과 고용, 화폐, 신용, 이민, 운수, 식민지라는 문제와의 관계를 단순히 이해시키고 혹은 설명할 목적으로부터, 정부에 많은 시도(불완전하고 조잡한 것이었지만)를 촉구한 것이다. 이 장에서는 17－18세기의 저자들이 무역에 관하여 어떻게 생각하였는가 그리고 그 서술이 무역정책에 특히 수입관세에 어떠한 영향을 미쳤는가에 초점을 맞추는 것으로 한다.[2] 당시는 유럽의 다른 지역에서도 전적으로 같은 논의가 이루어지고 있었던 것이지만, 여기에서의 초점은 영어의 문헌에 한정한다.[3]

초기의 중상주의 문서가 출현한 무대는 16세기 영국의 경제문서였다. 그 소책자는 공공문제에 흥미를 가진 개인이 작성한 것이며, 신학자와 법학자가 작성한 것은 아니었기 때문에, 거기에서의 경제문제의 논의는 선악과는 관계없는 실용적인 것이어서, 윤리적·법률적인 것은 없었다. 그러나 그때, 처음 경제현상(그리고 그것의 국가정책에 관한 의미)이 그때까지와 같은 단순한 윤리적·도덕적·법학적 관심의 부산물로서가 아니라, 그 자체 연구할 가치가 있는 것으로서 인정되게 되었던 것이다. 고리(高利, usury), 인플레이션, 토지이용, 토지의 둘레라고 하는 16세기의 경제문제에 주목한 문서는 거의 없었지만, 세기가 끝나게 됨에 따라, 상업정책이 급속하게 중요성을 띠게 되어 왔다.

이 시기에 있어서 처음의 주목해야 할 소책자는 토마스 스미스 경(Sir Thomas Smith)의 저서인 <영국왕국의 복리를 논함(A Discourse of the Commonwealth of this Realm of England)>이다. 그것은 1581년에 출판 그리고 17세기 중에 몇 회 증쇄되었다. 스미스(1581, 1969, 62ff)는 선인들과 마찬가지로, 여러 나라 사이의 무역이 불가결하다는 것을 알고 있었다. "신은 자비 깊고, 우리에게 아주 많은 상품을 주시고 계시지만, 우리는 외국의 상품 없이는 살아갈 수 없는 것이다." 그리고 보편경제의 이론이 재해석되어, 신이 무역이 이루어지는 조건을 만든 것은 우리에 의한 많은 상품을 소비시키기 위해서가 아니라, 위험분담을 위하여 그 상품의 무역을 장려하기 위해서이라고 해석하고 있다. 즉, "신은 어떤 나라도 모든 상품을 가져서는 아니 된다고 규정하고 있다. 어느 나라는 부족하고, 다른 나라는 그것을 생산한다. 또 어느 나라는 그것에 부족하지만, 다른 나라는

---

2) 국제무역에 관한 17세기 영어 경제문헌은 매우 방대하기 때문에, 여기 짧은 논의에서는 불충분하다. 중상주의의 전망으로서는 Joyce Appleby(1978), Terence Hutchison(1988) 및 Lars Magnusson(1994)을 보라. 또 무역에 관한 특별한 전망으로서는 Jacob Viner(1937, pp.1－118), Chiyuen Wu(1939, pp.13－74) 및 Joseph Schumpeter(1954, pp.335－376)을 보라.
3) 유럽중상주의 여러 측면은 프랑스에 관해서는 Charles W.Cole(1931), 스웨덴에 관해서는 Lars Magnusson(1987), 스페인에 관해서는 Marjrsie Grice－Hutchison(1978)을 보라.

같은 해에 항상 보다 많이 생산한다. 이것은 다른 사람의 도움이 필요하다는 것을 사람들에게 가르치기 위한 신의 배려이다." 스미스는 무역수지의 흑자를 주장하였다("우리는 항상, 외국으로 판매하는 이상으로는 외국으로부터 수입하지 않도록 신경을 쓰지 않으면 아니 된다. 그것은 우리를 가난하게 하고, 외국을 풍부하게 하기 때문이다."). 동시에 그는 수출·수입의 상호 의존관계를 명확하게 인식하고 있다. "만약 우리가 자국의 상품을 많이 자국 내에 축적하게 되면, 우리가 지금 해외로부터 수입하고 있는 다른 상품을 제로(0)로 하여 지내지 않으면 아니 된다." 그리고 거기에는, (그것에 의하여 국제무역이 일어난다) 국제가격이 그 나라의 타당한 기회비용을 나타낸다는 인식조차도 볼 수 있는 것이다. "그러나 우리가 다른 나라의 상품을 필요로 하고, 다른 나라가 우리의 상품을 필요로 하는 것이기 때문에, 우리들은 자국의 상품을 자신이 좋아하는 데 맞추어 생산하는 것이 아니라, 전 세계 공통의 시장에 합치하는 것으로 하지 않으면 아니 된다. 그 가격도 또한 자신이 좋아하는 마음대로가 아니라, 세계의 공통시장(universal market)의 가격에 따르는 것이지 않으면 아니 된다."

이러한 무역의 이익에도 불구하고, 스미스는 국내생산자의 보호와 사치품의 수입에 대한 과세를 주장하였다. 특히 그는 외국에서 가공되어 자국으로 재수출되는 상품의 수출에 반대하였다. "그들은 우리의 상품에 의하여 그것을 생산, 그것을 다시 우리에게 수출한다. 그렇게 함으로써, 그들은 자국민을 일하게 하고, 우리 왕국으로부터는 많은 화폐(財寶)가 상실된다." 스미스는 "이것들의 상품에 대하여, 우리나라 사람들에게는 보다 많이, 외국인에게는 보다 적게 지불하는 것은 좋은 것이다." 또 수입을 금지하거나, 자국상품이 외국상품보다 저렴하게 되는 바와 같이 외국상품에 과세해야 한다고 생각하였다. "그 결과, 우리나라 사람들은 외국인의 부담에 의하여 일하게 될 것이다. 그리고 관세는 국왕을 위하여 전부 외국인에 의하여 부담되어, 이 왕국에는 명백한 이익이 남는 것이다." 그리고 스미스는 "우리가 흥미 없는 상품에 매년 귀중한 화폐를 지불하고, 보다 많은 화폐를 수취하여야 하는 실질적으로 중요한 상품을 그들에게 교환으로 주는 것"에 반대하였다. "바다를 건너 우리나라로 수입되는 그와 같은 불필요품은 우리가 그것 없이도 지내던가, 국내에서 생산해야 한다."

이 토마스 스미스가 논하여 도달한 결론은 1776년의 유명한 아담 스미스의 그것과 동일하고, 그 후의 200년 동안 경제문헌의 기조가 되었다. 무역수지의 흑자 유지와 원재료의 국내가공이 중상주의 진영의 2대 강령이 되었다. 수입사치품의 비난과 수입경쟁부문의 고용 중시가 중상주의자로서의 자격증명이 되었다. 그 후, 200년의 중상주의 문헌은 어느 의미에서, 16세기 중엽에 토마스 스미스에 의하여 창시되었다고는 반드시 말할 수 없지만, 그러한 테마의 반복 혹은 정치화(精緻化)였다.4)

17세기의 초두까지에, 영국의 저자들은 무역에 관하여 넓은 견해를 전개하였다. 그것은 기본적인 점에서 스콜라파와 자연법사상가의 사고와는 약간 다른 것이었다.5) 이 시대에 있어서 국제경제환경의 두 가지 특징, 즉 세계무역과 세계탐험의 맹렬한 확대와 정치실체로서의 국민국가의 발전이 중상주의의 무역에 관한 사고방식을 형성한 것이다. 전자(세계무역과 세계탐험)는 계급으로서의 상인에 대하여 그들 자신과 나라를 위하여 개척해야 할 방법도 없는 큰 기회를 제공하였다. 그 결과, 상인을 의혹의 눈으로 보거나, 상업활동을 비천한 것으로 보는 것은 없게 되어, 사회에 대한 그들의 역할은 이제 경시되지 않고, 국부에 대한 그들의 기여도 또 비방하는 것이 사라졌다. 중상주의자는 무역상인을 한 나라의 복지에 봉사하는 것으로 칭찬하고, 외국무역을 한 나라의 부와 풍요를 실현하는 수단으로서 찬미하였다. 상인은 가끔 한 나라의 번영과 안전보장의 전위로서 칭찬되었다. 토마스 먼(Thomas Mun, 1664, 3)은 상인을 예로 들어, '이 직업의 숭고성'을 이야기하며, 토마스 밀즈(Thomas Milles, 1599, (19))는 "모든 상인은 왕국의 모든 곳에서 환영받고, 육성되어, 장려되어야 한다."라고 썼다.

이 상인에 대한 매우 호의적인 태도는 가끔 그 저자 자신이 상인이며, 자신의 이익을 위하여 논한 것은 없는 것이다. 그것은 세계무역과 세계탐험이 그 나라에 보다 많은 부와 번영을 약속하였기 때문인 것이다.6) 아마 승려와 기타의 철학자의 기분으로서는, 부와 번영을 추구하는 것은 가장 칭찬해야 할 것은 아니지만, 속인의 저자들에 있어서는 그것은 매력적인 것이었다. 무역에 대한 참가를 억제하고자 한 지금까지의 사상가들과는 다른, 중상주의자들은 상인을 육성하고 무역을 확대하고자 하는(혹은 반대로 무역의 쇠퇴를 방지하고자 하는) 정책을 정부가 수립하는 것에 강한 찬성을 표명하였다. 그리고 초기의 중상주의자는 무역을 왕성하게 하고자 하는 희망의 나머지, 가끔 한 나라의 후생에 대한 무역의 중요성을 지나치게 과장한 것 같다. 무역은 "이 왕국을 부유하게

---

4) 예를 들면 W. H. Price(1906)는 무역수지에 관한 영국의 관심을 14세기로 거슬러 올라가 추구하고 있다.
5) 스콜라파와 중상주의와의 비교에 관해서는 Raymond de Roover(1955)를 보라.
6) 물론 Jacob Viner(1937, p.59)는 "이 방대한 중상주의 문헌은 부분적 혹은 전면적으로, 또 있는 그대로 혹은 기만적으로 특정의 경제이익을 위한 특별한 구실을 설명하고 있다."라고 썼다. 그러나 이들 소책자에는 분명히 분석적 가치가 있고, 따라서 이론적 고찰에서는 배제되어서는 아니 된다.

하는 유일한 수단"이며, "왕국번영의 시금석"이라고 믿었다.7) "이 왕국의 위대함은 외국무역에 의존한다."라고 말하며, 또 수출은 "영국의 부가 시도되는 시금석이며, 이 왕국의 건강을 측정하는 맥박이었다."8)이라고 하였다.

이것과 대조적으로, 중상주의자들은 가끔 국내상업이 그 나라의 번영에 공헌하는 것을 무시하였다. "만약 (우리가 자신들 사이에서) 거래하여도, 그것에 의하여 이 공화국이 번영하는 것은 아니다. 이느 주민의 이익은 다른 주민의 손실이며" 그리고 "만약 우리가 외국인과 거래한다면, 우리의 이익은 공화국의 이익이다."라고 먼(1664, 127)은 주장한다. 조사이어 차일드(Josiah Child(1693, 29))는 이것에 동의하여, 외국무역에 종사하는 자(상인, 어민 및 가축업자)는 "그것만이 아니라, 본래적으로 부를 외국으로부터 이 나라에 가지고 오는 것이며", 다른 한편, "국내의 업자(귀족, 변호사, 의사 및 상점주)는 그것(부)을 어느 사람으로부터 다른 사람으로 건넬 뿐이다."라고 설명하고 있다. 존 포렉스펜(John Pollexfen)도 마찬가지로 논하고 있다. "구입하는 것, 판매하는 것 그리고 우리 사이에서 거래하는 것은 누구를 다른 사람보다 유복하게 하는 기회가 될 것이다. 그러나 그것은 나라를 부유하게 하거나 가난하게 하는 것과는 직접적인 관계가 없다." 그리고 부언하면, 국내거래는 외국무역에 의하여 영향을 받는 것이다. 윌리엄 페티(William Petty, 1680, 11)에 의하면, "어떠한 나라에서도 국내거래는 외국무역에 의존하고 있다." "왜냐하면 무역이 왕성할 때는, 국왕의 세입은 증가하고, 지가ㆍ지대는 상승하고, 해운이 왕성하게 되며, 가난한 자가 직업을 가지기 때문이다." 그리고 에드워드 미셀든(Edward Misslden, 1622, 4)은 말한다. "만약 무역이 쇠퇴하게 되면, 이것들은 전부 쇠퇴한다." 이것이 이 세기를 통하여 중상주의자가 안고 있었던 사고방식이며, 국내거래가 외국무역과 동일 정도 혹은 그 이상으로 중요하다고 주장한 저자는 아주 적었다.9)

중상주의자들은 가끔 보편경제의 이론을 원용하여, 외국무역에 대한 그 정열을 정당화하였다. 이 이론은 상인의 행동을 정당화하여, 여러 가지 상업활동에 있어서 국제무역의 큰 역할을 강조하기 위하여 사용되고, 미셀던(1622, 25)은 다음과 같은 말로 이 점을 설명하고 있다.

---

7) Roger Coke(1670) 및 Thomas Mun(1621)을 보라.
8) Josiah Child(1693) 및 William Petty(1690).
9) 예를 들면 Carew Reynell(1685)를 보라.

"이 목적으로부터 사람들 사이에 상업이 출현한 것이다. 어느 나라를 유혹하여 다른 나라와 거래시켜, 그 나라가 가지고 있고, 다른 나라가 가지고 있지 않은 여러 가지 상품을 교환시키는 것, 어느 상품을 구하고 있는 자가 다른 사람으로부터 그것을 수취하고, 그리고 모든 사람이 만족되는 것은 신의 배려이다. 모든 나라에로의 길을 개척하는 바람과 바다가 이야기하는 것은 바람은 때로는 어느 나라 쪽으로 불고, 또 어느 때는 다른 나라 쪽으로 분다. 이와 같이 신의 판단에 의하여, 모든 사람에게 생명과 생활에 필요한 것을 주는 것이다."[10]

이와 같이 보편경제의 이론의 세계주의(cosmopolitan)와 초기의 자연법 접근과는 세계 전체가 국제무역에 의하여 이익을 얻는 것을 강조하는 것이며, 중상주의 사상과는 연관이 없는 것은 아닌 것이다. 가끔 무역에 관하여 선명한 묘사를 하였다는 것은 놀랄 일이지만, 그것도 그들의 상업에 대한 뜨거운 열정을 나타내는 것에 지나지 않는다.

그러나 중상주의자는 이하에서 설명하는 이유에서, 이 접근법(보통경제의 이론)을 자유·무구속의 무역을 제창하기 위해서는 사용하지 않았다. 독창적인 저자들이 이것을 거꾸로 파악하는 데 있어서, 전적으로 반대의 결론을 도출한 것이다. 바이너(Jcob Viner, 1937, 100-101)는 다음과 같이 설명하고 있다. 중상주의자들이 "신의 의도를 자기들의 목적을 위하여, 어떻게 교묘하게 해석한 것인가. …… 그들은 이 이론을 이용하여, 이것은 신의 배려에 의하여 이 나라에 할당되었다는 이유에서, 특정한 상품(의 사용)을 영국으로 한정하는 것을 정당화하거나, 또 이 이론을 이용하여, 자신들이 육성하고자 바라는 무역의 방향·모형(型)을 지지하지만, 그 반면, 다른 방향·모형의 무역을 공격하고자 할 때는, 이 이론을 사정 좋게 잊어버리는 것이었다." 그 전형적인 예가 다니엘 데포(Daniel Defoe, 1895, p.40)에 의한 1690년대부터의 용어이다. 그는 다음과 같이 설명하고 있다. 헨리 7세(Henry Ⅶ)는 "신은 양모를, 말하자면 세계에 대하여 독점적으로, 특별한 은혜로서, 혜택 깊은 영국에 주어졌다고 올바로 이해하였다. 만약 영국이 이 혜택을 거부하거나, 이 축복을 빠뜨리거나, 또 양모를 외국에서 가공하기 위하여 수출하는 것을 무책임하게도 무시하거나, 그리고 자신의 돈으로 자신의 용도로 프랑스제의 의복을 구입하는 것과 같은 것은 신의 배려에 대한 배반이며, 신의 은혜에 대한 배신이다."

제2의 국제경제환경의 특징은 중요한 정치실체로서 세계의 무대에 등장한 국민국가가 무역정책에 명확한 정치적 경계선을 가져온 것이다. 즉, 나라 사이의 정치적·종교적

---

10) 초기의 하나의 예로서 Gerard Malynes(1601)을 보라.

마찰이 많았던 이 시기의 저서에서, 초기중상주의자는 견실하게 국민경제의 입장에서, 자국에 귀속하는 무역이익만을 의미 있는 이익으로 생각하였다. 나라 사이의 정치적·경제적 대항의식 때문에, 예를 들어 어느 시점의 세계의 무역량이 불변이 아니라 하여도, 한 나라의 무역의 증가(무역이익의 증가)는 다른 나라의 희생에 의하지 않으면 아니 된다는 개념이 있었다. 존 그론트(John Graunt, 1676, p.29)의 "세계에는 어느 일정비율의 무역밖에 있을 수 없다."라는 개념이 쉽게 윌리엄 페티(William Petty, 1690, 82)의 "어떠한 나라의 부도 그 나라의 국내거래에서가 아니라, 세계 전체의 상업거래에 차지하는 비율에 밀접하게 의존한다."라는 결론에 결부하는 것이다. 조사이어 차일드(1693, p.160)에 의하면, 무역은 "우리와 동일한 목적으로 경쟁하는 다른 나라가 우리로부터 그것(무역)을 강제로 뺏는 것이 아니라, 우리가 그들의 그것을 감소시키고, 우리의 것을 증가하도록 하는 바와 같이, 진행시키지 않으면 아니 된다."라는 것이다.

그러나 무역의 총량이 일정하다는 명제는 무역은 제로·섬·게임(무역으로부터 한 나라의 이익을 받고, 상대국은 손실을 입는다)이라는 관념과 전적으로 다른 것이다. 중상주의자가 일반적으로 조건부이면서도 무역은 양쪽에게 이익을 가져온다는 사고방식을 승인하고 있는 것은 그들이 보편경제의 이론을 널리 인정하는 것에서도 분명하다. 일부의 중상주의자들이 일정하다고 생각, 그리고 자국에 귀속시키고자 한 것은 무역량이며, 무역이익이었다. 확실히 이 사고방식은 17세기 중상주의 문헌의 한 측면이면서도, 결코 그 주류를 이루는 것은 아니다. 중상주의 사상의 이 측면은 18세기에도 볼 수 있다고는 하지만, 그것은 17세기 말까지에는, 중상주의 사상의 일부로서는 소멸하여 버린 것이다. 다른 저자들은 이 논의를 부정하였다. 예를 들면 윌리엄 페티(1680, p.280)는 "한 나라의 무역에 있어서 유해한 것은 모든 상대국의 무역에 있어서 이익이라는 것으로는 되지 않는다."고 주장하고 있다.

상인과 무역에 대한 이 일반적인 칭찬은 상인이 자신의 이익을 위하여, 한 나라 전체에는 유해(有害)한 상업활동을 할지도 모른다는 조건에 의하여 침정화(沈靜化)하였다. 즉, 무역의 전부가 나라의 이익에 동일하게 공헌하는 것이 아니라는 것이다. 마린즈(1622, pp.3－4)는 "무역은 일반적 후생에 있어서도, 또 약간의 소수의 사람들에 있어서도 도움이 되는 이익을 낳는 것이다. …… 그러나 어쩌면 소수의 사람들이 특별한 이익을 받기 때문에, 일반의 사람들이 대단한 편견과 손해를 입을지도 모른다." 왜냐하면 상인이 "자신에게 가장 유리한 거래를 하며, 왕국을 위하여 라는 것은 일반적으로 고려하지 않기 때문이다."라고 비난하였다. 마찬가지로 페티(1680, p.11)도 또한 "개인의 무역은 상인의 부에 관련되는 것이어서, 나라의 무역과는 그 범위에서도 규모에서도 크게 상이한 것이다. 따라서 개인의 무역은 상인 개인에 있어서 상당한 이익이라도, 그 나라 전체에 있어서 유해한 매우 파괴적인 결과를 가져올 수밖에 없는 것이다."[11]라고 한다. 이와 같은 신념은 17세기에는 반복하여 표명되고, 18세기에 있어서도 동일하게 받아들여졌다. 데오도래 얀센(Deodore Janssen, 1713, 5)은 "무역은 상인에게는 이익을 가져오지만, 나라 전체로는 손해를 가져온다."[12]라는 격언을 만들었다. 1713-1717년에 집필된 자유무역반대의 일련의 논문 <British Merchant>는 "무역에 관하여 만인이 인정하는 일반적 격언"의 첫째로서 게재함으로써 얀센에 따랐다.[13]

상인의 개인적 이익과 나라의 보다 큰 이익과의 차이가, 중상주의가 무역의 나라 규모를 주장하는 기본적 이유이다. 상인의 행동을 나라의 이익에 합치시켜, 무역이 상인뿐만이 아니라, 그 나라도 번영시키도록 하기 위해서는 나라의 감독, 지도, 간섭이 필요하다.[14] 나라의 지도자는 특정상인의 좁은 이익을 넘어, 나라 간섭을 계획해야 한다고 많은 사람들은 생각하였다. 사뮤엘 포트리(Samuel Fortrey, 1663, 3-4)는 "정치권력은 대중의 이익을 도모하도록 노력하지 않으면 아니 된다. 그것만이 전체의 이익이다."라고 논하였다. 마린즈(1622, 3-4)도 또한 상인은 통상 "공화국의 이익에 배려하는 것 없이 행동하는 것이지만, 그것이 무역과 상업의 배후에 국왕과 총독이 존재하는 이유이다."라고 설명하고 있다.

레이넬(Raynell, 1685, 12)이 설명하고 있는 바와 같이, "모든 무역이 나라의 이익을 가져오는 것이 아니다."라는 것에서, 중상주의자들은 그 저자가 안고 있는 특별한 목적에 도움이 될 정도에 따라, 무역을 '좋은' 채널과 '나쁜' 채널로 선별하는 기준을 만들었다. 말할 것 없이 나라정책의 목적은 좋은 채널을 장려하고, 나쁜 채널을 억제하여, 무역을 나라이익에 공헌하도록 규제하는 것이다. 무역채널의 좋고 나쁨의 가장 확실한

---

11) John Pollexfen(1697b, 15ff)은 이렇게 경고하고 있다. "상인이 이익을 위하여 채용하는 수단에는, 항상 과오가 수반하는 것이다. …… 상인은 개인적 이익에 유혹되어 무역에 참여하는 것이지만, 동시에 나라는 그 무역에 의하여 손해를 입을 것이다."

12) Simon Smith(1736)도 동의하여 말한다. "수입업자에게는 이익을 가져오면서도, 나라에는 빈곤과 파괴를 가져오는 바와 같은 많은 상품이 있다."

13) Charles King(1721, 1:1)을 보라.

14) "나라의 평화를 확보하기 위해서는, 무역을 규제하는 것이 가장 유효하고 확실하다."라고 페티(William Petty, 1680, pp.15-16)는 쓰고 있다. Carew Reynell(1685, p.16)은 "외국무역을 가장 유리하게 취급하는 것은 한 나라를 이전보다도 대폭적으로 강대하게 하는 것"이기 때문에 "무역이 일반의 이익에 보다 크게 공헌하기" 위한 입법을 목적으로서, 상인으로 구성하는 무역위원회의 설립을 제안하였다.

구별 – 중상주의의 중심적 개념이며, 아담 스미스의 시대까지 뿌리 깊게 만연하여, 현재도 남아 있는 개념 – 은 주요한 무역이익은 수입에서가 아니라, 수출에서 얻어진다고 하는 것이다. 이 점에 관해서는 약간의 인용으로 충분할 것이다. "외국으로 수출되는 자국상품에 의해서 가져오는 이익은 자국으로 수입되는 외국상품의 이익보다도 크다."[15] "외국무역에 의한 한 나라의 이익은 자국상품을 외국인에게 수출하는 것 혹은 항구에서 항구로 판매되는 것에 의한다."[16] "왕국에 있어서 유리한 무역이란 우리의 상품을 수출하는 것이다."[17] "수출하는 것은 이익이지만, 수입되는 상품은 전부 손실이다."[18]

대부분의 수출에 있어서 바람직한 정책은 전적으로 분명하다. 모든 장애를 가능한 한 제거하는 것이다. 중상주의자들은 수출촉진의 대부분의 수단 – 상인의 해외에 있어서 안전확보로부터 무역 관련의 국내공공시설(항행이 가능한 하천)의 건설까지 – 에 찬성하였다. 분명히 중상주의자는 수출세 기타의 수출에 대한 '장애물'을 제거할 수가 없는 것까지도, 그것을 경감시키는 것에는 찬성하였다. 예를 들면 존 브랜드(John Brand, 1659, 9)는 "이 나라의 무역을 확대하여 왕성하게 하는 수단은 이 나라에서 가공되어, 어딘가의 외국으로 수출되는 상품에는 관세를 부과하지 않는 것, 예를 들어 부과하였다 하여도 약간"이라고 논하였다.[19] 그러나 뒤에서 볼 수 있는 바와 같이, 곡물과 약간의 원료에 관해서는 중상주의자들은 무구속의 수출정책의 이점에 관해서는 주의 깊었다.

그리고 재수출을 위한 무세환적을 인정하는 자유항의 개설과 그것에 의한 보세창고무역(entreport trade)의 촉진 요망이 있었다. 실제로는 일반수출보조금(장려금)을 제창한 저자는 없었지만, 그것의 수출에 대한 적극적 효과는 무시할 수 없는 것이 있었다. 루이즈 로버츠(Lewes Roberts, 1641, p.53)는 다음과 같이 관찰하고 있다. "약간의 왕국에서는 거래를 촉진하기 위하여 유능한 상인에게 국고 혹은 민간자금으로부터 거액의 화폐를 무이자 또는 낮은 이자와 저당으로 대부하였다. 그것이 대성공이었기 때문에 군주의 세수(稅收)는 대폭적으로 증가하고, 왕국은 부유하게 되고, 빈자는 직장을 얻고, 그 나라의 상품은 세계의 모든 곳으로 판매되게 되었다."

수입품에 관해서는 중상주의자들은 가끔 (실크, 보석, 포도주와 같은) 수입품은 매우 사

---

15) Gerard Malynes(1623, p.54).
16) William Petty(1680, p.23).
17) Carey(1695, p.48).
18) Carew Reynell(1685, p.10).
19) "왕국을 풍요롭게 하는 최선의 방책은 자국의 천연산품 혹은 국산품을 절약하여, 외국으로 판매하는 것이다." – Battie, 1644, p.3.

치적인 소비재이며, 그와 같은 '외관만의, 필요가 없는 상품' 특히 국내에서 생산할 수 있는 상품의 제한을 주장하였다.[20] 미셀덴(1622, 12~13, 131)은 과세 대상을 국내에서 생산하는 상품으로부터, 포도주, 건포도, 견직물, 설탕이라는 쓸데없는 수입품에 특히 얀센(1713, 8)이 "빈틈없이 큰 부담을 부과해야 한다."라고 주장하였다. 수입소비재로 이동하는 것을 제창하였다.[21] 이와 같은 제안은 사치품의 지출은 본질적으로 타락적·낭비적이라고 하여 절검(節儉)을 취지로 하는 초기 그리스도교 및 스콜라학파의 견해에 따른 것이다.

그러나 중상주의자의 관심은 그와 같은 상품은 비생산적이라든가, 한 나라의 부와 생산을 증가하는 것은 아니라고 한 논의보다도 그리고 도덕적 판단에 결여하는 것이었다. "소비적인 무역은 나라를 점점 약하게 하는 데 틀림이 없다. …… 왜냐하면 그것은 점점 나라의 부를 감소시켜, 사람들의 재산의 가치를 낮추기 때문이다."라고 페디트(1680, p.137)는 논하였다. 또 브루노 수비란타(Bruno Suviranta, 1923, p.147)가 관찰하고 있는 바와 같이, "우리는 경제생활의 진보에 정말로 도움이 되는 상품 밖에는 외국의 소비재를 바라지 않는다."라고 확실히 말하는 대신에 그들은 "우리는 외국품을 바라지 않는다."라고 말하고, 그 말 밖의 이유는 "그것들의 대부분은 사치적인 소비재이며, 생산을 증가하는 것이 아니라, 소비를 증가하는 경향이라는 것이다." 사치품수입과 절약심의 결여에 대한 관심은 17세기의 저자들에게 널리 볼 수 있는 것이며, 18세기의 저자들에게도 약하게 되었다고는 하나 마찬가지로 볼 수 있는 것이다. 윌리엄 우드(William Wood, 1718, p.225)는 "소비와 사치를 위한 상품을 전부 …… 지장이 없는 한, 내쫓는 것이 우리의 일이며, 그를 위해서는 높은 관세와 세금 이외에는 방법이 없다."라고 결론 맺고 있다.[22] 아담 스미스조차도, 그것에 대하여 어떠한 행동을 취하는 것을 추천하지도 않기까지도, 어떤 종류의 소비를 위한 수입에는 완곡하게 비난의 말을 남기고 있다.[23]

---

20) Misselden(1623, p.134).

21) William Petyt(1680, p.184)는 그에게는 과잉이라고 생각되는 프랑스로부터의 포도주의 수입에 의한 정금(正金)의 손실에 관한 유감의 뜻을 생생한 용어로 설명하고 있다. "모든 사람은 누구나 상당한 포도주에 통달되어 있는 것 같다. 이리하여 우리는 그것을 마시고, 알 수 없을 정도의 재화를 소변으로 흘려보내고 있다."

22) "확실히 이익이 없는 무역을 무리하게 하는 것은 불가능하다. 또 특별한 단체를 만드는 것도 효과적이지 않다. 그것은 수입품에 고액의 관세·부과금을 부과하는 것 혹은 수입금지의 입법에 의하여 행하여야 한다." — Wood(1718, p.270).

23) 아담 스미스는 이렇게 언급하고 있다. "외국산 포도주와 국산 견제품 등 상품은 어떤 생산활동도 하지 않는 나태한 인간에 의하여 소비되기 쉬운 것이다. …… 따라서 만약 이것이 최초로 이루어진다면, 그것은 낭비벽을 자극하고, 생산증대를 수반하지 않는 지출과 소비를 촉진하고, 사회에 있어서 모든 면에서 유해하다." — Adam Smith, Wealth of Nation, Ⅱ, ii, 33 – 34.

이와 같이 수출을 생산적으로 보고, 수입을 낭비적으로 보는 일반적 견해는 무역의 수익성 혹은 유리성을 결정하는 두 가지 특별한 기준을 만들었다. 첫째는 무역수지의 흑자(그것은 정금(正金, specie)의 유입을 가져온다)이며, 둘째는 무역의 바람직한 상품 구성(그것은 경제발전과 제조업의 고용을 촉진한다)이다.

1. 무역수지의 흑자

17세기 거의 전체를 통하여, 중상주의자들은 무역의 주요목적은 무역수지의 흑자 달성, 유지이라고 논하였다. 그리고 특정나라·특정지역과의 무역이 유리한지 어떤지는 수출액이 수입액을 초과하여, 무역차액의 흑자가 그 나라의 국고의 귀금속·화폐를 증가시키는 정도에 따라서 판단되었다. 먼(1664, p.11)은 당시의 고전적 문서에 이렇게 쓰고 있다. "우리나라의 부와 화폐를 증가하는 통상의 방법은 외국무역이며, 거기에서는 가치에서 매년 외국상품을 소비하는 이상으로 외국으로 수출한다는 원칙이 고수되지 않으면 아니 된다." 이와 같은 초기의 논의에서, 무역수지의 흑자(favorable balance)가 바람직하다는 이유의 일부는 정치적인 것(전쟁이라는 긴급사태 때에, 축적한 정금(正金)을 국방에 사용하는 것)이며, 또 일부는 경제적인 이유(정금 및 귀금속의 유입은 국내의 유동성을 증가하여, 신용부족을 완화하는 것)이었다.24) 이와 같이 국제수지의 화폐적 측면을 강조하는 것은 17세기의 초기 및 중기에서 매우 현저하며, 그리고 무역차액에 있어서 무역을 평가한다는 사고방식은 (유리한 무역차액(favorable balance)이라는) 일반적인 표현으로, 아담 스미스의 시대에까지 계속하였다.

중상주의의 부차적인 문헌에서는 17세기에는 무역수지에 대한 관심을 정당화하는 바와 같은, 무언가 특별한 경제적 조건이 있었던 것이라는 논의가 널리 이루어졌다.25) 우리의 입장에서 문제는 이러하다. 과연 중상주의자들은 무역수지를 흑자로 하기 위하여, 무역정책을 제창한 것일까. 그 해답은 반드시 그러하지 않다는 것이다. 초기의 중상주의

---

24) 이 화폐메커니즘은 이자율을 인하, 상인이 애석하게도 자금계획을 유리한 이자율로 하는 것이 가능하게 하고, 그것에 의하여 경제성장을 촉진하고, 보다 많은 고용을 가져오는 것이다. 바이너(Jacob Viner, 1937, pp.15−51)는 금지금(金地金) 유입의 유리한 것의 다른 이유를 설명하고 있다.
25) 17세기의 초기에는 정금(正金)은 중요한 국제결제수단이며, 대외계정의 차액결제를 위하여, 정금을 국제거래의 운영에 사용할 필요가 없게 되었다.−J.Sperling(1962)을 보라.

사상은 무역정책에 관한 직접적인 논의는 거의 발견되지 않는 것이다. 실제로 17세기 초기의 무역에 관한 모든 문헌에서는, 정금의 이동, 무역수지, 외환, 외환시장이라는 화폐적 측면의 논의가 압도적으로 많다. 무역수지에 관한 초기의 논의가 화폐 면에 집중하는 경향이 있었던 것에서, 제안된 해결책도 또한 1620년대에 마린즈와 미셀덴의 사이에서 교환된 환율의 조정논쟁과 같이 화폐적인 성격의 것이었다. 그러나 무역수지의 잉여(흑자)가 예외 없이 바람직한 목표라고 생각하고 있었던 것으로부터, 먼(1664, 14)과 같은 중상주의자는 '우리나라의 상품의 수출을 증가하여, 수입을 감소하는 방법·수단'의 하나로서, 무역정책에 주의를 한 것이다. 그러나 이 점에서 중상주의자는 큰 어려움에 직면하였다.

한 나라의 수출을 증가시키는 것에는 기존의 수출장해를 제거하는 것 밖에는, 실시하기 쉽고 확실한 법적 수단이라는 것은 눈에 띄지 않았다. 따라서 무역수지개선을 위한 무역정책은 수입금지(prohibition)라든가 높은 관세라는 수입에 대한 무역정책으로 향하였다. 일반적으로 중상주의자는 수입금지보다도 수입관세 쪽을 선호하였다(그러나 그 어느 것도 지나치게 엄격하여, 밀수(密輸)에 의하여 내용이 없게 되었다.) 로저 코크(Roger Coke, 1675, p.48)는 자신의 견해를 피력한다. "만약 나의 의견이 가치 있다고 한다면, 어떠한 상품도 수입금지로 해야 하는 것은 아니라고 하는 것이다. 만약 사람들의 고용을 전적으로 증가하지 않고 혹은 아주 조금밖에 증가하지 않는 사치적인 소비재가 수입되는 것이라면, …… (수입업자는) 당연히 국왕에게 수입관세의 전액을 지불해야 한다." 또 프란시스 브류스터(Francis Brewster, 1695, p.41)도 수입금지는 '이상한 사태'를 제외하고는, 결코 사용해서는 아니 된다. 그리고 그 대신에, 바람직하지 않은 혹은 지나친 수입에는 높은 관세를 부과해야 한다고 논하고 있다.

이것은 수입관세가 무역수지를 개선한다는 의미인 것일까. 먼(1664, p.30)은 어느 장소에서, 높은 수입관세가 유리한지도 모른다고 생각하였다. 즉, "이 나라의 그와 같은 외국상품의 소비에는 (관세에 의하여) 큰 부담을 부과하는 것이 바람직하고, 그리고 그것은 이 나라의 무역수지에 이익을 가져올 것이다." 그러나 그는 관세에 관하여 그 이상 상세하게 논의하고 있지 않다. 또 다른 저자들도 이 문제에 관하여 논의하려고 하지 않고, 그 대신에 무역수지의 화폐적 결정요인에 주목하였다. 그리고 그들의 거의 대부분의 무역수지개선책은 주화의 품질향상, 수출용 국내생산의 장려, 수출상품의 품질개선이라는 것이며, 무역장해(수입관세)를 설정하려고 한 것은 없었다.

실제로 무역수지에 대한 배려가 그대로 수입제한의 지지로 연결되는 것은 없었다. 또 중상주의자들도 높은 관세가 항상 무역수지를 개선한다고는 믿지 않았다. 약간의 중상주의자는 무역의 유형적 성격(무역이 수출과 수입의 쌍방적 교환의 프로세스라는 것)을 인식하고 있었다. 대부분의 중상주의자는 수출·수입의 의존관계로부터, 무역제한이 무역수지의 흑자와 결부한다고는 믿지 않았다. 헨리 로빈슨(Henry Robinson, 1614, p.8)은 과세부담을 수출품으로부터 수입품으로 이전하는 것을 제안하고, 그리고 "여기에서 잊어서는 아니 되는 것은 영국으로 가져오는 외국품의 대부분은 우리나라의 상품과의 물물교환에 의하여 입수되는 것이라는 것이다. 우리는 외국품을 수취하는 것 없이도, 우리나라의 상품을 그렇게 대량으로 수출해야 하는 것은 아니다."라고 경고하였다. 페디트(1680, pp.61-62)는 이 점에 관하여 논리적인 결론을 도출하고 있다.

"우리나라의 상품에 충분한 배출구와 시장을 개척하기 위해서는, 단순히 수출에 대한 모든 부당한 장해를 제거하지 않으면 아니 된다. 왜냐하면 …… 영국의 수출의 가치는 대체적으로 수입의 가치 이상으로는 될 수 없기 때문이다. …… 다른 한편, 만약 수입에 대한 장해가 제거되게 되면, 우리나라 상품의 매년의 배출구(수출)는 그때, 우리나라가 수입하고, 또 재수출하기 위한 수입의 총액에 도달하는 것일 것이다. …… 그것에 의하여 우리나라 상품의 수출은 다시 증가할 것이다."

토마스 트라이온(Thomas Tryon, 1698, p.23)은 다음과 같은 익숙하지 않은 것을 말한다.

"수입한 상품을 국내에서 소비하는 것은 우리나라에 있어서도 유리한 것이다. 재수출되는 상품에 관해서도 동일하다. 만약 우리가 그것들(수입품)을 국내에서 소비하거나, 재수출하거나 하지 않으면, 우리의 이웃사람은 과연 어떻게 하여, 우리나라의 제조품에 대하여, 즉 우리가 교환으로 제공하는 상품에 대하여 지불을 할 수가 있는 것일까."

팍스톤(Paxton, 1704, p.61)도 같은 의견으로 높은 관세는 과잉수입에는 "단순한 임시방편이라도, 수정책은 아니다."라고 하며, "관세는 무역에 대한 폭력이며", "무역의 과정에서는 우리나라의 수출을 삭감하는 것이다."라고 논하고 있다.

수출과 수입이 의존관계에 있다는 인식은 중상주의자를 곤혹시키는 것이었다. 수입관세가 명확한 무역수지의 개선수단으로서 인정되고 있었기 때문이다. 중상주의자들은 그것이 효과가 없다고는 생각하면서도, 보다 더 검약과 절제에 의하여 사치품과 기타의 소용없는 상품의 수요를 억제, 수입액을 감소하는 것을 독자에게 호소하였다.[26] 먼(1621,

p.56)은 경고하여 말하다. "우리는 외국상품을 거부하는 것이 아니라, 그 소비를 감소하도록 해야 하는 것이다." 먼(1664, p.16)에 의하면 영국은 먼저 "식품과 의복(diet and rayment)에서, 외국품의 지나친 소비를 정말 절약하여야 하는 것인가", 포렉펜(1697a, p.58)은 도덕적 설득이 효과가 없는 경우에만, 관세·수입금지에 호소할 것을 주장하였다. 즉, "무역수지가 적자가 되어, 그리고 우리나라의 상품에 대한 외국의 지출을 증가시키거나 제3국으로부터 대체상품을 유리한 조건으로 매입함으로써, 그 적자를 개선할 수가 없는 경우는, (그리고 그 상품 없이는 지낼 수 없는 경우) 그것에 대한 가장 안전한 방법은 예를 들면, 그 상품의 사용과 그것에 대한 지출을 감소하는 것이다. 만약 그것이 잘 되지 않게 되면, 그때, 높은 관세 혹은 수입금지가 허용되는 것이다. 수입금지는 항상 마지막 수단이며, 그것 밖에 방법이 없는 경우에 한정하지 않으면 아니 된다." 그러나 수입관세와 동일하게, 도덕적 설득도 또 극단적으로는 실시할 수 없다. 먼(1664, pp.148−149)은 경고한다.

> "만약 우리가 매우 검약적이며, 외국품을 조금밖에 혹은 전적으로 사용하지 않게 되면, 풍부한 소비는 모두 불가능하게 될 것이다. 그때, 우리의 상품을 판매할 수가 있을까가 문제이기 때문이다. …… 만약 우리나라의 상품을 지불할 화폐를 입수하는 것을 우리는 기대할 수 없는 것은 아닌가."

이리하여 수입품에 대한 지출을 감소한다고 하는 자발적인 노력은 수입관세와 마찬가지로, 수출도 감소하는 것이다.

17세기도 끝나가는 데에 따라, 무역수지가 정말 무역의 승부(勝負)의 유효한 지표인 것인가는 의심스럽다. 무역수지가 무역의 유리함을 나타내는 편법으로서 이용된다 하여도, 그것은 점차 경시되게 되어, 여러 가지 조건을 붙이게 되었다. 그 반면, 중상주의자는 점점 무역을, 경제발전을 촉진하고 제조부문을 확장시켜 고용기회를 낳는 유효한 수단으로서 보게 되었다. 그리고 그것과 관련하여, 자유무역 대 보호무역이라는 의미의 무역정책이 문제가 드디어 경제문제의 전면에 등장하게 되었다.

---

26) 특히 포트레이(Samuel Fortrey, 1663, 26)는 귀족계급은 영국제 의복을 착용하고, 그렇지 않으면 이 나라를 "빈곤하게 하는 수입을 감소시킴으로써, 사회의 훌륭한 표본이 되는 것"이라고 믿고 있다.

2. 고용과 무역의 상품구성

일반적으로 수출을 칭찬하고 수입을 나쁘다고 하는 것은 목적이 많이 있기 때문이어서, 무역수지에 대한 관심만을 반영한 것은 아니다. 17세기의 끝까지에는 그 나라 무역의 상품구성이 그 무역채널의 좋고 나쁨을 결정하는 수단으로서, 무역수지의 이론에서 무게를 이루게 되었다. 포렉펜(1697b, p.15)은 "어떠한 상품이 수출되고 수입되고 있는가를 신중하게 고려함으로써만이, 그 무역이 그 나라에 있어서 좋은가 나쁜가를 올바르게 판단할 수 있는 것이다."라고 한다. 확실히 문자대로, 모든 중상주의자는 다음의 명제에 찬성하는 것이다. 즉, 제조품의 수출은 유리하며, 원료의 수출(외국의 가공업자가 사용하기 위하여)은 유해하며, 원료의 수입은 유용하며, 또 제조품의 수입은 손해를 가져온다. 케리(Cary, 1695, pp.129－130)에 의하면, "어느 나라가 우리에게 가공된 상품을 공급하거나, 우리 사이에서만 사용되는 상품을 공급하는 무역은 우리에게 있어서 이익이 적은 것이다. …… 수입된 제조품이 우리나라의 제조품과 경합할 때는 더 한층 그러하다." 기타의 무역은 "우리나라의 대량의 상품을 외국으로 판매 혹은 국내에서 가공하는 원료를 공급하는 것으로서, 매우 유용하다."

그 이유로서 페디트(1680, 24)는 다음과 같이 설명하고 있다.

> "만약 우리나라에 가공용 원료가 자연스럽게 준비되어 있다면, 그것을 제조품으로 가공하여 수출하는 것은 원료 그대로 수출하기보다도 훨씬 유리하다. 제조품은 매우 고가(高價)이며, 원료의 5배, 10배 혹은 20배의 수입(收入)을 이 나라에 가져온다. 그것만이 아니다. 제조용의 원료를 수출하는 것은 제조업 그 자체를 이웃나라에 이전하는 것이 되기 때문이다. 매우 위험하다. …… 만약 외국인이 그들의 제조용 원료를 판매할 것이라고 하는 것이라면, 그것을 수입하여 국내의 제조업에 건네는 것은 당연한 것이며, 우리나라에 있어서 바람직한 것이다."

중상주의자는 높은 부가가치를 낮은 경제활동 혹은 광범한 가공·제조작업을 포함한 경제활동은 본래적으로 국내시장에서 이루어져야 한다고 논하였다. 가공작업은 다른 분야보다도 큰 가치와 고용을 낳는 것이다. 그 나라는 원료를 수입하고, 완성품의 수출을 지향하여야 한다고 하는 것이다.

이것은 무역수지론이라기보다는 (무역의) 목적이라고 해야 하는 것이다. 그리고 이 두 가지는 페디트가 분명하게 한 바와 같이, 결코 모순되는 것은 아니다. 또 이 목적은 무역에 관한 중상주의자의 견해에 밀접하게 결부한 것이며, 투입물과 원료에는 낮은 수입관세를, 가공품에는 높은 수입관세를 부과한다는 무역정책 위의 명확한 의미를 갖는 것이다. 포트리(Fortrey, 1663, pp.28-29)는 그 입장을 다음과 같이 설명하고 있다.

> "우리나라의 제조업과 대외무역의 확대에 있어서 유용하며, 그런데 국내에서 생산할 수 없는 모든 외국상품은 낮은 관세로 수입되어야 한다. 한편 외국품 특히, 사치한 소비용 상품에는 높은 관세를 부과해야 한다."

또 같은 논리로, 원료에는 수출세를 부과하여 (국내의) 가공업에 저렴한 가격으로 충분한 (원료)공급을 확보하고, 그리고 이것들의 원료를 외국의 제조업자가 입수하는 것을 저지하여야 한다고 한다.

자국 내에서 제조하는 것의 중요성과 그것을 해외로부터 수입하는 것의 위험성이 반복하여 강조되었다. 이 점은 약간의 인용으로 충분할 것이다. 차일드(Josiah Child, 1693, p.xii)는 다음과 같이 논하였다. "외국상품 특히, 외국의 제조품에 돈을 지불하는 것은 한 나라가 빠지기 쉬운 가장 나쁜 지출이며, 가능한 한 피해야 하는 것이다." 또 "우리로부터 상품을 너무 구입하지 않는 무역, 다른 외국시장에로의 판매에는 거의 혹은 전적으로 도움이 되지 않는 무역(예를 들면 재수출), 우리들의 허영심과 변덕스러움을 만족시키지만 불필요한 여분의 상품 혹은 유용하지만 우리나라의 제조품의 소비에는 장해가 되는 바와 같은 상품의 무역은 우리나라에 있어서 파괴적이 되어도 결코 이익이 되지 않는다."라고 하는 것이 토마스 파피론(Thomas Papillon, 1680, p.2)의 결론이다. 또 케리(John Cary, 1695, pp.48-49)는 "영국왕국에 있어서 유익한 무역이란 우리나라의 상품을 수출하고, 국내에서 가공하는 혹은 우리나라의 제조품생산에 이용할 수 있는 상품을 수입하는 것이다."라고 설명, "모든 무역을 우리나라의 제조업의 발전에 가장 도움이 되도록 규제하는 것은 정부의 큰 지혜를 보이는 것이다."라고 언급하고 있다.

같은 견해가 18세기에도 표명되어 있다. 조수아 기(Joshua Gee, 1729, p.111)는 이렇게 설명하고 있다. "자국산의 제조품에는 유리하게, 동종의 외국제조품에는 불리하도록 세금을 부과하는 것은 국내에 제조업을 가져올 수 있는 정도의 견실한 모든 정부가 준수해야 할 철칙이다." 데이비드 크레이톤(David Clayton, 1719, p.18)은 "국내에서 생산된 상품의 방해가 되는 바와 같은 (외국)제조품을 수입하는 무역 혹은 그것의 분류(分

流)는 그 나라에 있어서 직접적·결과적으로 유해하다.”라고 논하였다. “우리가 생산하고 있는 것과 동일한 상품을 가져오는 무역은 매우 유해하다. 국내의 제조업이 소비를 충족하고 있는 경우는 특히 그러하다.”라고 하는 것은 <British Merchant>(King, 1714, pp.1: 4−5)의 주장이다. 또 “이미 자국에서 생산되고 있는 제조품을 저렴한 가격으로 구입하는 것은 …… 만약 그것이 높은 세금을 지불하지 않고 이루어진다고 하면, 나쁜 결과를 가져오며, 그 나라의 진보를 저해한다.” 그리고 “그것에 의하여 자국상품의 소비가 저해받고, 그 나라의 제조업과 문화를 파괴할 우려가 있는 상품의 수입은 반드시 그 나라를 파멸로 유도할 것이다.”라고 포스트리드웨이트(Postlethway, 1757, p.2: 371)는 결론 맺고 있다.

중상주의자에 있어서 제조품의 유리성이라는 것은 단지 가치가 높은 가공품과 가치가 낮은 비가공품과의 교환에 의한 이익이 아니라, 산업이 보다 많은 고용을 창출하는 것이다. 수출용 산업의 고용노동의 임금은 “외국인에 의하여 지불되는 소득”이라고 생각하고 있다.[27] 크레이톤(Clayton, 1719, p.22)이 말하는 바와 같이 “무역의 이익은 우리나라의 노동을 고용하는 것 그리고 그것에 의하여 생산된 상품을 외국으로 수출하는 것으로 구성된다.”는 것이다. 킹(1714, p.1: 22)은 “우리나라의 사람들과 고용과 생활 그리고 우리나라의 발전에 가장 크게 공헌하는 무역이 가장 가치 있는 것이다.”라고 한다. 이 시대의 예리한 경제사상가 리차드 칸티욘(Richard Cantillon)의 무역정책에 관한 견해는 비교적 평범한 것이었다. 칸티욘(1755, 1931, pp.233−235)의 견해는 이러하다. “거래가 잘 이루어지고 있는 무역의 흐름을 고려하면 모든 제조품수출이 나라에 있어서 유리한 것을 알 수 있을 것이다. 이 경우, 항상 외국인이 이 나라에 있어서 유용한 직인(職人)들의 임금을 지불하고, 그리고 그들을 지지하고 있는 것이다. …… 외국의 제조품과 교환으로 이 나라의 원료를 대량으로 매년 해외로 수출하는 습관은 이 나라에 있어서는 바람직한 것은 아니다.” 팩스톤(1704, p.10)은 말한다. “무역의 큰 임무는 우리나라 사람들을 고용하는 것이며, 무역의 큰 이익은 사람들을 풍요롭게 하는 것이다.” 페티(1690, p.37)조차도 관세가 실업을 구제한다고 논하고 있다. “어느 나라의 사람들이 충분하게 고용되어 있지 않을 때, 그들을 설득하여 일하게 하여야 하는가. 이 경우, 나는 과세가 이 왕국을 부유하게 할 것이라고 언급하고 싶다.”[28]

이리하여 중상주의자가 무역의 상품구성에 구애되는 것의 은폐된 목적은 제조업의 확

---

27) E. A. J. Johson(1933)이 이 점에 관하여 상세하게 설명하고 있다.
28) 제17장에서 심각한 실업에 직면하였을 때의 케인즈의 보호론을 들고 있다.

대와 고용의 창출에 의하여 경제발전을 도모하는 것이었다.[29] 무역정책은 경제적 유인(誘因)을 자극하여, 경제발전을 촉진시키는 중요한 메커니즘이었다. 존 아스길(John Asgill, 1719, p.10)은 국내산업의 '보호와 육성'을 위하여 정부의 정책을 사용하는 것을 주장하여, 무역정책의 논의에 '보호(protection)'라는 용어를 처음으로 사용하였다. 여기에서 보호가 제조업의 고용과 생산을 확대시킬 수 있다는 논의가 표준적이 되고, 17세기의 중기 이후의 자유무역론이 이 논의의 극복에 노력하지 않으면 아니 되었던 것이다.[30] 자유무역의 이념에 있어서 특히 장해가 된 것은 보호관세정책이 이 목적에 있어서 유효하다는 것 혹은 적어도, 수입경쟁산업을 강화한다는 의미에서, 약간 성공할 가능성이 있다는 것이다. 중상주의자들은 그 무역수지론에서는 과연 수입관세가 불리한 무역수지를 역전할 수가 있는지 어떤지에 관해서는 전혀 자신이 없이, 약간의 관세는 무역수지를 유리한 수단으로서는 항상 가장 유효한 수단이라고는 할 수 없다고 하는 데 그쳤다. 그러나 수입품의 유입을 억제하는 관세는, 대부분의 경우, 보호된 부문의 생산과 고용의 증가를 보증한 것이다.[31]

(수입관세와 수출보조금이라는) 무역간섭의 채택에 의하여 경제발전을 촉진하는 것이, 아담 스미스의 <국부론>이 출판된 바로 9년 전, 제임스 스튜어트(James Stuart)의 <정치경제학연구(An Inquiry into the Principles of Political Oeconomy, 1767)>에 있어서, 과장된 형태를 취하게 되었다. 스튜어트의 <연구>는, 어느 의미에서, 중상주의의 무역이론을 극단까지 진행한 전형(典型)이다. 그는 현명하고 자비 깊은 정치가가 경제의 관리인·후견인으로서 봉사한다는 전제로서 논의를 시작하였다. 정치가는 그 신중한 행정과 각종의 경제정책에 의하여 경제를 생각대로 조작하고, 자국의 경제활동을 촉진하고, 상대국의 활동을 억제할 수가 있다는 것이다.

스튜어트((1767) 1966, p.1: 29)의 무역에 대한 평가기준은 그 이전의 저자들이 설명하였던 것과는 근본적으로 다른 것은 아니다.

---

29) Richard Wilkes(1987, p.155)가 설명하고 있는 바와 같이, 문헌을 조망하고 곧 알 수 있지만, 이 시대의 논문·저서, 제목·내용에 무역이 경제시스템 혹은 특정부문의 확대, 개선 혹은 진보에 관련하는 것을 설명하고 있지 않은 것은 거의 없는 것이다. 혹은 이들 저서는 계보로서 무역의 쇠퇴 혹은 정체의 원인을 설명하고 있다.

30) 이들의 사고방식은 어느 수준에서는 아무런 새로운 것은 없다. 이미 스미스(Sir Thomas Smith)가 16세기에, (또 그 이전의 저자조차도) 수입관세가 고용을 초래한다는 합리성에 관하여 설명하고 있고, 또 그 이전의 저자도 관심을 갖고 있는 것이다.

31) 바이너는 "모든 중상주의 논의 가운데, 이 '고용에 관한' 논의가 가장 잘 비판하고 있고, 19세기에 그리고 20세기에도, 중요한 보호론의 요인으로서 존속하였다."—Jacob Viner (1937, p.52).

“만약 수입된 상품의 가치가 수출된 상품의 가치보다도 크면, 이 나라는 이득이 되며, 만약 수입된 노동의 가치가 수출된 노동의 가치보다도 크면 이 나라는 손실이 된다. 왜냐하면 그것은 전자의 경우 외국인이 수출된 노동 이상의 것을 상품으로 지불하지 않으면 아니 된다. 후자의 경우는 이 나라가 수입된 노동 이상의 것을 상품으로 외국인에게 지불하지 않으면 아니 되기 때문이다. 따라서 노동의 수입을 억제하고, 그 수출을 촉진하는 것이 일반원칙인 것이다. 만약 어느 상품의 수입이 증가하기 시작하게 되면, 정치가는 그것에 세금을 부과함으로써, 대응하지 않으면 아니 된다.” 그리고 스튜어트는 말한다. “만약 그것으로 충분하지 않게 되면, (수입세는) 인상되어, 그것으로도 수입증가가 정지하지 않게 되면, 그 상품은 확실히 수입금지가 될 것이다.”(p.292) “정책의 극단적인 혹은 큰 변경은 현명하지 않다. 유해한 무역의 흐름을 규제하고, 바람직한 무역의 상품구성이 실현하게 되도록 유도하지 않으면 아니 된다.”라고 스튜어트는 결론 맺는다. 왜냐하면, 노동을 수출하는 것이 가장 유리하다. 순수한 천연자원의 수출이 가장 이익이 작은 것으로부터, 부유한 나라가 천연자원의 수출을 시작할 때, 그 나라의 정치가는 모든 노동의 수입을 금지하고, (자국의) 사치에 사용된다. 어떠한 나라로부터의 천연자원의 수입도 금지하는 것을 목적으로 하지 않으면 아니 된다.(p.295)

농업의 분야에서는, 정치가는 모든 외국으로부터의 경쟁품을 금지하지 않으면 아니 된다. …… 생활필수품의 국내소비에 필요한 수량(의 국내생산)을 확보하기 위하여 필요하기 때문이다. 또 (농산물)가격이 지나치게 하락하였을 때, 프레미엄을 지불함으로써, 농민에게 축적되어 있는 여분의 재고를 억제하지 않으면 아니 된다. 사실 스튜어트는 그의 이전의 중상주의자들이 이루었던 것보다도 더욱 대폭적인 수출보조금을 제창하였다. 조금 길지만, 그 한 문장을 인용할 가치가 있을 것이다.

“매년 100만 파운드의 물고기를 수출하고 있던 나라가 연안어업의 왕성한 나라에 의한 이 나라보다도 20% 낮은 가격으로 판매하는 데 직면하였다고 가정한다. 그때, 이 나라의 정치가가 자국민의 물고기를 전부 매입하여, 모든 외국시장에서 이 경쟁상대보다도 저렴하게 판매하고, 그 자신이 25만 파운드의 손실을 입었다고 하자. 이 결과는 어떻게 될 것인가. 정치가는 물고기의 대금 100만 파운드를 국내에서 지불하고, 해외로부터 75만 파운드가 들어온다. (차액)25만 파운드를 어떻게 할까. 그것은 주민 전체에로의 일반과세에 의하여 메운다. 과세수입은 국고로 들어와, 모든 일은 원래대로 될 것이다. 만약 이 방법이 채택되게 되면, 어떻게 될 것인가. 모든 일에 종사하는 사람들은 먹고살 수 있게 될 것이다. 즉, 획득한 물고기는 팔리지 않고 수중에 남게 돼 버릴까. 물고기의 소유자가 그것을 저렴하게 팔아 큰 손해를 입게 될 것이다. 그들은 제로(0)가 되어, 이 나라는 장래 매년 75만 파운드의 수입(收入)을 상실하게 될 것이다."(pp.256-257)

이 문장은 수출보조금(일반과세에 의하여 메워진다)이 무역에 있어서 코스트 면에서 우위를 가진 외국으로부터의 영향으로부터 자국생산자를 격리하기 위한 보험수단으로서 사용되는 것을 의미하고 있다.

스튜어트는 세계의 자유무역의 소망조차도 부정하였다. "(세계에는) 여러 (국민)국가가 존재하는 것이기 때문에, 흐트러진 이익관계가 있음에 틀림없다. 따라서 만약 그 이익을 통괄하는 정치가가 존재하지 않는다면, 공통의 선(common good)이라는 것은 존재하지 않을 것이다. 공통의 선이 존재하지 않으면 모든 이익관계는 개별적으로 처리되지 않으면 아니 된다." "동일한 법률로 지배되고, 단일의 계획 아래에서 잘 운영되는 세계정부(world government) 아래에서, 비로소 개방된 무역이 고려되는 것이다." 그러나 개개 흐트러진 각 나라 정부 아래에서는,

> "만약 어느 나라가 자국의 항구를 모든 나라의 수입에 개방하고 그리고 모든 이웃 나라로부터 아무런 대가를 취하지 않았다면, 그 나라는 바로 파멸할 것이라고 나는 생각한다. …… 따라서 무역을 전적으로 자유대로 하게 두는 것은 적어도 처음에는 모든 사치품(산업)을 파멸하고, 그것으로부터 소비를 감소시켜, 다음으로 화폐유통량을 감소시켜, 화폐보유를 촉진하여, 그 다음으로 유럽 여러 나라 전체에 빈곤을 가져올 것이다."(pp.364-365)

이 스튜어트의 <연구>는 중상주의의 외국무역론의 최고봉이며, 고도의 간섭주의적 무역정책의 필요성을 다른 저자보다도 훨씬 상세하게 주장한 것이다.[32] 그러나 이 스튜어트의 일에 있어서 분석의 모양은 후세의 사람들에게는 말할 필요도 없이, 당시의 사람들을 설득하는 것은 없었다. 스튜어트와의 이 논의는 스미스의 <국부론>의 출판 이전에 있어서조차도 환영받지 못하였다. 엔드류 스키너(Andrew Skinner, 1981, 36)는 "이 <연구>가 1767년에 출판되었을 때, <Critical and Monthly>지의 서평은 그와 같은 정치가의 역할에는 이구동성으로 반대하였다."라고 설명하고 있다. 다음 장에서 우리는 18세기의 전환기에 있어서조차도, 예를 들어 무역제한이 어떻게 잘 입안되었다 하여도, 그것이 전

---

32) 아담 스미스(1987, p.167)는 <국부론>의 출판 직전에, "(스튜어트의 저서를) 한 번도 지적함이 없이, 거기에 포함된 모든 잘못된 이론이 나의 저서의 명확한 반론에 폭로되는 것을 나는 잘못 생각한다."라고 한다.-Gary Anderson and Robert Tollison(1984).

체의 경제목적에 도움이 되었는지 어떤지에 관하여, 경제학자 사이에서 의문을 품게 되었던 것을 설명한다. 나라이익을 목적으로 무역에 법적으로 간섭하고자 하는 전능(全能)으로 하여 현명한 정치가를 용인하고자 하는 스튜어트의 태도는 1767년의 시점에 있어서조차도 바람 바뀌는 시대의 지연이라고 지목된 것이다. 스튜어트의 이론에 관해서는 제4장에서 상세히 설명하고자 한다.

이상으로, 중상주의 무역의 문헌전망을 끝내는 데 있어서, 우리는 1500년대 중기의 토머스 스미스 경의 <복리론> 및 1700년대 초기의 찰스 킹의 <영국상인> 그리고 1767년의 스튜어트의 <연구>와의 사이에, 무역정책의 사고방식에 거의 변화가 없는 것에 놀라지 않을 수 없다. 무역에 관한 짧은 소책자가 논문이 되어, 그리고 무역을 상세하게 논한 본격적인 출판물로 발전하여도, 세계 각 지역에 있어서 영국의 무역의 실제를 오랫동안 묘사한 지면과는 반대로, 무역의 참된 분석에 사용한 지면은 아주 약간이었다. 사실 17세기의 경과와 더불어, 경제문헌에 큰 진보가 있었으면서도, 18세기 초기의 무역에 관한 모든 논문에는 논리의 질적 저하가 확실히 보이는 것이다. 그것은 분석과 비판을 결여하였다. 단순한 국제수지론에로의 복귀이며, 경제학자 사이에 확대되고 있던 자기만족을 반영하는 것이었다. 그리고 그것이 아담 스미스 및 고전학파의 주장과 비판을 하기 쉽게 한 것이다.

슘피터(1954, p.348)의 견해에 의하면, "참된 분석적인 업적이 때때로 그리고 분석적인 시도가 가끔 보였지만, (중상주의) 문헌은 대부분 여전히 본질적으로 분석 이전의 것이었을 뿐만이 아니라, 조잡한 것이었다." 무역에 관한 저서의 홍수에 보다 더 정치화(精緻化)를 기대하는 것은 아마 무리일 것이지만, 콜만(D. C. Coleman, 1980, p.787)이 언급하는 바와 같이, "중상주의 저서의 대부분은 통속적인 격언과 애매한 해설을 결부시킨 혼합물에 지나지 않고, 그리고 그 논리와 고전학파경제학 및 그 근대적 파생이론이 합리적이라고 생각한 것은 매우 바뀌기 쉬운 것이었다." 실제로 이 장의 서술은 특정한 개별적 저서가 갖고 있는 이상의 이론적 일관성을 중상주의 문헌이 갖고 있는 바와 같은 잘못된 인상을 (독자에게) 주었는지 모른다.

중상주의자가 국제무역을 칭찬한 것으로부터 알 수 있는 바와 같이, 중상주의자를 자급자족과 동일한 것과 같은 것을 노린 조잡한 보호론자로 보는 것은 올바르지 않다. 중산주의자는 상인의 활동에 제한을 가하여, 또 수출성장을 저지하는 바와 같은 무역정책을 예리하게 비판하였다. 그들에게는 무역반대라는 편견은 없고, 실제는 그 반대였다.

그리고 그들의 수입반대의 감정은 무역은 본질적으로 두 나라 사이의 물물교환이며, 외국상품을 수입하여 주지 않으면, (자국상품을) 수출할 수가 없다는 인식에 의하여 완화되었다. 우리가 무역정책 면에서, 중상주의 문헌에서 최종적으로 알고 있는 것은 그 주장이 제조업의 발전촉진과 결부하였다는 것이다. 고용을 목적으로 한 단순한 보호론이며, 그것은 1950년대에 개도국에 대하여 제안된 수입대체정책(import substitution policy)과 동일한 것이라는 것이다.

그러나 정부는 관세정책에 의하여 제조업을 보호하고 원료수출을 저지해야 한다고 주장하는 중상주의자의 일치된 의견은 이 완성된 중상주의의 영지(英知)에 의문을 안은 저자들의 출현을 방해한 것이다. 중상주의자가 무역규제를 용인한 두 가지 목적, 즉 무역수지의 유리화와 제조업의 생산확대라는 목적은 어느 것이나 무역에는 사적이익과 공적이익의 부조화(disharmony)가 수반하고, 경제자원의 나쁜 배분(misallowcation)이 발생하는 것이지만, 그것들에 관해서는 올바른 정부의 정책에 의하여 시정될 수 있다고 생각한다, 무역에 대한 넓은 관점에서 발생한 것이다. 자유무역의 사상은 중상주의자가 안고 있는 특정의 목적과 배려에 대한 의혹뿐만이 아니라, 한 나라의 경제문제, 특히 무역문제에 관한 정부의 역할에 대한 보다 큰 의혹으로부터도 발생한 것이다.

참고문헌

1) Anderson, Gary, and Robert Tollison., "Sir Jams Steuart as the Apothesis of Mercantilism and His Relation to Adam Smith", Soutjhern Economic Journal 50(October 1984): 456－68.
2) Appleby, Joyce, Economic Thought and Ideology in Seventeenthp－Century England, Princeton University Press, 1978.
3) Asgill, John, A Brief Answer, London: J.Robert, 1719.
4) Brewster, Sir Francis., Essays on Trade and Navigation, London: T. Cockerill, 1695.
5) Cantillon, Richard., Essai sur la Nature du Commerce en General(1755)[Essay on the Nature of Trade in General, ed. by Henry Higgs], London: Macmillan, 1931.
6) Carey, John., An Essay on the State of England in Relation Its Trade, Bristol: W. Bonny, 1695.
7) Child, Josiah., A New Discourse of Trade, London: J. Everingham, 1693.
8) Clayton, David., A Short System of Trade, London: Tookey, 1719.

9) Coars, A. W., "Mercantilism: Economic Ideas, History, Policy", in On the history of Economic Thought, New York: Routledge, 1992.

10) Coke, Roger., A Discourse of Trade, London: H. Brome, 1670.

11) Cole, Charles W., French Mercantilist Doctrines Befor Colbert, New York: Smith, 1931.

12) Coleman, D. C., "Mercantilism Revisited", Historical Journal 23(December 1980): 773−91.

13) de Roover, Raymond, "Scholastic Economics: Suvival and Lasting Influence from the Sixteenth Century to Adam Smith", Quarterly Journal of Economics 69(May 1955): 161−90.

14) Defoe, Daniel., Of Royall Education, ed. by Karl D. Bulbring, Lodon: D. Nutt, 1895.

15) Fortrey, Samuel, England's Interest and Improvement, London: J. Field, 1663.

16) Graham, William D., "The Liberal Elements of English Mercantilism", Quarterly Journal of Economics 66(November 1952): 465−501.

17) Graunt, John, Natural and Political Observatios upon the Bills of Mortality, 5th ed., London: J. Martyn, 1676.

18) Grice−Hutchinson, Marjorie, Ealy Economic Thought in Spain, 1777−1740, Boston: George Allen & Unwin, 1978.

19) Johnson, E. A., "British Mercantilist Doctrine Concerning the 'Exportation of Work' and 'Foreign−Paid Incomes'", Journal of Political Economy 40(December 1932): 750−70.

20) King, Charles(ed), British Merchant, London: J. Darby, 1721.

21) Magnusson, Lars, "Mercantilism and 'Reform' Mercantilism: The Rise of Economic Discourse in Sweden during the Eighteenth Century", History of Political Economy 19(Fall 1987): 415−33.

22) _________________, Mercantilism: The Shaping of an Economic Language, New York: Routledge, 1994.

23) Malynes, Gerard, Treatise of the Cankers of England's Commonwealth, London: W. Johnes, 1601.

24) _______________, The Maintenance of Free Trade, London: W. Sheffard, 1622.

25) _______________, The Center of the Circle of Commerce, London: W. Johnes, 1623.

26) Miles, Thomas, The Customer's Apology, 1599(?).

27) M. isselden, Edward, Free Trade, or the Measures to make Trade Flolish, London: J. Legatt, 1622.

28) _______________, The Circle of Commerce, London: J. Dawson, 1623.

29) Mun, Thomas, A Discourse of Trade, London: J. Pyper, 1621.

30) ___________, England's Treasure by Foreign Trade, London: T. Clark, 1664.

31) Papillon, Thomas, The East−India−Trade: A Most Profitable Trade to the Kingdom, London: n.p., 1680.

32) Paxton, P. A., A Discourse Concerning the Nature, Advantage, and Improvement of Trade, London: R. Wilkin, 1704.

33) Petty, William, Political Arithmetick, London: R. Clavel, 1690.

34) ___________, Britannia Lenguens, or a Discourse of Trade, London: T. Dring, 1680.

35) Pollexfen, John, A Discourse of Trade, Coyn and Paper Credit, London: B. Auylmer, 1697.

36) ___________, England and East−India Inconsistent in their Manufactures, London: n.p., 1697.

37) Postlethwayt, Malachy, Britain's Commercial Interest Explaind and Improved, London: P. Brown, 1757.

38) Price. W. H., "The Origin of the Phrase 'Balance of Trade'", Quarterly Journal of Economics 20(November 1906): 157−67.

39) Robert, Lewes, The Treasure of Traffike, London: N. Gourne, 1641.

40) Robinson, Henry, England's Safety in Traders Enreases, London: N. Bourne, 1641.

41) Skinner, Andrew S., "Sir James Steuart: Author of a System", Scottish Journal of Political Economy 28(February 1981): 20−42.

42) Smith, Simon, The Golden Fleece: or The trade, interest, and wel−being of Great Britain considered, London: R. Viney, 1736.

43) Smith, Sir Thomas, A Discorse of the Commonwealth of This Realm of England(1581), ed. by Mary Dewa, Charlottesvill, The University Press of Virginia, 1969.

44) Sperling, J., "The International Payments Mechanism in the Seventeenth and Eighteenth Ce ntury", Economic History Review, 2d ser. 14(April 1962): 446−68.

45) Steurt, James, An Inquiry into the Principles of Political Oeconomy, London: A. Millar & T. Cadell: 1767.

46) Suviranta, Bruno, The Theory of the Balance of Trade in England, Helsingfors, Finland: privately printed, 1923: New York: A M. Kelley, 1967.

47) van Tijin, "The Dutch Economic Thought in the Seventeenth Century", in Economic Thought in the Netherland: 16750−1950, ed. by J. van Daal, and A. Heertje, Aldershot: Avebury, 1992.

48) Wilkers, Richard C., "The Development of Mercantilist Economic Thought", in Pre−Classical Economy Thought, ed. by S. Todd Lowry, Boston: Kluwer, 1987.

49) Wood, William, A Survey of Trade, London: Wilkins, 1718.

50) Wu, Chi−Yuen, An Outline of International Price Theories, London: Routledge, 1939.

제4장

보호무역론의 원류로서의 스튜어트이론

1. 중상주의(Mercantilism)의 무역이론

18세기의 유럽은 사상적으로는 계몽주의 혹은 자연법의 사상이 지배하였으며, 경제적으로는 중상주의 정책이 요구되었던 시대였다. 특히, 유럽대륙의 여러 나라에서는 봉건적인 여러 제도와 절대권력이 억압하던 시기였다. 이 시기에 신음하던 인간이 갈망하는 하나의 사상은 바로 자연법사상(自然法思想)이었다.[1]

근세에 들어 증가하기 시작한 세계상업 내지 외국무역의 전개와, 특히 16세기 이후의 눈부신 생산력의 발전, 상품경제의 생성·발전과 더불어 예부터 내려오던 자급자족적인 자연경제와 지방할거적인 봉건적 사회체제는 나라에 따라 그 정도나 형태를 여러 가지로 달리하면서도 혹은 서서히 혹은 급속하게 연결시키고 또한 약화되어 갔다. 그 대신 경제적으로는 상품경제를 그 내용으로 하는 국민경제가 형성되기 시작하고, 정치적으로는 최대 최강의 영주(領主)라고 해야 할 절대주의적인 국왕(國王)이 이들 대부분의 나라에 등장하여 민족적인 국가통일을 이루고 있었다. 넓은 의미에서의 중상주의시대의

---

[1] 자연법사상은 그리스의 스토아철학에 그 근원을 두고 있으며, 근대 초기의 르네상스에 재생하여, 그 뒤 스피노자(Baruch de Spinoza, 1632－1677), 록(John Locke, 1632－1704) 등에 의하여 전개되어 왔다.－[經濟學大辭典](3), 東洋經濟新聞社, 1980, '自然法思想', pp.312－313에서 인용.

개막이었다. 이 과정을 통하여 독립자영(獨立自營)의 농민이나 자유로운 농촌공업이 형성되어 잔존하던 옛 틀(舊殼)을 벗어나 다시 생성·발전하지 않을 수 없었다.

요만을 선두로 자본제생산을 일찍이 발달시켰던 영국에서는 절대주의적인 국가조직도 17세기의 퓨리탄혁명에 의하여 결정적으로 타파되어 새로운 부르주아 나라로 변신하였다. 모든 봉건적인 혹은 공동체적인 규제나 유대로부터 해방된 새로운 자유로운 개인 혹은 '경제인'이 형성되었다. 이와 함께 예로부터 내려오던 목가적인 정체적 농업사회는 바뀌지 않을 수 없는 경제사회로 전환되어 갔다.[2]

한편 자본제생산의 발달이 영국에 비해 훨씬 뒤떨어져 있던 유럽의 여러 나라에서는 특히 잔존한 낡은 봉건적 여러 제도나 권력으로부터 압박이나 장해로 사람들은 괴로워하지 않을 수 없었다. 여기에 그러한 역사의 전환기에 살며 역사의 궁박(窮迫)에 고민하던 당시의 사람들의 마음에서 나온 하나의 사상이야말로, 바꾸어 말하면 그리스의 스토아철학으로 시작, 근세 초두의 르네상스에 재생하여 전개되어 온 자연법사상이었다.

당시의 사상가들은 비역사적으로 혹은 추상적으로 인류의 원초적인 자연상태를 각각 상정하여 거기에 인간의 자유나 평등, 무엇보다도 '인간의 해방'을 실현하기 위하여 본래의 이론적 근거를 도출한 것이다. 그것이 드디어 영국에서는 데이비드 흄 등을 거쳐 아담 스미스에로 전개되어 인간의 이성(理性)과 자연 혹은 신(神)과를 동일시하며 신뢰하는 이신론적(理神論的)인 예정조화(豫定調和)의 사상으로 발전하여 갔으며, 여기에서 영국 고전학파경제학은 성립한다.

스튜어트(James Steuart, 1712~1780)는 당시의 역사적인 정치적 현실을 어떻게 보고 어떠한 역사의 과제를 거기에서 도출한 것일까? 이러한 과제를 해명하기 위해서는 먼저 보호무역주의의 체계로서의 중상주의란 무엇인가가 먼저 해명되어야 할 것이다.

그러면 중상주의(mercantilism, mercant11e system)란 보통 근세 서 유럽의 절대주의 나라가 성립된 시기로부터 영국 산업혁명이 개시된 시기까지의 약 300년의 기간, 즉 대개 15세기 후반부터 18세기 중반까지 유럽 여러 나라를 지배했던 경제사상, 경제이론 및 경제정책의 총칭이라 할 수 있다.[3]

한편 고바야시(小林昇)에 의하면[4] "중상주의란 경제학사에서도, 경제정책사에서도 사

---

2) 이들의 도덕적 능력이 명확하게 인간의 본성에 대한 지배적 원리가 될 수 있도록 형태를 만들고 있는 이상, 이들 능력이 규정한 여러 원칙이요 신의 명령 내지 계율로 간주하여야 한다.
3) Pierre Deyon, Le Mercantilisme, Flammarion(Paris, 1969), (神戸大學西洋史研究室譯, 重商主義とは何か, 晃洋書房, 1981, p.123).
4) 小林昇, 經濟學史著作集(ⅳ), 未來社, 1979, p.377.

용되고 있는 용어로서 일반적으로 역사의 초기 자본주의의 단계에 해당하는 부분이 이 용어로 일컬어지고 있다. 단, 학사(學史)의 단계로서 중상주의는 중농주의나 고전학파에 앞선 단계가 되겠지만 정책사(政策史)의 경우 그것은 만개한 자본주의 단계에서의 자유주의, 독점자본주의의 단계에서의 제국주의(帝國主義) 등에 대한 것이다. 이러한 중상주의를 초기의 부르주아 나라가 그 권력을 사용하여 조직적으로 행한 원시축적(原始蓄積, 本原的蓄積)을 위한 정책체계로 규정한다."라고 주장하고 있다.

이러한 통념을 넘어 중상주의를 보다 구체적으로 규정하고자 할 경우 다음과 같은 두 가지 의문이 제기된다.

첫째, 중상주의를 통일적인 하나의 이론체계로 볼 수 있을 것인가라는 문제이며,

둘째, 중상주의의 종국을 영국의 산업혁명의 개시 또는 아담 스미스의 <국부론>에서 찾고자 하는 문제이다.

전자는 이론으로서의 중상주의는 케네(Frailgois Quesnay, 1694~1774)를 중심으로 한 중농학파나, 아담 스미스로부터 전개된 고전학파에 비하여 그 이론적 체계성(體系性)이 결여되어 있는 것이 아닌가 하는 점, 후자는 중상주의의 기간문제에 있어 영국보다 산업혁명의 개시가 약 1세기나 뒤떨어지는 프랑스, 미국 및 독일의 경우에는 중상주의를 어떻게 적용하여야 할 것인가라는 것이 그것이다.

첫 번째 의문점으로서 중상주의의 이론체계에 관한 문제이다. 중상주의에 관한 논의는 아담 스미스에 의하여 처음으로 제기되었으며, 그 뒤, 리스트, 슈몰러(Gustav von Schmoller, 1838~1917), 헥셔(Eli F. Heckscher, 1879~1952), 케인즈(J. M. Keynes, 1893~1946) 등에 의하여 그 정당성이 부여되었다. 물론 이에 관한 각자의 견해는 일치하지 않지만, 대개 중상주의론의 역사적 의의란 재생산권역의 확대, 즉 초기산업자본을 중심으로 하여 수행된 원시적인 자본축적을 촉진하여 하나의 국민경제를 형성하기 위한 이론·정책체계라고 하는 점에 주안점이 있다. 말하자면 국민경제가 자율적인 경제법칙에 따라 창출될 수 없을 때에 나라가 정치적 통일 등을 통하여 그것을 보증하고, 또한 나라가 유효수요와 외국무역에 개입하여 이를 보강코자 하는 것이다. 물론 중상주의의 이론과 정책의 발전과정을 헥셔(Eli F. Heckscher)가 주장5)한 바와 같이, 단순한 체계로 분석하는 데는 문제가 있다.

---

5) 헥셔(E. F. Heckscher)는 중상주의에 관하여 다음과 같이 다섯 가지 측면에서 구체적인 연구를 전개하였다. 즉
  ① 통일체계로서의 중상주의(Mercantilism as a Unifying System)
  ② 권력체계로서의 중상주의(Mercantilism as a Power)
  ③ 보호체계로서의 중상주의(Mercantilism as System of Protection)

나아가 중상주의에 있어서의 무역이론의 과제도 결코 외국무역이라는 유통과정적 차원에서 그것의 이익이나 또는 무역패턴의 분석에 한정되어서는 아니 된다는 것이다. 왜냐하면 무역이론은 다이내믹한 생산력의 발전과 국민경제의 형성·발전과 결부시키지 않으면 아니 되기 때문이다.

중상주의의 무역이론, 즉 그것은 헥셔가 중상주의에 관한 개념을 규정한 바와 같이, 그것을 무역이론에 한정한다면 보호무역주의라고 할 수 있다. 아담 스미스가 중상주의의 무역이론은 다른 나라의 공업의 경쟁으로부터 자국의 공업-판로를 포함하여 공업의 확대재생산을 위한 여러 조건을 고수하기 위하여 "국내소비용의 외국상품 수입을 가능한 한 줄이고, 국내산업에서 생산된 상품의 수출을 가능한 한 넓히는"6) 보호무역을 지향하는 것이라고 주장하는 데는 이론(異論)이 없다. 그러나 보호무역주의는 자본제생산의 확립기에 또는 국민경제가 형성되어 왔던 역사적 단계에서 그 형성의 논리를 추구하고 체계적으로 설명한 이론이라고 할 수 있다. 이러한 이론을 체계화한 것은 리스트로 알려져 있지만, 이미 그 선행이론(先行理論)으로서 전개했던 스튜어트의 보호무역론을 간과해서는 아니 된다. 따라서 이 절에서는 리스트 보호무역론의 선행이론인 중상주의의 무역이론의 개념규정과 더불어 스튜어트의 보호무역론7)을 먼저 규명하여 보고자 한다.

무역의 역사는 길다. 그러나 무역을 대상으로 한 최초의 이론은 중상주의 이론이다. 새뮤엘슨(Paul A Samuelson)은 자본주의 국민경제의 형성에 필요한 조건을 외국무역에서 찾고 있다.8) 때문에 중상주의는 경제이론이라기보다 경제정책이며, 경제정책 가운데서도 무역정책이라고 할 수 있다. 아담 스미스는 물론 헥셔(E. F. Heckscher)조차도 중상주의를 '보호주의의 체계(mercantilism as a system of protectlon)'라고 한 바와 같이 무역정책의 기조는 바로 보호무역주의였다. 왜냐하면 화폐자본의 형성을 위하여 필요했던 금·은의 축적은 강력한 나라권력에 의한 적극적인 경제정책, 즉 '수출초과'로서 외국으로부터 금은을 획득하는 방법 밖에는 없었기 때문이다. 중상주의를 다른 한편 무역

---

④ 화폐체계로서의 중상주의(Mercantilism as a System of Monetary)
⑤ 사회관으로서의 중상주의(Mercantilism as a Conception of Society)
등이 그것이다.－E. F. Heckscher, The Mercantiliism(1931). tran. by Mendel Shapiro, George Allen & Unwin Ltd. D., 1935.
6) Adam Smith, An Inquiry into the Nature and Causes of the Wealth of Nations(1776), Cannon's(ed), vol.1, p.416.
7) James Steuart, An Inquiry into the Principles of Political Economy(2vols), London, 1767.
8) Paul A. Samuelson, "Welfare Economics and International Trade", The Collected Scientific Paper of Paul A.Samuelson(vol.2), ed. by Joseph E. Stiglitz, MIT Press, 1966, p.775.

차액주의라고 일컫는 이유가 바로 여기에 있다. 그러나 생산의 미발달기에 있어서 중상주의 무역이론의 성격은 다이내믹한 생산력의 발전과 관련하여 이해되지 않으면 아니 되며, 또한 외국무역과 생산력의 발전, 국민경제의 형성과의 상호 규정관계를 해명하지 않으면 아니 된다.

한편 슈몰러(Gustav Schumoller)는 중상주의를 본질적으로 경제적 통일체의 정책[9]으로 규정하였는데, 이를 넓은 의미로 해석한다면 초기 자본주의 건설의 경세정책이라고 할 수 있다. 여기서 초기 자본주의의 건설이란 산업자본의 확립을 그 핵심으로 하고 있으며, 산업자본의 확립이란 결국 그 재생산과정, 즉 생산 및 유통과정의 확립으로 귀착한다. 생산 및 유통과정의 확립과정은 경제조직의 재편성-생산 및 유통의 여러 조건의 정비와 이익의 신·구교체-상업자본에서 산업자본으로-를 수반하기 때문에 거기에는 당연히 여러 계급의 격렬한 투쟁과 더불어 나라의 강력한 통제가 요청된다. 중상주의란 이러한 의미에서 초기산업자본주의의 확립을 위한 경제통제정책이었던 것이다.

이와 같이 중상주의를 아담 스미스는 보호주의의 체계로, 슈몰러는 경제적 통일체의 정책으로 규정한 바와 같이 이들의 상이한 견해는 경제정책의 목적을 혼동한 데 있다고 봐야 할 것이다. 슈몰러는 아담 스미스보다 1세기 이상 뒤졌기 때문에 중상주의라 하여도 중세기에서부터 산업혁명 이후에 이르기까지 각 나라의 특수성을 배경으로 하고 있다는 데 주의를 요한다.

어떻든 한 나라의 경제활동은 필연적으로 일정한 재생산권역을 형성한다. 그리고 생산력의 발전은 권역(圈域)의 지리적-외연적 및 내포적-심화를 가져온다. 즉, 봉건제 말기에 재생산권역은 소위 국지시장권(局地市場圈)으로 존재하였으며 그 내부에는 자기완결적인 분업이 성립한다. 이에 대하여 자본제생산으로 되면 이 권역은 국민경제로까지 확대하고 자본은 다시 이를 초월하여 국제화로 지향해 간다. 이와 같이 재생산권역이 국지시장권으로부터 지역시장권(地域市場圈)으로 다시 국내시장권(國內市場圈)으로 확대해 가는 시대가 중상주의의 시대였다

그러면 국지시장권이란 무엇인가. 여기서 국지시장권이란 농촌지역에 농민적 수공업이 성립, 소규모의 부락 단위로서의 자급자족적인 농업·공업의 분업과 이를 위한 시장의 형성을 의미한다. 그러나 농민적 수공업의 내부에서 육성된 생산력과 기술은 국지시장권이라는 좁은 재생산권역을 속박으로 느껴 권역(圈域) 사이의 거래의 확대를 필요로

---

9) Gustav Schumoller, Das Merkanti system in seiner historischer Redeulung, 1884.

하게 되었다. 이와 같은 거래의 확대에 따라 재생산은 보다 넓은 지역을 단위로 하여 이루어지게 되어, 소위 지역시장권의 성립이 불가피하게 된다. 그리고 이러한 경향이 다시 전국적인 규모로의 통일된 시장으로까지 진전하게 된다. 이와 같이 통일된 국내시장과 재생산권역(再生産圈域)을 오오츠카(大塚久雄)는 국민경제라고 하였다.[10]

영국은 16세기 동안 많은 국지시장권이 점차 통합되어, 17세기에 접어들어 잉글랜드는 이미 대개 세 개의 지역시장권, 말하자면 사회적 분업의 독립체계로서 각각 자급자족의 성향이 강한 세 개의 지역으로 성립되어 있었지만, 18세기 특히 1820~30년대부터 다시 이들 세 개의 지역시장권이 하나로 통합되어 결국에는 국민적 규모로 통일적 국내시장권-국지시장권의 구성원리의 국민적 규모로의 확대-으로 형성되기 시작하였다. 이와 같은 상태를 당시의 영국 국민들은 이미 국민적 규모에 있어서 사회적 분업과 그 위에 입각한 경제순환이라는 형태로 자각하기 시작하였다.

이와 같이 국지시장권으로부터 재생산권역이 확대하여 통일된 국내시장이 형성되기 위한 기본적 동력(動力)은 생산력의 발전이다. 그러나 그것만으로 자동적으로 예부터 내려오는 좁은 재생산권역을 타파하고 국민경제를 형성시킨 것은 아니다. 거기에는 분단된 지역을 정치적·경제적·문화적으로 통일하기 위하여 나라가 중요한 역할을 담당하지 않으면 아니 되었다.

이러한 발전과정과 더불어 변화하는 중상주의의 정책체질이나 나라의 기능은 물론, 자본제생산에 있어서 나라나 외국무역의 역할이나 국민경제의 본질 그리고 이를 통하여 중상주의의 무역이론과 무역정책의 의미를 이 장에서 다시 재평가하고자 한다. 왜냐하면 이러한 재평가 없이 중상주의의 의의나, 국민경제의 형성을 위한 외국무역, 특히 보호무역의 의미를 이해하기란 용이하지 않기 때문이다.

먼저 자본제생산에 있어서 나라의 역할부터 검토하고자 한다. 그것은 국내적인 것과 국외적인 것의 두 가지로 나누어 생각할 수 있다.

첫째, 나라의 국내적 역할이란 이익을 달리하는 여러 계급 사이의 대립에도 불구하고 자본의 재생산활동의 안정된 진행을 보증하는 데 있다. 여기서는 나라에 의하여 국민경제가 총괄되며 유기적 재생산권역이 형성되고 자본의 특수이익이 나라이익으로의 보편적 이익의 형태로 등장하게 된다.

둘째, 나라의 국외적 역할이란 재생산활동이 국민경제를 기본단위로 하여 이루어진다

---

10) 大塚久雄, 國民經濟-歷史的 視野での考察, 岩波書店, 1980, 第3部.

고 하더라도 외국무역을 필요로 하기 때문에 반드시 나라의 통제가 요구된다. 이는 자본제생산이 무한정한 이윤회득 욕구와 국내에서의 산업부문 사이의 불균형이 외국무역을 필요로 하기 때문에, 또 국내에서 자급할 수 없거나 아니면 생산성향상이 상대적으로 완만한 원료나 식료를 외국으로부터 수입하지 않으면 아니 되기 때문이라 할 수 있다. 개별적인 자본에 있어서 수출경쟁력이나 수입기지의 확보가 사전에 보증되어 있는 것은 아니며, 특히 세계시장에서는 순수하게 경세적 요인만이 아니라 정치적·군사적 요인도 작용하고 있다. 따라서 개별자본의 해외에서의 활동은 모국(母國)인 나라에 의한 정치적·군사적 지원을 요구하게 된다. 여기에서 나라의 대외적 역할이 나타나며, 이런 의미에서 외국무역은 나라와는 불가분의 관계에 있는 것이다.

다음으로 중상주의의 시기에 관한 문제이다. 중상주의를 상업자본주의의 시기에 있어서 국민경제발전의 한 단계로 규정하였을 때, 한 나라 내에는 실제로 생산력의 발전과 더불어 생산력의 담당자도 바뀌면서 중상주의의 이론은 그 성격을 크게 변화시켜 왔다. 봉건제(封建制)로부터 절대주의를 거쳐 자본제생산으로 이행할 때의 지배적인 자본의 형태도 절대주의의 왕실이나 상업자본에서 산업자본으로 이행함과 더불어 생산력의 담당자가 바뀜에 따라 협소한 생산－교환의 권역(圈域)의 자연경제를 파괴하는 작용을 가지게 되었다. 즉, '자연경제로부터 교환경제에로'11)라고 하는 것이 바로 중상주의의 기본적 개념이었다. 봉건제생산의 협소한 재생산권역으로부터 발전하는 생산력의 해방은 상품생산과 상품교환을 기초로 하는 자본제생산으로의 이행을 필요로 하였다. 영국이 자본제생산을 유도하게 된 것은 산업자본이 보다 광범한 상품교환과 재생산권역을 필요로 하게 된 계기, 곧 17세기의 두 번에 걸친 명예혁명이었다. 명예혁명 이후 아담 스미스의 시대에 이르는, 말하자면 18세기의 영국에서 지배적인 지위를 차지하고 있었던 경제정책의 체계가 바로 보호주의이다.12)

'고유의 중상주의'에 관한 이론13)이 발전함에 따라 부(富)를 추구하는 목적도 변화하였다. 부를 추구하는 목적이 생산력의 발전이냐 그 시대의 지배적 자본의 변화 혹은 생

---

11) 자연경제로부터 교환경제로의 이행은 동시에 생존경제로부터 이윤경제로의 이행이기도 하다.－ Werner Stark, The History of Economics in its Relation to Social Development, London, 1984(杉山忠平譯, 社會發展との關聯における經濟學史, 未來社), 1973, p.28.

12) 大塚久雄, 앞의 책, p.131.

13) 중상주의의 시대구분은 분명한 선을 긋기 어렵지만, 보통 1620년 이전을 중상주의 또는 '절대적 중상주의', 그 이후를 '고유의 중상주의'로 구분되며, 다시 중상주의 이론으로부터의 18세기 말 고전학파경제학으로의 이행이라는 관점으로부터 본래의 중상주의 말기에 있어서 그것을 '해체기의 중상주의'라고 한다.－小林昇, 經濟學史著作集(iii), 未來社, 1979, pp.9－48.

산력 담당자의 이행을 반영한다. 이와 같은 이행기에서의 대표적 이론가는 먼(Thomas Mun, 1571~1641)[14]이다. 그는 기본적으로 초기 자본주의 입장에 서서, 중상주의 정책을 제시하였다. 그러나 먼은 귀금속의 단순한 수출제한이나 개별적 무역차액설(貿易差額說)을 부정하고, 종합적 무역차액설을 제시하였다. 그는 분명히 국민경제라는 관점을 부각시킴과 아울러 국내산업의 보호·육성과 산업자본의 필요성을 주장하였다. 일본의 고바야시(小林昇)는 영국에 있어서 이와 같은 '고유의 중상주의'에 관한 특질을 다음과 같이 요약하였다.[15]

첫째, 중상주의 사상은 최초의 연대보호제도(連帶保護制度, solidarschtzsystem, solidarity protectionism)이다. 초기산업자본의 요청은 원래 제조품을 위한 보호제도에 있지만, 휘그당은 근대 지주와 농업자본가의 이익도 당연히 주장하였기 때문에 농산물, 특히 소맥도 보호하고 나아가 수출장려제도가 이로 인한 임금등귀의 위험에도 불구하고 확대되지 않으면 아니 되었다. 그러나 현실적으로 이에 수반하여 엥크로저(enclose)와 농업혁명이 진행되어 그 결과 곡물가격도 오히려 안정되어 농업보호는 그 자체 원시축적의 유력한 지렛대가 되었다.

둘째, 중상주의는 소위 옛 식민지제도를 갖는다. 서인도 여러 섬과 미국의 남부를 주로 한 당시의 영국식민지는 원료 및 중개무역상품의 공급지로서, 또한 모국의 제조품의 소비지로서 거액의 이윤을 모국의 무역상인에게 안겨 주었다.[16]

셋째, 근대적인 조세제도와, 주로 영국과 프랑스 전쟁에 의한 국채제도(國債制度)가 잉글랜드은행을 중심으로 한 신용제도와 결합되면서 원시축적의 진행을 현저하게 진행시켰다.

이와 같이 본래의 '고유의 중상주의'는 산업자본의 육성과 결부되어 있으며, 이를 위하여 해외로부터 귀금속의 유입을 유도하는 정책을 시행하였다. 이 시기에 무역차액은 자기 목적이 아니라 산업자본육성을 위하여 불가결한 자금적 기반이 되었다. 무역차액의 유지를 위한 정책에 더하여 다양한 국내산업보호를 위한 정책도 전개되었는데, 예컨대 토머스 먼에 의하여 주창된 보호적 관세제도가 바로 그것이다.

토머스 먼 이후 중상주의를 국민경제의 형성 및 산업자본의 육성과 결부하여 이해하

---

14) Thomas Mun, England's Treasure by Foreign Trade, 1664.
15) 小林昇, 經濟學史著作集(iii), 未來社, 1977, pp.14-15.
16) 이상의 두 가지 특질을 뒷받침한 법률로서, 각각 곡물법(Corn Law)을 포함한 1651년의 항해법(Navigation Act)과 보호무역을 위한 1663년의 통상진흥법(Staple Act)이 있다.

게 된다면, 독일의 리스트가 이러한 정책을 중상주의가 아니라 '중공주의(Industrialism)'
라고 표현한 이유도 분명해질 것이다 이러한 이론을 최종적으로 체계화한 것이 최후의
'중상주의자'로 알려진 제임스 스튜어트였다. 또한 중상주의의 시기를 영국을 중심으로
그 기준으로 삼을 때, 샤프탈(Jean Antome Chaptal, 1756~1832)이 활약했던 프랑스나,
레이먼드(Danlel Raymond, 1786~1849), 케어리(Mathew Carey, 1760~1839) 등이 활동
했던 미국 그리고 리스트가 생존했던 독일의 경우, 중상주의를 어떻게 파악해야 하며
또 이들을 중상주의자로 불러야 할 것인가라는 문제가 제기된다.

따라서 중상주의란 생산력의 발전과 국민경제의 형성이 중심적 위치를 점하고 있으
며, 이를 위해서는 후진국들은 정부에 의한 보호무역이 불가결한 요인이 되지 않을 수
없다. 그러면 후진국들에 있어서 보호주의를 강력히 주장한 스튜어트의 이론을 해명하
고자 한다.

2. 스튜어트의 역사인식

아담 스미스와 같은 시대에 살았던 스튜어트(James Steuart)는 특정한 역사적 시대에
살고 있는 개인의 사고(思考)로서 자연을 역사의 출발점으로 삼지 않았다. 스튜어트는
자연법사상의 추종을 거부하고 오히려 인간을 역사적으로 파악하기 위하여 당시의 정치
적·경제적 현실에 도전하여, 그 이론적 해명과 정치적 방법론을 제시하고자 하였다.
18세기 사회사상사(社會思想史)의 주류와 대립한 최후의 중상주의자로서 또는 고전학파
의 최선봉으로서 평가받고 있는 스튜어트는 역사적 기반 위에서 현실의 정치적 여러 사
태를 해명하고자 시도한 것이 바로 최초의 '부르주아 경제학의 총체계(das Gesamtsystem
der burgenllchen Oknome)'[17] 또는 원시축적의 일반이론[18]으로 알려진 그의 <경제학원
리>(이하 <원리>라 함)이다.[19]

스튜어트의 이론체계는 중요한 역사적 배경을 갖는다. 그것은 근대상업사회로 발전해
가는 당시의 스코틀랜드보다는 정치적·경제적으로 봉건제를 벗어나지 못한 프랑스, 독
일 등 유럽대륙을 중시하였으며, 그러한 토대 위에서 자신의 이론을 전개하였다고 하는

---

17) Karl Marx, 經濟學批判, <全集>(13卷), p.42.
18) 小林昇, 經濟學史著作集(ⅴ), 未來社, 1977, p.45
19) James Steuart, An Inquiry into the Principles of Political Oeconomy, 1767.

점이다. 스튜어트는 상업혁명에 의한 공업생산력의 거대한 발전의 전제조건이 되는 근대적 농업혁명－특히 결정적인 생산력단계를 실현한 농업혁명－이 언제 개시되느냐에 대한 문제에 대하여 케네와 입장을 달리하고 있다. 마르크스(Karl Marx)가 "농업의 일정한 발전단계는 자국이든 외국이든 자본의 발전을 위한 기초로서 나타난다."[20]라고 한 바와 같이, 아마 스튜어트는 산업혁명의 전제 혹은 기초로서 농업생산력의 발전 없이는 산업혁명의 태동이란 기대할 수 없을 뿐만 아니라 인구증가와 농·공분리, 상업사회로의 발전이란 불가능하다고 본 것이다.[21]

이 시기의 유럽대륙은 봉건사회에서 근대사회로 이행하는 과도기로 자유로운 농민을 부분적으로나마 해방시키면서도 절대주의적인 정치제도 아래에서 위태로운 양상을 띠고 있었다. 이 시기에 스튜어트가 관찰한 것은 생성하는 근대자유사회의 본질적 요소인 자유가 바로 '쇠퇴의 주요원인(principal cause of decay)'이었다는 점이다.[22] 여기서 생성하는 근대자유사회란 인간이 자연에 순응함으로써 인간의 해방이 실현되고 생산력이 자유로이 발전하여 국민의 부(富)가 증가되는 영원한 이상사회나 정의사회가 아니라, 자유사회의 본질에 내포된 위기적인 사회로 파악한 것이다.

이와 같은 시대적 변화를 간파한 스튜어트는 자유방임(laissez faires et laissez passer)[23]이라는 정책적 기조에 대항하는 통제의 필요성을 인정하면서, 일반국민을 인도할 수 있는 정부의 지도라고 하는 적극적인 역할을 구상하였다. 스튜어트는 정부에 의하여 국민정신이 올바르게 인도될 때, 그 사회의 변혁, 특히 근대자유사회는 순조롭게 형성될 수 있다는 것이다. 여기서 그는 정부를 '정치가(statesman)'로 표현하고 있다.[24] 정치가란 훌륭한 지도력을 가진 위대하고 상징적인 사람으로서 정치적인 경제정책의 지도자로서 뿐만 아니라 무엇보다도 국민정신의 지도자·육성자로서 그가 추정한 것을 보면, 이는 만데빌(Bernard de MandeWlle, l670~1733)이 말하는 '신중한 정치가의 관리' 또는 '숙련된 정치가의 교묘한 관리'라는 데에서 모방한 것으로 유추된다.[25]

---

20) Karl Marx, Theorien uber den Mehrwert, hrsg. von k.kautsky, 3 Bde., Stuttgart: Dietz, 1905－10: in Be.26(岡崎次朗·時求淑 譯, 剩餘價値學說史(全9冊), 國民文庫, 1970－71, (17) 1, p.18.
21) 小林昇, 經濟學史著作集(ⅴ), 未來社, 1977, p.82.
22) James Steuart, op.cit, 1, p.71.
23) 자유방임(laissez faires et laissez passer)이라는 용어는 프랑스의 한 수입상인 그루네(Jean Claude Marie Vincent de Gournay, 1712－1759)에 의하여 고안되었다.－F. List, Outlines of American Political Economy, 1827(正木一夫譯, アメリカ經濟學概要, 未來社, 1966, p.64)
24) James Steuart, op.cit, 1, p.xiv.
25) Bernard de Mandevill, A Letter to Dion(1732), Los Angels 1953, Introduction에서 인용.

역사의 발전에 대응할 수 없는 뒤떨어진 인간의 정신문제란 시대의 흐름에 따라 그 형태는 변화할 수 있어도 그 본질은 예나 지금이나 다름이 없다. 스튜어트는 이러한 인간정신의 문제를 올바르게 인도하지 않으면 아니 될 '정부의 역할'을 강조하면서, 그와 같은 역할 없이는 시회의 원활한 발전이란 기대할 수 없다고 보았다. 그리고 근대사회의 형성에 관한 논리는 흄의 정치경제사상을 계승한 것으로 보인다. 경제활동의 결과인 재산을 향유할 보장의 필요성은 당연히 소유권의 보호로서의 정의의 법을 필요로 하며, 정의와 충성의 의무론으로서 전개되어 가게 된다. 이와 같이 데이비드 흄에 있어서는 소유의 안정과 보장을 내용으로 하는 정의의 확립을 시민적 정부를 가진 시민사회형성과 관련하여 명확히 하려고 하고 있다.

사실상 명예혁명체제의 유지·발전을 위한 중상주의적 경제정책 및 경제사상의 과오를 비판하는 것을 가능하게 하고, 국내·외에 있어서 경제적 균형의 메커니즘을 파악하고자 하는 사상은 고전학파 경제학을 성립하게 하는 데 크게 공헌하였다. 이와 같이 근대자유사회로 지향하는 당시의 사정으로 볼 때, 일관된 계획이나 체제는 없었으며, 오히려 그것이 존재하지 않는 것이 자유사회의 특질이었다. 인간은 원래 자유이며 그들이 경제적 측면에서도 언제 무엇을 어떻게 생산·교환, 소비하는가도 전적으로 자유이다. 그러나 그러한 자유가 균형을 취한다는 보장은 없다. 아담 스미스에 의하면 경제사회에서는 각자의 이기심에 의한 자유로운 행동이 자신의 의도와는 관계없이 '눈에 보이지 않는 손(invisible hand)'에 의하여 완전한 조화를 이룰 수 있다고 보았지만, 스튜어트는 오히려 조화와 균형이란 여러 면에서 부단하게 파괴되는 것이 자유사회의 고유한 성질이라고 보았다.[26] 때문에 스튜어트는 국민정신의 형성과 관련시켜 '정부의 역할'이 중시되어야 한다는 점에 중요한 의미를 부여하고자 하였지만 더욱 중요한 것은 이기심의 원리에서 찾고 있다.

"이기심의 원리가 이 연구를 위한 일반적인 열쇠로서 유용할 것이다. 어떤 의미에서 그것은 이 과제의 지배적 원리로서 고려될 수 있으며, 그러므로 전체를 통하여 추적될 수 있을 것이다. 이기심이란 정치인이 정치를 위하여 설정하는 모든 계획에 자유로운 국민을 동조시키기 위하여 이용하여야 하는 주요한 원천이며 유일한 동기이다."[27]

여기서 사회의 응집력은 주권자의 강제적 관리에 의하여 이루어지는 것이 아니라 이기심에 의한 상호욕망 충족이라는 욕망의 체계에 간접적 관리로 이루어지는 것으로서

---

26) James Steuart, op.cit, 1, pp.216－225.
27) Ibid., p.162.

이러한 시민사회의 체제가 아담 스미스의 선구(先驅)가 되었다는 것이다.[28]

상업사회에서 공공의 이익을 형성하는 요인인 이기심의 원리가 사회의 불균형을 초래하는 요인도 필수이기 때문에, 이 불균형을 시정, 균형상태로 회복시키는 수단도 이기심의 원리이다. 이기심의 원리에 따라 행동하는 국민에게 정부는 그 원리에 적합한 관리체계를 수립하지 않으면 아니 된다. 만데빌의 '신중한 정치가의 관리'에 관한 바이너의 해석[29]에 의하면 사적 이익과 사회적 이익의 조화란 자연적으로 달성되는 것이 아니라 정부 간섭의 결과로서만 이룩되는 것이며, 직접적인 경제통제의 유일한 형태는 외국무역의 영역에 한정된다는 것이다.

이와 같은 해석은 만데빌의 경제사상을 자유방임론도 중상주의도 아닌 과도기의 소산으로 보는 견해에 입각한 것이지만, 스튜어트의 경제통제는 간접적인 데 있다는 것은 분명하나 그 경제영역은 외국무역에 한정된 것이 아니라, 그 범위와 폭은 매우 넓다. 그래서 스튜어트는 자유로 하여금 이기적인 개인의 형성이라는 것을 당연한 역사적 과제로서 수용함과 더불어 이기심의 원리 가운데 새로운 자유사회에서의 공공의 이익이 형성되어야 한다고 보았다.

사실상 근대 자본주의의 토대를 이룬 상품생산은 원래 근대 이전의 여러 생산양식을 특징짓는 공동체와 공동체 사이에 전개한 상품생산이 점차 확대·발전해 온 데 지나지 않는다. 이러한 파악을 오오츠카(大塚久雄)는 해방설(解放說)이라고 하였다.[30] 이 해방설의 원형은 '역사적 발전의 단계적 계기(繼起)의 관계'라는 문제 차원에서 볼 수 있는 것이지만, 이러한 차원과 일정한 관련을 맺으면서도 분명히 구별하여야 하는 예의 세계 각 지역에서 '역사적 발전의 동시적 존재'[31]가 문제로 되는 역사적 시기의 여러 문제, 즉, 오늘날 선진국과 후진국 사이의 횡적인 관계라는 문제 차원에서도 이 설을 수평적인 측면에서 고찰하지 않으면 아니 된다. 이렇게 볼 때, 스튜어트의 이론은 영국과 유럽대륙의 수평적 경제관계를 중시하면서 국민주의적 성격을 내포하고 거기에 규정되는 인간정신이라는 면에서나, 아직 성립되지 않은 자유사회의 내부구조라는 면에서 정부의

---

28) 田中敏弘, イギリス經濟思想史硏究, お茶の水書房, 1984, p.27.

29) 위의 책, p.36.

30) '해방설'이라는 용어는 원래 독일경제사학계의 '자본주의정신 논쟁'에서 좀발트(Werner Sombart)와 브레타노(I.Bretano)가 제시하여 베버(Marx Weber, 1864－1920)가 철저한 비판을 가한 것을 오오츠카(大塚久雄)가 정리하기 위하여 사용한 것이다.－水沼知一, 後進資本主義史硏究への視角, (川島武宣·松田智雄 編, 國民經濟の諸類型, 岩波書店, 1986, p.45).

31) 水沼知一, 앞의 논문, p.44.

통제에 의하여 근대상업사회를 육성하고자 한, 말하자면 후진국들의 원시축적과정에 있어서 국민주의적 원시축적의 이론이라 할 수 있다. 여기서 원시축적과정이란 상품생산에 있어서 자본＝임금노동관계의 일반화를 전근대적으로 창출하는 과정임과 아울러 국민단위로 경제적 자립을 가능하게 하는 산업구조의 형성, 즉 국민경제의 형성과 자립과정을 말한다.

선진국의 억압 아래에 있는 후진국들에 있어서 원시축적과정을 문제로 삼는 경우, 국민경제의 형성과 자립, 즉 경제적 자립이 아담 스미스가 말하는 '사물의 자연적 진로(a natural course of things)' 아래에 자유방임적으로 이루어지는 것이 아니라, 오히려 그 내용 혹은 기간은 각각 다르지만 나라에 의한 경제정책, 즉 '경제정책의 체계'가 유효하게 기능하기 위해서는 그것을 수행하는 정책 주체, 말하자면 중앙집권적인 국민국가가 존재하지 않으면 아니 된다. 만약 그와 같은 정책 주체를 형성하지 못한 후진국들은 먼저 나라를 형성하지 않으면 아니 된다. 따라서 국민국가의 형성이 원시축적을 촉진하는 정책과제를 담당하고 경제정책 체계의 가장 먼저 그리고 긴요한 정책목표가 되며, 이러한 목적의 실현을 위하여 여러 가지 보호정책수단이 동원되게 된다.

3. 상업사회발전의 3단계

페티(William Petty, 1623~1639)는 일찍이 "농업보다는 제조업에 의하여, 또한 제조업보다는 상업에 의하여 훨씬 많은 이익을 얻을 수 있다."라고 주장한 바 있다.[32] 이를 바꾸어 말하면 교환경제가 자연경제보다 훨씬 광대한, 또한 보다 통일된 경제영역을 전제로 한다는 것을 의미한다. 스튜어트에 의하면 17세기의 자연경제 시기에 사회는 자유로운 농민과 공업생산자의 2대 계급으로 성립하고, 이 두 계급의 발전과 분리－농·공업의 분리 그리고 이 두 계급 사이의 분업의 확대·심화야말로 국민경제형성·발전의 원동력으로 보았다. 사실상 농업과 공업의 분리의 진행과정에서 형성되는 근대사회는 노동과 교환을 통하여 발전해 간다. 이러한 사회는 국내·외적으로 수요의 증가와 이에 수반되는 공업의 확대를 통한 수급불균형을 유지·발전시켜 가지만 그러한 발전에는 어

---

32) William Petty, political Arithmetic, 1690(W. Clark 지음, 杉山忠平譯, 經濟學史, p.28에서 재인용.

느 시점에 이르면 한계에 부딪히거나 또는 불균형을 초래하게 된다고 하였다.

또한 흄(David Hume)에 의하면[33] 토지는 경작의 점진적 개선으로 직접경작가 밖의 잉여를 유지할 수 있는 잉여농산물을 생산하게 된다. 그렇지만 이 경우 사회의 대다수 사람들이 농업에 종사하여 공업이 존재하지 않으면 잉여농산물의 교환으로 얻을 수 있는 다른 등가물(等價物)이 존재하지 않기 때문에 농산물이 풍부하게 되더라도 그것은 오로지 안일을 가져오는 데 지나지 않게 되고, 나아가 농업에 충분한 발전을 가져다주지 못한다. 그러나 농업으로부터 공업이 분리하여, 두 부문 사이의 사회적 분업이 성립하면 토지의 잉여생산물은 공산품 혹은 사치품과 교환할 수 있기 때문에, 농업생산력은 충분히 증가할 수 있다. 농업은 공업을 매개로 하여 잉여생산물을 증가시킬 수 있으며, 점점 농업 밖의 잉여인구를 유지시킬 수 있게 되는 것이다. 이와 같이 하여 농업과 공업 두 부문 사이의 분업에 기초한 상호교환에 의하여 사회 전체의 생산력이 증가된다. 이에 데이비드 흄은 산업활동의 증가는 상인을 탄생시키고 농·공·상업의 분업관계로 산업활동이 국내에서 점점 발전한다고 보았다.[34]

다시 국내의 상·공업이 산업활동을 발전시키는 것과 같이 외국무역도 그것을 발전시키게 된다. 흄은 외국무역의 기능으로서, 수입은 새로운 제조업에 원료를 제공하고, 수출은 국내에서 소비되지 않는 특정상품의 형태에 있어서 노동을 창출하는 것으로 파악하고 있다, 그에 의하면 외국무역은 먼저 외국사치품의 수입으로 발전하지만, 그 다음에는 외국사치품의 생산기술이 수입되어 그것이 다른 국내제조업의 발전을 촉진시킨다. 데이비드 흄은 역사적 관점에서 외국무역이 국내공업을 발전시킨다는 사실을 인정하면서, 그것을 국내의 상·공업에 대한 외국무역의 자극효과와 결합시키고 있다.[35] 그러나 그것은 경제발전의 입장으로부터, 외국무역이 국내의 상·공업에 우선해야 한다는 정책적 주장을 의미하지 않는다. 외국무역의 기초를 이루는 것은 국내의 상·공업이기 때문에 양자의 상호작용이 지적되고 있는 것이며, 흄은 경제발전에 가장 중요한 것은 외국무역 그 자체가 아니라 그 기초인 국내의 상·공업이 외국무역을 매개하여 한층 발전하는 데 있다고 보았다. 따라서 그는 국내의 상·공업이 최고도로 발달한 경우, 가령 외국무역의 태반을 상실해도 경제발전에 지장이 없거나 또는 보다 높은 임금 때문에 영

---

33) David Hume, Political Discourse, Edinburgs, 1st. ed., 1752(田中敏弘譯, ヒュムー政治經濟論集, お茶の水書房, 1983)
34) James Steuart, op.cit, 1, p.59.
35) 田中敏弘, 앞의 번역서, p.11.

국이 외국무역에 있어 불리하다고 하더라도, 외국무역을 최우선적으로 고려해야 할 가장 중요한 문제가 아니기 때문에 일반국민의 행복과 결부시켜서는 아니 된다고 주장하고 있다. 다시 말하자면 근대사회의 생산력의 발전을 산업활동의 증가·발전으로 파악하고 있다. 이 산업활동 증가의 기본적 메커니즘에 관한 분석에서 그는 농·공·상업의 분화·발전을 근대적인 사회적 분업의 전개로부터 발생하는 생산력 발전의 원리적 파악으로 온 것이다.

국내의 상·공업을 주축으로 한 농·공·상업 및 외국무역에 있어서 근대적 생산력의 전개 원리를 당시 논쟁의 중심점이었던 '사치'라는 문제와 관련시켜, 산업활동의 증가와 사치와의 관련을 명확히 하는 가운데서 흄의 근대경제사회의 기본적 이해를 찾아볼 수 있다. 근대생산력의 전개라는 점에서 본질적으로 중요한 사치란 기술, 특히 기계적 기술을 중심으로 한 산업기술의 진보 혹은 이 진보로 생산되는 세련된 소비재의 소비, 즉 소비생활수준의 향상을 말한다. 이와 같이 근대사회란 산업활동의 필연적인 결과라고 볼 수 있다.

한편, 흄은 확실히 사치가 지닌 산업활동의 촉진효과를 지적하고 있지만, 이것은 결국 산업활동의 증가가 가져오는 사회적 잉여의 소비, 말하자면 산업활동이 사치를 가져오는 작용 가운데 포괄되어, 근대생산력의 자율적 전개 속에 포함되는 것이다. 따라서 근대생산력의 전개과정에서 사치적 수요가 불가결한 특별한 기능을 갖는다고 생각하지 않으며, 그의 사치론에는 불생산계급(不生階級)에 의한 유효수요로서의 상품의 판로를 보증하고 고용을 유치하여 비로소 근대사회의 발전이 가능하게 된다는 경제이론적 의의는 찾아볼 수 없다. 아담 스미스도 흄과 마찬가지로 이미 성립하여 자율적으로 돌아가는 상업사회를 상정하여 분업과 교환을 통하여 조화 있는 생산력의 체계를 구상하였지만, 스튜어트는 아담 스미스와는 다른 방법을 구상하였다. 즉, 그는 근대사회에 있어서 농업·공업의 분리, 상업사회의 형성이야말로 농촌의 과잉인구를 해소할 수 있는, 즉 인구증가를 수용할 수 있는 농업발전을 가능하게 한다고 주장하였다.

물론 상업사회의 등장으로 "욕망이 근로를 진흥시키고, 근로가 식물(食物)을 공급하고, 식물이 인구를 증식시킨다."라는 표현에서 보듯이, 스튜어트는 욕망을 활동의 원동력으로 파악하고 있다. "세계의 모든 상품은 노동에 의하여 구매된다. 그리고 노동의 유일한 원인은 우리의 모든 욕망이다."라고 한 바와 같이, 그 욕망이 등가물을 제공할 수 있는 수요, 말하자면 이것을 스튜어트는 유효수요로 파악하여 이를 '전 메커니즘'의 원동력으로 간주한 것이다. 그러나 상업사회의 발전이란 예정조화적으로 또한 자동조절적으로 진행되는 것이 아니라, 18세기 영국과 같이 보호주의적인 정부의 정책으로서만 실현될 수 있다고 보았다는 데 중요한 의의가 있다.

그러나 스튜어트의 보호주의 또는 상업사회를 검토할 때, 먼저 주목하여야 할 것은 그의 이론이 때와 장소에 관계없이 추상적이고 보편주의적인 입장에서가 아니라, 특수적·역사적으로 특히 '상업사회'의 역사적인 전개에 관한 그의 특유한 발전단계설적인 사고 위에서 전개되고 있다는 점이다. 고전학파가 역사적인 '자유사회'에서 인구증가, 자본축적의 기초적인 여러 원리를 명확히 한 것36)과는 달리, 그는 이것을 '인류일반'에 관련시키면서 고유한 문제의 시각을 제시함37)과 동시에 보호주의를 본질적으로 특징 매김하는 중요한 요인을 제시하고 있다.

이와 같이 스튜어트에 의하면 보호주의란 때와 장소에 관계없는 추상적이고 보편주의에 입각한 것이 아니라, 특수적·역사적인 상업사회의 발전과정에서 정부의 역할을 가정하면서 그의 특유한 발전단계설에 입각하여 공공이익을 위한 정부의 통제로 해석하고 있다. 따라서 스튜어트는 상업(trade)38)을 ① 초기상업(infant trade), ② 외국무역(foreign trade) 및 ③ 국내상업(inland commerce) 등 세 단계로 구분하면서, 이 세 단계를 인생에 있어서 ① 유년기(infancy), ② 성년기(manhood) 및 ③ 노년기(old age)39)로 비유하고 있다 그는 상업을 이와 같이 세 단계로 구분하는 것은 "매우 필요하며, 일반적인 여러 명제를 조건 짓기 위하여 각 논설에서 이 부분을 적용하는 것이 적절하다."라고 하였다.40)

그러면 스튜어트의 '상업사회발전의 세 단계'란 어떤 내용이며, 어떤 정책의 체계가 거기에 내포되어 있는가. '상업사회'는 왜 그러한 발전의 여러 단계를 거치지 않으면 아니 되는 것일까. 따라서 이하에서는 상업사회발전의 각 단계 (① 초기상업단계, ② 외국무역단계, ③ 국내상업단계)에서 취하지 않으면 아니 될 보호주의 내용을 검토하고자 한다.

---

36) 제1편 '인구와 농업'에서 "제1편에서는 나는 상업을 여러 명칭으로 고찰할 필요는 없었다. 즉, 부자의 부를 근면한 사람들의 손으로 끌어냄으로써, 인구의 증가와 농업의 확대를 촉진하는 원리 밖의 어떤 다른 원리에 의하여 상업의 영향을 받는 것으로 고찰할 필요는 없었다. 이 작용은 그 이상 전개되지 않는 경우에는 유치상업(infant trade)의 참된 표현이다. 그러나 지금 이 문제를 새로운 빛 가운데 두지 않으면 아니 된다. 그리고 유치상업은 외국무역을 확립하기 위한 기초로서 고찰하지 않으면 아니 된다."—James Steuart, op.cit, 1. p.302.
37) 제2편 '교환과 근면'에서—Ibid.
38) James Steuart, op.cit, 1. p.301.
39) Ibid., p.499.
40) Ibid., p.306.

(1) 초기상업단계(infant trade stage)

외국무역론에 있어서 스튜어트의 고유한 접근방법은 세계무역의 역사적 전개를 고려하면서도 제일 먼저 초기상업 (infant trade)을 상정하며, 한 나라의 외국무역의 형성과 발전의 문제를 제기, 이를 해결하고자 하는 데 있다. 물론 초기상업의 발전문제에 관해서는 흄도 다음과 같이 주장한 바 있다.

> "어떤 나라에 있어서도 대다수의 사람들을 농민과 제조업자로 구분할 수 있을 것이다. 전자는 토지의 경작에 종사하고, 후자는 전자로부터 공급되는 원료를 가공하여 이것을 인간의 생활에 필요한 혹은 그것을 장식하는 모든 상품으로 만든다. 인간은 주로 수렵이나 어획으로 생활하는 미개(未開)를 벗어나면 바로 이 두 계급으로 나누어짐에 틀림없다. 더욱이 처음은 사회의 최대 다수의 부분은 농업이라는 일에 종사하지만, 시간의 경과와 경험으로 이 일을 크게 개량하기 때문에 토지는 직접적으로 경작에 종사하는 사람들이나, 이와 같은 일을 가지는 사람들에게 먼저 필요한 제조품을 공급하는 보다 훨씬 많은 사람들을 쉽게 유지할 수가 있게 될 것이다."[41]

이러한 과정을 아담 스미스의 '사물의 자연적 진로'를 주장하기에 앞서, 데이비드 흄이 '사물의 일반적 진로'[42]가 관철되는 일반원리라고 하였다. 그러면 문제의 초기상업은 어떤 과정을 거쳐 다음 단계인 외국무역으로 발전할 수 있는가. 여기서 초기상업이란 유치한 거래단계를 지칭하며, 한 나라 국민의 필수품을 공급하는 것을 그 목적으로 한다는 것이다.

한편 초기상업을 스튜어트는 다음과 같이 설명하고 있다. 즉, "초기상업을 일반적인 의미로 해석한다면 한 나라 국민의 필수품을 공급하는 것을 그 목적으로 하는 그러한 종류의 상업이라 하여도 좋다. 왜냐하면 초기상업은 보통 외국인의 욕망으로 공급하는 것[외국무역－인용자]에 선행하기 때문이다. 초기상업은 모든 시대, 모든 나라에서 적든 많든 인류가 바라는 욕망의 증가에 비례한다."[43]라는 것이다.

근대적인 시민사회[44] 또는 자본제생산의 성립은 말할 것도 없이, 세계상업은 이를 위

---

41) 田中敏弘, 앞의 번역서, pp.5－6.
42) 앞의 번역서, p.4.
43) James Steuart, op.cit, 1. p.301.
44) 스튜어트의 <경제학원리>가 대상으로 한 것은 소위 근대사회(modern society)에 있어서 사회적 분업, 즉 상품생산의 특질, 구조와 발전의 방법이다. 이 원리는 스미스의 <국부론>과는

한 역사적 전제로서 매우 중요한 의미를 갖고 있다. 자본제생산의 성립에 앞서 광범하게 전개된 세계상업이 광대한 시장을 개척하여 상품경제의 여러 관계를 미개지의 촌락에까지 침투해 감으로써 자본제생산의 시대를 준비하게 된다. 이 '미개' 촌락 가운데 또는 '자유로운' 농촌 가운데서 자본제생산의 발전을 담당하는 새로운 요소가 생성하며, 자본제생산의 생성, 발전과 더불어 세계상업도 새로이 전개하기 시작하는 것이다. 따라서 외국무역은 자본제생산 성립의 역사적 전제임과 동시에 또한 그 결과이기도 하다.

그러나 이러한 자본제생산 성립, 즉 세계상업 전개의 경제사를 스튜어트가 전개하는 이론의 대상으로 한 것은 물론 아니다. 세계상업이 광범하게 전개되었던 중상주의 시대에 살면서, 거기에서 한 나라 산업이나 경제발전의 문제를, 특히 외국무역에로의 진출 여하의 문제를 스튜어트는 해명하고자 한 것이다. 이를 위한 접근의 순서로서 외국무역이 전개되는 한 단계 앞선 상업의 형태로서 초기상업을 상정하여 여기서부터 당면한 과제를 해명하고자 한 것이다.

초기상업은 외국무역에 선행하여 모든 시대, 모든 나라에서 많든 적든 인류가 바라는 욕망의 증가에 비례하여 이루어져 온 것이다. 그것은 기본적으로 스튜어트가 문제로 제기하여 고찰한 '자유사회'에 있어서 상업의 기본 형태라고 보아야 할 것이다.

여기서부터 스튜어트 자신의 고유한 '외국무역론'에 관한 설명이 시작된다. 스튜어트의 고유한 접근방법, 바꾸어 말하면, 세계상업의 역사적인 전개를 고려하면서도, 그 다음에는 일단 독립적으로 이러한 초기상업이라는 것을 상정하여 한 나라에서 외국무역의 형성 혹은 육성 여하의 문제를 제기하는 접근방법과 이에 관한 독자적인 이해야말로 스튜어트가 주장하는 외국무역론의 특징이라 할 수 있다. 이것이 흄의 자유무역론과 대립점을 양성(釀成)하여 가는 하나의 중요한 요인이다. 그러면 문제의 초기상업이 어떻게 외국무역으로 전개하여 갈 수 있는가. 여기서는 전기적인 상업자본 또는 세계상업의 전개 여하를 문제로 삼는 것이 아니라, 한 나라 산업이나 상업의 발전 결과로서의 외국무역의 형성과 그 전개 여하를 문제시하고 있다.

이 경우, 먼저 주의하지 않으면 아니 될 것은 스튜어트는 한 나라의 공업이나 상업은 그것을 자유로이 방임해 두면 자연스럽게 외국무역으로 발전해 간다고 보지 않는다. 이러한 단계에서는 국내공업을 외국무역으로 발전해 갈 수 있도록 보호하고 육성하기 위한 정부의 여러 정책이 요청된다는 것이다. 예컨대 다음의 인용문을 보자.

전혀 다른 세계에 속한다는 것은 두말할 필요가 없다.─小林昇, J. ステュアート研究(小林昇, 經濟學史著作集(Ⅴ), 未來社, 1977, p.33).

"초기상업을 외국무역으로 발전시키고자 결의한 정치가는 다른 국민이 필요로 하는 것을 검토하고 또 자국의 생산물을 검토하여야 한다. 지금부터 그는 어떤 종류의 제품을 외국으로 공급하는 것이 또한 어느 제품을 자국에서 소비하는 것이 보다 적합한가를 결정하지 않으면 아니 된다. 그는 이러한 제품을 자국민이 사용하도록 하여야 하며 이들의 새로운 소비부문을 장려하여 자국의 인구와 농업을 확대하도록 노력하여야 한다."[45]

스튜어트는 이와 같이 초기상업으로부터 외국무역으로의 발전을 가능하게 하는 가장 기본적인 정부의 정책방향을 제시하고 있다.

18세기 중반 무역에 관한 중요한 논의는 단순한 무역차액이나 고유한 중상주의의 문제가 아니라 국내의 고용과 생산의 확대라는 문제로 급진전하였다. 이를 달성하기 위한 국내공업이 보호·육성의 필요성을 강조하는 보호주의를 스튜어트는 그토록 계속하면서도 특히 수출공업의 진흥을 도모하여야 한다고 하였다. 이 경우, 구체적으로 육성하여야 할 공업의 종류가 신중히 검토되어야 한다는 점을 지적한 뒤,[46] 선정된 공업을 육성하기 위한 수단으로서 수요의 확대와, 공업발전에 수반되는 인구증가와 농업발전을 들고 있다. 이 점이 스튜어트가 파악한 기본적인 상업사회에 대한 문제의 시각이다. 사실, 명예혁명 이후 18세기 영국에서는 이와 같은 보호주의가 압도적으로 여론의 배후에 공업생산자나 무역상인의 공통된 경제적 이익이 있었다는 당시의 영국사정을 아담 스미스는 물론 그 뒤, 리스트도 잘 알고 있다.[47] 이와 같은 영국의 중상주의 정책체계를 파악한 스튜어트는 공업의 육성을 도모하고자 하는 취지를 먼저 강조한 뒤, 그 공업이 육성, 발전되기 위해서는 그 제품에 대한 소비의 장려, 즉 유효수요의 확대가 선결조건이라고 보았다.

그러면 공업은 어떻게 하여 발전할 수 있는가. 스튜어트는 우선 공업발전의 길로서 공업보호를 주장하였다. 공업을 발전시키기 위해서는 무엇보다도 기술의 습득이 가장 중요하다고 하였다. "기기(機器)의 도입이나, 생산을 증가하고 인간의 노동이나 창의를 용이하게 하는 모든 방법의 도입은 더 없이 유용한 것"이라면서 기계의 도입을 부정하는 상황은 유통도, 산업도, 소비도 증가할 가능성이 없는 포화상태일 때뿐이라고 주장하

---

45) James Steuart, op.cit, 1. p.302−303.
46) 스튜어트는 특정산업을 지칭하지 않았지만, '무역업자가 자연적 이점으로 생산할 수 없는 제조품' 또는 '특산적 제조업', 즉 그 나라가 최대의 자연적 이점으로 '혜택받고 있는 제조업'이라고 하였다.−James Steuart, op.cit, 1. p.330.
47) 오오츠카(大塚久雄)에 의하면 리스트도 대체로 이 견해를 답습하고 있었다는 해석이다.−大塚久雄, 前揭書, p.129.

였다. 어느 공업이 오랫동안 유치상태(in a state of Infancy)에 있은 뒤, 몇 년 내에 놀랄 만한 발전을 이룩할 수 있는 것은 바로 이 보호 때문이다.[48]

정부가 외국제품의 수입을 금지하는 수단으로 국민을 지원하게 된다면 막대한 이윤을 증진시킬 수 있으며, 동시에 고용인구를 증가하여 제조업을 확장시킬 수 있다. 물론 농업보다는 공업에 더욱 치중해야 한다는 점을 일단 긍정한다면, 스튜어트가 구체적으로 산업자본이라고 언급하지 않았지만 수출공업의 육성과 육성되어야 할 공업의 종류를 신중히 검토해야 한다는 점을 강조하고 있음을 볼 때, 여기서 리스트의 보호주의와 다른 점을 전혀 찾아볼 수 없다. 스튜어트는 상업사회에서는 이미 농민·근로계층과 부유계층으로 계급분화가 이루어져 있기 때문에, 초기상업 단계에서 정부가 해야 할 지배원리란 모든 자연상품의 제품화를 장려하는 것이며, 그 수단은 외국의 경쟁을 배제하여 국내소비를 확대하는 것이라고 보았다.[49] 그는 유효수요, 특히 부유계층인 지주의 사회적 소비를 위한 첫째 요건으로 강조하고 있으며, 요건이 충족된 다음에는 수출공업으로 육성될 수 있을 것이라고 보았다.

(2) 외국무역단계(foreign trade stage)

외국무역(foreign trade) 그 자체는 상호 유리한 거래를 하고자 노력하기 때문에 존재한다. 무역에는 상호 의존의 관계를 포함하고 있지만, 거기에는 필연적인 것과 우연적인 것이 있다. 스튜어트는 다음과 같은 예를 들고 있다.

> "네덜란드의 어느 지방과 거기에 곡물을 공급하는 여러 나라 사이의 경우와 같이 한 나라 국민이 다른 나라의 지원 없이는 존립할 수 없을 때에는 무역은 필연적이다. 어느 특정 나라의 필수품이 단지 숙련과 기교의 부족으로 자신의 국민에 의하여 공급할 수 없을 때에는 무역은 우연적이다."[50]

이 내용과 연관시켜 볼 때, 무역국가의 기본적 유형으로서 오오츠까(大塚久雄)는 '내부성장형'과 '중계무역형'이라는 두 가지 유형[51]으로 영국과 네덜란드를 들고 있다. 한

---

48) James Steuart, op.cit, 1.p.303.
49) Ibid, p.200.
50) Ibid, p.273.
51) 大塚久雄, 앞의 책, p.179.

국민이 다른 국민에게 특정종류의 거래를 필연적으로 의존하고 있는 어떠한 나라에서도 거기에는 외국무역의 일정한 기초가 존재한다. 이러한 의존관계가 우연적인 나라에는 정부의 경영과 수완이 필요하다.

나아가 스튜어트는 외국무역 전개의 여러 문제에 있어서 외국무역을 다음 두 가지로 분류하고 있다.[52] 즉, 능동무역(active foreign trade)과 수동무역(passive foreign trade)이 그것이다. 능동무역은 한 나라 상·공업이 발전하여 무역상인이 외국으로 진출하고 노동생산물을 수출하는 것을 의미하며, 수동무역은 발달하지 못한 나라에 외국의 무역상인이 참여하여 그들의 공산품이 수입되는 것을 의미한다. 말하자면 양자는 상호 다른 것을 전제하는 동전의 양면과 같다. 따라서 이것은 수출무역과 수입무역을 의미한다. 그러나 거기에는 두 나라의 경제적인 또는 상·공업 위의 우열(優劣)이 결부되어 있다는 점에 주의하지 않으면 아니 될 것이다. 물론 이들 양쪽은 불균등한 발전의 관계에 있기 때문에, 아담 스미스의 절대생산비설은 물론 데이비드 리카도의 비교생산비의 원리에서도 알 수 있듯이 불균등한 관계가 무역을 가능하게 하는 기초조건임과 동시에 하나의 중요한 요인이 된다. 다시 말해 경제적인 그러나 절대적인 상·공업 위의 우열의 존재야말로 스튜어트에 있어서 능동무역과 수동무역, 즉 외국무역이 성립하기 위한 하나의 기본조건이다.[53] 이것이 스튜어트의 외국무역론을 특징짓는 또 하나의 중요한 요소가 될 것이다.

(가) 능동무역의 전개와 미개국(未開國)

스튜어트는 자신의 이론에서 한 나라의 국내산업이 성장함으로써, 이익을 찾아 해외로 진출하는 자국의 무역상인을 상정하고 있다. 그는 능동무역의 현실적 전개과정, 즉 유통과정에서 일어나는 여러 현상을 나타내는 데에서부터 출발하고 있다. 왜냐하면 능동무역의 전개와 이에 바탕을 둔 상업사회가 이러한 현상과 성격의 여하에 따라, 그 뒤의 발전에 큰 영향을 미치게 되기 때문이다.

국내공업의 성장의 결과, 보다 많은 이익을 향유하기 위하여 무역상인들은 비무역국(non-trading country)의 국민이 상업의 가치에 관한 충분한 지식이 없다는 것을 이용하

---

52) 외국무역에는 두 가지 형태와 두 가지 측면이 있을 수 있다는 것을 지적하는 데에서부터 출발한다.
53) 여기서는 고전학파 자유무역론에 있어서 비교생산비설의 의의가 정당하게 상기되어야 할 것이다.—David Ricardo, Principles of Political Economy and Taxation, 1817.

여 수출상품의 가격을 높게 인상함으로써, 발생하는 부당한 이윤을 획득하게 될 것이다.[54] 이러한 이윤의 증가는 무역당사국 사이에 가격체계 위의 차이라기보다는 오히려 비무역국의 국민이 경제에 관한 무지에서 발생한다. 스튜어트는 이러한 이윤이 능동무역 전개의 최초의 결과로 보고 있다. 이러한 과정에서 획득된 이윤은 그 나라 부유계급의 사치품에 대한 수요증가로 나타나기 때문에, 비무역국의 수입품에 대한 수요증가는 확실하게 된다.[55]

소위 능동무역은 한 나라 상·공업의 발전의 결과라는 의미를 확실하게 부여할 수 있지만, 문명적인 근대 상업국민 상호간에 성립하는 외국무역에서 정당하게 발생하는 '상업이윤'이 아니라, 후진의 무지한 미개국과의 무역에서 발생하는 법 밖의 이윤이라는 점에 주의를 요한다.

능동무역의 전개는 이러한 한계 혹은 성격을 지니면서도 선진 '무역국(trading country)'의 산업에 새로운 발전의 계기를 부여하게 될 것이다. 특히, 미개국의 새로운 수요는 선진국의 상·공업, 특히 수출산업의 새로운 발전을 촉진하게 될 것이다 스튜어트는 능동무역의 전개가 선진 '무역국'에 가져오는 "가장 현저한 변화는 제조업자에 대한 수요의 증가"라고 하였다.[56] 이처럼 무역국은 하나의 새로운 발전을 맞이하게 되고, 여기에 부(富)의 유입이 능동무역과 맞물려 그 뒤의 변화, 발전을 복잡하고 다양하게 전개시키게 된다.

여기서 말하는 능동무역이란 근대적 공업을 최초의 단계에서 육성·발전시킨 결과라는 데 의미를 부여할 수 있지만, 그 이윤은 근대 상업국민 상호간의 무역에서 발생하는 것이 아니라 후진국의 무지한 국민과의 무역에서 발생하는 비정상적인 이윤임이 틀림없다. 이것은 외국무역의 이윤과 국내상업의 이윤 사이의 구분을 둘러싼 데이비드 리카도

---

54) "무역상인들은 어느 새로운 나라에 도착하면……. 그 상품의 가격을 그 주민들이 입수열(入手熱)이나 지불능력에 비례시키지, 그 진실가격(real value)에는 결코 비례시키지 않는다. 따라서 무역에 의한 최초의 이윤은 아주 거액이 되는 것임에 틀림없다." -Ibid, p.184.

55) 스미스는 생성기(生成期)의 외국무역에 관하여 다음과 같이 설명하고 있다. "모든 상업사회의 주민은 보다 부유한 나라의 정교한 제조품이나 값 비싼 사치품을 수입함으로써, 이들을 자신의 소유지의 대량의 좋지 않은 생산물을 구입할 것을 열망하고 있던 대토지소유자들의 허영심을 상당한 정도로 만족시켰다. 따라서 당시의 유럽 상업은 대부분 주로 그들 자신의 좋지 않은 생산물을 그들보다 개화한 여러 국민의 제조품과 교환하게 되었다. 이런 이유로 잉글랜드의 양모는 오늘날 폴란드의 곡물이 프랑스의 포도주나 브랜디와 교환되고 또 프랑스와 이태리의 견직물과도 교환되고 있는 것과 같은 방법으로, 프랑스의 포도주와 이태리의 정교한 직물과 교환되는 것을 당연한 것으로 하고 있다." -Adam Smith, Wealth of Nation, 1776, E. Cannon ed., 1904, vol.1, p.378.

56) James Steuart, op.cit, 1. p.209.

와 세이(Jean Baptiste Say, 1767~1832) 사이의 논쟁에서도 알 수 있듯이 일종의 국제 착취로 본 것이다. 능동무역의 전개에는 이러한 한계와 모순을 지니면서도 선진국의 공업에 새로운 발전의 기회를 부여한다.

스튜어트는 위와 같이 선진국과 후진국을 무역국(trading country)과 비무역국(nontradinhg country)으로 표현하고 있지만,[57] 후진국의 새로운 수요는 적어도 선진국의 공업발전을 촉진하게 될 것이다.

한편 무역국과는 달리 수동무역을 취하지 않을 수 없는 미개국은 무역의 진전과 더불어 하나의 중대한 어려움에 직면하게 된다. 왜냐하면 수입품과 교환으로 제공해야 하는 이 나라의 자연산품에는 스스로 한계가 있을 것이기 때문이다. 즉, 무역국과 비무역국의 국민 사이에 무역에 의한 상호욕망(reciprocal wants)[58]이 형성됨으로써 지금까지 '검소한 생활'을 하여 온 비무역국의 국민에게 근면(industry)[59]을 환기시키게 될 것이다. 스튜어트는 "변혁이 다시 일어날 때, 즉 지금까지 검소한 생활을 하여 온 사람들이 근면하게 될 때, 사태는 하나의 새로운 국면을 제시한다."[60]라고 하였다.

상호욕망의 형성은 국민의 근로를 환기시키고 상업사회를 발전시킨다. 상호욕망, 말하자면 유효수요가 "전 메커니즘의 주요원천이 된다."라는 것이 스튜어트가 강조하는 상업사회 형성의 기본원리이다.

스튜어트는 능동무역의 전개가 가져오는 하나의 중대한 결과를 관찰하였다. 즉, 능동무역의 전개는 필연적으로 수동무역을 하지 않을 수 없는 미개의 비무역국에 근면을 환기시키고, 나아가 무역국으로 변모해 가지 않으면 아니 된다는 것이다. 세계상업의 진전이 각지의 소위 성운상태(星雲狀態)를 이루고 있는 많은 촌락에 상품경제를 침투시켜 산업의 발전을 자극하여 국민경제를 형성하여 온 역사의 사실이 여기에 잘 반영되어 있

---

57) Ibid, p.185.
58) 상호욕망은 농부와 상인의 근로가 얼마나 고무되어, 상업사회의 형성이 그리고 인구의 증가가 얼마나 가능하게 되는가가 확실하여졌다. 여기서의 상호욕망과 전적으로 동일한 것이라고 스튜어트는 언급하고 있다. 그 욕망의 대상은 당장 노동무역의 결과 주어지는 것이라고 하지만.—川島信義, ステュアート信用論の特質, 西南學園大學, 商學論集(第8卷第2號), 1965, 12, pp.73−101.
59) 스튜어트는 노동을 'labour'와 'industry'로 혼용하고 있지만, 그 내용으로 볼 때, 근대 이전에는 전자를, 근대 이후에는 후자로 파악하고 있는 것 같다. 스즈끼(鈴木勇)는 "잉여생산물을 자발적으로 생산하는 'industry'야말로 사회발전의 원동력이며 그것은 공업으로 통하는 범주이다. 강제를 수반하는 'labour'와는 구별되는 자유의지의 바탕에 둔 근로야말로 공업의 진보와 그 확립을 가져오는 원동력"이라고 하였다.—鈴木勇, イギリス重商主義와 經濟學說, 學文社, 1985, p.216.
60) Ibid, p.193.

다 하여도 좋을 것이다. 그러나 주의해야 할 것은 무역국의 산업발전은 확실히 능동무역 전개의 필연적인 요청이며 또 그 결과라 하여도, 그것이 그대로 선진무역국의 영속적인 발전을 보증하는 것은 아니다. 오히려 선진 무역국에 있어서 두려운 경쟁상대의 출현으로 보는 것이다.[61] 이 측면을 스튜어트는 중시한다. 그것은 단지 상업상의 경쟁상대의 출현일 뿐만 아니라, 국가적 이익이 결부됨으로써 새로운 문제를 제기한다. 즉, 무역이 소비 가능한 물물교환에 의하여 영위되는 경우에는 그 작용도 그 나라의 이익에는 별로 관계가 없지만, 화폐(귀금속)가 등장됨으로써 외국무역의 양상은 달라진다.[62]

비무역국도 당연히 유치산업으로부터 발전하여 능동무역으로 진출하는 것을 염원할 것이다. 때문에 이 나라도 또한 보호주의의 여러 정책을 취하여 근면을 육성하지 않으면 아니 된다. 때로는 보호관세도 필요에 따라 설정하지 않으면 아니 된다. 그 결과, 보호주의와 보호주의가 드디어 무역국과 비무역국 사이에 충돌한다. 스튜어트는 이러한 상황이 도래하면 "모든 나라가 모든 불리한 상업부문을 저지하도록 주의를 기울이게 되면, 무역의 전반적인 정지가 곧 일어날 것이다."[63]라고 하였다. 사실상 절대주의 아래의 무역전쟁을 방불하게 할 정도로 격렬한 사태가 스튜어트 논의의 배후에 상정되어 있다는 점에 주의해야 할 것이다. 비무역국에 있어서 근면의 생성, 상업국으로의 발전은 선진 무역국에 있어서 실로 두려운 경쟁상대의 출현[64]이라 하지 않을 수 없다.

능동무역의 전개는 이러한 중대한 결과로 나타나는바, 무역국에 어떠한 변화·발전을 가져오게 되는가. 무역국에 있어서 그 뒤의 발전 여하의 문제를 다시 검토하기로 하자.

(나) 수요의 증대와 균형의 파괴

스튜어트는 수요와 공급에 관하여 다음과 같이 주장하고 있다.

"만약 공급이 수요에 비례하여 증가하지 않으면, 그 결과로서 수요자 사이에 하나의 경쟁이 일어날 것이다. 그것은 이와 같은 갑작스러운 큰 변화의 통상적인 결과이다. 한편 가령

---

61) 여기에 낙관적인 흄(David Hume)의 자유무역론에 대립하는 스튜어트 고유의 중요한 문제시각이 있다.
62) "그러나 귀금속이 상업의 목적이 되자. 그리고 그 귀금속이 모든 것에 대한 일반적 등가물이 됨으로써 여러 나라 사이의 국력의 척도가 될 때, 귀금속의 획득 또는 적어도 국내에 비례하는 양의 귀금속의 보유가 보다 현명한 나라들에 있어서는 결정적으로 중대한 목적이 된다."
63) Ibid, p.342.
64) 자유로운 무역에 의하여 각 나라의 상·공업은 상호 번영을 달성할 수 있다고 하는 데이비드 흄의 낙관적인 자유무역론을 수용할 여지는 전적으로 소멸된다.

수요의 격심한 증가가 그에 비례하는 공급을 수반한다면 모든 근면한 사회는 활기에 차, 어떠한 많은 이익도 불편도 느끼지 않는 건전한 상태 아래에서 성장할 것이기 때문이다.”[65]

능동무역의 전개가 선진 무역국에 가져오는 가장 중요한 결과는 국내 제조업에 대한 수요의 증가이다. 수요의 증가가 ‘전 메커니즘의 주요원천’이 되어, 이 나라 상·공업의 보다 많은 발전에 기여하게 된다. 그러나 수요의 증가가 어떤 경우에는 수요를 ‘고등(高騰)’시키고, 다른 경우에는 ‘증가’시킨다. ‘고등’과 ‘증가’는 무엇을 뜻하는가?

능동무역의 개시와 그 급속한 진전이라는 단계에서, 말하자면 수요는 급격하게 증가하고 그에 비례하여 공급의 증가를 수반하지 않으면 수요자 사이에 결과적으로 경쟁을 불러 일으켜 통상적으로 수요의 고등(高騰)이 일어난다. 말하자면 가격의 등귀가 통상적인 결과라는 것이다.” 가격등귀의 결과, 많은 산업부문에서 부(富)는 나날이 증가하여 이것이 근면한 계급을 고무하게 될 것이다.[66]

상인은 증가하고 잉여를 생산하는 상업적 농업은 발전하며 인구도 증가한다.[67] 상업사회는 농업·공업의 분리를 다시 촉진시키면서 국내수요를 상회하여 새로운 발전을 하기에 이른다. 바로 능동무역의 전개가 상업사회를 발전시키게 된다.

능동무역의 진전에 수반하는 ‘부(富)’의 유입이 사치적인 소비수요의 증가와 생산의 감소를 초래하여 결과적으로 수요와 공급의 균형을 파괴함으로써 현저한 가격등귀 현상이 일어난다. 스튜어트는 이 수급의 균형을 ‘일과 욕구의 균형(balance of work and demand)’이라고 표현하면서 그 이유를 다음과 같이 설명하고 있다. 즉, “공급(supply)이라는 용어보다도 일(work)이라는 용어를 선택한 것은 주로 고찰의 대상이 되는 직인(workman)에 유익하기 때문이라는 것”이다.[68] 수요와 공급에 있어서 가격의 균형을 수요자와 공급자 사이의 쌍방의 경쟁(double competition)은 그 기능을 상실하여 일방적 경쟁(simple competition)으로 전환하게 된다.[69]

---

65) Ibid, p.209.
66) Ibid, p.209.
67) 외국무역의 전개는 농·공분리를 추진하는 중요한 요인이 된다는 점을 스튜어트는 중시한다. “…… (농·공분리를 추진하는)다음의 수단은 제조업을 그 나라에 도입하는 것이며 그리고 그 제조업의 모든 잉여부분을 위하여 외국시장을 준비하는 것이다. 이익(gain)의 유혹은 드디어 모든 사람으로 하여금 자신의 손으로 더욱 잘 할 수 있는 산업부문에 종사하게 할 것이다. 이들 수단에 의하여 많은 사람들은 제조업에 따라 농업을 포기할 것이다.”(Ibid, p.85.) 농·공분리라는 점에서 스튜어트는 능동무역의 전개가 상업사회에 가져오는 가장 중요한 결과를 발견한다.
68) Ibid, p.490.

　그 결과, 상품의 가격은 등귀하여 유리한 무역은 장기적으로 지속할 수 없게 된다. 왜냐하면 국내에 있어서 모든 상품의 가격이 등귀함으로써, 지금까지 이 나라의 제조품을 수입·소비해 왔던 나라들이 자국 내에서 생산을 개시하여 경쟁상대국으로 부상하게 되어 오히려 거꾸로 문호를 개방할 것을 요구하게 된다. 선진 무역국은 상품가격의 고등이라는 어려운 사태에 직면하여 새로운 무역국의 등장과 경쟁 아래에서 외국무역의 길이 차단되는 중대한 위기에 빠지게 될 것이다. 외국무역의 진전의 결과, 유입되는 부(富)는 자본의 축적 등 생산의 확대를 위해 투입되든지 아니면 국민의 생활을 사치화하는 소비의 방향으로 유출될 것이다. 그러나 생산의 확대 없이 수요가 증가된다면 '일과 욕구의 균형'은 완전히 파괴되어 모든 상품의 가격은 현저하게 등귀하게 된다. 따라서 외국무역은 쇠퇴일로를 걷게 된다. 즉, 부(富)의 유입에 의한 사치적인 소비의 증가, '일과 욕구의 균형'의 파괴 그리고 가격의 등귀, 외국무역의 쇠퇴라는 과정을 거치게 된다. 말하자면 가격등귀의 결과, 많은 공업부문에서 부(富)는 나날이 증가하여 이것이 근면한 계층을 고무케 한다. 그러나 공산품의 가격등귀는 외국무역에 있어서 불리하게 된다.

　보통 무역의 쇠퇴를 특징 매김하는 두 가지 원인으로, 첫째, 지금까지 공급하던 외국시장이 다른 선진국에 의하여 대체공급(代替供給)되기 시작하는 경우와, 둘째, 선진국 자신이 지금까지 국내에서 생산된 제조품을 외국으로부터 수입하는 경우이다.[70] 이럴 경우에는 후진국이 경쟁상대국으로 부상하여 거꾸로 문호를 개방할 것을 요구하며, 그동안 외국으로부터 얻은 이윤은 자본축적 등 생산확대와 국민생활을 사치화하는 소비 쪽으로 흘러가게 된다. 따라서 수급균형은 완전히 파괴되어 모든 상품의, 특히 필수품의 가격이 상승하여 국내에서 증산이 불가능할 때에는 외국으로부터의 수입에 의존하게 되며, 경우에 따라서는 가격의 급격한 하락을 방지하기 위하여 저렴한 농산물 수입을 위해 수입보조금을 지급하지 않으면 아니 된다.[71]

　그러나 무엇보다 중요한 것은 근검(勤儉)과 절약을 거듭하여 인내하는 것밖에 더 이상 좋은 구제책은 없다는 점이다.[72] 이러한 능동무역이 성립되기 위해서는 절대적인 경제상의 우열이 존재하는 것이 기본적 요건이지만, 필연적인 외국무역의 쇠퇴가 발생하였을 경우에도 수출이 가능하도록 공산품의 가격을 인하하는 방법,[73] 즉 행정지도와 수

---

69) Ibid, pp.196－197.
70) Ibid, p.279.
71) Ibid, p.292.
72) Ibid, p.239.
73) Ibid, p.283.

출보조금이라는 두 가지 보호주의 정책수단의 필요성이 강조되고 있다.

이러한 과정이야말로 스튜어트 이론체계의 특질로 꼽을 수 있다. 스튜어트 이론은 근검과 절약 아래에서 예정조화적이면서 자율적으로 생성·발전하는 데이비드 흄의 자유무역론과는 상이하다. 스튜어트 이론에는 능동무역이 성립하기 위한 하나의 요건으로서 경제적으로 미발달한 미개국의 존재가 상정되어 있다. 무역당사국 사이에 절대적인 경제상의 우열(優劣)이 소위 능동무역을 성립시키는 하나의 기본적인 조건이며, 따라서 비무역국의 경제성장은 무역국의 외국무역을 쇠퇴시키는 요인으로 작용하게 된다. 이와 같이 무역국의 외국무역은 필연적으로 쇠퇴하게 됨으로써 보호주의정책을 도입하지 않을 수 없게 된다. 여기서 스튜어트 보호주의의 일관된 중요한 특질을 볼 수 있다.

(3) 국내상업단계(inland commerce stage)

(가) 새로운 정치적 여러 과제

능동무역은 결국 차단되어 상업사회는 국내상업(inland commerce)74)의 단계로 이행된다. 이러한 이행과정을 스튜어트는 다음과 같이 설명하고 있다.

> "나는 초기상업 및 외국으로부터 확실하게 구별된 국내상업을 바로 다루고자 한다. 우리는 지금 새로운 나라로 이행되어 왔다고 생각해 본다. 이곳에는 외국무역이 이미 최고도에 도달해 있다. 그러나 주민이 사치하게 되었다는 것, 정부가 아마 부주의하다는 것, 또 다른 여러 국민의 자연의 이점(利點)에 맞추어 세련(洗練)의 진보에 추가하여 이 (상업)의 국면을 제거하고, 그리고 이 나라의 부(富)를 부단히 증가시켜 온 원천을 고갈시켜 버렸다. 우리는 이 변혁의 자연적인 여러 결과를 검토하지 않으면 아니 된다. 우리는 어떻게 하면 좋지 못한 모든 사정을 피할 수 있는가를 지적하지 않으면 아니 된다."75)

외국무역이 확대될 때에는 수요의 증가가 이 나라의 상·공업을 번영시키나, 상대국이 무역국으로 등장함으로써 외국시장을 상실, 수출무역은 부진하게 되어 부(富)＝금은(金銀)의 유입은 더 이상 기대할 수 없게 된다. 따라서 부의 유출과 국내유통의 파탄을 방지하기 위해서 정부는 외국무역을 축소시키지 않으면 아니 된다.

---

74) 국내상업은 외국무역의 완전한 소멸로 상정되어 있다. ─Ibid, p.319.
75) Ibid, p.319.

이러한 시점에 당면한 정치적 과제로서 스튜어트는 다음과 같이 언급하고 있다.

　"정부는 어떻게 하면 국민 모두에게 항상 일자리를 제공할 수 있는가. 또 어떤 수단으로 국내의 부의 평등한 유통을 촉진하여, 이 부를 근면한 사람이 제공하는 서비스에 대하여, 부자(富者)가 부여하는 상응하는 등가물(等價物)로서 유통시키도록 할 수 있는가. 과연 정부는 조세(租稅)의 현명한 부과로 각자 연소득(年所得)의 공평한 비례 부분을 징수하여 누구도 생리적 필요의 극한 수준 이하로 저하시키지 않도록 할 수 있는가, 과연 정부가 공공의 자금으로 공업의 각 부분의 활기를 유지하고 또 이 수단으로 다른 국민상태의 작은 변혁도 이용하여 자국의 외국무역을 재건할 수 있는가. 마지막으로 대중의 부담으로 정당하게 지지되고 유지되는 일단의 사람들로 과연 이 사회가 외적(外敵)에 대하여 충분히 방위할 수 있고, 피할 수 없는 전쟁을 수행하기 위해 그 수를 늘리거나, 또한 평화와 평정(平靜)이 회복되었을 때 수를 줄이거나 하는 것이 필요하게 되었을 때, 공업에 유해한 돌발적인 변혁을 조금도 일으키지 않도록 할 수 있는가. 이것은 정부가 유의하여야 할 목적이며, 정부가 무역관계를 맺지 않고 자국의 부(富)로 생활하는 국민의 대표자가 된 경우의 그것이다."76)

　스튜어트는 이러한 위기의식 아래의 국내상업단계에서 상업사회의 존립과 정치적 상태 여하의 문제를 제기하고 있다. 그는 먼저 노동과 고용의 문제를 정치적 우선과제로 들고 있다. 국내산업의 유지 · 발전에 의한 인구의 증가가 중심적 과제이다. 이러한 과제의 목적을 달성하기 위한 수단으로서 그는 모든 정책목표를 열거하고 그 필요성을 강조하고 있다. 구체적으로 근면의 발전에 대응시켜야 할 부(富)＝화폐(貨幣)의 유통촉진, 조세의 징수, 국가재정에 의한 근면의 보호, 외국무역의 회복, 국방 등 문제를 지적한다. 이러한 논의의 과정에서 신용이나 공채의 문제 등도 거론하고 있다. 스튜어트는 자신의 이론체계에서 신용론, 공채론 및 조세론의 접점 · 위치를 정하고 있다.

　그러면 상업사회는 국내상업단계에서 어떻게 존속 · 발전시킬 수 있는 정책체계가 요구되는가. 국내상업의 전개 자체와 여기에 요구되는 정치적 상태를 검토하면서 스튜어트 보호주의의 내용을 다시 검토하고자 한다.

---

76) 스튜어트는 "여기에서 문제는 부의 증가 혹은 감소의 문제가 아니라 오로지 그 부를 모든 사람들에게 일자리를 확보하기 위하여 최선의 방법으로 유통시킨다는 문제이다."－Ibid, p.347.
　여기에서의 정치적 과제를 다음의 세 가지 항목으로 요약한다. 첫째, 소비와 사치의 진행을 공급하기 위하여 존재하는 사람의 손에 비례하여 조절할 것, 둘째, 토지의 비옥도에 따라 주민의 증가를 조절할 것, 셋째, 정치인은 그 나라의 정치적 상황에 따라 그 국민의 여러 계급에 대한 배분을 조절할 것, 등이다. Ibid, p.347－348.

(나) 유효수요의 부족

경제발전을 뒷받침하여 온 중요한 외국수요(foreign demand)는 외국무역이 정지됨으로써 완전히 차단되어 버린다. 그것은 발전하는 '상업사회'에 중대한 결과를 가져오고, 수요를 격감시켜 '수요와 공급의 균형'은 파괴되고 근면한 노동자는 일자리를 잃게 된다. 실업자의 증가로 생산은 축소되지 않을 수 없다. 이러한 상황에서 어떠한 대책이 강구되어야 하는가. 따라서 스튜어트는 일자리와 고용의 문제를 정치적 우선과제로 들고 있다. 그는 파괴된 '수요와 공급의 균형'의 문제를 다시 회복시키기 위하여 기본적인 정책으로서 다음과 같이 언급하고 있다.

> "무거운 쪽에서 아무것도 제거하지 않고 이를 다시 균형시켜 이 나라를 부유하게 하여 온 사람들을 유지, 그들에게 **빵**을 제공하기 위해서는 외국수요의 소멸에 비례하여 국내소비가 추가적으로 증가되지 않으면 아니 된다."[77]

국내상업단계에서는 국내의 소비가 배제된 외국무역단계와는 달리 그 구체적 정책도 달라진다. 배격된 사치, 여분의 소비가 이 단계에서는 적극적으로 장려되지 않으면 아니 된다.

물론 외국무역단계에서도 사치의 경향은 있다. 특히, 지주계급의 사치적인 소비수요가 중시된다. 이들에 의하여 소멸되는 외국수요가 보완될 때, '일과 욕구의 균형'은 회복되어 상업사회는 국내상업단계에서도 발전해 갈 수 있다.

외국무역 소멸의 시점에서 스튜어트가 주목하고 있는 수요로 전환해야 할 화폐는 외국무역에서 벌어들인 상인계급의 손 안에 잠자고 있는 화폐이다. 외국무역의 소멸로 '일과 욕구의 균형'이 파괴, 거기에서 수요의 부족을 타개할 수 있는 첫째 요인은 상업계급의 손 안에 잠자고 있는 화폐와 지주계급의 사치적인 소비욕망이다. 바꾸어 말하면 '이자부 대부'의 도입에 의한 사치의 실현이다. 이에 의하여 추가적인 소비수요가 형성되고 '일과 욕구의 균형'이 회복될 때, 상업사회의 새로운 전개는 가능하게 된다.

(다) 소비신용의 도입

국내상업단계에서 상업사회의 전개 여하는 기본적으로 소멸하는 외국무역을 보완해야 할 계급, 특히 지주계급의 사치적인 소비수요를 어떻게 실천할 것인가에 달려 있다. 소

---

77) Ibid, p.263.

비수요의 증가에 따라 '일과 욕구의 균형'이 회복됨으로써 상업사회는 과잉인구를 유지할 수 있다. 상인계급의 손 안에 있는 화폐가 지주계급에 대부되고 지주계급은 다시 소비수요를 창출해 가는 과정은 간단하게 그리고 자연스럽게 일어날 수 있는 것은 아니다. 따라서 유효수요의 창출, 상·공업의 번영을 실현하기 위한 유력한 수단으로서 '이자부 대부'를 도입하지 않으면 아니 된다. 이 때, 정부는 대부에 대한 보수, 즉 대부이자율을 결정하여야 한다. 대부에 의하여 새로이 추가적인 소비수요가 창출될 때, '일과 욕구의 균형'은 회복·유지되어 상·공업의 번영도 기대할 수 있다. 여기에 상업사회의 전개과정에서 중요한 역할은 공신용이다.[78] 스튜어트는 공채를 '논의의 여지없이 명백하고 파멸적인 관행'으로 퇴장시킨 데이비드 흄과는 반대되는, 그 뒤의 아담 스미스와는 정반대로 상업사회에서 공채의 생산적 의의를 강조하고 있다.

> "만약 내가 나 자신의 용도를 위하여 소비할 수 있는 상품에 대하여 나의 주화(coin)를 사용한다면, 내가 구입한 것이 소비되자마자 나는 보다 가난하게 된다. 왜냐하면 이 작용은 나에 관하여 말하자면 어느 의미에서는 내가 가지고 있는 주화를 모두 사용하는 것이기 때문이다. 이것을 나는 부(富)의 균형의 진동이라고 한다. 즉, 나는 보다 가난하게 되어, 나의 용도를 위하여 소비할 수 있는 상품을 구입한 사람은 보다 부자가 된다. 따라서 균형은 나와는 반대로 그에게는 유리하게 전환한다."[79]

(라) 부(富)의 균형의 진동(振動)

여기서 '부의 균형의 진동'이 최대의 정치적 관심사이다. "국민의 모든 계급 사이의 부단한 부의 균형의 진동(vibratlon of the balance of wealth)"이야말로 결국 "국민의 부의 기초에 있는 것"[80]이다. 여기에 스튜어트의 상업사회론, 나아가 신용이론의 하나의 중요한 결론을 찾아볼 수 있다.

그러나 영속하는 평등을 유통 면에서 계속 유지한다는 것은 불가능하다. 차선책으로서 국민의 평등이 실현되는 빈부의 교체, 부의 균형의 부단한 진동의 통과야말로 결국 상업사회가 현실로 발전해 가는 과정, 즉 국민의 부의 기초에 있는 것이다.

---

78) 스튜어트는 "은행의 원리에 따르는 경우, 은행은 사적신용(private credit), 상업신용(commercial credit) 및 공적신용(public credit) 어느 하나에 기초하여 설립된다."라는 데에서 알 수 있는 바와 같이, 신용을 ① 사적신용, ② 상업신용, ③ 공적신용 세 가지로 분류하고 있다.—Ibid, p.142.

79) Ibid, p.510.

80) Ibid, p.352.

스튜어트는 소비를 영위하기 위하여 보다 많은 화폐가 필요하게 되면 될수록 조세를 부과하는 것이 한층 용이하게 된다고 하였다. 다시 말하자면 그는 근대적인 조세의 형태로서 내국소비세를 중시하고 이것을 적절하게 도입함으로써 부자로부터 나라의 용역을 위하여 유능한 사람들과 가난한 사람들을 고용하는 데 충분한 자금을 도출하여 국내산업의 보호·육성 기타 근면의 유지·발전에 충당하여야 한다는 것이다. 또한 나라의 재정도 이 목적을 위하여 동원되지 않으면 아니 된다는 것이다. 외국수요 소멸의 결과로서 근면의 파괴, 따라서 근면한 생산자들의 궁핍, 빈곤 그리고 소멸이라는 최악의 사태도 또한 그것과 더불어 피할 수 있게 된다.

다시 스튜어트는 다음과 같이 강조한다.

> "근면이 생명을 유지하고 있는 한 희망이 사라질 수는 없다. 생활양식은 변화한다. 그리하여 …… 외국무역을 소멸시킨 사치가 그 뒤에는 국내의 근면을 활발하게 유지하고 또 훌륭한 정부의 손안으로 [내국소비세를 통하여] 충분한 힘을 부여함으로써 외국무역의 회복을 조금도 곤란하지 않게 할 것이다."[81]

자립할 수 없는 상업사회는 국가에 의한 보호간섭을 불가피하게 요구한다. 그런데 보호정책의 필요성은 한도 끝도 없다. 보호정책과 더불어 상업사회는 존립하고 발전해 갈 수 있게 된다. 여기에 스튜어트의 상업사회론의 그리고 보호주의의 중요한 특질과 그 귀결이 존재한다 하여도 좋다. 이러한 '상업사회' 파악과 결부시켜 그의 소위 상업사회의 번영과 쇠퇴의 논리를 의미하는 '단계론적 사고'도 이와 더불어 전개된 것이다. 이와 같은 '상업사회'의 내실·순서 가운데 그는 인구감소, 나라쇠퇴의 위기에서 많은 사람의 눈에 비친 당시 유럽의 '정치적 위기'의 근원을 파악한 것이다. 여기에는 데이비드 흄의 자유무역론, 즉 자유주의적인 사고나 주장을 받아들일 여지는 전혀 없다.

'상업사회'의 존립을 위해서는 자유주의적인 주장은 끝까지 부정되고, 거부되지 않으면 아니 된다, 그것은 오히려 상업사회의 말하자면 내면으로부터 발생하는 필연적이고 본질적인 요구라 하지 않을 수 없다. 스튜어트는 고전학파의 자유무역주의에로의 길을 당당하게 걷고 있던 데이비드 흄의 사고(思考)와 대담하게 대립하면서, 그를 비판하는 문자 그대로 정부에 의한 국내산업의 보호·육성의 필요성을 강조하는 보호주의의 주창

---

81) Ibid, p.393.

자로서 등장하게 된 것이다.

4. 보호주의적 통제의 원리

영국은 18세기 중반부터 산업혁명이 전개되기 시작하였다. 이런 시기를 앞둔 18세기 전반에 이미 산업혁명의 도래를 예시하는 분업에 의한 협업, 매뉴팩처, 산업자본의 형성이 착실하게 발전하기 시작하였다. 이 시기에 상업자본적 자유무역론과의 투쟁에서 승리하여 18세기에 지배적 지위를 확립한 보호주의적 정책체계에도 새로운 의문이나 비판이 대두되기 시작하였다.

이와 같이 데이비드 흄의 자유무역론을 격렬하게 비판한 스튜어트의 보호주의의 이론체계가 등장하자, 9년 뒤, 이를 비판이라도 하듯 아담 스미스의 <국부론>이 출판되었다. 말하자면 자율적인 예정조화로 발전하는 생산자본의 순환을 기본으로 하는 자유방임적인 이론체계가 수립되었다.

그러나 스튜어트가 이러한 상황에서 문제의 소재를 파악, 정치적 위기를 실감한 유럽 대륙에 있어서 정치·경제의 발전은 반드시 영국과 같이 순조롭게 진행되지 않았으며 진행될 수도 없었다. 독일에서도 프랑스에서도 매뉴팩처 산업자본이 싹트기 시작하였다고는 하지만, 여전히 낡은 봉건적 여러 관계가 정치나 경제를 지배하고 있었다. 센(SR Sen)[82]이 지적한 바와 같이 "대륙의 상태를 오히려 일반적인 경우로, 영국의 상태를 특수한 경우로 생각하였다."라는 것이다. 여기에 데이비드 흄이나, 그 뒤의 아담 스미스와는 본질적으로 다른 스튜어트의 고유한 역사적인 경우에 규정된 독자적인 문제의식이 존재한다. 그는 데이비드 흄의 자유무역론을 용인할 수가 없었다. 여기서부터 근대 '상업사회'의 존립에 관한 위기의식으로 일관된, 그리고 데이비드 흄의 자유무역론을 비판하는 그는 독자적인 상업사회 파악＝보호주의의 이론체계를 수립하였다 하여도 좋을 것이다. 스튜어트에 의하면 국민경제의 최종목표는 보통 중상주의의 목표가 되는 국가권력 자체의 존속과 확충이 아니라, 일반적으로 "국민을 행복하게 하는 것"[83]이며, 이것을 정치경제학의 목표로서 말하자면 "사회의 각자에게 식료와 필수품과 고용을 마련하는

---

82) S. R. Sen, The Economics of Sir Jamess Steuart(The London School of Economics and Political Science, London, 1957, p.9.
83) Jamess Steuart, op.cit, (Ⅰ), p.10.

것"84)이다. 따라서 그는 데이비드 흄의 자유무역론을 용인하지 않았다. 그러나 자유무역을 신봉한 데이비드 흄도 보호무역을 전적으로 배제한 것은 아니었다. 즉, 데이비드 흄은 다음과 같이 주장하였다.

> "외국상품에 부과되는 관세의 전부가 유해무익(有害無益)하다고 보아서는 아니 된다. …… 독일의 아마(Linnen)에 대한 관세는 국내제조업을 장려하고, 이에 의하여 우리나라의 국민과 산업활동을 증대시킨다. 브랜디에 대한 관세는 램주의 매상을 증가시켜, 우리나라의 남방식민지를 유지하게 한다. 또한 관세는 정부를 유지하기 위하여 징수할 필요가 있기 때문에 무역항에서 용이하게 파악하여 과세할 수 있는 외국상품에 관세를 부과하는 것이 비교적 편리하다고 생각할 수 있다."85)

이와 같이 데이비드 흄이 보호무역정책을 배격한 것이 아니라, 중상주의자들과 같이 관세라는 보호정책수단을 갖고 얻을 수 있는 효과는 국내산업의 보호는 물론 국가재정수입의 확보라는 이중의 효과가 나타난다는 것을 분명히 밝히고 있다. 그러나 자유무역으로 일관된 데이비드 흄의 경제사상과는 달리 스튜어트는 근대상업사회로의 존립에 관한 위기의식으로 일관된 그리고 데이비드 흄의 자유무역론을 비판하면서 독자적인 보호주의적 이론체계를 수립하였다고 볼 수 있다.

스튜어트는 이론의 기본명제를 이미 지적한 바와 같이, 인구증가를 위한 ① 고용증가, ② 수급균형, ③ 유효수요의 확보 그리고 ④ 소득재분배에 두고, 자유사회를 결합시킬 수 있는 최선의 방법은 공동체 구성원 사이의 일반적인 상호 의존의 유대가 공고해지도록 하여야 하며, 이러한 목표를 위하여 정부의 보호주의적 통제가 필요하게 된다는 것이다.86)

여기서 스튜어트의 이론체계에 관한 몇 가지 특징을 들 수 있다

첫째, 정치적으로 자유로운 농민은 근대적 노동생산력의 증가로 인구증가와 농·공분리를 가능하게 함으로써 근대사회의 상품생산이 실현된다. 이러한 과정은 정부가 자유의 정신에 입각하면서도 간접적 통제에 의하여 사회분업, 상품생산, 농·공분리를 추진할 수 있는 소위 원시축적의 일반이론을 수립한 것이다 그러나 농업생산력은 공업의 발달에 대응해서만 실현될 수 있다.87)

---

84) Ibid, p.15.
85) David Hume, op.cit.(田中敏弘譯, 앞의 번역서, p.80)
86) 鈴木勇, イギリス重商主義와 經濟學說, 學文社, 1985, pp.187－188.

둘째, 이상의 과정에 따른 상업은 ① 초기적, ② 대외적 및 ③ 대내적인 것, 즉 ① 초기상업, ② 외국무역 및 ③ 국내상업으로 발전해 간다. 특히, 외국무역단계에서 선진국은 공업부문에 기계의 도입, 교육·훈련 등으로 잉여제품을 생산·수출하며, 인구증가가 극한에 달하면 제품수출의 대가로 식료를 수입하게 된다. 상품생산의 성숙에 수반하는 생산비의 등귀는 곧 그다음 단계인 외국무역의 단계를 지속할 수 없게 만든다. 다시 최종단계인 국내상업의 단계에 이르면 이미 수출기회의 상실과 수입의 금지를 전제로 하여 국내에서의 유통을 자극하면서 외국무역에 의존하여 왔던 고용을 국내에서 창출하기 위한 정책구상을 하도록 한다. 그러나 상업·공업에 숙달되지 못한 후진국에서는 첫 조치로서 수입금지를 단행하여 신규공업과 기존의 농업이 균형 있게 발전할 수 있도록 정부의 계획이 필요하다.[88] 이렇게 볼 때, 스튜어트의 이론이 리스트이론과 부합되는 보호주의라고 할 수 있는 근거는 주로 초기상업의 단계에 한정된다고 할 수 있다. 바꾸어 말하자면 유치공업육성을 위한 보호정책의 일반적 제언이라고 할 수 있다.

셋째, 케인즈는 스튜어트에 관하여 직접 언급하지는 않았지만, 유효수요라는 관점에 입각하여 "중상주의 이론에 있어서의 과학적 진리의 요소"[89]라면서 그가 주장하는 "이익이란 국가이익을 말하는 것이고 전 세계의 이익이 되기는 어렵다는 것을 처음부터 염두에 두어야 한다."[90]라고 하였다. 유효수요를 중시하며 수급균형을 확보하기 위하여 정부의 경제통제를 요청한 스튜어트의 <원리>가 케인즈와 같은 이론적 계보를 지닌 선구적 체계로서 상실된 존재가 다시 소생할 수 있었던 것은 어쩌면 자연적 현상일지도 모른다.

이상과 같이 스튜어트의 경우, 보호무역과 관련된 몇 가지 특징을 들 수 있지만, 그는 특히 상업사회발전의 단계에서 각각 상이한 정책체계를 전개하였다. 그가 리스트와는 달리 모든 단계에서 정부의 통제를 요구한 것은 자국이 불리한 상태에 이르게 되면 언제나 단계 여하를 불문하고 정부가 이에 개입하지 않으면 아니 된다는 것을 강조하고 있다. 여기서 스튜어트 이후의 논자들이 주장하는, 말하자면 해밀턴, 리스트 등의 보호무역론과 관련시켜 볼 때, 스튜어트의 상업사회의 발전단계설에는 자유무역의 과정은 존재하지 않는다. 그렇지만 리스트의 경제발전단계설에서 보호무역을 주장하는 단계, 즉

---

87) Jamess Steuart, op.cit.(Ⅰ), p.41.

88) Ibid, chap.19.

89) John M. Keynes, The General Theory of Employment, Interest and Money, 1936(조순 옮김, 고용, 이자 및 화폐의 일반이론, 비봉출판사, 1985, p.337).

90) 앞의 책, p.337.

‘농업상태’에서 ‘농·공·상업상태’로 이행하는 과정은 스튜어트의 단계설에서도 찾아볼 수 있다. 그것은 초기상업단계에 있거나, 그 다음 단계인 외국무역단계에서, 소위 비무역국이 무역국으로 부상하기 위한 과정에서 도입되는 정부의 통제라고 할 수 있다.

초기상업단계에서는 외국무역의 생성과정으로서 국민이 필요로 하는 제품의 공급을 목적으로 하고 있기 때문에, 새로운 공업력의 육성을 위하여 정부가 취할 수 있는 모든 수단을 강구하여야 한다. 이 단계에서의 기본적인 문제는 외국상품의 수입차단, 국내시장의 독점이 허용되지 않으면 아니 된다는 것이다. 말하자면 수출에 의한 이익이 발생하는 시점까지 그 손실을 나라가 부담하여야 한다. 이렇게 하여 그 다음 단계인 외국무역단계에서 지배적 원리로서 사치의 추방, 절약의 장려 그리고 가격의 최저수준을 확보하여야 한다. 이와 같이 후진국이 경쟁우위를 확보한 뒤, 또다시 수출상품의 가격경쟁력이 약화되어 수출이 격감되게 되면 보호정책을 강구하지 않을 수 없게 된다. 그러나 후진국도 수동무역에서 능동무역으로 전환하기까지는 자국공업을 보호·육성해야 할 보호주의적 정책수립이 필요하다. 물론 선진국이 외국무역단계에서 경쟁력을 상실한 그 시점 이후에도 보호가 필요한 것은 국내산업의 조화와 균형에 있다고 보아야 할 것이다. 그러나 이러한 보호정책은 바로 상대국의 희생을 강요하기 때문에 스튜어트의 보호무역론은 중상주의의 범주를 벗어나지 못하는 모순과 한계를 지니고 있는 것이다.

고바야시(小林昇)[91]에 의하면, “통제는 결코 보호와 같지 않으며, 더구나 통제시스템은 보호주의와 같지 않다.” “경제통제가 보호주의이기 위해서는, 즉 그것이 리스트가 말하는 ‘공업주의’의 ‘전형적인 모습’이기 위해서는, 보호되어야 할 ‘구체적인’ 산업자본의 이익이 거기에 분명하게 지적되지 않으면 아니 되며, 산업자본의 이익이─지주의 이익이 아니라─거기에 분명하게 주장되어 있지 않으면 아니 된다.”라고 하였다. 그러나 “스튜어트는 산업자본의 이익을 확실히 주장하고 있지 않다.” 따라서 “<원리>에서 국민주의를 보는 것도 보호주의의 일반적인 주장을 보는 것도 다 함께 반쪽에서 지나치게 강조하고 있다고 하지 않으면 아니 되며, 더구나 이 고전(古典)을 리스트의 공업주의 직계조상(直系祖上)으로 보는 데는 큰 무리가 있다고 하지 않으면 아니 된다.” “원시축적의 일반이론에 있어서 외국무역의 보호정책은 정부의 광범위한 통제 가운데 스튜어트가 역사적 단계 또는 상황에 따라 국민이 지닌 정신 여하에 따라 취해야 할 수단의 한 측면으로서 권고된 것이지만, 이것은 ‘원리의 저자를 단순히 국민주의적 보호주의자’라고

---

91) 小林昇, 原始蓄積のなかの保護主義(杉山忠平譯, 自由貿易과 保護主義, 法政大學出版局, 1985, pp.75─76).

하는 것을 허용하는 것은 아니다."라고 밝히고 있다. 또한 고바야시(小林昇)의 이러한 주장을 뒷받침할 수 있는 것은 존슨(E. A. J. Johnson)[92]이 통제의 원리를 주장한 스튜어트를 '강직한 국민주의자'라고 평가한 데서 찾아볼 수 있다. 그의 이론 가운데 구체적인 국민적 이익이나 국민적 산업의 보호에 관한 내용을 지니지 못하고 있기 때문에, 뚜렷한 색채를 띠지 못하며 영국의 보호주의적 중상주의자들이 지닌 국민주의로서의 박력도 구비하지 못하고 있다는 것이다. 그것은 스튜어트 자신의 계급적 기반이 결국은 초기산업자본적 입장에 서 있지 않다는 것을 대변해 주고 있다.

이에 대해 바이너(Jacob Viner)는 다음과 같은 견해를 달리하고 있다.

> "리스트에 있어서 중상주의의 중요한 특질로서 지적된 공업주의적 성격과 국민주의적 성격이 말하자면 전형적인 모습으로 나타나 있다는 것을 볼 수 있다고 해도 좋을 것이다. 아니 오히려 스튜어트의 주장을 하나의 중요한 소재로 하여 리스트의 중상주의론이 전개된 것이다."[93]

바이너가 주장하는 바와 같이 스튜어트는 중상주의자인 동시에 보호주의자로 이해해야 할 것이다. 이에 관한 근거는 <원리> 제2편의 외국무역전개의 이론에서 찾아볼 수 있다. 정부가 국가적인 보호·육성책으로 국내의 유치제조업[94]을 성장시킴으로써 외국무역으로 발전해 갈 가능성이 있다. 스튜어트체계에 있어서는 이처럼 보호정책 없이는 외국무역의 형성과 전개는 불가능하지만, 이러한 보호정책이 리스트의 '외국무역의 준칙'과 같이 일정단계에 이르러 자유무역으로 그 자리를 양보하는 것으로 예정되어 있는 것은 아니다.

스튜어트의 소위 '상업사회발전의 단계'의 하나인 초기상업단계에서 중상주의의 중요한 특질로서 공업주의적 성격과 국민주의적 성격이 절대적이고 일반적인 유용성과 필요성을 지닌 전형적 모습으로 나타나 있다는 것으로 보아야 할 것이다. 이 두 가지 성격이야말로 스튜어트의 보호주의를 특징짓는 하나의 중요한 요인이며, 그런 면에서 스튜어트는 바이너가 주장하는 바와 같이 리스트의 선구자임이 틀림없지만, 해밀턴이 더욱 스튜어트에 가깝다는 점이 강조되어야 할 것이다. 예컨대 스튜어트는 인구의 증가가 곡

---

92) E. A. J. Johnson, predecessor of Adam Smith, 1937, p.214.
93) Jacob Viner, Studies in the Theory of International Trade, 1937, pp.117−118.
94) 스튜어트는 '유치산업'을 'infant manufactures'라고 하지만, 'in the infancy of industry'라는 용어도 동시에 사용하고 있다. −Jamess Steuart, op.cit.(Ⅰ), p.228.

물가격을 등귀시키고, 그것이 드디어 임금을 등귀시켜 공산품의 가격을 등귀시킨 경우, 외국의 저렴한 상품의 경쟁을 방지하기 위해서는 정부의 조세에 의한 재정수입을 장려금으로 당해 공업부문에 지원할 것을 요구하고 있다.[95] 또 "각 나라 정부는 각 선박의 선장이다."[96] 특히 외국무역에 관한 한, "단일의 법체계에 따라 통치하는 세계정부가 실현되지 않은 한, 국가적 통제를 결여하는 것은 불가능하다."라고 주장하고 있다.

이상과 같이 스튜어트는 국민경제의 발전과 관련시켜 보호무역론을 전개하고 있으며, 소위 '상업사회발전의 3단계'에서 각각 상이한 정책체계가 필요하다고 하였다. 초기상업단계에서는 외국무역의 생성과정으로서 국민이 필요로 하는 상품의 공급을 그 목적으로 하고 있기 때문에 새로운 공업력의 육성을 위해 정부가 취해야 할 모든 수단을 강구하지 않으면 아니 된다. 이 단계에서의 기본적인 문제는 외국상품의 수입차단, 국내시장의 독점이 허용되지 않으면 아니 된다. 말하자면 수출에 의한 이익이 발생할 때까지 그 손실을 나라의 비용으로 충당하여야 한다는 것이다. 이렇게 하여 그 다음 단계인 외국무역단계에서는 지배적 원리로서 사치의 추방, 절약의 장려 그리고 가격의 최저수준을 확보하여야 하는 것이다. 그러나 상대국의 경쟁우위의 확보로 수출상품의 가격경쟁력이 약화되어 수출이 격감되어 다시 보호무역으로 전환되지 않을 수 없는 국내상업단계로 발전하게 된다. 이와 같이 수출이 감퇴되는 상황에서 외국상품의 수입을 금지하는 경우 당면한 국민경제의 새로운 현상, 즉 고용의 격감, 부의 균형에 큰 변화를 초래하기 때문에 이 단계에서도 불가피하게 '정부의 역할'을 요구하게 된다.[97]

스튜어트이론의 정책적 귀결의 집약적 표현인 '공급과 수요의 균형'은 성숙한 국민경제에 있어서 그 유효수요는 정부의 지도 아래에 창출되지 않으면 아니 되는바, 그 구체적 내용으로서, ① 사치적 소비에 의하여, ② 광범한 화폐·신용정책에 의하여 그리고 ③ 각종의 정부지출에 의하여 국내의 유효수요를 확보하는 것이 필요한 조건이다. 이와 같이 '공급과 수요의 균형'의 유지를 위해서는 각 단계에 있어서 대외적으로 폐쇄된 사회에서는 사치적 소비의 장려로 균형을 도모하고, 대외적으로 개방 때에는 무역에 대한 세심한 통제, 즉 무역이익과 고용의 증가를 도모하여야 하는바, 이것은 바로 다른 여러 국민의 희생을 의미하기 때문에 학설사(學說史)의 구분에 있어서 공업주의와 그 사상을 벗어나지 못한 결정적 결함이라고 할 것이며, 이것이 바로 스튜어트이론의 모순과 한계

---

95) Jamess Steuart, op.cit.(Ⅰ), p.227.
96) Ibid, p.223.
97) Ibid, p.425.

를 의미하게 된다.

① 초기상업단계, ② 외국무역단계 그리고 ③ 국내상업단계라는 스튜어트의 독자적인 가설(假說)도 이러한 위기의식 아래에서 설정된 것이다. 이러한 보호주의를 포함한 중상주의 비판의 경제학체계로서 아담 스미스의 경제학이 그 뒤에 등장한다. 스튜어트가 아담 스미스의 영광의 그늘에 가려 '잃어버린 경제학'으로서의 운명을 걷지 않으면 아니 되었다고는 하지만, 대륙에서 특히 독일의 역사학파에 의하여 오히려 중시되고, 높이 평가받게 되었다. 스튜어트는 18세기 유럽의 '위기적인' 정치적·경제적 현실을 직시하면서 독자적인 이론체계를 수립함으로써 단계론적인 보호주의의 주창자로서, '최후의 중상주의자'로서 평가하지 않을 수 없다.

참고자료

1) Adam Smith, Wealth of Nation, 1776, E.Cannon ed., 1904.

2) Heckscher, E.F., The Mercantiliism(1931). tran. by Mendel Shapiro, George Allen & Unwin LtdD., 1935.

3) Schumoller, Gustav., Das Merkanti system in seiner historischer Redeulung, 1884.

4) Viner, Jacob., Studies in the Theory of International Trade, 1937, pp.117−118.
(Jean Claude Marie Vincent de Gournay, pp.1712−1759)

5) Steuart, James., An Inquiry into the Principles of Political Economy(2vols), London, 1767.

6) Keynes, John M., The General Theory of Employment, Interest and Money, 1936(조순 옮김, 고용, 이자 및 화폐의 일반이론, 비봉출판사, 1985.

7) Johnson, E. A. J., Predecessor of Adam Smith, 1937.

8) Samuelson, Paul A, "Welfare Economics and International Trade", The Collected Scientific Paper of Paul A. Samuelson(vol.2), ed. by Joseph E. Stiglitz, MIT Press, 1966.

9) Mun, Thomas,. England's Treasure by Foreign Trade, 1664.

10) Deyon, Pierre,. Le Mercantilisme, Flammarion(Paris, 1969)(神戶大學西洋史研究室 譯, 重商主義とは何か, 晃洋書房, 1981, p.123).

11) Stark, Werner,. The History of Economics in its Relation to Social Development, London, 1984.(杉山忠平 譯, 社會發展との關聯における經濟學史, 未來社, 1973.

12) Petty, William,. Political Arithmetic, 1690(W. Clark 지음, 杉山忠平 譯, 經濟學史, p.28)에서 재인용.

13) Hume, David,. Political Discourse, Edinburgs, 1st. ed., 1752(田中敏弘譯, ヒュム−政治經濟論集, お茶の水書房, 1983).

14) Ricardo, David, .Principles of Political Economy and Taxation. 1827.

15) Sen, S. R., The Economics of Sir Jamess Steuart(The London School of Economics and Political Science, London, 1957).

16) List, Friedrich, Outlines of American Political Economy, 1827(正木一夫 譯, アメリカ經濟學概要, 未來社, 1966.)

17) 大塚久雄, 國民經濟−歷史的視野での考察, 岩波書店, 1980.

18) 小林昇, 經濟學史著作集(iii), 未來社, 1977.

19) 小林昇, 經濟學史著作集(iv), 未來社, 1979.

20) 小林昇, 原始蓄積のなかの保護主義(杉山忠平 譯, 自由貿易과 保護主義, 法政大學出版局, 1985.)

21) 經濟學大辭典(3), 東洋經濟新聞社, 1980.

22) 水沼知一, 後進資本主義史硏究への視角, (川島武宣・松田智雄 編, 國民經濟の諸類型, 岩波書店, 1986.

23) 川島信義, ステュアート信用論の特質, 西南學園大學, 商學論集(第8卷第2號), 1965.

24) 鈴木勇, イギリス重商主義와 經濟學說, 學文社, 1985, p.216.

자유무역사상의 발흥

제5장에서 취급한 사상과 테마는 16세기 후기부터 18세기 전기에 걸쳐 있다. 이 시기에 영국중상주의의 문헌에 있어서 무역정책에 관한 논의의 중심을 차지하고 있었던 것이다. 그러나 17세기의 끝까지에는 무역의 나라규제에 대한 의혹이 점차 크게 되고, 자유무역의 유리한 점이 적어도 소수의 저자들이 인식하게 되었다.

17세기 전반에 걸쳐, 약간의 사람들이 자유무역에 믿음을 두고 있었던 것 같지만, 그 입장은 이 시대의 경제문헌에는 등장하지 않았다. 토마스 바이오렛트(Thomas Violet, 1651, p.24)는 왜 그런 생각이 표면에 등장하지 않았는가에 관하여 설명하고 있다.

> "약간의 사람들은 모든 상품은 자유로이 수입하고, 제약 없이 수출하여야 한다는 의견이다. …… 나는 그것에 관하여 쓸 생각은 없지만, 그것이 많은 사람들의 의견인 것을 나는 상류사회의 사람들과의 접촉으로부터 확신하고 있다." 그러나 바로 그는 부언하고 있다. 정말 나는 이 사람들의 신조에 따르는 것은 우리 공화국에 있어서 매우 위험하다고 마음으로부터 생각하고 있다."

중상주의자는 가끔 무역찬성의 입장에서, 자유로운 무역에 단연 찬성하는 성명을 하였다. 그들은 정부의 정책에 많은 개혁, 특히 수출을 불필요하게 금지하는 정책의 개혁을 요구, 봉건적·중세적 규제의 이름으로부터의 상업의 해방을 요구하였다. 그들은 가끔 국내정세의 자유와 안정이 상인에 있어서 필요하다는 것, 법의 지배 아래에 있어서 재산권의 확립이 중요하다는 것을 주장하였다. 그리고 그들은 정치적 자유가 존중되는 나라에 있어서 무역이 번창한 것, 또 정치적 자유가 무역에 있어서 유익하였던 것을 이야기하였다. 다시 그들은 이민(유입)문제·신앙의 자유에도 자유로운 자세를 취하고, 그것이 무역을 왕성하게 하였다고 주장하였다.

자유라 하여도 '자유무역'이 반드시 나라의 최선의 정책으로 지목되었다고 할 수 없는 이 시기에 있어서, 무역이 왕성하였다는 것에 관하여 많은 논의가 이루어졌다는 것에서, 예를 들면 에드워드 미셀덴(1623, p.112)은 "무역 그 자체는 그 과정에서도, 이용에 있어서도, 자연적 자유라는 것을 가지고, 그리고 그것은 누구로부터도 강요받는 것은 아니라고 쓰고 있다. 그러나 이것은 그 문맥에서 알 수 있는 것이지만, 매도자는 매입자에게 공급하는 것을 강제할 수 없고, 또 매입자도 매도자에게 판매하는 것을 강제할 수 없다는 인식을 나타낸 것이어서, 무역을 어느 방향으로 향하도록 하는 규제가 현명하지 않다든가, 불필요하다든가, 그것이 개인의 자연적 자유에 반한다든가 말한 것은 아니다."

'자유무역(free trade)'이라는 용어는 분명히 16세기의 끝에, 의회의 외국무역독점자에 관한 논의에서 처음 사용된 것이다. 세계의 특정지역과 독점적으로 무역할 권리, 왕실이 선정한 특정의 상인에 부여한 것은 13세기에까지 거슬러 올라가는 것이다. 자유무역이라는 용어는 17세기 초기에는 경제문제관계의 문서에서는 충분하게 확립하고 있지만, 그런 의미는 지금 우리가 사용하고 있는 것과는 약간 달랐던 것이었다. '자유로운 거래(a free trade)'라는 것은 그것에 대한 참여에는 구속이 없고, 상인이 그곳에서 거래하는 것의 자유가 길드의 배타적인 규제와 정부가 증여하는 독점권과 특권에 의하여 구속되지 않는다는 것이다. '자유로운 거래'ー보다 정확하게는 '거래하는 것의 자유(freedom to trade)'ー는 국내거래 혹은 대외거래의 정부통제에 대한 반독점운동으로서 출현한 것이다. 그리고 이 운동은 중세적 통제로부터 무역을 해방하는 것, 또 공적인 인가·허가 없이 무역할 권리를 확립한 데에 오로지 관계하는 것이어서, 수입관세의 폐지라든가 그런 종류의 것을 요구하는 것은 아닌 것이다.

관습법(common law) 아래에 있어서 자신에 적합한 일을 하는 것의 개인적 자유·자연권이라는 영국의 관념이 독점에 대한 적대감정을 뒷받침하였다. 레이몬드 드 루버(Raymond de Roover, 1951)가 설명하고 있는 바와 같이 당시의 경제사상에는 모든 독점에 대한 스콜라파의 반감이 강하게 파고들고 있어, 거래의 자유의 요구에 관해서는 수사적으로나 이론적으로나 아무런 새로운 것은 없었다. 사실 독점적 무역회사는 자신들이 실제로 독점자라는 것을 부정하거나, 그 독점적 특권이 다른 이유에 의한 것이라고 정당화하거나 함으로써, 그 나쁜 감정을 자극하였다. 예를 들면 미셀덴(1622, p.63)은 그와 같은 (독점적)특권은 국민이 희망하는 일을 하는 자유를 제한하는 것이라는 것에는 동의하면서도, 그것에 의하여 경쟁자에 대한 대항력이 증대하여, 그 결과 당연한 경우에 비하여 거래가 증가하여, "그것에 의하여 왕국에 가져오는 이익이 공공의 자유의 제한(에 의한 손실)을 훨씬 능가하였다."라고 논하였다. 독점적인 외국무역을 옹호하는 논의에 공통하는 논리는 원격지와의 무역에는, 항로표시와 해외의 인명·재산을 지키기 위한 방위시설과 같은 공공재에 대한 지출이 필요하며, 정부에 의한 참여금지도 또한 이것들의 공공재의 재정기반이 무임승차(free rider)에 의하여 위험에 처하는 것을 방지하기 위해서라는 것이었다. 예를 들면 독점회사는 이것들의 필요경비를 위하여 필요한 자금을 설정하거나, 거래이익을 화물의 안전확보를 위하여 지출할 수가 있었다. 만일 그렇지 않으면, 이 자금에 아무런 공헌도 하지 않는 엉터리들(interloper)이 무역이익을 들쑤셔 먹고, 무역 전체를 위태롭게 하는 것이다.

사뮤엘 포트레이(Samuel Fortrey, 1673, p.41)는 더욱 고급스런 이유에서, 자유로이 거래하는 것(freedom to trade)에 반대하였다. 무역의 자유는 교역조건(terms of trade), 즉 수입품가격에 대한 수출품가격 혹은 세계시장에서 상품이 교환되는 비율을, 영국에 악화시킨다는 것이다. 무역회사에 있어서 "우리는 외국인에게 비싸게 팔고, 외국상품을 싸게 구입하는 것이다. 서로 상대보다 저렴하게 판매하고자 하여, 어떠한 가격으로도 다른 사람에게 먼저 구입하고자 할 것이다." 또 다른 논자는 (무역)회사는 신참자가 갖지 않은 기술과 거래상의 경험을 가지고 있으며, 질서와 안전은 회사의 무역에 있어서 바람직한 것이며, 따라서 나라에 있어서도 좋은 것이라고 주장하였다. 저명한 기업옹호론자 존 휠러(John Wheeler, 1601, p.26)는 다음과 같이 쓰고 있다. "규제가 없는 무질서한 무역은 건전한 정부에 있어서 치명상이다. …… 무역에 관리가 없는 것은 불균형을 야기하고, 모든 종류의 미숙·무뢰한 사람들을 끌어들일 것이다." …… "만약 사람들이 거칠고 울퉁불퉁한 길을 질서도, 통제도, 감독도 없이 달리지 않으면 아니 된다고 한다면, 그것에 의하여 정부와 왕국이 보다 많은 이익을 얻고 있다고는 누구도 생각하지 않을 것이다."

이와 같은 논의에도 불구하고, 무역의 자유에 관한 찬성론이 영국의 정계에서 점차 힘을 갖도록 되었다. 무역으로부터 축출되어 있었던 부유한 상인들도 정부에 압력을 가하게 되고, 그리고 무역의 자유를 주장하는 가운데, 독점회사에 있어서 운영의 실패, 자유로운 무역에 의한 상품의 증가, 무역제한에 의한 상인의 개인적 자유의 침해라는 사례를 지적하였다. 그런데도 또 '자유로운 무역(a free trade)' 혹은 '무역하는 것의 자유(freedom to trade)'의 지지자들은 대개 자유무역(free trade)의 명확한 내용—수입장해와 수출장려를 저지하는 것-을 지지하지 않았다. 이 점에 관하여 헥셔(Eli Heckscher, 1935, p.1: 296)는 이렇게 설명하고 있다. "무역의 자유(freedom of trade)란 중상주의자 사이에서는 정확하게는 이러한 개념이다. 즉, 어떠한 사람도 그가 바라는 것을 정부의 규제에 의하여 방해되거나 강제되는 것 없이 이루어지는 자유이다. 그러나 이 개인의 행동은 정부의 현명한 무기, 즉 경제적 보상과 벌금에 의하여, 올바른 방향으로 유도되지 않으면 아니 되는 것이다." 이 경제적 보상·벌금에는 당연히 관세, 보조금 그리고 수입금지라는 무역정책이 포함된다. 무역하는 것의 자유에 관한 입장 여하에 불구하고, 중상주의 무역정책의 중심명제는 그것들의 수단에 의하여 정부가 무역을 규제하는 것이 무역을 촉진하고, 그 축소를 방지하고, 그리고 그것이 나라 전체의 이익을 위하여 필요하다는 것이다. 케일(R. Kayll, 1615, p.51)은 "국왕의 모든 국민이 모든 장소에 갈 자유를 주장하고, 동시에 '자유무역에 관한' 나의 입장은 무역에 있어서 정부의 모든 명령·형식을 배제하고자 하는 것은 아니다."라고 논하였다. 마찬가지로 바이오렛드(1653, p.16)도 "자유로운 무역은 이 나라의 모든 항만의 상품의 수출·수입을 3배로 증가할 것이다."라고 예언하였지만, 영국의 제조업의 확립에 '불필요한' 수입품에 대한 관세와 수입금지에 관해서는 그 존속을 주장하였다.

외국상품을 불리하게 취급하는 간섭주의적 무역정책을 하지 않는다는 의미에서의, 자유무역찬성론이 중상주의이론에 대한 반동으로서 여러 가지 형태로 나타났다. 상인의 경제적 이익과 사회의 일반적 이익과의 차이가 없는 것이기 때문에, 중상주의적 규제는 불필요하다는 논법이다. 많은 저자는 상인의 활동이 항상 나라와 사회에 이익을 가져온다고 하는, 파커(Henry Parker, 1648, p.13)의 의견에 동의하였다. 로버츠(Lewes Roberts)는 "분별 있는 상인은 자기 자신에게 이익을 가져올 뿐만 아니라, 그 일은 국왕, 나라 그리고 그 국민에게도 이익을 가져온다."라고 상인을 칭찬하였다. 조사이어 차일드(1693, pp.148-149)는 "만약 우리의 무역과 선적이 증가하게 된다면, 개인의 이익이 아무리 적어도, 그것은 나라 전체가 번영하고 있는 것이 틀림없는 증거이다. …… 만약 무역이 성대하게 되어, 영국의 선적화물이 증가하게 된다면, 그것은 개인의 상인에게는 어떻던, 이 나라 전체에 있어서는 좋은 것이다."라고 주장하였다. 이들의 문장은 산만하여, 길이도, 상세함도 전적으로 불충분하며, 자유무역론의 준비단계라고 하기는 부족한 것이다.

생각건대 이들 문장은 말하자면, '부언(obiter dicta)'이라고 해야 하는 것이다. 동일한 저자조차도 가끔 모순된 것을 말하며, 또 그들 자신도 수입제한은 유리하다고 말할 수 없었기 때문이다. 경제의 영역에 있어서 공적이익과 사적이익과의 조화에 관한 의견의 불일치는 뒤에, 18세기의 도덕철학자에 의하여 상세하게 논의되고, 아담 스미스에 의하여 그의 자유무역론에 편성되는 것이다.

원래 중상주의에 대한 가장 강한 반대라 하여도, 그것은 중상주의의 지적 기반을 붕괴한다고 하는 야심적인 것은 아니라, 기껏 무역수지의 흑자와 무역의 특정상품구성이라는 두 가지 목표에 의문을 던져, 그것에 의하여 중상주의에 대한 신뢰성을 손상시키는 것이었다. 17세기 말까지의 공통의 관심사는 과연 무역수지의 흑자가 정말 무역이 유리한 것의 지표인 것인가라는 것이었다. 점점 많은 저자가 무역수지의 정확한 데이터를 수집하는 것에 많은 문제가 있는 것에, 또 수출 혹은 수입에 관한 잘못된 정보가 무역의 상태에 잘못된 결론을 부여할 가능성에 주목하게 되었다. 예를 들면 차일드(Josiah Child(1693, p.137))는 무역수지론이 기본적으로 옳다는 것을 인정하면서도, 실제 면에서의 어려움 때문에 그것에 대한 의문을 품었다. "우리나라의 무역에 관해서는 의심스럽고, 부정확한 바와 같다. 특정의 무역에 관해서는 기대할 수 없는, 틀린 것이다." 가령 무역수지의 계산이 정확하였다 하여도, 무역수지의 '적자(unfavorable)'가 그 나라의 복지에 어느 정도의 의미를 갖는 것인가라는 것이 문제가 되었다. 로저 코크(Roger Coke, 1670, p.x)는 다음과 같은 모순을 지적하였다. "우리가 보는 바에는, 네덜란드인은 전부를 수입하고 있지만, 무역에서 번영하고 있다. 한편 아일랜드인은 수입의 8배나 수출하고 있지만, 여전히 점점 가난해지고 있다."

18세기 중기까지의 수십 년 동안에 걸쳐 무역수지론의 신뢰성이 크게 붕괴된 뒤에, 물가＝정금이동기구(price＝specie flow mechanism)가 무역불균형을 자동적으로 수정한다는 이론이 출현하였다. 이 이론에 의하면, 무역에서 생산비우위(cost advantage)를 갖는 나라는 무역수지의 흑자를 실현하지만, 그 결과, 귀금속의 유입이 그 나라의 물가를 상승시키고, 그 생산비우위를 상실시켜, 최종적으로는 그 흑자를 삭감한다는 것이다. 야곱 반데린트(Jacob Vandelint)는 데이비드 흄(David Hume)의 유명한 메커니즘의 서술을 선취하여, 중상주의자가 무역수지의 상당 기간에 걸쳐 흑자를 추구하는 것의 이론기초를 붕괴하는 것에 힘을 더하였다. 반데린트(1734, p.46)는 프랑스와의 자유무역과 프랑스의 저렴한 코스트의 제조품이 영국을 위하게 되는 것을 다음과 같이 논하고 있다. "만약 우리가 그들과 무역을 시작하게 되면, 그들은 모든 종류의 저렴한 상품을 가지고 와, 그 결과,

우리나라의 제조업이 끝나게 되어 버린 것이지만, 그들이 그와 같은 방법으로 우리로부터 수취한 화폐가 그들의 상품의 가치를 인상하고, 그 한편, 우리의 화폐의 부족이 우리의 제조품의 가격을 인하할 것이다. 그 결과, 이 나라와 우리나라 사이의 무역은 우리나라와 다른 여러 나라 사이의 무역과 동일하도록 이루어질 것이다. 생각건대, 이것은 두 나라 사이의 해상무역을 증가시켜, 동시에, 이것과 관련하는 모든 거래를 확대시키는(즉, 두 나라의 사람들의 고용을 다시 증가시키는 수단을 제공한다) 것이며, 그리고 최종적으로는 두 나라가 자국상품에 갖고 있는 코스트 면의 우위성이 없어지게 될 것이다.”

흄(David Hume)은 너무나도 유명한 논문 <무역수지에 관하여(Of the Balance of Trade)>에 있어서 이 착상에 의하여 절찬을 받았다. 흄(1752, p.80)은 “상업에 충분히 길들여져 있는 나라들에 있어서조차도, 무역수지의 흑자에 대한 강한 집착과 모든 금은이 자국으로부터 유출하지 않는가의 공포감이 보였다. 이것은 나에게는, 어떠한 경우도 근거가 없는 걱정과 같이 생각된다.”라고 말한다. “우리들이 국민과 산업을 온존하고 있는 한”, 영국은 (또 다른 어떠한 나라도) 정금의 유출을 걱정할 필요는 없는 것이다. 그 이유를 흄(1955, pp.188－189)은 1749년의 몬테스큐(Montesquieu)에게 보낸 편지에서 설명하고 있다.

> “만약 영국의 화폐의 절반이 갑자기 없어지게 된다면, 노동과 상품이 갑자기 저렴하게 되어, 그 때문에 대량의 수출품이 유출하여, 모든 이웃 나라의 화폐를 우리나라로 가져올 것이다. 만약 영국에 있는 화폐의 절반이 갑자기 2배로 증가하게 된다면, 상품은 갑자기 높은 가격이 되어, 수출품이 불리, 수입품이 유리하게 되어, 우리나라의 화폐가 이웃 여러 나라로 유출한다. 어떠한 수면도 수로가 열려 있을 때의 수면 이상으로 오르내릴 수가 없게 되는 바와 같이, 화폐도 또한 각 나라가 보유하는 상품과 노동에 비례하여 오르내리지 않으면 아니 되는 것이다.”

흄(1752, p.84)은 이 논의를 출판된 논문 가운데에서 다시 발전시켜, 새로운 세계로부터 유입한 대량의 귀금속을 자국에 보유할 수가 없었던 스페인의 예를 들고 있다. “과연 누가 가리온선박이 서인도 여러 섬(諸島)으로부터 가져온 모든 화폐를 어떠한 법률로 어떠한 방법·어떠한 노력에 의하여 스페인에 보류해 둘 수가 있을 것인가.”

그러나 중상주의정책을 뒷받침하고 있던 무역수지론의 이론적 기초가 붕괴되었음에도 불구하고, 국내산업을 외국의 경쟁으로부터 지키기 위하여 수입의 장해가 필요할 것이라는 논의는 붕괴되지 않았다. (제3장에서 설명한 바와 같이 중상주의자는 수입관세만으로 무역수지의 흑자를 달성할 수 있다고는 믿지 않았다.) 따라서 이 논의가 중상주의의 화폐적 측면에 있어서 중요하였음에도 불구하고, 물가＝정금이동메커니즘의 논의는 자유무역에 관한 논쟁 자체를 해결하는 것은 아니었다. 수입품 특히 제조품(아니 원료는 제외)에 특별한 관세를 부과해야 한다고 하는 명제에는 여전히 확고한 지지가 있었다. 이 (중상주의의) 사고방식은 새로운 화폐이론의 출현에 지장이 없었던 것이다.

정통적 중상주의에 대한 지금 하나의 반응은 과연 정부가 무역을 나라의 복지에 공헌하도록 잘 규제할 수 있을까라는 의문이다. 그들은 정부가 무역에 지도적 역할을 수행하여야 한다고 하는 논의에는 의문을 갖지 않았다 하여도, 정부가 때로는 상인으로서, 또 때로는 무역을 규제하는 계급으로, 검소하게 좋은 일을 하여야 하는 것이라고 논하였다. 로버츠(1641, p.64, 67)는 정치가가 국익을 위하여 무역을 규제하는 데 족한 충분한 지식을 갖고 있는 것을 부정하였다. "보통의 정치가들은 무역에 의하여 왕국과 국민에 가져오게 되는 참된 이익에 관해서는 진정하게 고려하지 않으며, 성실하게 평가하는 것도 하지 않는다. …… 훌륭한 정치가는 어떤 상품이 규제되어야 하는가, 공공을 위하게 되는가, 어떠한 무역이 나라의 이익이 되는가에 관하여 고려하려고도 하지 않는다." 로버츠는 그것들에 관해서는 그들이 충분하게 알고 있는 이유로부터 상인에 의하여 구성되는 위원회가 무역정책을 결정해야 한다고 논하였다. 존 케리(John Cary, 1695, pp.139－140)는 부언하고 있다. "지금 우리나라의 의회는 일반적으로 (무역정책을) 매우 조잡하게 취급, 채택해야 하는 행동에 나쁜 결과를 예상하여, 이익보다도 손해를 미치고 있다. …… 그것은 무역이 어떤 것인가에 관한, 그들의 인식이 너무나도 조잡하기 때문이다." 그리고 그는 '정직하게 신용할 수 있는 인물'로 구성되어, 나라에 있어서 최선의 상업이익을 고려하는 것을 유일한 임무로 하는, 위원회의 창설을 권고하였다.

이것과는 대조적으로, 브류터(Francis Brewter, 1695, pp.38－39)는 정부의 무역위원회에 관해서는 문제는 없지만, 상인이 그것을 만드는 것에는 반대하였다. 왜냐하면, 그것은 그들 자신이 자기들의 문제의 재판관이 되려고 하는 것이며, …… 무역의 현장에서 그것에 종사한 사람은 분쟁의 해결에 있어서 결코 공평하고 불편(不偏)하게 있을 수 없기 때문이다. 다른 논자도 정부가 어떠한 상황 아래에서도 현명하게 행동할 수 있는가에 관해서는 낙관적이지 못하였다. 토마스 존슨(Thomas Johnson, 1646, p. i)은 정부의 모든 행정관을 '공공선의 위선자'로 경멸하였다.

그러나 이와 같은 정부의 무능에 대한 공격도 중상주의의 틀의 유효성을 붕괴하기까지에는 이르지 못하고, 단지 그것의 운용상의 당면한 과오를 지적하는 데 그쳤다. 브랜

드(Jhon Bland, 1659, p.60)와 같은, 수입세부담의 경감을 주장하는 부정기(不定期)의 집
필자조차도, 수입자유화에 의하여 밀수의 의욕을 제외하고, 관세수입을 증가하는 실제적
인 수단으로서 자유무역을 고려하기까지에는 이르지 못하였다. 이와 같은 제안은 가끔
특정상품에 관하여 이루어져도, 그 어느 것이 다른 상품 혹은 다른 나라와 무역규제의
유지 혹은 강화의 요구에 의하여 내용이 없게 되었다. 바꾸어 말하면, 이 시대에 있어
서 자유무역에 찬성하는 거의 모든 언론은 각각의 실제적 배려에서 이루어진 것이며,
충분한 논리도 정당화도 없는 대로 이루어져, 갑자기 일반론으로서 제출된 것이며, 그것
의 적용범위도 한정된 것이었다.

그런데도 또 중상주의자들은 무역이익에 관해서는 충분하게 인식하고, 무역에 관하여
몇 가지 상이한 전망을 전개하고 그리고 그것이 모든 보호적인 무역장애를 제거한다는
의미에서의 초기의 자유무역론까지에는 이르지 못하였으면서도, 뒤에, 자유무역론의 일
부를 구성하는 것이다. 다음의 포트레이(Samuel Fortrey, 1673, p.14)의 주장은 고전학파
비교우위론(comparative advantages)의 핵심에 상당히 가까이까지 쫓고 있는 바와 같이
생각된다.

"우리는 국내에서의 비용이 가장 적게, 해외에서의 가치가 더욱 큰 상품을 증가하도록
조치하지 않으면 아니 된다. 만약 우리가 이것을 가장 잘 이루게 되면, 아마 가축은 곡물
이상의 큰 이익을 우리에게 가져올 것이다. 단, 곡물수출의 이익은 이웃 나라가 우리와 같
이 혹은 보다 양질의 상품을 제공함으로써 크게 저지되기 때문이다. 그러므로 우리는 자신
의 토지를 보다 가치 있는 물건으로 사용할 수가 있게 되며, 곡물을 국내에서 생산하지 않
아도, 그것에 부족하게 되지 않을 것이다. 왜냐하면 그 대신에 보다 큰 가치의 수출에 의
하여 우리의 토지가 생산하는 이상의 곡물과 그 덤으로서 대량의 화폐를 우리에게 가져오
기 때문이다."

바본(Nicholas Barbon, 1690)의 훌륭하고 자유로운 논문은 자유무역의 장점을 보상하
면서 자신들의 금융이익이 되는 무역규제에 찬성한다고 한, 소책자의 집필자들의 모순
된 태도를 비판하였다. 바본은 인간은 자신의 이익에는 열심히 하는 것이라는 것, 그것
이 그 나라의 부를 증가하는 것, 그리고 쓸데없이 개인에게는 나빠도 무역에는 좋다고
논하고 있다.

그는 수입이 총고용에 어떠한 영향을 미치는가에 따라 수입이 유리한가 아닌가를 결
정한다고 한다. 당시의 사람들의 의견에 찬성하였다. 그러나 바본(1690, p.71)은 무역의

패턴적 성격, 즉 "모든 수입품은 국산품과의 교환에 의하여 입수된 것이며, 따라서 외국 상품의 수입금지는 같은 금액의 국산품의 생산과 수출을 저해하는 것이 된다."는 것을 이해하고 있다. 그리고 그는 보호주의적인 정책을 비판하여, "만약 어떤 종류의 상품의 수입을 억제 혹은 금지하는 것이 업자의 이익을 증가하고 동종의 국산품의 소비를 증가 한다고 하여도, 그 나라에 있어서 손실이라는 것을 알 것이다."라고 하며, 그 손실이란 관세수입의 상실과 고용 전체의 축소이라고 설명하였다.[1]

그러나 이 바본의 무역과 무역정책에 관한 견해는 상당히 진부한 것이었다. 그는 가공품을 비가공품과 교환하는 것이 이익이라는 것을 모든 나라는 알고 있다 하여도 만약 모든 나라가 이 정책을 시행하게 되면, 무역은 어려워져, 모든 무역국은 파멸할 것이라고 설명하고 있다. 그러나 여기에서 바본은 수입금지에 관하여 설명하고 있으며, 논의가 관세에 미치자, 전적으로 다른 것을 언급하고 있는 것이다. "만약 외국상품을 수입하는 것이 국산품의 생산·소비를 저해하는 것이라면 (그와 같은 것은 거의 일어나지 않을 것이지만), 그 손해를 회복하는 데에는 그 수입을 금지하는 것이 아니라, 그것에 무거운 관세를 부과하여, 우리나라의 상품보다도 높은 가격으로 하는 것이다. 값이 비싼 것은 그것의 소비를 저해하는 것일 것이다." 말할 필요 없이 이 논의는 자유무역의 입장과는 양립할 수 없다.

노스(Dudley North, 1691)도 바본과 마찬가지로, 그의 저서 <무역론(Discourses upon Trade)>에서 매우 많은 저자들이 개방된 자유로운 성장하는 무역의 일반적 이익을 찬양하면서, 특정 프로젝트의 규제에 찬성하고 있는 것(모순)을 지적하고 있다. 이 노스의 논문은 바본과 마찬가지로, 당시로서는 분명히 훌륭한 것이지만, 자유무역에 찬성하는 뜻을 나타낸 최초의 문헌으로서 약간 과대평가의 경향이 있을 것이다. 노스의 이 짧은 논문은 주로 고금리(usuary)와 정금(正金)의 수출금지(그는 정금을 다른 상품과 같다고 생각하고 있다)를 비판하는 것이었다. 무역정책에 관한 그의 논의는 매우 짧고, 자유무역에 관한 결론도 그것을 정당화하는 충분한 논리도 없는 대로, 당돌하게 제기한 것이다. 노스(1691, p.2.

---

1) William Letwin(1951)에 의하면, <무역론>의 서문은 분명히 그의 형제가 집필한 것이지만, 거기에는 노스 자신의 자유무역에 관한 견해가 간단하게 설명되어 있다. "이렇게 말하면 다르게 들릴지 모르지만, 무역에 있어서 전 세계는 하나의 나라 혹은 하나의 국민이며, 거기에서는 각 나라는 각각 개인과 같은 것이다. 어느 나라와의 무역에 있어서 손실은 개별적으로 생각한 손실뿐만 아니라, 파괴되고 취소된 모든 세계무역의 손실을 하나로 모은 것이다. 일반대중에 있어서는 불리한 무역이라는 것은 아니다. 만약 그렇다면, 사람들은 거기에서 떠나기 때문이다. 상인이 번영하는 곳에서는 그 일부인 대중도 또한 번영하는 것이다." 이 서술은 뒤에 자유무역론자들이 칭찬하는 대부분의 점을 예견시키는 것이다.

p.28)는 무역을 여러 나라 사이의 '잉여물의 교환'으로서 고려, 세계무역에 종사하는 나라를 마치 왕국 내의 한 도시 혹은 도시상업 내의 한 가계로 간주하며 사용하고 있다. 그리고 그는 이렇게 결론 맺는다. "거래를 규제하는 법률은 그것이 대외거래, 국내거래, 금융거래 혹은 상품거래의 어느 것에 관한 것이며, 사람들을 유복하게 하는 것은 아니다. …… 왜냐하면 사람은 정책에 의하여 유복하게 되는 것은 아니다. 상업과 부를 가져오는 것은 평화, 근면 그리고 자유이다." 거의 모든 중상주의자들은 이 명제에는 아마 찬성할 것이지만, 그럼에도 불구하고, 그들이 무역이 큰 이익을 가져오기 위한 역할을 관세에서 찾고 있는 것은 정말 빈정거린다고 말하지 않을 수 없다. 요는 노스의 논의는 천박하고 지나치게 짧아, 자유무역의 이론사에 큰 지위를 인정할 수 없는 것이다.

그렇지만 바본과 노스의 공헌은 바로 대부분의 저서에 인계되었다. 이것이 무역정책에 관한 새로운 논쟁의 직접적인 자극이 되어, 자유무역의 이익에 관한 명확한 분석이 이루어지게 되고, 그리고 1690년대 중기의 동인도회사가 대량의 목면을 인도로부터 영국으로 수입하기 시작하는 시대가 되었다. 이 수입이 면제품의 국내생산에 나쁜 영향을 미쳐, 동인도로부터의 수입을 제한하여야 한다는 요구에 불을 붙였다. 이것이 영국의 최초의 참된 의미에서의 논쟁이다. 그것은 독점무역회사의 '자유로운 무역'이라는 의미에서가 아니라, 그와 같은 면제품의 수입을 무제한으로 허용하는 '자유무역'을 인정할 것인가의 여부라는 의미의 논쟁이었다.[2]

보호에 찬성하는 논자는 수입품이 국내의 제조업을 파괴하고, 이 나라를 빈곤하게 한다고 논하였다. 포레크펜(1697, p.18)은 만약 수입이 무제한으로 이루어진다면, 파멸을 초래할 것이라고 생각하였다. "그렇지 않으면 인도로부터의 이들 상품은 저렴하게 되어, 모든 사람이 값이 저렴한 시장으로 향하게 될 것이다. 이것은 지대(rent)에 영향을 미쳐, 노동자는 가난하게 되며, 어딘가 외국의 항구로 도망갈 것인가 아니면 교구(敎區)의 도움을 받지 않으면 아니 되게 된다. 이것이 수입반대론의 요점—저렴한 수입상품이 국내생산을 축소시키고, 국내의 노동자를 배제한다—이다." 포레크펜은 하나의 양보를 하고 있다. "국민이 검소하게 근면한 한, 외국품의 소비를 제한하거나 자국제조업을 장려하는 법률은 불필요하다." 그런데도 긴급한 경우는, 관세에 의하여 수입품의 가격을 높여, 국내기업이 국내에서 보다 많이 판매할 수 있도록 하는 제조업의 고용감소를 저지하지 않으면 아니 된다.

---

2) 이 논쟁에 관해서는 P. J. Thomas(1926)가 전망하고 있다.

지금 한 익명의 저자의 저서 <The Great Necessity and Advantage of Preserving Our Own Manufacture>에서 수입의 결과는 "(우리나라)로부터 화폐를 가지고 나가, 대량의 가공품을 수입하는 것은 인간의 혈관으로부터 깨끗한 피를 빼내어, 수종(水腫)의 체액을 주입하는 것과 같은 것이다."라고 경고하였다.3) 수입품이 계속하여 들어오는 것은 고용을 감소하는 나라를 가난하게 한다는 전통적인 견해는 뒤에 크레이튼(David Clayton (1719, p.9)에 의하여 요령 좋게 표현되었다. "드디어 당신은 나에게 검은 것은 희다고, 어둠은 밝다고 생각나게 할 수가 있게 될 것이다. 바로 손을 움직이지 않고 있는 것이 우리를 번영시키는 방법이며, 우리의 현금을 해외로 가져 나가는 것이 우리를 부유하게 하는 방법이다."라고 생각나게 하는 바와 같이.

그러나 새로운 수입품옹호론이 출현하였다. 가드너(Gardner, 1697, pp.3−4, p.9)가 대두하는 자유무역론의 두 가지 문제점을 간단하게 지적하였다. 첫째로, "만약 제안되고 있는 수입금지가 (의회를) 통과하게 되면, 그것은 소수의 대형 견직물업자와 그 계열을 부유하게 할 뿐이며, 동시에, 이 나라의 저축(stock)을 증가하는 수단을 박탈하는 것이 된다. 둘째로, 우리가 국내에서 생산할 때의 절반의 가격으로 외국품을 (국내로) 가져오고, 그런데 동시에 우리나라의 사람들의 고용을 부여할 수가 있는 것이기 때문에, 우리는 그것에 의하여 많은 화폐를 절약할 수가 있는 것이다." 이와 같이 가드너는 수입제한에 의하여 소수의 사람들이 직접적으로 이익을 얻는 것 그리고 그 상품에 의하여 대부분을 지불하지 않으면 아니 되는 기타의 사람은 다른 지출을 줄이지 않으면 아니 되는 것을 분명하게 한다. 그리고 수입품에 의하여 직장을 빼앗긴 노동자는 그러한 경우보다도 저렴한 가격으로 입수할 수가 있는 것이기 때문에, 그 나라가 자원을 절약할 수가 있다고 논하였다.

데이브넌트(Chales Davenant)는 유명한 저서 <동인도무역론(Essays on the East−India Trade, 1696)>에서, 수입면제품이 모직물·견제품의 국내생산을 방해하는 것을 분명하게 하였다. 그는(1696, p.22) 하나의 거래는 다른 모든 거래와 관련하고 있는 것이기 때문에 개별산업에 대한 특별한 무역정책은 현명하지 않다고 논하고, 그 논의를 시작하였다. 그리고 "모든 거래는 상호 의존하고 있다. 어느 것은 다른 것을 낳고, 어느 사람의 손실은 가끔 다른 절반의 사람들의 손실을 낳는다." 그는 양모생산자에 대한 나쁜 영향을 논함으로써, 그 논의를 전개한다.

---

3) The Great Necessity and Advantage of Preserving Our Manufactures(1697, p.9).

"무역은 이 나라의 관심사이며, 개개의 거래는 각각 고유의 이해관계를 가지고 있다. 현
명한 입법(立法)은 모든 거래를 평등하게 장려하고, 대중의 저축을 증가하고, 집합체로서의
왕국의 부를 증가하도록 거래를 촉진하는 것이 아니면 아니 된다. 무역은 본래 자유인 것이
며, 스스로 경로를 찾아내어, 독자적인 방향을 취하는 것이다. 따라서 그것을 규제하고, 방
향을 정하고, 제한하고, 포위하고자 하는 모든 법률은 개인의 특정한 목적에는 도움이 되지
않지만, 일반대중의 이익에 봉사하는 것이 아니다. 이것과 관련하여 정부는 전체를 위하여
때를 얻은 배려를 하여야 하는 것이지만, 그것은 일반적으로 다른 움직임을 일으키기 쉽다.
그와 같이 상호 관련하는 모든 관계를 고려하면 …… 모든 무역은 그것이 무엇이든, 대체적
으로 그 나라에 있어서 유리한 것이다. …… 어느 상품의 소비를 강제하고, 다른 상품의 사
용을 금지하는 법률은 무역이 표면만으로도 강제되고 있는 곳에서는 잘 나아갈지도 모른다.
…… 그러나 사람들이 재능에 혜택받아, 사정에 통하고 있는 나라에서는 그와 같은 법률은
통하지 않고 부자연스러우며, 일반대중의 이익에 아무런 공헌도 하지 않는 것이다."

데이브넌트는 양모산업육성의 최선의 방법은 법률과 수입관세에 의하여 국내가격을
인상하여 인위적으로 생산을 증가하는 것이 아니라, 낮은 코스트의 국내생산을 장려하
여, 낮은 가격으로 유도하는 것이라고 주장하였다. 생산비의 저하는 국내생산자가 외국
의 경쟁상대보다도 저렴하게 판매할 수가 있게 되며, 외국기업의 참여를 저지하는 것이
지만, "만약 우리가 국내에서 양모에 부자연적인 (높은) 가격을 붙이고자 하게 되면,
…… 결코 이것(국내생산비의 저하)은 일어나지 않을 것이다." 그리고 그는 결론 맺는다.
"확실히 동인도상품(면제품)이 때로 모직물업자의 방해가 되는 것을 인정하지 않으면
아니 된다. 그러나 깊이 느껴야 하는 것은 그것에 의하여 우리나라가 일반적으로 저렴
하게 공급을 받는다는 것이다."
생사(silk)에 관해서도 데이브넌트는 대충 언급한다.

"자연을 이끌어 가고자 하는 지혜는 모든 경우 틀려 있는 것이다. 각 지역·각 나라의
여러 가지 상품은 상호 도움을 줄 필요가 있는 것을 상호 분담하여야 하는 신의 배려의
표현이다. 적성과 기질에 맞지 않는 공부를 젊은이들에게 강제하는 것이 상당히 바보스런
일이라는 것과 마찬가지로, 그 토지와 그 국민의 일반적 기질에 상응하지 않는 상품과 제
조업의 육성을 거기에서 시험하는 것은 결코 현명하지 않다."

자연적으로 발생한 것이 아닌 산업 혹은 거기에는 어울리지 않는 산업을 육성하고자
하는 시도는 결국은 유해하다. 데이브넌트는 "생사의 국내생산을 여러 가지 시도하였지

만, 영국에는 어울리지 않는 것이었다." "어떠한 장려책도 잘 되지 않았다."라고 논하고, 그것이 유망한 고용이 되는 것을 포기하였다. 수입품의 경쟁의 의하여 반드시 혼란을 일으킨다고는 할 수 없다. 직업 사이의 노동이동이 있기 때문이다. 즉, "평화로이 완전 고용의 때는 사람들은 자신에게도 또 사회에도 큰 불편을 주는 것 없이, 어느 일로부터 다른 일로 옮길 수 있기 때문이다." 생사가 해외에서는 훨씬 저렴하게 생산할 수 있다는 것은 국내에서의 생사산업에서 일하는 사람들이 다른 직장에서 보다 유리하게 고용될 수 있는 것을 의미할 수가 있다. 예를 들면 생사가 영국에 적합할 수 있도록 하게될 수 있도록 하여도, 데이브넌트는 그와 같은 유치산업정책에는 회의적이었다(그러나그는 그것에 관해서는 상세하게 설명하지 않는다). 즉, "자연에 역행하여, 우리는 기술과 노력에 의하여 완성에 가까이할 수 있지만, 그것을 추진하는 것은 아마 다른 이유에서 권장하지 않고, 또 나라의 이익이 되지 않을 것이다." 그 위에, 동인도로부터 면제품의 수입을 제한하는 것은 영국이 같은 상품을 다른 장소에서 높은 가격으로 구입하지않으면 아니 되며, 다른 경쟁자를 유복하게 할 뿐일 것이다.

이것이 데이브넌트가 언급하는 자유무역이며, 그것을 뒷받침하는 경제이론이다. 그의 제언은 적극적인 자유무역론임과 아울러 보호에 대한 비판이기도 하다. 그는 무역에는 자연의 경로(natural course)가 있어서, 정부는 그것을 개선은 커녕 개악 밖에 할 수 없다고 하는 견해를 웅변으로 표현한 것이다. 그러나 데이브넌트(1696, pp.37－38)는 자유방임(Laissez faire)을 제창하기에는 이르지 않았다. "강제되지 않고, 자연스러운 개선은 우리의 부와 생활 자체로부터 발생하는 것이어서, 입법권이 사려(思慮)와 영지(英知)를 가지고 유효하게 개입될 수 있는 것이 이 점이다. …… 이 '무역업자와 제조업자의' 근면(industry)과 축적(stock)을 전체의 이용이 되는 것에 이반(離反)하지 않도록, 그리고 전체에 있어서 불리한, 위험한 것에 향하지 않도록 하는 것이 나라의 영지(英知)라는 것이다." 그러나 데이브넌트(1698, p.128)는 다른 장소에서 그 간섭벽(干涉癖)을 보이고 있다. "만약 우리의 공통적인 관심사인 영국의 무역이 지식과 경험이 있는 사람들로부터 구성되는 위원회의 특별임무가 되어 있다고 하면 그리고 이 위원회에 법률에 기초한 충분한 권력이 부여되게 되면, 아마 우리나라의 무역은 왕국의 일반적 이익과 복지를 위하여 보다 잘 운영되는 것일 것이다." 그리고 그 운영에는 "그것과의 무역수지가 적자인 나라로부터의 상품 및 우리나라에 있어서 유해한 상품의 사용을 금지한다." 윤리규제법령이 포함되지 않으면 아니 된다.4) 그 위에, 그는(1698, p.139) "어떤 나라와의 무역이 큰 적자의 나라는 수입을 억제하기 위하여 국내에서 높은 관세를 부과하거나,

수출장려의 조치를 강구하여도 거의 효과는 없을 것이다."라고 하였다.[5]

　이와 같은 자유무역에 찬성하는 의견을 말하는 것과 자유무역을 뒷받침하는 확실한 이론을 제공하는 것과는 다른 문제이다. 데이브넌트는 누구보다도 자유무역의 문제를 이 방향으로 끌고 갔다. 그리고 그와 가드너는 다음의 중요한 논점을 간단하게 지적하였다(그러나 발전시키는 것은 하지 않았다). 즉, 수입을 그 나라가 수출을 하기 위한 부담(loss) 혹은 비용(cost)으로 보지 않고, 수출을 매개로서 특정상품을 간접적으로 저렴한 가격으로 입수하는 수단으로 보는 것이다. 그러나 이 아이디어를 발전시켜, 자유무역의 찬성론의 강력한 이론분석으로 하기 위해서는, 그리고 다른 노력이 필요하였다. 이를 위한 최초의, 그런데 훌륭한 성공을 이룩한 업적이 1701년에 초판으로 출판한 핸리 마틴(Henry Martyn)의 <동인도무역에 관한 고찰(Consideration upon the East India Trade)>이다.[6] 마틴의 이 책은 이 시대로서는 매우 이색적이었다. 그의 방법은 철저하고 체계적이며, 그런데 분석이 이상할 정도로 정확하며, 문제가 매우 명확하고 집요하게 논하고 있는 것이다. 마틴의 탁월한 경제이론은 이 시대의 것으로서는 훌륭하며, 자유무역에 대

---

4) 그 반면, Davanant(1696, p.46)는 "많은 금지령을 가지고 있지 않는 나라는 거의 없고, 있다고 하여도 그것이 준수되어, 좋은 결과를 올리고 있는 나라는 거의 없다."라고 언급하고 있다.

5) Waddell(1958, p.281)과 기타의 저자들은 Davanant가 무역수지에 관심을 갖고 있다는 이유로, 그가 중상주의자라고 주장하였다. 그러나 우리의 목적으로부터는, 참된 문제는 어느 학자가 어느 상황 아래에서 무역수치에 관심을 갖는가 어떤지가 아니라, 그들이 수입제한에 대해 호소하는 것을 고려하였는가 어떤지가이다. 이런 이유에서, 당시의 Davanant는 대체적으로 자유무역론자이며, 적어도 보호주의에 반대하는 사람이었다고 말하지 않을 수 없다. 예를 들면 그가 무역수치에 관하여 약간 통속적인 입장이었다고 하여도, 또 그가 특수회사를 폐지한다는 의미의, 거래하는 자유(freedom to trade)에 반대하였다 하여도, 여전히 그는 반보호주의자이다. Davanant를 이렇게 해석하는 것은 다음의 점에서도 타당하다. 즉, 그는 관세 대신에 소비세를 채택하는 재정을 제창하였다. 그것은 관세가 정부수입의 큰 부분을 차지하고 있던 시대에서는 자유무역주의적인 제안의 중심적 특징이었다. Davanant(1695, pp.30-31)는 먼저 이 제안을 하여, 그 뒤에 그(1698, p.230)는 다시 이것을 발전시켜, "관세경감을 위한 약간의 방법, 또 이것과 동일한 장려효과를 주는 수단으로서, 수입 때에 과세하는 것이 아니라, 상품이 소매상인의 손에 도달되었을 때, 그 소비에 같은 금액을 과세하는 것"을 논하였다. 그러나 동시에 그는 이 짧은 논문에서 다음과 같이 논하고, 다시 자신의 입장과 모순된 발언을 하고 있다. 즉, "다른 나라의 다른 나라와의 무역을 손상하는 것 없이, 그리고 우리나라 사람들이 그 나라와의 무역에 격려되어, 그 부를 가장 좋은 사회에 도움이 되도록 적당한 관세"에 관하여 논한 것이다. 그러나 그의 근소한 변절은 그의 의견 전체의 논조를 나타내는 것은 아니다.

6) Martyn이 이 저서의 진정한 저자인지 아닌지는 의문이 오랫동안 남아 있었지만, 그러하다는 것이 Charistine Macleod(1983)에 의하여 확실하게 확립되었다. 이 Martyn의 훌륭한 논리에 Viner(1937, pp.104-105)와 Schumpeter(1954, pp.373-374)가 함께 10줄 되지 않는 지면밖에 할애하지 못하는 것도 주목할 가치가 있다.

한 이론적 공헌으로서는 아담 스미스를 능가한다고 하여도 괜찮을 정도이다. 스미스와 마찬가지로, 마틴도 또 대항과 경쟁이 가져오는 바람직한 경제효과에 예리한 눈을 돌린 것이다.

마틴은 그 저서의 서문 가운데에서 독자에게 "여기에서 설명되어 있는 의견의 대부분은 일반적으로 용인되어 있는 것과는 정말 반대의 것이다."라고 경고하였다. 이 저서에서 마틴은 그 시대의 의미와 통속적 의미 양쪽의 의미로 자유무역에서 찬성하였다. 즉, 동인도무역의 독점과 인도로부터의 제품수입에 대한 제한 양쪽에 반대하였다. 마틴은 동인도무역을 모든 상인에게 개방하는 것을 제안하고, 무역을 정부의 인가를 받은 상인에 한정하는 것에 대하여, 그것은 경쟁제한이라는 이유로 반대하였다. 말하자면, '개방된 무역에서는 모든 상인은 올바르게 행동하는 것에 노력하고, 국내에서는 저렴하게 판매되지 않도록, 또 외국에서는 새로운 시장을 발견하도록 항상 마음을 두지 않으면 아니 된다. 동시에, 저렴한 경비로 일을 하지 않으면 아니 된다. 이것은 필요와 경쟁과의 결과여서, 단일의(독점의)회사에서는 발견할 수 없는 것이다." 그리고 마틴은 그와 같은 자유가 동인도무역의 이익을 기존의 상인에게는 적게 하는 것이 되지만, (개방된 무역은 이윤율을 동종의 다른 거래의 이윤율에까지 인하한다), 반면, 무역량이 증가함으로써 이 나라에 있어서 이익이 크게 되는 것을 명확하게 설명하였다. 무역의 안전확보를 위한 비용을 충당하기 위하여, 독점회사는 독점이윤을 올리지 않으면 아니 된다는 반대론에 대해서는, 정부가 그와 같은 상품(방위설비)을 제공하게 되면, 개방된 무역이 가능하게 될 것이라고 마틴은 논하고 있다. "요새와 성곽의 필요경비는 공공비용에 의하여 충당될 수가 있을 것이며, 개방된 무역의 이익의 증가에 의하여 충분하게 충당될 것이다."

마틴의 업적으로 가장 설득적이며 독창적인 것은 분업의 이론을 국제무역에 결부시킨 점이다. 언급할 필요도 없이 분업의 이익은 이미 브란트, 쿠세노폰이 설명한 것이며, 또 마틴의 시대에서도 윌리엄 페티가 몇 개의 문장으로 설명하고 있지만, 그것들은 어느 것이나 국제무역에 직접 결부된 것은 없었다. 마틴은 저렴한 인도면제품의 영국에로의 수입을 노동절약적 발명 혹은 새로운 제조기술에 견주어서, 그것이 다른 상품을 수출함으로써, 지금까지보다도 적은 노동으로 보다 많은 면제품을 입수하는 수단이라는 것을 분명히 하였다. "이들 상품을 영국에서 생산하는 경우보다도 적은 노동으로 인도로부터 수입하는 것이기 때문이다. 인도제품의 소비를 허용하는 것은 인간노동을 절약하는 것이다. …… 우리에게 영국의 제품밖에 사용하지 않는 법률은 먼저 그것을 우리에게 생산시킴으로써, 적은 노동으로 충족할 수 있는 소비에 많은 노동량을 투입하는 것이며, 적은 노동량으로 충족되는 곳에 많은 노동을 사용하는 것에 지나지 않다." 그의 사고방식은 이러하다. "만약 지금까지 3명이 하고 있던 일을 1명이 하여도, 그리고 다른 두 사람이 가만히 앉아 있을 뿐이지만, 왕국은 이 두 사람의 노동으로부터는 아무것도 얻는 것이 없는 것이기 때문에, 두 사람이 가만히 앉아있기 때문이라고 하여도, 왕국은 아무런 손실을 입지 않는 것이다."

국제무역과의 문맥으로 말하면, "9명의 노동이 영국에서는 3붓셀 이상의 소맥을 생산할 수 없지만, 만약 같은 양의 노동으로 외국으로부터 9붓셀의 소맥을 입수할 수 있다면, 노동을 국내의 농업에 사용하는 것은 3명으로 충분한 일에 9명의 노동을 사용하는 것이 된다." 그것을 보호하는 것은 쓸데없다. 유용한 노동을 쓸데없게 하는 것과 같다.

> "그것은 적은 인원으로 충분히 할 수 있는 일에 많은 노동을 사용하는 것이며, 많은 사람을 목적 없이, 이 왕국에 아무런 도움 없는 일에 사용하는 것이며, 아니, 다른 도움이 될 노동을 하수구에 버리는 것과 같은 것이다."

> "동인도제도로부터 제품을 입수하는 데 필요한 인원 이상의 인원을 국내에서 같은 제품을 생산하기 위하여 고용하는 것은 그만큼 많은 노동을 이익의 제로(0)를 위하여 사용할 뿐만 아니라, (다른 용도로)왕국의 이익이 될 노동을 쓸데없이 투입하는 것과 마찬가지이다."

미틴은 데이브넌트와 마찬가지로, 그러나 당시의 풍조와는 전적으로 반대로, 수입품의 경쟁에 의하여 배제되는 노동에는 관심을 갖지 않았다. "영국에서 생산하기보다도 적은 인원으로 같은 제품을 동인도제도로부터 입수할 수 있는 것이다. 가령 이것에 의하여 몇 사람인가가 지금까지의 직업에 취업하지 않게 되었다 하여도, 그것은 동인도무역이 왕국에 있어서 어떤 이익도 가져오지 않는 인원을 감소시켰을 뿐이다. 제조업의 손실, 고용의 감소라 하여도, 대중은 아무런 손실을 받지 않는 것이다." "동인도무역이 영국에 있어서 이익이 없는 제조업을 무가치로 한다 하여도, 우리가 존속시키고자 생각하는 직장을 사람들로부터 뺏는 것이 아닌가." 마틴은 개방된 무역이 "모든 사람들을 가장 좋게 일하게 하는 방법이다."라고 하여 자신의 입장을 강조한다. 인도로부터의 경쟁이 동종의 영국제품의 가격을 인하, 또 그것에 의하여 영국의 해외수출능력이 향상하여, 그 결과, 노동이 다른 분야에서 보다 유리하게 일할 수 있도록 하게 되는 것이다. 마틴은 영국제품의 가격저하가 노동임금을 인하하는 것을 단호히 부정하고, 동시에 노동자에게 지불되는 임금과 생산에 있어서 노동코스트를 명확하게 구별함으로써, 동인도무역과 (영국의) 생산력

향상(그것은 유효노동코스트를 저하시키지만, 노동자가 수취하는 임금은 저하시키지 않는다)을 다시 관련시킨 것이다. 그리고 수입품의 경쟁도 다른 산업의 생산력을 증진시키는 것이다. "이와 같이 하여 동인도무역은 상품을 보다 적게 따라서 보다 저렴한 노동으로 입수하는 것을 가능하게 하는 것이며, 그리고 그것은 사람들에게 새로운 기술과 기계를 사용시켜, 다른 제품도 보다 적게 그리고 보다 저렴한 노동으로 생산하여, 노동임금을 인하함이 없이 제품가격을 인하한다. 가장 바람직한 방법인 것이다."

그리고 그는 노동생산성향상의 이익에 관해서도, 보편경제(universal economy)의 이론에 관하여 그의 독특한 해석과 기원(祈願)을 더한다. 즉, 신은 바다를 창조함으로써 우리에게 축복을 부여한 것이며, 그 결과,

> "우리는 자국의 부족을 다른 나라에로의 항해에 의하여 최소·최저의 노력으로 만족할 수가 있는 것이다. 그것에 의하여 우리는 아라비아의 향신료를 맛보지만, 그것을 생산하기 위하여 작열하는 태양을 경험하는 일은 없다. 우리는 자신으로는 결코 만들려고 하지 않는 견직물을 몸에 걸치고, 우리가 심지 않은 포도주를 마시고, 우리가 채굴한 적이 없는 광산의 보물을 가지고 있다. 우리는 세계의 각지에서 깊은 구멍을 파고, 그 땅의 작물을 수확하고 있는 것이다."

마틴의 이 논문은 1720년에 증간되어, 따라서 당시 사람들에 의하여 전적으로 무시되는 것은 없었다. 그렇지만 이 논의가 인쇄물의 형태로 토론 혹은 반론을 야기하였다고는 생각되지 않는다. 그러나 그는 이것에 의하여 기회비용·효율성·생산성이라는 경제의 기본적인 개념에 독자의 주의를 향하게 하고, 국제무역이론을 새로운 수준으로 끌어올렸던 것이다. 즉, 무역이란 보편경제의 이론이 약한 형태로 의미하였던 바와 같은, 단순한 잉여물의 교환이 아니라, 그 이상의 것이다. 수입품과 국산품과 직접 경합하는 경우에서 조차도, 또 그것은 경쟁을 촉진시켜, 경제효율을 개선하고, 그 나라에 이익을 가져오는 것이다. 무역은 자국노동의 생산성(최종적으로는 입수가능한 상품으로 나타낸다)을 향상시켜, 그것에 의하여 일정량의 국내자원으로 입수가능한 상품을 보다 많이 입수하는 수단이다.

가드너, 데이브넌트 및 마틴의 저서는 세기가 바뀔 때에 있어서 영국의 무역정책에 관한 가장 우수한 것이었다. 18세기가 진행함에 따라 점차 많은 기고가들이 상품의 자유무역에 찬성하게 되었지만, 그 분석의 수준은 마틴에게는 도저히 미치지 못하고, 대개 마틴의 설득적인 분석에는 누구도 맞설 수 없었다. 저베이즈(Isaac Gervaise)의 짧은 논

문이 국제결제의 균형메커니즘의 분석에 의하여 칭찬을 받았다. 그의 무역정책에 관한 논의는 탁월하다고까지는 말할 수 없어도, 통찰력이 풍부한 것이었다. 저베이즈(1720, p.22)는 기회비용(다른 용도의 희생)의 개념을 사용하여, 정부간섭이 부의 총량을 증가할 가능성에 의문을 제기하였다. "어떠한 나라도 다른 부분을 억제하지 않고서는, 사적인 그리고 자연적인 제조업의 비율을 촉진 혹은 증가시킬 수는 없다. 왜냐하면 제조업과 운송업의 어느 것에 의하여, 그 보조된 직장에 몇 가지 흥미를 가진 직인을 다른 제조업으로부터 끌어내어 와서는, 비용이 들기 때문이다."

저베이즈는 이것을 무역정책에 적용하여 다음과 같이 썼다.

"필요한 하나 혹은 복수의 제조업의 자연적 비율(크기)이 주민 전체의 수요를 충당할 정도로 크지 않는 경우, 그것에 대한 최선의 안전한 방법은 세계의 각지로부터 자유로이 수입하는 것이다. 금지와 비슷한 수입관세를 부과하거나 수입금지를 하는 것은 그 나라의 제조업을 자연의 비율 이상으로 크게 할 뿐이다. 그것의 불리를 초래한다. 그것은 제조업의 증가에 의하여 기대되는 것과는 반대로, 수출을 감소 혹은 방해한다. 그리고 그것은 수입이 금지된 것의 절반은 당연한 결과인 것이다. 따라서 나는 이렇게 결론 맺고 싶다. 그와 같은 무역은 결코 자연적으로 자유로운 무역보다도 바람직한 것은 아니다. 법률과 세금으로 강제하는 것은 항상 위험하다. 왜냐하면 그 의도된 이익과 이점은 쉽게 인식되지만, 그 반작용(countcoup)에 관해서는 이익을 인식할 때와 같이 완전하게 식별하는 것은 곤란하기 때문이다. 자연의 섭리가 동시에 나타나는 것은 없다. 그 때문에 반작용을 강화하게 되고, 그리고 일반적으로 재난이 크게 되어, 의도된 이익이 상계되는 것이다."

이것이 의미하는 것은 한 부문의 무역촉진이 다른 부문의 무역축소를 가져와, 그리고 그 코스트는 인식되기 어려우면서도, 결코 작은 것이 아니라는 것이다. 그리고 저베이즈는 다시 데이브넌트와 마찬가지로, 경제부문 사이에 있어서 균형이라는 생물학적 개념을 사용하여, 정부간섭이 이 균형을 붕괴하여, 그 상호 의존관계를 파괴할 뿐이라고 주장하는 것이다.

반더린트(Jacob Vanderlint, 1734, p.26)는 무역이익의 판단기준으로서 무역수지를 조건부로 인정한 위에서, 다음과 같이 말한다.

"일반적으로 무역에는 어떠한 제한도 인정하여서는 아니 된다. 또 어쩔 수 없는 것 이상의 높은 관세도 부과하여서는 아니 된다. 만약 높은 관세 기타에 의하여 무역이 조금이라도 규제되게 되면, 규제된 그 일에 의하여 생계를 이어 온 많은 사람들은 그 일을 계속할 수 없게 되며, 무언가 다른 일을 찾든가, 왕국으로부터 나가든가 혹은 공공비용으로 부양되지 않으면 아니 된다. 최후의 방법은 항상 부담이 크고, 불합리하다."[7]

여기에서 반더린트는 이 일반적인 고용의 감소문제의 논점을 수입품의 경쟁에 의한 고용의 감소로부터 무역규제에 의한 고용의 감소문제로 변화시켜 말한다.

"세계의 모든 나라를 하나의 상인단체, 즉 각자가 각자의 직업을 상호의 이익과 자신의 이익을 위하여 하고 있는 단체로 간주하여야 한다. …… 사람들은 무역이 너무 많은 것에는 불평을 하지 않으며, 생계를 이어 가는 데 충분한 일이 있는 것을 바라는 것이기 때문에, 수입금지라는 것은, 일의 성질상, 만약 그것이 되지 않게 되면 존재하지 않는 직장을 사람들로부터 뺏는 것이다. …… 구속되지 않는 무역으로부터는, 매우 큰 이익 이외에는 불리한 것은 무엇 하나 일어나지 않는 것이다." 이것은 진정으로 "자유롭고 구속이 없는 무역에 찬성하는, 난공불락의 논의이다. 왜냐하면 만약 어느 나라가 우리를 위하여 어느 상품을 생산한다면, 우리는 그 나라 혹은 그 다른 나라를 위하여 다른 상품을 생산하지 않으면 아니 된다. 그리고 만약 우리의 상품이 저렴하게 생산할 수가 있고, 그 거래가 계속되게 되면, 그것은 상호의 이익이다. …… 우리가 그것을 스스로 생산하기보다도 저렴한 코스트로 외국의 상품을 사용하는 것이기 때문에, 누구도 빈곤하게 될 수는 없는 것이다."

그리고 반더린트는 한 나라의 무역규제가 다른 나라의 규제를 유발하여, 그 결과, 모든 나라의 고용이 축소한다는 보복의 역학(retaliation dynamic)을 고려하고 있다. "만약 그 나라의 무역부문이 그 나라의 현금을 감소시키게 되면, 그것을 규제 혹은 억제하기 위하여, 높은 관세 혹은 수입금지에 호소하는 것이 고려될 것이다. 그러나 나는 감히 이것을 부정하고 싶다. 왜냐하면 상대의 나라도 또한 우리에게 수입이 많은 무역을 시키지 않도록, 마찬가지 규제와 수입금지의 조치를 취할 것이다. 만약 그렇게 한다면, 우리의 수입과 함께 그들과의 무역도 상실하여 버릴 것이다. 그 결과, 해상무역은 쌍방의 무역규제에 의하여, 확실히 지금과 같이 크게 감소시키지 않을 수 없게 되고, 모든 나라의 많은 사람이 고용을 상실하게 된다." 높은 관세를 회피함으로써 "그것이 어느 정

---

7) Vanderlint는 여전히 다음의 내용을 인정하고 있다. "나는 고백하지만, 모든 외국상품의 수입을 가능한 한, 저지하는 것에 나는 전면적으로 찬성이다. 그러나 그 저지는 입법행위에 의해서가 아니라, (그것은 무역에 의하여 결코 좋은 결과를 가져오지 않는다), 그 상품을 우리가 생산하고, 그런데 다른 여러 나라가 그것을 우리나라에 가져올 수 없을 정도로, 우리가 그것을 저렴하게 생산하지 않으면 아니 된다." ─Vanderlint(Money Answer All Things, London, p.54).

도이든 무역을 규제하는 것의 바보스러움이 누구의 눈에도 분명하게 되는 것이다." 이와 같이 반더린트의 중요한 공헌이 마틴의 공헌을 보완하는 것이다. 즉, 마틴은 무역이 자국노동의 생산성을 향상시키는 것에 주목하고, 반더린트는 무역규제가 고용을 감소시키는 것을 분명하게 하였던 것이다.

이와 같은 아이디어가 이론적으로 확실한 것이라는 것이 대커(Mattew Decker, 1744, p.56)가 영국을 자유항으로 하는 제안에 의하여 분명하게 되었다. "이것에 의하여 내가 의미하는 것은 모든 종류의 상품의 수출·수입은 어떠한 때도 관세와 수수료 없이 이루어지지 않으면 아니 된다는 것이다." 대커는 자유무역의 이유에 관하여 이론적 공헌은 없었다 하여도 당시에 높은 관세에 반대하였다. 걸출한 개혁자로서 랭크되어야 할 인물이다. 그리고 대커(1743, pp.27-28)는 자기의 주장을 뒷받침하는 것으로서 뒤에 보상원리(convensation principle)로서 알려진 논의-자유무역에 의하여 이익을 받는 사람이 그것에 의하여 손실을 입은 사람을 보상함으로써 모두가 좋게 되는 것-에 관하여 설명하고 있다.

"나는 지금 사회 전체를 위하게 되며, 그리고 가능하다면 어떠한 개인에게도 손해를 끼치지 않도록 계획을 고려하고 있다. 이 계획에 의하여 지금의 일을 상실하지 않을 모든 사람에게 의회가 배려하는 것을 바라고 있다. 그들의 급료가 지금과 같이 혹은 생애 계속하게 되면, 사람들은 나의 계획을 호의적으로 보게 되는 것이다."[8]

이 논의가 이론적인 분석에 기초한 것이라기보다는, 오히려 (당시의) 높은 과세에 대한 반동이었음에도 불구하고, 18세기 중기의 약간의 저자들이 이 대커의 관세인하론에 찬성하였다. 그리고 그와 같은 자유로운 무역정책을 요구하는 상황은 잉글랜드, 스코틀랜드, 아일랜드 사이에 자유무역을 실시하고, 영국제도를 '자유항'으로 하는 제안-그곳을 통과하는 모든 거래는 그것을 장려할 목적에서 과세를 면제시킨다-의 이점에 관한 논쟁으로도 볼 수 있는 것이다. 이들 개혁논자들의 대부분의 견해는 일반명제라기보다는 특수한 사례에 과세한 것이다. 또 가끔 그것이 같은 저자에 의한 수정이었거나, 다

---

8) 그러나 Decker(1743, p.29)는 다른 장소에서 다음과 같은 모순된 것을 언급하고 있다. "나는 매우 명확하게 생각하는 것이지만, 외국으로부터 수입되어, 우리나라의 제조업에 장해가 되는 바와 같은 어떤 종류의 상품에 관해서는 상당한 규제가 필요하다." Joseph Massie(1757, p.63)는 Decker의 하나의 예외를 두고, 아주 악의에 찬 혹평을 하고, 이것이 지금까지 언급하여 온 것을 모두 쓸모없는 것이 아니라, 그의 일 자체를 '괴변자의 후안무취의 일'이라고 단정하고 있다.

른 장소의 모순된 발언이었거나 하지만, 이들 자유무역에 찬성하는 논의의 거의 대부분은 이론적 뒷받침 없이, 너무나도 짧은 그리고 고려할 가치가 없는 것이었다.[9]

바이너(Jacob Viner, 1937, p.92)는 "아담 스미스 이전의 영국문헌에서 설명된 자유무역에 관한 견해에는 상당히 많은 과장이 있다."라는 것을 시사하였다. 그 저자들의 대부분은 자유무역을 옹호하였다 하여도, 그것은 원칙의 문제 혹은 경제이론에 기초한 문제가 아니라, 어떤 목적을 달성하고자 하는 것이었다. 마틴(Henry Martyne)은 아담 스미스 이전에 자유무역의 이론을 예리한 추론으로 전개한 인물이지만, 동시에 그는 <영국상인(British Marchant)>의 기고자이기도 하였다(이 책은 프랑스와의 무역을 자유화한 유트레이트조약(Treaty of Utrecht)의 조문에 관련하여 1713년-14년에 발표되었다. 중상주의 문헌의 집대성이다). 이것은 마틴 그 자신이 모순된 것인가, 아니면 1701년과 1713년 사이에 그가 의견을 바꾸었기 때문인 것일까. 멕크로드(1983)는 그 아무것도 아니라고 언급하고 있다. 즉, 마틴은 정치적으로는 호그당의 입장에 서서, 세기의 바뀜에서 동인도무역의 논쟁(동인도회사의 인도로부터의 수입의 자유화에는 찬성)과 1713-14년의 프랑스와의 무역논쟁(프랑스와의 무역의 자유화에는 반대) 양쪽의 입장에서 정치적으로 행동한 것이다. 말할 필요도 없이 그의 행동이 정치적이었다는 것은 그의 이론적 공헌을 조금도 더럽히는 것이 아니다.

따라서 어느 학자가 이전의 일관된 자유무역론이었는가의 여부를 묻는 것은 보다 중요한 문제-자유무역에 대한 그 입장의 일관성과는 따로 그가 그 뒤의 자유무역론을 뒷받침하는 경제의 분석과 이론에 어떻게 공헌하였는가라는 문제-를 상실하게 될 것이다. 이 관점에서는 마틴은 스미스 이전의 학자 가운데에서 걸출한 인물이었다. 다른 학자 예를 들면 노스, 데이브넌트, 대커도 자유무역이 추구되어야 할 최선의 정책이라는 것 혹은 그것을 어떻게 실시하여야 하는가에 관하여 설명하고는 있지만, 그들의 논의는 전부 그곳에서 끝나고 있다. 그 점에서 마틴의 분석은 그것이 19세기 초기에 멕카록(J. R. McCullok)에 의하여 망각된 상태에서 재발견되기까지는 누구 한 사람 그것에 따르는 사람도 없이, 인용되는 것도 없었지만, 그것은 참으로 훌륭한 분석이라고 하지 않을 수 없는 것이다. 그러나 이것은 그 아이디어가 널리 받아들여진 것을 의미하지 않는 것이다. 영(Athur Young, 1774, p.262)이 설명하는 바와 같이, "일반적 자유무역이라는 것은 역사적으로 선례가 없이, 또 이성에 반하는 것이었다."

---

9) Jacob Viner(1937, p.92)

아담 스미스 이전에 있어서도, 자유무역의 배후의 경제분석에 관한 기본적인 요소가 존재하고 있었던 것이지만, 그럼에도 불구하고, 대부분의 논자는 누구 한 사람으로서, 무역과 무역정책에 관한 기성관념(旣成觀念)을 타파하여, 가장 유리한 정책은 자유무역이라고 하는, 일반명제를 수립할 수가 없었던 것이다. 생각하면 놀랄 것이 없는 것이지만, 아담 스미스는 그 자유무역론의 설득적인 기초 다지기에 있어서, 중상주의의 본류(orthodoxy) 가운데에 존재하고 있던 이론(paradoxy)을 거의 고려하지 않았다. 그 대신에 그는 전적으로 다른 측면에서, 즉 18세기 계몽운동에 나타난 도덕철학(moral phylosopy)의 측면에서 자유무역의 문제에 접근하였다. 그리고 그 방법이 마틴의 경우와 동일하게, 보다 이론적인 분석과 결부하여, 최종적으로, 자유무역에 찬성하는 명제의 확립에 성공하는 것이다.

참고문헌

1) Barbon, Nicholas, A Discourse of Trade, London: T. Milbourn, 1690.

2) Blane, John, Trade Revised, London: T. Holmwood, 1659.

3) Brewster, Francis, Essays on Trade and Navigationj, London: Cockerill, 1695.

4) Cary, John, An Essay on the States of England in Relation to its Trade, Bristol: W. Bonny, 1695.

5) Child, Josiah, A New Discourse of Trade, London: J. Everigham, 1693.

6) Clayton, David, A Short System of Trade, London: Tait, 1719.

7) Coke, Roger, A Discourse of Trade, London: H. Brome, 1670.

8) Davenant, Charles, Essay upon Ways and Means of Supplying the War, London: J. Tonson, 1695.

9) ______________, An Essay on the East－India－Trade, London: n.p., 1696.

10) ______________, Discourse on the Public Revenues, and the Trade of England, Part I London: J. Knaption, 1698.

11) de Roover, Raymond, "Monopoly Theory Prior to Adam Smith: A Revision", Qiarterly Journal of Economics 65(November 1951): 492－524.

12) Decker, Matthew, Serious Consideratios on the Serveral High Duties, London: Palairet, 1743.

13) ______________, An Essay on the Causes of the Decline of the Foreign Trade, London:

Brotherton, 1744.

14) Fortrey, Samuel, England's Interest and Improvement, London: J. Field, 1663.

15) Gervaise, Issac, The System or Theory of the Trade of the World, London: H. Woodfall, 1720.

16) Great Necessity and Advantage of Preserving our own Manufactures, London: T. Newborough, 1697.

17) Heckscher, Eli F., Mercantilism, trans. by M. Shapiro, London: George Allen & Unwin, 1935.

18) Hume, David, Political Discourse, Edinburgh: R. Fleming, 1752.

19) Johson, Thomas, A Plea for Free−mens Liberties, London: T. Johnson, 1646.

20) Keyll, R., The Trades Increase, London: N. Okes, 1615.

21) Letwin, William, "The Authorship of Sir Dudley North's Discourses on the Trade", Economica 18(February 1951): 35−56.

22) Maclred, Christine, "Henry Martyn and the authorship of 'Consideration upon the East India Trade'", Bullitin of the Institute of Historcal Research 56(November 1983): 222−29.

23) Martyn, Henry, Consideration upon the East India Trade, London: A. & J. Churchill, 170.

24) Misseldon, Edward, Free Trade, or the Means to make Trade Florish, Londod: J. Legatt, 1622.

25) North, Dudly, Discourse upon Trade, London: T. Basset, 1691.

26) Parker, Henry, Of a Free Trade, London: R. Bostock, 1648.

27) Polexfen, John, England and East−India Incdonsistent in their Manufacture, London: nm. p.1697.

28) Robert, Lewes, The Treasure of Traffike, London: N. Boure, 1641.

29) Thomas, P. J., Mercantilism and the East India Trade, London: P. S. King, 1926.

30) Tryon, Thomas, Some General Consideratioj Offered, London: J. Harris, 1698.

31) Vanerlint, Jacob, Money Answer All Things, London: T. Cox, 1734.

32) Violet, Thomas, The Advancement of Mercandize, London: W. Du−Gard, 1651.

33) _______________, Mysteries and Secrets of Trade and Mit−affair, London: W. Du−Gard, 1653.

34) Waddell, D., "Carles Daveant(1656−1714)−A Biographical Sketch", Economic History Review, 2rd ser., 11(1958): 279−88.

35) Wheeler, John, A Treatise of Commerce, Lomndon: J. Harison, 1601.

36) Young, Artur, Political Arithmetic, London: W. Nicoll, 1774.

제6장

중농주의와 도덕철학

바이너(Jacob Viner)는 이전에 "스미스(Adam Smith)의 자유방임(Laissez-faire)과 자유무역(Free Trade)의 선조는 영국의 옛 문헌 가운데보다 철학문헌 혹은 중농주의의 문헌에 보일지도 모른다."라고 언급하였다.

이 장에서는 프랑스 중농주의(physicracy)와 잉글랜드 및 스코틀랜드의 도덕철학(moral phylosophy)에 관하여 간단히 고찰한다. 생각건대 이 사람들은 스미스의 자유무역의 이론의 원천이며, 무역정책의 사고방식에 있어서도 크게 다른 것이 없었던 것은 아니다. 그러나 이 두 그룹은 각각 다른 방법으로 중상주의의 사고방식(실제는 구식인 것)—정부는 상인의 행동을 공공의 이익을 위하여 관리하여야 하는 것이다—을 표명하였다. 중상주의자는 일반적인 자유방임의 입장으로부터 자유무역에 찬성하고, 그것이 개인의 활동과 공공의 복지와의 조화를 실현한다고 생각한다. 다른 한편, 도덕철학의 태도는 약간 미묘하다. 경쟁은 자연적 자유에 의하여 공사(公私)의 이익을 대략적으로는 조화시킨다고 하여도 불완전하다. 그러나 그것은 나라가 만드는 제도적 틀(정의의 체계)에 의하여, 개인의 행동에 실제로 간섭하는 것 없이 공사의 조화를 도모할 수가 있다고 하는 것은 이것들의 선인들은 사회와 시장(스미스는 시장을 불가결하다고 생각한다)에 철학적인 접근을 시도한 것이지만, 중농주의자와 도덕철학자의 어느 쪽이 자유무역의 정당성을 호소하는 관점 혹은 자유무역의 지지의 경제분석의 질적 향상을 도모하는 관점으로부터는 너무 스미스의 역할에는 서지 못하였다.

1. 중농주의

17세기 후기의 잉글랜드에 있어서와 마찬가지로, 프랑스에 있어서도 중농주의에 대한 비판은 강하였다. 실업가와 상인들은 무역을 정부의 간섭으로부터 해방할 것을 요구하였다. "최선의 비밀은 무역을 완전히 자유로 하는 것이다. 그렇게 하면, 많은 사람이 각각의 타산(打算)으로 그곳으로 끌어들이게 될 것이다. …… (제조업을) 그렇게 강하게 억제하여서는 아니 된다. 무역에 관해서도 그러하다. 우리는 당국의 힘으로 그것들을 억제한 것은 아닌가."라고 1685년, 어느 보고서는 상인의 견해를 전달하고 있다. 또 다른 1686년의 문서는 "상인이 필요한 상품이 가장 저렴하게 판매되고 있는 곳에서 자유로이 구매할 수 있을 때에만 상업은 번창하고 영속한다. 그리고 우리가 다른 장소에서가 아니라 특정의 장소에서만 그것을 구매하지 않으면 아니 될 때, 상품의 가격은 높게 되며, 결국 상업이 필요 없게 되어 버린다."라고 설명하고 있다.[1]

이 시기, 프랑스에서는 아마 잉글랜드보다도 많은 경제적 자유의 관념이 등장하였다. 그것은 뒤에 "생산하는 자유, 자유방임(Laissez-faire, Laissez-passer)"라는 표어가 되었다. 이 전통(자유방임, Laissez-faire)의 경제적 의의에 관해서는 뒤에 아담 스미스가 전개한 견해를 반영시켰던 1690-1710년에 집필된 피엘 드 봐길베르(Pierre de Boisguilbert)의 여러 저서가 유익하다.[2] 봐길베르에 의하면 이기심에 움직이는 개인은 수입(收入)이 많은 행위에 자신의 노력을 향함으로써 의도되지 않은 공공의 서비스를 하는 것이다. 그리고 그 수입은 제3자가 그것을 평가하여 높은 대가를 지불하는 것에서부터 발생하는 것이다. 그는 이것을 다음과 같이 언급한다. "모든 사람은 밤낮을 불문하고 자신의 특정의 이익에 부심한다. 그러나 동시에 그들은 거의 의도하지 않고, 자신의 개인적 효용에 봉사함과 동시에, 일반 선(general good)에 공헌하는 것이다." 그는 가격시스템이 시장에서 어떻게 매도자와 매입자를 결부시켜, 조정하고 경쟁시키는가에 관하여 훌륭한 분석을 제시하였다. 정부간섭이 없는 시장은 참가자 쌍방에 유리한 바와 같이 자연스럽

---

1) Lionel Rothkrug(1965, pp.231-232)에서 인용.
2) Boisguilbert에 관한 보다 상세한 논의는 Hazel Robert(1935) 및 Terence Hutchison(1988, pp.107-115)을 보라.

게 기능하는 것이다. "세계에 조화를 가져오는 나라를 유지하는 것이 상호이익(reciprocal utility)이다. 각 개인은 자신의 개인적 이익만을 최대한 추구하고, 그리고 동시에 최대의 안락을 획득하는 것이다. 그들이 집에서 4리그(역주, 1리그는 약 3마일) 떨어진 곳으로 상품을 구매하러 가는 것은 3리그 떨어진 곳에서는 판매하지 않기 때문이며 혹은 그 여분의 거리에 그만큼의 가치가 있기 때문이다."3) 이 훌륭한 시스템을 유지하는 데에는 정의를 유지하기 위하는 밖에는 어떠한 정부간섭도 필요하지 않다고 그는 말하는 것이다.

이와 같은 자연적 자유와 자연적 경제행동의 철학적 관념은 초기의 경제학파의 하나, 1750년대 케네(Francois Quesnay)가 이끌었던 중농주의(Physiocrats)가 채용한 것이다. 그들은 자유무역에로의 열성적인 요구에는 동조하였지만, 자유무역의 이론적 분석에는 거의 공헌하지 못하였다. 사실 중농학파의 사람들은 자유무역에 신념(conviction)으로서가 아니라 편의(convenience)의 문제로서 찬성한 것이다. 중농주의의 신념은 토지(주로 농업)의 자연적 생산물이 사회의 부(富) 전체의 원천이며, 자유무역은 그 생산물을 자연의 배분상태로 유도, 그것에 의하여 곡물가격을 인상, 프랑스농업에 이익을 가져오는 것이라는 관념에 강하게 결부된 것이다. 예를 들면 케네의 경제표(Tableau Economique, 1758−59)는 농업·원료부문의 생산적인 활동과 제조·서비스부문의 비생산적인 직업을 대비함으로써 논의를 시작하고 있다. 토지생산물이 모든 경제재 가운데에서 가장 중요한 것이어서, 경제적 부의 궁극적 원천이며, 기타의 경제활동은 전부 파생적인 것이어서, 최종적으로 토지생산물에 의존하고 있는 것이다. 중농주의자는 농업투자를 증대시키는 다른 부적당한 직업으로부터 자원을 끌어내는 정책을 수행고자 하였다. 농업의 확대는 수출을 증가시켜, 그리고 그것이 소비를 위한 쓸데없는 상품의 수입증가를 가능하게 할 수 있을 것이다.

중농주의자들은 17세기 초기 농업찬성·상업반대의 프랑스 저자들과 마찬가지로, 토지생산물의 경제적 중요성에 관해서는 강조하였지만, 중상주의자가 이상으로 한 무역의 상업구성에 관해서는 전적으로 반대의 것을 고려하고 있었다. 즉, 원료·농산물을 수출하고, 공산품을 수입하는 것이 그 반대보다도 바람직하다고 생각하고 있었다. 이것을 케네(1758−59, 1972, p.4)는 다음과 같이 언급하고 있다. "원료를 해외에서 구입, 공산품을 해외에 판매하는 형태의 상호거래로 불리한 것은 항상 후자의 상품이며, 왜냐하면 원료 판매 쪽이 훨씬 많은 이익을 낳기 때문이다." 실제로 케네(1757, 1963, p.75)는 제

---

3) op.cit, p.111.

조업에 특화하는 나라는 위험하다고 믿었다. "원료의 무역이 적어, 생존을 위하여 공산품의 무역에 의존하지 않을 수 없는 나라는 위험하며 불안정하다." 왜냐하면 쉽게 새로운 경쟁자가 등장하여, 수출포지션이 박탈되기 때문이다. 또 중상주의자의 가정과는 반대로, 원료가격을 인하하여 제조업을 왕성하게 하고자 하는 정부의 정책은 "왕국의 군사력을 삭감, 부를 불식하고, 인민은 세금에 시달려, 그리고 국고의 수입이 감소한다."라고 하는 극단적인 연쇄관계(그것은 중상주의에 있어서 논리가 있는 것을 상정시킨다)를 일으키는 것이다.

케네의 제자인 미라보(Maequis de Mirabeau, 1766, pp.171-173)도 제조업을 경시하였다. "국내소비용의 공산품은 생산비 대상 밖의 아무것도 아니며, 결코 수입(收入)의 원천이 아니다. 대개 그 수출은 어떠한 순이익도 낳는 것이 아니다." 사실 그는 "나라에 귀속하는 일반적 순생산물 혹은 소득과 상인의 이익을 혼동하지 않는 것"을 독자에게 주장하였다. "상인의 이익은 나라의 관점에서는 쓸데없는 지출로 간주시켜야 하기 때문이다." 그러나 그는 만약 그 나라가 자국에서 공산품을 생산하는 데 충분한 원료를 가지고 있게 되면, 공산품을 수출하는 것을 권장하고, 그리고 그 공산품이 (직접·간접으로) 토지생산물의 시장을 개선하는 한에 있어서 이익을 기대하여야 한다고 논하고 있다.

중상주의의 정책이 농업보다도 제조업의 발전을 중시한 것도 이유가 되며, 중농주의는 모든 정부간섭의 폐지를 주장하였다. 특히, 곡물거래에 대한 (직접·간접의) 국내장벽과 곡물의 상한가격의 철폐는 그들의 철학적 입장에 조화하여, 농업이익의 촉진에 도움이 되는 것이었다. 그리고 자유방임의 원칙에 예외를 만드는 것을 피하기 위하여, 중농주의자들은 정부간섭의 철폐를 국제무역의 분야에까지 확대, 자유무역이 최선의 정책이라고 주장하였다. 케네(1757, 1963, p.79)는 말한다. "정부는 무역 가운데, 그 나라에 있어서 이익이 많고, 그리고 왕국의 부동산을 증가시켜 확보하는 부문을 우선하여, 이익이 적은 부문을 희생하지 않으면 아니 된다. …… 그렇지만 모든 무역은 자유이지 않으면 아니 된다. 그렇게 함으로써 상인은 자신의 타산(打算)으로 가장 안전하고 이익이 많은 대외거래의 부문으로 나아갈 것이다."4)(그러나) 이 자유무역의 권장은 정말 험악한 바로 앞의 사정인 것이다. 왜냐하면 이 프랑스의 자유무역은 농산물의 생산확대라는

---

4) "대외거래는 항상 완전하게 자유이며, 모든 제한과 부담으로부터 면제되지 않으면 아니 된다. 왜냐하면 여러 나라 사이의 교류만이 국내거래에 있어서 국산품의 가격을 가장 유리하게 유지, 국왕과 국가에 최고의 수입을 가져오는 유일한 수단이기 때문이다."-Quesnay([1766], 1963, p.163).

중농주의자의 목적에 합치하기 때문이다. 만약 이 나라가 다른 조건이었다면, 과연 그들이 열성적인 자유무역 지지자였을지 어떨지는 전혀 분명하지 않고, 아마 많은 곡물수입국으로 보이는 바와 같은 보호주의의 자세를 보인 것일 것이다.

그러나 중농주의자들은 무역의 완전자유화 찬성의 대담하고 거침없는 발언을 가끔 한 것을 별도로 하면, 국제무역 혹은 무역정책에 관해서는 곡물수출에 대한 장애제거 밖에는 거의 배려하지 않았다. 가끔 그들은 경제에 있어서 국내거래의 중요성에 관해서는 발언하였지만, 국제거래의 역할에는 냉담하였다. 브룸필드(Arthur Bloomfield, 1938, p.731)가 언급하는 바와 같이, "중상주의자가 외국무역을 강조한 반동으로서 중농주의자는 외국무역의 중요성에 불신을 안고, 그것을 경멸의 뜻으로 바라보았다." 그들은 특화에 의한 자유무역에 대하여 전면적으로 찬성하는 것이지만, (무역을) 가능한 한, 회피하여야 할 최후의 수단으로 생각하였다. 이리하여 중농주의의 자유방임관은 아담 스미스에 의하여 일부 계승되었다고는 하나, 그 자유무역론은 스미스가 당연하다고 생각한 바와 같은 일반적 구성에 이바지하는 것은 없었다.[5]

2. 도덕철학

스미스의 것에 있어서의 제2의 그리고 보다 중요한 것은 홉스(Thomas Hobbs)의 리비이아던(Leviathan, 1651)에 의하여 일부 촉발된 철학문헌에 유래한다. 홉스에 의하면 이기심(self-interest)이 인간의 정열을 지배하고, 그리고 그것은 본래적으로 파괴적이고 무질서적인 것이다. 그렇지만 인간은 이성에 따라서, 그 위험한 경향을 나라에 강력한 권한을 부여함으로써 공공의 선(common good)으로 향하게 할 수 있다는 것이다. 이 홉스

---

5) 중상주의자와 스미스와의 사이의, 또 중상주의자와 고전학파경제학자 사이의 지적관계에 관한 보다 상세한 내용은 Ian Ross(1984) 및 Ronald Meek(1951)를 보라. A. R. J. Turgot(지금 프랑스의 저명한 자유무역론자의 한 사람, 단, 그는 중상주의자는 아니다)는 자유무역론 배후의 경제분석에 관해서는 거의 공헌하지 않았다. 그의 경제학의 저서 <부의 형성과 분배에 관한 고찰(Reflection on the Formation and Distribution of Wealth, 1766)>은 국제무역을 거의 완전히 무시하고 있다. 그러나 Turgot는 L'Abbe 앞으로, 곡물의 자유무역에 찬성하는 정책론적 편지를 쓰고 있다. 그리고 <철제품(Marque des Fers)>지에 철제품에 대한 수입세반대의 편지를 그 앞으로 쓰고 있다. Turgot([1773]1977, p.182-188)는 무역의 완전자유를 요구하고, 그 이유로서 "모든 구입에 대한 강제적인 가격인상은 필연적으로 즐거움의 총량, 처분가능한 수입의 금액 그리고 유산계급으로서 군주와의 부를 감소시켜, 그리고 국민에 배분되는 임금의 총량을 감소시킨다."라고 설명하고 있다. Peter Groenewegen(1969)은 Turgot와 Adam Smith와의 관계를 논하고 있다.

의 것이 철학자 기타의 사람들 사이에 이기심의 본질을 파괴적인 것으로 하는 그 이론에 관하여 찬반의 논의를 불러일으켰다.

반대자의 한 사람, 잉글랜드의 신학자 컴버랜드(Richard Cumberland, 1672, 1727)는 그렇지 않고, 이기심은 자비심과 건설적인 유물주의에 의하여 제어되고 있는 것이며, 사회적인 개인의 자발적 행위는 공공의 복지를 촉진한다고 논하였다.6) 18세기 초두에 있어서 또 다른 반대자들, 즉 보링브로크경(Lord Bolingbroke), 버틀러(Joseph Butler), 샤프트스버리(Early of Shaftsbury)는 우주의 설계자(신)가 자동제어질서를 사용하여 사회관계의 조화를 도모하고 있다고 생각하였다. 이 이기심의 본질에 관한 논쟁에 의하여 이들 사상가는 개인의 경제적 이기심을 어떻게 사회의 보다 많은 이익으로 조화시킬 것인가라는 어려운 문제에 대처하도록 되었다. 이것이 스미스의 사상이 탄생되는 실마리가 되고, 그리고 그것은 현재 허슈만(Albert Hirschman, 1977)과 마이어스(Milton Meyers(1983)에 의하여 심각하게 논의되고 있는 지성 풍부한 논쟁으로 계속하는 것이다.

18세기 초두의 철학자들은 인간의 동기심리(motivation cychology)를 들어 어느 종류의 정열을 억제하여야 하는가, 자유로 하여야 하는가에 관하여 논의하였지만, 보통 그 논의는 경제행위에는 미치지 않았다. 이것이 분명하게 된 것은 만데빌(Bernard Mandeville)의 논쟁적인 저서 <벌의 우화(Fable of the Bees)>에 의해서이며, 그것은 1714년에 출판되어, "개인의 악덕, 공공의 이익"이라는 시사적인 부제를 붙이고 있다. 만데빌은 사치의 추구와 자기애(self-love)가 근면한 사회와 번영한 사회를 만든다고 논하였다. 그는 악덕과 이기심의 경제적 장점을 논쟁적인 일로 논하였다고는 하지만, 그는 전적으로 초기 자유방임의 이론가라고 한 것이 아니라, 자유무역의 이론에는 아무런 공헌도 하지 않았다. 만데빌(1714, 1924, pp.1: 111-112)은 무역의 교환으로서의 성질을 웅변으로 논하였다. "구입하는 것은 물물교환의 것이다. 외국상품을 구입하기 위한 자국상품을 갖지 않은 나라는 외국의 상품을 구입할 수가 없다. 만약 우리의 공산품에 대한 지불로서 그들이 제공하고자 하는 상품의 수취를 계속 거부하게 되면, 그들은 우리와 거래할 수가 없게 되며, 그들은 우리가 거부하는 상품을 수취할 뜻이 있는 나라로부터 필요한 상품을 구매하는 것으로 만족하지 않으면 아니 된다."

그러나 그의 무역정책에 관한 사고방식은 전적으로 평범한 것이었다.

---

6) Cumberland의 사상의 논의에 관해서는 Linda Kirk(1987)을 보라.

"어떠한 정부도 자국의 이익을 확실하게 파악하고, 그것을 착실하게 추구하지 않으면 아니 된다. 유능한 정치가는 어느 상품에는 높은 관세를 부과 혹은 완전하게 수입을 금지하고, 다른 상품에는 관세를 낮게 하는 정략에 담은 운영에 의하여 무역의 흐름을 항상 바람직한 방향으로 향하게 하지 않으면 아니 된다. …… 그리고 그들(유능한 정치가)은 외국상품의 수취를 거부하고 자신을 위하여 화폐 밖에는 아무것도 수취하려고 하지 않는 나라와의 거래를 주의 깊게 피할 것이다."(pp.115-116)

지금 한 사람의 철학자인 허치슨(Francis Hutcheson)이 도덕철학과 경제행동 사이의 갭을 메웠다. 그는 아담 스미스의 은사로, 스미스와 직접 면식이 있었던 인물이다. 허치슨은 그로치우스와 뷔펜돌프의 자연법의 전통을 계승, 제자인 스미스에게 풍부한 지적 소양을 주어, 스미스가 그 체계를 구축하는 것에 힘을 빌려 주었다.[7] 허치슨은 만데빌이 '지기애'를 인간행동의 중심에 둔 것에 의문을 품고, 다른 사람에 대한 자연의 감정이 도덕심을 배양, 이기심을 억제한다고 논하였다. 그는 18세기의 '덕(virture)'의 관념을 상업활동에 결부시켜, 자연법의 틀 내에 조합하였다. 허치슨(1755, pp.1: 293-294)에 의하면, "자연법은 각 개인에게 자신의 행복을 추구할 욕망을 심으며 아울러 함께, 일상생활에 있어서 가까운 관계의 사람에게는 훌륭한 애정을 갖도록 한 것이기 때문에, …… 각자가 자신의 판단과 호의에 따라 산업, 근면, 오락 등 모든 목적에 노력을 경주하는 자연의 권리를 갖는 것은 명백하다. 그 경우, 그것은 인적으로나 물적으로나 다른 사람에게 해를 끼치는 것이 아니라, 공공의 이익도 또한 반드시 이 (개인의) 움직임을 필요로 하지 않고 혹은 개인의 행동을 누군가의 지시 아래에 두어야 하는 것을 필요로 하는 것은 아니다." 그리고 허치슨은 말한다. "이 힘은 자연적 자유(natural liberty)라고 하여야 하는 것이며, 상실되어서는 아니 된다." 만약 그것이 상실되게 되면 "인간의 무분별에 의하여 걱정되는 이상으로 많은 비참한 상태를 불러일으킬 것이다."

허치슨은 아주 기본적인 그리고 강력한 논의를 경제적 자유를 위하여 전개한 것이지만, 그 논의를 자유무역을 위하여 사용하는 것은 전혀 없었다. 그 이유의 일부는 수출초과의 나라는 "부와 권력을 증가하는 게 틀림없기 때문이다." 허치슨(1755, pp.2: 318-319)은 "만약 소비용의 외국공산품 등의 소비를 완전히 금지할 수가 없을 때는 높은 관세를 부과함으로써, 그것을 소비자에 있어서 높은 가격으로 하지 않으면 아니 된다."라고 논하였다. 또 그 나라가 외국시장에 대하여 시장(지배)력을 갖고 있는 경우 밖에는, 그

---

7) 이와 같은 관계가 아주 최근, Richard Teichgraeber(1986)에 의하여 분명하게 되었다.

수출을 방해하여서는 아니 된다. "어느 나라가 특정한 원료를 갖고 있을 때, 그 나라는 안심하고 그 수출에 세금을 부과할 수가 있어도 그 세금은 해외의 소비를 방해할 정도로 높은 것이어서는 아니 된다." 분명히 스미스는 허치슨의 경제분야에 있어서 자연적 자유의 관념에 영향을 받고 있으면서도, 그 평범한 무역정책의 의견에는 동조하지 않았다.

케임즈 경(Lord Kames, 1774, p.1: 496)은 법학자, 스코틀랜드의 계몽운동의 철학자이다. 그는 또한 정부의 무역규제를 승인하였다. "우리는 (무역의) 자연적 이익에 전면적으로 의지하여서는 아니 된다. 무엇인가 그것을 뒤집는 것이 예견될 수 없기 때문"이라고 경고하였다. 그리고 케임즈는 "모든 나라가 태양의 빛과 같이 무역의 이익을 받는다."라고 설명한 뒤에, "(무역)수지의 적자 이상으로 적당한 수입제한의 근거는 없다."(p.81, p.498)라는 이유에서, 수출보조금과 수입제한시스템을 제한하였다. 또 그는 국내산업의 보호를 환영하였다. "우리 자신의 새로운 제조업을 부흥시키기 위하여, 동종의 제품의 수입에 과세하는 것은 당연하다." 그러나 케임즈는 "정부의 여러 시책은 보복되지 않도록, 적게 행하지 않으면 아니 된다." 정부의 장려책은 "그것이 우리에게 되돌아오지 않도록, 신중하게 하지 않으면 아니 된다."라고 경고하였다(pp.498-499).

튜커(Josiah Tuker)는 다재다능한 경제·종교문제의 작가이다. 그도 또한, 경제분야에 있어서 사적이익과 공적이익과의 조화에 관하여 중요한 역할을 수행하였다. 튜커(1755, p.4)는 어느 원고 가운데에서, 자신의 경제에 관한 사고방식의 철학적인 측면으로서, "상업에 대한 인간의 자연의 기분·본능적인 성향"에 관하여 설명하고 있다. 그는 '자기애'를 '인간성의 많은 발현'으로 파악, 그것은 본래적으로 이기적이라고 논한다. 즉, "자기애는 시야가 좁고, 한정된 것이며, 중간자(sharers)와 경쟁자(competitors)를 인정하지 않는 것이다." 그리고 결론적으로 언급한다. "자비라고 하는 사회적 본능이 이 이기적인 독점성향을 얼마라도 억제한다 하여도, 그 힘은 매우 약하고, 만약 그것을 억제하는 수단이 없었다고 한다면, 이상한 자기애의 나쁜 영향을 억제하는 것은 거의 불가능할 것이다. 자신을 사랑하는 것은 자선을 사랑하는 것보다도 사람의 마음에 보다 깊이 잠식하고 있기 때문이다."

그러나 자기애의 힘이 약해지지 않도록 해야 할 것이다. 왜냐하면 자기애는 노력과 진보의 기본이기 때문이다. 따라서 "주된 목적은 자기애를 배제하거나 약하게 하는 것이 아니라 그것을 공공이익의 추구로 향하게 하는 것이다. 그렇게 하게 되면, 독점하고자 하는 기분 그 자체가 전체를 위하여 작동하도록 하게 될 것이다." 이와 같이 하여 나라와 사회의 공공의 지혜가 "자기애의 작용이 틀렸던 올바르지 않은 목적에서 훌륭한

덕이 있는 목적으로 대체되어 나태와 무관심은 허용되지 않게 되며, 독점자의 무뢰한 행동을 돕는 힘이 사라져, 그 반면, 모든 사람과 모든 직장에서 자신이 공공의 선(善)에 관련하고 있는 의식이 높아지는 것일 것이다." 그렇게 한다면 "그 나라는 풍요하게 되며, 상업이 왕성하게 될 것이다." 이와 같이 듀커는 자유방임을 찬양하는 것 없이, 정부가 하여야 할 것은 이기심을 억제하는 것이라도 무시하는 것도 아니고, 재갈을 물려 사회적으로 바람직한 방향으로 유도하는 것이라고 논하였다.[8] 이 사고방식은 다른 사람에게 폐를 끼치지 않는 한, 자연적 자유는 모든 행동을 인정하지 않으면 아니 된다는 허치슨의 논의와 함께, 스미스의 이론구성에 매우 많이 반영되는 것이다.

무역정책에 관해서는 듀커는 독점무역회사의 통렬한 비판자이며, 자유무역(a free trade)에 강하게 찬성하였다. 그러나 수입관세의 문제에 대해서는 그는 중상주의자의 전통적인 사고방식에 고집하였다. 그것은 다음의 인용문에서 분명하다.

"지금 나라를 많은 항구의 관문에서, 양화하는 화물을 검사하며 살고 있는 인간이라고 가정하자. 선적의 경우, 수출되는 상품이 자국민의 근면과 노력에 의하여 완성된 상품이 되면, 그는 그 출항을 금지함이 없이, 수출자에게 가능한의 편의를 부여, 그 일을 보호하여야 할 것이다. 만약 그 상품이 미완성품이라면 혹은 다시 나빠, 전적으로 원료이라면 미완성 혹은 원료의 상태에 따른 세금을 부과하여, 그것이 왕국으로부터 나가는 것을 저지 혹은 억제하지 않으면 아니 된다. 그것이 전적인 원료일 때는 최고의 세금, 경우에 따라서는 수출금지와 비슷한 세금을 부과하지 않으면 아니 된다. 그것이 일부 가공, 일부 미가공의 경우, 원료로부터 완성상태에 가까운 것에 비례하여, 세금은 경감되지 않으면 아니 된다. 수입상품의 경우, 그의 행동은 앞의 수출의 경우와는 전적으로 반대가 되지 않으면 아니 된다. 완성한 외국의 제품에는 최고의 그리고 가장 억제적인 세금을 부과하고, 그것이 왕국 내에서 소비 혹은 사용되지 않도록 하지 않으면 아니 된다. 미완성의 제품에는 보다 낮은 세금을, 거의 원료상태의 상품에는 낮은 관세를 부과하지 않으면 아니 된다. 원료 그 자체에 관해서는 이 일반원칙으로부터 제외하여야 할 특별한 사정이 없는 한, 왕국의 모든 항구에서 무관세로 입항하는 것을 인정하지 않으면 아니 된다. 이 논리의 근거 혹은 기초는 그것이 국민의 근로와 노력(의 소산)이며, 그것들이 왕국의 유일한 재산이기 때문이다."(튜커, 1758, pp.58−59)[9]

---

8) "하늘의 계시를 받은 위대한 입법자, 모세의 사고방식은 자기애의 원리를 항상 공공이익이 되도록 일하는 것과 같다. 그리고 성실하게 이것은 좋은 도덕 혹은 나라의 번영의 어느 것을 기대하도록 하라, 모든 정부의 유일한 목표가 되지 않으면 아니 된다." −Tucker(1753, 37n)를 보라.

9) Tucker(1755)는 다음과 같이 설명하고 있다. "모든 세금 가운데, 이것이 결과적으로 가장 나쁜 그리고 유해한 것이다. 왜냐하면 자국상품의 수출에 과세하는 것은 우리 자신의 근로와 노력

또 튜커(1749, pp.63-64)는 데커(Mattew Decker)의 자유무역의 성가진 제안에 관하여 반대하였다. "만약 우리가 프랑스의 상품에 대하여 모든 관세를 철폐하고, 또 그들도 영국의 상품에 대하여 마찬가지로 하지 않으면 …… 그 결과는 …… 영국에서는 프랑스의 견직물, 레이스, 포도주, 브랜디, 의류, 부채, 완구 등이 넘치고, 그리고 프랑스는 그 대가로서는 약간밖에 혹은 아무것도 받지 않을 것이다."

이상에서, 우리는 18세기 후기의 이기심에 관한 논의가 무역정책의 전통적인 사고방식에 어떠한 영향을 미쳤는가에 관하여 간단하게 보아 왔다. 그리고 그 결론은 거의 영향을 미치지 않았다는 것이다. 허치슨, 튜커 기타의 저자는 자연적 자유의 체계 가운데에서, 사적 이익이 사회적 이익에 도움이 된다고 주장하였다. 그러나 그들은 국제무역의 분야에서 사적이익이 사회적 이익에 도움이 되는 것에는 전적으로 관심을 갖지 않고, 따라서 자유무역을 주장하는 것도 없었다. 그러나 그곳에 조리가 서 있는 이론체계가 있는 것이 분명하게 되었다. 즉, 자유가 경제의 분야에서 많은 힘을 갖는다는 자연적 자유에 관한 사고방식이 상업은 최종적으로는 공공의 이익에 도움이 되도록 작용한다(그것은 관계자의 이기심에 따라 움직이게 되는 것이지만)는 견해에 따라, 뒷받침되게 되었다. 그리고 아담 스미스가 이 이론적 틀을 사용하여, 자유무역론을 구축하고, 그때까지 선인들이 극복할 수 없었던 수미일관 없는 (논리의)공백을 메운 것이다.

18세기 중엽, 프랑스와 영국에 바로 털색갈이 바뀐 지적 전통이 출현하고, 심술 나쁜 자유무역론을 전개하였다. 당시의 지적 풍조로서의 유럽의 계몽운동에는 세계주의적 관념이 강하게 붙어 다녔다. 그리고 그것은 경제적이라기보다도 정치적이었다.[10] 흄(Davie Hume)-유명한 철학자, 아담 스미스의 친구-이 경제에 관한 일련의 논문에서, 그 사고방식을 웅변으로 개진하였다. 흄(1752, pp.15-16)은 그의 저서 <통상에 관하여(Of Commerce)>에서, 그의 이전의 중상주의자들과 마찬가지로, 외국무역을 찬미하였다. 그것은 "국민의 부와 행복뿐만이 아니라, 국력도 증대시키는 것이기 때문에, …… 많은 수출과 수입을 하는 나라는 소박한 상품으로 만족하는 나라에 비하여, 국민은 보다 근면함이 틀림없고, 또 섬세하고 사치스러운 나라일 것이다. 따라서 그 나라는 유복하고 행복함과 아울러, 보다 강력한 나라일 것이다."[11]

에 과세하는 것이다. 원료의 수입에 과세하는 것은 사람을 뒷손에 묶어, 그가 나라에 봉사하는 것을 방해하는 것과 마찬가지이다. 이런 의미에서 정당화될 수 있는 유일한 세금은 동인도 회사가 차(茶)에 부과하고 있는 세금뿐이며, 기타의 상품에 대한 과세는 국내에 있어서 일반 산업을 육성하는 것은 아니다."
10) Thomas Schlereth(1977)가 계몽운동의 세계주의에 관하여 음미하고 있다.
11) 흄은 추가하여 말한다. "아마 외국과의 거래의 많은 이익은 사람들을 나태로부터 일으켜 세우

흄의 이 세계주의적 관념이 나라의 대항의식으로 배양된 무역규제에 대한 통렬한 비판논문 <무역수지에 관하여(Of the Balance of Trade)>로 되어 출현하였다. 그 논의는 전부 자유무역의 결론에 도달하는 것같이 보이는 것이지만, 동시에 흄(1752, p.98)은 관세를 편리한 징세수단이라고 하며, 또 그것에 다음과 같이 조건을 붙이고 있다.

"그렇지만, 앞에서 설명한 질투에 따른 세금 밖의, 외국상품에 대한 모든 세금을 유해 혹은 무용하다고 보아서는 아니 된다. 독일의 아마(linnen)에 대한 세금은 국내의 제조업을 활기 있게 하고, 그 일과 인원은 배가하였다. 브랜디에 대한 세금은 람주의 매상을 늘리고, 우리나라 남방식민지의 도움이 되었다."

그러나 같은 세계주의적인 사고방식이라고는 하지만, 관세가 국내제조업의 장려에 도움이 된다고 하는 흄과, 무역정책에 관한 아담 스미스의 사고방식에 영향을 미친 흄과는 동일하지는 않은 것이다.

그러나 흄은 약 5년 뒤, 1758년경에 출판한 논문 <무역의 질투에 관하여(Of the Jealousy of Trade)>에서, 이들의 견해의 몇 가지를 어느 정도 철회 혹은 수정하였다. 그리고 그는(1955, pp.78-82) 이웃의 경제적 성공을 질투의 눈으로 보는 바와 같은 '좁은 사악한 의견'에 반대하였다. 만약 외국제품이 자국제품과 경쟁할 정도로 성장하였다면, 어떻든 좋은 것인가.

"나의 대답은 이러하다. 어느 상품이 왕국의 주요산품과 예상되는 바와 같이 된다는 것은 이 나라가 그 상품생산에 특별한 혹은 자연의 장점을 갖기 때문이다. 만약 그럼에도 불구하고, 그 상품이 시장에서 패배하는 것이라면 책임은 자신들의 나태 혹은 정부정책의 실패에 있는 것이어서, 이웃의 근면을 책임지게 해서는 아니 된다." 어느 산업이 쇠퇴할 때, 항상 다른 분야에 기회가 있는 것이다. "만약 근로의욕이 있다면 그 부문으로부터 다른 부문으로 전환하는 것이 가능할 것이다. 예를 들면, 모직물생산자는 수요가 있다고 생각되는 아마, 견직물, 철 등 기타의 제품으로 전환할 수가 있을 것이다." 어떠한 나라도 국제시장으로부터 배척되는 것을 걱정하여서는 아니 된다. "자연은 각각의 나라에 여러 가지 재능, 기후, 토양을 부여하고, 그들이 근면하게 개방적인 한, 상호 왕래하고, 무역하는 것을 보증하고 있는 것이다."

이것은 그 뒤의 아담 스미스의 논조와 비슷한 것이다. 사실, 이 문장은 (제14장에서 설명한다) 튜커와의 논쟁의 뒤에 작상된 것일 것이다. 그러나 무역의 자유에 찬성한다.

는 것이다." "사람들은 사치의 즐거움과 무역의 이익을 알게 되며, 그리고 그 눈뜬 섬세함과 근면의 기분이 외국무역의 분야만이 아니라, 모든 국내거래에 있어서, 보다 개선하게 될 것이다."

그의 치밀한 저서에서조차도, 흄의 자유무역론에는 예리한 혹은 새로운 경제분석이라기보다는 도덕적·철학적인 냄새가 품기는 것이다.[12]

이상으로, 무역정책에 관한 중농주의와 도덕철학으로부터의 공헌에 관한 아주 간단한 서술은 바이너(Jacob Viner, 1937, 92)의 결론 "자유무역의 견해에 이르는 상당히 이론적인 내용이 <국부론>의 출판 이전에 상당히 널리 유포하고 있었다."는 것이다. 무역에 대하여 많은 자유를 요구한다는 형태의 자유무역에 관한 감정은 프랑스와 영국의 지식인 사이에서는 강력한 것이었다. 그러나 이 기분에는 확실한 경제(이론의)기반이 없고, 때로는 막연한 세계주의적 관념에 입각한 것이며, 그 위에 쉽게 무시될 수 있는 것이었다. 특히, 주목하여야 할 것은 적당하게 억제된 사적이익이 공공복지를 증가시킨다고 논한 사람들조차도 자유무역을 정당화하는 결론에는 도달할 수 없었던 사실이다. 이 점에서 아담 스미스가 확고한 경제이론을 제공하고, 사적이익과 공적이익과의 양립성을 철학적으로 도출함으로써, 압도적인 업적을 확립한 것이다. 스미스는 이것에 의하여 설득적으로 자유무역을 주장할 수 있었던 것이다.

참고문헌

1) Bloomfied, Arthur I., "The Foreign—Trade Doctrines of the Physiocrats", American Economic Review 28(December 1938): 716—35.

2) Cumberland, Richard, De Legibus Naturae(1672)[A Treatise on the Law of Nature], tran. by John Maxwell, London: R. Phillips, 1727.

3) de Mrrabeau, Marquis, The Oeconomical Table, London: W. OWEN, 1766.

4) Groenewegen, Peter D., "Turgot and Adam Smith", Scttish Journal of Political Economy 16(November 1969): 271—89.

5) Hirschman, Albert O., The Passions and the Interests: Political Arguments for Copitalism before Its Triumph, Princeton: Princeton University Press, 1977.

6) Hume, David, Political Discourse, Edinburgh: R. Fremin, 1752.

7) __________, Essays and Treatises on Several Subjects, London: A. Millar, 1758.

---

12) 제5장에서 설명한 흄의 자동물가＝정금이동메커니즘의 논의는 중상주의자의 무역수지편중론을 크게 절제하였다고 하지만, 이미 지적한 바와 같이, 이 논의는 자유무역에 관한 논의와는 이론적으로 달랐던 것이다.

8) Hutcheson, Francis, A System of Moral Phylosophy, 2vol, London: A. Millar, 1775.

9) Hutcheson, Terence, Before Adam Smith: The Emergence of Political Economy, 1662−1776, Cambridg: Basil Blkackwell, 198.

10) Kames, Lord(Henry Home), Sketches of the History of Man, Edinburgh: W. Creech, 1774.

11) Keohane, Nannel O., Phylosophy and the State in France, Princeton: Princeton University Press, 1980.

12) Kirk, Linda, Richard Cumberland and Natral Law: The Secularisation of Thought in Seventeenth Century England Cambridge: J. Clark & Co, 1987.

13) Mandeville, Bernard, The Fabe of the Bees: or, Private Vices, Public Benefits, ed. by F. B. Kaye, Oxford: Clarendon Press, 1924.

14) Meek, Ronald L., "Physiocracy and Classicism in Britain", Economic Journal 26(March 1951): 26−47.

15) Meyers, Milton, The Soul of Mordern Economic Man: Ideas about Self−interest, Thomas Hobbes to Adam Smith, Chicago: University of Chicago Press, 1983.

16) Quensa, Franjcois, "Conr", in the Economics of Physiocracy: Essays and Translation, ed. by Ronald L. Meek, Cambridge: Harvard University Press, 1963.

17) ______, Tableau Economique(1758−59), ed. and trans. by Marguerite Kuczynski and Ronald L. Meek, London: Macmilan, 1972.

18) Roberts, Hazel van Dyke, Boisguilbert: Economists of the Reig of Louis XIV, New York: Columbia University Press, 1935.

19) Ross, Ian, "The Physiocrats and Adam Smith", British Journal for Eighteenth Century Studies 7(Spring 1984): 177−89.

20) Rothkrug, Lionel, Opporsition to Louis XIV: The Political and Social Origins of the French Enlightenment, Princeton: Princeton University Press, 1965.

21) Schlereth, Thomas J., The Cosmopolitan Ideal in Enlightenment Tought, Notre Dame: University of Notre Dame Press, 1977.

22) Teichgraeber, Richard F., Free Trade and Moral Philosophy: Rethinking the Sources of Adam Smith's Wealth of Nations, Durham, N.C.: Duke University Press, 1986.

23) Tucker, Josiah, A Brief Essay on the Adventages and Disadvatages with Regard to Trade, London: T. Trye, 1753.

24) ______, The Elements of Comerce, and Theory of Taxes, Bristol?: privately printed, 1755.

25) ______, Instruructin for Travelers, Dublin: W. Watson, 1758.

26) Turgot, A. R. J., "Letter to L'Abbe Terray on the 'Marque des Fers'", in The Economics of A. R. J. Turgot, ed. by Peter D. Groenewegen, The Hague: M. Nijhoff, 1977.

제3편

19세기의 논쟁: 자유무역과 보호무역

제7장 아담 스미스의 자유무역론

스미스(Adam Smith)가 1776년에 <국부론(An Inquiry into the Nature and Causes of the Wealth of Nations)>을 출판한 전후, 수십 년 동안의 경제문헌을 비교하면, 무역정책의 취급에는 확실한 차이가 있는 것을 파악할 수 있다.

바이너(Jacob Viner, 1937, p.108)가 올바르게 지적한 바와 같이 "스미스의 자유무역론에서 모든 중요한 요소는, 이미 <국부론> 이전에 제기되고 있었던 것이지만", "그것들은 어느 것이나 개개 제멋대로의 문장에서 볼 수 있을 뿐이며, 각각의 문서에서 설명된 견해는 반드시 전면적으로 정리 된 것은 아니다."

그러나 스미스는 그것들의 저서를 인용하면서, 설득력이 있고 완벽한 자유무역의 찬성론을 만들어 냈다. 그리고 그 이후, 무역문제에 관한 진지한 논의는 그의 견해에 설명함이 없이는 이루어지지 않았다. 이것이 스미스가 경제학에 대한 최대의 공헌이다. 슘페터(1954, p.184)는 "<국부론>에는 1776년 시점에서, 전적으로 새로운 분석적 아이디어, 원리 혹은 방법이라는 것은 무엇 하나 포함되어 있지 않다."라고 하였으면서도, 그것보다도 스키너(Andrew Skinner, 1990, p.157)의 다음 언급 쪽이 중요하다. "체계의 제시, 즉 스미스가 경제학에 명확한 분석의 형태를 부여한 것은 극적인 전진이다." 스미스는 그 이전의 누구도 하지 못하였던 것, 즉 무역정책의 경제적 사고를 체계적이고 모순없이 제공한 것이다.[1]

스미스가 이전부터 자유무역을 지지하고 있었던 것은 1760년대 글라스고우대학에서 한 그의 강의에서 분명하다. 스미스(1978, p.39)는 모든 나라가 무역으로부터 이익을 받는다고 설명하고, 당시의 지식인에게 유포하고 있던 세계주의적 견해를 반복하였다. "이와 같은 국민적 질투의 전부는 각 나라를 초조하게 하여, 악의를 선동, 생활편의품의 공급을 거부, 상품교환을 감소시켜, 분업을 축소시키고, 쌍방의 풍요를 손상시키는 게 틀림없다." 스미스는 자유무역을 명확하게 지지하여, 이런 결론을 내렸다. "영국은 모든 수단을 동원하여 자유항을 설치하여야 하며, 외국무역에는 어떠한 방해도 허용되지 않는다. 만약 어떤 방법으로 정부 대신에 떠맡는 것이 가능하다면, 모든 과세, 관세, 물품세는 폐지되어야 하는 것 그리고 모든 나라, 모든 상품에 관하여 자유무역과 무역의 자유가 인정되어야 하는 것이다."[2](p.268)

그러나 이들 강의에 있어서 무역에 관한 개략적인 논의는 다음에 오는 내용의 스케치에 지나지 않았다. 무역정책의 경제분석은 <국부론>의 출판과 함께 근본적으로 변화하였던 것이다. 스미스의 무역정책의 논의는 제4편(경제학의 모든 체계에 관하여)에 집중하고 있다.[3] 우선 스미스는 중상주의정책의 '큰 목적'으로서 "국내소비를 위한 외국상품의 수입을 가능한 만큼 감소시켜, 국내산업의 상품 수출을 가능한 만큼 증가시키는 것이다. 따라서 나라를 부유하게 하는 2대 추진력은 수입제한과 수출장려이다."(IV. p. i.35, p.45)라고 한다. 거기에서 스미스는 "(그것들의 정책이 국내)산업에 대한 영향에 관하여 주로 음미한다." 왜냐하면 "그것들의 정책이 매년 생산물의 가치를 증가시키든가 감소시키든가, 그 어느 것의 경향을 가짐으로써, 이 나라의 실질적인 부와 수입이 증가하든가 감소함이 틀림없기" 때문이다. 바꾸어 말하면, 스미스는 여러 가지 무역정책의 효과를 모순 없는 방법으로 평가하는 기준을 설정한 것이다. 그 평가에 있어서 그는 그 정책이 한 나라의 국민소득(혹은 생산)의 실질가치 혹은 그가 사회의 매년 실질수입(혹은 생산물)으로 명명하는 것에 대한 경제의 전반적 영향을 검토하지 않으면 아니 된다고 논하였다.[4] 스미스는 이렇게 말하고, 그리고 이 기준을 모순 없이 적용함으로써,

---

1) 스미스의 무역이론에 관한 공헌의 개념에 관해서는(예를 들면 이 책에서는 취급하지 않은 '무역의 잉여배출구이론'을 포함) Athur Bloomfield(1975)를 보라.
2) 스미스(1978, pp.534-535)는 수출세는 수입관세보다도 유해하다고 설명하고 있다. 그것은 수출세에 의하여 일하는 의욕을 상처내기 때문이다. 그러나 그는 이 논점을 <국부론>에서는 반복하지 않았다.
3) 모든 참고문헌은 R. H. Cambell, A. S. Skinner(eds), Glasgow Edtion of the Works and Correspondence of Adam Smith에 의한다.
4) 이와 같이 스미스의 자유무역론은 그 기초를 국민경제의 이익에 둔 것이어서, 뒤에 리스트

무역정책이론에 획기적인 공헌을 한 것이다. 즉, 수입관세가 보호를 받는 부문의 고용과 생산을 증가한다는 이유만으로는 보호가 유리하다고 결론 맺는 데에는 충분하지는 않은 것이다.

처음 스미스는 국내산업을 외국의 경쟁으로부터 보호하는 것, 즉, "국내에서 생산할 수 있는 상품의 외국으로부터의 수입을 제한하는 것"을 생각하였다. 그는 수입품에 대한 높은 관세 혹은 수입금지가 경쟁을 적게 하여, 국내의 생산자에 대한 국내시장의 독점을 허용하고, 그것에 의하여 높은 가격을 붙여 나태와 경영의 실패를 초래하기 쉽다고 생각하였다. 그리고 스미스는 관세가 국내의 수입경쟁부문의 생산을 증가시킨다고 하는 중상주의의 주장에 동조하면서도, 그때까지의 저자들이 거의 생각하지 않았던, 보다 핵심 깊은 고찰로 들어가는 것이다.

이와 같은 국내시장의 독점이 그것을 향유하는 특정한 산업에 가끔 많은 장려를 부여, 사회의 노동과 자본의 양쪽에, 그렇지 않으면 손에 들어오는 이상으로 많은 몫을 가끔 주게 될 것이다. 그러나 과연 그것이 사회의 산업을 발전시켜 혹은 그것을 가장 유리한 방향으로 향하게 하는지 여부에 관해서는 아마 그 정도로 분명하지는 않은 것이다.(Ⅳ. p. ii.2)

무역제한의 실질소득에 대한 영향을 평가하기 위해서는 실질소득이 어떻게 결정되는가에 관하여 고려하지 않으면 아니 된다. 스미스는 상업과 시장에 있어서 개인의 경제 활동에 관한 견해의 철학적 배경을 분명히 한다. 개인은 항상 자신의 노동을 가장 많은 이익으로 향하도록 노력한다는 명제로부터 스미스는 출발한다. 즉, 사람들은 "그 생산물이 최대의 가치를 가져올 것이다. 혹은 최대량의 화폐 혹은 다른 상품과 교환될 산업에 사용되도록 노력한다."(Ⅳ. p. ii.8) "각 개인은 항상 자신이 자유로이 할 수 있는 자본에 관하여 가장 유리한 용도를 찾아내기 위한 부단한 노력을 하여야 한다. 그의 안중에 실제로 있는 것은 그 자신의 이익이며, 사회의 그것은 아니다. 그러나 자신의 이익의 추

(Friedrich List) 기타에 의하여 비난받은 바와 같은(제12장에서 설명), 세계주의적 이상에 둔 것은 아니다. 스미스((1759)1976, p.229)는 이 점에 관하여 <도덕정조론(Theory of Moral Sentiments)>에서, 다음과 같이 설명하고 있다. "자국에 품고 있는 애정이 인류애로부터 도출된 것이라고는 생각되지 않는다. …… 프랑스의 인구는 생각건대 영국의 약 3배이다. 따라서 인류사회에서는 프랑스의 번영 쪽이 영국의 그것보다도 훨씬 중요한 목표라고 생각될지도 모른다. 그러나 그와 같은 계산에서 항상 전자의 번영을 후자의 그것보다도 우선해야 한다고 생각하는 영국 국민은 영국의 선량한 시민이라고는 하지 않을 것이다. 우리는 자신의 조국을 큰 사회의 일부로서 사랑하는 것은 아니다. 우리는 자국을 그 자체로서 사랑하는 것이며, 그 밖의 배려와는 관계가 없는 것이다."

구가 자연에 혹은 오히려 필연적으로, 사회에 있어서 가장 유리한 용도를 선택하는 것이다.”(Ⅳ. p.ii.4) 여기에서 스미스의 고전적 서술이 계속한다.

“모든 개인이 각각의 자본을 사용하여 국내산업을 지지하는 것 및 그 산업의 생산물이 최대의 가치를 가져오도록 방향 매김하는 것, 이 두 가지를 가능한 한, 달성하도록 노력하는 것이기 때문에, 필연적으로 모든 개인이 사회의 매년의 수입을 가능한 한, 크게 하도록 일하는 것이 된다. 보통 그는 실제로 공공의 이익을 촉진하려고 생각하지 않고, 또 자신이 그것을 어느 정도 촉진하고 있는가에 관해서도 알고 있지 않다. 그는 외국산업을 지지하는 것보다도 국내산업을 지지하는 것을 선택함으로써, 자기 자신의 안전을 도모하고 있는 것이며, 그와 같은 일로 그 산업의 생산물이 최대의 가치를 갖도록 방향 매김함으로써, 자기 자신의 이익만을 도모하고 있는 것이지만, 동시에 그는 여기에서도 다른 많은 경우와 마찬가지로, 눈에 보이지 않는 손(invisible hand)으로 유도되어, 그가 의도하지 않았던 목적을 촉진하는 것이다. 그것이 그가 의도하는 것은 없었던 것은 반드시 항상 사회에 있어서 나쁜 것은 없는 것이다. 자신의 이익을 추구하는 것이 사회의 이익을 촉진하고자 하는 경우보다도 한층 유효하게 사회의 이익을 촉진하는 것이 가끔 실제로 있는 것이다. 나는 공공의 행복을 위하여 상업을 하고 있는 인간이 훌륭한 일을 하였다는 얘기를 들은 적이 없다.”(Ⅳ.p.ii.9)

이기심에 의하여 움직이는 개인이 사회에 유익한 봉사를 한다는 것은, 말할 필요도 없이, 이미 그리스인과 스콜라학파의 사람들이 지적한 것이다. 즉, 지금까지의 장(章)에서 설명한 바와 같이, 이익을 찾아 곡물을 가격이 낮은 지역에서 높은 지역으로 운반하는 상인들은 곡물을 풍부한 시장으로부터 부족한 시장으로 운반함으로써, 일반의 그리고 그 시대의 사람들의 이익이 된 것이다. 스미스는 이것을 자신의 이론구성의 기초에 두었다. 그리고 그는 경제의 분석으로 교류하는 각 개인의 자연적 자유가 상호 상품과 서비스를 제공하여 각각의 행복을 높여, 자원배분이 사회의 관점에서 효율을 높이는 것, 즉 만약 그렇게 하는 것이 유리한 것이라면, 각 개인의 욕구와 욕망은 충족되고, 사회의 매년의 수입(실질소득)이 최고수준이 되는 것을 명확하고 설득력 있게 논하였다. 이런 이유와 시민의 자연적 자유를 존중하는 것의 두 가지 이유에서, (정부보다도) 경쟁시장 쪽이 개인활동을 유리한 방향으로 유도, 자원을 각각의 목적에 따라 배분하기 위해서는 최적인 메커니즘인 것이다.

스미스는 시장프로세스의 방향결정에 있어서 정부의 역할에 관해서는 많이 논하지 않았다 하여도, 그는 결코 자유방임의 주장에 관하여 무조건의 신봉자는 아니었다. 그는 사회제도로서의 시장메커니즘의 유지에 정부가 중요한 역할을 수행하는 것을 믿고 있었다.[5] 그는 여러 가지 사례를 들어, 어떤 종류의 공공재의 제공·법과 정의의 체제정비라는 정부의 정책이 시장의 '보이지 않는 손'을 한층 유효하게 작용시키는 것을 설명하고 있다. 이리하여 뒷날 몇 사람인가의 비판자가 비난한 것과는 달리, 스미스의 자유무역론은 자유방임에 입각한 것은 아니라는 것이다. 동시에 정부의 정책이 생산적인 역할을 수행한 사례가 있기 때문이라고 하여, 그것은 자유로운 국제무역으로부터의 이탈을 정당화 혹은 필연화하는 것은 아닌 것이다.

이와 같은 일반적 문맥 아래에서, 스미스는 경제정책의 평가에서 기회비용(opportunity cost) 혹은 자원제약 아래의 여러 대체활동 사이의 선택(trade-off)의 개념이 매우 중요하다는 것을 역설하였다. 간단히 말하면, 주어진 시점에 있어서 경제는 자본과 노동의 양이 일정하기 때문에, 그 경제의 어느 부문의 생산증가는 다른 부문의 자원의 사용을 희생함으로써만 가능하다. 이것은 어느 산업 혹은 어느 부문의 촉진을 목적으로 하는 정책에 대하여 명확하고 직접적인 의미를 갖는 것이다. 스미스는 다음과 같이 언급한다.

> "어떠한 사회에서도, 산업규모에 따라, 산업의 양을 그 사회의 자본이 생산하는 이상으로 증가할 수는 없다. 상업규제는 산업의 일부를 그렇지 않으면 할 수 없게 되는 방향으로 향하게 할 뿐이다. 그리고 이 인위적인 방향의 매김이 자신의 재량으로 이루어진 경우에 비교하여, 사회에 있어서 유리한지 어떤지는 결코 분명하지 않다."(Ⅳ,p.ii.3)

스미스의 이 기본적 원리는 정부간섭이 자유시장보다도 바람직한 생산믹스 혹은 총생산의 증가 혹은 그 양쪽을 가져온다는 것을 암묵리에 의미한다, 중상주의 이론과는 전적으로 상이한 것이다.

이상으로 본 바와 같이, 스미스의 논리는 무역에 관하여 특히 새로운 아이디어에 기초한 것은 없고, 사회의 경제조직과 자연적 자유를 국부를 증진시키는 틀로 본다, 전적으로 상이한 사고방식에 기초한 것이다. 그리고 스미스는 마지막으로 이들 사고방식을 무역정책에 관련시켜, 다음과 같이 말한다.

> "만약 외국이 어느 상품을 우리가 생산하기보다 저렴하게 생산하여, 그것을 우리에게 공급하여 주는 것이라면, 우리가 약간의 이점을 가진 산업의 생산물의 일부에 의하여, 그 외

---

5) 이 문제에 관한 두 가지 고전적 문헌이 Jacob Viner(1927)와 Nathan Rosenberg(1960)이다.

국상품을 구입하는 쪽이 바람직하다. …… 자신이 생산하기보다도 저렴하게 구입할 수 있는 대상으로 (자원을) 집중하는 것은 확실히 가장 유리한 방법은 아니다. 지금 생산되고 있는 상품보다도 가치가 큰 것이 분명한 상품으로부터 전환이 된다면, 확실히 매년의 생산물의 가치는 많든 적든 감소할 것이다. 여기에서의 상정(想定)에 의하면, 그 상품은 자국에서 생산하기보다도 저렴한 가격으로 외국으로부터 구입할 수가 있다. 따라서 만약 자연에 맡겨 두면, 같은 양의 자본을 사용하여 국내에서 생산되는 여러 상품의 일부만에 의하여, 또 동일한 것이지만, 그들의 상품의 가격의 일부만으로, (외국상품을) 구입할 수가 있다. 따라서 이 나라의 산업은 이익의 많은 분야로부터 이익이 적은 분야로 전환하여, 그 결과, 매년의 생산물의 교환가치는 이와 같은 모든 규제에 의하여, 입법자가 의도하는 바와 같이 증가하기는커녕, 필연적으로 감소시키지 않을 수 없는 것이다."(IV. p.ii.12)

이것은 강력하고 대담한 결론이다. 스미스는 국민소득으로 나타낸 용어인 기회비용의 개념을 사용하여, 자유무역이 사회자원의 최적배분을 실현하는 것, 또 보호관세가 이 최적배분을 방해하고, 결과적으로 국민소득의 감소로 유도하는 것을 확고한 신념으로 주장한 것이다. (그렇지만 자유무역의 효율성에 관해서는, 헨리 마틴 쪽이 이 절에 있어서 스미스보다도 훨씬 명확하다는 것을 주목하여야 한다.) 그 위에 이 설명은 체계적인 경제이론의 틀로 뒷받침되고 있어, 약간의 결함 혹은 수정의 필요가 있다고는 하지만, 많은 중상주의의 문헌의 특징이었던 매우 조잡한 설명보다도, (당연한 것이지만)몇 배나 설득력을 갖는 것이었다. 무역정책에 관한 이 독특한 결론은 그가 그때까지 설명하여 온 이상으로 그 논리를 실제로 추진한 것이다. 먼저 스미스는 정부의 간섭이 "그것이 자연의 질서로 이루어진 경우에 비하여, 사회에 있어서 유리한지 어떤지는 결코 분명하지 않다."라고 설명하면서도, 무역정책과의 관련에서는, 매년 생산물이 "이와 같은 모든 규제에 의하여 필연적으로 감소시키지 않을 수 없다."라고 쓰고 있다. 아마 이 확신은 어떤 종류의 상품이 국내에서 생산하기보다도 수입에 의하여 저렴한 가격으로 입수할 수 있다는 실증이 가능한 사실에 의한 것이다.

이 경제효율이라는 정태개념을 도출한 것은 확실히 설득력이 있다. 그러나 스미스에 의하면 경제효율만이 유일 혹은 주요한 무역이익은 아니다. 즉, "어떠한 지역 사이이든, 모든 지역은 외국무역으로부터 두 가지 별개의 이익을 받는다." 첫째는 잉여품의 교환이 사람들의 욕망의 일부를 만족시켜, 즐거움을 증가시키는 것이다. 둘째는 보다 강력한 효과는 노동 생산물이 국내의 수요를 초과하는 부분에 대하여, 그리고 많은 시장을 개방함으로써 그 지역의 생산력을 증가시켜, 매년의 생산물을 최대한으로 증가시켜, 사회의 실질수입과 부의 증가에 보탬이 되는 것이다.(Ⅳ. p.ⅱ.31) 스미스가 제1편(노동의 생산력개선의 여러 원인에 관하여)에서 강조한 분업이 생산성의 향상을 촉진하고, 일정량의 자본과 노동이 보다 많은 생산을 가져오는 것이다. 이 힘은 특히 국제무역과의 관련에서 강력하다. "분업은 시장의 범위에 의하여 제한되기" 때문이다. 또 자유무역의 시장의 규모를 확대하고, 보다 앞선 분업을 가능하게 한다. 그리고 자유무역은 새로운 생산방법, 새로운 사업활동에 관한 지식을 전파시키기 때문이다. "모든 나라로부터 모든 나라에로의 광범한 거래에는 자연히 혹은 오히려 당연히, 지식과 모든 조류의 개선의 상호교류가 수반하는 것이며, 힘의 평등을 낳는 데에는 이것을 이길 것은 없는 것이다." (Ⅳ. p.ⅷ.80) 국제무역에 의하여 가져오는 분업의 확대가 그리고 생산활동을 자극하고, 국내의 노동과 자본의 생산성을 향상시켜, 개인의 행복에 기여하는 것이다.

자유무역의 정태적 이익 및 분업과 기술이전에 의한 동태적 이익에 관한 스미스의 이론은 그것이 집필된 당시로서는 특이한 것이었다. 이 논의에 대한 비판으로서 관세도 마찬가지로 자본을 축적하고 생산을 증가시키는 유인을 갖는다고 말할 수 있을 것이다. 단, 그 반론을 설득력 있게 하기 위해서는, 정밀한 이론구성이 필요할 것이다. 그러나 스미스는 그와 같은 보호정책이 성장을 촉진할 가능성을 갖는 것을 부정하였다. 즉,

> "사회의 산업은 사회 자본의 증가에 비례하여서만 증가하는 것이며, 자본은 사회의 수입(收入)으로부터 서서히 축적되는 비율로 비례하여서만 증가한다. 그러나 그와 같은 모든 규제의 직접효과는 사회의 수입을 감소하는 것이다. 그리고 이 수입을 감소하는 것이, 예를 들면 자본과 산업이 자연의 용도를 찾아내도록 자유로이 맡겼다고 하여도, 자신의 재량에 의한 경우 이상으로 빠르게 자본이 증가한다고는 생각되지 않는 것이다."(Ⅳ. p.ⅶ.13)

그리고 스미스는 무역수지의 개선을 목적으로 한 정부의 무역에 대한 간섭에도 반대하였다.

"유럽의 모든 상업국 가운데, 사이비학자에 의하여 그 나라가 무역수지의 적자 때문에 파멸하고 있다고 예언되지 못한 나라는 한 나라도 없다. 그러나 그들이 선동한 불안에 의하여, 모든 상업국이 무역수지를 자국에 유리하게 그리고 이웃 나라에 불리하게 하고자 시도하였다 하여도, 그 때문에, 유럽의 어떤 나라가 어떤 점에서 가난하게 되었다고는 생각할 수 없는 것이다. 반대로 모든 도시와 나라는 그 항구를 모든 나라에 개방한 것에 비례하여 자유무역에 의하여 파멸하기는커녕, 상업시스템의 원리가 우리에게

예상되는 바와 같이 풍부하게 된 것이다."(Ⅳ. p.iii, c.14)

스미스는 수입관세가 정당화되는 두 가지 예를 고려하고 있다.

첫째는, "특정한 산업부문이 국방상 필요한 경우이다."(Ⅳ. p.ii, c.23) 그 이유는 전적으로 단순하며, "국방은 …… 부유보다 중요하기" 때문이다. 이 표현은 나라의 안전은 바람직한 다른 상품의 희생에 의해서만 보상되는 것을 암묵리에 의미한다. 이 교환(trade-off)을 원리적으로 인정함으로써, 방위관련 산업을 보호하는 것이 수입품의 경쟁에 대한 관세에 의한 보호를 정당화한다고 스미스는 생각하고 있다. 단, 이것은 경제이론에 기초한 것이 아니라, 비경제적 이유에 의한 보호론이다.

둘째는, 세금은 외국상품이 아니라 자국상품에 부과하는 경우이다. 이와 같은 수입상당세(equivalent import duties)를 부과하는 것은 자국상품과 외국상품과의 과세대우(tax treatment)를 평등하게 하기 위한 것이다. 스미스에 의하면, 그것에 의하여 "국내산업이 국내시장을 독점하거나, 자국의 자본과 노동이 자연스럽게 맡겨진 경우보다도 높은 비율로 특정용도로 향하는 것은 없을 것이다. 이것은 자연스럽게 향하게 될 (자본과 노동의) 일부가 조세에 의하여 방향을 바꾸어, 그리고 그것이 보다 부자연스러운 방향으로 향하는 것을 저지, 자국산업과 외국산업과의 경쟁상태를 과세 뒤에 있어서도 거의 과세 전과 같은 상태로 두는 것이 될 것이다."

그리고 스미스는 '때로 고려하여야 할 문제'로서 수입세의 철폐에 관하여 두 가지 실제적 고려를 하고 있다.

첫째는, 상호성(reciprocity)의 문제이다.(Ⅳ. p.ii, 38) 한 나라의 일시적 보복이 외국무역장애를 완화하는 것, 즉 "어느 외국이 높은 관세 혹은 수입금지에 의하여 자국제품의 그 나라에로의 수입을 제한하는 경우이다. 이 경우 복수는 당연히 보복을 초래, 우리도 또한 자국으로 수입되는 외국제품의 일부 혹은 전부에 마찬가지 과세 혹은 수입금지를 하지 않으면 아니 된다." 그리고 스미스는 추가하여 말한다. "이와 같은 방법으로 보복하지 않는 나라는 거의 없다." 그러나 스미스 자신의 충고는 정말 그답게 실제적인 것이다.

"문제가 된 높은 관세와 수입금지가 철회될 가능성이 어느 경우에는, 이런 종류의 보복은 좋은 정책일지도 모른다. (그것에 의하여) 큰 외국시장이 부활하면, 단기간 어떤 종류의 상품에 높은 값을 지불하는 과도적인 불편도 보상될 것이다. 그러나 보복정책이 그와 같은 효과(상대국의 고관세의 철회)를 가져올지 어떨지의 판단은, 생각하건대, 항상 일정한 일반원칙에 따른다고 하는 입법자의 학식에 의존한다고 하기보다는 정치가 혹은 정략가로 속되게 일컬어지는 방심은 아니 된다. 나쁜 사람들의 수단에 의존하는 것이다. 그것이 철회될 가능성이 없는 경우, 자국의 어느 계급의 사람들이 입은 손해를 보상하여, 다른 계급의 사람들에게 다른 손해를 주는 것은 그 계급뿐만이 아니라, 자국의 거의 모든 계급의 사람들에게 손해를 주는, 바람직하지 않은 방법인 것같이 생각된다.” (Ⅳ. p.ⅱ, 39)[6]

스미스는 이 상호성(reciprocity)은 본래적으로 비경제적인 문제로 하고 있다. 만약 한 나라의 무역정책이 다른 나라의 정책에 영향을 미친다고 하는 의미에서 상호 의존적이라면, 흥정의 문제가 들어오며, 자유무역의 기본적인 문제는 복잡화한다. 이 경우, 경제분석 그 자체는 거의 지침으로서는 도움이 되지 않는다. 어떠한 상황 아래에서, 주어진 보복행위가 외국의 무역장해를 낮추는가, 낮추지 못하는가를 말할 수 없기 때문이다. 분명히 스미스는 보복을 흥정의 문제로 생각, 전략의 문제로는 생각하지 않는다. 그러나 기본적인 원칙은 분명하며, 다른 나라의 정책의 여하에 관계없이 자유무역을 추구하여야 한다고 하는 것이다.

둘째는, ‘고려해야 할 문제’는 자유무역으로 들어갈 때의 속도이다. 만약 관세인하에 의하여, 국내의 노동과 자본에 심힌 전환(그것은 일반적으로 생각되고 있는 정도로 어려운 문제는 아니다)이 일어나는 것이 예상된다면, “무역의 자유는 천천히 순서를 밟아, 충분히 신중하고 주도면밀하게 회복되지 않으면 아니 된다.”(Ⅳ. p.ⅱ, 40)

이어서 스미스는 보조금에 관하여 고찰한 무역정책으로 전환, 그와 같은 인위적 수출촉진정책을 냉소한다. 즉,

“우리가 자국국민에 대하여 하였던 바와 같이, 외국인에 대하여 그들의 상품을 강제적으로 구입하게 할 수는 없다. 거기에서 고려된 차선책은 그들이 구입하기 위한 돈을 그들에게 주는 것이다. 이와 같은 방법으로 중상주의 체제는 한 나라 전체의 번영을 도모, 우리의 주머니에 돈을 집어넣은 것이다. …… 만약 그 상품가격에 있어서 상인이 입을 손실이 보조금에 의하여 보상되지 않을 수 없게 되면, 상인은 바로 자신의 재량에 의하여 그 자금을 다른 방법으로 사용하지 않을 수 없을 것이다. …… 보조금의 효과는 중상주의 체제에 있어서 다른 모든 방책과 같이, 한 나라의 무역을 만약 그것이 자연에 맡겨지게 되면 걷게

---

6) “우리의 이웃사람이 우리의 제조품의 수입을 금지하는 경우, 보통 우리도 또한 동종상품의 수입을 금지할 뿐만 아니라, 그리고 그것만으로는 그들에게 큰 영향을 줄 수 없기 때문에 그들의 다른 제조품도 수입금지로 하는 것이다. 이것은 분명히 우리나라의 특정계급의 직인을 장려하는 것이 된다. 또 그 경쟁상대를 배제함으로써, 분명히 그들은 국내시장에서 가격을 인상할 수가 있게 된다. 그러나 이웃나라의 수입금지에 의하여 손해를 입는 (우리나라의) 직인은 우리나라의 수입금지에 의해서 이익을 받는 것은 아니다.”

될 경로로부터 이탈하여, 이익이 적은 방향으로 향하게 될 뿐이다."(Ⅳ. p.Ⅴ, a.1, 3.)[7]

스미스는 <국부론> 제4편 무역정책의 논의를 그 자신의 입장을 솔직하게 설명한 다음과 같은 문장으로 매듭짓고 있다.

> "이들 모든 (중상주의)규제에 있어서 훌륭한 동기는 우리 자신의 제조업의 개선에 의한 것이 아니라, 우리의 이웃 나라 전부를 불황으로 빠트림에 의해서이다. 또 그와 같은 아니꼬운 불유쾌한 상대와의 경쟁을 빨리 끝내는 것에 의한 것이다. 중상주의의 문제는 경제진보를 도모하고자 하는 훌륭한 동기에 의한 것이 아니라, 그것을 실현하고자 하는 그 방법에 있는 것이다. 그리고 그 동기는 업계의 특수한 이해관계에 의하여 국민복지에 반하는 방향으로 왜곡되는 것이다."

스미스는 또한 다음과 같이 말한다.

> "소비야말로 모든 생산활동의 유일한 목적이며, 목표이다. 생산자의 이익은 그것이 소비자의 이익의 촉진에 필요한 범위 내에서 고려되어야 한다. …… 그러나 중상주의 체제에서는 소비자의 이익은 거의 일관하여 생산자를 위하여 희생으로 되는, 모든 산업과 상업의 궁극적 목적과 대상이 생산이며 소비가 아니라고 생각하고 있는 것같이 생각된다. 우리나라의 상품 혹은 제조품과 경쟁하는 모든 외국상품의 수입을 제한하는 것은 분명히 국내의 소비자의 이익을 생산자를 위하여 희생으로 하는 것이다. 독점에 의하여 거의 항상 일어나게 되는 가격의 등귀는 생산자의 이익을 위하여 소비자가 지불하게 되어 있는 것이다."(Ⅳ. p.ⅶ, 48-50)

스미스는 이 뒤의 문장에서 상업의 자연적 자유에 관한 그의 입장을 요약하고 있다.

> "이리하여 이상한 장려에 의하여, 사회의 자본의 일부가 자연스럽게 이루어지는 경우보다도 높은 비율로 특정한 산업부문으로 끌어들이거나, 이상한 제한에 의하여, 그렇지 않으면 거기에서 사용될 자본의 일부가 특정한 산업으로부터 떨어져 나가거나 하는 체제는 실제로는 그것이 목적으로 하는 위대한 목적을 크게 저해하는 것이다. 그것은 사회가 참된

---

7) 국내상품의 수출에 관해서도, 첫째, 중상주의체제의 모든 종류의 방법에 타당한 일반적 비판―그 나라 산업의 일부가 자기의 재량에 맡겨지는 경우보다도 이익이 적은 방향으로 향하게 된다―이 타당하다. 둘째, 그것이 이익이 적은 방향으로 향할 뿐만 아니라, 실제로 손해를 보고 있는 방향으로 향하게 한다고 한다. 특수한 비판이다. 보조금 없이는 할 수 없는 상업은 반드시 손해를 보는 상업이기 때문이다.(Ⅳ, v.a.24)

부와 위대함으로 향하여 진보하는 것을 가속하기는커녕, 지연시키는 것이며, 사회의 토지와 노동의 매년의 생산물의 실질가치를 증가시키기는커녕, 감소시키는 것이다. 따라서 만약 우대하거나 제한하거나 하는 체제가 스스로 실현할 것이다. 그리고 모든 사람은 정의의 법에 저촉하지 않는 한, 각자의 이익을 각각의 방법으로 추구하고, 자신의 근면과 자본을 다른 사람들 또는 다른 계급의 사람들의 그것과 경쟁시키는 완전한 자유를 갖는 것이다. 그리고 주권자는 그 의무로부터, 즉 수행을 그렇게 한다면 반드시 무수한 유혹에 빠져, 어떠한 지혜도, 지식도 그것을 완전하게 수행할 수가 없는 의무, 말하자면 개인의 근면함을 감시하여 그것을 사회의 이익으로 가장 적합한 방향으로 돌린다고 하는 의무로부터 완전하게 해방되는 것이다."(Ⅳ. p.vii, 50-51)

스미스의 접근방법이 어떻게 중상주의의 사고방식과 다른가를 이해하는 데에는, 그의 저서에 무엇이 쓰여 있는가의 여부를 고려하지 않으면 아니 된다. 스미스는 국내경제에 있어서 거래의 역할을 중시하였다.[8] 그는 중상주의자가 고집하는 사치품에 대한 수입장벽을 비웃었다.[9] 보다 놀라운 것은 특정한 무역상품구성의 바람직함에 관한 판단이 이루어지지 않은 것이다. 한 나라의 대외거래의 상품구성은 그 나라 경제의 발전단계와 그것이 놓여 있던 자연조건(예를 들면 요소부존상태)을 반영하는 것이다.[10] 스미스는 제조업의 중요성을 강조한 중상주의자와 농업의 중요성을 찬미한 중농주의자의 어느 쪽보다도, 균형 잡힌 태도를 취하고 있다. 제조품과 원료가 상호 교환되는 도시와 농촌 사이의 국내경제관계의 논의에서도, 스미스는 '도시의 이익은 농촌의 손실'이라는 사고방식을 부정하였다.

양자(도시와 농촌)의 이익은 상호적이고 호혜적이며, 이 경우의 분업은 다른 모든 경우와 마찬가지로, 세분화된 여러 작업에 종사하는 모든 개인에 있어서 유익한 것이다. 도시의 주민과 농촌의 주민은 상호 상대방의 사용인이다. 도시는 농촌의 주민이 나와서,

---

8) 스미스는 <국부론>의 각 장소에서, 국내거래를 국제무역보다도 유용하다고 하는 위치 매김을 하고 있다. 그러나 George Stigler(1976)가 지적한 바와 같이 그것은 스미스의 '그다운 실패(proper failures)'의 하나이다.
9) "따라서 국왕과 대신들이 사치금지령과 외국산 사치품의 수입금지 등에 의하여 개인의 경제를 감시하거나, 그 지출을 제한하는 것은 최고로 무례한 것이다. 그들이야말로 항상 예외 없이 사회의 최대의 낭비가인 것이다. 그들이야말로 자기의 지출을 잘 보아야 하며, 개인들의 지출에 관해서는 안심하고 맡겨야 한다. 만약 그들 자신의 낭비가 나라를 파산시키지 않는 것이라면, 국민의 낭비 등은 문제가 되지 않을 것이다."
10) 스미스의 경제발전관을 고찰한 민트(Hla Myint, 1977, p.240)에 의하면, 스미스에 있어서는 발전도상국의 자유무역은 "분업, 자본축적, 생산요소의 공급의 변화에 의하여 한 나라의 장기적 생산가능성을 한층 완전하게 외부로 추진하는 수단이다."

미가공의 상품을 가공된 상품과 교환하는 정기적인 품평회 혹은 시장인 것이다. 이 상업활동이 양쪽의 주민에게 일의 원재료와 생활용품을 공급하는 것이다. 농촌의 주민에게 판매하는 완성품의 양이 필연적으로 도시의 주민이 구입하는 원재료와 생활용품의 양을 규정한다. 따라서 그들의 일과 생활용품의 양은 완성품에 대한 농촌의 수요의 증가에 비례하는 만큼 증가한다. 또 농촌의 수요는 개량과 경작의 확대에 비례하여서만 증가하는 것이다.(Ⅲ, p.i, 1, 4)

도시＝농촌의 관계와 마찬가지로, 각 나라는 각각 자국의 수요부존상태에 기초한 자연적 장점에 따라, 상이한 상품의 수출에 특화한다. 원료의 수출국은 그 장점에 따라 그렇게 하고 있는 것이다. 만약 안정된 정부가 자유와 무역과 자본축적을 진행, 그것에 의하여 개인이 물적·인적자본에 투자하는 것이 가능하게 되면, 그 나라가 영구히 그 상태에 머물 필요성은 없는 것이다. 이것을 실현하는 최선의 방법은 자원을 단지 이쪽에서 저쪽으로 옮긴다는 인위적인 무역정책은 아니다. 그와 같은 정책은 투자유인을 왜곡, 국부의 증가에는 도움이 되지 않는다고 스미스는 생각한다. 그렇지는 않고, 만약 정부가 그 프로세스를 방해하지 않은 만큼의 지혜를 갖고 있다면, 자신의 생활조건의 향상을 추구하는 개인은 자연히 그 나라 경제를 번영시킬 것이다.[11] 따라서 스미스의 자유무역정책은 그 경제발전단계의 여하를 불문하고, 모든 나라에 타당한 것이다.

다른 저자들도 자유무역의 결론을 아담 스미스 이전에 설명하고 있는 것이지만, (아마 헨리 마틴을 예외로 하고) 누구 한 사람으로서 그 결론을 지지하는 확고한 이론구조(conceptual framework)를 제시하지 못하였다. 스미스는 이것을 함으로써 중상주의이론에 큰 타격을 주고, 그리고 무역정책의 경제분석을 역전시킬 수 있는 수준으로까지 개선한 것이다.

---

11) 스미스에 의하면 "각자의 생활조건의 개선을 위한 일관되고, 불변하고, 부단한 노력은 개인의 부유뿐만이 아니라, 대중과 국가의 부유를 가져오는 기본적인 것이지만, 가끔 그것은 정부의 낭비, 행정의 큰 실패에도 불구하고, 자연의 질서를 개선하는 방향으로 행하게 할 정도로 강력한 것이다." 영국의 성공은 이 프로세스가 방해받지 않고 진행한 것에 의한 것이다. "따라서 우리가 이 나라의 두 시점의 상태를 비교하여, 토지와 노동의 매년 생산물이 뒤의 시점 쪽이 앞의 시점보다도 분명히 많고, 토지가 보다 좋게 경작되고, 제조업의 수가 많게 되고, 번창하고 거래가 확장하고 있는 것을 보게 되면, 당연히 우리는 이 두 시점 사이의 기간에 이 나라의 자본이 증가하는 것이 틀림없다고 생각하여도 지장이 없다. …… 정부의 과세 중에 개인의 검약과 선행에 의하여 또 그들의 생활조건을 좋게 하고자 하는 보편, 불변, 부단한 노력에 의하여 이 나라의 자본이 조용히 착실하게 증가한 것이다. 이 노력이 법에 의하여 지켜지고, 그것을 가장 유리한 방법으로 실시할 자유가 허용됨으로써, 지금까지의 거의 모든 시대에 있어서 영국의 부유와 개선에 대한 길이 유지된 것이다. ……"(Ⅱ, iii, pp.31-32, p.36)

참고문헌

1) Broomfield, Arthur I, "Adam Smith and the Theory of International Trade", in Esays on Adam Smith, ed. by A. S. Skinner and T. Wilson, Oxford: Claremdon Press, 1975.

2) Myint, Hla, "Adam Smith's Theory of International Trade in the Perspective of Economic Development", Economica44(August 1977): 231－48.

3) Rosenberg, Nathan, "Some Institutional Aspects of the Wealth of Nations", Journal of Political Economy68(December 1960): 557－70.

4) Skinner, Andrew S., "The Shaping of Political Economy in the Enlightenment", Scottish Journal of Political Economy37(May 1990): 145－65.

5) Stigler, George J., "The Successes and Failures of Professor Smith", 84(December 1976): 1199－1213.

6) Smith, Adams, The Theory of Moral Sentiments, ed. by A. L. Macfie and D. D. Raphael, Oxford: Clarendon Press, 1976.

7) Viner, Jacob, "Adam Smith and Laissz Faire", Journal of Political Economy35(April 1927): 198－232.

제8장

고전학파 경제학의 자유무역론

　19세기 1·4반기는 고전학파경제학자로서 알려지게 되어 있었던 한 무리의 지식인들에 의하여 경제학, 특히 무역문제에 관하여 방대한 작업이 이루어졌던 시기이다. 이들의 경제학자들은 스미스(Adam Smith)의 사고 방식을 이론적으로 정치화(精緻化)하여, 비교우위의 이론(theory of comparative advantage)에 의하여 자유무역론을 확립하였다. 의심 없이 이 시기에 한 나라는 자유무역에 의하여 당연한 경우에 비교하여 보다 많은 상품을 입수한다는 경제정책의 명제가 성립하였다.

　<국부론>의 출판에 대한 일반의 반응은 그저 그렇다고 인식하여, 압도적이라고는 할 수 없었다. 물론 출판 직후의 반응이 그것의 중요성의 유용한 척도라고는 반드시 말할 수 없다. <국부론>이 지도적인 경제사상가 사이에서 권위 있는 노작이라고 인정되게 된 것은 그것이 출판되고서부터 대략 4반세기를 지난 뒤부터의 일이다.[1]

---

1) Richard Teichgraeber(1987, 365)가 지적한 바와 같이, "스미스의 저서가 권위를 인정받기까지의 과정에 관해서는, 우리는 놀랄 정도로 알고 있지 않다." 1793년에 Dugald Stewart가 "어느 날인가 스미스의 선례가 경제학의 다른 연구자에 의하여 계승될 것이다."라고 희망을 표명하였다. 그 뒤 1년 뒤에 Francis Horner(Dugald Stewart의 이전의 제자, 학회지 Edinburgh Review의 창설자)가 스미스의 이름에 부여하게 되었다. '미신적이기까지 한 존경'에 관하여 얘기하고 있다. <국부론>은 출판 당시의 풍조에는 맞지 않았다 하여도, 그 뒤의 자유로운 무

그러나 1780년대의 몇몇의 저서는 스미스의 분석이 무역과 무역정책의 기본이념을 재구성하기 시작한 것을 지적하였다. 익명의 논문 <보호관세의 효과에 관한 고찰(Consideration on the Effects of Protecting Duties, 1783, p.18)>은 "보호관세가 실시되고 있는 곳에서는, 특정의 제조업의 융성을 볼 수 있어도, 그것에 의하여 사회전체의 부가 증가한 것은 나에게는 생각할 수 없다."라고 설명하고 있다. 보호라는 것은 소비자에게 같은 상품을 보다 높은 가격으로 혹은 뒤떨어진 품질의 상품을 동일가격으로 구입시키는 것이다. 그리고 이 저자는 "그것은 바로 (소비자가) 지금까지 살고 있는 곳보다도 기후가 나쁜, 토질이 떨어진 토지에로 옮긴 바와 같은 것이다. …… 그것은 그 나라의 모든 소비자에게 세금이 부과되어, 그 금액이 소수의 제조업자의 호주머니에 들어가는 것과 동일하게 작용한다."라고 설명하고 있다. 이것의 통상정책 위의 의미는 분명하다. 즉, "모든 입법정책은 그 나라의 사람들에게 모든 종류의 소비재의 최대가능량을 최소가능한 노동투입량에 의하여 제공하는 것"을 목적으로 하지 않으면 아니 된다. 바꾸어 말하면, 자유무역을 채용해야 한다는 것이다.

1788년에 <신·구 무역원리의 비교(New and Old Principles of Trade Compared)>라는 해명적 제목의 짧으면서도 아주 잘 세련된 저서가 등장하여, '무역의 독점이론'에 유효한 타격을 가함과 함께, 나라 사이의 분업에 기초한 무역의 이익에 관하여 지금까지 표명된 가운데에서 가장 명확한 설명을 하였다. 보간(Benjamion Vaughan, 1788, p.2, 25 - 26)이 무역에 의하여 한 나라가 보다 많은 상품을 입수할 수 있는 것을 강력하게 설명하였다. 즉, "겉보기보다도 풍요를 좋게 하는 …… 자유무역의 체계는 무엇보다도 근로정신을 배양하는 것이다. 한 나라가 아마(linnen)의 재배에, 다른 나라가 양모의 생산에 뛰어날 때, 두 나라가 각각의 재능에 집중하게 되면, 두 상품의 총량은 증가함이 틀림없다. 그리고 두 나라가 두 상품을 서로 교환하게 되면, 두 나라는 함께 그 두 쪽을 자국에서 생산한 때보다도 합계하여 보다 많이 입수하게 된다." 이것에 비하여 보호는 사회에 순손실을 가져온다. 즉, "생산자계급에 유리한 규제가 이루어질 때, 그것의 직접적 효과는 양자가 함께 번영해야 하는 것에, 소비자계급이 손해를 입을 것이다. 다시 어느 경우에도, 소비자계급이 항상 다수이며, 따라서 소비자가 입는 손실이 생산자가 받는 이익보다도 일반적으로 훨씬 큰 것이 사태를 보다 유감스러운, 불공평한 것으로 한다." 이 저자는 지역 사이의 분업에 관하여 반복하여 설명하고, 자유무역이 가장 유리한 정책이

역정책을 요구하는 기운이 왕성하게 되어 지지된 것이다. - Kirk Wills(1979) 및 Salim Rashid(1982).

라는 사고방식을 보강하였다.

1790년대에 있어서 유럽의 정치불안은 무역정책의 문제를 조용하게 생각하는 것을, 적어도 스미스의 사고에 찬성 혹은 반대한다는 출판물의 형태로 생각하는 것을 허용하지 않았다. 스팬서(William Spence)가 1807년에 소책자 <통상에 의지하지 않는 영국(Britain Independent of Commerce)>에서 이 논쟁을 취급, 그리고 중농주의파의 모델의 논법을 사용하여, 영국의 전시 대외무역의 중단이 경제에 나쁜 영향을 미치지 않는 것은 농업과 국내상업이 모든 부의 기초를 형성하고 있었기 때문이라고 논하였다. 이것이 바로 밀(James Mill, 1808, 36-37)과 토랜스(Robert Torrens, 1808, 53)의 반론을 불렀다. 이 두 사람은 무역에 의한 생산성과 효율의 향상을 1708년에 핸리·마틴이 하였던 것과 매우 비슷한 방법으로 설명하였다. 예를 들면 밀(1808, 38-39)은 스미스의 국제분업론을 반복하였다. 즉

> "한 나라의 다른 나라와의 무역은 실제로는 분업의 확대에 지나지 않는 인류에 많은 은혜를 주는 것이다. 한 나라의 어느 지역이 다른 지역과 교환하는 것에 의해 그 나라 자체가 풍요롭게 된다. 즉, 그 나라는 적당한 경우에 비교하여 분업이 한없이 진행하여, 생산적이 된다. 또 한 지역에는 존재하지만 다른 지역에는 결여되어 있는 모든 편의를 상호 공급함으로서 전체의 편의가 향상하여, 그 나라가 놀랄 정도로 유복하게 그리고 행복하게 되는 것이다. 이것과 전적으로 같은 것이 훌륭하게 연쇄관계로, 세계규모로 이루어지는 것이다. 많은 상이한 나라들, 상이한 부족은 각각 한 지역으로 간주된다. 그리고 이 장대한 제국에서, 어느 지역은 특정한 편의의 생산에 혜택을 받고, 다른 지역은 다른 생산에 혜택을 받고 있다. 그리고 사람들은 상호교환에 의하여, 그와 같이 하여 인류의 노동은 보다 생산적이 되며, 모든 종류의 편의가 다시 대량으로 이용되도록 되는 것이다."

수입품을 해외에서 저렴하게 구입할 수 있는 것은 절대생산비가 자국보다도 낮기 때문이라는 사고방식이 18세기에 가끔 일컬어진 것에서, 그것은 '18세기 기준(eighteenth century rule)'으로서 알려져 있다. 그러나 '18세기 기준'은 아담 스미스 이후는 자유무역론의 중요 부분이 되었다고는 하지만, 스미스 이전에 있어서는(헨리 마틴의 케이스를 제외하고는), 수입세에 의하여 그 가격을 인상하는 밖에는, 저렴한 수입품을 자국시장으로부터 배제할 수 없는 것에 관한 설명으로서 때때로 언급하는 데 지나지 않았다. 앞의 밀의 설명이 나타내고 있는 바와 같이, 나라 사이의 분업 그 자체가 여러 상품이 가장 생산비가 저렴한 곳에서 생산되는 메커니즘인 것이다.

그러나 이 때의 밀과 토랜스는 보다 중요한 통찰력을 발휘하는 일보 직전이었던 것이다. 두 사람이 제기한 문제는 어느 상품(예를 들면 곡물)의 일정량을 입수하기 위하여, 노동과 자본을 사용하여 국내에서 곡물을 재배할 것인가, 아니면 그 노동과 자본으로 다른 상품(예를 들면 공산품)을 생산, 그것을 무역을 개입하여 곡물과 교환할 것인가라는 선택의 문제였다. 밀과 토랜스 두 사람은 곡물의 최대소비량을 실현하기 위하여, 주어진 자원을 어떻게 사용할 것인가의 결정은 자유무역에 맡기는 것이 능률적이라는 것을 지적하였다. 이와 같이 임의의 소비재의 생산을 간접적인 방법으로 한다는 사고방식은 밀(1818, p.45)에 의하여 설명된 것이며, 그것은 다음의 인용문으로부터도 분명하다.

> "우리가 수입하는 경우, 그것에 대하여 우리의 노동의 생산물을 수출함으로서 대가를 지불하지 않으면 아니 된다. 그러나 왜 우리는 자국의 노동으로 그 상품을 국내에서 생산하지 않는 것일까. 그 답은 외국에서 곡물을 구입하기 위하여, 상품의 형태로 가지고 가는 쪽이 노동을 사용하여 그것을 국내에서 재배하는 경우보다도, 보다 많은 곡물을 입수할 수 있기 때문이다. …… 따라서 곡물의 수입을 금지하는 법률은 식량의 생산에 필요하게 되는 사회의 노동량을 증가시키는 결과가 되는 것이다."

이와 같이 무역을 간접적인 수단으로 보는 사고방식이 고전학파 경제학의 자유무역론에 대한 최대의 이론적 공헌, 즉 비교생산비 혹은 비교우위의 이론(theory of comparative costs or comparetive advantage)에 관련하는 것이다.[2] 이 이론은 예를 들어 자국이 어느 상품의 생산에 절대생산비의 우위를 갖는다 하여도, 그 상품을 해외로부터 수입하는 쪽이 유리한 것을 나타내는 것이다. 토랜스(1815, pp.263-264)가 다음과 같이 썼을 때, 그는 제일 먼저 비교우위의 이론의 본질을 파악한 것이다.

> "이렇게 가정하자. 영국에는 미경작 지역이 있어, 거기에서는 곡물을 비옥한 평지의 폴란드와 같은 양의 노동과 자본의 투입에 의하여 수확할 수가 있다. 이 경우, 다른 조건에서 같다면, 우리나라의 미경작 지역의 경작자는 곡물을 폴란드의 경작자와 같은 저렴한 가격으로 판매할 수가 있다. 이 경우, 다음과 같이 결론 맺는 것이 자연스러울 것이다. 즉, 만약 산업이 가장 유리한 방향으로 향하는 것이 허용되어 있게 되면, 자본은 자국에서 곡물의 재배에 사용되어, 같은 원가에 높은 운임을 더하여 곡물을 폴란드로부터 가져올 수 없을 것이다. 그러나 이 결론은 얼핏 명백하고 자연스러운 것같이 생각되지만, 생각해 보

---

2) 무역에 대한 고전학파의 사고방식에 관해서는 Denis P. O'Brien(1975, 170-205)을 참조할 것.

면, 그것은 전적으로 잘못인 것이다. 만약 영국의 제조기술이 진보하여, 일정량의 자본으로 어느 양의 옷감을 생산한다고 하자. 그리고 그것에 대하여 만약 폴란드의 경작자가 같은 양의 자본으로 영국이 그 경작지역으로부터 얻는 것이 될 수 있기보다도 다량의 곡물을 제공하게 되면, 예를 들어 영국의 토지가 폴란드의 토지와 동일, 아니, 보다 비옥하였다 하여도, 영국의 토지는 버려져, 영국의 곡물의 공급의 일부는 폴란드로부터 수입되는 것이 될 것이다.”

이미 로빈슨(Linel Robinson) 기타의 저자가 지적하고 있는 바와 같이, 이 토랜스의 정식화(定式化)는 두 나라의 생산비 비율의 비교가 이루어지지 않을 뿐으로(폴란드의 생산비 비율이 빠져 있을 뿐으로), 이론 전체를 완전한 형태로 제시한 것이다. 최후의 마무리를 한 것이 1817년, 리카도(David Ricardo, 1817, (1951, p.1: 128)의 <경제학 및 과세의 원리(On the Principles of Political Economy and Taxatio)>와 제임스 밀이 식민지에 관하여 1817년에 집필하여, 1818년에 출판된 논문이다.

왜 비교생산비이론이 18세기 기준보다도 진보한 것인가. 18세기 기준은 각 나라의 생산력이 상이한 상품의 생산에서 다를 경우, 특화와 무역에 의하여 이익이 발생하는 것을 나타내고 있다. 그러나 만약 한 나라가 모든 상품의 생산에 있어서 다른 나라보다 우위에 있는 경우는 어떨까. 바꾸어 말하면, 한 나라가 다른 나라보다도 적은 자본과 노동으로 곡물을 국내에서 생산할 수 있음에도 불구하고, 왜 그 나라는 곡물을 수입하는 것일까. (혹은 반대로, 한 나라가 모든 상품의 생산에 뒤떨어지고 있는데, 왜 그 나라가 무역으로부터 이익을 얻는 것일까.) 비교생산비의 이론이, 이와 같은 경우에도, 특화와 무역에 의하여 양쪽이 이익을 받는 것을 분명히 한 것이다. 각 나라는 그 기회비용(절대생산비가 아니라, 그것에 의하여 생산을 단념한 다른 상품이라는 의미에서의 암묵의 희생)이 최소인 상품의 생산에 특화하는 것이다. 고전학파 경제학자들은 간단한 숫자 예를 사용하여, 자유무역에 의하여 두 나라가 두 상품을 가능하게 보다 많이 소비할 수 있는 것을 분명히 하였다.

지금까지 리카도(아마 고전학파 경제학에서 가장 걸출한 인물)가 비교생산비 이론의 확립에 관한 칭찬을 혼자 차지하여 왔다. <경제학 및 과세의 원리> 제7장에 유명한 포르투갈과 영국 사이에 있어서 포도주와 옷감의 교환의 예가 설명하고 있다. 거기에서는 포르투갈이 두 상품의 생산에서 절대생산비 우위를 갖지만, 비교생산비 우위는 포도주에 있다. 그러나 리카도의 이 약간의 3문장의 논의는 설명부족이며, 그런데 조심조심 이 장에 두고 있는 바와 같이, 이론의 본질을 충분히 전달하는 것 없이, 치프만(John

Chipman, 1965, p.480)조차도, 리카도의 "이 법칙의 설명은 전적으로 불충분하며, 그 자신 그것을 충분히 이해하고 있는지 어떤지가 의심스러울 정도이다."라고 설명하고 있다. 드위트(William Thweatt, 1976)는 이 리카도의 3문장의 사례에 진실로 책임이 있는 것은 밀(James Mill)인 것을 시사하였다. 그 이유는 밀이 토랜스의 문장을 읽고, 그 본질을 파악하고 있는 것은 혹은 밀이 식민지에 관한 자신의 논문에서 18세기 기준을 전개하는 데 있어서, 이 이론을 발전시키고 있었기 때문이다.[3] 사실 제임스 밀(1821, p.87, p.89)은 그 <경제학원리(Elements of Political Economy)>에서, 비교생산비의 예를 놀랄 정도로 명확하게 설명하여, 이 이론의 직감을 두 가지 간단한 문장으로 전달하고 있다.

"한 나라가 어떤 상품을 수입할 수가 있고, 또 자국에서 생산할 수도 있을 때, 그 나라는 자국의 생산비를 외국으로부터 그것을 조달하는 비용과 비교하여, 만약 후자가 전자보다도 낮게 되면, 그 나라는 수입한다. 그 나라가 외국으로부터 수입하는 비용은 외국이 그 상품을 생산할 때의 생산비가 아니라, 그 나라가 문제의 상품을 수입하지 않고, 그것과의 교환으로 제공하는 상품을 자국에서 생산할 때의 비용으로 결정되는 것이다."

밀은 명확하게 자유무역을 옹호하여, 딱 잘라 이렇게 말하고 있다. "어떤 상품을 다른 상품과 교환하는 것의 이익은 언제의 경우도 수취한 상품으로부터 발생하는 것이어서, 주어진 상품으로부터가 아니다." 왜냐하면 그 나라는 상품을 풀어 주는 것에는 아무런 이익도 없고, 수출품의 형태로 주어진 것은 수입품을 입수하기 위한 코스트이기 때문이다. 국제무역을 이렇게 생각하는 것이 다름 아닌 고전학파다운 것의 극인(極印, hallmark)인 것이며, 예를 들어 무역을 물물교환의 한 형태인 것을 인정하였다 하여도, 고전학파는 이 점에서 중상주의의 사고방식과는 결정적으로 다른 것이다.

그렇지만 거의 모든 경제학자는 정책론에 있어서는 자유무역을 설명하면서, 추상적인 비교우위의 이론을 사용하지 않고, 절대생산비를 사용하여 단순한 직감적인 능률론(예를 들면 폴란드가 곡물의 가장 저렴한 가격의 공급지라고 하는 논의)에 호소하였다. 그 때문에 비교우위의 이론은 그 탁월함에도 불구하고, 밀(J. S. Mill, James) Mill의 총명한

---

3) 이 William Thweatt의 주장은 제임스 밀이 리카도의 <원리>에 밀접하게 협력하여, 최고단계에서 광범위하게 걸쳐 언급하고 있기 때문이다. 이 드위트의 해석을 부정하는 약간의 불충분한 증거가 밀의 리카도에게 보낸 편지 가운데서 볼 수 있는 것이다. 이 편지에서 밀은 "같은 상품의 생산비가 자국에서 생산하기보다 높은 나라로부터 그것을 수입하는 것이 그 나라에 있어서 유리할 수 있다는 것 및 한 나라의 생산기술에 있어서 변화가 귀금속의 새로운 (국제)배분을 가져오는 것이 가장 중요한 새로운 명제라는 것은 당신이 충분히 증명한 것(비교생산비설)"-David Ricardo(1952, 7: 99), 다시 밀은 식민지에 관한 논문에서, 이 이론을 리카도의 업적으로 하고 있다.

아들)이 그의 저서 <경제제학원리(Principlesof Political Economy, 1848, 그 뒤, 몇 세대의 학생을 교육한 저서>에서 그것의 우월성을 칭찬하기까지는 고전학파의 선도적인 분석도구는 되지 못하였다. 1848년에 출판된 밀의 <원리> 초판에서 무역의 이익과 보호의 코스트에 관하여 간결하게 설명이 되어 있다. 거기에서 밀은 국제특화와 무역에 의하여 세계의 총생산과 각 나라의 소비가 증가한다는 정태적 이익을 명쾌하게 예시하였다. 다시 그(1848, (1909, p.581))는 "고차적인 이익으로 인식되어야 할 (무역의) 간접적인 여러 효과"를 지적하고, 그 가운데 주된 것으로서 시장의 확대가 생산방법을 개선하는 경향에 관하여 논하였다. 무역에 의한 시장의 확대는 생산에 있어서 개선, 기술과 생산성의 진보를 가져온다. 밀에 의하면 이것들의 진보는 모든 나라에 넘쳐, "원인이 무엇이든, 그것은 동일지점에서 생산되는 모든 상품의 양을 증가시켜, 세계의 생산력의 진보를 가져온다."라는 것이다. 그러나 밀은 다시 나아가 고대 그리스인과 로마인에게 맞은편 입장에서 다음과 같이 주장하였다.

> "통상의 경제적 이익보다도 더 중요한 것은 그것에 의한 지적·도덕적인 영향이다. 자신들과는 상이한 사람들, 자신들과는 상이한 사고방식·행동의 사람들과 접촉하는 것은 인간의 향상에 있어서 이 위에 없는 최고의 가치 있는 것이다. …… 자신과 사고방식·관습이 상이한 환경의 사람들의 경험·실례와 끊임없이 비교하는 것은 불가결한 일이다. …… 외국으로부터 배울 필요가 없는 나라는 어디에도 없는 것이다."(pp.581-582)

밀은 국내생산자의 보호에 강하게 반대하였다. 왜냐하면 그와 같은 정책은 "그 나라의 노동과 자본의 생산성을 인하, 낭비를 강제하는 것이다. …… 이것들은 모두 소비자만이 아니라, 한 나라 전체에 있어서 전적인 손실이다."라고 논하였다. 또 그는 고용을 위한 보호론도 일축하였다. "해야 할 선택은 자국민을 고용할까 외국인을 고용할까가 아니라, 자국민 사이에서 이 계급을 고용할까 외국인을 고용할까라는 것이다." 왜냐하면 수입된 상품에 대한 지불은 항상 직접·간접으로 자국산업의 생산물에 의하여 지불되고 있기 때문이다.

고전학파의 경제학자는 자유무역의 이익에는 만장일치로 칭찬하였다 해도, 이 정책에 의하여 어느 그룹이 손해를 입는 것을 강하게 의식하여, 그들의 이익을 결코 간과하지 않았다. 거의 모든 고전학파의 경제학자는 아담 스미스의 의견-보호의 철폐는 여러 생산요소가 다른 용도로 이전하여, 적응하고, 완전자유경쟁이 실현하도록, 실시되지 않으면 아니 된다-에 동의한다. 밀은 만약 필요하다면 관세의 철폐에 의하여 나쁜 영향을 받은 사람들을 보상하는 것조차도 제창하였다. 밀(1825, p.399)은 농업보호(곡물조례, Corn Law, 1690년대의 인도의 면포와 마찬가지로, 19세기 전반의 논쟁의 발화점이 된)에 관한 논문에서 다음과 같이 논하였다. "만약 그 전 과정에서, 이전(transfer) 밖에 아무것도 일어나지 않는 것이라면, 즉 소비자와 자본가가 상실한 것을 지주가 손에 넣을 뿐이라면, 그것은 낭비는커녕 약탈이다. 부의 총량이 적극적으로 감소하지 않는다 하여도, 부의 분배는 악화한다." 그러나 보호관세는 "어떠한 경우라도 절대적인 손실이다. 즉, 그것은 지대의 수령자가 받는 이익을 훨씬 초과하는 것이다. 지주의 호주머니에 들어가는 1파운드마다, 사회는 몇 파운드를 뺏기는 것이다." 만약 지주가 이와 같은 사회적 이전을 요구하는 것이라면, 간접세보다 직접세 쪽이 코스트가 적고, 지주에게 그 금전적 보상을 지불해야 한다고 밀은 말하고 있다. "그러나 예를 들어 보상이라는 성가신 것이 있다고 하여도, 곡물법의 폐지는 전연 그것을 하지 않는 것보다는 좋은 것이다. 만약 그것이 가능한 유일한 선택이라고 하면, 이 변화에는 누구도 말하지 않을 것이다. 그것에 의하여 많은 악덕이 방지될 수 있고, 그런데 누구도 손해 보지 않는 것이다."

그렇지만 무역은 경제 전체의 생산성향성과 같은 것이라고 생각하고, 그리고 자유무역에 의하여 처음에 영향을 받는 사람들을 걱정시켜, 이 (자유무역) 정책의 실시를 지연시키거나, 방해하거나 하는 것은 아니라고 생각하였다. "만약 우리가 개량된 증기기관의 이용이 석탄생산에 종사하는 사람들에게 유해하다는 이유로 금지하거나 과세하는 것을 미치광이 사태라고 한다면, 외국산의 리본과 벨베트의 수입이 영국의 견직물업자에게 유해하다는 이유로 수입금지하거나 과세하는 것에 관해서는 무어라 말해야 좋을까."라고 시니어(Nassau Senior, 1828, pp.59−60)가 반문하고 있다. "개인에게 영향을 미치는 변화를 모두 금지하는 것이라면, 어떠한 개량도 전부 금지하지 않으면 아니 된다."

19세기 전반에 있어서 모든 지도적 경제학자들―그 가운데 가장 저명한 이름만을 거론하는 것만으로도, James Mill, David Ricardo, Robert Torrens, J. S. Mill, John Ramsay, McCullock, Nassau Senior―은 각각 상이한 정도의 복작함으로 자유무역에 찬성하는 논의를 전개하고, 보호적인 수입관세에는 모두 일치하게 반대하였다. 고전학파 경제학자들은 '곡물법'―영국에로의 곡물수입을 금지하고, 그 때문에, 보호에 반대의 학자들의 저서에서 비판의 대상이 된 법―에 특히 반대하였다. 리카도는 무역이익에 관하여, 절대생산비를 사용하여―그리고 비교생산비를 사용한 것은 단 한 번뿐―그 저서, 소책자 및 (그가 단기간 그 일원이었던) 의회의 자리에서 설명하고 있지만, 그의 농산물의 자유무역에 찬성의 입장에 뭔가 이유가 많은 것이었다. 즉, '곡물법'은 곡물가격을 등귀시켜,

생산력이 낮은 토지를 경작시킴으로서 지대를 인상하여, 지주에게 이익을 주는 것이 된다. 그리고 여기에서 리카도는 노동자의 주요한 소비재인 곡물가격의 등귀에 의하여, 곡물법이 경제 전체의 임금을 인상한다고 단정한다(이 경우 실질임금은 단기적으로 일정하다고 가정된다). 이 명목임금의 등귀가 제조업에 불리하게 작용하여, 이윤율을 인하한다. 이리하여 리카도의 자유무역론은 임금과 이윤이 역상관관계(inverse relationship)인 것에 관련하고 있는 것이다. 리카도(1815, (1851, p.4: 25))는 이것을 다음과 같이 언급하고 있다.

> "한 나라가 무역으로부터의 이익을 얻는 데 두 가지 방법이 있다. 하나는, 일반이윤율의 상승이다. 이것은 나의 생각으로는, 식량가격이 저하하는 경우 밖에는 발생하지 않는 것이다. 그것은 농민, 제조업자, 자본가의 어느 쪽이든, 자기의 자본을 사용하여 이자부의 화폐를 대부하여, 수입을 얻는 사람만의 이익이다. 또 하나는 상품이 풍부하게 되어, 사회의 전원이 관계하는 곳의 교환가치가 저하하는 경우이다. 전자의 경우는 그 나라의 수입(收入)이 증가하고, 후자의 경우는 동일한 수입이 보다 다량의 생활필수품·사치품의 조달을 가능하게 한다."

리카도에 있어서 하나의 정태적 효과(의 상승)이상으로 중요한 무역이익은 식량가격의 저하가 이윤을 상승시켜, 축적과 경제성장을 촉진하는 것이다. 리카도(1822, (1951, p.4: 237-8)는 이 논의를 반복하여 설명하고, 그리고 '곡물법'에 관해서 하나의 문제점을 지적하고 있다. 즉,

> "(곡물법은) 우리나라 노동의 많은 부분(그러한 경우의 필요 이상으로 많은 부분)을 식량생산에 향하게 함으로써, 우리의 만족의 총량을 감소시켜, 또 이윤을 인하함으로서, 저축능력을 감퇴시킨다는 서투름에 더하여, 이 정책은 자본가들에게 이 나라를 떠나, 그 자본을 어딘가 임금이 저렴하고, 이윤이 많은 곳으로 가져가고 싶다는, 부인하지 않는 기분을 일으키는 것이다. 만약 지주들이 곡물가격을 항상 높게 유지할 수 있다면(다행히 그렇게 할 수 없지만), 그들은 자신들 밖의 모든 계급의 이익에 배반하는 것이 된다. …… 즉, 하나의 계급에는 안팎의 이익을 주지만, 기타의 모든 계급에는 큰 억압적인 부담을 더하는 정책에 가담하게 되는 것이다."

거의 모든 경제학자는 곡물법 반대의 리카도에 찬성하고, 그리고 곡물법의 소득분배에의 영향에 관한 그의 분석을 높이 평가하면서도, 그 이론을 명시적으로 지지 혹은 전

개하려고는 하지 않았다. 예를 들면 존 람제이, 마카록은 기본적으로는 곡물의 자유무역이 가격변동을 완화할 것이라고 논하였다 하여도, 그것이 이윤을 증가시켜, 자본축적을 촉진한다고 논하는 데에는 이르지 못하였다.[4]

곡물법에 반대하는 경제학자 가운데의 가장 뚜렷한 예외는 맬더스(Thomas Malthus)이다. 이미 그 인구이론에 의하여 물의를 일으키고 있던 맬더스는 1815년에 2권의 소책자에 의하여 곡물법논쟁에 참가하였다. 처음의 소책자는 곡물법의 장점·단점을 단지 열거한 것이었지만, 두 번째 소책자는 수입제한 찬성의 입장을 명확히 하고, 곡물법은 평년에 있어서 곡물의 자족적 공급을 확보하는 수단이라고 논하였다. 처음 맬더스(1815, p.10)는 "전부가 정상적인 상태에서는, 곡물의 자유무역은 저렴한, 안정된 곡물공급을 확보하기 때문이라는 것을 인정하지 않으면 아니 된다."라고 용인한다. 그러나 만약 전반적인 흉작이 발생한다면, 보통의 곡물수출국(예를 들면 프랑스)은 자국의 이익을 위하여, 그것의 수출금지를 할지도 모른다. 그렇게 하면, 영국은 어리석게도 외국정부의 선의에 의존하고 있기 때문에, 해외로부터의 상당량의 곡물을 조달하는 것이 불가능하게 되어, 유해한 가격변동이 발생하여, 이 나라의 식량공급은 위태롭게 될 것이다. 이리하여 만약 수출국이 부작의 기간(곡물의) 자유수출을 하려고 하지 않게 되면, (맬더스의 생각으로는) 곡물수입국은 자유무역의 일반원칙으로부터의 특별면책의 자격을 갖게 된다.[5] 맬더스는 말한다. "이와 같은 상태에서는 자국의 항구를 개방하여도, 곡물의 자유무역은 실현되지 않을 것이다. 곡물과 같은 특수한 상품의 거래는 자유무역의 일반원칙이 수립되는 곳의 기초를 흔드는 것이며, 그 여건을 근본으로부터 변화시키는 것이다."(p.15)

아마 보다 중요한 것은 만약 영국이 어느 나라와도 곡물의 자유무역(의 약속) 없이 일방적으로 자유무역으로 들어가면, 영국은 농업자본과 농지에 과대한 손해를 입으며, 어려운 국내조정('농업으로부터의' 부와 인구의 이동은 완만하게 고통으로 가득, 행복에 반하는 것이다.)을 강요, 거시경제에는 알 수 없는 결과를 초래할 것이다. (곡물의) 자유로운 수입은 지주에 귀속하는 지대를 크게 감소시킨다. 그들(지주)은 "지금 설명한 계급(노동자와 자본가)의 어느 쪽과도 상이하며, 부의 생산에는 적극적으로는 크게 공헌하지

---

4) Denis P. O'Brien, 1975, pp.191−203.
5) 사실 아담 스미스도 거의 모든 나라가 곡물의 자유무역을 하고 있지 않기 때문에, 곡물무역에 관하여 이런 종류의 문제가 있는 것을 인정하고 있다. 만약 큰 이웃나라가 흉작에 휘말린다면, 작은 나라는 자국의 식량부족을 피하기 위하여, 수출을 제한할 것이다. "한 나라의 매우 바람직하지 않은 정책이 다른 나라의 그렇지 않으면 최선일 정책을 약간의 위험으로 생각 없는 것에 변화시키는 것이다." − Adam Smith, IV, V, B, 39.

않지만, 그들(지주)의 이익은 한 나라의 번영에 밀접하게 본질적으로 관계하고 있다고 해도 지장은 없다."(p.34). 그 이유는 지주의 소득과 번영이 많은 사람들의 생계를 뒷받침하고 있기 때문이다. 지주의 소득이 감소할 때, "그것에 수반하는 국내수요가 실제로 감퇴하는 걱정이 있다." 그 경우, "국내거래 전체는 큰 타격을 받아, 이 나라의 부와 즐거움이 결정적으로 감소함에 틀림없다."(p.33). 이 반동은 특히 제조업에 있어서 클 것이다. 지주의 소비가 "이 나라의 제조업자에 대한 가장 안정된 국내수요를 제공하고, 제조업에 대한 금전적 원조를 위한 가장 유효한 기금이 되며, 육·해군을 위한 가장 최대의 지출능력을 형성하기 때문이다."(p.35). 맬더스는 세이의 법칙(Say's Law, 공급은 자동적으로 수요를 창출, 경제는 완전고용을 유지한다)을 거부하고, 경제는 심각한 불황에 빠져 들어가는 총수요의 붕괴를 생각하고 있는 것이다.6)

말할 것까지도 없이 맬더스의 이 논문은 경제학자 사이에 큰 논쟁을 불러일으켰다. 이 소책자에 어느 비판적인 비평가는 그의 논의를 '불충분'하다고 생각하였다. 그리고 여러 나라 사이 농산물무역의 상호 의존관계에 불신감을 안고, 프랑스에 의존하는 것을 '비현실적'이라고 단정하는 그와 같은 이해(理解)는 폴란드와 미국이 농업개발에 착수한 것에서부터 고려하여도, 근거 없는 것이라고 주장하였다.7) 1819년에 리카도(1952, p.8: 142)는 맬더스의 '곡물법에 관한 위험한 다른 설'에 관하여 발언하였다. 맬더스의 위신은 크게 무너져, 그리고 그의 전기작가 제임스(Patrica James, 1979, p.269)는 "그가 곡물법을 지지한 뒤는 대가족의 작은 아들들이 이사하는 것을 바라고 있는 사람 잡아먹는 귀신에게 맬더스를 견주는 것이 훨씬 쉽게 되었다."라고 쓰고 있다. 자신의 입장이 올바르다는 확신을 잃고, 맬더스의 괴로움은 분명하게 크게 되었다. 맬더스가 죽을 때에, 그의 벗 엠슨(William Empson, 1837, pp.496-7)은 다음과 같이 설명하고 있다. 곡물의 자유무역에 관하여 반대론을 썼을 때의 맬더스는 "무역의 자유라는 일반원칙은 절대적인 것이며, 과연 무엇이 예외는 없는 것일까라는 생각이 때때로 떠오를 정도이다. …… 라고 공언한 바와 같은, 이전의 확고한 자신을 가지고 있지 않았다."

맬더스는 농업보호에 관한 다른 이론에도 불구하고, 자유무역에는 찬성하였다. 그리고 1815년과 같은 농업보호를 공공연히 지지하는 것은 없었다. 맬더스는 <인구원리(Essay on the Principle of Polulation)>의 제5판(1817) 및 제6판(1826)에서 곡물의 수입제한에

---

6) 지금 하나의 거시경제적인 보호론이 John Maynard Keyes에 의하여 전개되었지만, 그것에 관해서는 제17장에서 설명한다.
7) Corn Law, 1815, pp498-99.

관하여 몇 절을 붙여, 자신의 학설을 완화하고자 시도하고 있다. 즉, 맬더스(1826, p.2: 185-6)는 거기에서 균형을 취하고자 하여, 다음과 같이 설명하였다. "우리는 외국곡물의 수입제한 억지이론에는 반대할 수 있을 것이다. 수입제한이 이 나라의 자본과 산업이 가장 유리한 용도로 향하는 것을 방해하고, 인구를 억제하고, 우리나라의 제조품의 수출을 저해하는 경향이 있기 때문이다. 그러나 그럼에도 불구하고 우리는 이것(곡물수입제한)이 국내의 곡물생산을 조장하고, 곡물의 자족적 공급을 확보·유지하는 경향이 있는 것을 부정할 수 없는 것이다." 맬더스는 농업의 경제에 있어서 특별한 지위, 제조업에 수반하는 '악덕', 곡물의 가격에 수반하는 여러 문제에 관하여 논하고 있다. 그러나 결국 그는 예를 들어 보호가 기타의 이유에서 바람직하다고 하여도, 그것이 비능률이라는 것을 인정하고 있는 것 같다. 즉, "문제는 제기된 방책이 능률적인가 비능률적인가라는 것이 아니라, 그것이 현명한가 현명하지 않은가라는 것이다." 그리고 "외국곡물의 수입을 제한함으로서, 또 농업과 제조업과의 보조를 맞춤으로서, 농민계급과 상인계급과의 균형을 인위적으로 같이하고자 하는 것은 반드시 현명하지 않다고는 말할 수 없는 것이다."(p.191) 다시 맬더스(1820, p.225)는 <경제학원리(Principles of Political Economy)> 가운데에서, "그 지주지향·농민지향의 자세를 명확히 하여, 지주의 이익은 기타의 생산자들의 그것과는 달리, 때로는 나라의 이익과 상반하는 것이 있다."라고 반복하여 설명한다.

그러나 <인구원리>에 있어서 그의 마지막 정책의 결론은 명확하지 않다. 즉,

> "특정국의 이익에 관하여 말하면, 확실히 외국곡물의 수입을 금지하는 것은 때로는 유리한 것도 있을 것이다. 그러나 유럽 전체의 이익에 있어서는 다른 모든 상품의 경우와 마찬가지로, 곡물거래의 완전한 자유가 가장 바람직하다고 나는 한층 강하게 느끼고 있다. …… 무역의 완전한 자유는 항상 최고의 일반원칙이 되지 않으면 아니 된다. 그리고 그것으로부터 일탈(逸脫)을 제안할 때는 제안자는 그것이 예외라는 것을 명확하게 설명할 의무가 있다."(맬더스, 1826, pp.2: 209-210)

맬더스가 곡물 수입제한에는 그 정도로 열심히 찬성한 것은 없다고 하는 증거가 뒷날 그가 곡물법의 지지를 철회한 편지 가운데에서 볼 수 있다. 단, 이것은 맬더스가 출판한 문서에서는 결코 명쾌하게 언급되어 있지 않다.8) 어떻던, 외국으로부터의 공급에

---

8) 이 증거는 Samuel Holland(1992)가 정리하고 있지만, 여전히 논쟁 중이다. - M. Pullen(1995)과 Samuel Holland(1992).

의존하는 것에 관한 맬더스의 불안감은 그 뒤의 많은 보호론으로 계승되었다고는 하지만, 맬더스의 이 논의가 고전학파 경제학자들에게 큰 동요를 준 것은 없었다.

아담 스미스의 강렬한 자유무역론은 마르크스가 그것을 '고전학파 경제학(classical economics)'이라고 명명한 시기, 즉 19세기 1/4반기에 거의 모든 영국의 경제학에 골고루 미쳤다. 자유무역론이 이 시기에 정통파(orthodocthy)로서 영국의 경제학자 사이에 확립하여, 그 뒤 19세기 끝까지에는 서서히 약해졌다고 하지만, 그 위치를 확보한 것이었다. 레슬리(Cliffe Leslie, 1888, p.140)가 설명하고 있는 바와 같이, "연합왕국에 있어서는 단 한 사람의 과학교수(버트(the late Issac Butt, 한때, 더블린대학 경제학과 교수의 의자에 앉았던)만이 보호의 찬성의 자세를 보이고 있다."(버트가 보호에 찬성한 목적은 가난한 자에 대한 소득의 재분배였다.)9) 그러나 이 약간의 예외를 제외하면, 이 세기의 모든 경제학자는 사실상 무역정책과 자유무역에 관한 아담 스미스의 주요결론에 찬성한 것이라고는 하지만, 그들은 아담 스미스의 맹종적인 제자는 아니었다. – 예를 들면 리카도는 스미스의 보조금·식민지무역의 논의에 다른 의견을 주창하였다. 고전학파 경제학자들은 이 광범한 의견의 일치에 더하여, 자유무역의 문제를 매우 신중하게 취급하였다. 시니어(1828, p.88)가 거듭거듭 말하고 있는 바와 같이, "자유무역의 문제는 종교혁명에 이어 그리고 신앙의 자유의 문제에 이어서, 지금까지 인간에 결단을 촉구한 가장 여유 있는 사건이었다."

그러나 뒤에서 보는 바와 같이, 이 시기의 영국에 있어서조차도 자유무역론의 기초가 되어 있는 경제분석에 의문 없는 것은 아니었다. 또 영국 밖에서는, 자유무역 찬성의 의견일치는 전혀 볼 수 없고, 독일에서는 리스트(Friedrich List), 프랑스에서는 꾸르노

---

9) Butt(1846)가 보호찬성의 기초로 한 것은 아일랜드가 식량을 수출하면서, 빈곤과 실업에 괴로워한 사실이다. 부자에게 주로 소비되는 공산품에 수입세를 부과함으로서, 아일랜드의 대외거래는 축소하고, 국내의 식량가격은 하락하고, 가난한 사람이 일자리를 얻게 될 것이다. 즉, "보호관세는 그것이 부자의 (대외)지출을 억제하는 한, 그것이 이루어지지 않았던 경우에 비하여 노동자계급에 이 나라의 수입(收入)의 보다 많은 몫을 주게 될 것이다. 그리고 이들의 보호관세의 경감에 있어서는 …… 우리는 가난한 사람의 권리를 진실로 배려하지 않으면 아니 되는 것이다."(41) 이 관세가 식량생산을 축소시키는 것은 아닐 것이다. 왜냐하면 제조업이 실업노동을 고용함으로서 생산량을 증가시킬 수가 있기 때문이다. "수입공산품 대신에 아일랜드의 공산품을 사용하는 것은 실업하지 않았던 노동자에 대한 현재의 지불능력을 변화시키지 않을 것이다. 따라서 우리나라의 생산은 동일하며, 그것이 수출용으로부터 우리나라의 사람들을 부양하는 데 향할 뿐이다."(43) Butt는 자신의 이 논의가 "보호관세의 일반적 옹호를 목적으로 한 것은 아니다."라고는 하지만, 그것은 "자국산업의 보호의 체계로서, 당연히 경제학도로 자칭하는 사람들의 저서에 일반적으로 예상될 정도의 반대에는 나타나지 않을 것이다."라고 언급하고 있다.(14-15)

(Augustine Cournot), 미국에서는 케어리(Henry Carey)가 자유무역론에 반대의 의견을 표명하고 있었다. 그러나 19세기 중엽의 지적 상황은 18세기 중기의 그것과는 근본적으로 달랐다. 19세기에 자유무역에 대한 반대론은 중상주의의 전통적 영지(英知)를 반복하는 것만으로는 끝나지 않았다. 자유무역을 유리하다고 하는 일반명제에 대하여, 특별한 경우에는 보호가 유리하다는 것에 관하여, 새로운 적극적인 보호론을 전개시키지 않으면 아니 되었다. 그리고 그것이 약간의 사례에서 성공한 것같이 생각되었다. 밀(J. S. Mill, 1848, (1909, p.920))이 언급한 바와 같이, "보호주의의 논의는 일반이론으로서는 패배하였다 하여도, 몇몇 케이스에서는 그것에 대한 지지를 발견하였다."라는 것이다. 거기에서 우리는 이 특수한 케이스에 관하여, 또 자유무역론의 타당성·일반성에 관하여, 그들이 제기한 문제점에 관심을 돌리는 것으로 하자.

참고문헌

1) Butt, Isaac, Protection to Home Industry: Some Cases of its Advantages, Dublin: Hodges & Smith, 1846.

2) Chipman, John S, "A Survey of the Theory of International Trade: Part1, The Classical Theory", Econometrica33(July 1965): 477－519.

3) Cliff Leslie, T. Essays in Political Economy, 2n ed., London: Longman, Green & Co., 1888. Considerations on the Effects of Protecting Duties, Dublin: Wilson, 1783.

4) "Corn Laws", Edinburgh Review 24(February 1815): 491－505.

5) Emson, William, "Life, Writints, and Character of Mr. Malthus", Edinburgh Review64 (January 1837): 469－506.

6) Hollander, Samuel., "Malthu's Abandonent of Agricultural Protectionism: A Discovery in the History of Economic Thought", American Economic Review82(June 1992): 650－659.

7) Hollander, Samuel., "More on Malthus and Agricultral Protection", History of Political Economy 27(Fall 1995): 531－37.

8) James, Patrica., Population Malthus. London: Routledge & Kegan Paul, 1979.

9) Malthus, Thomas R., The Grounds of an Option on the Policy of Restricting the Importation of Foreign Corn, London: J. Murray, 1815.

10) Malthus, Thomas R., Priciples of Political Economy, London: J. Murray, 1820.

11) Malthus, Thomas R., Principles of Population, 6th ed. London: J. Murray, 1826.

12) Mill, James., Commerce Defended, London: C. & R. Baldwin, 1808.

13) Mill, James., Elements of Political Economy, London: Baldwin, Cradock & Joy, 1821.

14) Mill, James., "Coloies", in the Encyclopaedia Britanica, Supplement to the 6th eds: A Constable, 1824.

15) Mill, James., "Corn Laws", Eclectic Review, n.s., 2(July 1814)1－73.

16) Mill, John Stuart, "The Corn Laws", Westminster Review3(April 1825): 394－420.

17) O'Briemn, Denis P, J. R. McCulloch: A Study in Classical Economists, London: G. Allen & Unwin, 1970.

18) O'Briemn, Denis P, The Classical Economists, Oxford: Cl. arendon Press, 1972.

19) Pullen, J. M., "Malthus on Agricultural Protection: An Alternative View", History of Political Economy27(Fall 1995): 517－29.

20) Rashid, Salim, "Adam Smith's Rise of Fa me: A Reexamintion of the Evidence", The Eighteenth Century23(Winter 1982): 64－85.

21) Ricardo, Davie., The Works and Correspondence of David Ricardo, ed. by Piero Sraffa, ambridge: Cambridge Univ. Press, 151－55.

22) Senior, Nassau, Three Lectures on the Transmission of the Precious Metals from Country to Country and The Mercantile Theory of Wealth, London: J. Murray, 1828.

23) Teichgraeber, Richard F., "'Less Abuse Than I Had Reason to Expert': The Reception of the Wealth of Nations in Britain, 1776－90", Historical Journal30(June 1987): 337－66.

24) Thweatt, William O., "James Mill and the Early Development of Comparative Advantage", History of Political Economy8(Summer 1976): 207－34.

25) Torrens, Robert., The Economists Refuted, London: S. A. Oddy, 1808.

26) Torrens, Robert., Essays on the External Colrn Trade, London: J. Hatchard, 1815.

27) Vaughan, Benjamin., New and Old Principles of Trade Compared, London: Johnson, 1788.

28) Willis, Kirk, "The Role in Parliament of the Economic Ideas of Adam Smith, 1766－1800", History of Political Economy11(Winter 1979): 505－44.

제9장

토랜스와 교역조건론

토랜스(Robert Torrens)는 리카도(David Ricardo)와 함께 비교생산비(comparative cost)의 개념을 만들었음에도 불구하고, 고전학파경제학자로서는 비교적으로 무시된 인물이다. 토랜스는 자유무역의 예리하고 강력한 옹호자이지만, 동시에 그는 가장 타당한 관세 옹호론을 전개하였다. 즉, 어떠한 조건 아래에서, 자국의 생산품을 세계의 여러 나라와 교환하는 경우의 교환비율－교역조건(term of trade)－을 관세가 그 나라에 유리하게 변화시켜, 그 나라에 이익을 가져오는가라는 논의를 전개하였다. 그리고 일방적(unilateral) 자유무역에 대한 그의 통렬하고 논쟁적인 비판과 상호주의(reciprocity)옹호의 논의가 1840년대의 경제학자 사이에 격렬한 논쟁을 불러일으켰다. 당시, 자유무역에 반대하는 것은 거의 대부분 경제학자의 심정으로서 이상한 것이었다. 토랜스는 이 도랑(틈)을 뛰어넘게 됨으로써, 약 1세기 사이, 제외자로 취급된 것이다.[1] 그러나 교역조건론에 기초

---

[1] Palgrave Ditionary of Economics의 초판은 토랜스(Robert Torrens)의 저서를 "영속적 가치 없음"이라고 일축하였지만, 몇 년 뒤에 New Palgrave는 다음과 같이 설명하고 있다. 토랜스는 "고전학파 경제학자 가운데, 예를 들면 리카도, 시니어 혹은 밀 정도의 상위 클라스는 아니라 하여도, 확실히 그는 독창성, 이론전개, 취급하는 경제문제의 폭에서, 차위 클라스일가 혹은 밀(James Mill), 맥커록(McCulloch)과 동등 혹은 그 이상의 수준이다."라고 언급하고 있다. 팔그레이브(R. H. I. Palgrave, 1913, p.3: 550) 및 코리(B. A. Corry, 1987, p.4: 659)를 보라. 토랜스의 저서의 훌륭한 전망으로서, 로빈스(Lionel Robbins, 1958)의 제7장을 보라.

한 보호무역론은 이론적으로는 반박이 아주 어려워, 그때까지 주창된 자유무역에 대한 예외로서 가장 영속적이고 중요한 논의이다.

토랜스의 경제학에 대한 첫 참여는 자유무역에로의 전면적 찬성이었다. 1808년의 소책자인 경제학비판(The Economists Refuted)에서, 그는 '지역분업(territorial division)'이라는 용어로, 한 나라의 부에 공헌하는 것은 농업뿐이며, 국제무역이 아니라는 중농주의의 견해를 거부하였다. 제8장에서 설명하는 바와 같이, 1815년, 그는 농업보호를 비판하여, 영국의 공업이 매우 우수하며, 그 때문에 예를 들어 영국의 토지가 다른 나라보다도 비옥하였다 하여도, 포도를 수입하는 쪽이 영국에 있어서 유리하다고 논하였다. 이 토랜스의 서술은 분명히 리카도의 <경제학원리>의 비교우의의 개념을 예견시키고 있다. 그리고 그는 자유무역을 강력하게 주장하여, 상호주의의 논의를 거부하였다. "이웃 나라가 보호를 계속하고 있으므로, 자국이 (수입품으로부터 보호하는) 규제체제를 포기하는 것은 그 나라에 있어서 정말 현명하지 않다."라고 가끔 일컬어지는 논의에 대하여 토랜스(1821, p.268)는 "이 정도로 틀리고, 바보스런 것은 없다."라고 응수하였다. 그는 "프랑스가 잘못한 정책을 채택하였다고 해서, 영국이 그 바보스런 행동을 흉내 낼 이유는 없다."라고 하며, 외국의 보호는 자유무역국에 대하여 어떠한 금전적 부담 혹은 공납(tri)을 강요하는 것은 아니라고 부언하고 있다. 그 뒤, 그는 그것에 관하여 그의 저서 가운데서 다시 명시적으로 논하고 있다.

토랜스는 나라 사이의 상품 자유교환이 양쪽에 이익을 가져오는 것을 믿는 점에서는 다른 고전학파 경제학자와 일치하고 있다 하여도, 나라 사이의 교환비율을 결정하는 것은 무엇인가 라는 점에서는 그들은 함께 통찰력을 결여하고 있다. 초기 비교생산비 설정에 있어서는, (두 나라가) 자급(autarky)할 때의 생산비 비율 사이에, 양쪽이 교환의 이익을 평등하게 나누는 바와 같은 비율이 상정되어 있다.[2] 토랜스(1821, p.260)가 말하는 바와 같이, "외국무역은 상호적(reciprocal)이며, 그것에 종사하는 나라들에 평등하게 배분되는" 것이었다. 그러나 당시, 교역조건의 정확한 결정방법을 몰랐다고 하여도, 일정량의 수입에 대한 반대급부로서 수출되는 상품의 묶음(bundle)이 많기보다도 적은 것 (수출품의 가격이 수입품에 대하여 상대적으로 높은 것) 쪽이 바람직하다는 것은 명확하게 의식되어 있었다. 1802년경, 리카도(1951, p.2: 146)는 다음과 같이 쓰고 있다.

---

2) 무역이익의 여러 나라에로의 분배를 결정하는 것에 관한 초기의 잘못에 관해서는.—William Thweat(1987)을 보라.

"만약 한 나라가 외국의 필수품·사치품에 일정한 금액을 지불하지 않으면 아니 된다면, 자국상품을 저렴한 가격이 아닌 높은 가격으로 판매하는 쪽이 그 나라에 있어서 유리하다. 자국상품의 일정량에 대하여, 그 대가로서, 외국상품의 적은 양이 아니라, 보다 많은 양을 수취하는 것은 바람직한 것이다. 그러나 한 나라가 그 힘을 어떻게 발휘하게 되었다고 한다면, 사태를 그와 같이 진행할 수가 있는가에 관해서는 나는 전적으로 생각이 미치지 않는다."3)

교역조건의 결정요인에는 약간의 초보적 이해밖에 없었음에도 불구하고, 토랜스는 점차, 관세부과가 교역조건을 그 나라에 유리하게 작동하는 것을 이해하게 되었다. 그는 이 이론을 사용하여, 관세를 일방적으로 인하해야 하는 것은 아니라고 논하였다. 만약 외국도 마찬가지로 상호적인 정책(policy of reciprocity)을 취하는 것을 동의하지 않으면, 일방적 인하는 자국의 교역조건을 악화시키기 때문이다. 토랜스의 이 이론은 그의 국회 출마의 노력의 일환으로서 1832년 <Bolton Chronicle>지에 기고한 일련의 편지에서 전개한 것이다.4) 처음 토랜스는 귀금속의 국제분포에 관한 그때까지의 리카도와 낫소 시니어의 사고에 의거하여, 관세가 귀금속의 국제이동에 영향을 미치는 것을 논하였다. 특히 관세를 부과한 나라는 우선 무역수지를 흑자로 하고, 세계의 귀금속의 보다 많은 몫을 끌어들여, 물가·임금·이윤을 등귀시켜, 금으로 표시한 그 나라의 노동의 구매력을 증가시킨다고 논하였다.

이 이론을 그대로 영국에 적용할 수 있다고 생각한 토랜스(1833, p.6)는 영국의 번영은 자유무역에 의한 것이 아니라고 주장하였다. 무역정책의 지도원리는 "영국의 상품을 영국과 동일하도록 유리하게 받아들이는 것에 동의하는 나라에서 생산된 상품의 수입에는 관세를 낮게 할 것, 또 영국의 상품에 수입금지 혹은 높은 관세를 부과하는 나라의 모든 상품(가장 중요한 필수품은 제외)을 수입금지로 하던가 높은 관세를 부과한 것이다." 그리고 토랜스는 영국정부가 이 원칙에서 벗어나, 외국시장에 있어서 자국상품의 가격을 낮게 하고, 자국상품의 우위를 손상하고 있는 것을 비난하였다.

토랜스의 이 첫 불완전한 정식화는 교역조건 유리화의 이익을 강조하는 것을 무시하여, 일방적 자유무역이 국내물가에 미치는 디플레이션효과만을 강조하는 데 그치고 있다.

---

3) 리카도(1951, 4: 71)는 일방적 자유무역을 충실하게 지지하였다. 즉, "만약 외국이 이 자유로운 시스템을 채용할 정도로 충분하게 계몽되어 있지 않아, 우리나라의 상품에 대하여 수입금지와 과대한 관세를 계속한다면, 그 때, 그들의 금지에 대하여, 영국이 같은 배제에 의하여 대항하는 것이 아니라, 스스로의 이익을 얻는 것에 의하여, 그들에게 좋은 교본을 나타내어, 그들의 바보스런 유해한 정책을 빨리 중지시켜야 하는 것이다."
4) 이것들의 편지는 수집되어, 토랜스(1883)에 재수록되어 있다.

그러나 그것이 이단(異端)이라는 것은 분명하며, 토랜스의 사고방식은 큰 저항에 부딪혔다. 톰슨(Perronet Thompson, 1833, p.a)은 토랜스가 논하고 있는 것은 상인의 자유로운 사적 영리추구의 결과, 한 나라 전체가 불리하게 될 가능성이라는 것을 이해할 수 없었다. 그리고 톰슨은 정금(正金)의 수출은 다른 유리한 상품의 수출과 같다고 주장하였다. 토랜스(1833, p.58)는 톰슨을 "문제의 본질을 알지 못하고 있다."라고 일축하였다.5) 마레 (J. L. Mallet)의 일기는 1835년 <정치경제클럽(Political Economy Club)>의 회의에서, 토랜스의 견해가 의혹과 적의로 맞이하였다고 설명하고 있다. "처음으로 논의된 것은 토랜스의 문제이며, 그것은 만장일치로 불가능하다고 하여 부결되었다. 그는 원칙을 확립하기 위하여, 추상적인 명제를 논의해야 한다고 주장하였지만, 그것은 현상으로서는 원칙을 확립하는 것이 아니라, 원칙을 혼란시키는 것, 말하자면 '자유무역'의 원칙을 전적인 환상의 위에 놓은 것으로서 기각되었다."(Political Economy Club, 1921, p.270).

토랜스는 자신의 견해를 1840년대 초기의 관세논쟁 당시, 유력정치가에 호소한 일련의 소책자 가운데 보다 상세히 전개하고 있다. 그것들은 1844년 출판의 <The Budget: on Commercial and Colonial>에 수록되어 있다. 토랜스는 관세의 일방적 인하가 영국의 국가이익에 유해하다는 논의의 지도적 주창자가 되었다. 그의 분석은 리카도의 두 가지 기본개념과 관련되어 있다. 첫째는, 교역조건의 결정에는 생신비만이 아니라, 국제수요도 그 역할을 수행하고 있는 것,6) 둘째는, 무역정책이 물가＝정금이동기구를 통하여 귀금속의 국제분포에 영향을 미친다는 것이다.

이와 같은 사고방식에서 토랜스(1844, p.28)는 다음과 같이 설명하고 있다.

> "어느 나라가 다른 나라의 상품에 수입관세를 부과, 그런데 다른 나라가 이 나라의 상품에 관세를 부과하지 않으면, 이 나라는 대량의 귀금속을 자국으로 가져오게 되며, 이 나라의 일반물가는 이웃 나라보다도 높게 되어, 일정량의 자국노동과의 교환에 의하여 보다 많은 외국노동을 입수하도록 된다." 이 마지막의 설명－한 나라의 노동이 세계시장에서 획득

---

5) 이것에 대한 온화한 답장이 Thomson(1933b) 가운데에 있다. 그러나 이 응수는 불유쾌한 경과가 되었다. 토랜스(1833, 57)는 Thomson의 일을 "올바른 장소는 독창적이 아니라, 독창적인 장소는 올바르지 않다."라고 단정하였다. 이것에 대하여 Thomson(1833b, 423)은 자신의 주장을 그와 같은 방법으로 공격하는 토랜스의 "불성실한, 실제로 법에 의하여 처벌되어야 할 행위"를 격렬하게 비난하였다.

6) 리카도(1817, (1951, 1: 133))는 이렇게 설명하고 있다. "국내의 여러 상품의 상대가격을 결정하는 것과 같은 법칙이 두 나라 혹은 그 이상의 나라 사이에서 교환되는 여러 상품의 상대가격을 규정하는 것은 아니다." Montiford Longfield(1835, 99－101)가 국제교환조건의 결정요인으로서 수요를 명시적으로 가져왔지만, 그의 이 공헌도 불충분하여, 많은 주목을 야기했다.

하는 상품의 양-은 무역제한에 의하여 다량의 외국상품을 입수할 가능성을 강조한 것이다. 그리고 이웃 나라도 또한 보복관세에 의하여, 그때까지의 교환비율을 회복하여, 귀금속을 되돌릴 수가 있다고 토랜스는 설명하고 있다.

그리고 토랜스는 쿠바(나머지의 세계를 대표)와 영국 사이의 관세와 무역에 관하여 숫자를 사용하여 이 명제를 예시하고 있다. 예를 들면 쿠바가 완전한 자유무역의 상태에서 관세를 부과하도록 되었다고 한다. 처음, 영국의 쿠바로부터의 수입액은 불변이지만, 영국의 수출액은 감소하는 것이 된다. 이 무역수지의 불균형은 영국에서 쿠바에로의 정금이동에 의하여 금융되어, 영국의 물가는 하락하고, 쿠바의 물가는 등귀한다. 동시에 무역량도 무역균형을 회복하도록 조정된다. 즉, 영국의 수출량은 증가하고, 쿠바의 수출량은 감소한다. 마지막으로는 보다 다량의 영국의 수출품이 보다 소량의 쿠바로부터의 수입품과 교환되게 된다. 영국은 교환비율에서 불리하게 된다.

토랜스의 이 숫자의 예는 영국이 쿠바상품에 대하여 불변의 무역의 지출을 한다(수요탄력성이 1)고 하는 특수한 가정으로 설명된 것이지만, 뒤에 토랜스의 이 명제는 일반적이라는 것이 분명하게 되었다. 토랜스(1844, pp.36-37)는 이렇게 결론 맺는다. 이 실례는 "영국의 상품에 부과된 수입관세를 마지막으로 부담하는 것은 영국의 생산자이다. 영국의 부는 관세액만큼 감소하고, 쿠바의 부는 그것만큼 증가한다." 그리고 토랜스는 다음과 같이 믿었다. 이와 같은 교역조건변동의 영향은 "이것에 의하여 영국이 입는 손해는 작으며", 그 대신에, 그것에 의한 디플레이션영향은 영속적이며, "국가파산 혹은 혁명 ……이라는 것도 있을 수 있다."

토랜스의 정책제언은 경제학자 사이에 논쟁을 불러일으켜, 다시 의회의 논쟁으로까지 파급하였다. 토랜스(1844, pp.47-48)는 다음과 같은 무역정책의 실시기준이 "자신이 지금까지 설명하여 온 원칙으로부터 도출되는, 직접적이고 필연적인 결론이다."라고 주장하였다.

> "첫째, 모든 외국에 대하여 상호주의의 원칙을 채택하는 것.
> 둘째, 영국의 상품을 동일하게 유리하게 받아들이는 나라의 상품에는 수입관세를 낮게 할 것.
> 셋째, 영국의 상품에 높은 관세 혹은 금지관세를 부과하는 나라의 상품에는 높은 관세 혹은 금지관세를 부과할 것.
> 넷째, 재생산의 가공단계에서 사용되는 모든 원료에는 제로(0)관세를 인정할 것."

이와 같은 기준은 세계적인 자유무역론자가 권하는 무역정책으로부터는 좀 먼 것이다. 사실 토랜스는 한 나라의 복지와 세계의 복지가 다르다는 것을 확실히 자각하고 있었다. 즉, 그는 이들 두 항목(項目) 뒤에, "모든 나라 사이의 무구속적인 상품교환은 세계의 부를 증가시킬 것이다."라고 쓰고 있다. 이 설명은 암묵리에 교역조건이 영국에 있어서 유리하게 하는 것은 대응하는 교역조건이 외국에 있어서 불리하게 하는 것이며, 영국이 받는 이익을 상회하는 손실을 외국이 무역량의 축소에 의하여 입는 것을 인정하는 것이다. 그러나 영국의 국가복지가 문제인 것이기 때문에, 영국정부가 "자국의 상품이 그 우수성으로 당연히 받는 것 없이", "영국상품의 가격을 외국시장에서 저하시켰다."(p.62)라는 것을 토랜스는 비난하였다. 다시 상호주의는 "외국정부를 상호적 자유의 원칙에 준거하여 행동시키는 강력한 유인이며"(p.65), 세계를 자유무역으로 유도하는 것이라고 설명하고 있다. 요는, 토랜스는 "상호주의는 보편적인 원칙"이며, "외국의 관세에는 보복관세에 의하여 대항하며, 우리의 상호주의에 동의하는 나라에는 우리나라의 수입관세를 낮추는 것이 건전한 무역정책의 원칙이다."(p.50)라고 굳게 믿었다.

대부분의 경제학자는 토랜스의 이 사고방식을 무책임한 것이라고 분노하여, 그 분석 전체를 얼토당토않다고 하여 무시하였다. 어느 익명의 평론은 토랜스의 분석을 "한 쪽의 근거도 없다."라고 단정하였다.[7] 시니어(Nassau Senior, 1843)는 장문의 비판에 의하여 토랜스에 대한 가장 저명한 (그리고 가장 예리한) 반대자가 되었다. 그러나 불행하게도 시니어의 일방적 자유무역을 지지하는 이 논문은 그 뜻에 반하여, 그 반응은 약하였다.[8] 그럼에도 불구하고, 이 논문에는 경청해야 할 논점이 포함되어 있다. 우선 시니어는 토랜스가 중상주의 잘못된 이론을 부활시킨 것을 비난하였다. 그리고 시니어(1843, p.12, p.14)는 토랜스가 관세인하에 의한 교역조건에 대한 나쁜 영향을 명확하게 하였다고 하지만, 그 반면, 무역제한에 의하여 입는 희생을 무시한 것을 지적하였다.

"토랜스는 우선, 한 나라는 자국노동의 생산성을 손상하지 않고, 외국상품을 축출할 수 있다고 가정하고 있다. …… 지역분업을 거부하는 나라가 입는 부담을, 수입 대신에 국내생

---

7) Colonel Torrens on Free Trade(1843, 2).
8) 이 점에 관해서는 Senior에 동조하여 토랜스에 반대한 사람들도 같은 의견이었다. (Snior의 논문은 대부분의 올바른 주장을 포함하고 있지만, 시니어는 토랜스에 대응하기 전에 그를 충분히 이해하는 노력을 하지 않았다. 따라서 그의 논의는 불충분하며, 만족한 것이 아니었다고 당시의 지도적인 화폐이론가 S. J. Lloyd가 그 의견을 설명하고 있다. G. W. Norman(Dec.13, 1843)에의 편지. Deniso'brien(1971, 345)을 보라.

산하는 것에 기초한 상품가격의 고등만이라고 생각하는 것은 큰 잘못이다. 그 나라는 물론 손실을 많은 사례에 있어서 입는 것이다. 즉, 자본의 잘못된 방향의 사용과 분업의 축소에 의하여 자국산업의 생산성의 일반적 저하를 입는 것이다."

시니어는 교역조건에 대한 관세의 영향을 나타내는 토랜스의 숫자 예를 인정하면서도, 그것을 후퇴시켰다. "우리는 그것은 정말이라고 생각한다. 그러나 그것은 불모의 진리이어서, 그것으로부터는 무엇 하나 실제적인 결론은 나지 않다고 생각한다. …… 요는, 그(토랜스)가 우리에게 그의 가정이 현실인 것같이 행동시키려고 주장할 때, 우리는 그의 이론에 이론(異論)을 주창, 그것을 거부하는 것이다."(pp.36−37) 다시 시니어는 두 나라 자신의 무역장벽이 상당히 큰 것임에도 불구하고, 토랜스가 영국을 마치 외국관세의 죄 없는 희생자인 것같이 가정하고 있는 것을 힐책하였다.

토랜스(1844, pp.350−351)는 시니어가 자신의 논의의 본질을 이해하지 못하는 것을 제외하고, 토랜스의 이론을 옳다고 그가 인정한 점에 물고 늘어졌다. "당신의 이론(異論)과 부인은 당신 자신이 만든 사실과 원칙에, …… 당신이 사실이라고 인정한 이론에 전적으로 모순하는 것이다." 다시 시니어의 이 평론은 익명의 저자로부터 통렬한 공격을 받았다. 즉, 토랜스의 사고는 토랜스가 생각한 이상으로 훌륭한 것이라는 것이다.[9] 이 익명의 저자는 토랜스가 중상주의를 부활시켰다고 시니어가 설명한 점을 격렬하게 반격한다. 즉, (토랜스가) 귀금속의 이동을 도입한 것은 그것이 무역을 물물교환(barter trade)의 상태로 되돌리기 위한 것을 확실하게 독자에게 생각하게 하기 때문이다, 그리고 관세가 나라에 이익을 가져오는 것은 귀금속 그 자체를 입수하였기 때문이 아니라, 국제무역에 의하여 영국의 노동이 (외국)상품을 획득하는 유효생산력(efective productivity)이 향상하기 때문이라고 논하였다. 이 (익명)저자는 국제가치를 결정하는 것은 시니어가 주장하는 생산비가 아니라, 수요와 공급이라는 것 그리고 토랜스가 설정한 예가 원리적으로는 다수국·다수상품으로 확장할 수 있는 것이라는 것을 담담하게 입증하여 보였다.

메리베일(Herman Merivale, 1842, pp.2: 305−311)−가장 예리한 비판가의 한 사람−은 토랜스가 설정한 쿠바의 예를 순수한 물물교환의 조건으로 재현하여, 그 관세와 교역조건 논의 본질에 초점을 맞추었을 뿐만 아니라, 화폐적 조정을 제외하여도 그 결론이 무너지지 않는 것을 증명하였다. 다시 메리베일은 제3국 브라질−쿠바보다도 조금 높은 코스트로 영국에 설탕을 공급하는 나라−를 도입한다. 만약 쿠바가 영국으로부터

---

9) Reciprocal Free Trade(1843).

의 수입품에 관세를 부과, 그 때문에 설탕의 상대가격이 등귀하게 되면, 영국은 간단하게 그 공급원을 "쿠바와 같은 상품을 (쿠바의) 다음으로 저렴하게 생산하는 나라"로 쉽게 전환할 수가 있다. 요는, 영국이 입는 손실은 쿠바설탕의 최초의 가격과 브라질설탕의 가격과의 차이에 비례하여, 쿠바의 무역은 축소하고, 브라질이 쿠바관세의 참된 수익자가 될 것이다. 만약 영국에로의 수입품의 공급자 사이에 경쟁을 도입하여, 다시 기타의 나라들이 관세를 인상하지 않는다고 가정하게 되면, 토랜스가 수입관세의 영향을 과장한 것이 되는 것을 메리베일이 증명한 것이다.

토랜스(1844, p.358)는 이 점에는 마지못해 양보하여, 만약 메리베일의 '가정'이 현실로 상응하는 것이라면, 쿠바의 관세가 교역조건에 영향을 미쳐, 영국에 불리하게 할 가능성이 매우 적게 되는 것을 인정하였다. 그리고 토랜스는 모든 나라가 각자의 관세를 인상한다는 자신이 설정한 예 쪽이 보다 타당하다는 데 그쳤다.

노만(George Warde Norman)은 1845년경에 집필하여 1860년에 출판한 장문의 저서에서, 토랜스의 주장은 절반의 진리에 지나지 않는다고 하였다. 보복관세 혹은 상호관세(reciprocity tariff)부과의 부담은 일부는 외국인이 부담하겠지만, 상당 부분은 영국의 생산자·소비자의 부담이 될 것이다. 노만(1860, p.36)은 예를 들어 양쪽이 부담을 평등하게 분담한다고 하여도, 무역량의 축소와 무역의 자연적 이익의 감소에 의하여, 무역이익은 '부족함'이 될 것이라고 논하였다. 다시 그는 보복이 실제로는 토랜스가 언급하는 바와 같은 이유로 이루어지는 것이 아니라는 것을 지적하였다. 즉, 토랜스는 원료에 대한 관세를 상호주의 정책에서 제외하였지만, 원료가 영국의 수입의 대부분을 점유하고 있는 사실을 노만은 지적하였다.

토랜스의 분석은 기타의 이론가들의 맹렬한 비판도 벗어났다. 로손(James Anthony Lawson, 1843, pp.133-147)은 나라 사이의 귀금속 배분은 수출부문의 노동생산성에만 지배된다고 주장하여, 쿠바의 관세가 영국의 교역조건을 유리하게 하는 산술의 예를 만들어 낼 것을 시도하였다. 이것에 대하여 토랜스(1844, pp.iii-vii)는 그것의 최초 부분은 리카도의 이론과는 전적으로 모순하는 것이며, 그 산술의 예에는 (로손의 저서에 대한 익명의 비판가와 같이)[10] 치명적인 모순이 있다고 응수하였다. 교역조건은 한 나라의 관점에서는 불변으로 '주어진 것'으로 생각하는 맥로크(J. R. Maclock, 1849, p.166)는 수입세의 부담은 항상 그것을 부과한 나라에 있는 것이기 때문에, 그와 같은 관세는

---

10) Professor Lawson's Lectures on Political Economy(1844).

전부 '빈 것'이라고 생각하였다. 그러나 맥로크는 수출품은 독점력을 갖는 나라에 관해서는 토랜스의 주장이 성립, 그 경우, 그 나라가 수출품의 국제가격에 영향을 줄 수 있는 것을 완전히 승인하였다.

이 논쟁은 밀(J. S. Mill)이 조건부로 토랜스를 지지하기에 이르기까지 계속하였다. 1843년에 토랜스의 소책자 하나를 익명으로 논평하여, 모든 외국의 관세가 세계의 공장으로서의 영국의 지위를 저하시켜 버릴까 하는 추세의 걱정에 찬성의 뜻을 표시하였다. 밀(1843, pp.85−86)은 관세의 교역조건에 대한 영향에 관해서는 직접적으로 논하지 않았지만, 외국의 관세는 영국수출을 방해, 영국의 노동이 외국의 경쟁자에 대하여 갖는 상대적인 고임금수준을 저하시킨다. "진정한, 위험한 씨앗"이라고 하였다. 그리고 밀은 영국의 정치가가 자유무역을 다른 모든 나라에 확대시키는 것을 강하게 주장하였다.

그러나 교역조건의 결정에 관한 밀의 훌륭한 업적이 토랜스의 문제에 결착하여, 경제학자 사이의 이 논쟁을 최종적으로 해결하였다. 1844년에 밀은 논문집 <경제학에 있어서 약간의 미해결의 문제(Essays on Some Unsettled Question of Political Economy)>로, "여러 나라 사이의 교환의 법칙: 통상세계에 있어서 상업이익의 여러 나라에로의 배분에 관하여"를 발표하였다. 이 논문은 밀에 의하면 1820−30년경에 집필되어, 수요와 공급이 어떻게 여러 나라 사이의 교역조건을 결정하는가에 관하여 논한 것이다. 그(1844, p. v − vi)는 이 논문집의 서문에서 이렇게 설명하고 있다. 이들 논문은 "토랜스 대령의 저서(Budget……)에 의하여 야기된 논쟁이 경제학자의 관심을 다시 추상과학의 논의 방향으로 향하였다는 인상 아래에서 쓰인 것이다. …… 이 책의 의견은 토랜스 대령이 지금까지 발표한 것과 원리적으로 같게 보이지만, (그리고 아마 실제의 적용범위에 관해서는 큰 차이가 있지만), 그것은 필자가 15년 이상에 걸쳐 안고 온 것이다."

이것에 수록된 "여러 나라 사이의 교환의 법칙에 관하여"가 균형교역조건의 결정요인으로서 상호 수요설(the theory of reciprocal demand)을 도입한 유명한 논문이다. 밀(1844, p.21)은 이 논문에서, "과연 어떠한 나라가 그 나라 독자적 입법에 의하여, 대외거래의 이익이 자연스럽게 혹은 자발적으로 이루어진 경우보다도 높은 비율로 입수할 수 있는가"를 문제로 하였다. 그리고 밀은 만약 이 나라의 수출품에 대한 외국의 수요가 완전하게 탄력적인 아닌 한, 무역세(貿易稅)가 이 나라에 이익을 가져오는 것을 긍정적으로 설명, 그리고 그것을 토랜스보다 명확하게 설명하였다. 즉, 이 경우, 관세부과는 수입량·수출량을 함께 감소시켜, 이 수출공급의 감소가 세계시장에서의 당해 상품의 가격을 등귀시킨다. 이 가격등귀가 일정량의 수출에 의하여 입수할 수 있는 수입품의 양을 이전에 비교하여 증가시키는 것이다.

밀은 다음과 같이 경고한다. 이와 같은 경우, 수입관세가 유리하다고 하여도, "그 상황판단은 일의 성질상 매우 불확실하며, 관세부과의 뒤에 있어서조차도, 그것에 의하여 우리가 이득을 본 것인가 손해를 본 것인가를 어느 정도 정확하게 말하는 것은 거의 불가능하다."(p.25) 다시 그는 만약 외국이 다른 공급원으로부터 입수할 수가 있게 되면, 관세는 그 나라의 무역을 없게 할 것이기 때문에, "가령 매우 이기적인 이유에 의하여, 그와 같은 관세의 이익이라고 하는 것은 항상 매우 취약하다."[11]

그리고 밀은 보호관세(국내산업의 특정부문의 생산에 노동과 자본의 도입을 목적으로 하는 것)와 수입관세(收入關稅, 국내에서 생산된 것이 아닌 상품에 대한 과세)를 구별하여, 상호주의적 무역정책의 수정판이라고도 해야 할 것을 고려하였다. "보호관세는 어떠한 경우도 그것을 부과하는 나라에 있어서 이익의 원천은 되지 않고, 반드시 손실을 수반하는 것"이지만, 그리고 밀은 수입관세에 관하여 다음과 같이 언급한다.

> "상호주의를 고려하는 것은 문제가 보호관세를 부과할 때는 전적으로 불필요하지만, 기타의 관세를 철폐할 때는 중요하다. 한 나라가 외국인에 대한 과세권을 포기하는 것은 외국도 그 대가로서 동일한 자제(自制)를 보이는 것이 아닌 한, 기대할 수 없다. 외국이 자국 상품에 세금을 부과하는 것에 의한 손해를 면하기 위한 유일한 수단은 상대국의 상품에 대하여 그것에 상당하는 관세를 부과하는 것이다."(pp.28-29).

밀은 다른 무역국의 희생에 의해서만 자국의 교역조건을 유리하게 할 수가 있고, 또 다른 나라가 입는 손실이 관세부과국의 이익을 상회하는 것을 알고 있었다. 따라서 "예를 들어, 그것에 의하여 감소하는 이익의 총량의 보다 높은 비율이 자국으로 귀속한다 하여도, 무역세계 전체의 부를 감소시키는 모든 수단을 각 나라가 자제하는 것이 모든 나라의 공통의 이익이 되는 것은 분명하다." 그러나 "모든 나라가 모든 무역제한을 하지 않는 것에 동의하지 않는 한, 임의의 한 나라에 대하여 그것에 상당하는 조건을 붙이는 것 없이, 그 현실적인 이익의 포기를 요구하는 것은 불가능하다."(pp.31-32) 그럼에도 불구하고 밀은 수입관세가 모든 나라에 있어서 유해하다고 믿고, 관세가 어느 나라의 이

---

11) 밀은 barter term과 화폐term의 두 가지 형태로, 그 자신이 설정한 예를 제시하였다. 그리고 그(1844, 40-41)는 후자에서 토랜스가 강조한 것, 즉 관세인하가 디플레이션효과를 갖는지 모르는 것에 주목하고 있다. 그러나 그는 이것은 "일반물가의 하락이 항상 그러한 바와 같이, 일시적·표면적이라고는 하지만, 일반적 불황의 양상을 띠고 싶다."라고 부가하고 있다.

익이 될 수 있는 데에 의아의 눈을 돌리고 있다. 그는 프랑스, 네덜란드, 미국의 엄격한 보호정책을 불안의 눈으로 바라보고, 그와 같은 정책은 "그것의 부과국에 있어서 주로 유해할 뿐만 아니라, 영국에 있어서도 현저하게 유해하였다."(p.38)라고 논하였다.

이와 같이 밀은 관세가 교역조건을 유리하게 한다는 논점(실제는 밀이 창안하고, 토랜스가 일반화한 논점)을 인정한다. 그리고 그는 관세가 네가티브·섬·게임(합계하면 마이너스가 되는 게임)인 것을 강조하였다. (토랜스는 한 나라의 이익에 잡착하였기 때문에, 이 논점을 인정하면서도 경시하였다.) 그 결과, 밀은 이 명제로부터 특정의 정책제언을 도출하는 것에 매우 신중하였다. 즉, 밀(1843, p.85)은 토랜스가 "언제나 그와 마찬가지로, 자신의 이론을 이 나라의 당면의 사태에 적용하는 것이야말로 중요하다고 과장하고 있는 것같이 생각된다."라고 경고하였다. 토랜스가 이론적으로 옳다는 것이 확인된 것은 이 문제에 촉진되어, 밀이 이것에 관하여 이전에 작성한 논문을 발표하였을 때의 일이다. 그러나 토랜스가 자신의 분석의 당연한 결과라고 생각하는 정책제언에 관해서는 밀은 그것을 인정하는 데에 주저하여, 다른 경제학자들은 전면적으로 거부하였다.

토랜스와 밀은 두 가지 부분으로 구성되는 이론을 전개하고 있다. 첫째는, 어떤 상황 아래에서 관세를 인하하는 것이 교역조건을 불리하게 할 가능성이 있는 것(반대로 말하면, 관세인하가 교역조건을 유리하게 하는 것), 둘째는, 관세인하를 한 나라가 결과로서 순손실을 입을 가능성이 있는 것이다. 밀과 토랜스는 첫째 명제에 관해서는 명확하게 그것을 증명하였다. 그러나 둘째 명제에 관해서는 추측의 영역에 그쳤다. 과연 관세인하가 교역조건을 불리하게 하는 것의 효과는 그것이 무역을 확대하고, 국제분업을 발전하는 것에 의한 이익을 부정할 정도로 큰 것일까. 토랜스와 밀은 교역조건의 유리화 그 자체는 당연히 경제적 부의 증가를 의미하는 것으로 생각하고 있다. 그러나 그것만으로는 무역이익에 있어서 마찬가지 중요한, 무역량에 대한 영향이 무시되는 것이 된다. 즉, 비용＝편익분석이 불충분하다. 뒷날, 에지워드(F. Y. Edgeworth, 1894, p.40)는 다음과 같이 지적하였다.

"밀은 수출·수입의 교환비율의 변화를 무역이익의 측도로 함으로써, 문제를 애매하게 하였다. 무역이익의 참된 측도는 소비자랜트·생산자랜트를 포함하는 것이 아니면 아니 된다." 현대의 용어로 말하면, 소비자잉여·생산자잉여가 경제후생의 측도라는 것이다.

둘째 명제의 타당성에 관해서는 19세기 후기, 옥스퍼드의 경제학자·통계학자인 에지워드가 보다 엄밀한 이론기초에 수립하여 그것을 검증하는 것을 기다리지 않으면 아니되었다. 그는 오퍼곡선(offer curve이라는 개념-마샬(Alfred Marshall)이 1870년대 초기에, 한 나라가 다른 나라와 교환하고자 바라는 수출량·수입량의 여러 가지 조합을 나타내기 위하여 작성한 것으로, 밀의 상호 수요설을 그림으로 표시한 것-을 사용하였다.[12] 에지워드(1894, p.43)는 오퍼곡선을 한 나라 전체의 경제후생(한 나라의 여러 상품 사이의 선호를 나타내는 무차별곡선)과 교묘하게 결부시켰다. 그것에 의하여 에지워드는 외국(나머지의 세계)의 오퍼곡선이 완전하게 탄력적이지 않는 한(그 경우, 교역조건은 세계시장에 의하여 결정된다), 관세가 교역조건을 개선하고, 국민복지를 향상하는 것을 증명할 수 있게 되었다. 한 나라의 후생수준을 극대화하도록 교역조건을 변동시키는 관세가 최적관세(optimal tariff)라고 한다. 다시 에지워드는 한 나라의 이익이 다른 나라에 의하여 보다 큰 손실을 줌으로써 발생할 수 있다는, 밀=토랜스의 견해도 확인하였다. 에지워드는 상당히 뒤에까지, 자신의 발견 의의를 인식하지 못하였던 것 같지만, 그는 교역조건 문제에 최종결착을 부여한 것이며, 또 어떠한 조건 아래에서, 관세의 철폐가 경제후생의 향상을 가져오는가라는 이론 가능성에 관한 오랫동안의 의문을 불식한 것이다.

이 에지워드의 업적은, 뒷날, 캠브리지의 대경제학자 마샬(Alfred Marshall)로 하여금, 그 자신이 개발한 분석도구(오퍼곡선)의 사용을 중지시켰다. 1904년, 마샬(1925, p.449)은 어느 편지에서 이렇게 쓰고 있다. "최근 나는 이 곡선이 기초로 하고 있는 기본적 가정에서 점차 멀어지게 되었다. 이 곡선은 수입관세의 대부분이 아마 수입국의 부담이 된다는 결론을 도출한 것이다. 그러나 나는 수입관세가 거의 완전히 소비자에 의하여 지불된다는 의견에 대하여, 이전의 자유무역론자가 부여한 이유는 틀려 있다 하여도, 그 결론은 정말 옳다고 생각하게 되었다." 이 오퍼곡선은 마샬의 걱정에도 불구하고, 관세에 관한 이론분석의 표준적인 도구가 되었다. 에지워드의 분석은 그 뒤, 1940년대, 칼도어(Nichlas Kaldor, 1940) 기타에 의하여 개정·개량되었다. 그리고 이 분석방법은 1950년대 초기, 존슨(Harry B. Johnson, 1950-51)의 외국오퍼곡선의 탄력성을 기초로 한 최적관세의 엄밀한 수식의 도출에 의하여 정점에 도달한 것이다.

이와 같은 고도의 이론적 논의와는 따로, 토랜스=밀의 이론에 관련한 또 하나의 문제가 일어났다. 그것은 한 나라가 수출품 혹은 수입품시장에서 시장지배력을 갖고 있고,

---

12) 마샬은 1879년, 이 곡선을 그려낸 초고를 사적으로 배포하였지만, 당초, 이 개념을 통상정책에는 적용하지 않았다. 뒷날 그는 이것을 자신의 저서(1923)의 부록에 수록하여, 관세정책을 논하였다.

그리고 세계가격이 주어져 있지 않은 경우, 누구가 관세를 지불하는가라는 관세귀착에 밀접하게 관련한 문제이다. 몇 사람의 고전학파 경제학자, 예를 들면, 이미 본 바와 같이, 맥로크(1849, p.166)는 한 나라가 세계시장에서 결정되는 수입품가격에 영향을 미칠 수 없는 것을 암묵리에 가정한 위에서, 그 나라의 소비자가 관세를 전액 부담한다고 결론 맺었다. 이 시나리오에서는 관세수입을 외국의 공급자에게 지불하도록 하는 생각은 "전적으로의 환상이며, 결코 수출자에 의해서가 아니다."라는 것이 된다. 물론 관세옹호론자는 이것과는 전적으로 반대의 입장을 취하여, 수입품가격을 인하시킴으로써, 수입관세의 부담을 외국인에게 전가할 수가 있다고 주장하였다.

밀은 적절하게도 그 중간의 길을 선택하였다. 그(1844, p.27)는 상호수요설의 결과로서, 다음과 같이 언급한다.

> "수입품에 부과되는 세금은 만약 그것이 부분적 혹은 전면적인 수입금지로서가 아니라, 세금으로서 작용할 때는, 거의 항상 그 일부가 우리나라의 상품을 소비하는 외국인에 의하여 부담되는 것이 원칙이라고 할 수가 있다. 또 한 나라는 외국의 희생에 의하여 여러 상품의 국제교환에서 발생하는 세계의 노동·자본의 생산성의 향상의 몫을, 그렇지 않은 경우에 비교하여, 보다 높은 비율로 입수하는 것이다."

그러나 관세귀착에 관한 지식은 19세기의 대부분에 걸쳐서 불확실하였다. 시지윅(Henry Sidgewick, 1883, pp.492－493)은 관세가 국내의 소비자 혹은 생산자에게 미치는 영향을 확정하기 위한 '이론적 수단'은 없지만, "수입관세가 외국상품을 완전히 구축하지 않는 한, 관세는 그 부담을 외국생산자에게 일부 부담시키는 것이 되며, 그 크기와 기간은 상당한 것이 될 것이다."라고 논하였다. 그 이유는 수출량이 감소하는 데 수반하여 외국의 생산비(이어서 가격)가 저하하기 때문이며 혹은 외국의 독점이윤 혹은 카르텔의 이윤이 압축되기 때문이다. 수출 면에 관해서는 에지워드(1894, pp.42－43)는 밀의 논의를 반복하여, (만약 외국의 수요탄력성이 얼마라도 비탄력적이라면) 수출제한은 수출품가격을 인상하여 유리하다는, 그리고 "그 나라는 총공급량의 높은 비율을 공급하지 않으면 아니 된다고 여분의 제한을 가하여, 가끔 설명하였다." 뒷날 다음의 점에 분명하게 되었다. 즉, 수출시장에 있어서 만약 국내생산자가 완전경쟁자로서 행동하지 않아도, 자신들이 그 시장에서 전체로서 시장독점력을 갖고 있는 것을 생각한다면, 그들은 결탁하여 수출을 제한하고, 더욱 최적수출세를 작은 것으로 하여, 정부간섭을 불필요하게 할 것이다.

그러나 그와 같은 결말의 가능성을 고려하는 것과 그를 위하여 관세를 부과하는 것과는 전적으로 별개의 문제이다. 니콜슨(Joseph Shied Nicholson, 1891, p.465)은 19세기 후기의 경제학자들의 견해를 요약하여, 다음과 같이 쓰고 있다.

> "외국인에 과세하는 것은 '원숭이 틀을 깎는' 것과 같은 것이다. 어떤 조건 아래에서 한 나라가 세입의 상당 부분을 수출세 혹은 수입관세에 의하여 징수될 수 있다는 것은 이론적으로 전적으로 옳다. 그러나 그와 같은 조건이 거의 있을 수 없는 것도, 또 가령 있다고 하여도 정치가에게는 그것을 이용하는 만큼의 지혜가 있을 수 없다는 것도, 또한 마찬가지 진실이다. 실제로 적용될 수 없는 것을 이론적 예외로서 인정하는 것은 매우 중요하다. 넓은 의미의 '자유무역의 원칙'을 가공적으로 단순화하는 것은 자유무역의 원칙의 보급에 이 위에 없이 유해하다. 모든 수입관세가 필연적으로 자국소비자의 부담이 된다고 하는 것과 마찬가지로 잘못이다. 또 수입관세가 외국생산자의 부담이 되어, 수출세가 자국생산자의 부담이 된다고 하는 것과 마찬가지로 옳지 않다. 실제문제로서 수출세·수입관세귀착의 문제는 특히 간접적 영향을 고려할 때는 경제학에 있어서 가장 복잡하고 어려운 문제인 것이다."[13]

관세의 귀착이라는 '복잡하고 어려운 문제' 및 관세의 부담을 외국인에게 전가할 수 있는가라는 문제는 잠시 이론적인 진전을 보였다. 빅다이크(Charles F. Bickerdike, 1906, p.529)가 수입상품의 부분균형시장을 나타내는 마샬의 수요공급표를 사용하여, 과연 "한 나라는 관세에 의하여 외국과의 교역조건을 유리하게 하고, 그 나라의 생산이 '자연의 경로'로부터 벗어나는 것에 의한 불리를 보완한 뒤에도 순이익이 남는지 어떤지"라는 문제를 취급하였다. 그의 해답은 "네"이다. 즉, "순수이론에서는 과세가 충분히 작다면, 통상의 경우, 수입세·수출세의 어느 것으로부터도 이익이 발생한다." 외국의 수출공급 곡선이 우상일 경우만, 관세로부터 얻어지는 세입의 일부가 외국의 공급자의 생산자잉여로부터 추출된다. 다시, 이것은 "이익발생의 일반적 가능성이며, 예외적인 상황에 한정된 것은 아니다."라는 것을 나타낸 것이다. 빅다이크는 간단한 마샬과 같은 그림을 사용하여, 소액의 과세 혹은 '초기'의 과세가 순이익을 가져오는 것을 증명하였다. 즉, 소비자가 지불하는 높은 국내가격의 대부분이 국고수입이 되는 것, 그리고 소비자잉여의 소액의 사중손실(deadweigt loss)보다도 외국생산자의 부담이 되는 수입품 전량의 외국가격의 저하(및 국세수입)에 의한 이익 쪽이 큰 것을 분명히 하였다.

빅다이크는 뒷날 이것들의 소견(所見)을 확장하여, 수출품·수입품의 공급 및 수요탄

---

13) 뒷날, 니콜슨(1901, 306)은 이렇게 쓰고 있다. "어느 특수한 조건 아래에서는, 과세라는 입법 조치에 의하여 상당액의 세입을 외국인으로부터 징수하는 것은 이론적으로는 가능하지만, 그것은 실제로는 중요한 것이 아니다."

력성에 기초한 최적관세의 수식을 도출한다. 그(1907, p.101)는 이 수식에 기초하여, "만약 극대이익을 가능하게 하는 과세율을 10% 이하로 그치도록 한다면, 외국의 공급탄력성·수요탄력성에 상당히 강한 가정을 설정하지 않으면 아니 된다."라고 설명하였다. 에지워드(1908, p.392)는 이 이론을 높이 평가하고, 빅다이크가 "보호에 새로운 소견"을 추가한다는 "훌륭한 업적을 달성하였다."라고 칭찬하고, 그것이 이론으로서 옳다는 것을 재확인하였다. 그러나 에지워드는 이것이 실제로 적용 가능한지 어떤지에는 전적으로 회의적이었다. 에지워드(1908, p.554)는 빅다이크의 결론이 전적으로 일반적이라고 생각하는 것은 필요한 공급 및 수요탄력성이 주어졌을 때만이라고 설명하고, 다음과 같이 비평하였다.

> "이 이론은 다수의 상품의 품목에 예를 들어 2의 1/2-5%라는 소액의 관세부과를 정당화하는 것이다. 이것에 의하여 산업이 다른 이익의 적은 방향으로 향할 것이라는 반론은 성립하지 않는다. 왜냐하면, 이 이론에서는, 생산 면의 불이익은 국고에 들어가는 이익(세수)에 의하여 충당되는 여유이기 때문이다. 우리가 직면하는 실제의 여러 어려움을 별도로 한다면, 자유무역론자는 약한 사람을 괴롭히는 방법을 멈추고, 보호주의의 과세에도 약간의 이유가 있는 것을 배려하지 않으면 아니 된다."

그러나 에지워드는 계속, 이 이론의 "적용은 한정되어 있다."라고 하고 '중대한 반론'을 제시한다. 다수의 소액과세의 실시에 수반하는 마찰은 별도로 하여도, 보다 큰 장해는 보복(retariation)의 위협이다. 빅다이크의 이 새로운 교묘한 구상은 (외국에도) 마찬가지로 관세에 의하여 외국인에게 타격을 주는 높은 능력이 있는 것을 의미한다. 예를 들어 무역에 "특별한 '독점'이익"이 없는 나라에서도, 같은 것을 실시하여, 외국에 대한 반격의 힘을 증가시킬 것이다. 이런 이유에서 에지워드(1908, pp.555-556)는 다음과 같이 계속한다.

> "이 이론이 직접적으로 사용될 가능성은 매우 적을 것이다. 그러나 남용되는 것이 걱정이다. 이것은 대중 맞이하는 보호정책을 무절제하게 제창한 사람들에게 재정상의 옅은 칼의 쓰기를 박는 것에 흡사한 구실을 주기 때문이다. 아마 빅다이크는 새로운 분석에 의하여 소량의 스트리키니네를 1회 내지 수회 사용하는 것이 지금까지 알려져 있는 이상으로 유효한 것을 발견한 과학자에게 복수할 것이다. 그리고 이 발견은 그 의도가 쉽게 입수가능하다는 인상을 줄 것이다. …… 우리는 이 과학자의 솜씨에는 경의를 표한다 해도, 그 연구의 주제에는 독약이라고 쓴 라벨이 붙는 것이다."

바로 대외 상호수요 어퍼로치가 1940년대에 부활한 바와 같이, 이 부분균형적 탄력성 어퍼로치도 또한, 특히 칸(Richard Kahn, 1947－48)에 의하여 부활되었다. 그는 빅다이 크의 논점을, 즉 최적관세는 탄력성의 크기를 어느 정도로 고려하는가에 의하여 실질적 으로 결정되는 것을 지지하였다.

이와 같은 교역조건론에는 보다 정치화(精緻化)가 추가되었지만, 그 이론명제의 올바 름을 붕괴할 정도의 전개는 볼 수 없었다. 보다 일반적으로 일컬어진 수정조건은 한 나 라의 최적관세의 교역조건에의 긍정적인 효과는 외국의 보복에 의하여 삭제될지도 모른 다는 것이다. 만약 한 나라가 다른 나라의 희생 아래에서 자국의 교역조건을 유리하게 할 수 있다면, 다른 나라도 또한 그 입장을 고수하고자 반응할 것이다. 만약 모든 나라 가 관세에 의하여 자국의 교역조건의 유리화를 도모한다면, 그 결과, 어느 나라도 목적 을 달성할 수가 없게 되며, 총무역량의 축소가 결과로서 남을 뿐이다. 이 논의에 대한 유일한 이론적 수정은 존슨(1953－54)의 주장이며, 그것은 보복이 이루어진 뒤에도, 적 어도 한 나라는 자유무역의 입장보다도 좋게 될 수 있다는 것이다. 그러나 존슨이 제시 한 것은 가능성이어서, 그것이 일어날 전망은 없다. 그리고 외국의 보복 위협이 교역조 건을 유리하게 할 목적의 무역간섭에 대한 반대의 논거로서 가끔 취급된 것이다.14)

이상으로 교역조건에 관한 논쟁에서 얻는 결론은 자유무역이 바람직하지 않다는 것이 아니라, 어느 조건 아래에서, 일방적 자유무역이 바람직하지 않다는 것이다. 따라서 다 수의 나라가 각각 최적관세를 설정하여 다른 나라의 희생으로 자국의 이익을 도모하고, 그 결과, 세계의 총무역이익이 감소하는 상황을 피하기 위하여, 각 나라가 약속기구 (commitment mechanism)－모든 나라가 관세를 그 목적에 사용하지 않는 것에 합의하는 협정－를 바람직하게 만들지도 모른다. 이런 의미에서 협의적 다각자유무역(contractual multilateral free trade)이 여러 나라가 교역조건을 조작하는 것에서 발생하는 문제의 몇 가지를 회피하는 것에 도움이 될 것이다. 그리고 말할 필요도 없이, 자유무역의 세계적 입장도 그대로 남는 것이다. 밀(J. S. Mill, 1844, p.44)이 말한 바와 같이, "만약 국제윤 리가 올바르게 이해되어, 실행되게 된다면, 그와 같은 보편적 복지(universal wealfare)에 반하는 과세는 존재하지 않게 될 것이다."

관세가 교역조건의 개선에 도움이 될 것인가라는 토랜스의 추리는 짧지만 심각한 토 의의 뒤에, 그리고 밀이 그 추리를 경제분석으로서 옳다고 증명함으로써, 점차 정통적으

---

14) 만약 보복이 수입관세에 의해서가 아니라, 수입할당의 방법으로 이루어지게 되면, 두 나라 함 께 결정적으로 불리하게 되는 것이 로들게스(Carlos Rodriguez, 1974)에 의하여 제시되었다.

로서 인정되게 되었다. 무역이익을 다른 나라의 보다 큰 희생 아래에서 한 나라에 이전 하는 것은 세계적 견지에서 장려되는 것은 아니라 하여도, 그것이 이론명제로서 성립하 는 것이 분명하게 되었다. 확실히, 이 교역조건론은 자유무역에 대한 모든 반대론 가운 데 가장 강력한 유보와 예외가 가장 적은 것이며, 경제이론에 있어서도 가장 널리 알려 져 일반적으로 용인된 자유무역에 대한 제약인 것이다.

참고문헌

1) Bickerdike, Charles F., "The Theory of Incipiet Taxs", Economic Journal16(December 1906): 529-35.

2) Bickerdike, Charles F., "Reviw of A. C. Piou's 'Protective and Preferential Import Duties'", Economic Journal17(March 1907): 98-108.

3) "Colonel Torrens on Free Trade", Westminster Review40(August 1843): 1-20.

4) Corry, B, A., "Robert Torrens", in The New Palgrave: A Dictionary of Economics, ed. by J. Eatwell et al. New York: Stockton Press, 1987.

5) Edgeworth, F. Y., "The Theory of International Values", Economic Journal4(March 1894): 35-50

6) Edgeworth, F. Y., "Appreciations of Mathemetical Theories", Economic Journal18(September1908): 424-43.

7) Johnson, Harry G., "Optimum Wealfare and Maximum Revenues Tariffs", Review of Economic Studies19(1950): 28-35.

8) Kahn, Richard F., "Tariffs and the Terms of Trade", Review of Economic Studies15(1947 -48): 14-19.

9) Kaldor, Nicholas., "A Note on Tariff and the Terms of Trade", Economica7(November 1940): 377-80.

10) Lawson, James Anthony, Five Lectures on Political Economy, London: Parker, 1843.

11) Longfield, Montiford, Three Lectures on Commerce and One on Absenteeism, Dublin: W. Curry, June & Co, 1835.

12) Marshall, Alfred, Money, Credit and Commerce, London: Macmillan, 1923.

13) Marshall, Alfred, Memorials of Marshall, Alfred, ed. by A. C. Pigou, London: Macmillan, 1925.

14) MacCulloch, J. R., Principles of Political Economy, 4th ed., London: Longman, Brown,

Green, and Longman, 1849.

15) Marivale, Herman., Lectures on Colonization and Colonies, London: Longman, Brown, Green, and Longman, 1842.

16) Mill, J. S., "Torrens Letter to Sir Robert Peel", Spactator, January28, 1843.

17) Mill, J. S., Essays on Some Unsettled Question of Political Economy, London: Parker, 1844.

18) Nichlson, J. S., "Tariffs and International Commerce", Scottish Geographical Magazine7 (September1891): 457−71.

19) Nichlson, J. S., Principles of Political Economy, vol.3, London: Macmillan, 1901.

20) Norman, George Warde, Remarks on the Incidence of Import Duties, London: privately printed by Boom, 1860.

21) O'Br ien, Denis P.(ed), The Correspondence of Lord Overstone, Cambridge: Cambridge Univ. Press, 1971.

22) Palgrave, R. H. I.(ed), Ditionary of Political Economy, London: Macmillan, 1913.

23) Political Economy Club, Centenary Volume, London: Macmillan, 1921.

24) "Professor Lawson's Lectures on Political Economy", Dublin Univ. Magazine24(December 1844): 821−24.

25) "Reciplocal Free Trade", Foreign and Colonial Quarterly Review2(October 1843): 526−51.

26) Ricardo, David., The Works and Correspondence of David Ricardo, ed. by Piero Sraff, Cambridge: Cambridge Univ. Press, 1951−55.

27) Robbins, Lionel, Robert Torrens and Evolution of Classical Economics, London: Macmillan, 1958.

28) Rodrigues, Carlos Alfred, "The Non−Equivalence of Tariff and Quatas Under Retariation", Journal of International Economics4(August 1974): 295−98.

29) Senior Nassau, "Free Trade and Retaliation", Edinburgh Review78(July 1843): 1−47.

30) Sidgiwick, Henry, Principles of Political Economy, London: Macmillan, 1843.

31) Thomson, Perronet, "Col. Torrens's Letters on Commercial Policy", Westminster Review8 (April1833): 168−76.

32) Thweatt, William O., "James and John Mill on Comarative Advantage: Sraffa's Account Corrected", in Trade in Transit, ed. by H. Visser and E. Sc horl, Dordrecht: M. Nijhoff, 1987.

33) Torrens, Robert., An Essay on the Production of Wealth, London: Longman, 1821.

34) Torrens, Robert., Letters on Comercial Policy, London: Longman, 1833.

35) Torrens, Robert., The Budget: On Commercial and Colonial Policy, London: Smith, Elder, 1844.

제10장

미국체제파와 보호무역론

1. 해밀턴의 보호무역론

(1) 국민경제건설의 구상

국민경제의 형성과 자립 과정을 문제로 하는 스튜어트이론에는 농·공분리를 수반하는 상품경제의 확대, 즉 상업화-농민의 이촌(離農)과 도시의 팽창-라는 현상으로 근대화가 추진된다. 스튜어트는 이러한 과정에서 각 나라의 정치적·경제적 특성과 발전단계에 따라 정부가 독자적인 정책을 수립하여 통제를 하여야 한다고 하였다. 정부의 통제에 의한 수입차단과 공적신용의 창출로 국내산업을 보호·육성하여야 한다는 것이 제4장(보호무역론의 원류로서의 스튜어트이론)에서 검토한 바 있는 스튜어트이론의 골자이다.

그런 의미에서 앞으로 검토하는 바와 같이, 해밀턴(Alexander Hamilton, 1757~1804)이 신용정책을 주축으로 하고 보호관세를 종축(縱軸)으로 하여 국내공업을 육성하고자 하였다는 점에서 스튜어트→해밀턴의 계승관계는 성립한다고 할 수 있다. 말하자면 스튜어트의 이론이 해밀턴의 정책에 반영된 것으로 보는 것이 올바른 평가가 될 것이다. 해밀턴은 강력한 중앙정부로서 연방정부를 수립하기 위하여 아담 스미스의 자유주의정책보다도 스튜어트의 이론을 실천하고자 하였다. 물론 해밀턴은 건국 초기에 미국의 실정에 비추어 스튜어트이론으로부터 정부의 역할과 광범위한 신용제도, 즉 공신용[1]의 기본 개념을 수용한 데 불과하지만, 당시 미국의 독자적인 형태와 방향을 지닌 국민경제의 건설이라는 과제에 중점을 둔 정책을 수립해야 한다는 입장에서 볼 때, 스튜어트의 공적신용과 보호무역의 이론을 도입하고자 한 것은 매우 당연하다고 할 수 있다.[2] 해밀턴체제가 단순한 중상주의의 반복이 아니라 할지라도 스튜어트 이론으로부터 전수된 중상주의의 내용과 의의를 부정하는 것은 아니다.

건국 초기, 구체적으로 1780년대 중반부터 1790년대 말까지의 시기에, 미국경제의 단계와 구도를 정확하게 파악하기란 용이하지 않다. 그렇지만 미국경제에 있어서 지역적인 구조적 특질로서 다음 두 가지를 들 수 있다. 그 하나는 북부지역이며, 다른 하나는 남부지역이다. 전자는 '농업의 후예(後裔)로서의 공업'의 응집점으로서 공업타운이 건설되어, 그것을 거점으로 한 국지시장권(局地市場圈)이 형성되어 있는 바와 같이 균형 있는 산업구조를 기반으로 한 자유로운 상품경제가 발달한 지역이다. 그러나 후자는 담배, 소금, 밀 등의 특산물을 노예제로 생산하는 모노칼춰적 산업구조를 기반으로 한 수출농업체제를 가진 지역이다.

이렇게 볼 때, 첫째, 이 시기의 사회경제구조의 특질로서 ① 자유로운 상품경제를 영위하는 북부, ② 모노칼춰적 노예제인 남부 그리고 ③ 확대하여 가는 변방적인 서부라는 세 지역의 상이한 유형을 가지고 있다. 둘째, 발전단계로서는 기본적으로 국지시장권을 형성하는 단계의 경제이다. 이 시기의 미국은 왕성한 기업심과 활력이 있는 나라임에 틀림없지만 아직 농업단계에 불과하다는 것도 분명하다.

이러한 구조적 특질을 가진 미국경제에 있어서 일반적으로 해밀턴체제를 논할 때, 이 체제에 관한 분석시각으로서 다음 네 가지를 들 수 있다. 즉, ① 미국자본주의의 후발성(後發性)이며, ② 미국자본주의의 발달을 국민경제의 형성과정으로 파악하며, ③ 경제발전에 있어서 경제정책의 역할이고, ⑤ 국민국가의 건설문제가 그것들이다.

---

1) 일반적으로 공신용이란 나라신용, 즉 나라가 대부자본가로부터 화폐를 차입할 수 있는 능력을 의미한다. 그런데 해밀턴은 <제2차 국립은행에 관한 보고서>에서 공신용을 나라가 적당한 시기에 적당한 조건으로 화폐를 차입할 수 있는 능력을 가지고 장기간에 걸쳐 부채지불을 분산하는 기술로서 자국민의 총자본능력 및 다른 국민의 일부과잉자본을 가급적 빨리 유입하는 수단이라고 규정하고 있다.―諸田實, "國民經濟の建設における關稅・貿易政策", (川島武宣・松田智雄 編, 國民經濟の諸類型, 岩波書店, 1968, pp.419-420).

2) 小林昇, "原始蓄積のなかの保護主義"(杉山忠平 編, 自由貿易と保護主義, 法政大學出版局, 1984, p.66).

　미국은 영국의 식민지상태에서 1783년에 일단 정치적 독립을 달성하여 헌법의 제정으로 국내체제를 정비하였으나, 그것이 바로 국민국가[3]의 성립을 의미하는 것은 아니었다. 왜냐하면 독립 직후 미국은 대외적으로는 식민지적 종속국(從屬國)에로의 전락, 대내적으로는 여러 이익집단 사이에 대립의 격화로 국내분열의 위기에 처해 있었기 때문이다. 특히 1793년에 발발한 유럽전쟁(나폴레옹전쟁)의 장기화는 미국의 대외무역, 특히 중계무역에 활기를 불어넣어 무역·해운업의 황금시대를 맞이하여 미국경제를 점점 식민지적 농업국으로 전락시켰다. 이 전쟁으로 미국은, 한편, 해외시장의 확대와 중계무역의 발전으로 농업·무역·해운업은 미증유의 번영을 구가하였지만, 다른 한편으로는 국내공업의 발전을 정체시켜 해외시장에 대한 의존을 더욱 강화하게 되었다.

　이러한 위기를 타개하기 위하여 연방주의파의 영수(領袖)인 해밀턴은 새로운 나라의 경제적 기반을 공고히 하고 국내통일과 대외적 독립을 달성하고자 웅대한 국민경제건설의 계획을 구상하였다. 이 구상의 기본목표는 대외종속으로부터 탈피하여 국민적 통일에 불가결한 자립적 국민경제를 건설하는 데 있었다. 미국이 국민국가를 형성하기 위해서는 종래의 식민지적 농업국으로부터 벗어나 농업과 공업 사이에 균형 있는 국민경제의 발전을 도모하는 것이 무엇보다도 먼저 필요하다고 해밀턴은 생각하였다. 해밀턴은 이러한 목표를 달성하기 위하여 일련의 경제정책을 입안·실시하고자 하였으며, 특히 국내제조업을 보호·육성하고 국내시장을 창출·확대하는 것이 급선무라고 판단하였다. 해밀턴의 이러한 국민경제건설의 구상은 <제조업보고서(Report on Manufactures, 1791)>(이하 <보고서>라 함)로 나타났다.[4]

　해밀턴이 목표로 한 체제는 후발국인 미국의 원시축적을 위한 경제정책체계이며, 그것의 궁극적 목표는 미국이라는 국민국가의 형성에 있었다. <보고서>에 나타난 해밀턴의 보호주의는 남부의 모노칼취적인 농업의 이익에 대립하지만 어디까지나 농업과 공업의 균형 있는 국민경제의 수립을 목적으로 하고 있다. 여기에는 후발국 미국경제의 자립을 위한 독자적 정책론인 보호무역론이 구축되어 있다. 이 <보고서>의 특징은 중농주

---

3) 킹(Charles King)은 이를 국민체(Body of the Nation)라고 하였다. ─ Charles King, (ed.), British Merchant or Commerce preserved, London, printed in 3 volumes, in 1721, vol. I, p.1.

4) 해밀턴의 의회보고서는 다음 네 가지가 있으며, 그 가운데의 하나가 <제조업에 관한 보고서>이다.

　① First Report on the Public Credit(Jan.9, 1790)

　② Report on a National Bank(Dec.13, 1790)

　③ Report on the Subject of Manufactures(Dec.5, 1791)

　④ Second Report on the Public Credit(Jan.16, 1791)

의에 대한 중공주의의 우위라는, 말하자면 형식적으로는 준(準)스미스적이며 내용 면에 서는 리스트적인 형태를 취하고 있다고 할 수 있다.5) 해밀턴은 이 <보고서>에서 미국 공업의 발전가능성을 검토하면서 당시 미국에 존재했던 여러 가지 견해, 즉 ① 농업주 의, ② 자유방임주의, ③ 노동력 및 자본부족론과, ④ 특정계급우대론에 의한 공업반대 론 등을 비판한 뒤, 제조공업에 대한 보호·육성의 여러 가지 대책을 제안하였다. 특히 해밀턴은 ① 농·공업의 상호 의존성, ② 외국시장보다 중요하고 광대한 국내시장의 형 성, ③ 공업보호주의 등의 당위성을 강조하면서, 농·공업의 이익조화로 국내분업체제를 확립하고자 하였다.

해밀턴은 이 <보고서>에서 공업을 다음 두 가지 의미로 해석하고 있다. 즉, 그것은 사회적 분업과 기술적 분업이며, 사회적 분업을 다시 ① 국제분업, ② 산업분업, ③ 지 역분업 등 세 가지로 세분화하고 있다. 여기서 국제분업이란 농업국과 '농·공업국' 내 지 '농·공·상업국' 사이의 분업을 의미하며, 따라서 해밀턴의 분업론에는 선·후진국 이라는 단계적인 인식이 강하다는 것을 볼 수 있다. 따라서 농업국은 미국이며 '농·공 업국' 내지 '농·공·상업국'은 영국으로서, 전자가 후자의 생산력의 경쟁을 받을 경우 에는 전자는 보호정책을 수립할 필요가 있다고 해밀턴은 주장하고 있다.

한 나라의 독립과 안전은 제조공업의 번영과 밀접한 관계가 있기 때문에 농업의 다 양화와 공업의 다양화가 결합된 경우에만 한 나라의 독립과 안전이 보장된다. 그것은 면화경작(SUM: New Jersey Soceity for Establishing Useful Manufactures)6)이라는 한정 된 특정의 농·공업의 결합상태만을 지칭한 것이 아니라, 다양하고 광범위한 공업의 결 합을 상정하고 있다고 할 수 있다. 또한 해밀턴은 독자적인 재정금융정책7)과 임금노동

---

5) 해밀턴의 <보고서>의 사상적 기조는 제조업의 보호·육성에 의한 국내시장의 형성에 있다고 볼 수 있다. 이 사상은 해밀턴 자신이 처음으로 제안한 독창적 정책은 아니라는 것은 분명하 다. 왜냐하면 <보고서>의 초고를 작성한 콕스(Tench Coxe)가 이미 여러 정치집회에서 한 연 설, 즉 1787년 5월 '정치문제연구집회'와 같은 해 8월 '펜실베이니아 제조업·유용기술장려협 회'에서 보호주의에 관한 정책과 수단 그리고 강력한 정부의 수립을 강조하였기 때문에, 콕스 는 농업이 모든 공업에 우월하며 제조업의 어머니이고 상업은 그 시녀에 지나지 않으나, 상 업과 제조공업의 장려가 농업을 촉진하고 국민적 이익을 보장하며 이를 위해서는 먼저 강력 한 정부의 수립이 필요하다고 역설하였다. 또한 그는 제조업의 장려수단을 제시함으로써 성장 하는 제조업의 의의를 국내시장론의 입장에서 설명하는, 말하자면 해밀턴 보호체제의 형성에 보다 획기적으로 중요한 역할을 담당하였다. — 田島惠兒, ハミルトン體制研究序說, pp.393-394.
6) SUM, 즉 New Jersey Society for Establishing Useful Manufactures의 약칭으로서 해밀턴이 일 시적으로 발족시키고자 한 모델공장을 말한다. 1791년 11월 SUM은 자본금 100만 달러, 당시 로서는 큰 회사로서 면세나 병역면제 등 혜택이 부여되었다. 그리고 뉴저지주의회는 Paterson 에 면방공장 등 여러 공장을 중심으로 하는 공업타운의 건설을 추진하였다.

창출정책[8])을 수립하여 통일된 국민국가형성의 필요성을 강조하면서 하나의 미국체제를 수립[9])하고자 하였다. 이와 같이 해밀턴체제란 주로 <보고서>에서 제기한 제조업의 보호·육성이라는 보호주의적 사상과 그 이론의 구축 그리고 현실적인 정책의 실천에 있다고 할 수 있다.

그리고 공업에 대한 보호장려의 정책수단으로서 해밀턴은 보호관세, 수입금지, 장려금 등 11개 항목[10])을 들고 있지만, 스튜어트는 단 한 가지 수입금지뿐이었다. 즉, 스튜어트는 "최초의 조치는 그러한 (경쟁국) 국민과의 무역관계를 모두 차단하는 것이다. 그리고 외국인에 의지하지 않고 국내의 모든 부족을 충당하도록 노력하는 것"[11])이라고 하였다. 이러한 보호주의정책은 독점의 탄생과 일시적 가격상승을 초래하겠지만 국내공업의 발전과 국내의 자유경쟁을 통하여 결국 가격은 적정한 가격수준으로 하락하게 될 것이다. 보호의 결과로 농민에게 외국제품보다 저렴하게 공산품을 제공할 수 있게 될 것이기 때문에 농민의 이익도 증진시키게 된다고 해밀턴은 주장하였다.[12])

해밀턴은 스튜어트가 그러하였던 것과 같이 관세보다 공신용에 더 큰 관심을 가지고 있었다. 그렇다고 해밀턴은 보호관세의 실시에 전적으로 무관심한 것은 아니었다.[13]) 다만 관세에 크게 의존할 수 없었던 것은 해밀턴의 보호주의에 대한 의회 내의 저항이

---

7) 독립전쟁을 수행하기 위하여 필요한 채무(내·외채, 대륙통화)의 상환과 공신용의 안정, 화폐제도의 안정과 산업자본이 필요로 하는 저리자금을 의도하여, ① 공채처리(1970년의 공채차환법)와 조세제도의 정비(1789년의 직접세), ② 제일합중국은행의 설립(1791년), ③ 화폐법(1792년) 등이 제정되었다.

8) 노동인구의 부족을, 한편으로는, 노동생산력의 증진과, 다른 한편으로는, 임금노동자의 자유로운 토지에로의 정착(＝농민화)을 저지하기 위한 기본정책으로서 이를 극복하고자 하였다. 즉, ① 공유지정책, ② 미국에로의 이민의 촉진, ③ 기계화에 의한 노동절약의 정책 등이 바로 그 것이다.－久保房和, アメリカ經濟學史研究, 有斐閣, 1961, p.396.

9) John Wells(ed), The Works of Alexander Hamilton, in 3 vols, 1810, Vol.2, p.75.

10) Herald C. Syrett(ed.), The Paper of Alexander Hamilton(Vol.X), Columbia Univ. Press, 1966, pp.285－287.

11) James Steuart, op.cit., p.298.

12) Herald C. Syrett(ed.), op.cit., pp.285－287.

13) 연방정부의 수입 목적을 위하여서는 직접세보다는 간접세 쪽이, 소비세보다는 관세 쪽이 편리하다. 다른 형태의 과세보다도 수입세가 무난한 것은 헌법에 의하여 관세부과권에 연방의 전권이 부여되어 있으므로 그것이 주세(州稅)와 경합하지 않는다는 것과 그 징수가 다른 세금보다도 적은 비용으로 계속할 수가 있기 때문이다. 여기서 합중국 최초의 수입세(收入稅)로서 1789년 7월 미국선박에 유리한 톤세를 포함한 관세법이 제정되었다. 그러나 이 법은 단순한 수입법(收入法)은 아니었다. 이 법에서 정한 세율이 매우 낮다고는 하지만, 이 법의 전문(前文)에 "…… 제조업의 보호·장려를 위하여"라고 되어 있는 바와 같이 미국산업보호의 목적도 병행하고 있었다.－アメリカ學會 編, 原典史(第2卷), 岩波書店, 1951, p.52.

컸기 때문이며, 또한 1783년 유럽전쟁 이후 국제분업의 확대로 국내공업을 육성하고자 하는 국민들의 관심조차 희박해졌기 때문이다.

그러나 장래 미국경제의 비전을 실현하기 위하여 해밀턴이 주장한 보호·장려의 대상으로 삼은 산업은 국민적 공업, 즉 철·면방·양모공업 등 장래 미국산업자본의 기간이 될 수 있는 제조업이다.[14] 이러한 제조업부문을 해밀턴은 그의 <보고서> 제1초안에서 성장제조업 (growing manufactures)[15]이라 하였으며, 최종안에서는 신제조업(new manufactures)[16]이라는 용어를 사용하였다.

해밀턴은 기간산업을 국내산업활동의 중심으로 편성할 것을 제안하였고, 이를 통하여 미국경제의 국민적 통일을 달성할 수 있을 뿐만 아니라 점점 강화되어 가는 영국의 경제적 공세를 저지할 수 있다고 보았다. 건국 이후 19세기 전반까지 영국으로부터 미국에 이식된 면방직공업이 미국공업화의 중심이 된 사실은 전적으로 우연한 일이 아니다. 산업혁명 뒤, 저렴하고 양질의 면제품의 수출을 중심으로 발전해 온 영국의 경제공세에 미국이 대항하기 위해서는 국내시장으로 유입되는 영국면제품을 실력으로 저지할 수 있는 면방직공업의 빠른 성장이 가장 긴급한 과제였다.

해밀턴의 보호주의정책은 공업발전을 원동력으로 하여 농·공업의 상호 의존적 국내공업체제를 창출하는 데 있으며, 그 정책수단은 <보고서>에서는 보호관세이지만, 기타 <보고서>에서는 국내소비세와, 특히 은행설립과 공채발행을 통한 보조금의 지급 등 공신용도 강조되고 있다.

(2) 공업보호주의 사상

해밀턴의 보호주의는 아담 스미스의 이론을 비판하면서도 그의 영향을 받은 영국경제 제도의 수용, 미국에로의 이식, 이를 소화하고자 하는 한편, 영국의 경제적 공세로부터 미국경제를 방어하기 위하여 스튜어트 보호주의의 이념을 전면적으로 채택한 것으로 보인다. 스튜어트의 보호주의는 영국이 산업자본주의를 태동시키는 시기에 후발국인 독일 등 유럽 여러 나라에 있어서 '상업사회발전의 3단계'에서 정부의 통제를 역설한 것이다. 그러나 해밀턴의 보호주의는 미국의 산업이 영국의 지배 아래에 있었던 시기에 영국의

---

14) Herald C. Syrett(ed.), op.cit., pp.251-252.
15) Ibid,. p.39.
16) Ibid,. p.268.

공업과 미국의 농업이 수직적 국제분업을 형성하고 있었던 사실에 대응하여 나타났다. 영국과 미국 사이의 이와 같은 종속적 국제분업을 탈피하고 자립적인 국내시장을 형성하기 위해서는, 농업국의 항구화를 지양하고 공업보호를 통해서 농·공업의 균형 있는 발전을 도모하는 것이 필수적이었다. 따라서 해밀턴의 보호주의는 본질적으로 영국의 산업혁명 전기의 중상주의적 보호주의와 일치하며, 자유무역의 이념적·이론적 타당성을 대등한 경쟁조건 아래에서 인정하고 있다는 점에서 고유의 중상주의와 다른 이념적 측면을 내포하고 있다.

일반적으로 스튜어트가 주장하는 보호정책의 대상산업은 외국과 경합관계에 있는 제조업이지만 해밀턴의 경우는 반드시 그렇지 않다. 공업의 보호·장려의 조건으로서 해밀턴은 원료공급능력을 중시하였으며, 따라서 제조업의 장려정책을 실시한다는 것은 농업에도 이익이 되어야 한다는 것을 의미한다. 이와 같은 정책제안이 의미하는 것은 남부의 모노칼춰적 농업을 북부의 공업과 결합시켜 국민경제를 자립적으로 재편성하고자 한 것으로 추론할 수 있다. 이 추론은 제조업의 장려정책을 둘러싼 남·북 사이의 이익의 조화라는 해밀턴의 낙관론과 일치하는 것이며, 이것이 18세기 말에 성립한 초창기 미국의 보호주의의 특징이라 할 수 있다. 이러한 해밀턴체제가 초기 미국 자본주의 성립에 중요한 역할을 담당하였다는 것은 부인할 수 없다. 그 이유는 다음과 같이 제시할 수 있다.

첫째, 해밀턴체제 아래에서 미국의 국민경제건설의 기초가 형성되었다는 것이다. 위기에 직면하였던 미국이 국가통일에 불가결한 조세, 통화, 금융제도를 불충분하나마 정비하고, 누적된 공채를 산업자본으로 전환시킬 수 있는 조건을 마련하는 등 국민경제건설의 궤도를 해밀턴에 의해 일단 설정할 수 있었다.[17]

둘째, 해밀턴의 보호주의 사상, 즉 산업자본의 보호·육성에 의한 국내시장의 창출과 통일은 자신의 시대에는 실현되지 못하였지만 19세기 전반 미국체제로 계승·발전되었다. 여기서 미국체제(american system)란 19세기 전반 미국산업자본의 보호·육성에 의한 국내시장의 개발을 주장한 이론과 정책을 의미한다. 그것은 보호관세에 의한 미국공업의 육성을 당면의 과제로 요구한 것이었지만, 그의 궁극적 목표는 미국 국민경제의 자립－산업자본에 의한 국내시장의 통일－이었다.[18]

---

17) 田島惠兒, 앞의 책, 第1章.
18) 해밀턴체제의 정치적 대변자는 크레이(Henry Cray)였다.－久保房和, アメリカ經濟學史硏究, 有斐閣, 1961, 第1章.

　　해밀턴의 여러 보고서에 관하여 레이먼드는 그 의의를 높이 평가하면서 "정치경제학
의 논설다운 체제를 갖춘 유일한 미국민의 책은 해밀턴의 여러 보고서"[19]라고 극찬하
였으며, 또한 리스트도 "모든 시대에 있어서 가장 진보한 두뇌"[20]의 한 사람으로 해밀
턴을 들고 있다.

　　해밀턴이 <보고서>에서 전개한 제조업의 보호육성론은 아담 스미스의 자유방임론에
대한 최초의 반박이며, 또한 그 이후 리스트에게도 상당한 영향을 미쳤다. 당시 영국은
공업국으로서 우위를 점하여 식민지 내지 후진국들을 원료공급국으로 고착시키고자 하
였다. 그러나 식민지 내지 후진국들은 토지의 잉여생산물의 시장을 공업국에서 찾지 않
으면 아니 된다는 사정에 따라, 매우 불리하고 불안정한 지위에 있었다. 때문에 이들
나라는 공업국의 지배를 탈피하고 불안정을 극복하기 위해서는 단순한 농업국으로부터
'농·공업국'으로까지 전진하지 않으면 아니 되었다. 따라서 농업과 공업 사이의 국민적
조화는 공업국에의 의존으로부터 탈피하고자 하는 소극적 의미로 끝나는 것이 아니라,
적극적으로 농·공업의 결합 위에 국내시장을 창출하고자 하는 '국민적 분업과 생산력
의 국민적 결합'을 의미한다.

　　이렇게 볼 때, 해밀턴은 아담 스미스 경제학의 정책적 귀결인 자유방임주의, 즉 번영
하는 농업기반 위에 공업의 번영, 다시 말하자면 근대농업의 기반 위에 근대공업이라는
경제구조를 목표로 한 점에서는 아담 스미스 계보(系譜)에 속한다고 할 수 있으나, 그가
영국의 지배를 벗어나기 위해 자유무역체제보다 보호주의체제의 확립을 그 정책의 목표
로 삼고 있다는 점에서 아담 스미스 계보에서 이탈하고 있다. 건국 초기 미국은 정치적
으로는 이미 독립을 획득하였으나 경제적으로는 영국의 산업자본에 종속되어 있었기 때
문에, 한편으로는, 보호관세의 설정에 의하여, 다른 한편으로는, 국내시장의 개발에 의하
여 미국의 산업자본을 확대·발전시키는 데 최대의 정책과제를 두고 있었다. 이러한 사
실로부터 해밀턴은 미국이 영국의 경제적 종속으로부터 탈피하여 미국산업자본의 순환
을 미국의 국내시장에서 형성하여야 한다는 비전을 구상하게 되었으며, 이러한 체제를
정치적으로 적극 추진한 사람은 크레이(Henry Cray)였다.[21]

---

19) 레이먼드(Daniel Raymond)는 자신의 저서 서문에서 미국인의 손에 의하여 집필된 경제학이
　　 없다는 것을 유감이라고 생각하면서 해밀턴을 극찬하였다. ─Daniel Raymond, Thoughts on
　　 Political Economy, 1820.
20) Friedrich List, Outlines of American Political, 1827(正木一夫 譯, アメリカ經濟學槪要, 未來
　　 社, 1966, p.30).
21) 크레이(Henry Cray)는 해밀턴주의의 이론적 계보에 서서, 1833년 Whig당을 결성, 그 실력자

(3) 해밀턴체제의 평가와 한계

이상과 같은 해밀턴체제는 크게 두 가지로 평가될 수 있다.

첫째, 해밀턴 이후의 레이먼드, 케어리부자(父子), 리스트 등은 해밀턴의 보호주의를 후진국인 미국산업자본의 보호·육성론으로 파악, 소위 미국체제파 경제학자로 평가하는 견해이다. 미국체제파 경제학자들은 해밀턴의 경제정책을 불충분하지만 미국산업자본의 육성정책으로 파악하고자 하였다. 이와 같은 입장에서 보면 해밀턴은 기본적으로 미국산업자본의 이데올로기였다고 평가할 수 있다. 그런데도 이 해밀턴체제가 실현되지 못한 원인은 당시의 반연방주의파 등에 의한 반대와 기타 여러 제약에 있었다. 사실상 해밀턴체제의 경제정책의 기조가 되는 농업과 공업의 분업과 협업은 결국 정부의 강력한 보호 아래에 육성되는 제조업을 미국경제의 중심에 두고 국민경제를 형성하기 위한 하나의 비전이었다고 할 수 있다. 당시의 세계경제의 상황에서 볼 때 미국이 유리한 위치에 있었던 것이 아니다. 즉, 세계경제는 영국의 산업혁명의 진전과 이에 따른 공산품의 대량수출, 세계시장의 재편성 그리고 프랑스혁명과 이어 계속되는 '봉건제로부터 자본주의에로의 이행'이 활발하게 전개되고 있었다. 이러한 시기에 미국이 어렵게 성취한 정치적 독립을 유지하고 강력한 통일된 국민국가를 건설하기 위한 처방책은 해밀턴의 <보고서>라 하지 않을 수 없다.22) <보고서>는 어떤 의미에서 아담 스미스의 분업론에 영향을 받은 국내분업체제를 전개하는 데 중점을 두고 있다. 국제분업에 앞서 국내분업을 위한 경제정책이란 선진자본주의국의 압력 아래에서 공업화를 추진하고자 하는 후진국-엄밀한 의미에 있어 고유의 중상주의기를 결여한 나라-이 채택하여야 할 경제정책이라고 할 수 있다.

둘째, 해밀턴체제를 전기적 자본(상업자본)의 이익을 추진하기 위한 정책으로 보는 견해이다. 쿠퍼(Thomas Cooper, 1759~1840), 튜커(George Tucker) 등 반연방주의파에 의하면 해밀턴은 연방주의파의 계급인 대지주, 전기적 대상인, 금융업자 및 대경작자 등을 대변하였다고 야마다(山田信滿)23)는 주장하고 있다. 해밀턴은 본래 산업자본의 보호·육

가 되어 미국체제라는 정치·경제·문화 등 여러 분야에서 국민주의운동의 기수가 되어 해밀턴이 구상한 비전을 철저하게 수행하고자 하였다. 그의 경제정책의 중심이 유명한 보호주의이며 고율의 관세수입을 국내개발자금으로 투입하여 통일적인 국민경제를 형성하고자 하였다. -楠井敏郎, 앞의 논문, p.397.

22) 久保房和, アメリカ經濟學史研究, 有斐閣, 1961, p.394.

23) 해밀턴의 경제정책이 이론적으로는 산업자본의 보호·육성정책에 의한 국내시장형성론에 서

성을 목표로 한 것이 아니라, SUM 등 특권적 공장에 대한 원조정책에서 알 수 있는 바와 같이, 전기적 자본의 공업자본으로의 전환을 '위로부터'[24] 조성하자는 데 있었다. 오히려 해밀턴체제는 '밑에서부터' 성장되어야 할 자본의 형성을 저해하는, 말하자면 전기자본적, 절대왕정적 정책(콜베르주의)에 가까운 것이라고 평가하는 입장이다.

이상과 같이 해밀턴체제에 관하여 두 가지로 상이하게 평가되는 것은 그 체제가 상당히 복잡한 문제를 안고 있다는 증거이기도 하다. 해밀턴이 주장하는 보호주의에 의한 상업자본형성론과 SUM 보호정책과의 갭, 즉 이론과 정책의 갭[25]을 어떻게 파악해야 할 것인가. 이러한 문제는 독립 초기 미국경제의 전반적인 구조를 정책체계와 관련시켜 규명할 필요가 있지만, 해밀턴 이론의 내용이나 계보, 연방주의파의 사회적 계급적 기반 등을 감안해 볼 때, 전자의 평가, 즉 해밀턴체제가 공업보호주의에 의한 농업과 공업의 균형발전과 국내시장의 형성에 있다는 것은 부인할 수 없다.

한편 해밀턴의 웅대한 국민경제건설의 구상은 해밀턴의 시대에는 실현되지 못하였다. 그 이유는 다음과 같다.

첫째, 당시 미국은 산업자본을 형성하기 위한 조건이 결여되어 있었다. 즉, 서부에는 광대하고 저렴한 자유지(自由地)가 무한히 존재함으로써, 마르크스가 "자본가를 위해서가 아니라 자기 자신을 위해 노동하며, 독립자본자가 아니라 자기 자신을 부유하게 하는 독립생산자의 임금노동자들의 끊임없는 전화(轉化)"[26]가 진행되고 있었기 때문이라고 한 바와 같이, 자유로운 식민지로서의 조건은 농민층의 분해를 일정한도로 억제, 독립소생산자를 끊임없이 재생산하였다. 미국 내에 있어서 자유지에 의한 농업의 번영이야말로 미국의 자본주의 발전을 저해, 지연시키게 된 당시의 객관적 조건이다. 해밀턴 자신도 광대한 서부에 대한 식민이 한 나라의 활동적인 부(富)의 축적을 감소 또는 저해하여 공업발전을 지연시킨다는 것을 인식하고 있었다.[27] 이 조건은 해밀턴 시대에서

있지만, 실제적으로는 그것이 투기적 상인이나 대부자본가에 의존하여 이들의 이익을 촉진한 것은 사실이라고 한다. - 山田信滿, ハミルトンにおける保護主義の性格, 西南製作所, 1979.

24) 해밀턴은 영국의 잉글랜드은행에 상당하는 은행을 미국에 설립·운영하고자 하였다. 해밀턴은 19세기 초 설립된 많은 주립은행의 규제자로서 중앙은행의 기능을 담당하고, 또한 조세징수를 위임하고자 한 것이다. 여기서 그는 조세수입을 담보로 하여 발행되는 공채의 기초를 확립하게 하고 자본금총액의 불입을 용이하게 함으로써, '위로부터'의 원시축적에 필요한 재정자금창출에 중요한 역할을 담당시키고자 하였다. - 久保房和, アメリカ經濟學史研究, 有斐閣, 1961, p.400.

25) 山田信滿, ハミルトンにおける保護主義の性格, 西南製作所, 1979.

26) Karl Marx, Das Kapital: Kritik der politischen Oeconomie, Hamburg: Meiner, 3Bde., 1867 - 94: in(17)Bde., 23 - 24(資本論(全12冊), 岩波書店, 第4分冊, pp.1167 - 1168.

만 특유한 것이 아니라 19세기의 일반적 경향으로 볼 수 있지만, 건국시기의 미국에 있어서 산업자본이 형성되어 있지 않은 시기에 중요한 요인이 되었다. 해밀턴은 그 대책으로서 노동절약적인 기계의 도입, 부인·아동노동력의 활용을 주장하였지만 스레이더 공장 등의 예외를 제외하면, 그가 한때 모델공장으로 기대했던 SUM공장의 실패로 제조업에 대한 보호주의는 좌절되었다.

건국 초기의 미국은 아직 소농민의 나라에 불과하여 농민층은 끊임없이 확대재생산되는 조건 아래에 있었다. 제퍼슨(Thomas Jefferson, 1743~1826)을 맹주(盟主)로 한 농업주의가 해밀턴의 공업주의를 저지하고 있어 해밀턴의 공채·금융·조세정책에서 볼 수 있는 본원적 축적정책도 소생산자층의 몰락을 촉진하고 화폐적 부의 창출과 집중을 가속화시키면서 양자를 결합하는 방향으로 충분한 작용을 하지 못하였다. 영국의 경제적 침투로 몰락하게 된 소생산자 쪽은 다시 서부의 소농민이 되고, 이들에 의하여 창출된 부는 상업자본이나 투기적 자본으로 유출하였다. 또한 나폴레옹전쟁 발발 뒤, 미국농산물의 해외시장확대와 중계무역의 발전은 농산물의 수요를 확대시키고 무역·해운업의 번영을 초래하였다. 이 전쟁에 의한 농업과 무역의 번영은 해밀턴의 공업주의에 대한 관심을 냉각시켰다. 따라서 "통일국가건설의 청사진"[28] 또는 "미국 공업주의의 헌장"[29] 이라 일컬어지던 <보고서>는 이 시기에 사실상 사문화(死文化)되어 버렸다.

둘째, 해밀턴체제의 사회적·계급적 기반의 문제이다. 해밀턴이 영도(領導)한 연방주의파는 북부의 대상인, 금융업자, 남부의 농업자 등의 동맹을 기반으로 하였지만, 헌법제정 뒤에는 북부의 상업·금융의 이익과 남부의 농업의 이익이 서로 대립하게 되었다. 남부농업자들은 서부소농민층과 동맹을 결성하여 해밀턴의 경제정책을 북부의 상업·금융업자들의 이익만을 보호하는 정책이라면서 공격을 가하기 시작하였다. 해밀턴이 당시 구상하고자 하였던 내용은 국내분업체제를 구축하는 것이었다. 즉, 그 구상이란 북부공업과 남부농업의 결합을 의미한다. 이러한 상호 의존적 공업형성이야말로 정치적으로 국민을 결합시킬 수 있었음에도 불구하고 남부의 강한 반발로 그 구상은 실현되지 못하였다.

결국 해밀턴체제는 산업자본이 성숙하지 못한 상태에서 북부의 산업자본을 중심으로 한 상업·금융적 이익에 그 지지기반을 모색하지 않으면 아니 되었다. 즉, 상업자본의 이익을 옹호하면서 그것을 서서히 산업자본으로 전환시키는 방법을 선택하였다. 말하자

---

27) S. Mee(ed.), A Hamilton's Papers on Public Credit, Commerce and Finance, New York, 1957, p.71.
28) J. S. Miller, A Hamilton and the Growth of the New Nation, New York, 1957.
29) C. P. Nettls, The Emergence of a National Economy, New York, 1962.

면 공채정책(公債政策)을 기본으로 한 '위로부터'의 산업자본을 보호·육성하자는 것이 바로 그것이다. 여기에 해밀턴체제의 모순과 한계가 나타난다. 해밀턴이 의도한 자본의 창출정책이 말하자면 상업자본의 공업자본에로의 전환을 위한 방안이 실현되지 못하고, 결과적으로 토지와 공채의 투기자금으로 유출하였다. 또한 모델공장의 실패, 무역·해운업의 번영으로 공업부문에 대한 투자심리는 위축되어 갔다. 그리고 소생산자적 축적을 거의 무시한 해밀턴의 정책은 '위로부터'의 산업자본육성 그 자체도 실현시키지 못하였다.

이렇게 볼 때, 해밀턴의 상업적·금융적 이익의 옹호라는 반연방주의파의 비난은 결코 사실무근이 아니었다. 왜냐하면 해밀턴의 의도와는 달리 그의 정책은 객관적으로 볼 때 상업적·금융적 이익의 옹호에 귀결되어 버렸기 때문이다.

그러나 해밀턴이[30] 구상한 국내제조업(산업자본)의 보호·육성을 통한 자립적 국민경제의 건설이란 경제적으로는 자립적 국민경제와, 정치적으로는 통일적 국민국가의 형성이 그의 <보고서>에 일관된 원리이다. 그는 당면한 식민지적 종속화와 국내분열의 위기를 타개하여 위대한 미국체제를 건설할 수 있는 길은 농·공·상업의 조화 있는 발전에 의한 자립적 국민경제의 건설에 있다고 확신하였다. 특히 해밀턴이 <보고서> 가운데 구상한 국내제조업(산업자본)의 보호·육성을 통한 자립적 국민경제를 건설하고자 한 자신의 주장은 아담 스미스의 자유방임론에 대한 최초의 반박이며, 또한 리스트에게 큰 영향을 주었다. 해밀턴체제는 제조업보호가 중심적 지위를 점하고, 다른 정책은 제조업보호에 의한 산업자본육성을 보완하지 않을 수 없는 관계에 있었다는 것으로 평가된다.

2. 미국체제파와 보호무역론

(1) 국내산업의 파행적 발전

정치적 독립을 달성한 미국은 1783년에 헌법을 제정함으로써 일단 국내체제를 정비하였으나, 그 이후에도 경제는 여전히 영국의 식민지적 구조를 지속하지 않을 수 없었

---

30) 해밀턴은 같은 시대인이며 그의 협력자였던 콕스(Tench Coxe)의 균형 있는 국민경제(balanced national economy)의 이론과 기본적으로 그 맥을 같이하고 있다. — Tench Coxe, A view of United States of America, 1794(アメリカ學會 譯編, 原典アメリカ史(第2卷), 岩波書店, 1951, p.430에서 인용).

다. 따라서 해밀턴의 웅대한 경제자립의 구상도 정치적·경제적 이익의 대립으로 실현되지 못하였으며, 특히 1793년 유럽전쟁, 즉 나폴레옹(Napoleon, 1768~1821)의 전쟁의 발발로 이 구상은 좌절되고 말았다. 장기간에 걸친 전쟁으로 인하여 영국과 유럽대륙 사이의 무역이 차단됨으로써 이들 무역의 방향이 미국으로 향하게 되어 결과적으로 미국의 해외무역, 특히 중계무역이 활기를 띠게 됨으로써, 무역·해운업의 황금시대를 구가하게 되었다. 이렇게 됨으로써 미국경제는 점점 식민지적 농업국으로 전락하게 되었다.

먼저 문제가 되는 것은 건국 초기-1780년대 중반부터 1790년대 말까지의 시기-미국의 공업이 어떠한 발전단계에 도달해 있었는가 그리고 지배적인 경제형태는 어떤 것이었던가라는 점이다. 이 점에 관해서는 식민지적 종속으로부터 정치적으로 이탈하였다고는 하지만, 경제적으로는 영국에 대하여 후진적이며, 또한 영국의 산업혁명의 강한 영향을 받고 있었기 때문에 각종의 경영형태나 생산양식이 동시적으로 존재하는 상태에 있었으므로 정설이 없다고 할 것이다.

여기에 크라크(V. S. Clark)는 종래의 여러 주장들을 다음과 같이 정리하고 있다.[31]

공업경제의 분류에 관하여, ① 가내생산(homespun manufactures), ② 가내공업(household manufactures and shop manufactures), ③ 작업장생산(mill and furnace industry) 및 ④ 공장제도(factory system) 등 네 가지 형태를 들 수 있다. 이들 형태가 동시적으로 존재하고 있었다는 것이 건국 초기 미국공업의 특징 중의 하나이다.

1790년대 후반 미국의 공업, 특히 직물공업의 발전과정은, 한편으로는 가내공업, 즉 자생적인 농촌공업의 발달과 번영을 볼 수 있었던 반면, 다른 한편으로는 본업(本業)으로서의 제조공장(manufactory), 특히 정책적으로 육성하여 성장한 제조공장이 쇠퇴하였다는 것은 너무나 대조적이었다. 제조공장이 쇠퇴한 원인으로서, ① 선진국 영국의 압박 아래에 새로운 공업을 성장시키기 위한 기술과 경영의 어려움 그리고 ② 정책의 전환을 들 수 있다. 특히 중요한 것은 1793년 이후, 이 정책을 공업으로부터 무역으로 전환하였다는 데 있다. 그 이유는 유럽전쟁이 재발하여 미국상인들은 외국무역, 특히 중계무역에 관심이 커 결국 정책의 전환을 초래한 데 있었다.

이와 같이 이 시기에 미국공업을 특징짓는 구조의 이중성으로 육성 부분은 쇠퇴한 반면, 자생적인 부분은 보다 발전해 갔다. 이러한 구조의 이중성이 결정적으로 타파되기까지는 19세기 중반까지 긴 역사적 발달을 기다리지 않으면 아니 되었다.

---

31) V. S. Clark, The History of Manufactures in the United States, vol. I (Bibliography), pp.438－457.

나폴레옹 전쟁에 의한 무역의 급속한 발전으로 농업, 무역·해운업은 가장 유리한 부문이 되었으며, 이들 부문에 있어서 미증유의 번영은 상대적으로 국내공업의 발전을 저해시켜 공산품의 해외의존을 보다 심화시켰다. 그러나 유럽전쟁의 격화는 상반된 이익의 대립으로 농업과 무역·해운업의 번영을 영속시키지 못하였다. 왜냐하면 미국의 중립정책에 대한 영국과 프랑스의 간섭은 미국에 대한 대항조치로서 출항정지(出航停止令, Embargo Act, 1807), 영·불통상금지령(Non-Intercourse Act, 1809)을 공포함으로써 제2차 영·미전쟁(The War of 1812, 1812~1814)으로까지 비화하였기 때문이다. 따라서 유럽전쟁에 의한 이들 나라의 무역제한으로 번영을 구가해 왔던 미국의 무역·해운업은 제2차 영·미전쟁으로 급속도로 쇠퇴하고, 정체했던 공업이 오히려 급격하게 발전하는 계기가 되었다. 즉, 이 전쟁에 의한 무역제한은 공업에 대한 강력한 보호관세적 역할을 담당하게 되었다. 그 결과, 공산품의 부족은 가격을 등귀시킴과 동시에 무역·해운업의 상업자본이 유리한 공업으로 유입되기 시작, 공업은 서서히 활기를 띠게 되었다. 공업의 발전은 특히 뉴잉글랜드를 중심으로 한 면방직공업에서 현저하여, 면방직업을 기축으로 한 산업혁명이 태동되기 시작하였다. 면방직공업이 주도하는 산업혁명의 개시는 다른 여러 공업부문의 발전을 촉진하게 되었으며, 이러한 시기에 공업발전의 기반이 조성되어 그 이후, 보호주의의 담당자로서 산업자본가층이 양성되게 되었다.

이와 같이 순조로이 발전하여 왔던 공업부문은 1814년 종전(終戰)으로 격심한 타격을 받게 되었다. 평화의 회복은 다시 국내시장을 대외적으로 개방함으로써, 잉여농산물의 수출을 격증시키고 그동안 쇠퇴했던 무역·해운업을 회생시킴과 동시에 영국의 저렴한 공산품이 미국시장을 침투, 취약한 상태에 있는 미국공업을 파괴하기 시작하였다. 그동안 자립기반을 구축해 가고자 했던 미국경제는 이러한 사태로 다시 원래의 식민지적 경제구조로 역전하게 되었다. 한 예로 1816년 무역량은 1814년의 그것에 비하여 10배 이상 증가하였으나 무역수지는 더욱 악화하였다. 특히 영국공산품의 홍수와 같은 수입증가는 취약한 미국공업을 파괴시키는 데 충분하였다.

이러한 시기에 영국의 미국시장 침투에 대한 대책으로서 성립한 1816년의 관세법은 면업의 보호를 제외하면 유효한 보호효과는 없었으며, 농업과 무역업은 여전히 전후 붐을 타고 번영하였다. 따라서 1789년의 관세법으로부터 1816년의 관세법에 이르기까지는 기본적으로 재정관세의 시기이며, 무역정책도 원칙적으로 자유무역주의로 일관되어 왔다고 할 수 있다.

미국경제가 식민지적 경제구조로부터 자립적 국민경제구조로 급속하게 전환하여 소위 미국체제의 기반을 조성하게 된 것은 1820년대였다.[32] 물론 경제적 기반이 조성된 것은 무역제한시대-1807년의 출항정지령, 1809년의 영·불무역금지령-부터 북부를 중심으로 급속하게 성장해 온 공업부문이며 그 정책적 표현이 보호무역론이었다. 사실상 미국의 보호무역론은 독립 직후 '위기의 시대'에 이미 출현하였지만, 그 후 무역·해운업의 황금시대에 소멸하였다가 다시 제2차 영·미전쟁 이후 강력하게 대두하였다. 이처럼 보호관세에 의한 공업의 육성과 국내시장의 확보가 긴요하게 요구되었다.

보호무역운동이 본격적으로 전개되기 시작한 것은 1820년대이다.[33]

타우싱(Frank W. Taussig, 1859~1940)은 다음과 같이 이 시기 이전의 보호무역운동에 관한 정도를 증명할 수 없다고 하였다.

> "1818~1819년의 경제적 위기 이전에 강력한 보호관세운동을 추적할 수 없다. …… 1819년의 타격 이후에 보호관세를 요구하는 운동이 개시되었다. 그리하여 이 운동은 그 이전의 시기에 볼 수 없었던 강력한 국민적 감정에 의하여 지원되었다."[34]

제2차 영·미전쟁 이후에 내습한 1819년의 공황은, ① 전후 번영의 지주였던 해외농산물시장이 축소되어 농산물가격이 폭락하고, ② 공업도 타격을 받았으며, ③ 금융공황적 성격을 수반하게 되어, 미국경제에 심각한 타격을 가하였다. 이와 같이 심각한 타격을 받은 당시의 미국경제는 독립 직후 '제1차 위기'에 이어 '제2차 위기'에 직면하게 되었다. 이 공황으로 번영을 구가하던 농업과 무역업은 쇠퇴하고 보호무역운동은 일부의 이익을 초월한 국민운동으로까지 확대하였다. 이러한 위기를 계기로 종래 미미했던 보호무역운동은 일거에 여론화하여 자유무역 대 보호무역의 대결양상[35]을 띠게 되었으며 급기야는 대외무역정책에 관한 국론이 양분되기에 이르렀다. 이미 해밀턴이 주장했던 소위 미국체제가 그 이후 헨리 크레이에 의하여 강력하게 추진되었다. 헨리 크레이는 미국체제라는 해밀턴의 비전을 철저하게 수행하고자 경제정책의 중심을 보호주의에 두

---

32) 久保芳和, アメリカ經濟學史研究, 有斐閣, 1961, p.3-5.

33) 슈미트(L. B. Schmidt)는 1815년 이후 급속한 국내공업의 발전을 미국의 '식민지경제로부터 국민경제에로의 이행기'로 보고 있다.-L. B. Schmidt, "Internal Commerce and Development of National Economy before 1860", Journal of Political Economy, vol.LVII, No.6.

34) Frank W. Taussig, The Tariff History of the United States, 8th ed., New York, 1964, pp.68-69.

35) 1820년대부터 1830년대 초반에 걸쳐 관세법제정에 관한 논쟁은 그 대표적인 예이다. 관세는 단지 무역정책에 국한된 문제가 아니라 광범위한 미국경제정책의 구조와 동향이라는 중요한 문제로까지 확대되지 않을 수 없었다.

고 고율의 관세부과로 징수된 수입재원(收入財源)을 개발자금으로 투입하여 통일적인 국민경제를 형성하고자 노력하였다.

당시 중·동부지역을 지지기반으로 한 보호주의와 남·서부지역을 지지기반으로 한 반보호주의 사이의 대립이 첨예한 가운데 "초기 보호무역운동의 시작이자 가장 직접적인 효과"[36]였던 1824년의 관세법이 제정되었다. 이 법은 재정관세에서 보호관세로 전환된, 말하자면 보호무역운동의 일단의 승리였다. 이러한 여건 아래에서 다시 모직물공업을 중심으로 전개된 관세인상운동은 1828년의 관세법을 성립시켰다. 이 관세법은 반대파에 의하여 혐오(嫌惡)해야 할 관세(tariff of abomination)라는 비판을 받을 정도로 남북전쟁 이전까지 미국 관세사에 그 유례를 찾아볼 수 없는 최고의 세율을 가진 보호관세였다. 이 법의 통과를 계기로 남부의 격렬한 보호관세의 반대운동이 일어나 중대한 문제로 등장하였다. 남부에서는 보호관세를 남부의 희생으로 한 일부의 이익을 옹호하는 것이라 공격하면서 위헌(違憲)이라고 반대하였다. 더욱이 주권론(州權論)을 근거로 한 보호관세의 무효론(nullification)으로까지 발전해 갔다. 격화된 반대운동은 사우스케롤라이나 의회에서 유명한 무효선언(1832년)으로 나타나, 이 주(州) 내에서 보호관세의 무효를 결의하고 이를 강제하면 연방으로부터 이탈하겠다는 강경자세를 견지하기에 이르렀다. 이러한 상황에서 볼 수 있는 바와 같이 미국이 연방해체의 위기에 직면하게 되자 잭슨(Antrew Jackson, 1767~1845) 대통령은 '농·공·상업'이 항쟁하는 이익의 조화를 위해 관세인하를 권고하지 않을 수 없었다. 결국 1832년의 관세법은 그 첫걸음이며 이어 1833년의 관세법─통칭 타협관세법(Compromise Act)[37]─이 '미국체제'의 거장 헨리 크레이와 남부의 반보호주의의 투사인 칼폰의 타협으로 성립되었다. 이 법을 한편으로는 '대립하는 지역 및 이해의 평화조약'[38]이라고도 한다. 이 관세법은 종가세율 20% 이상의 관세를 점차 인하할 것을 규정한 법으로 보호관세에서 다시 재정관세로의 이행(역행)을 의미한다. 이 법의 제정으로 연방해체의 위기는 일단 모면할 수 있었지만 그것은 남·북 사이의 일시적인 휴전에 불과하였다. 미국체제파와 반보호주의파 사이의 대립과 모순은 보다 확대·심화되어 결국 남북전쟁으로 비화하는 원인의 하나가 되었다.

그러나 해밀턴의 보호무역주의는 그의 <보고서>의 간행 이후, 거의 30년 동안 학문

---

36) Frank W. Taussig, op.cit, p.74.
37) 이 법은 미국체제파와 남부의 반보호주의파와의 타협으로 성립된 것으로 지역적으로 대립하는 일종의 이해의 평화조약이라고 할 수 있다.
38) V. S. Clark, op.cit, p.281.

적인 어떤 방향을 보이지 않았다. 그동안 프랭크린(Benjamin Franklin, 1706~1790)에 의하여 자유무역이 유지되어 왔었지만, 무역제한시대와 1812년 전쟁기간 동안 일반적으로 보호무역주의운동에 괄목할 만한 영향이 있었으며, 이 기간에 자유무역론자였던 제퍼슨 대통령의 태도에 변화가 일어나기 시작하였다. 이러한 역사적 과정에서 1820년대의 자유무역과 보호무역의 논쟁의 절정기에 나일즈(Hezekiah Niles), 레이먼드(Daniel Raymond), 케어리(Mathew Carey), 리스트. 등 국민주의적 보호무역론자들이 등장하였다.

이들 밖에도 1820년대부터 1860년대까지 약 50년 동안에 미국에 레이먼드, 스티렛 (David Stirrat), 에버렛(Alexander Everret), 리스트, 제니슨(William Jennison), 필립스(Williad Phillips), 레(John Roe), 웨어(Nothaniel A. Ware), 케어리(Henry C. Carey), 콜튼(Calvin Colton), 스미스(E. Peshine Smith), 콜웰(Stephen Colwell) 등에 의하여 주창된 일련의 국민주의 경제학이 있다.

여기서 말하는 미국체제파 경제학이란 1820년경부터 1860년경까지 약 50년 동안에 걸쳐 레이먼드 등에 의하여 주창된 일련의 국민주의 경제학을 의미한다. 다시 말하자면 미국체제[39]의 확립이라는 공통적인 비전을 그 근거로 하면서, 그 위에 국민주의적 경제학을 구축하여 정책론으로 주장하여 보호주의를 주창한 일파의 경제학을 뜻한다.

그러나 미국체제파 경제학을 논할 때 대표적인 두 가지 견해가 있다.

첫째, 미국체제를 영국체제에 대항하는 학파로 보는 견해이고[40],

둘째, 미국체제파 경제학 그 자체를 고찰대상으로 하여 미국 내에 있는 이 학파와 다른 학파와의 대항관계로 보는 견해이다.[41]

전자는 미국체제를 4기로 나누어, ① 제1기의 대표로 해밀턴, ② 제2기의 대표로 다니엘 레이먼드, ③ 제3기의 대표로 M. 케어리, 리스트, ④ 제4기의 대표로 H. C. 케어리 등으로 분류하는 방법이다.

후자는 1789년부터 1829년까지의 시기를 '체제적 경제학의 출현'의 시기로 규정하여 이 시기의 경제학을 세 개의 그룹으로 분류하는 방법이다. 여기서 세 개의 그룹이란, ① 북부의 상업자본을 기반으로 하여 고전학파의 자유주의 경제학을 신봉하는 맥빅커

---

39) 미국체제(American System)라는 용어는 최초로 나일즈(Hezekiah Niles)에 의하여 그리고 크레이(Henry Cray)에 의하여 사용되었다. −Frank W. Taussig(ed), State papers and speeches on the Tariff(1893), p.289. p.313.
40) 大道安次郎, "アメリカ體制とイギリス體制"(東北大學, 經濟學(第30, 31號), 1954年 3月)
41) Joseph Dorfman, The Economic Mind in American Civilization, NewYork: The Viking Press, 1946.

(John McVicker), 토마스 제퍼슨 등의 자유방임론, ② 북부에 비판적 태도를 취하면서 남부 프랜터를 대변하고 경제학적으로는 고전학파의 자유주의 경제학을 신봉하는 토마스 쿠퍼 등의 자유방임론 그리고 ③ 보호주의적 국민주의 경제학을 주장한 다니엘 레이먼드, M. 케어리 등의 미국체제론이다.

이상 두 가지 분류방법에는 미국체제와 관련시켜 일관적으로 파악하느냐 아니면 미국체제의 비전과 그 경제학을 구분하여 고찰하느냐에 따라 상당한 차이가 있겠지만, 여기서는 국민경제와 보호무역에 연관한 연구에 그 목적이 있으므로 앞 절에서 고찰한 바와 같이 해밀턴은 미국체제의 비전을 제시한 미국 내의 보호무역론의 원류로서 리스트에 상당한 영향을 미쳤다는 것은 부인할 수 없을 것이다. 따라서 미국체제파 경제학을 구축한 레이먼드와 M. 케어리의 이론 가운데 먼저 레이먼드의 국민경제론을 고찰하고자 한다. 왜냐하면 여기서 검토하고자 하는 내용은 리스트의 국민주의가 미국체제파 국민경제학의 발전으로부터 어떤 영향을 받았는가에 있기 때문에 당연히 리스트가 미국에 체재한 시기에 체계화된 리스트이론에 선행하는 이론이 무엇인가를 규명하지 않으면 아니 되기 때문이다.

(2) 레이먼드(Daniel Raymond)의 국민경제론

레이먼드(Daniel Raymond, 1786~1849)는 보호무역의 이론을 주창한 미국체제파 경제학의 제1인자이다. 돌프만(Joseph Dorfman)은 다니엘 레이먼드(이하, 레이먼드라 함)를 "미국에 있어서 최초의 포괄적인 체제론자"[42]이라고 하면서, 미국체제는 레이먼드로부터 출발하여 건설되었다고 하였다. 그는 또한 해밀턴에 의하여 주창된 미국체제를 'Imperial Design'[43]으로 파악, 그 이후의 레이먼드, 리스트 등을 "미국체제의 추종자"라면서 이들을 "체계적 경제학의 출현"이라고 하였다.[44]

레이먼드는 아담 스미스가 사익(individual interest)과 국익(national interest)을 구별하지 않았다고 비판하였으며, 또한 그의 주장은 해밀턴 견해의 반향이며, 리스트사상의 예견을 제시하였다. 레이먼드는 통일체로서의 국민은 단순한 집합이 아닐 뿐만 아니라 개인과 같이 단명(短命)한 것도 아니며, 불사적(不死的)인 것이며, 영구히 존속하는 것이

---

42) Ibid., p.566.
43) Ibid., p.404.
44) Ibid., chp.2, sec.2.

며 또한 하나의 불가분적인 것이라고 하였다.[45]

"국민은 하나의 통일체이며, 통일체로서 모든 성질을 가지고 있다. 그것은 통일적인 권리, 통일적인 이익, 통일적인 소유물을 가지고 있다."[46]

따라서 국민을 구성하는 모든 개인은 국민 그 자체와 같지 않다. 레이먼드는 리스트에 앞서 국민을 하나의 통일체로서 개념화하여 국민경제학을 하나의 과학적 학문으로서 등장시켰다. 레이먼드는 부(富)란 개인에게는 일정량의 재산을 의미하지만, 국민적 부(national wealth)란 "생활필수품 및 편의품을 획득하는 능력(a capacity for acquiring the necessaries and comforts of life)"[47]이라고 하였다. 또한 "능력은 노동을 제외하고서는 존재할 수 없다. 그러나 그 크기는 다른 여러 사정에 달려 있다. 그것은 정부의 성질에 의하여 크게 영향을 받는다."[48]라고 한 바와 같이, 능력으로서 국민적 부의 개념은 리스트의 유명한 국민생산력(productive powers of a nation)에 관하여 인상적인 하나의 상(像)을 제시하였다. 레이먼드가 강조하는 "국민의 부나 힘을 증진시키는 모든 것을 조장하는 것은 정부의 권한일 뿐만 아니라 의무이다."[49]라는 것은 결국 정부의 성질 여하에 따라 국민생산력이 좌우된다는 것을 의미한다.

그러면 국민생산력을 규정하는 요인은 무엇인가.

레이먼드는 이들 요인으로서, ① 노동, ② 여러 자연조건, ③ 여러 인위적 조건 등 세 가지를 들고 있다. 그는 이 세 가지 요인 가운데서도 노동이야말로 생산력을 규정하는 본질적인 요인이라고 주장하였다. 노동을 국민생산력의 견지에서 추상적인 논의를 배제하여 국민이 처해있는 역사적 상황에 주목하여야 하지, 그렇지 않고 도덕적 견지나 한 나라의 독립과 안전이라는 입장에서 본다면 농업이 공업보다 우월하다는 주장도 할 수 있다.

"국민의 부에 있어서 어떤 종류의 노동이 다른 종류의 노동보다도 생산적인지 어떤지는 전적으로 각 특정국민의 사정에 달려 있다."[50]
"어느 시기에는 농업노동이 가장 생산적이며, 다른 시기에는 공업노동이 가장 생산적일 수 있다. 어느 것이 가장 생산적인가를 확정하는 규칙을 미리 정할 수는 없다."[51]

---

45) Daniel Raymond, Thoughts on Political Economy, 1st ed., 1820, p.34, p.131.
46) Ibid., p.27.
47) Ibid., p.37.
48) Ibid., p.37.
49) 앞의 번역서, pp.23-24.
50) Ibid., p.114.

국민적 생산력의 입장에서 본다면 농업노동이나 공업노동을 막론하고 모두 필요하지만 양자가 조화를 이루는 것이 가장 바람직하기 때문에 그는 두 부문에 노동을 균형있게 배분하는 것이 정부의 의무라고 하였다.

"일반적 경험에 의하면 두 노동은 상호 이익이며, 두 노동 사이에 적당한 중용(中庸)이 유지되고 있는 국민이 가장 번영하고 융성한다. …… 전적으로 농업국에서는 농업과 공업이 함께 번영하는 나라에 있어서만큼 완전한 정도까지 농업이 번영하지 않는다."52)

"농업노동과 공업노동이 상호 적당한 비율을 가지고 있는 사회가 가장 잘 조정된 사회이다. 가끔 일어나는 일이지만, 만약 한쪽이 지나칠 정도로 우세한 경우에는 다른 쪽을 장려·보호하여 균형을 도입하여 이것을 회복하는 것이 정부의 의무이다."53)

이상의 내용으로 볼 때, 제11장에서 검토할 리스트의 '생산력의 조화와 균형'의 사상과 너무나 현저한 일치점, 즉 농업·공업의 조화론뿐만 아니라 국민생산력론 전반에 관해서도 리스트에 앞서 레이먼드가 주장하였다는 것을 알 수 있을 것이다.

또한 레이먼드는 정부의 임무란 공익과 사익의 조화를 도모하는 데 있으며, 모든 제도나 시책은 국민적 부=국민생산력을 증진시키는 데 그 목적을 두어야 하며, 정부는 국민이 완전고용상태에 있는지의 여부를 확인할 필요가 있다고 하였다. 그는 또한 국민생산력을 증진시키는 수단으로서 공공사업, 전쟁, 은행, 공채, 공적독점, 관세, 노동을 절약하는 기계 등을 들고 있다. 국민생산력을 증진시키는 수단 가운데 보호관세는 항구성을 획득하는 주된 수단54)이라고 리스트가 주장한 바 있다. 그러나 레이먼드는 국내시장의 독점과 완전고용이라는 문제와 결부시켜 이 제도를 추천하지만, 그것은 어디까지나 국민의 역사적 현실에 따라 적용여부를 결정하여야 하며, 또한 보호관세는 국민의 산업활동을 자극한다면서 수입세(收入稅), 장려금, 주세(酒稅), 곡물법을 여기에 포함시키고 있다.55) 그에 의하면 또한 기계의 도입은 당시 노동력의 부족이라는 조건과 결부되므로 기계의 도입은 비교적 과감하게 수행되어 공업의 급속한 성장에 기여한 바 있다고 하였다.

---

51) Ibid., p.114.
52) Ibid., p.121.
53) Ibid., p.123.
54) Ibid., p.343.
55) 正木一夫 譯, アメリカ經濟學槪要, 未來社, p.83.

레이먼드의 사상은 비록 고전학파적 사고방식이라고 하여도 그것은 대외적으로는 영국의 고전학파와 국내적으로는 영국고전학파의 전통을 계승하는 자유주의와 대결하는 미국산업자본에 그 기반을 두고 있다. 또한 그의 기본적 시각은 일관되게 국민적 부=국민생산력이라는 기본개념을 중심으로 그 이론을 전개하고 있으며, 이것을 어떻게 증진시킬 것인가라는 것이 그의 변함없는 기본적 지향이었다. 따라서 레이먼드의 주장은 당시 미국산업자본의 요청을 이론적으로 표현한 것으로 보아야 할 것이다.

레이먼드의 이론이 리스트에 어떤 영향을 미쳤는가는 의문이지만 네일(C. P. Neil)은 양자의 주장이 다음과 같은 여섯 가지 내용에서 유사점을 지니고 있다고 주장하였다.[56] 그 내용은 다음과 같다.

첫째, 스미스학파는 사경제와 공경제를 구별하지 않고, 따라서 정치경제학이나 국민경제학이 아니라 오히려 개인경제학을 취급하였다.

둘째, 스미스학파는 인류의 일반적 이익과 한 국민의 이익을 구별하는데 실패하였다. 때문에 그 이론은 지나치게 만민주의적이며, 현실의 상태에 적용할 수 없다.

셋째, 스미스학파는 개인의 이익과 사회의 이익이 일치한다고 가정한다. 그러나 이러한 가정을 보증할 근거는 없다.

넷째, 정치경제학의 실질적인 체계는 각 국민의 존재를 무시할 수 없다. 각 국민은 개인적 이익이나 다른 국민의 이익과는 대립하는 국민적 이익을 가진 하나의 유기적 통일체로 간주된다.

다섯째, 각 국민은 사경제학 또는 개인경제학, 만민경제학 또는 인류경제학과는 달리 상황에 따라 특유한 국민경제학의 체계를 갖는다.

여섯째, 스미스학파의 체계는 교환가치의 이론이다. 국민적 부는 교환할 수 있는 상품에 있는 것이 아니라 생산력에 있다.

그러면 여기서 보호무역에 관한 해밀턴과 레이먼드의 주장에 있어 그 공통점과 차이점은 무엇인가.

물론 보호무역에 관한 이론을 해밀턴은 정치적 방향에 기초를 두고 있는 반면, 레이먼드는 경제적 방향에 두고 있다는 것이 특징적이며, 나아가 레이먼드는 자신의 보호주의에 관한 주장을 경제적 기반과 연관시키면서 그것은 바로 사적 이익, 국민적 이익 그리고 국제적 이익으로 구분한 점에 있다.

---

56) C. P. Neill, Daniel Raymond, Johns Hopkins Univ. Studies(15 series Ⅵ), 1897, pp.47－57.

이러한 기본적 시각의 차이에서도 양자가 보호주의에 관한 공통점은 정책이라는 용어를 사용하는 데 공정하다는 점이다. 즉, 국내시장을 확보하고 유치산업을 지원하기 위해 부과되는 보호관세는 고용을 촉진하고 덤핑을 방지한다. 물론 국내에서 생산되지 않는 상품에 관한 관세는 가장 낮아야 하며 높은 관세율을 갑작스럽게 인하하는 것은 국내산업에 피해를 주므로 이러한 조치는 가급적 피하여야 한다는 점이다. 그리고 무역수지를 유리하게 하여야 한다는 점이다. 또한 양자의 보호주의에 관한 견해에 있어서 차이점은 특기하다. 해밀턴의 이론은 보다 논리적으로 발전시킨 반면, 레이먼드의 그것은 스미스체계의 모순점을 하나씩 지적하면서 자신의 보호주의 체계를 명확하게 체계화하였다. 보호정책의 수단으로서 해밀턴은 보조금을, 레이먼드는 기본적으로 일시적인 관세를 우선시키고 있다. 레이먼드는 해밀턴 이후 30여 년이 지난 뒤, 미국체제파 경제학의 제1인자로서 해밀턴의 이론을 추진하였으며, 국민이라는 개념에 있어서는 리스트의 눈부신 선구자였다.

그러나 레이먼드는 리스트가 주장하는 국민경제학이라는 용어를 사용치 않았다. 또한 그는 경제학을 세 가지 유형으로 분류하지도 않았다. 그러나 레이먼드는 국민경제학과 동일한 의미의 정치경제학(political economy)이라는 용어로써 이를 사경제학(private economy)과 구별하면서 자신의 이론을 전개하였다. 레이먼드에 의하면 "정치경제학이란 공공의 부(富) 또는 국민적 부의 성질과 여러 원인을 가르치는 과학"57)이라고 정의하면서 과학의 임무는 "국민의 부와 행복을 증진시키는 가장 유효한 수단을 가르치는 데에"58) 있다고 하였다. 중상주의자나 중농주의자들이 국민의 구성 부분인 특정계급을 국민과 동일시하거나, 아담 스미스가 국민과 그것을 구성하는 모든 개인을 동일시하는 것과는 달리 레이먼드는 국민을 하나의 통일체로서 규정하였는바, 국민이란 리스트가 주장한 바와 같이 개인과 인류의 중간물(中間物)이며 그 국민의 경제가 바로 국민경제인 것이다.

(3) 케어리(Mathew Carey)의 보호무역론

당시 미국경제는 제2차 영·미전쟁(1812~1814) 이후에 발생한 1819년의 공황으로 큰 타격을 받아 독립 직후의 위기에 이어 '제2의 위기'에 직면하였다. 이러한 시기에 종래 맹아적(萌芽的)으로밖에 존재하지 않았던 보호무역운동이 일어나 보호무역이냐 아

---

57) Daniel Raymond, op.cit., p.9.
58) Ibid., p.9.

니면 자유무역이냐라는 문제가 국민적 관심사가 되고, 따라서 국론이 양분되기에 이르렀다. 종래의 식민지적 경제구조로부터 자립적 국민경제구조로 급속히 전환하는 경제적 기초를 창출한 것은 무역제한시대로부터 북부를 중심으로 성장해 온 산업자본이며 그 정책적 표현이 보호무역론의 대두였다.

"케어리를 공업의 확고한 옹호자로서 등장시킨 것은 1819년의 국민적 위기"였기 때문이라고 로우(K. W. Rowe)[59]가 지적한 바와 같이, 실로 이 국민적 위기야말로 케어리(Mathew Carey, 1760－1839)[60]를 14년 동안 미국체제의 가장 강력한 창도자(唱導者)로 만들었다. 그의 이론은 이 위기의 현상인식으로부터 출발하여 현상의 구제＝개혁이라는 실천적인 형태로 전개되어 있다. 따라서 그는 1819년의 공황을 어떻게 파악하였는가. 말하자면 국민경제 전체를 마비시킨 공황의 원인은 무엇인가. 그는 이 공황의 근본원인을 단적으로 "국내에서 생산할 수 있는 것을 국외로부터 구입하도록 유도한 우리 자신의 잘못된 정책"에 있다고 결론짓고 있다.[61]

케어리에 의하면 독립 이후 1820년까지 미국의 무역정책은 일관하여 국내시장을 무시하고 오로지 해외시장에 의존하는 정책을 취해 왔다.[62] 이러한 부당한 정책의 결과, 국내공업의 발전은 정체하여 국내시장은 점점 협소화하고 결과적으로 그것이 외국시장에 대한 의존을 보다 강화하게 되었다. 그렇지만 본래 불안정한 해외시장은 전후의 일시적 붐을 경과하여 그 이후 축소하기 시작, 농산물의 과잉생산은 격화하여 그 가격을 폭락시켰다. 이 때문에 공업만이 아니라 농업도 심각한 불황에 직면하고, 다시 그것은 상업·금융업에까지 파급하여 미국경제 전체가 마비상태에 이르게 되었다. 따라서 이 시기의 위기는 결코 일시적이고 과도적인 원인에 의한 것이 아니라 종래 미국 무역정책 그 자체에 기인하는 미국경제 전체의 구조적인 결함에서 발생한 것이다. 이러한 공황은

---

59) K. W. Rowe, Mathew Carey, A Study in American Economic Development, pp.37－38.
60) 케어리(Mathew Carey)의 주요 저서 및 논문은 다음과 같다.
   ① National Interests and Domestic Manufactures, 1819.
   ② The New Olive Branch, or an Attempt to establish on Interest between Agriculture, Manufactures, and Commerce, 1820.
   ③ A View of the Ruinous Consequiences on Foreign Market, 1820.
   ④ Essays on Political Economy, 1822.
   ⑤ Essays tending to prove the Ruinous Effects of the Policy of the U.S. on the Three Classes, Farmer, Planters, and Merchants, 1826.
61) Mathew Carey, op.cit., ①, p.iv.
62) 단, 무역제한과 전쟁의 시대에는 정부의 원조 없이도 국내공업이 눈부신 발전을 이룩하였지만 평화회복 이후 다시 원상태로 복귀하였다.

'모래 위에 축조된 번영－농산물의 해외시장의존에 의한 번영－'의 파탄을 극적으로 표현한 것이다.

케어리는 이러한 시대의 보호무역론자, 즉 나일즈, 레이먼드, 리스트 등과 함께 당시의 가장 대표적인 보호주의자였다. 케어리는 당면했던 경제위기의 원인이 "공업에 대한 적절한 보호의 부족"[63]에 있다면서 이를 다음과 같이 설명하고 있다.

> "농업·공업·상업 사이에는 완전한 이익의 공통성이 있다. 만약 그 가운데 하나가 중대한 피해를 입게 되면 나머지도 큰 피해를 공유하게 된다."[64]

즉, 공업의 파괴는 가장 귀중한 시장인 국내시장을 축소시킴으로써 농업 등에 심대한 피해를 준다는 것이다. 공업의 폐해가 특히 농업에 미치는 영향에 관하여 케어리는, ① 귀농화(歸農化)의 촉진, ② 외국으로부터의 공업이민의 저지, ③ 원료공장의 파괴, ④ 농가자녀의 공업고용저해 등을 지적한다. 바꾸어 말하자면 국내공업의 보호·육성정책을 태만히 하게 되면 결과적으로 산업구조의 왜곡, 즉 국내분업체제의 파행적 발전이 일어나, 결국 파국의 근원으로 발전하게 된다는 것이다. 이상의 네 가지 내용을 구체적으로 설명하면 다음과 같다.

첫째, 귀농화의 촉진작용이다. 공업의 파괴는 다수의 공업인구를 토지의 경작자로, 따라서 농민의 고객 대신에 경쟁자로 전환하였다는 것이다. 이 시기의 불황으로 공업인구가 가족과 함께 내륙부(內陸部)로 귀농화(to go back and cultivate the soil)하였으며, 그들의 식량소비로 농산물시장을 상실하였을 뿐만 아니라 그들이 농산물을 과잉생산함으로써 귀농화는 농민에게 이중의 손실을 주었다.

둘째, 공업이민의 저지작용이다. 한 나라의 경제발전에 있어서 공업이민(숙련공)의 역할은 미국에 있어서 무엇보다도 중요하다. 그러나 당시 공업부진 때문에 이민의 수는 격감하였다. 그들은 공업부문에 고용은 찾을 수 없어 귀농하든지 아니면 귀국하는 수밖에 없었다. 이들의 이민 가운데는 다수의 유용한 숙련공이 포함되어 있으며, 그들은 공업발전에 공헌할 뿐만 아니라 농산물의 고객이기도 하다.

셋째, 원료공장의 파괴작용이다. 공업의 침체는 그 이웃의 농민에게 시장을 제공하는 바와 같은 가장 귀중한 원료시장을 파괴한다. 당시의 면방공업의 부진 때문에 국내소비

---

63) Mathew Carey, op.cit., ①, p.42.
64) Mathew Carey, op.cit., ②, p.Ⅷ.

량이 격감하여 국내시장의 주요부문을 치명적으로 파괴시킴으로써 영국으로 수출량을 증가시켜 가격을 하락시키는 결과를 초래하였다.

넷째, 농가자녀의 공업고용의 저지작용이다. 농업에 부존되어 있는 부녀자들이 공장에 고용되는 것을 방해한다. 이들 부녀자들이 공업부문으로부터 이탈한다는 것은 농민에게 있어서도 중대한 손실을 초래한다는 것을 의미한다.[65]

이상과 같이 공업의 파괴는 가장 귀중한 시장인 국내시장을 축소시킴으로써 농업 기타 산업에 심대한 피해를 준다고 케어리는 지적하고 있다.

그는 미국이 당면한 경제위기를 탈피하기 위해서는 왜곡된 산업구조의 시정, 즉 농업·공업·상업의 균형 있는 발전을 회복시키지 않으면 아니 된다고 주장한다.

> "이와 같은 사태의 유일한 근본적 구제책은 혼란된 각종 산업부문 사이의 균형상태를 회복하기 위하여 국내공업을 전면적으로 장려하는 정책이다. 즉, 그것은 인구에 비하여 지나치게 과잉된 농업으로 공업노동자가 귀농하는 것을 저지할 뿐만 아니라 이미 귀농한 공업노동자를 원상태로 복귀토록 하여 면화의 생산을 줄이고 가장 중요한 원료의 국내소비를 늘리는 것이다. …… 제조업이 적절한 장려를 받게 되면 원료의 가장 중요한 시장을 농민들에게 제공할 수 있다."[66]

이상과 같이 케어리는 농·공·상업이 균형 있는 국민경제(balanced national economy)의 발전을 위해서는 파행적 발전을 거듭해 온 국내의 생산구조를 시정하여야 하며 그 시정책으로서 무엇보다 국내공업을 장려하여야 한다고 주장하였다.

따라서 케어리는 농·공·상업의 균형 있는 국민경제의 발전을 위하여 국내공업의 보호·육성을 당면의 가장 중요한 정책의 목표로 하였다. 그렇다면 케어리의 공업보호·장려론이 기본적으로 콕스(Tench Coxe)를 비롯하여 해밀턴의 공업보호주의의 사상을 계승하고 있다는 사실에 의심의 여지가 없다. 다만 해밀턴의 사상과 차이점이 있다면 그것은 보다 발전된 경제적 기반, 즉 산업자본이 어느 정도 축적된 상태에서 현실적이고 실천적인 이론을 전개하고 있다는 점이다. 왜냐하면 해밀턴 시대에는 불분명했던 산업자본가층이 케어리시대에는 그 이론의 실현을 위한 주요한 담당자로서 상당히 분명하게 등장하였기 때문이다.

케어리는 자신이 주장하는 국민경제라는 문제를 다음과 같이 명쾌하게 제기하고 있

---

65) Mathew Carey, op.cit., ④, pp.439-443.
66) Ibid., p.509.

다. 문제는 "스미스의 기치(旗幟) 아래에 파멸에로의 길(road to ruin)로 우리나라를 인도할 것인가, 아니면 해밀턴의 기치 아래에 참된 독립에로의 길(road to true independence)을 걸을 것인가."[67]라는 양자택일을 하여야 하는 것이다. 바꾸어 말하면 미국경제가 나아가야 할 길은 '파멸에로의 길', 즉, 자유무역론에 기초한 국제분업체제—구체적으로는 영구적인 산업자본으로의 편성—로 편입된 종속적이고 식민지적인 경제구조를 선택할 것인가, 아니면 '참된 독립에로의 길', 즉 보호무역론에 기초한 균형 잡힌 자립적 국민경제구조를 선택할 것인가라는 방향을 제시하였다. 또한 그는 "참된 독립에로의 길은 어떻게 달성될 수 있는가."[68]라고 자문하면서 이 문제에 관하여 유럽 여러 나라의 무역정책을 검토하면서 다음과 같은 역사적 교훈을 도출하였다.

당시 유럽 여러 나라에는 두 가지 대조적인 무역정책이 있었다.

그 하나는 영국·프랑스의 국내공업의 보호정책, 즉 국내시장의 보호이며,

다른 하나는 스페인·포르투갈의 자유무역정책, 즉 선진국에 대한 국내시장의 개방이다.

그 결과, 전자는 확실히 국부(國富)를 증진시킨 데 반하여 후자는 국력이 쇠퇴하여 파멸의 길로 돌진하였다. 후자의 비참한 말로는 바로 메슈엔조약(1703년)에 의하여 영국공업에 국내시장을 개방하였기 때문에 국내공업은 쇠퇴하여 영국에로의 종속화를 걷게 된 포르투갈의 운명을 상기하지 않으면 아니 된다.

여기서 케어리는 미국과 포르투갈의 상태를 비교한 결과, 미국은 포르투갈에 매우 유사하다는 것이다. 미국의 남부는 영국경제에 종속되어 영국경제와 국제분업체제의 일환으로서 편입되어 있었지만, 북부는 광대한 내부시장을 창출하면서 공업의 급속한 성장을 볼 수 있었다. 때문에 남부와 북부의 합성물인 미국경제는 영국·프랑스의 모델(자립형)의 길이 아니라 스페인·포르투갈의 모델(종속형)에로의 위험한 길을 걷고 있다면서 이를 케어리는 경고하였다. 그리고 이러한 역사적 경험으로부터 국가의 번영은 국내공업에 대한 장려에 정비례한다는 교훈을 얻게 된 것이다.

케어리에 의하면 그것은 "우리나라에서 생산할 수 있는 공산품의 수입을 제한하여 국내공업을 육성한다."[69]라는 것이다. 이렇게 함으로써 해밀턴이 구상했던 국민국가를 형성할 수 있다. 때문에 그에게 있어서 가장 현명한 구제책은 대외시장을 축소하고 국내시장을 육성·확대하는 데 있다. 그러자면 제조업자의 수를 증가시켜 국내시장, 즉 토

---

67) Mathew Carey, op.cit., ①, p.57.
68) Ibid., p.44.
69) Ibid., p.44.

지의 미가공생산물을 위한 최상의 시장을 확대시키지 않으면 아니 된다. 결국 보호관세에 의한 무역의 차단으로 국내공업을 육성하고 국내시장을 확대하는 것이야말로 "참된 독립에로의 길"[70]이다. 이렇게 볼 때, 해밀턴의 공업육성정책에는 공신용(pubic credit)의 창출을 주(主)로 하고 보호관세를 종(從)으로 한 데 비하여, 케어리는 철두철미하게 보호관세에 의존하고 있다는 점에서 양자의 차이점을 발견할 수 있다.

국내공업의 육성에 의한 국내의 시장형성의 중요성에 관하여 케어리는 "농산물 및 공산품을 위한 국내시장은 모든 외국시장보다 훨씬 중요하다. 예를 들어 광범하게 외국무역을 영위하고 있는 나라에서조차 그러하다."[71]라고 하였다. 이와 같은 주장은 이미 스튜어트, 스미스 그리고 해밀턴에 의해서도 일관되게 주창된 것이지만, 케어리는 국내시장우위론을 다음과 같이 더욱 확실하게 표명하고 있다. 즉

첫째, 국내시장이 외국시장보다 그 규모가 크다.
둘째, 농산물수출과 공산품수입이라는 형태의 무역은 농산물수출국에 불리하다.
셋째, 외국시장이란 원래 불안정하고 가격변동이 심하기 때문에 수송비나 유사시에 나라의 안전과 독립유지라는 점에서 볼 때, 국내시장이 보다 더 중요하다.

아담 스미스가 공업의 발전을 농업의 후예(後裔)로 보고 있는 것이나, 해밀턴이 번영하는 농업 위에 공업의 발전을 기대하는 것과 같이 케어리는 농산물을 위해서도 국내시장의 확대는 필요불가결하며 국내시장의 확대는 "국내공업의 보호에 의하여 달성되어야 한다."[72]라고 결론짓고 있다. 그러나 농업·공업·상업 이익의 상호 의존성이라는 측면에서 당시 미국산업구조의 왜곡을 시정하자는 입장을 고려할 때, 케어리의 주장은 지나치게 공업보호에 치중하고 있다고 단정하기는 어렵다. 그런데도 케어리를 국민적 보호주의자라고 단언할 수 있는 것은 앞에서도 인용한 바 있는 로우(K. W. Rowe)가 "케어리를 공업의 확고한 옹호자로서 등장케 한 것은 1819년의 국민적 위기였다."[73]라고 한 바와 같이, 실로 케어리의 보호무역론이 이 위기라는 현상의 인식에서 출발, 현상의 구제·개혁이라는 실천적 형태로 전개된 데 그 배경을 찾아볼 수 있다. 농산물의 국내시장확대를 위한 국내공업의 보호라는 관점에서 볼 때, 리스트가 "국민의 농업력이 계속

---

70) Ibid., p.57.
71) Ibid., p.14.
72) Mathew Carey, op.cit., ④, p.Ⅳ.
73) K. W. Rowe, op.cit., pp.37－38.

위축되는 것을 저지하기 위해서는, ……, 국내에 공업력을 수립하는 것보다 더 좋은 수단은 없다."[74]라고 주장하기에 앞서 이와 비슷한 내용이 이미 케어리의 이론에 보다 선명하게 나타나 있다.

이러한 역사적 판단으로부터 케어리는 "국가의 번영은 국내공업에 대한 장려에 정비례한다."[75]라고 강조하면서 국내공업의 보호 · 육성을 당면의 정책목표로 삼아야 하는 몇 가지 이유를 다음과 같이 들고 있다.[76]

첫째, 농업과 상업은 이미 충분한 보호를 받아온 데 비하여 공업은 지나치게 무시당해 왔다. 그 결과, 여러 산업 사이에 적절한 분업의 균형이 파괴되어 경제위기를 초래하였다. 농업과 상업은 경제규모에 비하여 이미 비대하므로 과잉인구의 유일한 배출구는 공업이어야 하며 공업의 육성을 통하여 여러 산업 사이의 균형을 회복할 필요가 있다.

둘째, 공업이야말로 국내시장을 확대하는 원동력이다.

셋째, 공업생산 그 자체가 유리하다. 말하자면 공업생산성은 농업생산성보다 더 높다.

이상 세 가지 논점에 관한 케어리의 견해는 해밀턴의 <보고서>와 더불어 앤더슨(J. Anderson)의 저서[77]를 통해서 보완되고 있다. 앤더슨은 스코틀랜드에 모직물공업을 육성함으로써 내부시장을 창출하고자 하였다. 그는 "농민만이 살고 있는 나라는 태만하고 비참한 지역"[78]이라면서 농업을 발전시키기 위해서는 공업을 도입 · 육성시킬 필요가 있다고 강조하였다. 또한 "이웃에 제조업자를 두어야 한다. 제조업자는 농민이 시장에 가져오는 모든 농산물을 구입할 것이다. 그러므로 농민은 드디어 근면하게 될 것이다."[79]라고 하였다. 이와 같은 내부시장의 존재가 항상 농업을 진흥시킬 수 있다.

케어리는 그 한 예로 펜실베이니아 주의 서부에 위치한 한 마을인 하머니(harmony)[80]를 들고 있다. 이 마을은 1804년에 한 내륙에 형성되었지만, 거기에는 "처음부터 농업과 공업이 함께 손을 잡고 추진되었기 때문에 부와 번영에로의 진보는 어떤 선례보다 훨씬 능가하여 왔다."[81]라고 케어리는 설명하고 있다. 그래서 "이 작은 사회(common

---

74) 小林昇 譯, 經濟學の國民的體系, 岩波書店, 1970, p.220.

75) Mathew Carey, op.cit., ①, p.Ⅲ.

76) Mathew Carey, op.cit., ⑤.

77) 앤더슨은 스코틀랜드에 모직물공업을 육성함으로써 내부시장을 창출하고자 하였다. ―J. Anderson, Observations on the Means of exciting a Spirit of National Industry, 1777, p.61.

78) Ibid., p.61.

79) Ibid., p.62.

80) 하머니마을은 1804년에 유럽이민자들에 의하여 형성된 마을로서 7년 뒤인 1811년에는 인구가 800여 명으로 증가하였다.

81) Mathew Carey, op.cit., ②, p.178.

wealth)는 전면적으로 그 공급을 자기 자신에 의존"[82]하여 왔기 때문에, 어느 다른 지역 보다도 부의 증진과 번영을 향유할 수 있었다고 케어리는 부가하여 설명한다.

이 마을은 식민(植民) 이후 겨우 7년(1811년) 만에 인구는 800명으로 증가하였으며, 각자의 직업으로서 취업인구 244명 가운데 농민은 103명(42%), 각종 수공업이 136명(56%)을 차지하고 있었다. 다종다양한 각종 수공업자의 대부분은 소생산자였다고 생각되지만 모직물업과 같이 이미 메뉴팩춰 내지 초기공장으로까지 발전한 것도 파악할 수 있었다. 이 하머니마을의 사회적 분업의 구조는 이전에 덴치 콕스가 공업마을의 모델로서 묘사한 전형적인 실현형태로 볼 수 있다. 말하자면 여기에는 국지시장권이 형성된 것이다. 케어리는 이 하머니마을의 예를 다음과 같이 결론짓고 있다.

> "하머니는 인류의 행복을 촉진하고 여러 국민의 부와 힘 그리고 자원을 증진하기 위한 참된 정책에 관하여 가장 유익한 교훈을 나타내고 있다. 하머니의 사람들은 참된 실천적 경제학자였다. 그들은 미국의 나머지 대부분의 사람들과 같이 그들의 부를 원거리의 지구 반대쪽 공업을 위하여 낭비하지 않았으며 또한 국내에서 생산할 수 있는 제품을 값싸게 외국으로부터 구입하지 않았다. 제퍼슨의 건전하고 힘 있는 말을 사용하자면 그들은 농민 쪽에 제조업자를 두어라(place a manufacturer in the neighbourhood)는 것이다."[83]

여기서 명백한 바와 같이 케어리의 국내시장론의 원형은 이 하머니마을에서 전형적으로 찾아볼 수 있다. 이 마을은 전면적으로 그 공급을 자기 자신에 의존하는 사회적 분업구조, 즉 국지분업이었다. 그리고 국지분업을 거점으로 하여 다른 국지분업과 결합된 것이 지역분업이, 이것이 다시 국민적 규모로까지 확대된 것이 국내시장이다. 그 때문에 하머니마을이란 말하자면 그가 목표로 하는 자립적 국민경제 건설의 축소판이라고 할 수 있다.

또 다른 한 가지 예는 리스트가 미국체제 때에 국민경제의 모델로서 다루었던 저먼타운(German town)에서 발견할 수 있다. 저먼타운은 건국 이전인 1748년에 펜실베이니아 주의 한 공업마을로 발전하여 독자적인 공업권을 형성하며 그들이 필요한 모든 것을 생산할 수 있어 영국과의 거래를 필요로 하지 않는 국지시장권을 형성할 수 있었다.[84]

---

82) Mathew Carey, op.cit., ①, p. ⅴ.
83) Mathew Carey, op.cit., ②, p.179.
84) 宮野啓二, "局地的市場圈の形成"(大塚·高橋·松田 編著, 西洋經濟史講座(第2卷), 岩波書店, 1966).

또 다른 예로서는 독립 직후, 1786년에 역시 펜실베이니아 주의 랑카스타에서 그리고 1802년에는 피츠버그 등에서 자급자족적인 국지시장권을 형성하고 있었을 뿐만 아니라 각각의 국지시장에 섬유나 금속제품 등 지역의 특수공산품을 생산, 상호 교환함으로써 드디어 분업이 지역적 규모로 진행할 수 있었다. 물론 건국의 시기의 미국 경제상태를 이러한 사정만으로 해석할 수는 없으며, 오히려 이와는 반대되는 국제분업상태(=국제시장관계)나 이에 결부된 경제적 이해도 과소평가할 수 없다. 그러나 국지시장권의 형성과 이 시장권을 지역시장권으로, 다시 이를 국민적 규모로 통일하고자 하는 경향은 미국이 독일에 앞서 이루어진 현저한 국민경제 형성과정의 기본선을 이루고 있었다.[85]

케어리의 국내시장론은 그 전형적인 모델인 하머니라는 마을에서 볼 수 있는 바와 같이 전적으로 그 공급을 자체 내에서 해결하고자 하는 사회적 분업구조, 즉 국지분업이다. 이러한 형태를 공동체(Gemeinde) 혹은 공동조직(Gemeinwesen)이라는 사회관계로 설명하는 경우[86]도 있지만, 케어리에 있어서 이 문제는 자립적 국민경제건설의 축소판으로서 이해되고 있다. 케어리의 국내시장, 즉 국민경제론은 이와 같은 국지분업으로부터 출발하여 지역적 규모, 다시 국민적 규모의 공동체로까지 확대된다.

이처럼 국민경제가 어떻게 형성되어야 하는가라는 방법론에 있어서 농업·공업·상업의 조화에 관한 한, 레이먼드, 케어리와 리스트의 견해는 일치한다. 그러나 국민경제의 형성과정이 국지분업으로부터 출발한다는 점에서 레이먼드와 리스트가 감히 구상해 보지 못했던 케어리 고유의 학문적 기여의 하나라 할 수 있다.

사실상 미국의 건국 시기나 초기의 무역제한 시대에는 국내공업이 호황을 맞이하고 있었다. 그러나 그 이후의 시기에는 영국상품의 홍수와 같은 수입으로 유약(幼弱)한 국내면업이 파괴적인 타격을 받았지만, 영국상품에 영향을 받지 않는 내륙의 농촌지역의 공업은 식민지 시대 말 이후 비교적 균형 있는 사회적 분업이 발전하고 있었으며, 국지분업＝시장으로부터 지역분업＝시장으로의 전개과정에서 특정의 공업의 거점으로서 공업마을이 형성·발전되고 있었다.[87]

물론 케어리의 장점은 예리한 현실적 감각을 가지고 시대의 방향을 통찰하여, 그 방향을 뒷받침하는 풍부한 자료를 구사하면서 설득력 있는 주장을 전개한 데 있지만, 그의 이론 및 정책의 기본적인 골격은 독창적이라기보다 오히려 해밀턴의 계승이라고 보

---

85) 大塚久雄, 國民經濟, 岩波書店, 1980, pp.77－79.
86) 大塚久雄, 共同體の基礎理論, 岩波書店, 1955.
87) 中村勝己, アメリカ資本主義論, 未來社, 1971, p.21.

아야 한다. 그렇지만 그가 목표로 한 것은 무엇보다도 미국의 참된 독립의 완성, 즉 자립적 국민경제의 확립이며, 그 달성의 수단으로서 보호관세에 의한 국내공업의 육성과 국내시장의 보호·확대에 있었다. 특히 그가 공업에 대한 보호관세의 필요성을 공업이 '농업의 벗'으로서 농산물을 위한 국내시장의 공급역할을 담당하여야 한다고 주장한 것은 그의 탁월한 견해라 하지 않을 수 없다. 그는 단순히 당시 형성되기 시작한 남부·북부·서부라는 기존의 지역 사이 분업을 그대로 안이하게 결합시켜야 한다고만 주장한 것이 아니라, 농업지역의 내부에서 공업을 창출시키고자 의도하였다.

참고문헌

1) Anderson, J., Observations on the Means of exciting a Spirit of National Industry, 1777.
2) Clark, V. S., The History of Manufactures in the United States, vol. Ⅰ(Bibliography).
3) Carey, Mathew의 주요 저서 및 논문은 다음과 같다.
   ① National Interests and Domestic Manufactures, 1819.
   ② The New Olive Branch, or an Attempt to establish on Interest between Agriculture, Manufactures, and Commerce, 1820.
   ③ A View of the Ruinous Consequince of Foreign Market, 1820.
   ④ Essays on Plitical Economy, 1822.
   ⑤ Essays tending to prove the Ruinous Effects of the Policy of the U.S. on the Three Classes, Farmer, Planters, and Merchants, 1826.
4) Dorfman, Joseph., The Economic Mind in American Civilization, New York: The Viking Press, 1946.
5) Hamilton, Alexander의 의회보고서는 다음 네 가지가 있다.
   ① First Report on the Public Credit(Jan.9, 1790)
   ② Report on a National Bank(Dec.13, 1790)
   ③ Report on the Subject of Manufactures(Dec.5, 1791)
   ④ Second Report on the Public Credit(Jan.16, 1791)
6) Herald C. Syrett(ed.), The Paper of Alexander Hamilton(Vol.X), Columbia Univ. Press, 1966.
7) King, Charles(ed.), British Merchant or Commerce preserved, London, Printed in 3volumes, in1721, vol. Ⅰ.
8) List, Friedrich., Outlines of American Political, 1827(正木一夫 譯, アメリカ經濟學槪要,

未來社, 1966).

9) Marx, Karl., Das Kapital: Kritik der politischen conomie, Hamburg: Meiner, 3Bde., 1867－94: in (17)Bde., 23－24(資本論(全12冊), 岩波書店, 第4分冊).

10) Mee, S., (ed.), A Hamilton's Papers on Public Credit, Commerce and Finance, New York, 1957.

11) Miller, J. S., A Hamilton and the Growth of the New Nation, New York, 1957.

12) Neill, C. P., Daniel Raymond, Johns Hopkins Univ. Studies(15 seriesⅥ), 1897.

13) Rowe, K. W., (ed)Mathew Carey, A Study in American Economic Development.

14) Nettls, C. P., The Emergence of a National Economy, New York, 1962.

15) Raymond, Daniel., Thoughts on Political Economy, 1820.

16) Steuart, James., An Inquiry into the Pruincipkles of Political Economy, London, 1767.

17) Tench Coxe, A view of United States of America, 1794 (アメリカ學會 譯編, 原典アメリカ史(第2卷), 岩波書店, 1951).

18) Schmidt, L. B., "Internal Commerce and Development of National Economy before 1860", Journal of Political Economy, vol.LⅦ, No.6.

19) Taussig, Frank W., (ed), State papers and speeches on the Tariff, 1893).

20) Taussig, Frank W. The Tariff History of the United States, 8th ed., New York, 1964.

21) Wells, John, (ed), The Works of Alexander Hamilton, in 3vols, 1810, Vol.2.

22) アメリカ學會 編, 原典史(第2卷), 岩波書店, 1951.

23) 大塚久雄, 國民經濟, 岩波書店, 1980.

24) 大塚久雄, 共同體の基礎理論, 岩波書店, 1955.

25) 大道安次郎, "アメリカ體制とイギリス體制"(東北大學, 經濟學(第30, 31號), 1954年 3月)

26) 小林昇, "原始蓄積のなかの保護主義"(杉山忠平 編, 自由貿易と保護主義, 法政大學出版局, 1984.

27) 小林昇 譯, 經濟學の國民的體系, 岩波書店, 1970.

28) 田島惠兒, ハミルトン體制研究序說.

29) 久保房和, アメリカ經濟學史研究, 有斐閣, 1961.

30) 中村勝己, アメリカ資本主義論, 未來社, 1971.

31) 正木一夫 譯, アメリカ經濟學概要, 未來社.

32) 宮野啓二, "局地的市場圈の形成"(大塚・高橋・松田 編著, 西洋經濟史講座(第2卷), 岩波書店, 1966).

33) 諸田實, "國民經濟の建設における關稅・貿易政策", (川島武宣・松田智雄 編, 國民經濟の諸類型, 岩波書店, 1968).

34) 山田信滿, ハミルトンにおける保護主義の性格, 西南製作所, 1979.

제11장
리스트와 유치경제보호론

1. 서 론

19세기 초반, 독일의 최대의 국민경제학자인 리스트(Friedrich List, 1789-1846)는 그의 주저(主著)인 <경제학의 국민적 체계>(이하 <국민적 체계>라 한다)를 포함 5권의 저서를 집필하였다.[1] 리스트는 1841년에 <국민적 체계>를 발표함으로서 중상주의 시대 이후 일약 보호무역론의 선구자의 지위를 확보하였다. 리스트는 당시 자유무역을 주창한 아담 스미스(Adam Smith)의 <국부론>[2]과 영국의 자유무역주의를 줄기차게 비판하

---

1) 리스트의 저서는 다음과 같다.
　① 농업의 발전이 무엇보다 선결되어야 한다는 입장에서 최초로 발표한 <농업론>(Wider Die Unberentze Teiung der Bauernguter, 1816).
　② 미국에서는 <미국경제학 개요>(Outlines of American Political Economy, 1827).
　③ 프랑스에서는 '경제학의 자연적 체계'로 알려진 <농지제도·영세경영 및 국외이주>(Die Ackerverfassung, die Zwergwirtschaft und die Auswanderung, 1842).
　④ 독일에서는 <경제학의 국민적 체계>(Das nationale System der politischen Oekonomie, 1841).
　⑤ 그의 말년에는 독일에서 <독일인의 정치적 경제적 국민통일>(Die politisch-oeconomische Nationaleinheit der Deutschen, 1945~6) 등이다.
　　여기에 사용한 저서와 인용한 페이지는 日本語版인 <小林昇, 政治經濟學의 國民的體系, 岩波書店, 昭和45年>이다.
2) Adam Smith, An Inquiry into the Nature and Causes of the Wealth of Nations, 1776.

면서 경제적 후발국인 프랑스, 미국, 독일의 입장에서 '농·공·상업의 조화와 균형'을 위하여 '경제발전5단계설'3)에 입각하여 보호무역주의 아래 '외국무역의 준칙'4)과 '정책수단'5)에 의하여 정치적인 독립과 경제적인 발전을 위한 무역정책의 이론과 정책을 제시하였다.

여기에서는 독일역사학파의 선구자로 알려진 리스트의 저서 가운데 <국민적 체계>의 내용을 소개하고 이것에 약간의 비판을 더하여, 리스트의 보호무역에 관한 사상과 이론을 검토하고자 한다.

특히 공업후발국은 '농업·공업·상업의 균형과 조화' 없이는 경제적 발전과 정치적 독립은 불가능하며, '농업·공업·상업의 균형과 조화'를 위해서는 보호무역이 불가피하다고 리스트는 일관되게 주장하였다.

독일의 제상(帝相) 비스마르크(Otto Eduard Leopold von Bismark(1815－1898))가 처음으로 독일의 국민적 통일을 이룩한 사상적 뒷받침이 된 것과, 일본이 메이지(明治)시대에 독일과 유사한 정책을 수립할 수 있게 된 것이 바로 리스트의 경제사상과 이론과 무관하지 않다는 것이다. 그만큼 리스트의 보호무역사상과 이론이 중요하다는 것을 의미한다.

리스트가 격동하는 시대의 거센 파도에 시달렸던 그의 반생에 걸친 사색과 경험에 바탕을 둔 보호무역 사상과 이론의 결정체인 국민경제학의 학문적 원류로 평가되고 있는 이 저서가 당시의 리스트가 어떤 역사관과 경제사상을 가지고 보호무역이론을 전개하였는가를 해명하고자 한다.

2. 리스트의 보호무역사상의 형성

(1) 국민경제학의 구상

리스트가 당시 활동하였던 19세기 초반, 영국의 자유무역주의에 대항하여 독일의 입장에서 보호무역주의의 정당성을 강력하게 주장한 그 시대의 역사적 배경과 그를 둘러싼 주위 상황이 어떤 관련을 맺고 있었는가를 먼저 파악하는 것이 중요하다.

---

3) 小林昇 譯, 政治經濟學의 國民的體系, 岩波書店, 昭和45年, pp.54－55.
4) 위의 책, p.60.
5) 위의 책, p.368.

리스트는 프랑스혁명으로부터 '3월 혁명'에 걸쳐 격동의 시대에 낡은 세대와 새로운 세대, 자유의 나라와 전제(專制)의 나라의 양쪽에서 생활하면서 자본주의의 선진국과 후진국에서 견문을 넓혔다. 그는 선진국이 주창하는 '세계주의'의 경제학에 대하여, 경제학의 '새로운 체계'를 구축하겠다는 목표를 가지고 <국민적 체계>를 저술하였다.

저자 자신이 '서문' 가운데 회상하고 있는 바와 같이, 이 저서는 리스트의 반생에 걸친 사색과 경험의 결정(結晶)이므로 그의 생애를 더듬어 가는 것은 이 명저의 성립사(成立史)를 분명히 밝힐 수가 있다.

리스트의 주저인 <국민적 체계>의 성립에 관하여

① 나폴레옹의 '대륙제도'붕괴 뒤의 경제위기 가운데 경제학의 지배적 이론(자유무역론)에 처음으로 의문을 품게 되고, 이것이 <국민경제학>으로 완성되는 원점이 되었다는 것,

② 미국에서 보호관세를 요구하는 '미국체제파'의 진영에 참가하여 무역논쟁을 계속하는 가운데, <미국경제학 개요>(이하 <개요>라 한다)를 발표하여 <국민경제학>의 '구상'을 선언한다, 그리고

③ 파리에서 연구를 계속하여 <경제학의 자연적 체계>를 발표한 뒤, 귀국하여 <국민적 체계>의 저서를 완성한다.

'대륙제도'가 붕괴하여 영국과의 무역이 재개되어, 영국 공산품이 홍수와 같이 수입되어 독일의 공업은 각지에서 위험에 휩싸였다. 이 때, 자유로운 무역의 재개가 독일에 경제위기를 초래한 현실을 보고, 청년 리스트는 그때까지 자신이 배운 스미스=세이의 경제학에 의문을 품었다. 이것이 리스트에 있어서 국민경제학에 대한 '원체험'이 되었다. 그리고 약 10년 뒤의 1827-8년에 영국으로부터의 경제적 독립을 목표로 한 미국(펜실베이니아)의 보호관세운동에 참가하였을 때, 리스트의 '원체험'은 국민경제학을 '구상'하게 되었다.

리스트가 국민경제학을 구상한 1820년대는 미국의 보호관세운동의 고양기이며, 미국체제론의 형성기였다. 리스트도 그 미국체제의 성립에 중요한 역할을 수행한 미국의 국민주의학파(미국체제파)의 경제학의 창세기이기도 하였다.

미국 독립 이후 1800년대 초반, 연방 내에 각각 독자적인 경제적 이익을 주장하는 3대 지역이 형성되게 되었다.

① 북부의 뉴잉글랜드와 중부의 펜실베이니아에서는 직물공업, 제철업을 중심으로 공업이 발달하고, 뉴욕이 보스턴과 필라델피아를 제치고 제1의 항구가 되어 있었다.

② 서부에는 곡물과 목축의 광대한 농업지역이 개척되어, 그 내부에 피츠버그와 같은

농촌의 공업마을로 형성한 상공업 도시가 탄생하고 있었다.

③ 한편 남부에서는 식민지시대의 담배 대신에 면화재배의 노예플랜테이션이 발달하여, 영국의 면공업에 대한 원료공급지로서, 미국경제의 선도자의 지위를 확립하고 있었다.

이러한 지역 사이의 경제적 이익의 차이는 관세법에 대한 대응에서 명료하게 나타났다. 당시, 관세는 연방정부의 세입의 80－90%를 차지하는 중요한 재원이었지만, 미국의 무역구조는 원료수출, 제품수입에 편중하여, 영국이 최대의 무역상대국이었기 때문에, 관세인상＝보호관세를 요구하는 제조업자와 서부의 농업자와, 관세인하＝자유무역을 주장하는 남부의 플랜터와 동부의 무역·해운업자 사이에서, 관세법안이 제출되었을 때에 영국과의 무역을 둘러싸고 논쟁이 벌어졌던 것이다.

미국체제론의 하나의 기둥인 보호관세론은 당시 미국 초대 상무장관인 해밀턴(Alexander Hamilton)의 <보고서>6)에서도 볼 수 있지만, 수입품에 대한 관세인상을 요구하는 운동이 서부의 농민도 끌어들여 전국적 운동이 되었던 것은 미국경제의 대외의존에 기인하는 1819년의 공황을 경험한 1920년대였다. 관세인상법안은 1819년의 '볼드윈관세법안'이 상원에서 1표 차이로 부결되고, 1821년과 1822년에도 부결된 끝에, 1824년에 드디어 의회를 통과하였다. 남·북 사이의 의견의 대립은 이 법안을 둘러싸고 처음으로 명료하게 나타나, 클레이가 '순 미국정책(a genuine American Policy)'의 연설을 하여 '미국체제론'을 주장한 것은 바로 이 때이다. 리스트가 도미한 1년 전의 일이었다.

1824년에 의회를 통과한 관세법은 남부의 자유무역진영의 반발을 강화할 뿐만 아니라, 양모제품과 동시에 원료인 양모의 관세도 인상, 또 봉철관세도 인상하였는데 선철과 압연봉철의 관세는 거치한다고 하는 바와 같이, 자유무역의 진영에도 보호관세의 진영에도 만족할 수 있는 것은 아니었다. 보호관세를 요구하는 운동은 고조되어, 1827년1월에 양모제품의 수입관세인상의 새로운 법안(Woollen Bill)이 의회에 의해 제출되었다. 이 법안은 남부의 플랜터의 이익을 대변하는 부통령 칼훈의 결제에 의하여 부결되어, 양쪽 진영은 12월의 다음 의회로 향하여 운동을 전개하였다. 리스트는 <Reading Adler>지(1827년 3월 20일호)에, 미국의 공업의 이익이 되는 이 법안의 부결은 불행한 일이라고 하여, 다음의 기회에는 증류주[와 대마와 아마의 관세인상)을 더하여, 제조업자와 서부의 농민과의 연대를 도모할 것을 주장하였다.

이 때, 보호관세운동의 중심이 된 것은 '펜실베이니아공업기술진흥협회'로, 중부 가운

---

6) Alexander Hamilton, Report on the Manufacture, 1791.

데에서 일관하여 보호주의의 거점이 되었던 펜실베이니아 주의 제철업과 모직물공업이 그 지지기반이었다.

리스트의 논문(12통의 편지)을 수취한 잉거솔은 필라델피아의 <Daily National Gazette> 편집자 앞으로 짧은 편지를 첨부하여 보내, 논문은 <미국체제(The American System)>라는 제목으로 12회(8월 18일-11월 27일)에 걸쳐 게재되었다. 이것이 <국민적 체계>의 기본적인 틀이 되었다.

(2) 미국체제파(국민주의학파)와 〈미국경제학의 개요〉[7]

<미국경제학의 개요>는 리스트의 국민경제학의 '구상'의 선언이다. '대륙제도'붕괴 뒤의 독일의 경제위기라는 '원체험(原體驗)과, 독일의 '상업정책의 투쟁'에 참가하였던 스미스=세이학파의 이론에 대한 '의문'과 10년 뒤, 펜실베이니아의 보호관세운동이라는 미국의 '상업정책의 투쟁'에 더하여, 새로운 국민경제학의 '구상'의 선언이 되었다.

<개요>는 그 자신이 "이 새로운 나라에서 경제학에 관하여 읽은 가장 좋은 저서는 생활이다."라고 기록한 '자유와 혁신'의 풍토 속에서, 관세문제가 '공적인 이익관계의 초점'이 된 바와 같이, 그 때에, 보호관세운동의 중심지 펜실베이니아의 협회로부터 '미국체제'의 학문적 변호인의 사명을 위탁받아서 성립한 것이다. 라파엣트 장군과의 2개월의 여행, 다른 문화 속에서의 2년 동안의 생활, <Reading Adler>지의 편집자로서의 직업경험, 하리스버그와 필라델피아의 도서관에서의 연구, 보호관세운동에의 참가, 이들 모든 미국체험을 통하여, 리스트의 사고가 다듬어져, 그리고 이것을 '준비작업'으로서 10년여 동안에 <국민적 체계>가 탄생하게 된 것이다.

<개요>의 과제는 '미국체제'(보호주의)를 학문적으로 근거 매김하여, 이것에 반대하는 자유무역론의 근거(스미스=세이학파와 그 아류, 특히 쿠퍼의 경제학)를 논파하는 것이었다. 이 과제로 향하여, 리스트는 '개인경제학', '인류경제학(세계주의 경제학)'에 대하여 또 하나의 구성부분인 '국민경제학(정치경제학)'을 제창한다. 국민경제학의 '구상'의 선언이다(제1신).

리스트는 우선 '개인경제학'과 '인류경제학(세계주의 경제학)'에 대하여 '국민경제학'의 여러 원리를 정의하여, 양자를 혼동하는 스미스=세이학파의 근본적 오류를 명확하

---

7) Friedrich List, Outlines of American Political Economy, 1827

게 규명한다. 국민경제의 목적(object)은 단지 부(富)가 아니라, 힘(力)과 부(富)이다. 힘과 부는 한 나라 영토 내에서 '농업·상업·공업의 조화적 상태'에 의하여 평등하게 이익을 받는다. 이것을 달성하기 위해서는 '보호정책'이 필요하다. 이 정책의 득실(得失)은 '국민의 상태'에 따라 상이하지만, '독립을 열망'하는 미국경제는 이것을 필요로 하고 있다(제2신).

스미스시대 이래의 유럽의 역사를 되돌아보아, 자신의 '원체험'에 기초하여, 국민경제에 있어서 자유무역의 수용의 위험을 경고한 뒤(제3신), 정치경제학의 대상(object)이 생산력과 정치력의 획득에 있으며, 한 국민의 생산력은 물질적 자본(자연의 자본과 생산물의 자본)뿐만이 아니라, 특히 '정신적 자본(capital of mind)'에 의하여 좌우되는 것을 구체적으로 설명한다. '자연적 자본의 10분의 1도 아직 이용되지 않고', '새로운 사회상태가 이전에 볼 수 없는 정신적 자본을 형성하고 있는 미국에서는 제조업의 이익의 육성이야말로 중요하며', '전국에 많은 주를 가진 광대한 농업국이 되어서는 아니 된다.'라고 하였다(제4신).

앞에서 든 3개 주장의 하나, 즉 "어떤 국민도 독립적인 경제학(its particular political economy)을 가지고 있다."라는 주장을 전개한다. 물질적·정신적 자본은 국민의 생산력을 증진하는 경우도 저해하는 경우도 있고, "어떠한 국민도 그 생산력을 발전시키는 데에 있어서는 각각 독자적인 경로(its own course)를 걸어가지 않으면 아니 된다(제5신)."

"개인경제학은 정치경제학이 아니다."라는 제2신의 주장을 설명한다. 개인의 이익과 국민 전체의 복지와는 반드시 일치하지 않는다. 인류가 여러 국민으로 분열하고 있는 상황에서는 국민 전체의 복지를 위하여 국력(national power)의 간섭에 의하여 개인의 노력·행동이 제한되는 것은 당연하다고 하여, 국민을 '문법적 존재', '문법적 안출물'에 지나지 않는다고 하는 쿠퍼의 주장을 비판한다(제6신).

제7신부터 제12신까지는, "정치경제학은 세계주의 경제학이 아니다."라는 제3신의 주장의 전개이다. 모든 국민 사이에 산업투쟁이 있는 현상에서는, '새로운 나라'는 자기보전을 위하여 '옛 공업국'에 대하여 보호를 필요로 한다(제7신). 이러한 나라가 국민적 공업에 국내시장을 확보하여 국민적 생산력을 발전시키는 '항구성(steadiness)'을 얻는 '수단이 적절한 또는 현명한 관세제도(a judicius or wise tariff)'이다(제8신).

이에 대하여 세계주의 경제학을 공언하여 자유무역을 강요하는 공업독점(외국시장의 독점)을 도모하려는 영국의 정책에는 '자가당착'이며, 남미시장을 독점하기 위하여 미국을 농업국 그대로 해 두자는 것이 영국의 진정한 목표라는 점을 명확하게 한다.(제9신)

이어서 대량의 농산물(소맥)의 수출은 외국에 대한 '경제적 의존'의 원인이 되며, 제2차 영·미전쟁(1812-14) 뒤의 실제 예를 들어, 외국의 정책('웨스터민스터-영국의 의회의 의사(議事)와 규칙') 여하에 따라 공장의 붕괴와 농업의 파멸을 초래할 위험을 경고한다(제10신). 불안정한 외국의 곡물시장에 대한 의존은 '번영의 원천'이라기보다 오히려 '재난의 원천'이지만, 남부의 면화에 관해서도 마찬가지이다. 남부재생의 '비결'은 주민의 일부를 '보다 유리한 일'로 돌려, 남부에 조제면포(粗製綿布)의 제조를 흥하게 하는 것이다. 영국시장에 대한 의존으로부터 국내시장과 프랑스시장으로 눈을 돌려야 한다(제11신). 제10신과 제11신은 농업불황에 처한 곡물을 생산하는 주(州)와 남부를 재생하기 위한 정책이다.

제조공업의 진흥은 곡물과 면화의 재배자뿐만이 아니라 해운업자와 상인도 이익이 된다. 국내공업용의 양모와 면화의 생산과 소비의 증가, 원료와 식료의 국내거래의 증진, 제품의 수출과 수입품의 증가, 공업의 진흥에 반대하고 있는 면화재배자도 해운업자도 잘못된 설명에 의한 오해가 풀리지 않으면 머지않아 우리의 추종자가 되어, "미국체제에서 궁극적으로 손실을 초래하는 계급은 없다."라고 설명한다.(제12신)

이상, <개요>를 중심으로 리스트의 국민경제학의 '구상'을 간단하게 설명하였지만, 이것에 관련하여 다시 두 가지 문제에 관하여 설명하자.

첫째는, 리스트의 '구상'에 대한 미국의 보호관세론(특히 해밀턴, 케어리, 레이몬드)의 영향이다.

해밀턴은 <보고서> 가운데에서 보호관세에 언급하고, 30년 뒤의 1820년대의 '미국체제'의 비전을 제시한 초대 상무장관으로, 케어리를 비롯하여 뒤의 보호관세론에 강한 영향을 미치고 있다. 리스트도 <개요>의 제3신, '필라델피아연설'(소견)에서 해밀턴을 들고 있다. 특히, 리스트의 국민경제학의 '구상'의 기초개념인 '국민의 생산력을 'productive forces'가 아니라, 해밀턴과 마찬가지로 'productive powers'라고 한 점, 및 해밀턴의 <보고서>의 협회판(1827년)으로 인쇄되어 있는 같은 내용을 '소견'에 인용하고 있는 점에서 볼 때, 해밀턴의 영향을 받았다고 볼 수 있다고 할 수 있다.

'경제학의 해밀턴학파'로 일컬어지는 '해밀턴의 제자'라고 자칭한 케어리(Mathew Carey)[8]의 영향은 한층 강하다. 케어리는 아일랜드의 반영국 국민주의자로 1784년에 24세 때 미국으로 망명하여, 초기의 보호주의의 잡지인 <American Museum>의 편집에 근무한

---

8) Mathew Carey, Essays on Political Economy, 1822.

경력으로부터, 독립 이후의 말하자면 견실한 보호관세론자이다. "나일즈를 제외하면 미국에서 보호관세론을 의식적으로 논의해 온 유일한 사람"이다. "다른 미국인 전부보다 많은 소책자 189쪽의 보호관세론을 저술하였다."라는 바와 같이, 자타 함께 인정하는 보호관세론자이다. 리스트가 인용한 <협회>의 출판물은 거의 대부분이 케어리의 작품이며, "농부의 옆에 제조업자를 두라."(제4신)라고 하는 제퍼슨의 용어, "어느 국산제조품이 완성의 영역에 이르러, 유능한 사람들이 다수 그 일에 종사하게 되면, 그것은 반드시 저렴한 가격이 된다."(소견)라고 하는 해밀턴의 용어는 어느 것이나 리스트보다 먼저 케어리가 인용하고 있다. 그 밖에, '거위와 황금의 알'의 예, 미국의 농업위기, 제조업의 변동과 방해(제11신), '나일즈 지사 앞으로의 편지'에 어느 건국의 아버지들의 보호관세 운운이라는 내용도 케어리가 이미 설명하고 있다. 단, 개개의 점에서 케어리의 영향이 충분하게 인정되고 있음에도, 리스트가 '자신의 체계'라고 하는 국민경제학의 '구상'을 케어리로부터 빼앗았다고는 할 수 없다.

　'미국인이 저술한 경제학에 관한 최초의 체계적인 논술'로 스미스학파의 통설에 대립하는 하나의 '정치경제학의 이론을 제공'하였다고 하는 레이몬드(D. Raymond)⁹⁾의 영향은 '레이몬드＝리스트의 문제(Raymond＝List Problem)'로서 지금까지 많은 연구자에 의하여 논의되어 왔다. 경제학에 있어서 독립선언이라고도 하는 레이몬드의 저서는 '개인(의 부)과 국민(의 부)'을 구별하여 스미스학파를 비판하며, 농업노동과 공업노동과의 사이의 '적당한 비례', '적당한 중용'을 강조하고, '유효노동(effective labour)' 내지 '영구노동(permanent labour)'이라는 개념을 제공하고 있다. 리스트에 대한 영향과 양자의 사고의 유사성은 분명하다. 그러나 리스트가 아직 독일에 있었던 1820년의 청원서와 편지 등에서 알려져 있는 바와 같이, 도미(渡美) 이전에 (레이몬드의 저서를 알기 이전에) 샤프탈을 비롯하여, 프랑스의 경제학자의 저서를 읽고, 보호관세의 효과, 개인경제학과 국민경제학과의 차이, 교환가치의 이론과 생산력의 이론과의 차이를 알고 있었던 것도 확인되고 있다. 어떻던 리스트가 미국에서 이용한 도서관에는 레이몬드의 저서가 있었으며, 또 그 저서에 관해서는 <American Quarterly, 1827년 6월>에서 케어리가 자세하게 소개하고, '협회'의 친구들도 잘 알고 있었던 것으로 알려져 있으나 리스트가 미국시대의 논고 가운데에서 왜 레이몬드의 저서에 대해 언급하지 않았던 것인가, 그 이유는 밝혀져 있지 않다.

---

9) Daniel Raymond, Thoughts on Political Economy, 1820.

둘째는, 펜실베이니아의 보호관세운동의 지도자(케어리와 나일즈)와 리스트와의 인간적 관계이다. 리스트는 도미 직후에 케어리와 만나, 케어리의 논문과 나일즈의 잡지를 읽고, 미국의 보호관세운동의 대변자로 되었다. 단, 케어리의 이름은 없다. 한편, 케어리는 리스트의 논고에 주목하고 있었음에도 불구하고 리스트를 무시하여, 나일즈의 잡지도 관세논쟁의 경과를 일축 보도하고, <소견>('협회')의 이름으로 리스트가 집필한 내용을 평가하는 데에, 당연히 올려도 좋을 리스트의 이름을 한 번도 언급하지 않았다. 보호관세운동이 전국적으로 고양한 1827-28년에 펜실베이니아의 보호관세운동의 지도자인 두 사람과 리스트와의 관계는 냉랭한 것이었다고 생각하지 않을 수 없다. 그 원인은 어디에 있었던 것일까.

또 1828년의 대통령선거에서, 케어리는 클레이와 아담스를 지지하고, 잉거솔과 리스트는 잭슨을 지지한 것도, 양자의 '소원한 관계'의 원인이 됐을 것이다. 케어리는 1828년에 경제학자협회(Society of Political Economists)의 설립을 도모하였지만, 실현되지 못하였다. 어떻던, 케어리나 나일즈는 이 시대를 대표하는 미국의 보호관세론자이며, 또 케어리의 논고와 나일즈의 잡지는 이 시대의 미국경제사 연구에서 중요한 자료로서 오래 이용되어 왔으나, 그 자료에 리스트의 이름이 등장하지 않는 것은 오늘날까지, 리스트의 공헌이 미국에서 정당하게 평가되지 못한 이유라고 할 수 있다.

(3) 정치경제학과 만민경제학[10]

리스트는 경제학의 이론에 관한 체계를 정치경제학(die politische Oekonomie)과 만민경제학(die kosmopolitisch Oeconomie)의 두 가지로 분류, 이것을 대립시키고 있다.

"케네 및 프랑스의 여러 경제학자 이전에는, 단지 나라의 행정관들에 의하여 실행된 정치경제학의 실천이 있었음에 지나지 않는다. 행정관과 행정의 여러 문제에 관하여 쓴 저술가들은 그들이 소속하고 있던 국민의 농업·공업·상업 및 항해업에만 오로지 경주하여, 부의 여러 원인을 분석하고 또 모든 인류의 이익에까지 나아가 고찰하지 않았다."

그런데 케네에 의하여 경제학의 문제가 일반적 이론으로서 취급되어, 일반적 자유무역의 이념이 성립하고, 이것이 모든 인류에 영향을 미쳤다고 할 수 있다. 때문에 "케네가 논하고 있는 것은 분명히 만민경제학이며 정치경제학이 아니다. 즉, 전자는 전 인류

---

10) 小林昇 譯, 앞의 책. 제2편 제11장

가 어떻게 하면 행복하게 될 수가 있는가를 가르치는 과학이며, 후자인 정치경제학은 어느 특정의 국민이 특정의 세계정세 아래에서 어떻게 하면 농업·공업 및 상업에 의하여 행복과 문명과 세력을 초래할 수 있는가를 가르치는 과학이다.”라는 것이다.

따라서 아담 스미스도 넓은 의미에서 케네의 학설을 논한 것으로, 특정의 여러 국민이 그 경제상태에서 진보를 수행하기 위하여 준거해야 할 정책을 논하는 것을 사명으로 한 것은 아니었다. 스미스의 <국부론>은 “여러 국민의 부의 성질과 원인에 관한 연구”라는 제목을 붙이고 있지만, 여기에서 여러 국민이라는 것은 전 인류의 모든 국민으로 대신하지 않으면 아니 되는 것을 증명하고자 하는 데 있었던 것이다. 스미스와 같은 학파인 세이(J. S. Say)는 분명히 이렇게 요구하고 있다.

> “우리는 일반무역의 이념을 명료하게 이해하기 위해서는 세계공화국의 존재를 생각하지 않으면 아니 된다. 그 <실천적 정치경제학>에는 다음과 같이 설명하고 있다.
> 우리는 아버지를 수장으로 하는 가족의 경제적 이익을 고찰할 수가 있다. 그리고 이것에 관한 여러 원칙과 고찰은 사경제학을 구성한다. 그렇지만 그 자체에서 독립하여, 그리고 다른 여러 국민과 상대하고 있는 것의 전 국민의 이익에 관계하는 여러 원칙은 공경제학을 구성한다. 마지막으로 정치경제학은 모든 여러 국민, 즉 인간사회의 이익에 관하여 논한다.”

리스트가 세이의 견해에 대하여 비판하는 바에 의하면, 세이는 여기에서 공경제학이라는 용어 아래에 국민경제학, 즉 정치경제학의 존재를 인식함에도 불구하고, 그것에 관하여 연구함이 없이, 만민적 성질을 갖는 학설(만민경제학, 세계경제학, 전 인류의 경제학)에 정치경제학의 용어를 부여, “개개의 국민의 특수이익을 고려하지 않고, 인간사회 전체의 이익에만 착안하는 경제학을 논하고 있는 데 지나지 않다.”

그 뒤의 경제학자는 전부 이 오류를 답습하여 왔다. 예를 들면 아담 스미스와 같은 자유무역의 미국 제일의 대변자인 쿠퍼(Thomas Cooper)는 국민성의 존재조차 부인하고 있는 것이다.

그러나 우리가 논리의 여러 법칙과 사물의 성질에 충실하게 따른다면, 사경제학과 사회경제학을 대립시켜, 사회경제학에서 정치경제학(국민경제학), 즉 국민의 개념 및 성질부터 출발하여, 어느 특정의 국민이 세계의 현상에 비추어, 또 그 국민 특유의 경우를 감안하여, 어떻게 하면 그 경제상태를 유지, 개선할 수 있을까를 가르치는 경제학을 만민경제학(세계경제학), 즉 지구상의 모든 여러 국민이 영구평화 아래에 존속하는 유일한 사회를 구성한다는 전제에서 출발하는 경제학으로부터 구별하는 것이 필요하다. 그런데 아담 스미스의 경제학의 특징은 "장래에 비로소 성립해야 할 상태를, 현실에 성립시키는 것으로 간주하였다."라는 점에 있는 것으로, 거기에서는 "세계연합과 영구평화의 존재를 전제하여, 그것으로부터 자유무역의 큰 이익을 추론하는 것이다."

사실 고전학파가 요구하는 바와 같이, 세계연합 또는 모든 여러 국민의 동맹을 영구평화의 보증으로서 전제한다고 하면, 자유무역의 원칙은 전적으로 정당한 것이다. 각 개인이 자기의 복리목적을 추구하는 데 있어서 속박되는 것이 적으면 적을수록 또 그 개인과 자유교환을 하는 수와 부가 많으면 많을수록 그리고 또 그 개인적 활동을 확장할 수 있는 범위가 크면 클수록 그만큼 개인의 천부적 성질·후천적 지식·숙련 및 자유로 할 수 있는 자연력 등등을 복리증진을 위하여 이용하는 것이 용이할 것이다. 또 모든 인간이 제정법 아래에 결합하는 것, 세계연합과 영구평화의 이념이 이성에 의해서도 또한 종교에 의해서도 요구되는 것은 사실이며, 역사가 가르치는 바에 의하면, 개개인이 전시상태에 있을 때 인간의 행복은 최저단계에 있고, 사람의 결합이 증가함에 비례하여 행복도 향상하는 것이다. 인류의 원시상태에서 가족결합을 보고, 다음으로 도시를, 그 다음에 도시의 결합을, 다시 그 다음에 전국의 결합을, 마지막으로 제정법 아래에 있어서의 다수 나라의 연합을 보는 것이다.

"사물의 성질이 가족으로 시작한 결합을 수백만 명에까지 확대할 수가 있을 정도로 강력한 것이라면, 그것은 또 모든 여러 국민도 결합시킬 수 있을 정도로 확고한 것이라고 생각하여도 좋다. 인간의 정신이 이 결합의 이익을 파악할 수가 있다면, 그것은 또한 모든 인류의 전체 결합의 이익도 이해할 수가 있다고 생각해도 좋은 것이다. 다수의 징조가 세계정신의 이러한 경향을 암시하고 있다. 여러 나라에서 그 자본을 유효하게 이용하고자 하는 것이다."

왜 리스트는 이러한 점에 있어서 고전학파의 체계의 기초를 이루고 있는 것에 관한 하나의 진실한 이념을 인정하는 것이지만, 그 학파는 "국민의 성질과 그 특수이익 및 상태를 고려하는 것을 잊고, 또 그들의 것을 세계연합과 영구평화의 이념에 일치시킬 것을 잊고 있다."라는 것을 지적하고 있는 것이다. 즉, 고전학파는 결과를 원인과 혼동하고 있다고 한다. "역사가 우리에게 나타내는 모든 예는 정치의 동맹이 선행하고, 무역의 동맹이 이에 따른다고 하는 바와 같은 것이다. 후자가 선행하고, 그 다음에 생긴 예를, 단 하나의 역사는 나타내고 있지 않다. 그러나 세계의 현상 아래에서는 일반적 자유무역으로부터 발생하는 것은 세계공화국이 아니라, 지배적인 공업·상업 및 해군의

주권 아래에 선 여러 후진국민의 세계적 예속이라는 것은 이러한 확고한 논거에 기초하
는 것이며, 또 우리가 보는 곳에서는 그 논거는 뒤집어질 수 없는 것이다.”라고 논하고
있다.

보호제도는 자연으로부터 영구적인 공업독점권을 수취한 것이 아니라, 다른 국민에
비교하여 단지 시간적으로 우월하고 있는 데에 지나지 않는 유력한 국민과, 문명이 현
저하게 진보한 여러 나라를 동등한 지위에 두고자 하는 유일한 수단인 한, 보호제도는
이러한 입장에서 여러 국민의 궁극적 동맹의, 따라서 참된 자유무역의 가장 중요한 수
단이다. 왜 국민경제학은 이런 입장에서, 말하자면 여러 국민의 현재의 이익과 고유한
상태를 인정, 어떻게 하면 각 국민을 경제발달의 일정단계에 도달할 수 있는가를 가르
치는 과학이다.

고전학파는 이 두 가지 학설을 혼동하여, 한편으로는 여러 국민의 상태를 만민적 원
칙에 따라 판단하고, 다른 한편으로 생산력의 만민적 경향을 정치적 이유에서 오인하는
오류를 범하고 있는 것이다. 자본의 증가와 무제한의 생산은 해악이기 때문에, 그것들에
한계를 주는 것은 일반의 복리를 촉진하는 것이라는 불가해한 의견을 발표한 것도, 시
스몬디가 공장을 가지고 공안을 해치는 것이라는 등으로 선언한 것은 어느 것이나 생산
력의 만민적 경향을 인식한 결과이다. “일반적으로 생산력의 현재의 능력을 가지고 일
정지역에 몇몇 사람이 생존할 수 있는가를 측정해야 할 척도가 되는 것은 좁은 생각이다.”

맬더스의 학설과 같이, 인구는 생활자료의 생산보다 많은 비율로 증가한다는 것은 진
실은 아니다. 지구상에는 많은 천연력(天然力)이 방치되어 있어, 그것을 이용하면 현재
생존하고 있는 10배 또는 100배의 인간이 부양될 수 있는 한, 인구와 생활자료의 불균
형을 가정하여 혹은 기묘한 계산에 의하여 또는 괴변적 논의에 의하여 논증하는 바와
같이 바보스런 이야기이다.

이러한 인류의 생산력에 관한 판단의 오류 밖에, 다시 고전학파는 모든 국민의 이익
을 만민적 입장에서 고찰함으로서 오류를 범하고 있는 것이다. 이것을 자유무역의 논거
에 관하여 보면, 예를 들어 미국에 성립하고 있는 바와 같은 여러 국민의 동맹이 실제
로 성립한다고 하면, 인구·재능·숙련 및 물질적 자본의 과잉 부분은 마치 그것이 미
국의 동부 여러 주로 유입하는 바와 같이, 영국에서 대륙 여러 나라로 유출할 것이다.
물론 거기에서는 생명 및 재산에 관한 동일한 보증, 동일한 헌법 및 법률이 대륙에 존
재한다는 것, 또 영국정부가 세계연합의 총체의사에 복종한다는 것의 두 가지를 전제로
하는 것이다. 이런 전제의 아래에서는 이들 여러 나라와 영국을 부와 문명과의 동일단

계로 높이기 위한 수단으로서는 자유무역에 이길 수 있는 것은 없을 것이다.

그러나 현재의 세계의 정세로 본다면, 영국인은 그 국민적 이익을 정치의 유일한 지침으로 할 것이기 때문에, 영국의 공산품시장을 모든 나라에까지 확대하는 데에 전심하여, 과잉자본은 전부 영국에서 세계 미지의 지역과의 무역에 이용될 것이다. 이와 같이 전 영국은 측정할 수 있는 유일한 공업도시를 형성하기에 이르게 될 것이다. 아시아, 아프리카 및 오스트레일리아는 영국에 의하여 개발되어, 영국을 표본으로 한 새로운 나라를 건설할 것이다. 이리하여 점차로, 모국 영국을 맹주로 하는 영국 여러 나라의 한 세계가 성립하여, 유럽대륙 국민은 미약한 비증식적 민족으로서 여러 민족으로서 영국 세계 가운데 해소될 것이다.

그러나 "자유무역은 자연적으로 작용할 수 있기 위해서는, 먼저 후진국민은 영국국민이 인위적으로 도달할 수 있었던 것과 동일한 발전단계에까지 인위적 방책에 의하여 발달할 필요가 있을 것이다." 고전학파의 일반적 자유무역에 의해서는 발전이 매우 자연스럽지 못할 것이다.

따라서 "생산력의 이 만민적 경향에 의하여 세계의 다른 부분이 이웃의 유럽 여러 나라보다도 일찍이 결실하기에 이르는 것을 방지하기 위해서는, 도덕적·지식적·사회적 및 정치적 상태에 의하여 스스로 공업력을 발달시킬 수 있다고 느끼는 국민은 이 목적을 위해서는 유효한 수단으로서 보호제도를 채용하지 않으면 아니 될 것이다. 이를 위해서는 두 가지 결과가 수반한다.

첫째로, 독일시장으로부터 외국제품을 점차로 구축함으로서, 다른 국민 사이에는 노동자·숙련 및 자본의 과잉이 발생, 이들의 것은 외국에서 그 생계를 구하지 않으면 아니 될 것이다.

둘째로, 독일의 보호제도가 이주해 오는 노동자·숙련 및 자본에 미치는 장려금에 의하여, 이 과잉생산력은 자극되어, 세계의 먼 지역과 식민지로 이주할 수 없어 독일에서 생계를 구하게 될 것이다."

이전에 영국은 이것과 동일한 수단에 의하여 막대한 생산력을 독일, 이태리, 네덜란드, 벨기에, 프랑스, 스페인 및 포르투갈로부터 입수한 것이며, 또 고전학파는 보호제도의 이익과 불이익을 대비하면서, 이 보호제도의 큰 효과에 관해서는 전적으로 침묵을 지키고 있는 것이다.

(4) 생산력의 이론과 가치의 이론[11]

아담 스미스의 저서에는 <모든 국민의 부의 성질 및 원인에 관하여>라는 제목이 붙어 있다. 이것에 의하여 아담 스미스는 모든 국민의 경제 및 개인의 경제의 고찰에 관한 두 가지 입장을 나타내고 있다. 즉, 부 그 자체와 부를 창출하는 힘의 구별이다.

개인은 부, 즉 교환가치를 소유하고 있어도, 가치 있는 상품을 창출하는 힘을 소비하는 이상으로 소유하고 있지 않으면 궁핍하게 될 것이다. 예를 들면 궁핍하여도 가치 있는 상품을 창출하는 힘을 소비하는 이상으로 소유하고 있게 되면 부유하게 되는 것이다. "부를 창출하는 힘은 부 그 자체보다도 무한하게 중요하다. 그것은 획득물의 소유와 증가를 보증할 뿐만 아니라, 상실물의 보완도 보증한다. 이것은 개인의 경우보다도, 이자수입으로 생활할 수 없는 국민 전체의 경우에 있어서도 또한 그러하다."

독일은 페스트와 기근과 내외의 전쟁에 의하여 황폐하게 되었지만, 항상 그 생산력의 대부분을 회복하였기 때문에 급속하게 다시 행복에 도달하였다. 스페인은 부유하고 강력하며, 국내에서는 완전한 평화를 유지하면서도 그 생산력을 상실하였기 때문에 곤궁에 빠져 있다. 미국은 독립전쟁으로 수백만 국민을 희생하였지만, 그 생산력은 국내적 독립의 획득으로 측정할 수 없을 정도로 강화되어, 평화 뒤, 몇 해에 걸쳐 많은 부를 획득할 수가 있었다.

아담 스미스는 이러한 점을 바르게 통찰하고 있다. 즉, 그는 "노동은 모든 국민이 그 부를 획득하는 원천이며, 그리고 부의 증가는 대부분이 노동의 생산력, 즉 국민의 노동을 응용할 때의 지식·숙련 및 합목적성의 정도에, 또 생산적인 업무에 종사하는 사람의 수와 불생산적인 사람의 수 사이의 비율에 의존하고 있다."라고 설명하고 있다.

우리는 모든 국민의 상태가 주로 그 생산력의 합계에 의하여 규정되고 있는 것을 가르치고 있는 것이다. 단, 모든 과학이 한 사상가에 의하여 완성된다고 하는 것은 어려운 것이기 때문에, 스미스가 중농주의자의 일반적 자유무역이라는 만민적인 이념과, 그 자신의 위대한 발견인 분업에 너무 지나치게 지배되었기 때문에, 생산력의 이념의 추구에 부족한 것은 어쩔 수 없다고 하여야 할 것이었다.

아담 스미스는 그 행복과 권위의 기초가 되는 것은 그의 저서 제1장의 '분업론'이지만, 그는 분업이라는 이념에 부여한 많은 가치에 매료되어, 노동 그것을 여러 국민의

---

11) 앞의 책, 제2편 제12장.

모든 부의 원천으로서 설명하기에 이르렀다. 그러나 "어떻게 하여 어느 국민은 궁핍과 미개로부터 부와 문명으로 도달하고, 어떻게 하여 다른 어느 국민은 부와 행복의 상태로부터 빈곤과 어려움에 빠졌는가를 안다고 생각, 탐구하고자 생각하는 사람은 노동은 부의 원인이며, 나태는 빈곤의 원인(이미 솔로몬왕이 아담 스미스보다 훨씬 이전에 생각했던 것이다)이라는 해답에 대해서는, 항상 다음과 같은 질문을 할 것이다. 일단 무엇이 노동의 원인이며, 무엇이 나태의 원인인가 라고."

리스트는 이 질문에 대하여 스스로 답하고 있다. "그것은 개인을 살리는 정신, 개인의 행동의 결과인 사회질서, 개인이 이용할 수 있는 자연력 밖의 어떤 것일까."라고. 즉, 과학과 예술이 발달하고 있는가, 공적인 제도와 법률이 종교심·도덕심 및 지식·생명·재산 등을 보증하는가, 자유와 정의를 살릴까, 농업·공업·상업이 균등하고 조화롭게 발달하고 있는가, 국민의 세력이 크게 개인에게 행복과 교양의 진보를 보증하고, 개인에게 그 국내의 자연력을 충분히 이용시켜, 외국무역과 식민지의 획득에 의하여 외국의 자연력을 이용할까. 이들 사정에 의존하고 있는 것이다. 아담 스미스는 이들 여러 힘에 관해서는 그 생산성을 전부 인정하지 않았다. "그의 여러 연구는 물질적 가치를 생산하는 인간의 행위에 국한되어 있다. 이 행위에 관하여 정말 그는 그 생산성이 숙련과 합리적 성질─이것들과 함께 생산성이 응용된다─에 의존하는 것을 인정하고 있다. 그러나 이 숙련과 합목적성의 원인을 탐구하는 데 관하여 분업 이상으로 진행하지 않으며, 교환으로부터 물질적 자본의 증가와 시장의 확대로부터 설명하는 데 지나지 않는다. 이리하여 그의 학설은 점점 깊은 물질주의·분리주의·개인주의로 전락해 갔다."

세이는 스미스학파가 주장하는 것은, "어떻게 하여 부, 즉 교환가치가 생산되어, 분배되고, 소비되는가를 가르치는 과학이다."라고 말하고 있지만, 분명히 그것에 의하면, 어떻게 하여 생산력이 환기되고, 배양되며, 또 어떻게 하여 그것이 억압되고, 파괴되는가를 가르치는 과학은 아니다. 마카록이 말하는 바와 같이 "그것은 가치의 과학이며, 영국의 학자들이 외치는 바와 같이 그것은 교환의 과학이다."

그러나 부의 원인의 연구에 관하여, 단지 그것이 육체적 노동만을 원인으로 한다고 하면, 왜 근대 여러 국민이 고대의 여러 국민에 비하여, 비교가 되지 않을 정도로 풍부하고, 인구는 많고 강대하며, 또 행복한가라는 것은 어떻게 설명될 수 있을 것인가. 고대의 여러 민족에 있어서는 인구 전체의 비율로 다수의 인간이 노동에 종사하고, 그 노동도 격심하여, 각 개인도 훨씬 많은 토지를 소유하고 있었다. 그런데 민중은 근대의 그것보다 훨씬 열등한 의식을 갖고 있었음에 지나지 않았다. 이 현상의 설명을 위해서는 과거 몇천 년 동안에 과학·예술·공사의 시설·정신적 교양·생산능력 등에 있어서 모든 진보와 역사적인 모든 발견·발명·개량·완성 및 노력의 집적의 결과라는 것을 열거하지 않으면 아니 된다. 그것들은 '살아있는 인류의 정신적 자본'을 구성하는 것이다. 각 국민이 전 시대의 유산을 인계, 그 영토의 자연력·그 면적과 지리적 위치·그 인구와 정치적 세력이 그 국민으로서 국경 내에 있어서 생계부문의 가능한, 한 완전하고 균등하게 발달하게 하고, 그 국민의 도덕적·지능적·공업적·상업적 및 정치적 영향을 다른 여러 후진국 국민에게 일반적으로 세계의 사건에까지 미칠 수가 있을 정도로 비례하는 것만이 생산적이다. 그렇지만 고전학파는 경제학에서 정치적 능력을 고려할 수가 없는 것이다. 경제학이 가치와 교환만을 그 연구의 대상으로 하는 한에 있어서는, 그렇게 말하는 것은 정당한지 모른다. 우리는 국민의 정치적 상태를 고려하지 않고, 가치·자본·이윤·지대의 여러 개념을 규정하고, 여러 요소로 분해하여, 그것들의 등락에 영향을 미치는 것은 무엇인가 등등에 관하여 고찰할 수가 있다. 그러나 이들 문제는 분명히 전 국민의 경제가 소속하는 것과 마찬가지로, 사경제에 소속하는 것이다. 고전학파는 물질적 부와 정치적 세력과의 상호작용에 관한 고찰에 관하여 심한 모순에 빠져있는 것이다.

그것에 "고전학파는 생산력의 성질을 규명하지 않고, 여러 국민의 상태를 그 총체성에서 파악하지 않기 때문에, 특히 농업과 공업과 상업의, 정치적 세력과 국내의 부와의, 균등적 발전의 가치를 오인하고, 그리고 국민에 고유하고 모든 부문에 걸쳐 발달하는 공업력의 가치를 가장 심하게 오인하고 있다."라는 것이다. 즉, 공업력과 농업력을 동일 범주에 넣어, 노동과 자연력과 자본 등등을 일반적으로 논하고, 그 사이의 구별, 발달 정도의 상이한 단계에 있어서 그것의 구별을 고려하고 있지 않는 것이다.

그리고 또 고전학파의 현저한 오인과 모순은, 그들이 단순한 물질적 부, 즉 교환가치를 그 연구대상으로 하여, 단순한 육체적 노동을 생산력과 모순되게 하는 것이다. 즉, 돼지를 사육하는 것은 생산적이지만, 인간을 교육하는 사람은 불생산적이 된다. 판매할 피리를 만드는 사람은 생산을 이루고, 가장 위대한 예술가라도 그들의 연주를 시장에 운반할 수 없기 때문에 생산적이지 않게 된다, 뉴턴과 와트 등과 같은 사람들은 사용되는 말, 소 등에는 생산적이지 않다는 것이다. 세이에 있어서는 정신적(비물질적) 생산자는 그들이 교환가치에서 보수를 받기 때문에, 또 그 지식이 교환가치의 희생에 의하여 획득되는 것이기 때문에만 생산적이어서, 생산력을 생산하기 때문에 생산적인 것은 아니다.

리스트는 자신의 생산력이론에 의하면 고전학파의 이러한 오류와 모순은 쉽게 정정된다고 한다. 즉, 돼지를 사육하고, 피리를 만드는 사람은 생산적이지만, 청년과 성인의 교사, 예술가, 의사, 재판관, 행정관 등은 다시 보다 생산적이다. 전자는 교환가치를 생산하고, 후자는 생산력을 생산한다. 이들 장래의 사람들에게 생산의 능력을 부여하고, 현재의 사람들 사이에서 도덕심과 종교심을 촉진하고, 인간의 정신을 고양하고, 향상시키며, 환자의 생산력을 구제, 법률을 보호, 공적 질서를 창출, 그 기술을 그것에 의하여 부여하는 향락에 의하여 교환가치를 생산하는 바와 같이 자극한다. 이들 생산력의 생산은 생산적이라고 말하지 않으면 아니 된다. 한 국민의 번영은 그 국민이 부, 즉 교환가치를 축적하면 할수록 그만큼 크게 되는 것이 아니라, 국민이 그 생산력을 발전시키면 시킬수록 그만큼 크게 되는 것이다.

그 국민의 대외무역에서 개개의 상인과 같이, 가치론에 따라, 즉 눈앞의 상품의 이익만을 고려하여 판단해야 하는 것은 아니다. 국민은 그 국민의 현재 및 장래의 존립·번영 및 노력을 조건으로 할 것인가 아닌가를 고려하지 않으면 아니 된다.

보호관세에 관하여 보면, 그 당초에는 공산품을 등귀시키는 것은 진실이다. 그러나 완전한 공업력을 발휘할 수 있는 국민에 있어서는, 시간의 흐름에 따라, 이들 공산품은 외국으로부터 수입하기보다도 저렴한 가격으로 국내에서 생산할 수 있다고 하는 것도 진실이다. "보호관세에 의하여 가치의 희생이 지불되지만, 이 희생은 생산력의 획득에 의하여 보상된다. 이 생산력을 획득하자마자, 실로 국민의 장래에 대량의 상품을 보증하는 것만이 아니라, 다시 전시에 대한 공업적 독립도 보증하는 것이다. 이 공업적 독립과 그것으로부터 발생하는 국내의 번영에 의하여, 국민은 대외무역과 해운의 확장에 필요한 수단을 획득, 그 문명을 증진하고, 국내에서 여러 제도를 완비하여, 대외적으로는 그 세력을 확장하는 것이다. 따라서 생산력의 진흥을 목적으로 하는 국민은 보호제도를 실시함으로서 현재의 일시적 물질가치를 희생으로 하여도 장래의 생산적 상태를 가져오는 정신으로 행동하는 것이다."

"트로이사람이 그리스사람으로부터 보내진 목마를 받은 이래, 다른 국민으로부터 선물을 받는다는 것은 국민에 있어서 고려해야 할 사정이 되어 있다. 영국인은 막대한 가치를 가진 선물을 보호금이라는 형식으로 대륙에 보내지만, 대륙의 여러 국민은 그것에 대하여 생산력의 손실이라는 고가의 지불을 한 것이다. 이들 보호금은 수출장려금과 마찬가지로, 영국의 공장에 이익을, 독일인의 공장에 불이익을 주었다."

영국의 공장은 세계의 공장 및 상업의 독점자로서 그들의 조화 있는 상품과다의 상태에 빠질 때, 각 공업가는 저장하는 상품을 다수의 선박에 적재, 함부르크와 프랑크푸

르트와 뉴욕에서 50%할인으로 제공된다. 영국의 공업가는 일시적 손실이 되지만, 뒤에 보다 높은 가격으로 보상받는 것이다. 그리고 독일과 미국의 공업가는 영국의 공업가에 의해 타격을 받아 파멸될 것이다. 영국과 자유경쟁을 하는 여러 국민의 모든 공업력과 신용제도와 농업, 일반적으로 모든 경제가 가끔 그 밑바탕으로부터 동요되는 것이다.

이리하여 "근세 각 국민의 위대한 정치가는 거의 예외 없이, 공업 및 공장이 국민의 부와 문명과 세력에 주는 큰 영향과 이들을 보호할 필요를 인정하고 있다. 에드워드 3세, 엘리자베스, 프리드리히대왕, 요셉 2세, 워싱톤, 나폴레옹, 모두 그러하다, 예를 들어 이론의 심오함을 구명하지 않아도, 그들의 정신적 안목은 공업의 성질을 그 전체로 파악하여 그것을 바르게 평가하고 있는 것이다."

고전학파는 농업국에 공업력이 발흥함으로서, 지금까지 전적으로 활동의 무대 위에서 오지 않았던, 한 무리의 정신력과 육체력과 천연자원 및 기계력(고전학파는 이것을 자본이라고 한다)이 활용되고 이용되기에 이르는 것을 알지 못하고, 공업력을 발휘시키기 위해서는 이들의 힘을 농업력으로부터 빼어 공업력으로 이전해야 한다고 생각하는 것이다. 그러나 이 공업력은 결코 농업력을 희생으로 하여 획득되어야 하는 것은 아니고, 농업력의 보다 높은 비약과 발전을 돕는 것이다.

3. 리스트의 보호무역의 이론

1. 경제발전의 5단계

(1) 국민체와 국민경제[12]

고전학파의 체계에는 세 가지 중대한 결함이 있다고 한다.

첫째, 뿌리 없는 만민주의로서, 거기에서는 국민체(Nationalitat)의 성질을 인정하고 있지 않고, 또 그 이익의 충족도 고려하고 있지 않다.

둘째, 죽은 물질주의로서 그것은 항상 주된 물질의 교환가치에 주목하고, 국민의 정신적 및 정치적인, 현재 및 장래의 이익 및 생산력을 고려하고 있지 않다.

---

12) 앞의 책, 제2편 제15장

셋째, 질서를 문란케 하는 분리주의 및 개인주의로서, 그것은 사회적 노동의 성질 및 협력의 작용의 보다 높은 결과를 인정하지 않아, 근본에 있어서는 사회 즉 전 인류와의 자유교통에 의하여 발전할 것이라는 사적 산업만을 설명하고 있다는 점이다.

여러 국민의 역사적 연구에 의하여 알려진 바에는, "경제적 관계에서 여러 국민은 다음과 같이 발전단계를 경과하지 않으면 아니 된다. 즉, ① 미개상태, ② 목축상태, ③ 농업상태, ④ 농·공업상태 및 ⑤ 농·공·상업상태가 그것이다." 그리고 가장 명료하게 이것을 나타내는 영국의 산업사에 의하면, 미개상태에서 목축상태로의, 목축상태에서 농업상태에로의, 농업상태에서 공업 및 항해업의 초기단계에로의 이행은 선진 여러 도시 및 여러 나라와의 자유무역에 의하여 가장 신속하고 유리하게 실현할 수 있는 것이지만, 완전한 공업력과 유력한 항해업과 대규모적인 외국무역은 국가권력의 통제에 의해서만 획득될 수 있는 것이다.

"만약 보호제도가 외국의 경쟁을 전적으로 그리고 한꺼번에 배제하고, 보호해야 할 국민을 다른 여러 국민으로부터 고립시키고자 한다면, 그것은 만민경제학의 원칙과 충돌할 뿐만 아니라, 자국민의 명백한 이익과도 충돌할 것이다. 보호해야 할 공업력이 아직 그 발전의 제1기에 있다면, 보호관세는 매우 미온적이지 않으면 아니 된다. 그것은 정신적 및 물질적 자본의 증가·기술적 숙련 및 기업심의 증가에 따라서 점차 높여야 할 것이다. 또 모든 공업부문을 동일하도록 보호하는 것은 결코 필요하지 않다."

특히, 보호가 필요한 것은 그 경영에 거액의 고정자본 및 경영자본과 다수의 기계를, 그것 때문에 많은 기술적 지식·숙련·연습 및 다수의 노동자를 필요로 하고, 그 생산물이 제일의 생활필수품에 속하고, 따라서 그 총가치에 관해서도 국민적 독립에 관해서도 최대의 의의를 갖는 가장 중요한 여러 부문만으로, 예를 들면 모직공업·목면공업·아마공업 등과 같다. 이들의 주요부문이 적당한 보호를 받아 발달하면, 비교적 중요하지 않는 다른 공업부문은 전부 약간의 보호에 의해서도 발달하는 것이다.

단순한 농업국민은 그 내외의 상업·그 국내운수기관 및 그 대외적 항해업을 현저하게 발달시키지 않으면, 그 인구를 그 행복과 비례시켜 증가시키지 않으면, 또 그 도덕적·지식적·사회적 및 정치적 발달에서 현저하게 진보도 수행할 수 없을 것이다. 이와 같은 국민은 결코 큰 정치적 세력을 획득할 수도 없으며, 후진 여러 국민의 발달 및 진보에 작동, 또 자신의 식민지를 건설할 수도 없을 것이다. 따라서 단순한 농업국은 농·공업국에 비하면 무한히 불완전한 상태이다. 말하자면 농업국민은 다른 사람의 손에 의지하는 '한 손의 인간'이지만, 농·공업국민은 "자신의 두 손을 마음대로 사용할 수 있는 인간이다."

독립이나 노력이라는 관념은 국민의 개념과 그 성립을 함께하는 것이지만, 고전학파는 이것에 아무런 고려도 하지 않고 있다는 것은 "고전학파가 그 연구의 대상으로 한 것은 개개의 국민의 경제가 아니라, 사회일반의, 바꾸어 말하면, 전 인류의 경제였기 때문이다. 즉, 모든 여러 국민이 세계동맹을 매개로 하여 결합한다고 생각하면, 독립과 세력을 고려할 필요는 전적으로 없어져 버린다. 세계연합이 합리적이라고는 하나, 일정한 국민이 이와 같이 연합 및 영구평화의 많은 이익을 기대하여, 흡사 이러한 세계연합이 이미 존재하고 있는 바와 같이, 그 국민적 정책의 여러 원칙을 규정하고자 한다면, 그것은 불합리한 행동일 것이다." 이리하여 리스트는 말한다. "영구평화의 이익과 합리성을 들어, 자국의 군대를 해산하고, 그 군함을 파괴하고, 그 요새(要塞)를 파괴하고자 하는 정부를, 그런데 이성 있는 사람이 광기(狂氣)로 생각하는 것은 아니 될 것이다."라고. 그런데 "이와 같이 정부가 하는 것은 자유무역의 이익을 지렛대로 취하여 보호제도의 이익을 포기하고자 하는 경우에 고전학파가 정부에 요구하는 것과 같을 것이다."

전쟁은 국민과 국민 사이의 상호의 무역관계를 파괴하지만, 동시에, 근세의 보호제도를 환기시킨 것은 전쟁이다. 그리고 "농업국으로부터 농·공업국으로의 이행을 촉진하는 전쟁, 예를 들면 미국의 독립전쟁과 같은 그 필요에서 한 희생의 막대함에도 불구하고, 후세의 모든 사람들에게 하나의 시사점이 되고 있다. 병행하여 공업력의 발전에 적합한 국민을 다시 단순한 농업상태로 역전시키는 바와 같이 평화는 그 국민에 있어서는 주술(呪術)이 되어, 전쟁과는 비교할 수 없을 정도로 유해한 것이다." 고전학파는 경제학에 '여러 국민'이라는 명칭을 붙였음에도 불구하고, '국민체'의 성질을 전적으로 무시하고, 그리고 전쟁이 상이한 여러 국민 사이에 이루어지는 무역에 미치는 영향을 고려하지 않고, 전적으로 이 과학으로부터 정책을 제외한 것이다.

"정치적 세력은 외국무역 및 식민지를 통하여 국민에게 그 행복의 증가를 보증할 뿐만이 아니라, 그것은 내적 행복과 물질적 부는 비교가 되지 않을 정도로 중요한 국민의 존재와의 보유도 보증한다. 영국은 그 항해법에 의하여 정치적 세력을 획득, 그 정치적 세력에 의하여 그 농업력을 다른 여러 국민 위에까지 신장할 수가 있었던 것이다. 그러나 폴란드는 국내공업력의 배양에 의해서만 존재하는 우수한 중류계급을 소유하고 있었기 때문에 여러 국민의 명부로부터 말살되기에 이르렀다."

일단 고전학파는 국내시장이 해외시장보다도 중요하며, 국내공업이 고도로 발달하고 있는 여러 국민만이 외국무역에서도 중요성을 획득하는 것이라는 것을 규명하지 않고, 시장의 본질을 단지 만민적 관계에서만 평가하고, 국민적·정치적인 관계에서는 평가하지 않았다. 경제과학은 만민적 여러 목적을 촉진하였기 때문에, 국민상태의 성질을 부인하거나, 무시하거나 혹은 날조하거나 해서는 아니 된다. 만민적 여러 목적은 개개의 국민을 보다 높은 목표에까지 유도하는 데에 노력함으로서만 달성될 수 있는 것이다. 이러한 입장에 의한 정책이 실행될 때는 영국도 그 종래의 무역정책과는 전적으로 정반대로 실행할 것이다.

다른 국민의 공업의 발달에 반대하는 영국인의 노력과 부단한 음모가 존재한다 해도, 만약 세계공업의 독점이 영국의 번영에 있어서 결여되지 않으면 아니 되는 경우, 또 영국과 나란히 대규모적인 공업력을 얻고자 노력하면서 어느 여러 국민은 영국을 굴복시키지 않고서도 충분히 그 목적을 달성할 수 있고, 다른 국민이 보다 유복하기 때문이라고 하여 영국이 현재보다도 보다 궁핍하게 될 필요는 없으며, 자연은 영국의 번영에 아무런 피해도 가함이 없이, 영국의 공업력에 필적하는 공업력을 발휘하는 데 충분한 자원을 독일에도, 프랑스에도, 미국에도 부여하고 있는 것이 자명의 이치까지는 아니라 하여도, 적어도 증명되는 경우에는 그것은 시인될지도 모른다. 어떻던 현재 유럽대륙과 북미대륙에 있어서 영국공산품의 자유경쟁에 의하여 형성되고 있는 세계공업독점은 온대 전역의 공업력을 열대 전역의 농업을 위하여 발달시키고자 노력하고 있는 보호제도는 인류의 행복에 있어서 도움이 되는 것은 결코 아니다.

(2) 국민적 분업과 협업[13]

아담 스미스는 분업이라는 자연법칙을 규명하였지만, 그와 그의 후계자들도 이 법칙의 본질을 근본적으로 해명하지 못하였다.

한 사람의 개인이 하루에 사냥과 고기잡이에 나가는 경우, 그 노동은 분업이지만, 또 10명의 노동자가 각각 하나의 핀을 생산하는 데 필요한 여러 종류의 작업으로 나누는 경우도 분업이다. 전자는 객관적인 분업이며, 후자는 주관적인 분업이다. 전자는 생산을 방해하고, 후자는 그것을 촉진한다. 그 본질적인 차이는 전자에 있어서는 한 사람이 종류를 달리하는 상품을 생산하기 위하여 자신의 노동을 분할하는 것이지만, 후자에 있어서는 많은 사람이 단 하나의 상품을 생산하는 데 작업공정으로 분할한다는 점에 있다. 그리고 이 두 가지 작업방법은 같은 종류의 협업이라고 할 수 있다. 즉, 한 노동자가

---

13) 앞의 책, 제2편 제13장.

혼자서 여러 종류의 노동을 하지만, 핀생산의 경우에는 많은 사람이 하나의 공동작업을 위하여 결합한다.

고전학파가 설명하는 것은

"단순한 분업이 아니라 여러 작업을 많은 사람으로 분할하는 것이지만, 동시에 또 종류를 달리하는 여러 행위·견해 및 힘을 하나의 공동적 생산을 위하여 결합하고 그리고 통일하는 것이다. 이 작업의 기초는 단지 이 분업 가운데 있는 것이 아니라, 주로 이 협업 가운데 있다. 따라서 사회의 생활필수품은 결합노동(joint labour)과 많은 개인의 협력(co-operation)에 의하여 생산된 상품이다. 그런데 스미스학파는 이러한 사회적 노동의 이념을 이해하면서도, 그것을 깊게 해명하지 못하였다. 작업의 분할만을 본질적인 것으로 간주, 생산에 있어서 공동목적을 위한 생산력의 결합을 깊이 관찰하지 못한 것은 심한 오류이다. 그것은 핀생산에 있어서도 또 어떤 종류의 공업력 및 농업력, 즉 국민의 경제일반에 그 효력을 미치는 것이다. 즉, 분업과 개인적 힘의 결합에 의한 생산력의 증가가 개개의 공장에 시작하여 국민적 결합에까지 향상하는 것에 주의하지 않으면 아니 된다."

공업력에 있어서 분업과 생산력의 결합의 발달에 비례하여 농업에서도 발달하여, 그것이 영주와 농업생산이 공업인구에 대하여 필요로 하는 생활자료와 원료품의 대부분을 공급하는 데 충분할 정도 크기의 국민은, 말하자면 최대의 생산력을 소유하여 가장 부유한 국민이 될 것이다.

"생산력이 정상적인 발전을 수행하는 경우에는, 농업국민의 인구증가의 비교적 많은 부분은 그것이 어느 정도의 발달을 수행하게 되면 공업으로 이전해 가서, 과잉농산물은 한 면에서는 공업인구에 식료품을 제공하기 위하여 사용되고, 다른 면에서는 농업가에 대하여 그 소비 및 생산의 증가에 필요한 공산품·기계 및 도구를 공급하기 위하여 사용되지 않으면 아니 되었다." 그리고 "이 사정이 적당한 때에 초과되면 농업생산력과 공업생산력은 상호 무한히 향상할 것인가."

그 사례는 영국과 프랑스와 독일의 발전에서 볼 수 있는 것이다. 그런데 "일반적으로 공업력과 농업력 사이의 서로신용은 농업가와 공업가가 서로 접근하고 있으면 있을수록, 또 양자가 종류를 다르게 하는 서로의 생산물의 교환에 의하여 방해되는 것이 적으면 적을수록, 한층 크게 되는 것이다."

그리고 농업가의 복지는 일반적으로 공업가가 그 가까이에 살고 있는 것을 필요로 하여, 평지의 복지는 부유한 산업도시가 그 중앙에 위치하는 것을 필요로 하며, 한 나

라의 농업 전체의 복지는 그 나라의 고유의 공업력이 가능한 한, 발달하고 있는 것을
필요로 한다.

"국민의 전 사회적 상태는 작업의 분할 및 생산력의 결합의 원리에 따라 비판해야 할
것이다. …… 국민에 있어서 최고의 작업분할은 정신적 작업과 물질적 작업이다. 양자는 상
호 제약한다. 정신적인 생산자가 도덕심·종교심·계몽 및 지식의 증진에, 또 자유와 정치
적 완성의 촉진에, 도움이 되는 것이 많으면 많을수록 그만큼 정신적 생산은 촉진될 수 있
을 것이다. 또 물질적 생산자가 상품의 생산을 증가하면 할수록 그만큼 정신적 생산은 촉
진될 수 있을 것이다."

물질적 생산에 있어서 작업의 최고의 분할 및 생산력의 최고의 결합은 농업과 공업
이다. 양자는 서로 제약하는 것은 이미 설명한 바와 같다.

여기에서 다시 고려해야 할 것은 생산력의 균형 또는 조화라는 것으로, 이것은 국민의
각 개인·개개의 각 생산부문, 전체의 생산성의 기초를 이루는 개인의 행위가 서로 어울리
고 있다는 것이다. 예를 들면, 단지 농업만을 영위하는 국민은 그 물질적 생산에서 한 손이
없는 개인이라고 해도 좋다. 그리고 생산력의 균형을 유지한 국민적 결합을 노력의 주요한
것으로 하여 국제적 결합을 그것에 종속시키는 것이 대국민에 있어서 가장 유리하다.

물론 국제적 분업과 국민적 분업은 주로 기후 및 자연에 의하여 제약되고 있다. 중국
은 차(tea)를, 자바는 향료를, 루이지애나는 면화를 또는 온대 여러 나라는 곡물·양모·
과일 및 공산품을, 어떤 나라에서도 모든 상품을 전부 생산할 수는 없다. 따라서 국제
적 분업, 즉 대외무역에 의하여 보다 편리하게 보다 저렴하게 제공하는 것이 가능한 생
산물을 국민적 분업, 즉 국내의 생산에 의하여 제공하고자 하는 것은 결코 득책은 아니
다. 이리하여 리스트는 다음과 같이 결론 맺는다.

"국민적 및 국제적 분업에 관하여, 지구상 자연적으로 가장 혜택 받고 있는 여러 나라는
그 토지가 일상의 생활필수품을 질적으로 가장 좋은, 또 양적으로 가장 많이 생산하여, 그
기후가 육체적 및 정신적 긴장에 있어서 가장 유효한 나라, 즉 온대의 여러 나라는 말할
필요도 없다. 왜냐하면, 이들 여러 나라에서는 특히 공업력이 발달하여, 그것에 의하여 국
민은 정신적 및 사회적 발달 및 정치적 세력의 최고단계에 도달하는 것만이 아니라, 열대
의 여러 나라와 문화가 뒤떨어진 여러 국민을 어떤 방법으로 자신의 용도에 제공할 수도
있기 때문이다. 그렇기 때문에 온대의 여러 나라는 다른 어떤 나라보다도 국민적 분업을
최고단계로까지 완성시켜, 국제적 분업을 이용하여 그 부를 도모하는 것에 적당한 것이다."

2. 외국무역의 준칙

(1) 경제발전단계와 외국무역의 준칙

리스트는 자신의 이론에서 국민경제의 발전을 위하여 다음과 같은 나라의 '주요경제 발전단계(Hauptentwicklungsgrade)'를 상정하고 있다.[14]

> 제1단계: 미개상태(Wilder Zustand)
> 제2단계: 목축상태(Hirtenstand)
> 제3단계: 농업상태(Agrikulturstand)
> 제4단계: 농·공업상태(Agrikultur Manufakturstand)
> 제5단계: 농·공·상업상태(Agrikultur Manufaktur Handelsstand) 등이다.

나라가 제1단계(미개상태)에서 제2단계(목축상태)로, 제2단계(목축상태)에서 제3단계(농업상태)로 이행하고 그리고 제4단계(농·공업상태)에서 제5단계(농·공·상업상태)로 이행하는 나라는 자유무역을 하는 것이 가장 좋다고 하였다.

그러나 제3단계(농업상태)에서 제4단계(농·공업상태)의 대열로 자유무역에 의하여 스스로 이행할 수 있는 것은 공업력의 발전에 적합한 모든 국민이 같은 시기에 같은 발전단계에 있는 경우와, 나라가 상호 그 경제적 발전에 방해받지 않는 경우, 나라가 상호간 전쟁이나 관세제도에 의하여 그 진보를 저해받지 않는 경우에 한한다.

제3단계에서 국제무역을 하는 나라의 국민경제발전, 즉 '외국무역의 준칙'에는 다음 네 가지 상이한 시기가 있다.[15]

> 제1시기에는, 국내농업이 외국공산품의 수입품과 국내의 농산품 및 원료의 수출에 의하여 발달하며,
> 제2시기에는, 국내공업이 외국공산품의 수입과 병행하면서 발달하며,
> 제3시기에는, 국내공업이 국내시장의 대부분의 수요에 충당되며,
> 제4시기에는, 대량의 국내공산품이 수출되고 외국산의 원료 및 농산물이 대량으로 수입된다.

---

14) 앞의 책, 서론(pp.54-55).
15) 앞의 책, 서론(pp.60-61).

나라의 경제발전을 촉진시키기 위해서는 보호무역의 정책수단인 관세제도는 항상 국민의 공업육성이라는 원리를 방침으로서 고수하지 않으면 아니 된다고 한다.

(2) 공업력과 국민생산력[16]

미개의 농업국에는 미신적인 행위, 졸렬한 육체적 노동, 구식의 관념·습관·풍습·작업방법의 묵묵한 유지, 교양·행복·자유의 결핍이 지배하고 있지만, 공업 및 상업국에는 정신적 및 물질적 상품의 부단한 증가를 추구하는 정신, 경쟁과 자유의 정신이 그 특징을 이루고 있다. 요는, 그것은 각각 넓은 의미에서의 그 사람들의 생활환경, 그 자연과 사회가 그렇게 만들고 있는 것이다.

"공업의 성질은 농업의 그것과는 근본적으로 상이한 것이다. 공업가는 그 업무경영에 의해 서로 유인하여, 단지 사회 가운데에서, 사회에 의해서만 살고, 단지 교환 가운데에서 교통에 의해서만 생활한다. 공업가는 식료품과 원료품의 모든 필요품을 시장으로부터 조달, 그 생산물 가운데 자기의 소비에 정해져 있는 것은 매우 적은 부분에 지나지 않다. 농업가가 소득을 주로 자연에 의존한다고 하면, 공업가의 번영과 생존은 주로 교통에 기초하는 것이다. 농업가는 자신의 구매자를 알 수 없지만 혹은 자신의 판로에는 거의 주의를 할 필요가 없지만, 공업가의 생존은 그의 고객을 기초로 하고 있다. 원료품과 생활필수품과 임금과 상품과 화폐의 가격은 끝없이 변동한다. 공업가는 결코 자신의 이익이 어떤지를 명확하게 모른다. 자연의 은혜도 평상의 활동도 그에 대해서는 농업가에 대해서와 같이 생존과 번영을 보증해 주지는 않는다. 이것은 두 가지에서 전적으로 그의 전망과 그의 활동에 달려 있는 것이다. 그의 필수품을 확보하기 위하여 과잉품을 얻도록 노력하지 않으면 아니 된다. 그가 다른 사람보다 얼마라도 빨리 나가면 번영으로 향하며, 느리면 몰락은 틀림없다. 그는 끊임없이 매매하고, 교환하고, 사업을 하지 않으면 아니 된다. 도처에 그는 인간과 변하기 쉬운 상태와 법률제도 등과 접촉하지 않으면 아니 된다. 그는 농업가보다도 백배나 많이 판단력을 만들 기회를 가지고 있다. 공업가는 사업경영의 능력을 양성하기 위하여 다른 나라의 인간과 토지를 알지 않으면 아니 된다. 사업을 확보하기 위해서는 많은 고생을 하지 않으면 아니 된다. 농업가가 약간의 자신의 가장 가까운 주위와 협상하고 있는 사이에, 공업가의 교통은 모든 나라

---

16) 앞의 책, 제2편 제17장.

들, 세계에까지 나아간다. 그의 이웃사람 사이에서 존경을 받든가 혹은 명망을 유지하든 가라는 희망과, 그의 생존과 번창을 끊임없이 위협하는 경쟁자의 부단한 경쟁이란 공업 가에 있어서 끊임없는 활동, 지칠 줄 모르는 진보에로 치고 달리는 예리한 박차이다. 몇 천이라는 실례가 사람은 발군의 기여와 노력을 하면 가장 낮은 명망의 위치로부터라 도 사회의 제일류의 계급으로 출세할 수 있는 것, 반대로 정신의 이완과 부주의에 의하 여 가장 존경받던 계급에서 가장 낮은 계급으로 몰락하는 경우도 있는 것을 나타내고 있다. 공업가에 있어서는 이들 상태가 미개 농업의 경우에는 어디라도 인정할 수 없는 것과 같은 에너지를 만들어 내는 것이다. 공업노동을 총체로 하여 관찰할 때, 한 번 보 아 반드시 분명하게 되는 것은 공업노동이 농업보다도 전적으로 비교되지 않을 정도로 많은 복잡함과 고도의 정신능력과 수련을 배양하는 것이다.”

또 공업에 있어서는 작업분할의 법칙과 생산력 결합의 법칙은 상이한 힘을 가지고 각종의 공업가를 모아 정신적 마찰의 불꽃을 부려, 접근하는 공동생활, 빈번한 직업적 · 학문적 · 사회적 · 시민적 · 정치적 접촉 · 재물과 관념과의 많은 교통을 이룬다. 이리하여 자유와 문명은 도시로부터 발생한 것이었다.

이리하여 “공업과 농업이 번창하면 번창할수록, 인간의 정신에 접목시킬 수가 있게 되며, 관용의 정신에 장소를 주어 양심의 강제의 대신에 참된 도덕성과 종교심을 두지 않을 수 없게끔 된다. 또 도처에서 공업은 관대함을 설파, 도처에서 승려를 국민의 교 사와 학자로 바뀌어 왔다. 또 도처에서 국민언어와 문학과의 형성이 조형미술과 시민적 조형물의 완성이 공업과 상업의 발달과 보조를 맞추어 왔다.” “국민이 문화의 보다 낮 은 여러 국민과 무역을 영위, 선박항해를 증가하여 제해권(制海權)의 기초를 두어, 식민 지의 설정에 의하여 과잉인구를 국민의 행복과 세력의 보다 이상의 증가로 이용하는 것 도 공업에 의하여 비로소 가능하게 된다.”

(3) 공업력과 농업의 이익[17]

보호정책이 국내공업을 보호하여 공산품의 소비자에게 불이익을 주어, 단 공업가만을 부유하게 하는 것이라고 하면, 이 불이익은 소비자 가운데 가장 다수로 가장 중요한 계 급인 지주와 농업가의 것이다. 그러나 거기에서도 공업의 발전에 의하여 발생하는 이익

---

17) 앞의 책, 제2편 제20장.

은 공업가보다도 훨씬 크다. 왜냐하면 공업에 의하여 이전보다 다종다양한 대량의 농산물에 대한 수요가 일어나, 그 생산물의 교환가치는 등귀하고, 농업가는 자기의 토지와 노동력을 보다 좋게 이용할 수 있게 된다. 이리하여 지대·수익·노임이 등귀하여, 지대와 자본의 증가는 토지와 노동의 교환가치의 증가를 불러일으킨다.

"지대는 물질적 자본을 유효하게 투하하는 주요한 수단이므로, 그 가격은 국민 가운데 존재하는 분량과 수요에 대한 공급의 관계에 의하여 정해진다." 국내상업과 외국무역 기타의 결과, 공업국에는 자본이 집중적으로 유입하여, 그 국내에 성립하는 이익이 낮아, 공업 및 상업국에서 부유한 다수의 개인이 항상 그들의 물질적 자본의 과잉 부분을 토지에 투자하고자 희망하고 있는 상태에 있어서는, 일정액의 지대의 가격은 단순한 농업국민에 있어서보다도, 이러한 국민에 있어서 항상 높다. 폴란드에서는 10-12배의 가격으로 지대가 매각되지만, 영국에서는 30-40배의 가격이다.

이 공업이 지대의 상태로, 또 토지의 교환가치의 상태로 영향을 미치는 것은 아담 스미스도 <국부론> 제1편 제9장의 끝에서 인정하고 있다. 그러나 그는 지대증가의 주요원인과 토지의 가치증가의 주요원인, 즉 공업을 거의 눈에 보이지 않을 정도로 후방으로 돌린 것으로 보인다.

아담 스미스와 그 고전학파는 공업이 지대와 토지의 교환가치와 농업자본의 증가에 미치는 영향을 명료하게 인식하지 않고, 상세히 설명도 하지 않고, 오히려 농업이 국민에 있어서 훨씬 중요하며, 지금부터 발생하는 행복은 공업 및 지금부터 발생하는 행복보다도 훨씬 영속적인 바와 같이 생각되는 방식으로 농업과 공업을 대립시키고 있다. 이것은 아담 스미스가 중농학파의 오류를 계승한 데 지나지 않다는 것을 나타내고 있다. 그는 물질적 농업자본은 공업의 가장 번영한 나라에서조차 물질적 공업자본의 10배, 20배나 중요하며, 매년의 농업생산조차 모든 공업자본을 가치에서 훨씬 능가한다고 하는 사태에 의하여 빠져 있는 것이다. 같은 사태가 아마 중농학파도 유혹시켜, 공업에 대하여 농업을 과중하게 평가시킨 것일 것이다.

일반적으로 스미스 이후의 학파는 지대의 성질의 연구에 관하여 성공하지 못하였다. 리카도, 밀, 마카록 기타는 지대는 토지에 내재하는 자연적인 생활가능성에 대하여 지불된다는 견해를 갖고 있으며, 리카도는 실제 이 견해 위에 모든 체계를 쌓은 것이었다. 그러나 그가 만약 케나다 등지에 여행해 보지 않았다면, 그의 이론이 어떻게 붕괴하기 쉬운 것인가를 생각하였을 것이다. "모든 국민의 형성과정과, 그 수렵단계에서 목축단계, 목축단계에서 농업단계 등등으로의 이행을 따라가면, 지대가 도처에서 본래는 제로였다는 것, 그것은 도처에서 문화의 진보·인구의 증가·정신적 및 물질적 자본의 증가와 함께 등귀한 것을 쉽게 믿는 것이다. 단순한 농업국민을 농·공·상업국민과 비교하면, 후자에 있어서는 전자의 20배나 많은 인간이 지대로 생활하고 있는 것을 알 수 있다." 이 사실은 지대의 원인이 자연에 의해서는 자발적이 아니라, 자연의 위에 직접 혹은 간접으로 사용된 정신적 및 물질적 노동 및 자본에 의하여, 또 사회의 향상에 의하여, 토지에 부여된 생산가능성의 결과라는 것을 이해할 수가 있는 것이다.

이상이 리스트의 지대이론에 관한 입장이지만, 요는 "지대는 자원에 고정되어 있는 자본에서 발생하는 이익, 즉 자본화된 자원이다." 그리고 이 입장에서 당연히 단지 농경에서 이루어지는 바와 같은 불완전한 방법으로 자본화한 국민의 영토는 농업력과 공업력을 그 영토 위에 겸하여 준비하고 있는 국민의 영토보다 훨씬 적은 지대밖에 받지 못하는 것이 분명할 것이다. 그러나 농업 및 인구밀도의 점에서 진정한 국민이 자신의 공업력을 배양한다면, 그 자연력뿐만 아니라, 농업에 도움이 되는 공업력의 대부분도 자본화하여, 그 국민의 지대증가는 공업력의 육성에 필요한 물질적 자본의 이익을 무한히 능가하는 것이다.

(4) 공업력과 상업[18]

리스트는 농업과 공업과의 상호 관계에 관하여 명확한 관념을 갖기 때문에, 처음 상업의 본래의 기능과 지위를 올바르게 파악할 수가 있는 것이다. 상업도 확실히 생산적이긴 하지만, 농업과 공업은 전적으로 상이한 방법으로 생산적이다. 농업과 공업이 상품을 생산하지만, 상업은 단지 농업가와 공업가, 생산자와 소비자 사이에서 상품의 교환을 중개할 뿐이다.

크루네의 "위하라, 행하라!"라는 유명한 자유방임주의의 표어는 상인에 있어서 유쾌한 반향을 가짐과 함께, 강도와 사기꾼과 도적의 귀에도 유쾌하게 반향할 위험이 있다. 여기에서는 도처에 가치만을 안중에 두어, 힘이라는 것을 고려하지 않고, 전 세계를 단 하나의 상인의 공화국으로 보게 된다. 상인이 교환에 의하여 가치를 획득할 수 있는 것은 농업가와 공업가의 덕택이며, 생산력의 덕택이다. 고전학파는 이 점에 주의하고 있지 않다. 상인은 가치의 획득을 위해서는 어떠한 것이라도, 독약도 약도 수입한다. 아편과

---

18) 앞의 책, 제2편 제21장.

화약으로 모든 나라의 신경을 마비시킨다. 상인은 그 수입 및 밀수입에 의하여 몇 만의 인간에게 직업과 생계를 부여하지만, 그것에 의하여 그들을 걸식(乞食)의 지경으로 빠뜨리지만, 자신이 벌어들이려고 하면 괜찮다. 전시에는 적에게 무기탄약도 공급한다. 이리하여 개개의 상인의 이익과 국민 전체의 상업의 이익에는 상당한 차이가 있는 것을 알 수 있는 것이다.

"상업은 공업과 농업으로부터 발생한다. 그리고 이 두 가지 생산의 주요부문을 그 국내에서 고도로 발달시키지 못하였던 바와 같은 그 국민은 현대에 있어서는 하나로서 중요한 국내적 및 대외적 거래에 도달할 수는 없는 것이다."

국내상업의 중요한 대상은 식료품·소금·연료·건축자재·의복감이며, 이어서 농업 및 공업기구·기계 및 공업에 필요한 농업 및 광업생산물의 원료품이다. 이 국내거래의 총액은 공업력이 고도로 발달하고 있는 국민에 있어서는, 단순한 농업국민에 있어서는 비교되지 않을 정도로 중요하다. 단순한 농업국민에 있어서는 국내상업에 제공된 자본은 거의 제로이며, 따라서 기후의 좋고 나쁨에 지배되는 생산품목에는 가격의 비상한 변동이 있다. 따라서 국민이 농업에 한정되어 있을 정도로, 물가폭등과 기근의 위험이 크다.

모든 종류의 공산품을 더욱 저렴한 가격으로 생산하는 국민만이 모든 지대 및 모든 문화단계의 민족과 무역관계를 맺어 모든 욕망을 충족하고 혹은 새로운 욕망을 환기하여, 모든 종류의 원료품과 식료품을 교환하여 수취할 수 있는 것이다. 이러한 국민만이 국내공산품을 뺏은 원격의 시장이 요구하는 다종다양의 상품을 가지고 선박을 가득 채울 수가 있다. 영국인, 프랑스인, 네덜란드인 등등이 각각 동인도, 아프리카, 중부아시아 등등의 무역으로 많은 실례가 있다.

동양의 불완전한 공업은 기계와 발명에 의하여 유럽 공업력의 이익을 위하여 전멸되어 버려, 또 유럽 공업력은 열대국들에 대량의 공산품을 가장 저렴한 가격으로 공급하여, 그것에 의하여 이들 여러 나라의 노동력 및 생산의 증진의 동기를 부여할 수가 있도록 되었다. 다시 육지·바다의 운수의 발달은 장래 지구 전면으로부터 다시 측정해 알 수 있을 정도의 이익을 가져올 수 있을 것이다.

3. 무역정책수단

(1) 국내공업력의 보호의 주요 수단으로서의 관세[19]

국내공업의 장려법 가운데에서, 그 효과와 실용성에 반대하는 것을 논의하는 것이 아니라, 공업육성수단으로서의 관세입법에 관해서만 논의하는 것이다.

첫째로, "보호정책은 국내공업력의 촉진, 보호의 목적을 위해 다음과 같이 국민─즉 그것은 광대한 영토와 많은 인구와 자연적 보조자원의 소유와, 잘 진보한 농경과 고도의 문화 및 정치적 발달에 의하여, 제1류의 '농·공·상업국민', 최대의 육·해군과 대등한 지위를 주장할 자격이 있는 국민─에 있어서만 시인되어야 할 것이다." 그리고 보호는 일정한 공산품의 완전한 수입금지가 전적으로 혹은 일부분이라도 수입금지와 같은 고율관세가 적절한 수입세에 의하여 이루어지지만, 이들 보호의 양식 가운데에서 어느 것이 절대적으로 좋은가 나쁜가 말하는 것이 아니라, 그 가운데 어느 것이 적당한 것인가는 국민의 특수한 상태와 그 공업의 지위에 따르는 것이다. 전쟁은 어쩔 수 없이 수입금지제도를 낳기 때문에 보호수단의 선택으로서 많은 영향을 갖고 있다. 교전국은 교전 중은 각각 무역은 두절하기 때문에, 경제적 상태의 여하에 관계없이 자급자족에 노력하지 않으면 아니 된다. 그 결과는 뒤처진 공업국민에 있어서 제조공업이 다른 한편 앞선 공업국민에 있어서는 농업생산이 매우 발달된다.

프랑스가 1815년에 독일, 러시아, 미국과 동일하게 영국의 경쟁을 허용하고 있다고 한다면, 전시 중에 발흥한 공장의 대부분은 몰락해 버렸을 것이다. 어느 때 이래, 제조공업·국내운수기관 등의 개선, 대외무역·증기·하천·해상운항·토지의 가치증가·인구와 국고수입 등등에 있어서 수행된 진보는 생각지도 못하였을 것이다. 당시 프랑스는 공업적 방면에 있어서 물질적·정신적으로 지체하고 있었던 것이다.

둘째로, "보호관세에 관해서는 주로, 한 국민이 자유경쟁의 상태로부터 보호제도로 이전하고자 하는 것인가 혹은 수입금지제도로부터 과도한 보호제도로 이전하고자 하는 것인가를 구별해야 할 것이다. 앞의 경우에는 관세는 처음 낮게 정하고, 점차 높이지 않으면 아니 된다. 뒤의 경우에는 처음에 높이 정하고, 점차 낮게 되지 않으면 아니 된다." 그리고 이전에는 관세에 의하여 충분히 보호되어 있지 않았지만, 공업 위의 다시

---

19) 앞의 책, 제2편 제26장.

진보를 할 힘이 있다고 느끼고 있는 국민은 무엇보다도 앞서 일상소비의 상품을 생산하는 공업을 육성하는 것을 고려하지 않으면 아니 된다. 그리고 관세는 자본, 공업 위의 숙련, 기업심이 국내에 성장하고 혹은 외국으로부터 유입하는 데 따라, 또 국민이 이전에는 수출하고 있던 원료품과 원시생산물의 과잉분을 가공할 수가 있게 되는 데 따르는 것만 인상해야 하는 것이다.

"자유경쟁으로부터 보호제도로의 과도기에서 어느 정도 인상할 수 있을까 및 수입금지제도로부터 과도한 보호제도로의 과도기에서 어느 정도까지 하락할 수 있을까에 관해서는 이론적으로는 아무것도 결정할 수 없다. 이것은 뒤처진 국민이 앞선 국민과 상대하는 특수한 관계 내지 외환상태의 여하에 달려 있는 것이다. 예를 들면 미국은 영국에 대한 미가공의 면화수출과 영국령 식민지에 대한 농산물 및 해산물 수출에는 물론, 자국 내에 존재하는 높은 임금에 특별한 고려를 하지 않으면 아니 된다. 이것에 대하여 또 다른 어떤 국민보다도 영국의 자본, 기술가, 기업가, 노동자의 초청에 기대할 수 있는 것이 많다는 것은 미국의 이익이다. 공업이 최초의 40% 내지 60%의 보호로 발전하지 않고, 여기에 20% 내지 30%의 보호를 더하여도, 영구히 지속할 수 없는 공업력은 그 근본조건이 결여되어 있는 것이라고 추정하여도 좋을 것이다."

이러한 무능력의 원인 가운데 쉽게 제거할 수 있는 것은 국내운수기관의 부족, 기술적 지식, 경험 있는 노동자 및 공업적 기업심의 결여 등이며, 제거하는 것이 어려운 것은 국민 사이의 근면과 개화와 교육과 도덕과 법률정신의 결여 등등이다. 양호한 국토가 없다는 것도 무능력의 원인으로서 제거하기 어려운 것이라는 것은 말할 것까지 없다.

기술과 기계제작에서 그다지 진보하고 있지 않은 국민은 가장 진보한 국민의 수준까지 복잡기계류를 무세로 수입하던지, 아주 낮은 세금을 부과하는 데 그쳐야 하는 것이다. 이 공업부문은 그것이 적당한 세금으로는 경쟁에 감내할 수 없는 경우에는 나라의 직접적인 보조를 요구하는 전적으로 특수한 권리를 갖고 있다.

"누세(累稅)는 우리의 체계에 의하면 외국으로부터 수입되는 반제품, 예를 들면 면사와 같은 것이 점차 그 나라의 국내생산을 가능하게 하기 위하여 상당한 보호관세를 부과하지 않으면 아니 되는 경우밖에 문제가 될 수 없다."

"조성금은 수출을 가능하게 하거나, 또 국내공장과 훨씬 진보하고 있는 여러 국민공업이 제3국 시장에서 경쟁할 수 있는 영구적인 정책으로서는 비난받아야 하지만, 다시 보다 비난되어야 할 것은 이미 스스로 공업에 있어서 진보를 이룩하고 있는 여러 국민으로부터 국내시장을 탈환하는 수단으로 하고 있다. 그러나 그것이 강력한 계속적인 생산과 그 자신 융성한 공업을 가지고 있지 않은 여러 나라에로의 수출을 환기하기 위하여 혹은 국민의 기업심이 단지 무엇인가의 자극과 그 발전의 초기에만 보조를 필요로 하는 경우에는 잠정적 격려책으로서 시인되어야 한다. 그 경우에는 개인의 무역이 아직 미치고 있지 않은 먼 여러 나라에로의 무역, 항해의 계획, 세계의 먼 지역에로의 기선항로의 개설, 새로운 식민지의 설정 등등의 사례를 들 수 있다."

(2) 관세와 고전학파[20]

"고전학파는 보호정책의 효과에 관하여 원시생산과 공업생산을 구별하지 않는다. 이 학파는 이 정책이 항상 원시생산에 유해한 작용만을 한다는 사정을, 그것이 공업생산에도 마찬가지로 유해한 영향을 미친다는 것의 잘못된 증거에 이용하고자 한다." 또 "공업력의 배양에 관하여 그 자격이 없는 국민과, 그 영토의 성질, 완성한 농경, 문명에 의하여 장래의 번영, 영속 및 세력의 보증에 대한 요구에 의하여 그 자격이 있는 국민을 구별하지 않는다." 다시 또 "자격은 있어도 발달이 뒤쳐진 국민은 선진공업의 여러 국민과 전적으로 자유로운 경쟁을 하는 경우에는, 보호정책 없이는 완전히 발달하는 독자적인 공업력 및 완전한 국민적 독립에까지 도달하는 것은 결코 될 수 없다는 것도 간과하고 있다."

고전학파는 그것에 전쟁이 필연적인 금지제도를 야기하는 것 및 금지관세제도는 이 전시금지제도의 계속이라는 것을 인정하지 않는다. 그리고 "각 국민이 국제무역의 절대적 자유에 의해서만 최고의 번영과 세력에 도달할 수가 있다고 주장하는 것이다. 또 보호정책이 국내에 공업의 독점을 보증하여 나태하게 유도하였으며, 보호관세가 농경을 영위하는 사람들을 희생으로 하여 공업을 영위하는 사람을 보호하였다고 한다." 그리고 "보호관세에 반대하는 주요한 근거로서 관세제도와 밀무역의 해악을 주장하고자 한다." 그러나 이 결점의 존재는 시인하고자 해도 국민의 존립, 세력 및 번영에 심대한 영향을 미치는 정책을 문제로 삼는 경우에는 이러한 결점은 중대하지 않다.

그런데 아담 스미스는 세 가지 경우에 국내공업의 특별보호를 인정하고 있다.

첫째로, 보복정책, 즉 다른 국민이 우리의 수출을 제한할 때, 보복의 의하여 그 제한을 철회할 수 있는 희망 있는 경우,

둘째로, 국방에 필요한 공업필수품이 자유경쟁에서는 국내에서 생산될 수 없는 경우,

---

20) 앞의 책, 제2편 제27장.

셋째로, 균형수단으로서, 즉 외국인의 생산물이 내국인의 생산물보다도 적게 과세되고 있는 경우.

세이는 이들 보호를 전부 비난하고 있지만, 어느 공업이 몇 년 되지 않아 보호를 필요로 하지 않을 정도로 유리하게 된다고 예상되는 경우에는 보호를 용인하고 있다. 스미스의 보호정책의 요구는 공업이 진보하고 있는 영국의 이기적 주장임에 불과하다. 영국의 농산물수입제한에 다른 나라 국민이 공산품수입의 제한을 가지고 응답하는 것은 합리적이다.

제2의 스미스학설은, "병기화약공장 등의 긴박한 전시수요를 충족하는 공업보호의 필요만이 아니라, 우리가 말하는 보호제도의 전부를 시인하고 있는 것이다. 왜냐하면 국민은 자기에게 고유한 공업력의 배양에 의하여 인구, 물질적 부, 기계, 독립성 및 정신적 힘의 증진에 대해서는 물론, 국방수단의 위에도 단순히 병기화약공장에 의하기보다는 무한하게 높은 정도로 작동하기 때문이다."

제3의 예외에 관하여 말하면, 독일의 공업생산이 외국의 공업생산에 비하여 부과되고 있는 기타의 단점도 또 국내공업의 우월한 경쟁에 대하여 보호할 이유가 되는 것이다. 스미스의 이러한 모순은 원래 세이의 견해에 관해서도 마찬가지이다.

왜냐하면 천성과 교양에 의하여 공업력을 배양할 자격이 있는 국민은 지속적인 강력한 보호에 의하면 거의 모든 공업부문에 수익을 올리게 되는 데 틀림없기 때문이다. 그러므로 고전학파의 '절대적 자유무역이 측정할 수 없을 정도의 이익과 관세보호의 불이익'에 관한 사례의 논거도 확고한 것은 아니다.

"영국의 상업정책이 국토의 부를 착취하여 국민의 생산력을 발전시킬 수가 있게 된 것은 주로 정신적 및 시민적 자유를 위해서이며, 헌법과 정치적 여러 제도의 기회를 얻은 것이기 때문이다. 그러나 누가 다른 국민에도 같은 정도의 자유에로 비상하는 능력이 없다고 단정할까. 자연은 다른 국민에게 공업생산에 필요한 보조수단을 거부하고 있다고 누가 주장할 것인가."

사람들은 영국인이 공업생산에 특히 적합한 이유로서, 영국이 석탄과 철이 풍부하다는 것을 들고 있다. 그러나 다른 천연자원을 가지는 나라에 있어서는 대개는 유력한 운수시설의 부족이 그 충분한 이용을 방해하고 있을 뿐이며, 그리고 증기력보다 저렴한 수력을 가지고 있다. 석탄의 부족을 다른 연료로 보충하여, 교환에 의하여 많은 나라에는 무한의 제철재료를 제공하고 있는 것이다.

고전학파는 또 통상조약을 불필요하게 유해한 것으로서 비난하고 있지만 그것은 상호적 통상제한을 점차 감소하여, 여러 국민을 점차 자유로운 세계무역으로 유도하기 위한 유효한 수단이라고 생각한다. 고전학파가 이것을 혐오하는 것은 그 절대적 자유무역의 원칙이 실천적인 부정을 수용함에 따른다. 단, 통상조약의 원칙은 쌍방의 국민에게 유리하게 작용하기 때문이다.

요는, 보호가 국민의 번영에 있어서 유리한 것은 그것이 국민의 공업적 발전의 정도에 적응하는 범위에 있어서뿐이며-과도한 보호는 전부 유해하다-여러 국민은 단 서서히 완전한 공업력에 도달할 수가 있는 것이다. 또 공업적 발달정도의 단계를 달리 하고 있는 두 나라는 상이한 종류의 공산품의 무역에 관하여, 조약에 의하여 상호 양보를 위하여 양쪽 함께 이익을 얻을 수가 있다. 다시 한층 이러한 조약이 시인되어 유익한 것은 공업적 발달의 단계를 대개 같이하는 두 국민, 따라서 경쟁이 한쪽으로부터 압도적으로, 파괴적으로, 억압적으로 모든 것을 독점하는 것이 아니라, 국내거래의 경우와 같이 양쪽의 경쟁, 완성 및 가격인하를 자극하는 국민 사이일 것이다. 대륙의 여러 국민은 대개 그러하다. 프랑스와 오스트리아와 독일관세동맹은 상당히 저율의 보호로부터, 매우 유리한 작용만을 기대할 수가 있을 것이다. 또 이들 여러 나라와 러시아와의 사이에 있어서도, 상호적 양보는 모든 방면의 이익이 되었다. 그들 모든 것에 놀라지 않으면 아니 되는 것은 단지 영국의 우월이다.

물론 영국이 공업, 상업, 항해업 및 식민지 소유에 있어서 지배권을 획득하고자 하는 노력에 의하여 전 인류의 생산력은 무한하게 증가하는 것은 인정하지 않으면 아니 된다. 현재 영국의 지배는 모든 국민이 상호 접근하는 위에 최대의 장애와 같다.

4. 결 론

<국민적 체계>는 격동하는 시대의 거센 파도에 시달렸던 리스트가 반생에 걸친 사색과 경험에 바탕을 두고 심혈을 기울여 집필한 리스트의 사상과 이론의 주저(主著)이다.

리스트의 저서는 다음과 같이 5권이 있다.

① 농업의 발전이 무엇보다 선결되어야 한다는 입장에서 최초로 발표한 <농업론>(Wider Die Unberentze Teiung der Bauernguter, 1816)

② 미국에서는 <미국경제학 개요>(Outlines of American Political Economy, 1827)

③ 프랑스에서는 '경제학의 자연적 체계'로 알려진 <농지제도 · 영세경영 및 국외이주>

(Die Ackerverfassung, die Zwergwirtschaft und die Auswanderung, 1842)

④ 독일에서 주저(主著)인 <경제학의 국민적 체계>(Das nationale System der politischen Oekonomie, 1841)

⑤ 그의 말년에는 독일에서 <독일인의 정치적 경제적 국민통일>(Die politisch—oeconomische Nationaleinheit der Deutschen, 1945~6) 등의 저서가 있다.

그리고 리스트가 보호제도의 변호인으로서 또 철도의 전문가로서 명성을 얻는 한편, 집요한 중상과 탄압을 받으면서도 관세동맹운동을 전개하는 가운데 어느 때는 달성의 즐거움을, 어느 때는 부당한 탄압에 대한 분노를 담아 쓴 약 700여 편의 논설과 600여 통의 편지가 있다.

독일의 제상(帝相) 비스마르크가 처음으로 독일의 국민적 통일을 이룩한 사상적 뒷받침이 되고, 일본이 메이지(明治)시대에 독일과 유사한 정책을 수립하였다는 것은 바로 <경제학의 국민적 체계>였다는 것은 널리 알려진 사실이다.

19세기 전반 독일 최대의 경제학자인 리스트(Friedrich List, 1789－1846)는 그의 주저(主著)인 <국민적 체계>를 1841에 발표함으로서 중상주의 시대 이후 일약 보호무역론의 선구자의 입지를 확보하였다. 리스트는 당시 자유무역을 주창한 스미스(Adam Smith)의 <국부론>과 영국의 자유무역주의를 줄기차게 비판하면서 경제적 후발국인 프랑스, 미국, 독일의 입장에서 '경제발전5단계설'에 입각하여 보호무역주의 아래 정치적인 독립과 경제적인 발전을 하기 위한 무역정책의 이론과 정책을 제시하였다.

특히 후발국은 '농업·공업·상업의 균형과 조화' 없이는 정치적 독립과 경제적 발전은 불가능하며 '농업·공업·상업의 균형과 조화'를 위해서는 보호무역정책이 불가피하다고 리스트는 일관되게 주장하였다.

19세기 초반 영국의 자유무역주의에 대항하여 독일의 입장에서 보호무역주의의 정당성을 주장한 리스트가 그 시대의 역사적 배경과 그를 둘러싼 주위 상황이 어떤 관련을 맺고 있는가를 경제사상사라는 측면에서 명확히 밝히는 것이 이 장의 내용이다.

시대를 초월하여 계속 읽힐 정도의 명저서(名著書)를 남긴 경제학자, 특히 정통경제학자들로부터 이단자(異端者)로 몰렸던 독일의 국민경제학자인 리스트의 생애는 파란만장의 연속이었다. 그리고 리스트가 아카데미즘의 틀을 초월하여 현실적인 문제에 실천적으로 깊이 관계함으로써 시대를 앞지른 그의 활동이 사회적으로 커다란 영향력을 미쳤다고 할 수 있다.

리스트는 프랑스혁명으로부터 '3월 혁명'에 걸쳐 격동의 시대에 낡은 세대와 새로운 세대, 자유의 나라와 전제(專制)의 나라의 양쪽에서 생활하면서 자본주의의 선진국과 후진국에서 견문을 넓혔다. 그는 선진국이 주창하는 '세계주의'의 경제학에 대하여, 경제학의 '새로운 체계'를 구축하겠다는 목표를 가지고 <경제학의 국민적 체계>를 저술하였다고 한다.

이 책은 이와 같이 리스트 자신이 설명하고 있는 것에서부터 출발하여, <국민적 체계>의 성립사를 특히 중요한 세 가지 국면을 중심으로 객관적으로 밝히고자 노력하였다. 이 세 가지 국면은 다음과 같다.

첫째, 나폴레옹의 '대륙봉쇄'가 붕괴하여 무역이 재개된 뒤의 1817-8년경 영국으로부터의 수출공세를 받아 독일이 경제위기에 빠졌던 때―당시의 독일은 39개의 영방으로 분열되어 있어 통일적인 무역정책을 채택할 수 없었다―, 경제학('국가행정실무')의 강의를 준비하고 있었던 리스트는 불황에 고민하는 각지의 상공업자의 '시대의 소리'에 접하여, 자유로운 무역에 의하여 경제는 번영한다고 설명하는 경제학의 지배적인 이론에 '의문'을 느꼈다. 이것은 리스트가 국민경제학에 눈뜨는 '원점' 혹은 '원체험'이 되었다. 이 '의문'은 다음 해부터 독일의 관세·무역정책을 위한 운동('상업정책의 투쟁')에 참가하여, 망명 중에 프랑스의 경제학에 접하는 가운데 점차 부풀어 간다.

둘째, 10년 뒤, 미국의 혁신의 풍토와 자유로운 언론이 지배하는 민주정치 가운데, 펜실베이니아의 보호관세운동에 참가하여 창세기의 미국체제파＝국민주의학파의 경제학에 접하여, <미국경제학의 개요>를 발표하여 자유무역진영의 이론적 지도자인 쿠퍼(T. Cooper, 1759-1840)의 주장을 반박한다. 10년 전에 처음으로 느꼈던 '의문'은 편지의 형식을 취하여 '경제학의 새로운 체계'의 '개요'의 표명이 되어 있다. 국민경제학이라는 '새로운 체계'의 '구상'을 선언하였다고 할 수 있을 것이다.

셋째, 다시 10년 뒤에, 파리로 옮긴 리스트는 옹호자인 코타(Cotta v. Cottendorf, Johann Friedrich Frhr., 1764-1832) 신문의 통신원으로서 생활을 유지하면서, 2년 7개월의 소위 '연구기간'을 활용하여 경제와 역사의 연구를 계속하여, 현상논문 <경제학의 자연적 체계>를 비롯하여, 주저서인 '준비작품'이 되는 몇 편의 논문을 작성, 집성하여 수정을 반복하여 <국민적 체계>를 정리하여 독일에서 출판한 것이다.

리스트의 이론전개는 ① 역사적인 교훈을 찾고, ② 거기에서 자신의 기본적인 여러 가지 원리를 도출하여 이를 발전시킨 뒤, ③ 앞선 여러 가지 이론체계, 특히 스미스이론을 비판하며 그리고 ④ 자신의 의도는 어디까지나 실천적인 것이기 때문에 그 당시의 무역정책 사정을 설명하려는 데에 있다.

리스트는 자신의 이론에서 국민경제의 발전을 위하여 다음과 같은 나라의 '주요경제발전단계(Hauptentwicklungsgrade)'를 상정하였다.

제1단계: 미개상태(Wilder Zustand)
제2단계: 목축상태(Hirtenstand)
제3단계: 농업상태(Agrikulturstand)
제4단계: 농·공업상태(Agrikultur Manufakturstand)
제5단계: 농·공·상업상태(Agrikultur Manufaktur Handelsstand) 등이다.

나라가 제1단계(미개상태)에서 제2단계(목축상태)로, 제2단계(목축상태)에서 제3단계(농업상태)로 이행하고, 그리고 제4단계(농·공업상태)에서 제5단계(농·공·상업상태)에 있는 나라와 자유무역을 하는 것이 가장 좋다고 하였다.

그러나 제3단계(농업상태)에서 제4단계(농·공업상태)의 대열로 자유무역에 의하여 스스로 이행할 수 있는 것은 공업력의 발전에 적합한 모든 국민이 같은 시기에 같은 발전단계에 있는 경우와, 나라가 서로 그 경제적 발전에 방해받지 않는 경우, 나라가 서로 전쟁이나 관세제도에 의하여 그 진보를 저해받지 않는 경우에 한한다.

제3단계에서 국제무역을 하는 나라의 국민경제발전, 즉 '외국무역의 준칙'에는 다음 네 가지 상이한 시기가 있다고 하였다.

제1시기에는, 국내농업이 외국공산품의 수입품과 국내의 농산품 및 원료의 수출에 의하여 발달하며,
제2시기에는, 국내공업이 외국공산품의 수입과 병행하면서 발달하며,
제3시기에는, 국내공업이 국내시장의 대부분의 수요에 충당되며,
제4시기에는, 대량의 국내공산품이 수출되고 외국산의 원료 및 농산물이 대량으로 수입된다.

나라의 경제발전을 촉진시키기 위해서는 보호무역의 정책수단인 관세제도는 항상 국민의 공업육성이라는 원리를 방침으로서 고수하지 않으면 아니 된다.

이와 같이 리스트의 보호무역론은 관세제도를 통하여 후진국이 미래의 자유무역으로 지향할 때까지 정당화될 수 있다. 보호제도는 국내공업력의 촉진과 보호를 목적으로 할 때에 한정되며 산업적으로 미래에 희망을 갖는 나라에 한하여 정당화된다. 어느 제조업

이 40-60%의 최초의 보호관세율로서 성장하지 못하고, 다시 여기에 20-30%의 보호관세에도 지속될 수 없는 경우에는 일반적으로 공업력의 근본조건이 결여되어 있다고 보아도 좋을 것이다.

결국 리스트는 해밀턴과 미국체제파의 영향을 받아 자유무역의 이론과 정책의 타당성을 배척하고 경제정책에 대한 '나라의 역할'을 중시하면서 국민경제의 여건에 입각하여 실천적 이론을 수립하였다. 이 이론에서 리스트는 개도국의 공업보호를 정당화하기 위한 근거로서 유치경제보호론을 최대로 활용할 것을 주장하였다. 결국 리스트의 주장은

"첫째, 당시 영국의 산업이 지배한 세계시장의 독점에 대하여 대항력을 가져야 하고,

둘째, 경제성장을 위해서는 농업과 공업의 균형적 발전이 반드시 필요하며,

셋째, 농업에만 의존하면 외국으로부터의 상당한 영향을 받게 되며,

넷째, 국민소득은 국내산업의 보호에 의하여 일시적으로 감소하지만, 그 산업이 장래 성장하면 국민소득은 증가한다."라는 것이다.

참고문헌

1) 리스트(List Friedrich)의 저서는 다음과 같다.
   ① Wider Die Unberentze Teiung der Bauernguter, 1816.
   ② Outlines of American Political Economy, 1827.
   ③ Die Ackerverfassung, die Zwergwirtschaft und die Auswanderung, 1842.
   ④ Das nationale System der politischen Oekonomie, 1841.
   ⑤ Die politisch-oeconomische Nationaleinheit der Deutschen, 1945~6 등이다.
2) Adam Smith, An Inquiry into the Nature and Causes of the Wealth of Nations, 1776.
3) Alexander Hamilton, Report on the Manufacture, 1791.
4) Mathew Carey, Essays on Political Economy, 1822.
5) Daniel Raymond, Thoughts on Political Economy, 1820.
6) 이균, 국민경제형성과 보호무역, 무역경영사, 1991.
7) 이주성, 경제사상연구, 법문사, 1994.
8) 정도영 역, 리스트-생애와 학설, 박영사, 1983.
9) 小林昇 譯, 政治經濟學의 國民的體系, 岩波書店, 昭和45年.
10) 小林昇 著, 小林昇經濟學史著作集(Ⅵ, Ⅶ, Ⅷ), 未來社, 1979.

제12장

밀(J. S. Mill)과 유치산업보호론

19세기 중엽에 걸출한 경제학자 밀(J. S. Mill)은 <경제학원리(The Principles of Political Economy, 1848)>를 출판하여, 그것이 몇 세대에 걸쳐 경제학도의 표준적 문헌이 되었다. 그러나 이 밀의 권위 있는 교과서의 한 절이 그 뒤의 논쟁의 씨앗이 되고, 같은 시대의 많은 경제학자들이 그를 경멸하게 되었다. 밀은 짧은 문장으로 '유치산업(infant industry)'의 일시적 보호(temporary protection)를 조건부로 인정하였다. 유치산업은 처음은 수입품의 경쟁에는 견딜 수 없지만, 시간의 흐름과 더불어 경험을 거쳐 세계시장에서 훌륭하게 물리칠 수 있을 때까지 성장할 수 있는 산업이라고 정의된다. 밀은 이 유치보호론을 전개함으로써 경제학자들을 깜짝 놀라게 하였지만, 그는 마지막으로는 (그러나 살짝) 유치산업보호를 위하여 관세를 이용한다는 주장을 철회하였다. 그러나 유치산업보호론은 그 이론구조의 애매함에도 불구하고, 많은 비판에 견뎌, 지금 다시 무역정책론의 분야에서 불안정한 지위를 유지하고 있는 것이다.

유치산업보호론은 아마 가장 오래되고, 가장 수명이 긴 보호론이며, 적어도 그 기원을 에리자베스 여왕 시대로까지 거슬러 올라갈 수가 있다. 이 논의의 정확한 설명(새로운 산업의 창출을 위한 일시적 보호를 위하여)은 중상주의 시대에 찾아볼 수 있다. 바이너(Jacob Viner, 1937, p.71)는 어느 국내기업을 육성하여 유치하지 않게 되었기 때문에, 그 일에 독점특권을 부여할 필요가 없게 된 것을 논한 1645년의 문서를 발견하였다. 보다 일반적인 이유는 겨우 태어난 제조업을 외국의 산업으로부터 지키기 위하여 정부의 원조를 필요로 한다는 것이다. 예를 들면 야란톤(Andrew Yarranton, 1677, p.62)은 다음과 같이 언급한다.

> "우리나라의 아마(Linnen)공업, 철공업을 일반적 법률에 의하여 장려하여, 현재 외국이 향유하고 있는 일을 우리 자신의 것으로 하여야 한다. 그것에는 먼저 영국에 수입되는 모든 재료(실 등)에 적어도 1파운드당 4실링의 세금 혹은 관세를 부과, …… 이 법률을 7년 동안은 계속하여야 한다. 그렇게 하면, 이 과세에 의하여 유치단계의 아마공업은 뿌리를 내려 기초를 다질 수 있게 될 것이다."

우드(William Wood, 1718, pp.224−225)는 얀센(Theodore Yanssen, 1713, p.9)의 말, "모든 현명한 나라는 유치단계의 공업의 장려를 선호하는 것이다. 그들의 나라는 동종의 외국제품에는 높은 세금을 부과할 뿐만 아니라, 그 소비를 전면적으로 제한하거나 수입금지조차도 한다."라고 하나씩 하나씩 반복하고 있다. 돕(Athur Dobbs, 1729, p.2: 65)도 마찬가지로 다음과 같이 말한다. "대체로 프레미엄은 유치단계의 공업과 기타의 개량사업을 장려하여 세계로 보내기 위하여 혹은 해외거래의 개시를 장려하기 위하여 부여해야 하는 것이다. 만약 그 노력의 뒤에서도, 저렴하게 생산하여 외국의 동종상품과 대등하게 판매할 수가 없다면, 그것을 추진하는 것은 소용없다."

유치산업의 주장은 국내의 고용과 산업의 확대를 도모한다는 중상주의적 바람의, 결코 전반적이라고는 말할 수 없지만, 그 일부이다. 그것들의 약간의 초기의 설명은 유치산업론의 요점을 충분하게 전하고 있다. 즉, 새로운 산업이 외국의 기존의 경쟁상대와 물리칠 수 있도록 되기까지는, 새로운 산업이 발족 할 때의 장해를 극복하여 성장하는 것에 정부의 원조가 필요할 것이라는 것이다. '유치(infant)'라는 매력적이고 직관적인 비유가 18세기 거의 모든 경제학자에게, 그 유치산업보호의 주장을 신중하게 검토도 하지 않고 받아들인 것이다. 아담 스미스의 스승 허치슨(Francis Hutchison, 1753, p.308)조차도 다음과 같이 썼을 때, 이 주장을 인정하고 있었던 바와 같이 생각된다. "우리가 외국의 공산품을 구입함으로써 우리나라의 부가 유출하는 것이 없도록, 모든 직인을 단순한 것·정교한 것 구별 없이 조성하지 않으면 아니 된다."

유치산업보호론이 널리 받아들여질 수 있도록 되어, 많은 저자들이 그것에 조건을 붙임으로써 자신의 입장을 나타내게 되었다. 예를 들면 튜커(Josiah Tucker, 1758, pp.50−

51)는 보호는 일시적이어야 하는 것, 그렇지 않으면 유치산업은 결코 성장하지 않을 것이라고 경고하였다. 예를 들면,

> "그와 같은 유치한 제조업과 원료산업을, 그것이 장래 유용하고 중요한 산업으로 육성하고자 하는 전망으로, 유치단계의 미약한 기간만 공적보조·국가장려로 보호·육성해야 한다는 것은 보기 쉬운 것이다. 그러나 어느 합리적인 기간의 뒤에, 이 상업적 유아를 서서히 이유(離乳)시켜, 언제까지나 손을 잡고 데리고 다니는 게으른 버릇을 들이지 않도록 하는 것이 보다 자연스럽다고 생각된다. …… 독립할 수 없는 직업은 존재할 자격이 없는 것이다."

다른 저자들도 유치산업의 육성에 사용되는 관세는 지나치게 높아서는 아니 된다고 논하고 있다. 포스트래드웨이트(Malalchy Postlethwayt, 1757, p.2: 397)의 견해는,

> "입항세가 15%일 때는 유치단계의 제조업이라 하여도 외국의 경쟁을 두려워할 필요는 없을 것이다. 운임, 수수료 기타 여러 비용, 기타 여분에 4-5% 부과되기 때문이다. 만약 외국생산업자의 이익을 제외하고, 18-20%(의 입항세)가 국내의 생산업자를 만족시키지 않으면, 그 국내의 생산업자가 과대한 이익을 바라고 있는가, 아니면 경영이 나쁜가, 그 어느 것이라고 결론 내려도 좋다. 요는, 국내에 있어서 그와 같은 장해를 제거하면, 그것의 성공은 약속할 수 없는 것이다."

그 반면, 스튜어트(James Stuart, 1767, 1966, pp.262-63)는 유치산업보호론에 많은 정열을 안고, 그것을 무조건적으로 전개하였다. "국민의 유치한 거래를 육성·개선하기 위하여, 정치가가 채택하여야 할 지도원칙은 모든 분야에서 천연자원의 제품화를 촉진하기 위하여, 국내소비의 촉진, 외국인의 경쟁의 배제, 또 발명과 개선에 있어서 궁리와 경쟁을 도모하고, 수익의 증가를 시험하는 것이다. …… 다시 또 이익을 얻어 수출할 수 있게 되기까지는, 국민의 부담으로 손실을 보조하여 수출하는 것도 허용될 것이다." 스튜어트는 보호가 개선을 촉진하지 않고 나태를 낳는 것에 관해서는 걱정하지 않았다. 즉, "왕국의 문호가 닫혀 있어, 외국과의 연락이 없는 한, 많은 수익도 해를 미치는 것 없이, 정교함을 촉진할 것이다."

경제학자들의 유치산업보호정책을 지지하는 정도는 사람들에 따라 다르다고는 하여도, 아담 스미스 이전에 이 논의에 대하여 실제로 이의를 주장한 학자를 발견하는 것은 어렵다. 스코틀랜드의 다른 철학자들(예를 들면 게임스 경)이 그것을 인정하고 있음에도

불구하고, 정부가 유치산업을 지지하는 것에 스미스가 반대한 것은 스미스의 지적 독립성을 증명하는 것이다. 아마 스튜어트와 같은 무조건의 설명에 반대하는 것이지만, 스미스는 유치산업보호론에 강하게 반응하여, 선인들과는 달리, 그와 같은 보호가 유리하게 될 수 있는 것조차도 거의 부정하고자 할 뿐이었다.

"그와 같은 규제에 의하여, 실제로, 어느 특정의 공산품이 때로는 그러한 경우에 비하여, 보다 빨리 입수할 수 있게 되거나, 또 어느 기간의 뒤에, 외국과 같은 가격 혹은 보다 저렴한 가격으로 국내에서 생산할 수 있게 될지도 모른다. 그러나 그와 같은 규제에 의하여 이 사회의 산업이 그러한 경우에 비하여 보다 빨리 특정의 유리한 방향으로 유도할지도 모르지만, 그것에 의하여 그 산업 혹은 그 산업의 수익의 총량이 증가할 것인가 라는 것은 반드시 분명하지는 않은 것이다. 사회의 산업은 자본의 증가에 비례하여서만 증가할 수가 있고, 자본은 수입으로부터 서서히 이루어지는 저축에 비례하여서만 증가하는 것이다. 그러나 그와 같은 규제의 직접적인 효과는 수입을 감소시키는 것이며, 그리고 이 사회의 수입을 감소시키는 것이 자본과 산업이 자연의 용도를 발견하는 경우에 비하여, 보다 신속하게 자본을 증가시킬 것이라고는 생각하지 않을 것이다. 가령 그와 같은 규제가 없기 때문에, 사회가 목적의 공산품을 입수할 수가 없었다고 하여도, 그 이유 때문에, 그 기간(규제가 없었던 기간) 그 사회가 보다 가난하였다고 하는 것은 될 수 없을 것이다. 그 기간 전부에 걸쳐, 모든 자본과 근로는 다른 용도라고는 하여도, 그 시점에서 가장 유리한 방법으로 일하고 있을 것이다. 사회의 수입은 어떠한 시기에 있어서도, 자본이 허용하는 한에 있어서 최대이며, 자본과 수입은 최대한의 속도로 증가한 것이다."(Adam Smith, WN, V, ii, pp.13－14).

스미스에 있어서는 외국산업의 훌륭한 원인이 무엇인가는 어떻던 좋은 것이었다. "한 나라의 다른 나라에 대한 우위성이 자연적인가 인위적인가는 문제가 아니다. 한 나라가 우위를 가지고 다른 나라가 갖지 않는 한, 후자는 자국에서 생산하기보다도 전자로부터 구입하는 쪽이 유리하다."(Adam Smith, WN, V, ii, p.15) 사실 스미스는 유치산업보호론에는 매우 회의적이며, 그것에 관해서는 무엇 하나 인정하고 있지 않다. 어느 나라가 그 정책에 의하여 어떤 산업을 일으킬 수 있다고 하여도, 그것 자체는 그 나라가 그렇게 해야 하였다는 것은 또 그것에 의하여 더 좋아지게 된 것을 의미하는 것은 아니다. 또 만약 한 나라가 점차 그 산업의 상품을 외국의 생산자보다도 저렴하게 생산될 수 있게 되었다 하여도, 그 정책이 여전히 바람직하지 않을지도 모른다. 즉, 보호가 자원배분을 왜곡하여, 국민소득을 감소시켜, 자본축적에 사용되는 투자 가능한 저축의 풀을 축소시킬지도 모른다. 다시 스미스는 이 정책의 코스트와 이익의 다른 시점 사이를 암묵리에 비교하여, 그 단기적 코스트가 확실한 장기적 편익에 의하여 보상되지 않으면 아니 된다는 것을 주장하였다(그러나 이 점은 그 뒤 수십 년 사이 무시되었다). 그러나 스미스는 유치산업에 관하여 상당히 정태적인 견해를 취하였기 때문에, 거기에 포함되는 본질적으로 동태적인 문제를 취급하지 않았던 것의 비판을 피할 수는 없는 것이다.

기타 고전학파 경제학자도 스미스의 선례에 따라, 유치산업보호론에 비판적이었거나 혹은 전적으로 그것을 무시하였다. 시스몬디(Jean−Charles−Leonard Sismonde de Sismondi, 1815, p.70)는 인위적인 수단에 의하여 다른 부문의 희생 아래에서 희소한 자원을 보호부문으로 이전하는 것의 기회비용에 주목하였다. "우리는 다음의 것을 잊어서는 아니 된다. 상인이 정부보다도 자신의 일을 잘 알고 있는 것, 한 나라 전체의 생산력이 한정되어 있는 것, 주어진 시점에서는 노동과 자본의 양이 주어져 있는 것, 노동과 자본을 지금까지 이루어지지 않았던 일에 투입함으로써, 지금까지 이루어지고 있던 것을 포기하는 것이 되고, 그리고 그와 같은 변화의 가장 있을 수 있는 결과는 돈벌이가 되는 제조업을 포기하여, 벌이가 적은 그리고 개인의 이기심이 지금까지 고의로 기회를 놓쳐 온 제조업으로 이전하게 되는 것이다."[1)

다른 저자들도 보호가 비능률적인 산업을 만드는 것은 아닐지 라는 이유로, 유치산업론에는 회의적이었다. 마카록은 국내산업이 그 상품가격을 수입품의 최저가격 이하로 인하할 수는 있을 것 같지 않다고 생각하였다. 그러나 오브라인(D. P. O'Brien, 1970, p.221)에 의하면, 이 점은 분명히 마카록의 모순이다. 스크로프(George Scrope, 1833, p.369)는 수입금지는 "그것의 생산에 맞지 않는 나라에서는 모양만의 외국품의 모조품을 만들 수는 있다." 그렇지만 "그것에 사용한 노력과 코스트는 전부 불필요하다. …… 법률로 규제된 병적인 무기력한 분위기 가운데에서는, (산업은) 생기와 활력을 상실, 머지않아 소멸할 것이다."라고 믿었다. 세이(Jean−Baptiste Say, 1834, p.131)는 스미스의 주장을 대체로 승인하면서도, "새로운 산업분야에서 노동자가 일에 숙달하여 새로움이 극복될 때, 많은 경제적 이익을 올릴 수 있음에도 불구하고 기업가(speculator)의 원조가 없기 때문에 실패하는 사례가 있는 것"을 인정하고 있다.

유치산업에 관한 중상주의로부터 고전학파(단, 밀의 학설 이전)의 논의는 다음 세 가지 기본문제를 포함하고 있다. 과연 유치산업보호는 ① 새로운 부와 자본을 창출하는

---

1) Simonde de Sismondi(1991, 327−42)를 보라. 이것이 정통적인 비판의 핵심이다. −Jeremy
   Bentham(1843, 96).

것인가, 아니면 단지 그것을 보다 유리한 경제활동으로부터 이전할 뿐인 것일까, ② 그
것은 국내의 생산자에게 새로운 기술·기능을 획득시키는 것인가 아니면 그 노력을 억
제하는 것일까, ③ 그것은 장기적으로 순이익을 가져오는 것인가, 아니면 언제까지나 정
부원조를 필요로 하는 높은 생산비의 산업을 끌어안을 것일까. 첫째 논의에 관해서는
스미스와 밴삼이 자원제약을 강조하는 형태로 이론적 틀을 구성하였지만, (다른 관점에
입각하여) (유치산업보호론의) 찬성자들은 이것에 의의를 주장 혹은 이것을 무시하였다.
둘째 논의에 관해서는 스튜어트가 (발명과 개량의 재주가 있음과 그것의 보급을 촉진하
는) 유치산업보호의 자극효과를 구상한 것에 대하여, 스크로프는 "생기와 활력을 상실,
소멸한다. ……"라고 하여, 그것의 억제적인 영향에 대조적으로 설명하였다. 셋째 논의
에 관해서는 다른 시점 사이의 비용＝편익분석은 매우 중요함에도 불구하고, 유치산업
보호의 경제적 지지론에서 이것은 무시돼 버렸다.

　불행하게도 이들 전망 가운데 어느 것이 가장 타당한가를 결정하는 데 관해서는 의
견의 일치가 없는 것이다. 사실 경제이론에서만은 이 문제의 평가는 무리이다. 어느 사
람은 유치산업이 훌륭하게 성장하는 것을 생각하면서도, 다른 사람은 보호가 비능률을
낳을 가능성을 지적한다. 선험적으로는 어느 쪽의 가능성도 부정할 수 없는 것이다. 이
리하여 어느 효과가 가장 일어날 것 같은가에 관한 주장과 단언의 응수가 이루어졌다.
사실, 몇십 년에 걸쳐 유치산업보호론을 고민한 것은 그 배후에 확실한 경제이론의 기
초를 결여한 것이었다. 이 기초가 없기 때문에, 정부의 개입이 타당한가 아닌가의 논의
에 경제이론은 만족한 해답을 줄 수가 없었던 것이다.

　고전학파의 경제학자들은 대체적으로 약간의 조건부로 유치산업정책을 권유할 수가
없다는 견해를 지지하였다. 그 논거는 그들 자신의 관세정책에 관한 관찰, 및 "촉진할까
아니면 억제할까"라는 정책(policies of 'preference or restraint')은 자연적인 자유의 체계
에서 발생하는 경제적 귀결을 보다 좋게 하는 것은 아니라고 하는, 그들 자신의 견해이
다. (그것은 아담 스미스에 따른 것이다.) 그러나 만약 스미스와 그 추종자들이 자신들
의 비판이 유치산업론을 뒤엎는 데 충분하다고 생각하고 있지 않다면, 그것은 가당찮은
오해이다. 이 문제에 관하여 전적으로 상이한 견해가 세계의 다른 장소에서 이루어지고
있는 것이다. 당시의 미국, 유럽, 기타 여러 신흥국가의 경제학자들은 공산품을 자국에
서 생산하는 데 필요한 기술과 자원을 갖게 되었을 시기에 유복한 영국으로부터 그것들
을 수입할 이유를 발견하지 못하였던 것이다. 보금자리를 떠났을 뿐인 그들의 공업은
전부, 생산 면에 있어서 고유한 그리고 부단한 장애는 물론, 능률적인 생산에 필요한

경험과 전문기술의 축적이 부족하다. 3명의 거물-해밀턴(Alexander Hamilton), 라에 (John Rae), 리스트(Friedrich List)-이 스미스의 신랄한 비판 뒤라고 하지만, 유치산업보호론에 새로운 지지의 힘을 더한 것이다.

미국의 초대 상무장관 해밀턴은 1791년 유명한 <제조공업에 관한 보고서(Report on Manufactures)>를 저술, 만약 산업이 자유에 처하게 되면, 자동적으로 이익이 가장 많은 발전경로를 취할 것이라는 스미스이론에 반대하였다.[2] 해밀턴(1791, 1966, pp.266-67)은 "습관과 모방의 강한 영향, 미경험의 사업분야에 있어서 성공경험의 결여의 공포, 진출하고자 하는 분야에서 이미 성공한 사람들과 경쟁하는 것에 수반하는 고유의 여러 어려움, 그 국민이 경쟁하고자 하는 분야에 있어서, 외국정부가 자국민의 노력을 원조하기 위한 보조금·장려금·기타 인위적 조성조치", 즉 새로운 산업설립에 대한 모든 장해에 관하여 설명하고 있다. 이것들의 장해를 극복하기 위해서는, "정부의 권유와 원조가 필요하다." 해밀턴은 수입제한이 국내물가를 상승시키는 것을 인정하면서도, "모든 성공한 공업의 최종결과에 있어서는 그 반대가 보편적인 진리이다. …… 외국상품의 수입에 수반하는 높은 여러 비용을 지불함이 없이, 그것을 입수할 수 있도록 되어, 따라서 시간의 흐름과 함께, 그것에 대신하고자 하는 외국상품에 의하여 저렴하게 되는 것은 거의 혹은 결코 일어나지 않을 것이다."(p.286)이라고 한다.

해밀턴의 유치산업보호론은 그 이전의 저자보다도 자세하게, 많은 주목을 모았지만, 그 분석에는 기본적으로 새로운 것은 볼 수 없다. 그러나 그의 정책수단의 연구는 이 시대로서는 매우 통찰력이 있는 것이었다. 그는 네 가지 국내제조업장려책-① 보호관세, ② 수입금지, ③ 원료의 수출세 및 ④ 금전적 보조(보조금)-의 효과를 비교한다. 그는 세 가지 이유에서 바람직한 개입방법은 보조금이라고 한다. 첫째, "보조금은 창업 때에 있어서 이익의 가능성을 크게 하여, 손실의 위험을 감소함으로써 신규기업을 자극하여 수립할 수 있는 직접적 효과가 크다." 둘째, "보조금에는 고액의 보호관세와 같은 공급부족을 낳을 경향이 없다." 즉, 국내가격을 등귀시키는 경향이 없다. 셋째, 동시에 보조금은 수출을 촉진하고, 국내생산자에 있어서 시장규모를 확대한다. 이것에 비하여 수입관세는 세입을 증가시키지만 국내시장에 있어서 생산자를 지지할 뿐이다. 수출에는 직접적인 효과를 갖고 있지 않다. 해밀턴은 보조금지급의 재원을 고려하여 수입관세의 세입을 국내생산자의 보조금지급에 사용된다는 실제적인 타협안을 제안하고 있다.

---

2) 해밀턴은 그것에 반대하는 경우에도 <국부론>을 매우 광범하게 인용하였다.-E. G. Bourne (1894).

캐나다에 이주한 스코틀랜드 사람, 존 라에(John Rae)는 유치산업에 관하여 한층 상세한 분석을 하였다. 그는 개인의 이익과 국가의 이익의 조화의 문제를 취급하여, 스미스의 주장—관세보호가 국민소득을 감소시킴으로써, 자본축적을 저해한다[3]—을 직접적으로 비판하였다. 그러나 라에는 외국으로부터 훌륭한 기술을 이전하기 위하여 정부보조가 바람직하다는 형태로, 유치산업보호론을 들었다. 라에(1834, p.364)는 기술이전의 촉진에 정부개입이 바람직하다는 "일반적인 실제적 결론"을 당연한 것으로 믿었다. 그러나 그는 다음과 같이 부언한다. "지금 이와 같은 것은 특별한 경우가 되었다. 경제학자의 관심은 어떠한 기술의 이전이 실제적인가, 어느 때가 되면 그것의 이익이 그 이전을 실현하기 위한 비용을 보상하게 될 것인가, 아니면 부족할 것인가, 이렇게 말한 것을 결정하는 기준을 경제이론으로부터 도출하는 것에 향하도록 되었다."

만약 자국의 공업이 외국의 공업자와 같은 가격 또는 보다 저렴한 가격으로 생산하는 것이 기대될 수 있다면, 기술이전정책을 취해야 하는 것을 라에는 시사하였지만, 그와 같이 기대될 수 있는 것은 어느 시기의 것인가에 관해서는 아무것도 말하고 있지 않다. 세 가지 명확한 이익이 고려될 수 있다. 첫째는, 유치산업이 수입의 수송코스트를 절약하고, 국내거래를 활발하게 하고, 국내의 기술진보를 촉진하고, 사회의 절대적 자본을 증가시킬 것이다. 둘째는, '자원의 많은 낭비'를 가져오는 곳의, 수입공급의 정지에 의한 국내생산의 혼란을 회피할 것이다. 마지막으로, 가장 중요한 것이지만, 지금까지 수입되고 있던 상품의 국내생산이 촉진되는 것에 의하여, "발명심이 자극되어, 수입품에 의존하고자 하는 비굴한 기분이 없어지게 될 것이다." 그는 말한다. "모든 유용한 기술은 다수의 혹은 기타의 모든 기술과 결부하여 그 나라의 생산물의 입수를 쉽게 하고 기술의 전 체계의 작용을 원활하게 하고 그리고 진보를 창출하는 큰 원천인 곳의 변화

3) 라에(John Rae)의 Smith에 대한 태도는 전체로서는 확실하지 않지만, 라에(1834, pp.381-382)는 가령 국민소득이 약간 감소하여도, 축적의 심도가 진행, 보다 많은 자본이 생겨날 것이라고 언급하는 것같이 생각된다. 즉, "자본은 축적에 의해서만 증가한다고 일반적으로 일컬어진다. 그리고 입법자의 간섭이 개인의 수입을 얼마를 감소시킬 것이기 때문에, 그것은 축적력을 감소하여, 사회의 모든 개인의 자본의 총량, 즉 사회의 자본 혹은 스톡을 증가시킬 것인가, 반대로 감소시킬 것임에 틀림없다. …… 이 반대에 대한 해답은 이러하다. 그와 같은 입법조치는 사회의 절대적인 자본과 스톡—장래의 욕망을 위하여 도구의 스톡이라는 형태로 사회가 보유하는 것—을 증가시킬 것이다. 혹은 이 조치는 사회의 상대적인 자본의 총량—이것들의 도구가 경합하여 창출하는 것—을 증가시키지 않을지도 모른다. 혹은 감소시킬지도 모른다. 그러나 사회 전체의 그리고 모든 개인의 부를 올바르게 나타내는 것은 절대적 자본의 양이며, 그것이 직접적이고 독자적으로 국부를 증진시킬 뿐만이 아니라, 최종적이고 간접적으로 축적 원칙을 자극하여, 상대적 자본을 증가시키는 것이다." Rae의 Smith에 대한 비판의 상세는 Brewer(1991)를 참조.

를 가장 바람직한 형태로 창출한다.” 라에는 해밀턴을 긍정적으로 인용하여 새로운 기술이라는 것은 “그것이 사회에 존재하고 있는 것 자체가 사회의 사람들의 창조심에 강한 자극을 부여하는 것이다.”라고 한다.

따라서 라에는 유치산업정책을 전면적으로 지지하는 것이다. 즉,

> “입법자는 개인이 외국상품을 교묘히 모방하는 것에 대한 프레미엄, 국내공업에 대한 일반적 보조금 혹은 외국으로부터의 수입상품에 대한 과세에 의하여 목적을 달성하고자 한다. …… 당해 산업부문의 창설을 방해하는 것이 숙련노동의 결여와, 새로운 도구를 만드는 것에 사용되는 재료의 특성에 관한 충분한 그리고 정확한 지식의 결여밖에는 아무것도 없는 것이 지금 분명하다. 따라서 보조금 혹은 과세에 의하여 직접적으로 또는 일반적으로 장려하는 것은 당연한 것이다. 이와 같이 하여 실질자본과 건전한 기업은 발족 때의 여러 어려움을 가장 단기간에 극복하여, 지금까지 수입되고 있던 상품을 보다 적은 비용으로 생산하고, 저렴한 가격으로 조달하는 기술을 몸에 익히는 것이다.”

라에는 경고하여 말한다. “만약 자국에서 생산하는 상품의 코스트가 최종적으로 저렴하게 된다는 결론에 충분한 이유가 발견되지 않는 한, 입법자가 그것을 만들어 내는 기술을 외국으로부터 자국으로 도입하는 것은 결코 정당화되는 것은 아니다. …… 그 기술의 실시에 특히 어울리지 않는 사정이 있고, 그리고 그것을 특히 좋다고 하는 상계적인 사정이 없는 한, 그 기술을 최초로 도입하는 것은 항상 사회에 큰 부담을 주는 게 틀림없고, 다시 그것을 유지하고자 하는 것은 모든 가능성에서, 일반산업과 그 스톡의 부담이 될 것이다.” 다시 그는 부언하고 있다. 불행하게도 “이들의 사정을 고려하지 않는 입법자의 경솔한 행동의 사례는 결코 드물지 않은 것이다.”(pp.367-68)

라에가 유치산업론의 아마 가장 신중한 초기의 분석자이었다고 하면, 분명히 리스트는 여러 신흥국에 있어서 가장 유명한 보호론자이다. 독일의 정치가, 저술가 그리고 때로는 학자이기도 한 리스트의 저서 <정치경제학의 국민적 체계>는 <국부론>이 자유무역론자의 사이에서 확립한 것과 마찬가지 지위를 보호론자의 진영에서 확립하였다. 리스트는 그의 연구의 기초를 경제의 이론분석보다도 역사적 판단의 의하여 많이 찾았다. 그는 자유무역을 항상 유리하다고 하는 고전학파 이론에 반대하여 왔기 때문이다. 그리고 리스트는 한 나라의 정당한 무역정책은 그 나라의 경제발전의 특정단계에 의존한다고 논하였다.

리스트와 고전학파에서는 많은 점에서 의견이 일치하고 있다. 예를 들면, 경제활동의

촉진에는 투자 기타의 경제활동의 자유와 안정화가 중요하다는 것이 그것이다. 그러나 리스트의 기분으로는, 그와 고전학파에서는 두 가지 근본적인 점에서 다르다.

첫째는, 그는 아담 스미스와 그 추종자의 '세계주의적 경제관'을 비판한다. 즉, 리스트의 생각으로는, 각 나라가 각각의 개별적 그리고 명확한 경제이익이 현실세계에서 충돌하고, 불안정에 휩싸여, 그리고 각 나라가 자국의 독자성을 찾고 있는 사실을 고전학파가 전적으로 무시하고 있는 것을 비판하였다. 리스트는 스미스와 그를 추종하는 자유무역론자가 지금 이전에 국제협력이 이루어진 일이 없는(라고 리스트가 생각하는) 조건 아래에서, 세계 전체에 있어서 최선의 것밖에 생각하지 않는 점을 비판하였다. 리스트의 이 강인한 스미스의 '세계주의'에 대한 공격은 자신들이 국익을 무시한 낭만적인 세계주의라고는 생각하지 않은 고전학파의 경제학자의 입장을 가끔 왜곡하는 것이었다. 그리고 그 점에 관해서는 리스트 자신도 서문에서, 자신의 비판이 실제로 과장된 것이라는 것을 인정하고 있다.

둘째로, 리스트(1855, p.133)는 "부를 생산하는 힘(power of producing wealth)은 부 그 자체보다도 헤아릴 수 없을 정도로 중요한 것이다."라고 하며, 이 점이 고전학파의 방법과 다르다고 생각하였다. 그가 말하는 생산력(power of production)이란 분명히 자본과 숙련노동과 같은 어떤 종류의 생산요소를 재생산하고, 증식하는 힘이며, "획득한 것을 보유하고 증가시킬 뿐만 아니라, 상실된 것을 되돌리는 힘"이다. 그리고 그는 고전학파가 정태적 관점에서 현재의 부(current wealth, 교환될 수 있는 가치(exchangeable value))만을 평가하고, 부를 생산하기 위하여 사용되는 요소를 무시하고 있는 것을 비난하였다. 그렇지만 생산력에 관한 리스트의 사고방식은 분명히 고전학파 경제학자의 그것과는 달랐던 것은 아니다. 고전학파도 자본과 기능의 축적을 추진하는 것의 중요성을 강조하고 있기 때문이다. 그러나 리스트는 "생산이 소비를 가능하게 한다."(p.233)는 데에서 생산에 대하여 더욱 많은 관심이 기울어져야 한다고 생각하였던 것이다.

무역정책에 관해서는 리스트는 많은 측면에서 중상주의의 주장을 삽입하고 있다. 그(1855, p.144)는 한 나라 생산력의 발전에 있어서는, 상인의 이익은 반드시 그 나라의 이익을 반영하지 않는다고 생각하였다. "한 나라의 대외무역은 개인상인의 방법으로 평가되어서는 아니 된다. 즉, 가치의 논리만으로 (말하자면, 어느 시점에서 어느 정도의 물적 이익을 미리 계산하는가만으로) 평가되어서는 아니 된다. 나라의 현재와 장래에 걸친 존립, 번영, 군사력에 의하여 수립한 모든 조건을 훌륭하게 확인하지 않으면 아니 된다." 리스트는 공업이 근본적으로 중요하다는 것을 반복하여 강조한다. 그 이익은 경제적인 것만이 아니라, 비경제적인 것에도 미쳐, 안전보장과 독립성의 확립, 분업의 확대와 그것에 수반하는 기능의 진전과 자본의 축적 등등을 포함하는 것이다. 이리하여 무역의 상품구성에도 주목하지 않으면 아니 되는 것이다. 리스트(1854, p.77)는 이렇게 설명하고 있다. "실제문제로서 한 나라는 공산품을 보다 많이 수출하고, 원료를 보다 많이 수입하여, 그리고 열대산품을 보다 많이 소비하도록 비례하여, 유복하고 강한 나라가 된다고 할 수 있을 것이다."

이런 이유에서, 정부의 유치산업의 지원이 필요한 것이다. "공업이 생산자본, 부, 국력을 변화시킨다는 사실이야말로, 왜 보호가 국부의 증가에 크게 영향을 미치는가라는 것의 이유이다." 그리고 리스트(1855, pp.144-45)는 국내공업 확립의 장래이익이 보호의 단기적 경제비용을 많이 보상하고 남을 것을 설명한다.

> "한 나라가 문화, 기능 및 통합생산의 능력을 몸에 익히기 위해서는 물적 성격의 기준을 희생으로 하여, 단념하지 않으면 아니 된다. 장래의 이익을 확보하기 위하여, 현재의 이익의 얼마를 희생으로 하지 않으면 아니 된다. 보호관세가 처음은 제품가격을 인상하는 것은 당연하다. 그러나 시간의 경과와 더불어 그 나라가 제조능력을 충분히 증가시켜, 외국으로부터 수입하는 코스트보다도 저렴한 코스트로 국내에서 생산하게 되는 것도 또한 진실이다. 따라서 만약 보호관세에 의하여 가치의 희생이 일어난다고 한다면 그것은 생산력에 의하여 보상되며, 그 결과, 그 나라는 헤아릴 수 없는 많은 물적 상품뿐만 아니라, 전시에 있어서 경제의 자립성조차도 입수되는 것이다. …… 만약 제조공업을 육성할 능력을 가진 나라가 보호의 체계를 활용한다면, 그것은 이전의 대지주가 그 아들에게 생산적인 직업을 배우게 하는 것에 다액의 물적 부를 투하한 것과 전적으로 같은 정신인 것이다."

리스트(1885, pp.226-27)는 스미스의 유치산업에 대한 부정적인 문구에 집요하게 반론한다.

"그(스미스)는 부당하게도 나라의 수입은 그 나라의 물적 자본의 총량에만 의존한다고 주장한다. 그러나 그의 저서에는, 그것과는 반대로, 한 나라의 수입이 주로 그 나라의 지적·육체적인 힘의 총력에 의존하고 있는 것, 그것(지적·육체적인 힘)이 사회적·정치적 측면에서 발현될 정도(그것은 특히 분업의 일층의 진전과 나라 생산력의 통합에 의하여 발현되는)로 의존하는 것, 그리고 보호조치는 일시적으로는 물적 상품의 희생을 수반한다고는 하지만, 그 희생은 교환가치를 획득하는 능력의 증가에 의하여 백배도 보상되며, 결과적으로는 그 희생이 재생산을 위한 나라의 지출에 지나지 않는 것에 관하여, 무수한 사례가 포함되어 있다. …… 그(스미스)는 공업이 물적 부의 획득능력을 증가하는 것에는 주목하였다 하여도, 그것이 한 나라의 대내·대외 거래에 미치는 영향, 그 나라의 문명·국력의 독립·유지의 능력에 미치는 영향에 관해서는 주목하지 않았다.”

그러나 이와 같은 정책은 모든 나라에 적합한 것은 아니다. 사실, 리스트의 보호론의 적용은 주의 깊은 조건이 붙어 있지 않으면 아니 되는 것이다. 왜냐하면, 제조업은 온대기후에서만 발전하는 것이며,4) 열대의 여러 나라에서는 인위적 수단에 의한 공업의 설립은 시험되어 있지 않다. 또 경제발전단계의 여하에 불구하고, 모든 나라는 농산물과 원료를 자유무역으로 해야 한다.5) 리스트(1885, p.188, p.309)는 이렇게 언급하고 있다.

> “보호의 체계는 한 나라의 산업발전을 위하여 그리고 그 목적을 위하여서만이 정당화되는 것이다. …… 보호의 여러 수단은 국내의 제조능력의 장려와 보호를 목적으로 하여서만이 정당화되는 것이며, 그것은 국토가 넓고, 정리되어 있고, 인구가 많고, 천연자원이 있고, 농업이 발전하고, 문명과 정치의 발전도가 높고, 주요한 ‘농업·공업·상업국’과 어깨를 나란히 할 자격이 있는 나라에서만 타당한 것이다.”

리스트는 그 역사지식을 개진하여, 경제발전단계가 상이한 여러 나라에 있어서의 최선의 무역정책을 제시하였다. “역사는 우리들에게 다음의 것을 가르치고 있다. 즉, 최고의 부와 권력의 실현에 필요한 모든 자원을 천혜(天惠)에 의하여 부여되고 있는 나라들은 그 진보의 정도에 따라, (무역)체제를 수정할 수가 있고 혹은 수정하지 않으면 아니된다. 제1단계에서는, 야만상태에서 탈출하여 농업진보를 수행하는 수단으로서, 앞선 나라들과 자유무역을 하는 것, 제2단계에서는, 무역제한에 의하여 제조업, 어업, 해운업 및 외국무역의 진전을 도모하는 것 그리고 최종단계에서는, 고도의 부와 권력을 실현한 뒤에, 자유무역의 원칙과 내외시장에 있어서 무제한경쟁의 원칙으로 돌아가는 것, 이것

---

4) “열대지방의 나라가 만약 공업국이 될 수 있다고 시도한다면, 그것은 치명적인 잘못이다. 이 나라는 이 직업(공업)에 대한 자연의 유혹이 없어도, 그 농산물을 온대지방의 제조품과 계속 교환함으로써, 부와 문명의 양면에서 급속한 진보를 이룩할 것이다. 확실히 여러 열대나라는 여러 온대나라에 의존하는 것이 될 것이다. 그러나 만약 여러 온대나라 사이에 여러 열대나라로 제조품을 판매하는 경쟁이 일어난다면, 이 의존관계는 보상되지 않는 것도 아니다. …… 이 경쟁은 전 제조품의 공급가격을 인하할 뿐만이 아니라, 특정의 나라가 열대의 약한 입장의 나라에 대하여 마음대로 뒤흔드는 것을 방지할 것이다.”－Friedrich List, 1854, pp.75－76.

5) 리스트(1885, p.324)는 이렇게 쓰고 있다. “농산물과 원료의 자유무역은 산업발전의 전체 단계에서, 모든 나라에 있어서 유익하다.” 그리고 그는 “식량과 원료의 생산에는 …… 보호를 필요로 하지 않는다. 또 그것에 관한 상거래에 개입하는 것은 어떠한 사정 아래에서도 쌍방에 있어서, 즉 그것을 실시하는 나라와 감수하는 나라의 쌍방에 불리하다.”라고 믿었다.

이다."(p.115)

리스트는 라에와 해밀턴과는 달리, 산업보호로서는 보조금 쪽이 관세보다도 바람직하다고 한 것은 언급하지 않았다. 보호관세의 높이에 관해서는 리스트는 "어느 기술적인 산업을 당초 40-60%의 보호(관세)에 의해서도 설립할 수가 없고, 또 20-30%의 보호(관세)를 계속하여도 유지할 수가 없게 되면, 제조능력의 기본조건이 결여되어 있다는 것을 일반적으로는 상정해야 한다."(p.313)라고 한다. 또 그는 보호를 철폐하기 위하여 몇 년 기다릴 뜻이 있고, "국가적 산업의 많은 부문을 설립한다는 과제에, 나라가 겨우 몇 년의 여유밖에 인정하지 않는 것은 기묘하다고 하지 않을 수 없다."(p.319)라고도 언급하고 있다.

리스트는 세계의 자유무역이라는 최종목적을 결코 멸시하지 않았다. 사실 그는 그것을 염원하고 있었다.[6) 그는 한 나라가 경제발전의 어느 단계에서 공산품생산에서 보다 앞선 나라와 대등하게 경쟁할 수 있도록 되기 위하여, 일시적인 보호무역(temporary protection)을 제창하고 있는 데 지나지 않는 것이다. 그것을 그(1885, p.129, p.131)는 이렇게 언급하고 있다.

> "보호의 체계는 문명에 뒤쳐진 여러 나라가 하나의 지배적인 나라(영국이라고는 하지만, 결코 신의 손으로부터 제조품의 영구적 독점권을 부여한 것이 아니라, 시간적으로 한걸음 다른 나라에 앞선 데 지나지 않는다)와 어깨를 나란히 하기 위한 수단이며, 그리고 이런 관점에서, 보호의 체계는 여러 나라 사이의 최종적 통합을 촉진하고, 그리고 참된 무역의 자유를 달성하기 위한 가장 유효한 수단으로 봐야 한다. …… 자유무역이 자연스럽게 이루어지기 위하여, 진보가 뒤진 여러 나라는 먼저 인위적 수단에 의하여, 영국이 먼저 인위적으로 달성한 문명수준까지 육성되지 않으면 아니 된다."

19세기를 통하여, 리스트는 많은 대중적 영향을 가지게 되었다. 19세기 끝에는 마샬(Alfred Marshall)과 같은 저명한 영국의 경제학자도, 발전도상국의 유치산업에 관하여, 리스트의 기본적 사고방식의 몇 가지를 승인하고, 그것을 받아들이게 되었다. 그러나 거의 대부분의 경제학자는 유치산업보호론을 리스트의 용어 혹은 그의 저서와의 관련으로 받아들인 것은 아니었다. 그들은 리스트의 역사분석에는 회의적이며, 그것이 유치산업이

---

6) 리스트(1885, p.122)는 그것에는 중요한 정치적 전제가 있는 것을 솔직하게 믿고 있다. "만약 …… 우리가 항구적 평화를 보증하는 것으로서 모든 나라의 전면 통합 혹은 동맹의 실현을 상정하는 것이라면, 국제적 자유무역의 원칙은 완전하게 정당화될 것이다."

직면하는 문제에 관하여 신중한 분석을 제공하는 것이라는 것에 관하여, 또 보호가 바람직한가 아닌가의 조건에 유용한 지침이 될 수 있는가에 관하여 의문을 안고 있다. 경제이론의 (정책적) 의미는 이념적으로는 비교우위의 이론의 경우와 마찬가지로 역사상황과는 관계없다. 또 리스트는 유치산업보호론의 기초이론의 발전에는 아무런 공헌도 하지 않았다. 그것이 그의 목적은 아니었기 때문이다.

이리하여 유치산업보호론은 밀(J. S. Mill)이 그의 저서 <경제학원리(Priciples of Political Economy)>의 초판을 출판한 1848년까지는 고전학파 무역이론의 공식승인을 얻기에는 이르지 못하였다. (그러나) 일류경제이론가(밀)의 이서(裏書)에는, 해밀턴파 혹은 리스트파로부터 다가온 마찬가지 성명의 경우와 같이 간단히 무시되는 것은 없었다. 밀(1848, 1909, p.922)의 최초의 의견은 다음과 같다.

> "보호관세가 경제이론 위에서만으로 하여 시인될 수 있는 것은, 그것에 의하여, 외국의 산업이 이 나라의 환경에 완전히 적용하고 있어, 이 나라에 귀화할 것이라는 기대 아래에서, 관세가 일시적으로 (특히, 발전하기 시작하는 나라에 있어서) 부과되는 경우만이다. 한 나라가 어느 생산부문에서 다른 나라보다도 우수하다고 하는 것은 때마침 그 나라가 다른 나라보다 일찍이 그것을 시작하였다는 것에 의한 것이다. 어느 부문이 우수하고, 다른 부문이 열등하다는 것은 본래적으로는 있을 수 없는 것이며, 있을 수 있는 것은 습득한 기능·경험의 현재에 있어서 우열뿐이다. 이미 기능·경험을 숙달한 나라가 어느 점에서 이 분야에서 빨리 이루어지고 있었던 생산과는 다른 생산부문에 적합하고 있었던 것인지도 모르는 것이다. 그것만이 아니다. 라에(John Rae)가 정당하게 언급한 바와 같이, 개량을 하기 위해서는 어떠한 생산부문에서도 새로운 조건의 조합 아래에서 이루어지는 것이 가장 유효하다. 그러나 개인이 자신의 책임 혹은 상당한 손실을 입으면서 새로운 제조업을 설립하여, 그리고 종업원들이 종래의 방향과 같은 정도로 그것에 숙달하기까지 그 일을 계속 하는 것은 기대할 수 없는 것이다. 보호관세를 합리적인 기간만 부과하는 것은 그 나라가 그 사업을 지지하는 방법으로서는 가장 편리한 방법이다. 그러나 이 보호는 보호되는 산업이 일정기간 뒤에 보호 없이도 해 나갈 수 있는 충분한 이유가 있는 경우에 한정되지 않으면 아니 된다. 혹은 국내생산자가 훌륭하게 해 나갈 수 있게 되기 위한 기간을 넘어 보호가 계속되는 것을 기대해서는 아니 된다."

경제학자 사이에 있어서 밀의 지위와 명성이 유치산업보호론에 처음 지적 신뢰감을 부여한 것이다. 자유무역이 사정의 여하에 관계없이 모든 나라에 있어서 최선의 정책이라고 생각하여 온 경제학자와 기타 사람들은 밀이 보호에 관심을 기울인 것에 곤혹을 느꼈다. 19세기 중엽의 영국에 있어서 위대한 자유무역활동가 코브덴(Richard Cobden)은 그 죽음의 앞에서 이렇게 탄식하였다고 전해지고 있다. (밀이 그 저서 <경제학원리>에서 젊은 나라를 보호하는 원칙에 찬성한 한 구절은 다른 저서에서 배양된 그의 모든 공적을 말소하게 한다고 나는 생각한다.)7) 마샬(1925, p.259)도 뒷날 이렇게 평가하고 있다. "밀이 새로운 나라의 약간의 보호론은 과학적으로 정당하다고 감히 영국인에게 말하였을 때, 벗들은 그가 경제원칙의 정도에서 이탈한 것을 분노의 걱정-분노라기보다도 비참한 기분-을 가지고 맞이하였다."

사실, 곧 밀의 손안에서 그의 논의가 보호론자에 의하여 왜곡되어, 1860년대의 미국, 캐나다 및 오스트레일리아의 고율관세를 정당화하는 것에 사용되고 있는 것이 전해졌다. 밀은 그의 편지에서, 어떠한 보호의 일반정책도 비난하였지만, (그는 보호정책을 "소수자에 의한 다수자에 대한 조직적 약탈의 체계"라고 명명하였다), 유치산업이 보호를 요구하는 것은 원칙으로 타당하다고 반복하였다.8) 즉, "때로는, 어느 일정기간, 예를 들면, 10년 혹은 최장 2년의 기간, 적절한 보호관세를 인정함으로써 일시적인 희생을 부담하고, 그 기간의 종기(終期)에 관세를 서서히 경감하고, 최종시점에서 그것을 철폐하는 것은 그 나라의 장래에 있어서 유효한 계산일 것이다."9) 그러나 그 뒤도 고충은 계속하여, 1860년대 말에는 밀 자신도 이 논의를 인정한 것에 의문을 가지게 되었다. 어느 편지에서 밀은 한숨 섞인 표현을 하고 있다. "이것(유치산업론의 한계)이 실제로 이와 같이 이해되는 것으로, 나는 전적으로 실망하고 있다. 오스트레일리아에 있어서 보호는 그와 같은 형태 혹은 목적으로 제창한 것은 아니다. 그런데 그 잘못이 가장 난폭한, 엉터리 형태로 유치산업의 지지에 이용되고 있는 것이다."10) 점차 밀은 수입으로부터 보호가 유치산업육성의 유리한 수단이라는 견해를 취소하게 되었다 하여도, 그와 같은 보호로 할 가치가 있는 산업이 존재하는 것, 또 그 보호가 자유무역에 대한 참된 예외라는 신념을 바꾸는 것은 없었다. "나는 여전히 외래산업의 도입이 가끔 희생을 치를 가치가 있는 것, 그리고 그 희생은 일시적 보호관세(그것이 확실히 일시적이라고 하면)가 아마 가장 좋은 희생부담의 방법이라고 생각하고 있다고는 하지만, 지금 나는 국고로부터 매년 보조금을 지급하는 것이 끝없이 계속하고, 그 산업이 그것 없이는 해나갈

---

7) George Armitage-Smith(1898, 53).
8) JSM, XVII, 1798. 밀의 저서의 인용은 The Collected Wolrks of John Stuart Mill(Toronto: Unioversity of Toronto Press, 1965-91)에 의한다.
9) JSM, XVL, 1044.
10) JSM, XVL, 1420.

수 없이, 안전한 방법이라고 생각하게 되었다."[11]

밀은 이 생각을 자신의 <경제학 원리>의 뒤판에 포함하지 않았다. 1865년의 제6판에서, 밀(1909, p.923)은 이 평판 나쁜 항목에 다음의 문장을 추가하였다.

"생산을 위한 비용은 처음은 항상 매우 큰 것이다. 그것을 국내생산하는 것이 실제는 매우 유리함에도 불구하고, 어느 기간의 금전적 손실을 경과하기까지는, 그 사업이 유리하게 될 수 없는 것 그리고 개인의 기업가(speculator)가 장래의 후계자들이 유리하게 되는 것을 목적으로서, 자신을 희생하여, 그 사업에 착수해 가는 것을 기대할 수 없는 것이 가끔 존재하는 것이다. 따라서 나는 새로운 나라에서는, 일시적 보호관세는 때로는 경제적으로 변호할 수 있다고 생각하는 것이다. 그러나 그 기한은 엄격하게 제한되지 않으면 아니 된다. 또 보호는 서서히 경감되지 않으면 아니 된다. 이와 같은 일시적 보호는 특허와 같은 성질의 것이며, 특허와 같은 조건으로 실시되지 않으면 아니 된다."

그 뒤, 밀은 1871년 제7판(최종판)에서 다시 수정을 가하여, "보호관세는 때로는 …… 변호할 수 있을 것이다(will sometimes be)."라는 문장을 "때로는 …… 변호되는 것이 있을 수 있을 것이다(might sometimes be)."로 바꿔 쓰고, 그리고 "보호가 제한되어야 하는 것은 긴요하다(essential)."라고 부가하고 있다.

1848년 이후의 몇십 년 동안, 밀의 일시적 유치산업보호론은 경제학자들의 많은 지지를 받지 못하였다. 밀의 그 한 문장이 경제학자들을 쩔쩔매게 하였다 하여도, 그들은 여전히 회의적이었다. 밀의 첫 제자 케안즈(John E. Cairnes, 1874, p.403)조차도, "만약 그것이 지나치게 보호되게 되면, 산업은 불가피하게 퇴앵적(退櫻的)이 될 것이다."라는 이유로, 유치산업보호를 거부하였다. 케안즈는 밀의 이론을 "위대한 학자의 부수의견(obiter dictum)으로서, 밀이 자신의 학설에 더한 '엄중한 한정'" 쪽에 주의를 기울였다. 그러나 그는 "그와 같은 한정의 유무에 관계없이, 그 입장은 지지할 수 없다고 하지 않을 수 없다."라고 부언하였다. 포세트(Henry Fawcett, 1878, p.111)는 다음과 같이 논하였다. "만약 보호관세를 부과하여도 좋다고 하는 밀의 조건이 실현할 충분한 합리성이 있다면" 밀의 논의는 정당할 것이다. 그러나 "밀이 이렇게도 강경하게 주장하는 조건 아래에서 보호관세를 부과하는 것도 절대로 불가능한 것도 명백하다."

섬너(William Graham Sumner, 1885, p.117)는 밀의 주장은 "고려할 수 있는 것"이며, 따라서 "바보스러운 것"은 아니라 하여도, "예를 들어 밀이 그것에 조건을 붙였다 하여

도, 나는 단연코 그것에 이의를 주창한다."라고 주장하였다. 또 조지(Henry George, 1886, p.165)는 유치산업보호론을 비판하여, "공업은 인구의 증가와 축적과 함께 성장하는 것이며, 산업의 자연적인 경과로서, 인구 조밀하고 부의 축적이 앞선 나라에서 가장 잘 발달하는 것이다."라고 생각, "이 관계를 고려하면, 실제로는 결과인 것을 원인으로 잘못 알고, 공업이 인구와 부를 가져온다고 생각하는 것도 무리가 아니다."라고 논하였다. 마지막으로 니콜슨(J. S. Nicolson, 1901, pp.364-65)은 이렇게 평가한다. "일시적 보호라는 것은 그것이 기득권익을 낳는 것이기 때문에 불가능한 것이다. 여러 신흥국은 특히 자본을 필요로 하지만 자본은 보호와는 맞지 않는 것이며, 보호에 의하여 감소하는 것이다. 새로운 산업을 인위적으로 일으키려고 하는 것은 장기적으로는 유리하지 않다." 라고 논하고, 다시 니콜슨은 조지에 동조하여, "산업을 보다 높은 단계로 진행하는 최선의 방법은 발탁(exclusion)이라는 간단한 과정이 아니라, 사람들의 교육을 개선하는 것에 의하지 않으면 아니 된다."라고 한다.

이와 같은 의문에도 불구하고, 유치산업보호 찬성론에 대한 근본적인 과제는 불문·미해결 그대로였다. 첫째 문제점은 정부의 개입을 필요로 하는 시장실패(market failure)의 존재를 특정하는 것이다. 둘째는, 만약 시장의 실패가 있다 하여도, 그것에 대한 정부의 행동에 기대되는 효과가 포지티브인지 어떤지라는 것이다. 그러나 이러한 근본문제는 18세기 말까지는 사실상 방치되어 있었다. 18세기 말이 되어 처음 경제학자들은 정치경제와 결부한 정부의 개입에 반대하는 것이 신조적인(dogmatic) 자유방임론이라고 생각하여 온 것을 반성하게 되었다. 그리고 시장의 실패를 용인하고, 정부의 경제적 역할을 인정하는 기운이 강하게 된 것에서, 유치산업보호론이 여러 가지 추구를 면하게 되어, 유치산업보호론이 경제분석에서 실제로 그러한 이상으로 강력한 것 같은 외관을 나타내게 되었다.

예를 들면, 캠브리지대학의 시지윅(Henry sidgwick, 1887, p.489)은 널리 읽힌 그의 교과서에서 밀의 의견을 강하게 지지하여, 믿을 수 없을 정도로 대담한 발언을 하였다. "일시적 보호의 주장은, …… 내가 '코스모폴리탄적'이라고 하는 관점에서 보아", 즉 세계 전체의 경제후생의 관점에서 보아 "이론적으로 타당하다." 시지윅의 말에서는, "지금까지 수입하고 있던 상품을 국내에서 생산하는 것에서 얻어지는 궁극적 경제적 이익이 그 생산에 지불한 비용을 보상할 것이라는 것은 전적으로 있을 수 있는 것이다. 그렇지만 그 산업을 보호하여서 설립하는 경우, 최초의 지출이 그것을 실시하는 사적 자본가에 있어서 최종적으로 수지가 맞는다고 기대할 수 없을 정도로 다액이 되는 것이 있다.” 여기에서 시지윅은 첫째 근본문제를 취급한다. 즉, 만약 정부가 현시점에서 이익이 없는 산업이 일정한 보호기간 뒤에 성공할 가능성이 있는 것을 인정한다면, 사적 기업 혹은 창업가가 자본시장에서 당초의 손실을 보상하기 위하여 차입하는 것을 방해하는 것은 없을 것이다. 거기에서 그는 말한다. “만약 공업을 창설할 때의 장해가 그와 같은 것이라면, 그것이 한 번 창업자들에 의하여 극복되게 된다면, 그것은 기타 사람(그 뒤의 경영자)에게는 즉시 장해는 되지 않을 것이며, 예를 들어 장해가 되었다 하여도 약간 정도의 작은 것일 것이다.” 이것은 외부성(externality)의 문제이다. 그러나 미안하게도 시지윅은 그 이상은 언급하지 않는다.

그 대신, 시지윅은 제조업의 설립에 동일하게 적용한 두 지역(하나는 제조품을 수출하는 지역, 다른 하나는 농산물을 수출하는 지역)을 예시한다. 농산물수출지역은 지금까지의 제조품수입의 수송코스트를 국내생산에 의하여 절약할 수가 있다. 바꾸어 말하면 일시적 보호관세는 수송코스트의 절약을 “주된 내용으로 하는”, 이익을 향수하는 것이다.12) (그러나) 시지윅은 왜 이 사례로 비교우위가 작용하지 않는 것인가, 그 결과, 세계후생은 증가하는 것인가에 관해서는 아무것도 설명하고 있지 않다. 이 수송비의 절약이라는 유치산업보호론은 결코 새로운 것은 아니다. (이미 라에에 의하여 논의되어, 중상주의의 옛날로까지 소급한다). 시지윅은 원래 미국의 저명한 보호주의론자 케어리(Henry Carey, 1858)의 논의를 반복한 것이다.

그러나 이 수송비절약론은 보호의 찬성의 논거로서는 완전한 실패인 것이다. 밀(1909, p.925)은 1865년의 <원리> 제6판 이후, 케어리의 보호무역론을 경멸하여 “전적으로 근거 없다.”라고 하였다.13) 밀은 이 논의를 단연 거부하여, <원리>에서 사실상 완전히 타파한 것이다. 케어리=시지윅의 논의는 비교우위론의 통찰력을 전적으로 결여한 것이며, 다시, 외국으로부터 상품을 조달하는 것이 수송비(의 절약)와는 다른 의미의 절약을 그 나라에 가져오는 것이라는 것을 전적으로 무시하는 것이다. 밀(1909, p.923)은 이것을 다음과 같이 언급하고 있다. “이 (수송비의) 부담은 그 이상의 이익에 의하여 보상되는 것이다. 만약 한 나라가 외국의 상품을, (왕복)2배의 운임에도 불구하고, 외국에서 자국 상품과의 교환으로 구입하고자 한다면, 그것은 수송비가 아무리 높아도 생산비의 절약

---

12) Jacquess Melitz(1963)가 지적한 바와 같이, 수송코스트는 Sidgwick의 무역이론의 불가결한 구성부분이다.
13) J. S. Mill조차도 어느 편지 가운데에서 Carey에 관하여 “내가 읽은 경제학의 최악의 저서”라고 쓰고 있다. −JSM, XVL, 1589.

이 그것을 상회하는 것이라는 것 그리고 그 상품이 국내에서 생산되는 경우보다도 그 나라의 노동 전체가 보다 많은 보수를 수취하는 것을 의미하는 것이다.”

여기에서도 또한 유치산업보호론이 비용＝이익분석에서 보아 타당한지 어떤지라는 문제가 회피되어 있다. 트리니티대학(더블린) 교수, 바스테이블(Charles F. Bastable, 1887, pp.136－37)은 유치산업보호론이 “보호의 가장 큰 이유”인 것을 인정한다. 그러나 그는 예를 들어 유치산업이 그 역사적 장해를 넘어 살아남았다 하여도, 그것만으로는 정부개입이 성공하였다고는 할 수 없다고 지적하였다. 오히려 보다 중요한 문제는 “새로운 산업으로부터의 장래 이익이 보호에 의하여 명확하고 직접적인 손실을 보상하고 남을지 어떨지”라는 것이다. 이 의문은 비용＝이익분석이라는 기본적인 테스트를 유치산업정책에 적용하고자 하는 것이며, 그리고 바스테이블의 의견으로는, 이와 같은 정책에 관한 실제문제가 “이 특수케이스가 실제로는 결코 국제무역의 자유원칙에 예외는 아니라는 인상을 우리들에게 안기고 있다.”라는 것이다. 그리고 바스테이블은 비경제적 이유에 의한 제조업보호론이 일반적으로 이루어진다 하여도, 그것보다도, 증명이 가능한 경제적 이익에 바탕을 둔 보호론－그것은 밀조차도 애매하였다－쪽이 보다 중요하다고 설명하고 있다.

바스테이블이 발언하기까지는 경제학자들은 유치산업보호의 비용에는 주목한 것으로, 귀화산업(보호에 의하여 뿌리내린 산업)으로부터의 이익에 관해서는 분명한 인식을 갖지 않았다. 만약 생산요소의 보수율이 다른 분야에서 결정되어, 유치산업이 생산요소를 다른 분야로부터 가져올 뿐이라면, 생산요소가 기회비용 이상의 보수를 받는 것은 없을 것이며, 새로운 산업을 설립하는 것의 이익도 없을 것이다. 오히려 보호에 의하여 설립된 산업은 그것이 사회에 있어서 유리한 것을 나타내기 위하여, 상당한 준지대(quasi-rent) 혹은 생산자 잉여(producer surplus)를 가져오지 않으면 아니 되는 것이다.

일단, 비용과 이익이 확인된다고 한다면, 다음에 그것들은 계산되지 않으면 아니 된다. 프랑스의 수학자, 프랑스의 경제잡지의 기고자, 포보(Paul－Gustav Fauveau, 1873)는 유치산업보호가 순이익을 가져오기 위한 정확한 조건을 산정하였다. 지금 유치산업의 보호・육성에 필요한 평균 연비용을 a로 하고 유치산업보호가 철폐된 뒤에, 그 산업에서 가져오게 된 평균 연이익을 b로 한다. 유치산업의 연수를 x로 하면, (이자율을 r로 하여) 이 정책의 비용의 할인현재값은

$$a + a / (1 + r) + a / (1 + r)2 + \cdots \cdots \cdots + a / (1 + r)x - 1$$

이고, 그 합계는

$$a / r \cdot (1 + r) \cdot [1 - 1 / (1 + r)x]$$

이다.

x년 뒤의 유치산업으로부터의 이익은 b의 무한합계(infinit sum)이며, 그 현재값은

$$b / r \cdot (1 + r) \cdot 1 / (1 + r)x$$

이다.

유치산업으로부터의 장래이익 흐름의 할인 값과 당초의 설립비용의 할인합계 값을 같은 값으로 두면, 유치산업정책이 순이익을 낳지 않게 되는 조건이 구하여져, 그것이 다음의 관계식이다.

$$x \cdot \log(1 + r) = \log[1 + a / b]$$

포보는 이자율을 5%로 가정하여, 수입관세로부터 손실을 정확하게 보상하는 데 필요한 평균연(손익균형)이익(mean annual 'break-even'gain)을 계산한다. 만약 보호가 5년 동안 계속하게 되면(x = 5), 이 정책이 손익제로를 달성하는 데에는, 이 유치산업으로부터의 평균 연간이익은 (영구히) 28%가 되지 않으면 아니 된다. 만약 보호가 10년 계속하면, 평균 연간이익은 평균손실의 63%가 되지 않으면 아니 된다, 15년으로는 연간손실의 108%, 20년으로는 165%, 30년으로는 332%, 50년으로는 1,047%가 되지 않으면 아니 된다. 이 계산은 유치산업정책이 개입의 기대치를 정치(正値, positive value)로 하기 위하여 극복하지 않으면 아니 되는 비용＝이익의 장해를 나타내는 것이다. 밀을 포함하는 경제학자들이 이룰 수 없었던 것은 유치산업보호론의 배후에 있는 경제구조를 특정 시장실패의 형태로 표명하는 것, 어느 산업이 그 나라에 귀화하는 것으로부터의 이익을 특정하는 것, 그리고 그 이익이 산업보호에 드는 비용을 보상하는지 어떤지라는 것이었다.

그러나 유치산업보호론은 다음 세기 두 명의 지도적 경제학자가 그것을 상세하게 분석함이 없이, 원칙적으로 인정함으로써, 지금 한 번 목숨을 건져, 엄밀한 주의를 면하게 되었다. 캠브리지대학교의 마샬(Alfred Marshall)과 하버드대학교의 타우싱(Frank Taussig)

의 두 사람은 유치산업보호론의 배후에 있어서 그것을 기초 매김하는 이론에 관해서는 불가지론(不可知論)의 입장을 취하고, 그것의 정책을 평가하는 데 관해서는 사례연구의 방법을 취하였다. 마샬은 여러 가지 문서에서, 지금까지의 고전학파 경제학자들이 유치산업보호론에 너무나도 독단적으로 반대하여 왔다는 것, 그리고 미국 및 오스트레일리아와 같은 신흥공업국에 관해서는 보호가 전적으로 허용되지 않는 죄악은 아니라는 신념을 표명하였다.[14] 마샬((1903), 1926, p.392)은 "미숙한 산업을 보호하는 것은 매우 많은 국가적 선(national good)"이라는 것, 또 때로는 코스트가 들어도, "산업의 미숙한 나라에 자유무역을 채택시키는 것은 바보이다."라고까지 말하고 있다. 그리고 마샬은 가끔 1875년의 미국여행에 관하여, 보호에 관한 전체적인 비용과 이익은 대체적으로 균형 잡혀 있다고 논하고 있다.

타우싱도 또한 산업창립 때의 장해가 인위적인 것이며, 자연적 혹은 영속적이지 않은 경우의 유치산업보호론을 전면적으로 승인하였다. 타우싱(1883, pp.66－68)은 19세기 전기의 미국에 있어서 면직물과 제철업에 관한 연구에서, 다음의 소견을 언급하였다. "새로운 산업에 대한 보호가 유효하게 되는 조건이라고 한 것은 거의 존재하지 않는 것이지만, …… 만약 있다고 한다면, 그것은 금세기 초에 미국에서 이루어졌다, 코스트가 많았던 보호의 케이스이다." 타우싱은 그것을 단지 하나의 실험이라 생각하고, "새로운 산업을 보호하고자 하는 논의의 본래적인 건전성이라고 한 것은 이 미국에 있어서 실험경험에 의한 결과와는 관계가 없는 것이다."라고 주장한다. 사실, 그는 보호가 유리한지 아닌지는 "주어진 사례에 있어서는 단지 확률의 문제에 지나지 않는다."라고 언급하고 있다.[15]

마샬과 타우싱은 유치산업보호의 이론적 기초에는 아무런 개량도 수정도 더하지 않았다. 그러나 두 사람의 연구가 실제로는 유치산업보호정책을 지지하는 것이 아님에도 불구하고, 두 사람이 그 경제논의를 무비판적으로 받아들인 것이 유치산업보호론이 자유무역의 정당하고 중요한 예외인 것과 같은 인상을 영속시키는 것이 되었다. 밀의 이론 이후, 유치산업보호론에 포함되는 이론문제에는 어떠한 음미도 실제로 이루어졌음에도 불구하고, 마샬의 자랑스러운 제자의 한 사람 피구(A. C. Pigou, 1906, p.13)는 "리스트

---

14) Phyllis Deane(1990)이 자유무역에 관한 Alfred Marshall의 견해의 개요에 관하여 설명하고 있다.
15) 확실히 Taussig(1905, p.47)이 언급하는 바와 같이, 보호가 "개량과 최종적인 저렴화를 가져오는 것인가, 시대에 뒤쳐져 비능률적인 생산방법을 온존한다."라는 위험이 있다. 그러나 동시에 그는 유치산업보호의 시행기간으로서는 10년은 너무 짧을 것이며, 30년도 반드시 불합리하다고 말할 수 없다고 논하고 있다.

의 '유치산업에 관한' 논의의 형식적 타당성에 관해서는 경제학자 사이에는 아무런 의문도 남아 있지 않다."라고 명쾌하게 언급하였다.

20세기 전반에 유치산업보호의 실제에 관하여 경제학자 사이에 일관된 의혹이 있었음에도 불구하고 유치산업보호론은 자유무역의 보편적인 예외로서 인정되었다. 그러나 그 50년 동안 이 논의의 배후의 이론은 애매한 그대로였다. 유치산업보호의 성공할 가능성을 확립하는 일반원칙의 설정이 어려웠을 뿐만 아니라, 유치산업을 세우는 데 필요한 시장의 실패 및 기타의 조건에 관한 인식조차도 명확하지 않았다. 정부의 개입을 필요로 하는 장해란 과연 어떤 것인가. 국내에 있어서 숙련노동의 공급부족인가. 아니면 생산 면에 있어서 경험부족인가. 자본시장의 불비인가. 어떠한 요인이 유치산업의 자립·성숙을 방해하고 있는 것인가. 그 여하에 따라 무역정책에 대한 의미(implication)는 전적으로 다른 것이다.

경제학자가 최종적으로 이 문제의 경제구조에 눈을 돌리게 되어 비로소 보호의 이유가 처음으로 고려되었다기보다도 훨씬 한정된 것이라는 것을 알게 되었다. 논의가 일시적(영속적이 아니라)인 보호론이라는 데에서 유치산업보호의 문제가 본래부터 동태적인 것 혹은 상당한 비가역성(예를 들면 학습효과(learning by doing)에 의한 규모의 경제의 누적)을 포함한 것이라는 것이 분명하게 되어왔다. 이런 의미에서 시장의 실패를 정확하게 식별하는 것에 초점이 좁혀져 왔다. 그것이 어떠한 정부개입이 가장 유효하게 자유방임효과를 가져오는가를 결정하기 때문이다. 미드(James Mead, 1955, pp.255-57)는 유치산업보호론에 관하여 다음과 같이 설명하고 있다. 기업이 시장에 참여하고자 하는 경우, 그 기업은 처음은 손해를 볼 것이다. 그러나 "어느 기간 뒤에는 필요한 기술과 노하우를 경험에 의하여 몸에 익혀, 그 산업이 그 나라에 경제적으로 수지를 맞추게 될 것이다." 그렇지만 미드는 이렇게 지적한다. "그와 같은 유치성(infancy)은 일시적인 정부의 원조의 이유도 될 수 없다." 만약 그 기업이 최종적으로 상응하는 수익률을 올리는 것이라면, 자본시장에 있어서 사기업이 그 자금을 공급하고자 하는 유인을 가질 것이기 때문에, "정부보조의 이유는 없어진다."는 것이다. 또 예를 들어 자본시장이 유효하지 않다 하여도, 수입제한을 하는 것이 아니라, 왜 정부가 이 자본시장의 결함을 시정하지 않는 것인가, 그 이유의 설명을 강하게 요구해야 하는 것이다. (수입제한은 결국 문제의 해결이 되지 않을 것이다.)

기업이 기술지식을 획득하는 데에는, 또 다른 종류의 시장의 실패가 존재한다. 미드는 "유치산업은 다른 유치산업의 지식에 영향을 미치는 것 없이 배우는 것이 어렵다."

라고 지적하고 있다. 바꾸어 말하면, 만약 기술이 쉽게 이전할 수 있는 것이라면, 한 기업의 최초의 투자는 모든 후발기업의 생산조건에 영향을 미칠 것이다. 만약 학습효과와 연구개발의 지출에 의하여 창출되는 지식이 무상으로 다른 기업에 파급하는 것이라면, 어떠한 기업도 그와 같은 초기투자는 하지 않을 것이다. "이 경우, 최초의 기업에 일시적인 보조금을 부여하는 것은 사회적으로 바람직한 것이다. 그러나 그것이 바람직한 것은 유치기업이 그 지식을 배우지 않으면 아니 되기 때문이 아니라, 유치기업이 상호 가르치기 때문이다." 여기에서 지금 하나의 조건은 이 파급의 성격이 지리적으로는 지역적으로 국내적인 것이지 않으면 아니 된다는 것이다. 만약 지식의 파급이 세계적인 성격이라면, 자국의 기업이 그 지식을 수출국의 기업으로부터 얻어지는 것에는 아무런 특별한 장해는 없다.

　미드의 분석은 암묵리에 다음과 같은 정책원칙을 제시하는 것이다. 즉, 가장 유효한 정부개입은 가격과 생산비 사이에 있어서 한계조건의 차이를 그 불일치의 발생의 근원에서 시정해야 한다고 하는 것이다.[16] 이것과 같은 취지에서, 볼드윈(Robert Baldwin, 1969)의 유치산업보호론에 대한 고전적인 비판이 이루어졌다. 그것은 예를 들어 유치산업에 관한 시장의 실패가 정확하게 특정되었다 하여도, 그것만으로는 반드시 정부의 무역개입이 유치산업의 육성을 보증하는 구제책은 되지 않는다는 것이다. 볼드윈은 말한다. 수입으로부터의 보호만으로는 기술지식을 획득하기 위하여 충분한 추가투자를 하도록 하는 유인을 유치기업에 부여할 수 없다. 그리고 그것(수입으로부터의 보호)은 반드시 지식에로의 투자에 의한 이익을 기업이 수취하는 능력을 개선하는 것이 아니라, 오히려 그것이 옛날식의 생산기술을 버는 것으로서 온존하는 것에 도움이 되는 것이다. 바람직한 정책행동은 새로운 기술의 획득과 새로운 기술에 대한 투자에 관련한다고 생각하는 개별적인 그리고 그 밑바탕에 있는 문제의 시정에 초점을 맞추는 것이다.[17] 볼드윈(1969, p.303)이 정당하게 지적하고 있는 바와 같이, "만약 유치산업의 관세보호론

---

16) 이것이 국내에 있어서 괴리(divergences)의 이론 논리이며, 그것에 관해서는 제14장에서 취급한다.

17) Harry Johnson(1965, p.28)은 이렇게 설명하고 있다. "다시 생산기술의 지식이 습득되면, 그것에 비용을 지불하였다고 생각하는 사람과는 전적으로 다른 사람이 그것을 입수할 수 있게 된다. 즉, 공업생산기술의 습득에 대한 투자의 사회적 이익이 적어도 잠재적으로, 그것의 사적 이익을 초과하는 것이다. 그리고 그 학습의 성과를 사회적으로 이용하고자 하는 것이 그 투자를 하는 것에 대한 사적보수를 감소시키는 것조차도 있을 수 있다. 학습과정의 사회적 이익이 사적 이익을 초과하는 것에서는 가장 적당한 정부의 정책은 학습과정 그 자체를 보조하는 것, 즉 그 경험이 확립하고 그리고 기술이 잘 된 때에는 그것이 모든 잠재적 생산자의 이용에 제공되는 것이라는 조건을 붙여 그 기술에 자금을 부여, 개척기업을 지원하는 것이다."

이 자유무역의 주장에 대한 중요한 예외라고 하는 평가에 상응하는 것이기 때문에, 그것(유치산업보호론)은 그것에 대한 보호관세의 일반적 바램, 그 산업에 있어서의 유효성에 관하여 명확한 이론적 근거를 주지의 그리고 일반적으로 용인된 경험적 사실관계에 기초하여, 제출하지 않으면 아니 되는 것이다." 그리고 밀이 유치산업보호에 힘을 두고서부터 이 1세기반 이상 경과하였음에도 불구하고, 사태는 여전히 그와 같은 지식수준에는 그치는 것이다.

유치산업이라는 직관적으로 매력적인 비유에도 불구하고, 이 보호론의 평가에 관한 이론분석은 밀이 조건부 승인을 한 이래, 거의 진보하지 않고 있다. 현재, 유치산업보호론은 용어의 애매성이 귀찮게 따라다니고 있다고는 하지만, 새로운 기업이 지식 혹은 자본을 획득할 때에 있어서 장해의 문제를 취급하고 있다. 정부의 개입이 필요하게 되는 것은 지식에 대한 투자의 바람직함에 관한 현재의 상태를 개량하고 혹은 자본시장의 기능을 향상시키는 것이다. 무역에 대한 개입은 직접적으로는 유효하지 않다. 왜냐하면, 그 산업이 국제무역에 참가하고 있는지 여부에 관계없이, 그와 같은 개선이 바람직하기 때문이다. 그 결과, 이 특별한 유치산업보호론은 현재에서도, 몇 년 전에 있어서 정도로는, 거의 일반적인 수용도 지지도 없는 것 같다. 그럼에도 불구하고, 유치산업보호론은 여전히 전면적으로 무시할 수 없는 어려운 문제이며, 무역정책의 이론의 분석에서 불안정한 지위를 점하고 있는 것이다.

참고문헌

1) Armitage－Smith, George, The Free Trade Movement and Its Result, London: Blackie, 1898.

2) Baldwin, Robert E., "The Case Agaibnst Infant Indusry Protection", Journal of Political Economy77(May / June 1969): 295－305.

3) Bastable, Charles F., The Theory of International Trade, Dublin: Hodges, Figgis, 1887.

4) Bentham, Jeremy, "Observation on the Restrictive and Prohibitory Commercial System(1821)", in The Works of Jeremy Bentham, edited by John Bowring, vol.3, Edinburgh: Tait, 1843.

5) Bourne, E. G., "Alexander Hamilton and Adam Smith", Quaterly Journal of Economics 8(April 1894): 328－44.

6) Brewer, Anthony, "Economic Growth and Technical Change: John Rae's Crtique of Adam Smith", History of Political Economy 11(Spring 191): 1－11.

7) Cairnes, John E., Some Leading Priciples of Political Economy, Newly Expounded, London: Macmillan, 1874.

8) Carey, Henry. Priciples of Social Science, Philadelphia: Lippincott, 1858.

9) Deane, Phyllis, "Marshall on Free Trade", in Alfred Marshall in Retrospect, edited by R. M. Tullberg, New York: Elgar, 1990.

10) Dobb, Arthur, An Essay on the Trade and Improvement of Ireland, ublin: Rhames, 1729.

11) Fauveau, P. G., "Conclusion de Calcul Algebrique an Sujet des droits Protectures", Journal des Economistes 64(August1873): 283－86, and 64(September 1873): 464.

12) Fawcett, Henry, Free Trade and Protection, London: Macmillan, 1878.

13) Alexander Hamilton, Report on Subject of Manufactures, 1791.

14) Huchison, Francis, Introduction to Moral Phylosophy. 2nd, ed. Glasgow: R. & A. Foulis, 1753.

15) Johnson, Harry, "Optimal Trade Intervention in the Presence of Domestic Distortions", in Robert E. Baldwin et al. Trade, Growth and the Balance of Payments, Chicago: Rand McNally & Co, 1965.

16) List, Friedrich, The National System of Political Economy, trans. by G. A. Matile, Philadelphia: J. B. Lippincott, 1854.

17) Marshall, Alfred, "Some Aspects of Competition(1890)in Memorials of Alfred Marshall", ed. by A. C. Pigou, London: Macmillan, 1925.

18) Mead, James, Trade and Wealfare, London: Oxford University Press, 1955.

19) Melitz, Jacques, "Sidwick's Theory of International Values", Economic Journal 73(September 1963): 431－41.

20) Mill, John Stuart, Priciples of Political Economy, London: Longman, Green, 1909.

21) Nicholson, J. S., Priciples of Political Economy, London: Macmillan, 1901.

22) O'Brien, Denis P, J. R. McCulloch: A Study in Classical Economics, New York: Barnes and Noble, 1970.

23) Pigou, A. C, Protective and Preferential Import Duties, London: Macmillan, 1906.

24) Postlethwayt, Malachy, Britain's Commercial Interest Explaine and Improvee, London: D.Brown, 1757.

25) Rae, John, Statment of Some New Priciples of Political Economy, Boston: Hillard, Gray, 1834.

26) Say, Jean－Baptoste, A Treatose on Political Economy, Philadelphia: Grigg & Elliot, 1834.

27) Scrope, George Poulett, Priciples of Political Economy, London: Longman, 1833.

28) Simonde de Sismondi, Jean－Cjarles－Leonard, Political Economy(1815), Fairfield, N.J.:

A. M. Kelley, 1991.

29) Steuart, James, An Inquiry into the Priciples of Political Oeconomy, 1767.

30) Sumner, William Graham, Protectionism, New York: Holt, 1885.

31) Taussig, Frank W., Protection to Young Industries as Applied in the United States, Cambridge: Harvard University Press, 1883.

32) Tucker, Josiah, Instructions for Travelers, Dublin: W. Watson, 1758.

Wood, Willam, A Study of Trade, London: W. WIKINS, 1718.

33) Yarranton, Andrew, England's Improvment by Sea and Land, London: Everingham, 1677.

제4편

20세기의 논쟁: 자유무역과 보호무역

제13장

그래햄과 수확체증론

유치산업보호론은 국내산업의 일시적 보호가 그 산업의 능률을 향상시켜, 어느 시점에서는 그 산업이 원조 없이 세계가격으로 수출할 수 있게 된다는 것이었다. 1920년대, 프린스톤대학교 경제학교수인 그래햄(Frank Graham)은 항구적인 보호가 그 나라에 이익을 가져온다는 조건을 명확하게 하려고 시도하였다. 만약 공업에서 규모에 대한 수확체증(increasing returns to scale)이 작용하고, 농업에서 규모에 대한 수확체감(decreasing return to scale)이 작용한다고 하면, 농업에 특화하고 공산품을 수입하는 나라는 생산성이 높은 생산부문을 포기하는 것이 된다. 그래햄은 이 상태가 불리하다는 것을 설명, 공산품에 항구적인 관세를 부과하는 것이 자유무역을 하기보다도 훌륭하다고 논하였다. 그래햄의 이 주장은 지금까지의 유치산업보호론과 마찬가지로 많은 논의를 불러일으켰지만, 그 주장은 기업에 있어서의 내부적인 수확체증은 시장의 경쟁과는 양립하지 않는다는 비판에 기초한 것이었다. 그럼에도 불구하고, 그래햄은 외부경제가 특화와 무역의 불확정한 모델을 낳는다는 가능성에 관하여 주의를 주입하는 것에 성공한 것이다.

리카도의 <경제학 및 과세의 원리> 제7장에서 완성한 고전학파의 비교우위이론은 한 생산요소(노동)와 불변생산비를 가정하고 있다. 만약 상품생산에 사용되는 노동량이 2배가 되게 되면, 생산량도 2배가 된다는 것이다. 그러나 가끔 무역은 다수의 생산요소와 여러 가지 다른 생산비조건 아래에서 설명되어 왔다. 1815년에 맬더스(Thomas Malthus),

리카도(David Ricardo), 웨스트(Edward West)는 각각 독립적으로 농업생산에 있어서 규모에 대한 수확체감의 사고방식을 들고 있다. 즉, 일정한 토지에 보다 많은 노동을 사용하게 되면, 추가노동의 각 단위의 생산량은 체감한다는 것이다. 리카도의 유명한 곡물법비판은 수확체감(반대로 말하여 생산비체증)을 농업에 교묘하게 적용하여, 지대·이윤·임금이 어떻게 결정되어, 무역정책이 어떻게 소득배분에 영향을 미치는가에 관하여 설명하고 있다. 웨스트는 리카도, 맬더스와는 달리, 공업에 있어서 수확체증의 가능성에 주의를 기울였다. 웨스트(1815, p.25)는 "분업과 기계의 채용이 공업의 생산성을 점점 높여, 개량을 진행한다."라는 것을 시사하였다. 이 효과는 농업에 있어서도 볼 수 있지만, 그것은 열등한 토지와 생산요소를 증가시키는 것이 불가능한 것(그것이 수확체감을 초래)에 의하여 말소되는 것이다. 웨스트가 행한 농업의 수확체감과 공업의 수확체증과의 구별은 다른 고전학파 경제학자에 의해서도 계승되어, 경제학의 하나의 주제로서 확립하여 오늘날에 이르고 있다.[1] 그러나 수확체증이 무역과 무역정책에 대하여 갖는 의미는 그 시점에서는 분명하지 못하였다.

수확체증의 논의는 교역조건과 유치산업의 논의와는 달리, 그 주역이 영국인이 아니라, 미국의 경제학자였던 최초의 케이스이다. 그때까지의 미국의 경제학자들은 공업에 대한 수입관세는 수확체증산업의 생산증가를 가져오는 바람직한 것으로 하는, 보호주의자들의 안이한 논의에 만족할 뿐만 아니라, 때로는 그것을 다시 진행하고자 하는 것이었다. 또 그것과 관련하여, 미국의 경제학자들은 국내산업이 수확체증의 특징을 갖는다면, 수입관세는 국내가격을 인상하지 않을지도 모른다고 주장하였다. 오히려 관세 때문에 국내의 생산량은 확대하고, 시장에 있어서 생산비를 인하하는 것에 도움이 될 것이기 때문에, 관세는 실제로 가격을 인하할지도 모른다고 하는 쪽이 일반적인 생각이었다. 월커(Fracis Walker, 1903)는 이 이론을 깔끔한 모양으로 예증하려고 시도하였지만, 잘 되지 않았다. 그는 완만하게 수확체증과 결부시킨 숫자 예로 사용하여, 관세를 부과한 결과, 무역품의 가격이 하락한다는 관세의 가능적 이익을 증명하고자 한 것이다.[2]

카버(Thomas Carver, 1902)는 이 가격하락의 가능성을 완전히 부정하는 것은 하지 않고, 적어도 만약 수확체증이 기업수준으로 무한하게 계속하게 되면, 그 산업은 한 기업

---

1) 예를 들면 Nassau Senior(1826, p.86)는 다음과 같이 경제법칙을 제시하였다. "공업의 노동자 수의 증가는 단지 그것에 비례할 뿐만 아니라, 그 이상의 생산력의 증가를 수반하는 것이다." 그리고 만약 섬유부문의 고용이 2배가 되면, 생산량은 2배 이상이 된다고 주장하였다.
2) Jacob Viner(1937, p.475)의 엄격한 그러나 신뢰에 충분한 판단은 "Walker의 방법은 고려할 수 있는 모든 점에서 결함투성이이다. …… (그리고) 그 결론은 전적으로 무의미하다."라는 것이다.

독점이 될 것이라는 것을 인정하였다. 이 경우, 관세는 단순히 이 (기업의) 독점력을 강화하여, 자국소비자에게 높은 가격을 강요하는 것을 허용하는 것이 될 것이다.[3] 그러나 놀라운 것은, 거의 모든 경제학자는 수확체증이 자유무역에 유리한 이론적 근거가 될 가능성에 관심을 갖지 않았던 것이다. 예를 들면, 타우싱(Frank Taussig, 1927, p.83)은 수확체증이 "국제무역이 이루어지는 조건을 변화시킨다."라는 것은 인정하면서도, 수확체증은 "아무런 새로운 것이 아니라, 따라서 새로운 분석을 필요로 하는 것도 아니다."라고 일소(一笑)에 붙였다.

수확체증이 비교우위의 이론에 있어서 어려운 문제를 안고 있는 것을 지적한 것은 에딘바라대학교의 니콜슨(J. S. Nicolson, 1897, 308-9)이다. 그는 다음과 같은 시나리오를 고안하였다. 지금 소맥생산이 규모에 대한 수확체감(의 법칙)(보다 많은 노동이 사용됨에 따라, 노동의 한계생산물이 저하한다)에 따라, 다른 한편, 옷감생산이 규모에 대한 수확체증에 따른다(노동의 평균생산물이 고용의 증가에 따라 증가한다)고 가정하자. 그렇게 하면 특화와 무역은 이 두 나라에 전적으로 다른 효과를 가져올 것이다. 옷감생산에 비교우위를 가진 나라는 옷감에 있어서 노동의 평균생산물의 상승(생산량이 증가하기 때문에)과 소맥에 있어서 노동의 한계생산물의 상승(생산량이 감소하기 때문에) 양쪽을 경험할 것이다. 이것은 임금률의 상승을 가져온다. 그리고 니콜슨은 같은 시대의 다른 학자와 같이, 이것은 국민소득에 있어서 노동 몫의 증가를 의미하고, 본래적으로 희망하는 것이라고 생각하였다.

이것과 반대의 것이 소맥에 비교우위를 가진 나라에서 일어나는 것이다. 소맥에 있어서 노동의 한계생산물은 생산량이 증가함과 함께 감소하고, 옷감생산으로부터의 노동의 이동이 옷감부문의 노동의 평균생산물을 감소시킬 것이다. 만약 옷감 1야드와 소맥 1붓셀이 같은 가격으로 판매되게 되면, 이 과정은 옷감 1,000야드의 생산에 사용되는 노동이 소맥 1,000붓셀을 생산하도록 되기까지 계속될 것이다. 그러나 규모에 대한 수확법칙이 다르기 때문에, 그 나라는 그 자원을 사용하여 1,000붓셀 이하의 소맥을 생산하는 것이 될 것이다. 왜냐하면, 통상적인 분석은 "옷감생산의 감소에 수반하는 노동의 평균수확(average yield)의 감소를 고려하지 않기" 때문이다. 이 경우, 소맥생산에 있어서 추가노동은 1,000붓셀 이하밖에 생산할 수 없고, 이 나라는 "이전보다도 적은 양의 옷감을 입수하게 되며, 총국민소득은 감소하는" 것이 된다. 그리고 니콜슨은 "소맥에 완전특

---

3) 이것에 관련한 Alfred Marshall의 논의((1890)1925, pp.261-62)를 보라.

화하는 나라가 이것을 메우는 유일한 방법은 수출하는 소맥에 대하여 이전보다도 많은 옷감을 입수하는 것이다.” 즉, 교역조건을 매우 대폭적으로 개선하는 것이다.

니콜슨의 이 초기의 통찰력이 있는 분석도 그의 주장을 명확하게 하는 데는 충분하지 못하였다. 그는 무역이익의 문제를 간접적으로 취급할 뿐이며, 국민소득의 감소에 관한 논의도 또한 불완전하였다. 농업에 관해서는 한계분석, 공업에 관해서는 평균분석이라는 서투른 논의가 이 종류의 수확체증 문제를 수반하는 국제무역의 균형문제를 음미하는 데 있어서, 거기에 잠재적인 문제가 있는 것을 나타내고 있는 것이다. 농업에 관한 그 한계분석은 표준적이다. 즉, 농업에 있어서 생산량은 그 (체증)한계생산비가 그것의 시장가격에 일치하기까지 확대한다. 그러나 공업에 관한 고찰은 충분하지 않다. 즉 만약 한계생산비가 생산량의 감소함수이라면, 한계생산비가 시장가격에 일치하기 이전의, 생산 1단위당의 생산비는 보다 높게 되어 이익은 없게 된다. 거기에서 니콜슨은 제조업의 논의를 평균생산력(혹은 평균생산비)의 용어로 하지 않으면 아니 되었던 것이다. 즉 생산량의 모든 단위의 평균생산비가 감소한다고 하지 않을 수 없었던 것이다. 이 상태는 경쟁균형과는 잠재적으로 양립한다.

이 니콜슨의 설예는 그 당시, 어떤 비평도 논의도 불러일으키지 못하였다.[4] 그러나 1923년 그래햄이 이것에 매우 유사한 설예를 사용하여, 수확체증산업에 특화하지 않는 나라가 손해를 입는 것을 분명히 하였다. 그래햄(1923, p.200)은 비교우위는 결코 최선의 무역정책을 위한 ‘절대 확실한 기준’은 아니라고 하여, 다음과 같이 논하고 있다. 공업이 규모에 대한 수확체증에 따르는 경우, “제조업을 보호하는 것이 바람직한 기간은 그 산업이 보조 없이도 존속할 수 있는지의 여부와는 관계없이, 유치기간을 커버하는 데 필요하다고 생각되는 기간보다도 훨씬 길 것이다.” 그래햄의 견해에 의하면, 유치산업을 일시적으로 보호하는 것에 찬성하는 논자는 걱정 없이 지내는 것이다. 그 이유는 “보호 없이는 육성 혹은 존속할 수 없는 산업, 보호 없이는 살아남을 수 없는 산업, 또 보호관세가 처음으로 부과되었을 때, 비교우위를 갖지 못한 산업 혹은 보호의 아래에서도 비교우위를 갖지 못한 산업에서도, 그것을 보호하는 것이 유리할 수 있기”(202−3)

---

4) 니콜슨의 이 책에 대한 프라이스(L. L. Price, 1898, p.63)의 서평만이 약간 이 저자(니콜슨)가 “(수확에 대한) 두 가지 법칙이 교환조건에 줄 수 있는 영향의 중요성을 지적하였다. …… 보호의 이론적 기초에 관한 판단은 지금까지의 자유무역론이 표명한 것보다도, 훨씬 신중하고 견식이 있는 것이다.”라고 설명하고 있다.

때문이다.

이 점을 분명히 하기 위하여, 그래햄은 시계(수확체증에 따라)와 소맥(수확체감에 따라)과의 비교생산비와 무역의 숫자 예를 들고 있다. 무역이 없는 경우, 이 나라는 노동 1단위를 사용하여, 소맥40단위 혹은 시계 3단위를 생산한다. 만약 국제교환비율이 소맥 40단위 대 시계 35단위이라면, 이 나라는 소맥에 비교우위를 갖는다. 즉, 이 나라는 2단위의 노동을 사용하여 무역함으로써, 소맥 40단위와 시계 35단위를 소비할 수 있게 된다. 무역이 없는 경우보다도, 시계가 5단위 많다. 그러나 그래햄의 가정에서는, 노동코스트는 노동의 2부문 사이 이동에 의하여 불변은 없다. 노동이 소맥생산에 유입하여, 수확체감에 직면함으로써 생산코스트가 높게 되며, 노동의 한계생산물이 소맥 35단위로 낮아진다. (다른 한편) 노동이 수확체증의 시계산업으로부터 유출함으로써 생산코스트가 높게 되어, 1단위의 노동은 20단위의 시계밖에 생산할 수 없게 된다. 그러나 만약 국제교환비율이 소맥 40단위 대 시계 35단위 그대로라면, 이 나라는 이 시점에서도 무역에 의하여 이익을 얻을 것이다. 즉, 이 나라는 이 시점에서 무역 없이는 소맥 35단위와 시계 20단위를 입수할 수 있는 것이지만, 무역에 의하여 소맥 30단위와 시계 35단위를 입수할 수가 있는 것이다. 이것은 이 나라가 2단위의 노동으로 70단위의 소맥을 생산하여, 그 가운데 40단위를 수출하여, 35단위의 시계를 수입한다는 계산이다. 이 여분으로 증가한 시계 5단위의 가치는 여분으로 감소한 소맥 5단위의 가치보다도 크다. 따라서 이 나라의 국민소득은 크게 된다.

그러나 그래햄은 이 비교가 옳지 않다는 것에 관심을 가졌다. 그리고 그는 올바른 비교는 무역이 없는 경우(노동은 소맥 40단위 혹은 시계 30단위를 생산한다)와 무역이 있는 경우(노동은 소맥 35단위 혹은 시계 2단위를 생산한다)와의 비교라고 한다. 무역이 있는 경우, 이 나라는 무역이 없는 경우보다도, 소맥을 10단위 적게, 시계를 5단위 많게 입수한다. 그러나 이것은 순손실이다. 소맥 10단위의 가치는 시계 5단위의 가치보다도 크기 때문이다. 이리하여 그래햄은 이렇게 결론 맺는다. "어떠한 시점에서도 …… 소맥에 특화하는 것은 (이 나라에 있어서) 수지가 맞을 것이다. 그러나 이 특화의 최종적인 결과는 (이 나라의) 시민이 자신들의 노력에 대하여, 무역을 전적으로 하지 않았던 경우에 비하여, 보다 적은 보수를 받는 것이다."(p.207)

그래햄은 자신이 가정한 생산비가 한계생산비였다면, 이 특화의 유해한 영향이 불가피한 것은 아니라는 것에 관심을 가졌다. 그 경우, 소맥생산의 높은 생산비는 생산량의 최종단위에 드는 것이어서, 그 이전(한계 내(infra-marginal))의 각 단위에 마찬가지로 높게 드는 것은 아니다.[5] 바꾸어 말하면, 노동의 평균생산물은 그 한계생산물보다도 많이, 한계생산물(양)에 총노동량을 곱한 것만으로는, 총생산량을 과소하게 계산하는 것이 된다. 그러나 만약 생산비가 평균생산비이라면, 손실의 확률은 무역에 의한 생산량 확대 정도와 생산비 상승 속도에 의존한다. 그래햄이 생각한 예에서는, "이 나라가 이 조건 아래에서 무역에 의하여 손실을 입는 것은 불가피하다. 이 나라에 있어서는 자급자족 쪽이 혹은 무역이 적은 쪽이 유리하기 때문이며, 이 나라는 보호에 의하여 경제적으로 이익을 받는 것이며, 그것을 무기한으로 계속하는 것은 유리할 것이다."(p.208)

동시에, 그래햄은 수확체감부문에 비교우위를 갖는 나라는 자유무역에 의하여 손실을 입을지라도, 자유무역이 세계전체의 생산을 증가시키는 것도 분명하게 하였다. 수확체증 산업에 특화하는 기타 나라(혹은 나라들)는 소맥과 시계의 양쪽에서 생산에 필요한 노동량이 무역개시에 의하여 적게 되며, 그것들의 나라들은 명확한 이익을 받게 되게 된다. 그래햄은 시계생산에 관하여 니콜슨의 평균생산비 분석을 채용하였다. 거기에서 다시 한계에서의 생산비 저하가 일어나지 않는다. 그것은 그 이전의 생산비의 보다 높은 생산단위에 관하여 이익이 없는 것을 의미하기 때문이다. 그 대신에 보다 낮은 단위생산비가 전 생산량에 적용되는 것이 된다. 그래햄이 말하는 바와 같이, "여기에서의 생산량의 확대는 낮은 단위생산비가 전 생산에 적용되는 것이며, 생산량의 추가분에만 적용되는 것은 아니다. 그리고 모든 생산자의 생산비는 대체적으로 같게 되지 않으면 아니된다. 그렇지 않으면 그들은 경쟁에 의하여 시장으로부터 배제될 것이다."(pp.208-9)

그래햄의 결론은 이러하다. "그 생산에 비교우위가 있기 때문이라고 하여, 체증생산비의 상품 생산에 특화하는 것은 그 나라에 있어서 불리하다. 만약 세계수요가 체감생산비로 생산되는 상품에 대하여 체증생산비로 생산되는 상품에 대하여 보다도 급속하게 증가하고 있다면, 그것은 점점 불리할 것이다."(p.210) 그리고 그는 교역조건이 수확체감 산업에 특화하는 나라에 있어서 유리화하게 할 것이라는 사고방식을 취하지 않았다. 즉, 소맥생산에 사용되는 자원이 부족하다는 것과, 시계산업에 있어서 수확체증이라는 이유에서, 소맥가격이 상대적으로 시계가격보다도 등귀한다는 사고방식을 취하지 않았다. "그렇게 된다고 생각하는 이유는 존재하지 않는다."라고 그는 설명 없이 주장한 것이다.

니콜슨과 그래햄에 의한 이 초기의 분석에는, 수확체증 아래에서 자유무역에는 두 가지 다른 문제가 암묵리에 포함되어 있는 것이다.

---

5) 물론 이 경우, 소득분배는 지주에 대한 지대의 상승이라는 형태로 변화한다.

첫째는, 수확체증이 복수균형을 의미하는 것이다. 공업부문의 노동이 증가함에 따라, 노동의 한계생산물이 증가하는 것이기 때문에, 두 가지 균형이 고려된다. 하나는 공업부문의 노동투입이 제로(따라서 생산량이 제로)의 경우이며, 다른 하나는 전 노동량이 공업에 투입되는 경우이다. 노동배분이 이 두 가지 상태의 중간에 있는 경우, 안정균형은 성립하지 않는다. 왜냐하면, 추가되는 노동의 1단위는 그 이전에 투입된 노동의 각 단위보다도 보다 많은 생산을 가져오기 때문이다. 이 두 가지 균형의 어느 쪽이 바람직한가라는 순위 매김은 국민소득에 대한 보호의 영향을 나타내고자 하는 표준적인 비교정태의 범위 밖의 문제이다.

둘째로, 평균생산비 분석은 노동배분이 그 중간이어서 안정균형의 존재를 허용하는 것이지만, 그 경우, 경제의 비효율이 발생한다. 평균생산비 분석에서는 임금은 노동의 평균생산물과 같이 된다 하여도, 완전경쟁의 경우와 같이 한계생산물과 같게 되는 것이다. 그리고 공업에 투입되는 노동은 과소하게 되며, (노동의 한계생산물은 평균생산물보다도 많기 때문에), 공업의 생산량은 최적수준에는 미치지 않는다. 거기에 이것을 시정하기 위한 보호의 역할이 발생하는 것이다.

그러나 이 그래햄의 충격적인 논의는 바로, 뒤의 시카고대학교의 지도적 경제학자인 나이트(Frank Knight)의 도전을 받게 되었다. 이 그래햄의 '사람을 유혹하는' 그러나 '독창적인 논의'에 대한 나이트(1924)의 반격은 수확체증과 경쟁분석과의 양립성에 관계하는 것이다. 나이트는 그래햄(1923, p.203)이 각주에서 한 다음 가정에 이의를 주장한 것이다. "본문의 논의는 단순하게, 단위생산비의 체감은 시계생산의 확대에 의하여 가져오게 되는 것을 가정하고 있다. 그리고 그 원인이 외부경제(external economy)와 내부경제(internal economy) 어느 것에 의한 것이라는 것은 그것의 현실적인 적용성에는 물론 영향을 미치지만, 이론 그 자체에 있어서는 큰 문제는 아니다."

그래햄은 내부경제와 외부경제와의 구별을 쉽게 무시하였다 하여도, 실은 이 논쟁에 있어서 치명적으로 중요한 것이다. 내부경제와 외부경제는 함께 수확체증의 형태이며, 19세기 후반에 마샬(Alfred Marshall)이 경제분석에 도입한 것이다. 특정기업의 생산량이 증가함에 따라, 그 기업의 생산비가 저하할 때, 그 체증수확은 내부적(내부경제)이다. 산업의 생산량이 증가함에 따라, 특정기업의 생산비가 증가함에 따라, 특정기업의 생산비가 저하할 때는 (그 기업 자체의 생산량의 증가에 수반하여 그 기업의 생산비가 증가할 때에도) 그 체증수확은 그 기업에 있어서 외부적 경제(규모의 경제(economies of scale)로서도 알려져 있다)는 그 산업에) 참가하고 있는 개개의 사업체의 자원, 조직 및 그 경영능률에 의존하는 것이다. 이것에 대하여, 외부경제는 그 산업의 일반적 발전에 의존하는 것이며, 그 일부는 이웃의 동종품목의 총생산량에 의존하고, 다른 일부, 특히 지식의 증가와 기술의 진보에 관련한 외부경제는 문명세계 전체의 총생산량에 주로 의존하는 것이다.

나이트의 첫째 논의는 기업에 있어서 내부적인 수확체증이 그 산업 내의 경쟁과는 엄밀하게는 양립하지 않는다는 것이다.[6] 만약 어느 기업의 생산비저하가 그 기업의 생산량의 연속함수라면, 하나의 기업이 최저의 가격으로 시장 전체에 공급하게 되며, 그 산업이 독점상태가 될 것이다. 나이트(1924, p.597)가 설명하는 바와 같이, "만약 경쟁이 유효하면, 그 산업의 생산단위 크기는 그 이상의 절약(생산비의 저하)이 구해지기까지 혹은 사업체가 하나만이 남아 그 산업이 독점상태가 되기까지 확대될 것이다. …… 모든 사업체가 최고효율의 크기에 도달하였다면, 산업의 총생산량의 변화는 사업체의 수의 변화에 의존하는 것이 되며, 그 경우, 기술적 경제는 포함되지 않을 것이다." 이리하여 나이트는 결론 맺는다. "만약 그 산업이 독점이 아니라면 혹은 독점이 되지 않는 한, 그 상품의 생산량의 증가는 생산비를 등귀시키지 않을 수 없다."

나이트는 계속한다. "위의 논의에 대한 반론은 '외부경제'의 이론이다." "그러나 이 반론은 분명히 오해에 기초한 것이다."라고 부언한다. 그는 논점을 요약하여 언급한다. "한 기업체에 있어서의 외부경제는 그 산업 내의 다른 기업체에 있어서 내부적이다." 그리고 그는 계속한다. "어떤 상품의 생산부문 혹은 어느 단계가 조업규모의 확대에 수반하여 기술적 경제를 끊임없이 낳는 것이라면, 그 상품의 생산은 최종적으로 독점이 되는가, 아니면 그 경향에서 벗어나, 규모의 확대와 함께 생산비도 높게 된다는 정상적인 관계가 되는가, 그 어느 것이 되는 게 틀림이 없다."

그리고 나이트는 그래햄의 두 나라 모델에 작은 과오가 있는 것을 지적한다. 그 모델에서는 적어도 한 나라가 한쪽 상품에 완전특화하고, (두 상품의) 노동한계생산물의 변화가 정지하는 것을 나이트는 정당하게도 지적하였다. 만약 한쪽 나라가 여전히 두 상품을 생산하고 있다면, 특화한 나라는 두 상품을 생산하고 있는 나라의 생산비 비율과 같은 교환비율로 무역을 할 것이다. 그래햄(1925)은 그것에 대한 답변 가운데에서, 교환비율·생산비 비율 및 특화에 관한 잘못을 인정하면서도, 그것이 그래햄은 나이트의 논의의 주요 요지를 잘못 취급하여, 수확체증에 관한 내부경제·외부경제의 구별은 중요

---

6) 이 점은 1883년에 꾸르노(Augustin Cournot)에 의하여 또 그 뒤, 마샬(Alfred Marshall) 기타에 의하여 인식되고 있었지만, 그래햄은 분명히 이것을 빠트리고 있다.

하지 않다고 반복하였다.

나이트(1925, pp.331−33)는 그것에 대한 답변 가운데서 그래햄이 무엇을 빠뜨린 것에 관하여 반복하고 있다. "그래햄이 그 이론적 입장을 굳히기 위하여 해야 할 것은, ……산업이 독점에 이르지 않고 체감생산비 아래에서 실제로 조업한다는 이론적 입장을 나타내는 것이다." 나이트는 "만약 체감생산비에 관한 그래햄의 가정을 인정한다면, 그의 결론은 정당하다는 것에는 동의한다." 그러나 "여기에서 요구되고 있는 의미에서의 체감생산비를 인정하기 위해서는, 그 산업이 안정경쟁의 상태에 있는 것 그리고 그 산업에 참가하고 있는 어떤 생산자도, 다른 생산자의 희생에 의하여 자신의 생산량을 확대하여 자신의 실질생산비를 저하시킬 수 없는 것, 다시 그 경우, 이미 경쟁상태에 있는 그 산업에 새로운 생산자가 참여한다면, 그것에 의하여, 실질생산비가 모든 생산자에 관하여 저하할 것이라는 것을 증명하지 않으면 아니 된다." 그러나 새로운 참여자는 모든 생산요소를 다른 용도에서 가져오지 않으면 아니 된다, 아마 질이 떨어진 요소를 사용하게 될 것이다. 따라서 "이와 같은 생산비체감의 불가역적인 요인은 기업에 있어서 순수한 외부경제라는 것으로 말소시킬 수 있는 이상의 것이다." 그리고 나이트는 주장한다. "외부경제·내부경제가 어떻게 권위 있는 것으로 하여 그것을 마음에 그리는 것은 이전에 한 번도 없었다. 또 그 존재를 믿는 근거는 발견되지 않는 것이다. 그리고 그래햄이 나이트의 답변 가운데 든 가설예도, 나를 납득시키는 것은 없었다." 예를 들어 그는 납득할 수 있다고 하여도, "나는 그와 같은 조건(외부경제)이 경제이론에 있어서 특별한 법칙을 혹은 관세입법에 있어서 특수한 조항을 정당화하게 충분히 일반적이라고 믿을 수는 없는 것이다."

이와 같은 이 밖의 비판에도 불구하고, 그래햄은 보호찬성의 주장을 바꾸지 않았다. 10년 뒤에 출판된 관세에 관한 소책자에서, 그래햄(1934, p.81)은 ('합리적 보호'라고 제목을 붙인 장에서), 만약 한 나라가 수확체증산업에 특화하지 않으면, 그 나라는 "1인당 일반생산성을 개선할 기회를 확실히 상실할 것이며, 그것(생산성)의 절대적 저하조차도 손해 입을 것이다."라고 계속 주장하였다. 이런 이유에서 "아직 비교열위에 있어도 생산량 단위당 생산비가 체감하는 산업에 대하여 보호하는 것이 정당화된다."라는 것이다. 그러나 이 (내부적)수확체증과 시장경쟁과의 양립성에 관한 논쟁에 의하여 나이트는 그래햄의 주장의 중요한 부분을 단절한 것이다. 뒤에 치프만(John Chipman, 1965, p.714)이 설명하고 있는 바와 같이, "나이트의 반론이 올바른 한, 그래햄의 논의 전체는,−그밖에 어떠한 결점이 어느 정도 있는가에 관계없이−이 전제(양립성)에 의하여 설득력을 상실하는 것이다.”

다른 지도적 경제학자들도 나이트에 본받아, 그래햄의 논의에 대하여 마찬가지 의문을 품었다. 하벌러(Gotfried Haberler, 1936, pp.198－208)는 나이트와 마찬가지로, “만약 그래햄의 가정을 인정한다면, 그의 결론은 나온다.” 하지만 그 가정이 “매우 위험하였다.”라고 보고 있다. 바이너는 그래햄이 니콜슨과 같은 잘못을 범하여, 한계분석과 평균분석과를 혼동한 것을 비판하였다. 바이너(1937, p.480)는 말한다. “만약 그래햄이 두 산업을 한계생산비와 한계수확의 용어로 처리하였다면, 자유무역에 불리한 결론을 얻는 것은 없었을 것이다.” 그 이유는 바이너를 지적하여, 그래햄도 그 일부를 인정하고 있는 것같이, “생산비가 비교우위 판정의 기준인 범위 내에, 그 나라의 그 산업의 한계생산비에 따른 특화는 그 나라에 있어서 이익을 가져오는 것은 틀림없기”(p.474) 때문이다.

틴버겐은(Jan Tinbergen, 1945, pp.182－99)도 이 문제를 들어, 그래햄의 분석에 있어서 지금 하나의 오류를 지적하였다. 그래햄의 목적은 처음은 보다 많은 시계를 생산하였음에도 불구하고, 무역에 의하여 보다 적은 시계를 입수한다는, 무역의 효과를 나타내고자 한 것이다. 그러나 틴버겐은 대량의 시계생산에 관해서는 노동의 평균생산물(한계생산물이 아니라)을 기초로 하여 계산하고, 한편, 소맥생산에 관해서는 노동의 한계생산물(그것은 평균생산물보다도 작다)을 기초로 하여 계산하고 있는 것을 지적한다. 그래햄은 실현하지 못한 생산량의 가짜 척도(a bogus measure of forgone output)를 사용한 것이며, 틴버겐이 도시한 바와 같이, 올바른 한계계산(marginal caculation)을 하였다면, 무역에 의한 손실은 일어나지 않는 것이다.

그러나 만약 외부경제의 개념을 인정한다면, 나이트의 비판은 현저하게 약화되는 것이며, 과연 외부경제·내부경제와는 도대체 어떠한 것일까. 이미 설명한 바와 같이, 마샬은 외부경제를 간단히 “산업의 전반적 발전에 의존한다.” 즉, 산업의 생산규모에 의존하는 개별기업의 생산비의 저하라고 설명하고 있다. 여기에서 문제의 산업생산량에 관해서는 지역, 나라, 세계의 생산량이라는 여러 가지로 생각할 수가 있다. 마샬의 용어를 반복하면, “그 일부는 이웃의 동종품목의 총생산량에 의존하고, 다른 일부는, 특히 지식의 증가와 기술진보에 관련하는 외부경제는 문명사회 전체의 총생산량에 주로 의존하는 것이다.”7) 에지워스(1905)가 처음 외부경제의 개념을 경쟁균형(이것은 내부경제와는 양립하지 않는다)과 양립시키는 데 성공하였다. 에지워스의 정식화에 의하면, 외부경제의

---

7) 마샬(Alfred Marshall)의 수확체감에 관한 논의는 Rence Predergast(1992)를 보라.

아래에서는, 개별기업의 한계생산비는 그 생산량의 증가와 함께 상승하면서도, 그 생산비곡선은 산업의 생산량의 증가와 함께 하방이동할 것이다. 왜냐하면, 각 기업의 하나하나는 그 산업에 비하면 작고 그리고 산업의 생산량이 주어진 때, 각 기업의 산업의 생산량에 대한 공헌 몫은 적은 양이기 때문이다. 이와 같이 하여, 각 기업은 각각의 체증생산비 조건 아래에서 조업하는 것이지만, 산업의 공급곡선은 우하가 될 것이다.8)

나이트의 회의적인 비평이 지적한 바와 같이, 외부경제의 개념 전체는 그 정책적 의미는 따로 하여도, 마샬(및 그 추종자들)의 사고방식의 애매성도 그 일부의 이유가 되어, 결코 무비판적으로는 용인되지 못하였다. 로버츤(Dennis Robertson, 1924, p.24)은 그 혼란에 관하여 다음과 같이 설명하고 있다. 외부경제란 실제로는 "일정한 시간과 조직의 개선 아래에서 생산량이 적었던 경우에 비하여, 보다 많은 생산량이 보다 낮은 단위생산비로 생산할 수가 있는 것을 단지 의미하는 것에 지나지 않는다." 그러나 그는 부언한다. "우리는 단위생산비의 저하를 수확체증의 결정요인으로는 생각하지 않으므로, 수확체증의 단순한 결과로서 혹은 '수확체증의 부수물'이라고 생각한 것이다." 다시 로버츤은 마샬의 논의가 정태적인 외부경제의 논의를 산업발전과 기술진보에 포함되는 동태적 요인과 혼합함으로써, 보다 더 혼란을 초래한 것을 지적하였다. 그는 보조금과 관세가 외부경제를 촉진하는 것에 필요한지 아닌지에 의문을 가져, "(그것이 사적독점자와 나라의 어느 쪽이든) 그 주체(인간)가 경쟁생산량의 대폭증가의 원인을, 그와 같은 '(체감생산비)'의 사태에서 찾고자 하는 것은 원래 인간에게 부여되어 있지 않은 날개(pennis non homini datis)로 여행을 하고자 하는 바와 같은 것이며, '시간(time)'의 비밀에 방황하여, 노인의 여가사용과 같은 것을 하고 있는 것은 아닐까."라고 설명하고 있다.

물론 이것의 의미는 외부경제의 발생원천으로서 무엇을 고려하였는가에 따라, 매우 크게 달라질 것이다. 마샬은 1870년대라는 이른 시기에, 외부경제를 세 가지 유형으로 구별하였다. 즉, ① 기업자 사이 지식의 전파, ② 보조적 주변산업 및 ③ 숙련노동의 지

---

8) 1920년대 및 1930년대에 있어서 이들 생산비곡선 및 외부경제(불경제)의 타당성에 관한 광범한 논쟁을 취급하는 것은 이 책이 전망하고자 하는 무역정책의 분야로부터 많이 떨어지게 되는 것이 된다. (그것에 관해서는) 치프만(John Chipman, 1965, pp.736-49)의 훌륭한 설명을 보라. 마지막으로는 외부경제가 경쟁균형과 양립한다는 결론이 명확하게 성립하였다. 그렇지만 경쟁균형의 사회적 최적성의 문제가 남았다. 마샬(Alfred Marshall)과 피구(AC. Pigou)는 그와 같은 산업의 시장에 의하여 결정된 생산수준은 지나치게 낮다고 생각하여, 그 산업의 생산량을 사회적 최적수준으로 끌어올리기 위하여 정부보조가 필요하다고 하였다. 뒤에, 피구는 이 정책권장을 나이트와 로버츤의 비판에 의하여, 내부경제의 경우에 관해서는 철회하였으면서도, 외부경제의 경우의 보조금에 관해서는 철회하지 않았다.

역적 축적이다. 지식의 전파라는 것은 지식창출활동에 대한 투자효과가 그것을 한 기업의 완전한 점유가 되지 않으므로, 한 기업의 활동이 다른 기업의 활동에 무상의 부차적 효과로서 실현하는 경우이며, 그 활동이 사회적 최적수준에 대하여 상대적으로 불충분하게밖에 이루어지지 않는 것이다.9) 피구는 이 외부성을 지식생산활동의 사회적 한계이익이 사적 한계이익을 초과하는 케이스로 해석하고, 그리고 그것이 이 괴리를 메우기 (그것에 의하여 국민소득을 증가한다) 위하여, 정부보조가 원칙으로서 요구되는 이유이라고 생각하였다. 그렇지만 지식의 전파는 경상생산량의 규모에 링크할 필요가 없는 것에서 반드시 그것은 정태적 외부경제에 관련하는 것은 아니다.

이것에 비하여 뒤의 두 가지 예는 오늘날 외부경제라는 것, 즉 시장규모의 효과(시장의 규모가 클수록 산업 내의 기업의 생산성이 상승한다)에 잘 조화하는 것이다. 예를 들면 큰 산업은 보다 잘 전문화한 생산자서비스의 제공을 준비하는 것이 쉽다. 그리고 그것이 그 산업의 생산비를 인하, 산업 전체의 생산량을 증가시킬 것이다. 마샬과 그 추종자들은 그와 같은 사태를 다음과 같은 의미의 외부경제로 해석하였다. 즉, 어느 기업이 그 산업에 참여하고자 할 때 혹은 자신의 생산량을 증가시키고자 할 때, 그 기업은 자신의 참여와 생산량의 증가가 그 산업 전체의 모든 기업의 생산비를 인하하는 것을 고려하지 않는 것이다.

그러나 마샬(1920, p.264)의 이 현상에 관한 설명은 너무나도 애매하였다. 즉, "그 산업 내에서 상호 뒷받침하고 있는 여러 관련부문의 성장으로부터 가져오게 되는 이와 같은 (외부경제의) 사태의 가장 중요한 결과는 아마 동일지역에 집중할 것이지만, 좌우지간, 증기교통기관, 전신, 인쇄물이라는 근대통신시설의 편의가 그 지역에 제공되는 것이다." 불행하게도 마샬의 추종자들은 그와 같은 외부경제의 설득적인 사례의 수집에는 과히 성공하지 못하였다. 그 결과, 그와 같은 (외부)경제의 '확실한' 사례－그것에 관해서는 로버츤(1924, p.26)이 "교통기관의 발달, 전화, 업계전문지, 회원전용의 가격판매점, 주변산업, 숙련노동 제공 등, 그것들을 기록하고 막대한 리스트를 작성하기 위해서는,

---

9) 마샬(Alfred Marshall, 1920, p.225)은 지식의 전파에 관하여 다음과 같이 설명하고 있다. "기계, 가공기술 및 사업조직의 발명·개량에 관해서는 일찍이도 논해야 한다는 것이다. 어느 사람이 새로운 아이디어를 내면, 그것이 다른 사람들에게 계승되어, 그것에 그들 자신의 궁리가 더해져, 다시 새로운 아이디어의 원천이 된다." 그리고 마샬은 지식을 국지화하는 요인으로서의 거리의 중요성이 작아졌다고 설명하고 있다. "무역정보의 모든 측면에서, 외부경제가 내부경제보다도 그 중요성을 증가시키고 있다. 신문 및 모든 종류의 무역·기술관계 출판물이 끊임없이 수요자를 찾아, 많은 필요한 지식을 제공하고 있다. 그 지식은 조금 이전에는, 원격지의 지점에 충분한 보수를 지불하지 않으면, 입수할 수 없었던 것이다."(p.237)

상당한 시간이 걸렸다고 설명하고 있다지만" 과연 그것이 정부의 어떠한 행동을 필요로 하는 시장의 실패의 참된 실제의 예라기보다도, 시장의 상호 관계와 진화를 단지 이야기하는 것은 아닐 것이라는 것은 결코 분명하지 않은 것이다.

예를 들면, 수송의 발달의 경우에 볼 수 있는 바와 같이, 어느 산업의 외부경제는 다른 산업에 있어서는 내부경쟁이라고 하는 나이트의 설명은 옳다. 다른 케이스에서는, 예를 들면 수직통합이라든가 가격협정이라는 시장메커니즘에 의하여 외부경제가 내부화되는 것도 있을 수 있을 것이다. 그러나 외부경제 개념 전체는 여전히 파악되는 것이 없는 것이다. 로빈슨(A. G. Robinson, 1931, p.138)이 탄식한 바와 같이, "우리는 외부경제라는 이상한 불(will-o'-the wisp)을 산업에서 산업으로 쫓는 것이지만, 그것이 마지막에는 꺼져 버리거나, 최적능력 이하의 기업과 조직의 경제(절약)로서 흡수돼 버리는 것이었다." 그리고 로버츠의 경구(警句)와 같이, 외부경제를 유도하고자 하는 정책활동은 시간과 조직의 진보가 자연적으로 가져오는 것을 정부가 단지 가속할 뿐이어서, 결코 사태를 열매 맺는 것으로 하는 것은 아니다.

외부경제가 애매한 것이라는 것에서, 이 개념에 대한 걱정이 완전히는 불식시키는 것은 없었다. 그리고 그것이 자유무역에 대해서만이 아니라, 정부의 행동에 대하여 갖는 의미도 또한 한층 애매하게 되었다. 그 해석이 사람에 따라 다르기 때문에, 외부경제는 본래적인 '희귀본(curiosa)'과 같이 희소한 것이 되거나 혹은 경제의 모든 분야에서 볼 수 있는 광범한 상호 의존성을 반영한 것이 되었다. 그리고 이것이 자유무역에 관계하는 여러 문제를 매우 어려운 것으로 하였다. 어느 종류의 외부경제는 미성숙한 경제활동을 조성하기 위하여 정부보조금을 실제로 요구하게 하거나, 외국무역이 바람직하지 않은 방향으로 특화하는 것을 촉진하거나 하였다. 그러나 무역정책에 대한 의미는 여전히 분명하지 않았다. 예를 들면 하벌러(1936, p.207)는 외부경제가 "매우 애매하여 흐지부지한 것이며", "그것의 범위도 가치도 확정하는 것이 어려워", 이것을 기초로 하여 "보호정책을 고려하는 것은 사실상 불가능하다."라고 개탄하였다. 1920년대 및 1930년대에 설명된 외부경제의 표준적인 실제의 예는 뒷날 치프만(1965, p.746)에 의하여, "너무나도 막연한 것이며, 그 위에 무역정책의 이론을 수립하는 것이 전적으로 될 수 없는 것이다."라고 표현되었다.

그러나 가령 외부경제의 존재를 그대로 무비판적으로 받아들였다 하여도, 그래햄의 주장은 아무렇지도 않게 끝나는 것은 아니었다. 지금 한 사람의 비판자가 생산비가역성(生産費可逆性)의 중요성을 가져왔기 때문이다. 그래햄의 입장은 보호는 항구적이지 않으면 아니 된다는 것이었다. 왜냐하면, 만약 보호가 철회된다고 하면, 수확체증부문(비교열위부문의 하나)이 축소하고, 생산비가 다시 상승한다고 하였던 것이다. 그러나 다시 유치산업이 육성하게 되면, 보호가 철회되어도 생산비체감은 역전하지 않는다고 하는, 동태적 유치산업론과는 달리, 그래햄의 주장은 동태적이며, 균형상태의 경제를 유지하는 데에는, 항구적인 정책활동이 필요하다고 하는 것이었다. 앤더슨(Karl Anderson, 1936, p.167)은 만약 "생산비체감의 원인이 발견되어, 이용되고, 그리고 두 번 상실되지 않는 것이라면, 그래햄의 논거는 약화된다고 생각하였다." 솔직히 말하여, "비가역성이 외부경제의 참된 모습이다." 왜냐하면, 한 번 그것의 원인이 추정된다면, 그것이 방치되는 것은 없기 때문이다. 그리고 앤더슨은 결론 맺는다. "그래햄에 의하여 옹호된 보호론의 근거는 전면적이며 완전하게 붕괴되는 것이다." 그러나 이 결론도 하나의 주장에 지나지 않는 것이다. 지속성의 문제가 문제점으로서 남기 때문이다. 그리고 예를 들어 그렇다고 하여도, 그래햄의 주장이 본격적으로 동태적 유치산업보호론에 귀착하는 것을 앤더슨은 간과하고 있다.

그러나 외부경제를 이용한 무역정책의 채택에 대하여 중요한 조건을 더한 것이 바이너(Jacob Viner, 1937, 475−82)이다.

첫째로, 외부경제의 무역정책에 대한 의미(imprication)는 외부경제가 세계생산의 함수인 것인가 아니면 국내생산의 함수인 것인가에 의하여 결정적으로 상이한 것이다. 만약 외부경제가 세계시장의 규모에 의존하는 것이라면, 국내기업은 예를 들어 다른 국내기업이 생산량을 감소시키는 것으로, 특히 불이익을 입는 것은 없을 것이다. 예를 들면, 세계의 시계산업에 있어서 어떤 특성에 의하여 세계시계산업의 규모가 변화하였다 하여도, 만약 시계의 기계가 자유로이 무역되고 있다면, 국내의 기업에는 특히 문제가 되지 않을 것이다.[10] 예를 들어 국내의 시계기계산업의 일부가 축소한다 하여도, 세계의 모든 시계기업이 그 외부경제의 상실에 의하여, 한결같이 영향을 받는 것이어서, 국내의 기업이 특별한 영향을 받는 것은 없다. 이것은 국내기업의 육성의 잠재적인 근거를 약화시키는 것이며, 우리의 주의를 중간재무역의 가능성(이것이 최근의 외부경제의 문제의 중심이다)으로 향하게 하는 것이다.

둘째로, 바이너(1937, p.480)는 다음과 같은 문제를 취급하였다. 만약 외부경제가 금전

---

10) 바이너(Jacob Viner, 1937, p.480)의 용어에서는, "만약 기계가 자유로이 무역되고 있게 되면, 세계의 시계산업 전체의 규모가 축소하지 않는 한, 이 나라의 시계산업의 규모가 작게 되는 것만으로는, 기계생산비의 (외부)경제(의 상실)는 그 나라 시계산업의 손실이 되지 않을 것이다."

적이라면, "그것은 참된 국민적인 경제(절약)가 아니라, 그것이 없어도, 그 나라는 아무것도 상실하지 않는 것이다." 이 문장의 의미를 명확하게 하는 데에는, 바이너(1931)의 '기술적' 외부경제와는 특정시장(그곳에 있어서 개별기업의 생산함수는 그 산업 전체의 생산량에 의하여 영향을 받는다)에 있어서 기업 사이의 상호 의존을 나타내는 것이며, 금전적 외부경제와는 어느 기업의 이윤이 다른(상류(up-stream) 혹은 하류(down-stream)의) 생산자의 활동에 의하여 직접적으로 영향을 받는 것이다. 씨토브스키(Tibor Scitovsky, 1954, p.145)는 뒷날 이 개념을 명확하게 하여, 그 의미를 "'기술적' 외부경제란 생산자 사이의 직접적 상호 의존에서 발생하고, 일반균형이론의 틀 안에서 일어날 수 있는 유일한 외부경제이다."라고 설명하였다. 그러나 씨토브스키는 "그것의 실제의 예를 산업계에서 발견하는 것이 쉽지 않다."라는 데에서, "기술적 외부경제의 희소한 것"에 관하여 설명하고 있다. 예를 들면 생산조직의 변화를 기술적 외부성이라고 생각하는 것은 어렵다.[11]

바이너(1973, 480-81)는 다음과 같이 결론 맺고 있다.

"개별생산자의 입장에서 보아, 코스트 면에서 비교열위의 산업에 있어서 외부경제의 존재를 전제로 하여 고려된 보호론이 성립하기 위해서는 그 외부경제가 ① 자국의 산업규모에 의존하는 것이어서 세계의 산업규모에 의존하는 것이 아니라는 것 그리고 ② 그것이 기술적 외부경제이어서, 금전적 외부경제가 아닌 것, 또 그것이 금전적이라 하여도, 그 산업에 서비스·원재료를 공급하는 국내의 생산자에게 희생을 강요하는 것이 아니라는 것이 요구된다. 이 논의의 적용범위는 매우 한정되어 있다. 특히, 참된 기술적 외부경제의 존재를 가장 가설적으로 암시하는 것조차도 어려운 것같이 생각된다."

이 결론은 그래햄의 설예를 바이너의 용어로 말하면, "이론적인 호기심 밖의 아무것도 아니다."라는 것이다.

마샬이 외부경제에 관하여 처음 설명하고서부터 몇 년 동안, 경제학자는 그것의 무역정책에 관한 의미는 물론, 그 효과를 어떻게 생각하였는가에 관하여, 실제로는 거의 밝혀져 있지 않았다. 그러나 동시에, 이 개념을 완전하게 포기할 수도 없었다. 왜냐하면, 이 개념이 얼핏 자의적으로 생각되는 비교우위의 성격에, 때로는 꼭 적용되는 것같이 생각되기 때문이다. 메듀(R. C. O. Mathews, 1949-50)가 가끔 인용하는 실제의 예, 다

---

11) 씨토브스키(1954, p.136)에 의하면, "금전적 외부경제는 분명히 균형이론 가운데 그 지위를 발견할 수가 없다." 왜냐하면, 그와 같은 시장메커니즘 전체의 "구석구석까지 건너가는" 상호 의존성에 관하여 그것이 자원의 최적배분을 도출할 수 있는지 없는지, 언급할 수가 없기 때문이다.

음과 같이 질문하고 있다. 왜 독일이 카메라에, 스위스가 시계에 특화한 것인가. 과거에 있어서 최초의 우위가 어떠한 역할을 수행하여 현재에 이르고 있는 것인가. 과연 규모의 경제 혹은 외부경제가 이 집적과 지방화를 설명할 것이다. 만약 그렇다면, 이 두 가지 산업(카메라와 시계)의 입지를 역전시킬 수는 없을까. 또 이것은 (앞에서 설명한) 복수균형의 가능성을 예로 증명하지 못할 것이다.

외부경제와 비교우위에 관한 논의가 그래햄 논문의 직접적 결과로서 만족한 결착에 이르지 못하였음에도 불구하고, 외부경제와 무역 관계에 관한 연구는 1980년대 초반까지는 거의 이루어지지 않았다. 그러나 그 즈음, 그래햄의 외부경제의 가정 위에서, 그의 주장이 대략 옳다는 것을 시사하는 연구가 등장하였다. 파나가리아(Arvind Panagaria, 1981)가 수확체감산업과 수확체증생산의 양면을 가지고, 작은 무역국(open economy, 기업에 있어서는 외부경제이지만, 산업에 있어서는 내부경제라는, 규모에 관하여 수확불변의 기업에 의하여 이루어지는, 그것에 의하여 완전경쟁과 평균생산비 아래의 가격 매김과의 양립의 가능에 관하여 설명하고 있다. 이들 가정에서는, 국민소득을 극대화하는 데에는, 수확체증산업의 생산량증가를 위하여 항구적 보조금(반대로 수확체감산업의 생산축소를 위하여 과세)이 필요하게 된다. 수확체감산업에 완전특화하는 나라는 무역개시에 의하여, 교역조건이 충분하게 유리화하지 않는 한, 후생손실을 입을 가능성이 있다. 유치산업의 경우와 마찬가지로 최적인 정책은 적절하게 선택된 보조금이며, 소비자선택에 여분의 왜곡을 주는 관세가 아니다. 이것에 관련한 에디어(Wilfred Ethier, 1982b)의 논문은 그래햄의 논의에서, 나라의 규모가 암묵리에 중요하다는 것을 지적한다. 즉, 수확체감부문에 특화하는 나라는 그 나라가 적을수록, 또 (역설적이지만) 수확체증의 정도가 클수록, 무역에 의하여 손실을 입는 것이 적다.

그러나 이 논문은 다른 논문과 마찬가지로 외부경제의 존재를 전제로 하고 있다. 외부경제에 관하여 보다 구체적인 증거가 존재하지 않는 한, 혹은 그 외부경제가 있어야 할 어떤 시장구조에 본래적으로 구비된 된 것이 아닌 한, 자유무역을 지지하는 것으로서의 외부경제의 실제적 중요성은 전적으로 의심스러운 것이다. 뒤에 에디어(1982a)는 각 기업이 규모에 대하여 수확불변의 아래에서 조업한다 하여도, 그 산업이 전체로서 수확체증인 경우의 외부경제에 관하여 고려하는 것이 될 수 있는 이론적 기초를 제시하였다. 즉, 많은 산업은 다양하게 전문화한 투입물을 저렴한 생산비로 생산할 수가 있다는, 마샬의 시사에 기초한 예에 의하여, 에디어는 다음의 내용을 분명히 하였다. 만약 차별화된 중간재를 생산하는 각 기업에 규모의 경제가 탄생하게 되면(즉, 독점적 경쟁이라면), 이들 부품을 모아 조립하는 산업의 통합생산함수는 외부경제의 특징을 갖는 것이 된다.

여기에서 다시, 중간재가 무역가능한지 아닌지라는 바이너가 지적한 문제가 부상한다. 만약 중간재가 무역가능하다면, 외부경제는 최종재의 세계생산량(국내생산량이 아니라)에 의존하는 것이 되며, 정부간섭의 강력한 논거는 될 수 없다. 만약 중간재가 무역불가능하다면, 비로소 외부경제는 엄밀하게 국내적인 것이 되며, 국내생산의 규모에 의존하는 것이 된다. 그리고 이 경우, 국내시장의 규모가 비교우위를 결정한다. 즉, (국내)시장이 클수록 그 산업은 크게 되며, 그리고 생산비는 시장이 작은 경우보다도 낮게 된다. 에디어가 설정한 조건 아래에서, 마쿠샌(James Makusen, 1990)은 규모의 외부경제가 복수균형(외부경제산업의 생산수준의 고저에 의한), 평균생산비 가격 매김 및 여러 생산요소의 비효율인 결합을 포함하는, 대부분의 왜곡을 낳는 것을 지적하였다. 그리고 그 경우, 1회한의 생산보조금이 올바른 균형을 낳기 때문에 사용될 수 있는 것, 또 그때, 생산요소에 대한 영구적인 보조가 생산요소의 비효율적인 결합을 시정하기 위하여 사용될 수 있는 것을 분명히 하였다. 그러나 그래햄이 주장한 항구적 보호의 타당성에 관해서는 그만큼 분명하지 않다.

규모의 외부경제라는 형태의 수확체증은 여전히 성가신 문제이다. 그 효과는 이론적으로는 중요하며, 무시할 수 없는 바와 같이 생각된다. 그러나 그것에 관해서는 우리는 1세기에 걸친 논의의 뒤에도, 거의 무지이다. 시장규모의 최초의 약간 차이에 의하여, 일정한 모델의 국제특화를 무역이 야기되는 이론적인 가능성이 있다. 그러나 외부경제를 야기하는 요인이 보다 명확하게 이해되기까지는, 명확하고 최선의 정책조치로서의 수입으로부터 보호라는 무역정책을 가져올 수 없는 것이다. 외부경제의 결정요인과 그 효과에 관한 우리의 이해가 이론적으로나 실제적으로나 불충분하기 때문에, 과연 외부경제가 보호에 의하여 경제적 부가 증가한다는 이론적으로 명확한 사태를 낳을지 어떨지는 분명하지 않은 것이다. 분업의 진전은 시장의 확대를 가져올 것이다. 그러나 인위적 수단에 의한 시장의 확대는 반드시 분업의 촉진과 규모의 이익을 가져오지 않을 것이다.

참고문헌

1) Anderson, Karl., "Rariff Protection and Increasing Returns", in Exploration in Economics: Nots and Essay Contribution in Honor of F. Taussig, New York: McGrow−Hill, 1936.

2) Carver, Thomas., "Some Theoretical Possibilities of a Protective Tariff", Publication of the American Economic Association, 3d. ser., vol3, no.1(1902): 167−82.

3) Chipman, John S., "A Survey of the Thery of International Trade: Part 2, The Neo−Classical Theory", Econometrics 33(March 1905): 685−760.

4) Edgeworth, F. Y., "Review of Henry Cunyngham's A Geometrical Political Economy", Economic Journal 15(March 1905): 62−71.

5) Ethier, Wilfred., "National and International Returns to Scale in the Modern Theory of International Trade", American Economic Review72(June 1982): 389−405.

6) _______________, "Decreasing Costs in International Trade and Frank Graham's Argument for Protection", Econometrica 50(September 1982): 1243−68.

7) Graham, Frank D., "Some Aspects of Protection Further Considerd", Quaterly Journal of Economics 37(February 1923): 199−227.

8) _______________, "Some Fallacies in the Interpretation of Social Cost: A Reply", Quaterly Journal of Economics 39(February 1925): 324−30.

9) _______________, Protective Tariffs. New York: Harper & Bros., 1934.

10) Knight, Frank H., "Some Fallacies in the Interpretation of Social Cost", Quaterly Journal of Economics 38(August 1924): 582−606.

11) _______________, "On Decreasing and Comparative Cost: A Rejoinded", Quaterly Journal of Economics 39(February 1925): 331−33.

12) Markuse n, James R., "The Microfoundatio of External Economies", Ca nadian Journal of Economics 23(August 1990): 495−508.

13) Mashall, Alfred., Principles of Economics, 8th ed., Macmillan, 1920.

14) _______________, "Some Aspects of Competition(1980)", in Memorias of Alfred Marshll, ed. by A. C. Pigou, London: Macmillan, 1925.

15) Mathews, R. C. O., "Reciprocal De mand and Increasing Returns", Economic Studies17(1949−50): 149−58.

16) Nicholson, J. S., Principles of Political Economy, vol.2, New York: Macmilan, 1897.

17) Panagariya, Arvine., "Variable Returns to Scale in Production and Patterns of Specialization", American Economic Review 71(March 1981): 221−30.

18) Prendergast, Renee., "Increasing Returns and Commpetitive Equilibrium−The Content and

Development of Mashall's Theory", Cambridge Journal of Economics16(December 1992): 447-62.

19) Price, L. L., "Review of J. S. Nicholson's Principles of Political Economy", Economica Journal 8(March 1898): 60-64.

20) Robertson, Dennis., "Those Empty Boxes", Economica Journal 34(March 1924): 16-30.

21) Robimnson, E. A. G., The Structure of Comparative Imndustry, Cambridg University Press, 1931.

22) Scitovsky, Tivor., "Two Concepts of External Economies", Journal of Political Economy 17(April 1954): 143-51.

23) Senior, Nassau., An Outline of the Science of Political Economy, London: W. Cowes & Sons, 1836.

24) Taussig, Frank., International Trade, New York: Macmilan, 1927.

25) Tinberger, Jan., "Professor Graham's Case for Protection", Append ix I in International Economic Cooperation, Amsterdam: Elsevier, 1945.

26) Viner, Jacob., "Cost Curves and Supply Curves", Ze itschrift fur Nationalokonomie 3(1931): 23-46.]

27) Walker, Francies, "Imcreasing and Diminishing Costs in International Trade", Yale Review 12(May 1903): 32-59.

28) West, Edward, Essay on the Application of Capital to Land, London: T. Underwood, 1815.

제14장

마노이레스코와 임금격차론

무역과 임금 관계는 오랫동안에 걸친 논쟁의 씨앗이었다. 중상주의자는 나라 사이의 임금격차를 국제경쟁의 중요한 요인으로 생각하였다. 그들은 가난한 낮은 임금의 나라가 유복한 높은 임금의 나라에 '저렴하게 판매'를 시작하는 것, 무역을 **빼앗을** 수 있고 그리고 선진국의 자유무역의 지혜에 의심을 품을 수 있다고 믿었다. 고전학파 경제학자는 이 문제를 1830년대에 비교생산비이론에 있어서 임금의 문제로서 잘 해결하였다 하여도, 그 이전에 있어서는 흄(David Humke), 튜커(Josiah Tucker) 기타가 오랫동안 논의한 문제였다. 자유무역과의 관계에서 다시 중대한 논쟁이 발생하였다. 그것은 한 나라 내에 있어서 임금격차가 보호를 정당화하는 논거가 될 수 있는가라는 문제이다. 한 시기 루마니아 정부의 장관이었던 마노이레스코(Mihail Manoilesco)는 개발도상국이 보호에 의하여 노동을 낮은 생산성(낮은 임금) 농업에서 높은 생산성(높은 임금) 공업으로 이동시키는 것에는 정당한 경제적 이유가 있다고 논하였다. 이 문제는 자유무역의 주장을 여러 가지 시장의 실패 아래에서 고려함으로써 해결할 수가 있고 그리고 그 과정에서, 자유무역의 주장을 오랫동안의 자유방임 이론과의 관련으로부터 단절하는 데에 도움이 되었던 것이다.

높은 임금의 나라는 낮은 임금의 나라로부터의 수입을 경계하지 않으면 아니 된다는 논의는 적어도 중상주의 시대에까지 거슬러 올라가는 것이다. 17세기와 18세기를 통하여, 국산공산품의 수출가격은 대부분 노동비용에 의하여 결정된다고 생각되고 있었다. 이것으로부터 국내의 높은 임금이 수출에 나쁜 영향을 미친다는 불만이 영국에서 일어났다. 낮은 임금의 나라가 무역에 의하여 저렴하게 판매함으로써, 높은 임금의 나라의 수출을 어렵게 하기 때문이다. 맨리(Thomas Manly, 1669, p.20)는 높은 임금이 필연적으로 한 나라를 부유하게 번영으로 유도하는 것에 의심을 품고, "우리나라 공산품의 배출구가 우리나라 직인의 높은 임금에 의하여 나날이 상실되어 간다."라는 것을 한탄하였다. "영국의 큰 문제의 해명(The Grand Concern of England Explained(1673, p.54))에 관한 익명의 저자는 수공업자가 높은 임금을 얻고자 하는 것은 그 제품을 이용하는 모든 사람들에게 손해를 미칠 뿐만 아니라, …… 그것의 무역을 위태롭게 하고, 외국인이 우리나라의 공산품을 소비하는 것을 방해하며, 지금까지 수송되고 있던 막대한 수출량을 감소시키고 있다."라고 설명하고 있다. 대부분의 중상주의자들은 공산품의 수출경쟁력을 증가시키기 위하여, 생활필수품의 생산비를 인하하거나, 이민유입에 의한 노동공급의 증가라는 여러 가지 수단을 채택하는 것을 장려하였다.

이와 같은 견해는 18세기에 있어서도 가끔 반복되었다. "(높은 임금의) 첫째 큰 결점은 우리나라의 주요공산품이 프랑스와 네덜란드의 저렴한 판매에 패배할 것이다."라고 어느 저자는 설명하고 있다. "이것은 우리나라의 무역에 있어서 놀라운 타격이며, 이것에 대하여 즉각 대책을 수립하지 않으면, 치명적인 결과를 초래함이 틀림없다. …… 우리 왕국에서는 노동의 가격은 법 밖이며, …… 만약 이것을 오래 방치하면, 파멸을 초래하게 될 것이다. …… 노동의 높은 가격은 우리나라의 무역과 공업에 있어서 치명적인 타격이며, 이것에 관한 최대의 배려가 되지 않으면, 드디어 놀라운 결과로 빠질 것이다."[1] 포웰(John Powell, 1772, p.281)은 "우리나라의 무역수지는 유럽의 거의 모든 나라에 대하여 적자이지만, 그것은 공업과 무역에 있어서 우리의 경쟁상대가 거의 모든 외국시장에 있어서 우리보다도 저렴하게 판매하기 때문이다."라고 설명하고 있다.

18세기가 진행됨에 따라 이 견해에 대하여 많은 반대의견이 나오게 되었다.[2] 그 저자들은 고임금을 그 나라의 부와 번영과의 반영을 보고, 그 나라의 발전을 저해하는 것이라고 생각하지 않았다. 높은 임금과 공산품의 낮은 가격 사이의 얼핏 모순이라고도 보이는 관계는 노동의 생산성의 문제로서 해결되는 것이다. (물론 그것은 1701년의 핸

---

1) Proposition for Improving the Manufactures, Agriculture, and Commerce of Great Britain(1763, pp.11−12, p.21).
2) A. W. Coast(1958).

리 마틴에 의한 해결이다.) 만약 노동의 생산성이 높다면, 예를 들어 생산성 단위당의 가격이 저렴하여도, 높은 임금을 지불할 수가 있기 때문이다.

스코틀랜드 계몽운동의 주역들은 뒤에 흄=튜커의 '부국·빈국'문답으로서 알려지게 된 이 큰 문제의 의미를 고려하였다.[3] 당시, 모든 나라의 쇠퇴기에 사치, 포식, 타락 및 미덕이 수행한 역할에 관한 논의가 왕성하게 이루어졌다. (그것이 기본(Edward Gibbon)의 로마제국의 쇠퇴와 멸망(Decline and Fall of the Roman Empire)이 추구되어, 일반화한 테마이다) 그리고 유복한 영국이 과연 같은 운명을 걸을까라는 것이 당시 널리 논의되었다. 흄은 그 논문 <상업에 관하여(Of Commerce, 152, pp.17－19)>에서 높은 임금에 언급하여, "확실히 영국인은 임금이 높은 것이 외국무역에는 불리하다고 생각하고 있는데도, 그것은 일부에는 풍부한 화폐와 영국의 직인이 유복한 것의 결과이다."라고 설명하고 있다. 그러나 흄은 낙관적이었다. 다시 한 번, 한 나라의 상업이 어느 정도의 규모에 이르게 되면, "그 나라는 외국무역의 대부분을 상실할 것이지만, 강대한 나라로 계속할 것이다." 예를 들면, "만약 외국인이 우리나라의 특정한 상품을 구입하고자 하지 않는다면, 우리는 그것을 생산하는 것을 중단하지 않으면 아니 된다." 그러나 "그 노동은 국내에서 찾고 있는 다른 상품의 개선으로 향하여", 그것에 의하여 상업과 부의 번영을 도모할 것이다. 그리고 흄은 "외국무역은 반드시 가장 중요한 요건이 아니라, 그것에 의하여 수백만 명의 행복이 손상되는 일은 없을 것이다."라고 설명하였다.

그렇지만 그의 논문 <화폐에 관하여(Of Money)>의 한 문장은 많은 논쟁을 불러일으켰다. 흄은 중상주의의 정금획득에 대한 집착을 비판하여, 화폐는 실질적인 경제활동의 단순한 종(bell)에 지나지 않는다고 논하였다. 대량의 화폐를 갖는 것은 반드시 그 나라의 무역에 있어서 유리하지 않다고 논한 뒤에, 흄(1752, p.43)은 다음과 같이 설명하고 있다.

> "세상에는 여러 가지 사태가 사정 좋게 동시에 발생하는 것이다. 무역 확립의 이익에 관하여 당연히 걱정되는 무역과 부의 증가가 저지되고, 그것(무역과 부)이 전부 한 사람에게 귀속하는 것이 저지되는 것이다. 한 나라가 무역의 다른 부문에 착수할 때, 그것에 의하여 상실된 기반을 회복하는 것은 매우 어렵다. 그 기반이라는 것은 그 나라의 상인들이 가지고 있던 지금까지의 부문에 있어서 우수한 근로와 기능이며, 그 많은 자본이어서, 그것에 의하여 그들은 이러한 약간의 이윤으로 무역을 계속할 수가 있었던 것이다. 그러나 그러한 이점은 광범한 무역을 하지 않는, 그리고 금은을 너무 많이 갖지 않은 모든 나라들의 노동

---

3) 이 논의에 의하여 상세한 내용에 관해서는 J. M. Low(1952), Bernard Semmel(1955) 및 특히 Istvan Hont(1983).

의 낮은 가격에 의하여 상당한 정도 말소되는 것이다. 따라서 공업은 점차 자신이 자란 나라·지역을 떠나, 다른 나라 지역의 저렴한 식량과 노동에 유혹되어, 다른 장소로 뛰어가는 것이다. 그리고 그것들의 제조업은 그 지역에서도 번창하고, 그리고 다시 같은 이유에 의하여 거기에서 배제되는 것이다. 이리하여 우리는 일반론으로서 다음의 것을 아는 것이다. 무역의 확립에 수반하는 불이익, 즉 화폐의 증가에 의한 모든 상품의 가격이 모든 나라에서 등귀하고, 그것에 의하여 가난한 나라가 외국시장에서 부유한 나라보다도 저렴하게 판매할 수가 있는 것이다.”

선진국의 대부분 우위성이 다른 나라의 낮은 임금에 의하여 '상당한 정도' 말소되는 것을 흄은 명확하게 설명하고 있다. 그러나 그는 다른 지역의 임금이 낮기 때문에 제조업이 “그곳을 뛰쳐나간다.”라고 쓴 것으로 친구 오스왈드(James Oswald)로부터 그리고 그 뒤 튜커 기타로부터 중대한 비판을 받았다. 불행하게도 이 논쟁의 대부분은 용어상의 내용이며, 또 흄의 입장을 오해 혹은 과장한 것이었다. 1749년 10월, 흄 앞으로의 편지에서 오스왈드는 발표 전 그의 논문을 비판하고, 과연 가난한 나라가 자국의 낮은 임금이라는 이점을 살려, 부유한 나라에 대하여 저렴하게 판매할 수가 있는지 어떤지라는 문제를 취급하였다.[4) 오스왈드는 이렇게 주장한다. “이런 점에서 부유한 나라가 유리한 것은 가난한 나라의 불리에 비하여, 진정으로 압도적이다.” “가난한 나라는 값싼 생활필수품, 상당히 저렴한 원료 그리고 많은 상품생산에 있어서 저임금에도 불구하고, 부유한 나라의 시골과 같은 정도의 공업을 저렴하게 운영하는 것 그리고 다시 놀라운 것에, 부유한 나라의 수도와 같은 정도로 운영하는 것이 통상적으로는 불가능하며, 아니, 거의 불가능한 것이며, 예를 들어 가능하였다 하여도, 그것은 매우 드문 일이다.” 가난한 나라에서는 가끔 원료는 보다 높은 가격이며, 공산품에 대한 많은 국내수요가 없는 것이 그 어려움을 다시 크게 한다고 오스왈드는 주장하였다.

약 1년 뒤, 1750년 11월, 흄(1955, p.198)은 다음과 같이 답변하였다. “부유한 나라가 가난한 나라에 대하여 무역에서 우위에 선다는 당신의 지적은 정말 정당하며, 엄밀한 것이지만, 그럼에도 불구하고, 나는 잘못된 정책과 우연적인 사건은 따로 하고, 부유한 나라가 가난한 나라에 대하여 항구적으로 이길 것이라는 점에서는 당신에게 동의할 수 없다.” 왜냐하면 그와 같은 사태는 자연적으로 '자동정지'하기 때문이다. “부유한 나라는 모든 공산품을 입수하여 그것을 유지하게 될 것이지만, 그것에는 많은 자본스톡과

---

4) 이들 편지는 David Hume(1955, p.190)에 재수록되어 있다.

대단한 기술이 필요하다. 그러나 가난한 나라는 단순하게 많은 사람의 손이 필요한 이러한 공산품에서 이익을 올릴 것이다.” 그러나 이 점에 관해서는 보다 간단하게, “다른 장소로 튀어간다.”라고 생각하는 용어가 아니라, 부유한 나라와 가난한 나라 사이에서 공산품의 분업이 이루어진다고 말한 쪽이 아마 그 뒤의 튜커, 기타와의 논쟁을 회피할 수가 있을 것이며, 또 뒤에 그가 반복하여 이 점을 명확하게 할 필요도 없었을 것이다.

그러나 흄의 이 표현은 몇몇 논자의 반론을 불러, 그것이 보다 강한 비판의 형태로 출판되게 되었다. 튜커(1774, p.9)는 “무역과 공업은 만약 완전하게 자유로 둔다면, 항상 부유한 나라로부터 가난한 나라로 내려간다.”라는 “일반적으로 승인되었던” 관념, 내지 흄의 “모든 가난한 나라는 자연스럽게, 그리고 불가피하게 부유한 나라의 적이다.”라는 혐오에 대하여 트집을 잡았다. 튜커는 “이 두 나라의 어느 쪽이 가장 저렴한 식량을 만들어, 공산품을 판매할 수 있을까.”라는 의문을 제시하였다. 그의 답변은 당연히 부유한 나라이다. “부유한 나라는 대부분의 용도에 사용되는 많은 부와 오랫동안에 걸친 근면의 습관을 가지고 있다. 따라서 확립된 거래와 신용을 실제로 가지고, …… 여러 가지 공업에 있어서 다종다양한 도구, 설비 그리고 노력을 생략하는 기계류가 마련되어 있다. 그것에 더하여, 훌륭한 도로, 운하, 기타 인위적인 교통수단이 있다. 한편, 대부분의 가난한 나라에서는 이들 전부를 찾아 조달하지 않으면 아니 된다.”(pp.21−22). 이리하여 부유한 나라의 우수한 기술과 지식이 가난한 나라의 어떠한 이익도 능가하는 것이다.

흄(1955, pp.200−201)은 1758년 3월, 공통의 벗 게임즈 경(핸리 홈즈) 앞으로의 편지 가운데에 이것에 답하고 있다.

“이 저자가 논거로 하는 것의, 부유한 나라가 갖는 모든 이점은 정말 큰 것이다. 거대한 자본, 광범한 통신망, 교묘한 노동경감수단, 재주, 근면함 등등이라는 것은 무지와 무경험의 가난한 나라에 대하여, 의심 없이 부유한 나라에 우월성을 부여하는 것이다. 그러나 문제는 과연 이것들의 이점이 무역을 무한히 증가하는 것인가, 아니면 불리한 사태가 발생하여, 그 성장이 먼저 지연되어, 드디어는 완전하게 멈추어, 자동정지하는 것은 없을까라는 것이다. 그와 같은 불리한 사정 가운데에는, 식량과 노동의 가격등귀가 있어 그것이 가난한 나라에 대하여 처음은 간단한 공산품에서 그리고 다음으로 정교한 공산품에서 경쟁력을 부여하는 것은 없을까.”

“만약 그러하지 않다고 한다면”라고 흄은 계속한다. “지구상의 한 지점이 지구 전체의 기술과 산업을 혼자 독점하는 것이 될까”, 그리고 튜커의 논의를 뒤집어서, “임의의 한 나라가 부의 독점자가 되는 것은 확실히 신이 의도하는 바는 아니다.”라고 한다. “부유한 나라가 모든 산업을 영구히는 집적할 수 없는 것은 결코 우연이 아니라, 필연적인 원리이다." 이어서 흄(1955, pp.200−201)은 스코틀랜드의 사례를 들고 있다.

"나는 저자가 영국의 장점을 강조하고 있는 것을 즐겁게 생각한다. 그러나 나는 여전히 스코틀랜드에도 많은 장점이 있고, 우리는 부와 산업을 그들과 나눌 수가 있다고 생각하는 것이다. 우리와 같은 나라들은 먼저 처음에 간단한 산업에서 시작해야 하는 것은 분명한 것이다. 정밀한 제품은 수도가 최적이며, 다음으로 값이 비싼 것은 풍요로운 농촌지역에서 그리고 조잡한 상품은 떨어진 농촌 쪽이 적합할 것이다. 부유한 나라는 지금부터 무역을 시작하고자 하는 가난한 나라에 대하여 여러 가지 이점에 의하여 그 기반을 오래 유지할 수 있지만, 가난한 나라를 전멸시키거나, 억제시키는 것은 전적으로 불가능할 것이다."

흄은 오스왈드 앞으로의 편지 가운데서, 가난한 나라가 부유한 나라의 모든 산업을 붕괴시키는 것이 아니라, 두 나라가 각각 상이한 유형의 공업에 특화하는 것을 분명히 하고 있지만, 이 점은 일반적으로는 공표되어 있지 않다.

1758년 7월 게임즈 앞으로의 답장에서, 튜커는 무한히(in infinitum)라는 용어를 책망하며, 간단하게 "이 추이는 불확실할 것이다."라고 해야 한다고 주장하였다.5) 그리고 부유한 나라의 독점의 가능성에 관해서는 뒷날 그(1774, p.39)는 "그것은 사실과 경험에 반하는" 것을 인정하면서도, 거기에서는 "이 사실은 인정해야 한다."라고 주장하였다. 그리고 튜커는 계속하여 논하였다.

> "다른 사정이 같다면, 근면하고 부유한 나라가 항상 가난한 나라보다도 저렴하게 판매, 그것에 의하여 모든 가난한 나라의 무역을 자국으로 유인한다는 것은 올바른 것이다. 그러나 만약 가난한 나라의 어느 것이 무언가의 독자적 물품을 갖고 있다면, 그 나라가 그 물품을 완전한 제품으로 가공하지 않고 수출하는 것을 금지하는 것도 또한 진실일 것이다. 그리고 모든 가난한 나라가 부유한 나라의 제조품이 자국의 영역으로 들어올 때, 그것에 높은 관세를 부과, 자국 공산품에 유리하도록 조치할 권리를 갖는 것도 마찬가지 진실이다 (흄, 1955, p.203)."

이리하여 개발도상국의 보호주의적인 관세는 가난한 나라가 부유한 나라와 어깨를 나란히 하기 위한 수단임과 동시에, "부유한 나라가 가난한 나라를 먹어치우는 것을 방지

---

5) David Hume(1955, p.202).

하는" 방법인 것이다.

튜커는 흄의 주장을 다음과 같이 이해하여, 반론하였다. "확실히 가난한 나라는 저렴한 노동과 원료에 의하여, 간단한 과히 정교하지 않은 공산품에서 부유한 나라를 판매할 수 있고, 그리고 다음으로 모든 상품에 있어서 부유한 나라와 어깨를 나란히 혹은 그것을 능가할 것이다." 그리고 가난한 나라가 보다 정교한 상품을 생산하게 됨에 따라, 노동과 원료의 가격은 등귀하여 그 이점은 없어진다고 튜커는 언급한다. 그리고 그는 결론을 맺는다. "요는 양쪽 나라는 각각의 전진을 계속하여 갈 것이지만, 나의 이해에 의하면 부유한 나라가 파산 혹은 경영의 실패라도 하지 않는 한, 가난한 나라는 부유한 나라에 결코 따라잡는 일은 없을 것이다."[6]

흄이 이들 점에 관심을 가진 것은 뒷날 1758년 즈음, 발표한 논문 <무역의 질투에 관하여(Of The Jealously of Trade)>이다. 흄은 다른 나라의 경제적 성공을 증오의 눈으로 보는 것에 반대하고, 어떠한 나라의 부와 상업의 확대도 다른 나라의 그것을 촉진하는 것이라고 논하였다. 흄(1955, p.78)은 대영제국이 과거 2세기에 걸쳐 외국으로부터 무수한 기술개량을 도입한 것을 설명하며, 이렇게 주장한다. "나라 사이에 자유로운 교류가 있는 곳에서는, 어떠한 나라의 국내산업도 다른 나라의 진보의 혜택을 받아들이지 않을 수 없는 것이다." 어떠한 나라도 "이웃 나라가 모든 기술과 생산에 진보하여, 그것 때문에 그들의 자국상품에 대한 수요가 없게 되는 것은 아닌가라고 걱정할 필요는 없다. 자연은 각 나라에 여러 가지 자질, 기후, 토양을 부여하고, 각 나라가 근면하게 개방적인 한, 여러 나라 사이의 상호 왕래와 무역을 자연은 보증하고 있는 것이다."(p.79). 그리고 만약 한 나라가 어느 상품의 생산에 "어떠한 특별한 자연의 장점을 가지고 있다면" 그리고 "그것들의 장점에도 불구하고 그 나라의 상품이 '외국으로부터의 경쟁에 패하는 것'이라면, 그 책임은 그 나라의 나태 혹은 나쁜 정부에 있는 것이어서, 이웃 사람의 근면에 있는 것은 아니다."

이 문제에 관한 아담 스미스의 유일한 직접적인 언급이 그의 법학강의와 <국부론> 초기 초고(출판으로서는 남아 있지 않다)의 여러 곳에서 볼 수 있다. 스미스(1978, p.567)는 그 초고 가운데에서, (핸리 마틴이 먼저 문제로 하였다) 이 점을 언급하여, 분

---

6) 이 입장은 예를 들면 Robert Wallace(1758, p.40)와 같은 학자도 취하는 것이었다. "세상에는 만사 한도가 있는 것이기 때문에, 무역에도 확실히 한도가 있다. 한 나라는 결코 무역을 무한히 혹은 지구 전체로 확장할 수는 없다. 그러나 부유한 나라는 훌륭한 방법으로 무역 면에서의 가난한 나라에 대한 우위성을 항상 유지할 것이다."

업에 의한 생산성의 향상이 생산물가격의 저하와 노동임금의 상승을 가져오는 것을 분명히 하고 있다. "유복한 상업사회에서는 이와 같은 방법으로 노동은 높은 가격이 되며, 그 상품은 저렴하게 된다. 이 두 가지 사태는 세상의 편견과 표면적인 관찰로부터는 서로 맞지 않는다고 보기 쉽지만, 경험적으로는 완전하게 올바른 것이다." 사실 스미스는 노동의 가격이 높은 것은 사회의 풍요로움의 단순한 증명인 것에 그치지 않고, "그것은 사회의 풍요로움의 본질로 보아야 한다."라고까지 언급하고 있다.

그런데 이것은 흄=튜커의 논쟁과는 어떻게 관련하고 있는 것인가. "사회가 풍요롭게 되면, 노동은 높은 가치가 되며, 그 상품은 저렴하게 되는 것이다. 그리고 만약 풍부한 나라의 공업과 상업부문의 몇 가지가 보다 낮은 이윤과 약간의 임금으로 견디는 가난한 나라의 상인·직인의 외국시장에서의 저렴하게 판매하는 것에 패하였다 하여도, 그것이 한 나라가 풍요하게 다른 나라가 가난한 것의 결과에 지나지 않다는 것은 거의 생각할 수 없는 것이다." 그리고 스미스는 언급한다. "무언가 다른 원인이 있음이 틀림없다." 그리고 예를 들면 세금과 생활필수품의 가격인상에 의하여 임금을 인위적으로 등귀시킨다고 하였던, 정책상의 "중대한 과오를 부유한 나라가 범하였음에 틀림없다." 그리고 스미스는 튜커에 동의하여 언급한다. "이런 종류의 과오가 일어나고 있지 않는 곳에서는, 개인의 사이에 있어서는, 유복한 상인이 항상 저렴하게 판매할 수가 있고, 그리고 유복한 공업자가 가난한 업자를 일 부족으로 하여, 또 나라 사이에 있어서는 모든 상업·공업의 경쟁으로 부유한 나라가 항상 가난한 나라에 대하여 대등 혹은 그 이상의 우위성을 가짐에 틀림없는 것이다."[7]

19세기의 초두에도 저자들은 흄이 부유한 나라의 우위성을 과소평가한 것을 독자들에게 납득시키고자 시도하였다.[8] 그러나 이 정치경제상의 광범위한 논쟁은 고전학파 경제학자의 좁은, 보다 엄밀한 논리에 길을 양보하게 되었다. 즉, 고전학파 경제학자들은 이 무역과 임금의 문제를 비교우위의 이론에 의하여 해결한 것이다. 임금은 엄밀하게 노동생산성에 결부되어, 예를 들어 생산성이 나라 사이에 차이가 있어도, (생산성의 수

---

7) 이것과 매우 유사한 문장이 아담 스미스의 1762—63년의 법학에 관한 강의 리포트에서 볼 수 있다. —Adam Smith(1978, pp.343—44).
8) James Maitland(1804, p.299)는 다음과 같이 설명하고 있다. 흄은 "자본으로 노동을 대체하는 수단을 궁리하는 인간의 능력이 무한하다는 것에 충분히 배려하지 않았다. 유복하게 됨에 따라 임금이 증가할 가능성은 그 나라가 기계에 의하여 노동을 대체하는 인간의 궁리로부터만이 아니라, 도로, 교량, 엔크로저, 조선으로부터의 많은 이익에 비하면 정말 근소한 것이다. 그리고 그 이익은 전부 대내·대외거래에 사용되어, 노동임금의 지불에 충당하는 것이다."

준이 낮기 때문에, 그 나라의 임금이 마찬가지로 낮은 경우에도), 각 나라는 여전히 무역으로부터의 이익을 받을 수가 있는 것이다. 시니어(Nassau Senior, 1830, pp.26−28)는 리카도의 비교우위의 이론을 사용하여, 임금률이 수출부문의 노동생산성에 의하여 결정되는 것을 증명하여, "영국의 임금률이 일반적으로 높은 것이 외국인과의 경쟁에서 우리를 불리하게 한다는 논의의 바보스러움"을 공격하였다. "우리의 대외경쟁력은 우리의 노동생산성에 의한 것이며, 임금률이 높은 것은 생산성의 당연한 귀결인 것이다." 그의 용어에서는 "우리의 높은 임금률에 불평을 말하는 것은 우리의 노동이 생산적인 것에 불평을 말하는 것−우리나라의 일하는 사람들이 근면하게 숙달하고 있는 것−을 개탄하는 것에 지나지 않는다."9)

이것이 '부국과 빈국'에 관한 논쟁을 효과적으로 종결시키고, 그리고 선진국의 높은 임금에 보호의 근거를 구하고자 하는 시도를 봉쇄한 것이다.10) 그러나 이 무역과 임금과의 관계는, 잠시 뒤, 약간 다른 관점에서 다시 주목을 받게 되었다. 고전학파 경제학자들은 일반적으로 자국의 공업의 가난한 나라로 이전해 가는 것에 걱정할 필요는 없다고 생각하고 있었지만, 동시에 그들은 가난한 나라가 점차 발전하여 어떤 종류의 공산품생산에 우위를 갖게 된다는 전망을 갖고 있다.11) 그러나 원료생산과 농업에 비교우위가 작용하여, 현재의 낮은 임금＝낮은 생산성의 부문의 특화를 영속화하여, 그것에 의하여 높은 임금＝높은 생산성 부문에 특화하여 유복하게 되는 것을 방해하게 되는 것은 없을 것이다.

이와 같이 하여, 나라 사이의 임금격차에서가 아니라, 한 나라 내에 있어서 부문 사이의 임금격차가 문제가 되었다. 특히 노동을 높은 임금의 생산부문에 이동시키기 위한 보호가 문제가 되었다. 농산물에 특화하고 공산품을 수입하고 있는 나라는 높은 임금＝높은 생산성부문의 생산확대를 스스로 포기하고 있는 것이라는 논의가 한정된 의미의 유치산업보호론으로서 설득력이 있었을 뿐만 아니라, 그것이 (처음은) 자유무역에 대한

---

9) Montiford Longfield도 같은 아이디어로부터 다음과 같이 말한다. "한 나라의 일반임금률이 다른 나라의 일반임금률에 대하여 갖는 비율은 전자의 노동의 일반생산성과 후자의 일반생산성과의 비율에 의존하고, 무역의 경로는 이 비율과는 전적으로 관계가 없다. …… 임금의 높은 것도, 노동생산성이 낮은 것도, 그 나라의 무역정책을 불리하게 하거나, 그 나라 산업에 보호를 필요로 하는 것은 아니다."−Montiford Longfield(1835, pp.55−56).
10) 이것은 선진국의 높은 임금이 보호에 대한 합리적인 경제적 논거가 될 수 없는 것을 일반적으로 말할 뿐이어서, 이것으로 이 문제에 관한 일반의 논의가 끝난 것을 의미하는 것은 아니다. 예를 들면, 높은 임금을 유지하기 위하여 보호가 필요하다는 논의가 19세기의 미국에서 일반대중 사이에서 매우 널리 이루어지고 있었다.
11) 경제발전에 관한 고전학파의 견해에 관해서는.−Hla Myint(1958).

보다 강렬한 일제 포격이 되었다.[12] 임금, 가격 및 실질노동비용 사이의 어려운 단절이 있는 것이 일찍이 이해되고 있었다. 비교우위의 이론은 원래 실질노동비용의 용어로 표시된 것이며, 한 나라는 비교노동비용(생산비)에 우위를 갖는 상품에 특화함으로써, 무역이 없는 경우에 비하여, 모든 상품을 보다 많이 입수할 수가 있다는 것이었다. 그러나 특화는 상대가격에 의하여 근사적(近似的)으로 결정되는 것이며, 그리고 상대가격은 임금에 비례한다고는 하지만, 임금은 반드시 실질노동비용에 비례하지 않는다. 그 결과, 상대가격과 실질노동비용과의 관계는 특화가 비교우위의 선에 따라 이루어져 무역이익이 발생하는 것을 보증하지 않을지도 모르는 것이다.

예를 들면 롱필드(Montifird Lonfield, 1835, p.57)는 이렇게 언급하고 있다. "모든 무역은 두 가지 상황을 낳는다고 말해도 좋다. 하나는, 나라를 달리하면 노동의 생산성의 비율이 상이한 크기의 격차를 갖는 것이며, 다른 하나는, 나라마다 각종 노동의 상대임금이 상이한 크기의 격차를 갖는 것이다." 첫째 것은 비교우위의 본래적인 원천이지만, 둘째 것은 그러하지 않다. 롱필드는 임금구조가 제도적 관행에 의하여 나라마다 상이한 것을 논하였다. 그러나 그는 무역의 분석에 있어서는, 한 나라의 상대임금이 실질노동비용에 비례하는 케이스밖에 취급하지 않았다. 이 세기의 뒤가 되어, 케안즈(John E. Cairnes, 1874, pp.322−24)는 노동의 "무경쟁집단(non−competing group)이 한 나라 내에서 임금률의 차이가 발생하는 원인인 것"을 강조하였다. 그 경우, 케인즈는 반드시 물가가 실질노동비용에 비례하지 않는 것을 간단히 지적하였다. 그러나 그는 이 문제를 그 이상 추구하는 것은 하지 않고, 그리고 이것이 특화와 자유무역에 대하여 갖는 의미도 떨어뜨렸다. 무역의 논의에 있어서도 케인즈는 (롱필드와 마찬가지로) 임금코스트와 실질노동비용이 비례하고 있는 것을 가정하였다.

그 뒤 바로 니콜슨(J. S. Nicholson, 1897, pp.35−37)이 야심적인 시도에 의하여, 분단된 노동시장의 존재 때문에 한 나라가 무역의 개시에 의하여 불리하게 되는 것을 나타내고자 하였다. 니콜슨은 무역이 없는 경우, 한 나라의 공업에 있어서 노동의 임금률이 농업의 그것에 2배이며, 이 나라의 노동이 이 두 부문에 평등하게 분할되고 있다고 가정한다. 만약 공산품의 세계가격이 이 나라의 국내가격의 절반이었다고 하면, 무역개시의 결과, 노동이 높은 임금의 공업부문으로부터 낮은 임금의 농업부문으로 이동할 것이

---

12) 리스트는 그것이 유치산업보호론에 유사함에도 불구하고, 한 나라 내에서 부문 사이의 임금격차문제를 무시하였다. 오히려 고전학파 및 신고전학파 경제학자 쪽이 부문 사이의 임금격차가 비교우위를 만드는 것을 인식하고 있다.

다. 농업에서는 노동에 수확체감이 작용하기 때문에, 이 나라는 화폐용어로, 공산품을 (예를 들어 그 가격이 하락하였다 하여도) 이전의 절반 이하의 양밖에 입수할 수 없게 될 것이다. 확실히 니콜슨이 롱필드와 케인즈가 빠뜨린 점을 추구한 것은 칭찬할 가치가 있는 것이며, 그는 논의의 핵심을 올바르게 파악하고 있었던 것이다. 그러나 니콜슨의 짧고 혼란스러운 예는 비교우위와 자유무역의 문제점을 충분히 제시하기에 이르지는 못하였다. 그는 자신의 예를 명목가격의 상품가격 및 노동임금으로 표시하였기 때문에 (그것은 가끔 잘못된 결론이 되기 쉬워, 매력적인 방법이다), 한 나라의 실제로 입수하는 상품의 양이 무역의 결과 감소할 것이다. 또 보호가 그 사태를 개선할 것이라는 것을 충분히 증명할 수 없었던 것이다.[13]

타우싱(1906)은 무경쟁집단에 의한 국내임금률의 격차 때문에 상대가격이 변화하고, 그 때문에 비교(노동)생산비우위의 산업에 특화가 일어나지 않는다고 하여, 여러 가지 케이스를 연구하였다. 만약 특화가 이 선에 따라 일어나지 않는다면, 무역이 경제적 이익을 가져오지 않는 것을 타우싱은 알았다. 이러한 감춰진 문제가 있는 것을 인식하였음에도 불구하고, 타우싱은 선학자들과 마찬가지로, 마지막까지 이 문제를 논리적으로 추구하지 않았다.

타우싱은 산업 사이의 임금격차는 공업화한 여러 나라에 있어서는 동일하며, 따라서 그것이 비교우위에 따른 특화의 이익에는 영향을 미치지 않을 것이라고 주장하여(매우 약한 변명), 그것이 자유무역에 있어서 중요한 문제인 것을 부정하였다. 그리고 그 (1927, pp.47-48)는 "한 나라 내의 무경쟁집단의 존재는 그것이 그 나라에 다른 나라와는 다른 특별한 사태를 가져오는 한에 있어서만, 그 나라의 무역에 영향을 미친다."라는 것이었다.

이 문제는 마노이레스코의 1920년에 처음 출판한 저서에 있어서 격렬한 논의에 의하여 최종적으로 명시 되었다. 마노이레스코는 논의의 기초를 그가 전부터 주장하는 경험적 규칙성-노동 및 자본의 가치생산성(부가가치)은 공업이 농업에 있어서 보다도 실질적으로 보다 크다-에 두었다. 그리고 그는 고전학파의 비교생산비의 이론이 이 사실을 받아들이기 위해서는 약간의 수정으로 족하겠지만, 이 수정은 비교생산비의 이론의 자

---

13) Charles Bastable은 니콜슨이 '확정된 표시방법'으로부터 이탈한 것, 즉 국제간에서 교환되는 상품의 물량에 주목함이 없이, 명목물가를 사용한 것을 비난하였다. 그것이 분석을 '매우 귀찮게' 하여, "중요한 점으로부터 주의를 돌리기 쉽게 하였다."-Charles Bastable(1900, pp.181-84).

유무역 지지를 뒤엎는 것이라고 논하였다. 특히, 그 나라가 농업에 특화한다면, 무역으로부터의 고전적인 이익은 발생하지 않을 것이라고 논하였다. 그(1931, p.106)는 언급한다. "국제무역이 국내생산에 이기기 위해서는, 즉 농업국에 있어서 공산품을 생산하지 않고 외국으로부터의 구입하고, 그 지불을 농산물로 하는 쪽이 유리하기 위해서는, 농업국의 농업에 있어서 외국과 비교한 비교우위성이 농업에 대한 공업의 고유한 (질적인) 우월성보다도 크지 않으면 아니 된다."

마노이레스코의 복잡하고 혼란스러운 설명(그것은 문자와 대수 양쪽으로 설명되었다)은 그의 많은 견식을 충분히 전하는 것은 아니었다. 그는 비교우위성이라는 용어로, 노동량으로 나타낸 비교생산비를 의미하였다. 또 고유(질적)우위성이라는 용어는 노동의 가치생산성으로 결정될 수 있는 두 상품의 상대적 교환비율을 의미하는 것으로 생각된다. 바꾸어 말하면, 두 상품의 실질노동비용과 그 교환비율 사이에는 괴리(divergence)가 있다는 것이다. 이것이 의미하는 것은 "세계의 어떠한 나라에서도, 공업이 농업에 대하여 고유(질적)의 우위성을 갖는다면, 그 나라는 농산물생산에 특화하는 것을 희망하지 않을 것이다."라는 것이다. 이 사례에 의하여 "우리는 직접 생산 쪽이 거의 항상 무역에 의하기보다도 우수하다는 것을 분명히 한"(p.110) 것이다.

이런 사고방식을 직관적으로 나타내기 위하여, 마노이레스코는 다음과 같은 예를 사용하였다.

> "루마니아에서는 외국산의 석탄(트럭1대분)은 6,000레이로 입수할 수 있어도, 루마니아에서 생산된 같은 품질의 석탄은 7,500레이이다. 한편 석탄생산의 생산성은 1인당 연 75,000레이이며, 다른 한편 이 나라의 평균생산성은 연 30,000레이이다. 이 경우, 루마니아에 있어서는 석탄을 수입하기보다도 (국내에서) 생산하는 쪽이 유리하다. 확실히 이 나라에서 트럭 100대분(의 석탄), 가치로 계산하여 750,000레이를 생산하기 위해서는 1인당 연 생산성 75,000레이의 생산자의 연 10명이 필요하다. 동시에 수입석탄 100대분의 지불을 위하여 600,000레이의 가치, 즉 1인당 연 평균생산물이 30,000레이인 20명분의 자국상품이 수출되지 않으면 아니 된다. …… 석탄을 수입하는 경우, 우리는 연 20명의 생산자의 노동에 의하여 수입석탄 10대분을 입수하는 것이지만, 직접적으로 자국에서 생산한다면, 같은 양에 의하여 200대분의 석탄을 입수하는 것이다."(p.116)

바꾸어 말하면, 석탄의 국내가격과 외국가격과의 비교에서는, 루마니아는 그것을 수입해야 하는 것이지만, (국내의) 두 부문에 있어서 노동생산성 가치 격차로부터 보면 그렇게 하지 않는 쪽이 좋은 것을 나타내는 것이다.

이 마노이레스코의 주요한 착상을 가장 명확하게 전달한 것은 필요한 수정을 더하여, 그것을 수용한 하벌러(Gottfried Haberler, 1936, pp.196-98)의 통찰력이 있는 수학의 문장이다. 지금 노동 1단위는 농산물 1단위 혹은 공산품 1단위를 생산하지만, 공산품의 국내가격은 농산품의 2배(농산품 2단위에 의하여 공산품 1단위를 구입할 수 있다.)라고 하자. 이 경우, 2상품의 (시장)교환비율은 그 (생산에 있어서) 대체율과는 다르다. 즉, 공산품의 교환가치는 공산품에 포함되는 실질노동이 나타내는 것보다도 크다. 생각건대, 이 차이는 노동이 공업에 있어서 보다 생산적이며, 보다 높은 임금을 받는 것에 의한다.

다음으로, 이 나라가 무역을 개시하여, 국제교환이 농산품 3단위로 공산품 2단위를 구입할 수 있도록 결정되었다고 하자. 이 경우, 이 나라는 2상품의 국내교환비율과 국제교환비율과의 비교로부터 보아, 농산품에 비교우위를 갖고, 그것에 특화하여, 그것을 수출하게 된다. 만약 국내교환비율과 생산대체율이 처음부터 같았다면, 이 무역은 분명히 유리하다. 그러나 국내교환비율(이것이 국제교환비율과의 비교로 특화하는 산업을 결정한다)이 국내생산대체율과 다르다는 것이 이 결론을 뒤엎는 것이다. 생산대체율에 따라 농업에 특화하게 되면, 이 나라는 공산품 2단위를 포기하여도 농산품 2단위밖에 생산할 수가 없다. 그러나 무역에 의하여 공산품 2단위가 수출되게 되면, 농산품 3단위를 입수할 수가 있는 것이다. 그리고 하벌러는 이렇게 결론 맺는다. 이와 같은 농업에 대한 특화를 방지하는 관세는 이 나라에 "의심 없이 이익을 가져오는 것이다."

마노이레스코의 논의에는 불충분한 점이 많이 있다고는 하지만, 때로는 극단적인 형태로 설명된 방법론은 완전하게 경제학적이었다. 그는 그때까지의 대륙의(주로 독일) 경제학자들이 하였던, 보호의 유리성을 나타내고자 하였던 모든 시도를 엄격하게 비판하였다. 즉, 보호가 실제로 경제후생을 증가하는 것에 관하여 만족한 과학적 기준을 부여하고 있지 않았던 것을 비판하였다. 그(1931, p.xxii)는 "과학적인 이론이 없는 채로 보호가 실시되어, 그것이 지도원리가 없는 채로 경험적이고 자의적으로 진행된 것 그리고 그 추진력이 논리가 아니라, 직관이었다는 것"을 명확히 하였다. 마노이레스코는, 그와 동일하게 공업화의 지향을 갖고 있었음에도 불구하고, 리스트가 보호의 주장을 올바른 이론 매김을 하지 않았다는 것을 엄격하게 비난하였다.[14] 올바른 이론 매김이라는 것은

---

14) 마노이레스코가 언급하는 바와 같이, "리스트의 체계는 경제적·사회적 진화의 일정단계를 경과하고 있는 특정한 산업과 특정한 나라에 대한 잠정적(교육적)인 보호만을 상정하는 것이다. 리스트의 체계는 보호의 일반원리를 강화하는 것이 아니라, 오히려 그것을 약화하는 것

"자의적으로 마음대로의 생각을 갖는 것 없이, 객관적인 원칙을 설정하고, 확실한 과학적 기준에 따라 보호를 실시하는 것이다." 그리고 그 기준은 "보호해야 할 혹은 보호하지 않아야 할 생산활동의 분야를 우리에게 명확한 지시를 하는 것일 것이다." 또 "우리가 취급하는 모든 품목에 인정해야 할 보호의 정도를 결정하는 것일 것이다."

마노이레스코가 믿는 바에 의하면, 여러 산업 사이의 가치생산성의 격차는 원리적으로는 측정 가능하다. 그것을 과학적으로 특정 하는 것은 그의 접근법에 의하여 가능하다. 또 특히 새로운 보호의 이론이 (아마 교역조건론 이외에) 등장하였다고는 생각 않는다. 그는 자기 일에 자신을 가졌다. 즉, 그의 이전의 어떠한 시도도 자유무역의 기초인 비교우위 이론에 직접 도전하는 것은 없었다고 그는 말한다. 정말 마노이레스코는 국내경제의 왜곡에 의하여 무역이 그 실질국민소득을 감소시키는 것을 나타내는 것에 성공함으로써, 이 도전을 수행한 것이다. 이것은 가격과 생산비 사이의 복잡한 관계에 관하여 보다 더 연구를 필요로 하는 것이라고는 하지만, 경시할 수 없는 지적 업적이었다. 그리고 이 점에 관한 면밀한 연구에 의하여 자유무역이론이 받은 타격은 거의 완전하게 분명한 것이다.

마노이레스코의 논의는 바로 당시의 쟁쟁한 국제경제학자들의 주목을 불러일으켰다. 스웨덴의 경제학자 오린(Bertil Ohlin)의 1931년의 통찰력 있는 논평은 마노이레스코의 논의의 복잡함을 제거, 분석의 핵심에 주목함으로써, 그 뒤의 많은 논의를 예고시키는 것이었다. 오린의 비판의 요점은 보호가 노동을 낮은 생산성 산업으로부터 높은 생산성 산업으로 이동시킴으로써 이익을 가져온다는 가정에 관하여서이다. 그러나 오린(1931, pp.36-37)은 다음과 같은 명확한 의문을 제기하였다.

> "왜 보호가 없으면 노동이 이동하지 않는 것인가. 만약 노동자가 루마니아의 석탄산업에서 기타의 많은 루마니아 산업에 있어서보다도 높은 임금을 받고 있는 것이라면, 다른 산업에서 일하고 있는 노동자는 왜 석탄산업에서 현재보다도 약간 저렴한 임금으로 일하고자 하지 않는 것일까. 만약 그렇게 한다면, 루마니아의 석탄산업은 보호관세가 없어도 벌이가 많게 될 것이다. …… 나라가 수입관세를 부과하거나, 기타의 원조를 부여하거나 할 때만이, 왜 노동이동이 일어나, 그렇게 하지 않으면 왜 일어나지 않는 것일까."

노동의 한계생산물은 생산성 배려에 의하여, 모든 부문에서 동일하지 않으면 아니 되

이다. 리스트는 보호를 예외로 고려, 자유무역의 체계에 대하여 일반적으로 타당하다는 특성을 부여하고 있다."—Mihail Manoilesco(1931, p.xxii).

는 것이기 때문에, "만약 상품으로 측정한 높은 국민소득을 희망하는 것이라면", 참된 임금격차가 있다는 것이 '희망하지 않는' 것에 오린은 동의한다. 임금격차는 "노동생산물의 비교적 높은 임금의 산업의 발을 당겨, 그 반면, 낮은 임금산업의 성장을 일률적인 임금률의 경우에 비하여 보다 많이 촉진시키는 것이기" 때문에, 임금격차는 국민소득을 감소시키는 것이다. 그러나 오린은 과연 산업 사이에 정말 중대한 임금과 생산성과의 격차가 존재하는 것인가라고 심각하게 의심하는 것이다. 1인당의 생산량으로 표시한 생산성으로는 불충분하다. 거기에서는 자본의 공헌 몫이 무시되기 때문이다. 또 농업과 공업 사이에 볼 수 있는 명목임금의 격차는 분명히 실질의 격차보다도 크다. 노동자의 질과 교육정도에는 차이가 있고, 도시와 시골에서는 생활비가 다르기 때문이다. 만약 실질적인 임금격차가 있다고 하면, 그것은 노동자를 상이한 '무경쟁집단'으로 인위적으로 분할하는 노동조합에 의한다고 오린은 언급하는 것이다.

다음으로 오린은 하나의 중대한 의문을 제기한다. "과연 보호는 무경쟁집단의 존재에 의한 손실을 감소할 수 있는 것일까. 즉, 무경쟁집단이 없는 때와 동일한 여러 생산요소의 사용을 보호에 의하여 할 수 있을까." 그는 언급한다. "그 답은 어느 조건 아래에서는 'yes'이다." 오린의 그 논리는 다음에 전 문장을 인용할 가치가 있다.

> "한 나라에 인위적인 무경쟁집단이 있는 경우, 노동이 자유로이 이동하고 있을 때와 같은 여러 산업의 구성을 관세에 의하여 만들 수 있을지도 모르는 것이다. 국내시장용으로 생산하고 있고, 그리고 노동조합의 임금인상에 의하여 그 경쟁력을 감소시킨 산업은 수입관세에 의하여 그 힘이 약하게 되는 것을 알 것이다. …… 말할 필요도 없지만, 상이한 노동조건 아래에서는 사태도 또한 상이하게 될 것이다. 나머지의 코스트가 되는 현금보너스는 관세체계에 의한 경우보다도, 사태를 '정상적인' 상태로 접근시킬 것이다. 수입관세는 '정상적인' 경우에 비하여, 상품가격을 인상, 판매량과 고용노동량을 감소시킬 것이다. 이리하여 노동시장의 다른 분야에서는, 임금수준은 저하하는 경향이 되며, 몇몇 산업은 그러하지 않은 경우보다도 빠르게 확장할 것이다. 그런데 무경쟁집단과 관세와의 조합은 임금격차가 있어 관세가 없는 경우보다도 보다 '정상적으로 가까운' 산업구성을 가져온다는 사실이 남을 것이다. 여기에서 인위적 무경쟁집단의 존재가 보호의 충분한 이유가 되지 않는 것이다. 물론 보다 자연적인 시정책은 노동의 이동성을 증가하는 것이며, 노동의 분할상태를 없게 하는 것이다."

바이너(Jacob Viner, 1932, pp.122−25)의 엄격한 비판은 마노이레스코의 저서가 "리카도의 여러 가정에 하나를 예외로 하여(그것에 의하여 마노이레스코가 자신의 학설을 전개한다), 충실하게 따르고 있는 것을 인정한다. …… 그 예외라는 것은 노동 1단위당의 가치생산물 및 임금이 균형조건 아래에서 산업마다 크게 다르다는 가정이다." 그러나 마노이레스코는 "무역관계의 큰 변화에 있어, 가격과 임금을 불변으로 가정함으로써, 자신의 분석을 매우 불만족한 것으로 하였다." 바이너에 의하면 "주어진 자원배분이 그 나라에 있어서 바람직한가 아닌가를 판단하기 위하여, 가격과 임금에 가중치가 주어지는 것이지만, 그것에는 가격과 임금률이 왜 그렇게 되어 있지 않은가라는 이유가 문의된 뒤가 되지 않으면 아니 된다." 만약 임금격차가 노동의 비효용(괴로움)의 크기, 생활비의 높이 혹은 노동자의 숙련의 정도라는 (차이를 균등화하는 것)이라면, 그 임금격차는 겉치레인 것이어서, 예를 들어 그 임금이 낮게 보여도, 농업에 특화하는 것이 유리한 것이다. 만약 무경쟁집단이 존재하고, 공업노동과 농업노동이 함께 다르다는 것이라면, "어느 나라에 있어서도, 마노이레스코가 자유무역의 비판 근거로 하는 바와 같은, 높은 생산부문으로부터 낮은 생산부문으로의 노동이동은 일어나지 않을 것이다. 가정에 의하여 그와 같은 이동은 불가능하기 때문이다."

그러나 노동의 이동성이 존재하고, 그리고 참된 임금격차가 "노동조합의 영향 혹은 관행에 의하여" 존재하고 있다고 가정하자. 그렇게 하면 "직물(제조)공업의 보호는 노동을 생산성이 높은 직장에서 생산성이 낮은 직장으로 전환하는 것이 아니라, 그와 같은 노동전환의 범위를 좁히도록 작용할 것이다." 그리고 바이너는 언급한다. 이것은 "마노이레스코의 많은 논의에 묻혀 버렸다. 그러나 표면에는 나타내지 않았다. 아주 조그마한 진리의 낱알이다." 그러나 그는 부언한다. "이것은 정말 아주 작은 낱알인 것이다." 만약 자유무역이 허용된다면, 공업의 노동은 "독점적 임금을 포기하는가, 고용계속의 바램을 포기하는가의 양자택일에 쫓길 것이다." "만약 그들이 자유무역 아래에서 완전고용이 실현될 수 있는 바와 같은 임금률을 인정한다면", 직물제품의 가격은 충분하게 하락하여, 다른 나라의 제품보다도 저렴하게 판매할 수 있도록 되며, "노동은 비교우위를 갖는 다른 산업에 고용되도록 되며", "예를 들어 보호의 아래에서 독점적 임금에 의하여 고용하고 있던 직물업자가 손실을 입었다고 하여도", 그것은 그 나라 전체의 이익이 될 것이다. 그리고 바이너는 쌀쌀하게 생각하여, 이렇게 결론 맺는다. "이론적으로 만족한 보호의 경제적 근거를 발견하는 것은 사람들이 갈망하는 것이지만, 마노이레스코의 시도에서는 지금 달성되지 않는 것이다."

하벌러(Gotfried von Haberler, 1936, pp.196-98)는 오린과 마찬가지로, 마노이레스코가 설정한 엄밀한 조건 아래에서, 관세가 그 나라에 이익을 가져올 가능성을 용인한다.

그러나 그는 오린과 바이너와 마찬가지로, 실제문제로서 그와 같은 것이 일어나는 것은 "독점적인 노동자집단의 힘이 충분히 강하고, 외국의 경쟁에 직면하여도 그 임금을 유지할 수 있는 경우만이다. 즉, 그들이 임금인하가 아니라, 그 높은 임금의 직장에 있어서 고용량의 감소를 선택한 경우, 그것도 아마 대폭적인 고용감소를 선택한 경우만일 것이다."라고 생각한다. 그러나 이 경우, 자유무역 쪽이 유리한 것이다. 즉, "국제무역은 그와 같은 노동집단의 독점력을 타파하고, 그들이 나머지의 사회를 착취하는 것을 멈추게 하는 수단이 되는 것이다."

마노이레스코는 그 밖에도 눈에 띄지 않는, 또 그 정도로 예리하지 않은 비판을 받았다. 그들의 비판자에 대한 답변에 있어서도, 마노이레스코(1935)는 완고하였다. 부문 사이 노동생산성의 격차가 참된 시장의 실패를 나타내지 않는 것은 아닐까라는 의혹을 부정하여, 보호가 유리하다고 다시 주장하였다. 그러나 이 발언은 오린의 통찰력 있는 비판―(그것의 원인을 구명함이 없이) 임금의 왜곡이 존재하는 것 및 그 조정수단으로서 노동고용에 대한 보조금 쪽이 수입관세보다도 좋다는 것을 단지 지적하는 것만으로는 불충분하다―에 답변하는 것은 없었다.

마노이레스코가 분석의 중심으로 한 테마, 즉 개발도상국의 부문 사이 생산성격차를 반영하는 임금격차는 1940년대 및 1950년대의 국제무역과 경제발전에 관한 문헌에 있어서, 그것의 주요부분을 점유하게 되었다. 거의 모든 개발경제학자는 개발도상국의 요소시장과 상품시장이 적절한 자원배분을 실현하고 있지 않다고 하였다. 가격과 생산비 사이에 있어서, 또 사적이익 사이에 있어서, 현실의 혹은 가공의 차이가 시장메커니즘에 대한 깊은 불신감을 낳았다. 그 불신감과 함께 자유무역의 주장 전체에 중대한 의심이 일어나게 되고, 그것들은 이제 경제의 다면적인 시장의 실패를 적발하는 것이 될 수 없는, 과거의 자유방임 시대의 유물에 지나지 않는다고 생각하게 되었다. 특히 바로그(Thomas Balogh, 1949)는 국제경제학이 만든 여러 가지 이론의 가정을 하나씩 하나씩 취급하여, 이론이 설정한 가정이 현실의 세계에서 통용되지 않는 것이기 때문에, 자유무역의 결론은 시인할 수 없다고 논하였다.

이들 비판에 응하여, 하벌러(1950)는 상품의 교환비율(상대가격)과 상품의 전환율(transformation rate, 생산에 있어서 교환)을 비교하는 강력한 설명방법을 다시 사용하여, 표준적인 가정으로부터 벗어나는 것의 자유무역에 대하여 갖는 의미를 분명히 하였다. 하벌러의 주요한 결론은 표준적인 무역이론의 가정을 완화하는 것이 자유무역의 논거를 붕괴하는 것으로 자동적으로는 되지 않는 것이다. 예를 들면, 만약 부문 사이에서 생산요소가 완전히 이동하지 않는 이 상태에서도 또한 자유무역은 다른 정책보다도 가장 좋은 것이다. 그러나 생산요소가 완전히 이동하지 않으며, 동시에 요소가격이 완전히 경직적이라면, 자유무역은 실업을 발생시켜, 그리고 보호가 아마 (반드시는 아니지만) 훌륭한 것이 될 것이다.

하벌러의 예리하고 통찰력 있는 공헌은 미드(James Mead, 1955)의 획기적인 저서에 의하여 다시 명확하게 되었다. 미드의 분석은 가격(가치)과 생산비와의 일련의 한계조건에 의하여 요약되는 것의, 국내생산과 무역의 최적조건으로 향하였다. 미드(1955, p.226)는 그 제14장에서, 무역실시국의 "국내경제에 있어서, 한계가치와 생산비 사이에 있어서 당초 주어진 괴리(divergence)의 영향을 검토한다." 그 목적은 "이 경우, 한계가치와 생산비와의 국내괴리에 의한 경제후생의 손실이 자유무역으로부터 이탈에 의하여 일부 상계되지 않는 것은 아닐 것이다."라는 검토이다.

미드는 마노이레스코의 논의에 직접 언급함이 없이, 특정산업에 있어서 노동고용의 외부성에 관하여, 즉 고용의 사회적 가치가 사적비용을 상회하는 것에 관하여 고찰한다. (이것은 국내의 다른 경제분야에 비하여, 특정산업의 노동의 한계생산물이 크고, 노동고용량이 지나치게 적다고 생각하는, 마노이레스코 유형의 상황과 대개 같다.) 미드는 언급한다. "이 경우, 이 산업에 있어서 가치와 생산비와의 괴리를 묻고, 경제효율을 높이기 위하여 바람직한 것은 생산량의 확대가 아니라, …… 노동고용의 확대이다." 그는 오린과 마찬가지로, 이 목적에 가장 알맞은 수단으로서, 이 산업에 대한 고용보조금을 제안한다. 이것은 노동고용코스트를 인하함으로써, 노동에 의한 다른 생산요소의 대체 및 생산코스트의 저하에 기초하는 국내생산의 증가에 의하여, 노동고용을 증가시킬 것이다.

이것에 대하여 수입저지의 보호는 "해당산업에 대한 수요와 그 생산량을 증가시킴으로써, 그 산업의 고용만을 확대시킬 것이다." 따라서 "노동고용에 대한 보조금에 비하여, 만약 그 산업에 노동과 기타 생산요소 사이에 많은 대체성이 있다면, 그것은 조정방법으로서는 아주 비경제적인 조정방법이다."(p.234) 이리하여 보호는 이런 종류의 시장 실패에 대한 가장 명확한 혹은 가장 직접적인 시정수단은 아닌 것이다.[15] 또 미드는 이것과는 직접 관계가 없는, 이 장의 첫 부분에서 보호에 부수하는 문제로서, 보호가 소비자에 대한 가격을 인상함으로써, 최초의 왜곡과는 관계가 없는 새로운 왜곡을 낳는

---

15) James Mead가 언급하는 바와 같이, "무언가의 보호가 강하게 요구되는 것은 외국과 경쟁하는 자국산업에 있어서 한계가치와 생산비와의 괴리가 그 산업의 특정한 생산방법보다도 그 산업의 총생산량에 관련하는 경우뿐이다."

것을 지적하고 있다.

미드의 명확한 경제이론은 이 문제의 분석과 국내시장 실패 시정책으로서 무역보호의 역할을 오린을 초월한 중요한 단계로 진행하는 것이 되었다. 즉, 그 얼마 뒤, 바그와티와 라마스와미(Jagdish Bhagwati and V. K. Ramaswami, 1963)가 마노이레스코의 보호론에 대한 하겐(Everett Hagen, 1958)의 재검토에 일부 호응하여, 이 문제가 갖는 정책적 의미를 보다 명확히 하였다. 바그와티와 라마스와미는 먼저 임금의 괴리와 임금의 왜곡을 구별하여, 전자를 (예를 들어 생활비의 차이라는) 경제현상을 수정하는 것, 후자를 참된 노동시장의 실패를 반영하는 것으로 하였다. 그들은 그 분석에서, "그 임금격차가 참된 왜곡을 반영하고 있는 것—그 왜곡이 현실에 어느 정도의 것인가에 관하여 의심이 남는다—"을 가정하였다. 그리고 바그와티와 라마스와미는 국민소득을 증가시키는 것으로서, 다음과 같은 정책순위를 설정하였다. 즉, 최선의 정책은 공업에 대한 올바르게 선정된 (최적)고용보조금이며, 그것은 최적생산보조금보다도 많은 실질소득을 낳을 것이다. 그리고 최적생산보조금은 공산품에 대한 최적수입관세보다도 많은 실질소득을 낳을 것이다.

이 순위 매김의 논리는 요소시장의 왜곡이 바람직하지 않은 상품의 조합을 낳아(즉 자원배분효율을 악화시켜), 이 상품조합을 낳은 기술의 효율(요소비율로 표시하였다)을 저하시키는 (생산가능성의 세트(생산가능성군)를 작게 한다) 것이다. 고용보조금은 요소시장의 왜곡을 직접적으로 수정하고, 부문 사이에 노동의 최적이용을 낳아, 자원배분의 문제와 기술효율의 문제의 양쪽을 개선한다. 그러나 생산보조금은 상품의 상대가격을 변화시켜, 자원배분효율을 개선하겠지만, 최적 이하의 요소이용(기술적 비효율)은 그대로 남을 것이다. 수입관세도 마찬가지이지만, 그것은 경제 내의 소비선택을 다시 왜곡시키기 때문에 보다 바람직하지 않는 것이다.

미드의 통찰과 바그와티와 라마스와미의 분석은 국내괴리의 이론(뒤에 왜곡의 이론으로 알려져 있는)이 되며, 자유무역 사상의 획기적 공헌의 하나가 되었다. 이 이론은 여러 가지 정책을 그것이 상대가격과 상대생산비와의 괴리를 시정하는 효율에 의하여 순위 매기는 것이다.[16] 최선의 정책간섭은 주어진 시장의 실패에 대하여 괴리를 그 근원에서 직접 시정함으로써 경제효율을 개선하는 (따라서 실질국민소득을 증가하는) 것이다. 만약

---

16) 이것에 관한 고전적 문헌은 Harry Johnson(1965)과 Jagdish Bhagwati(1971)이다. 후자는 외생적인 왜곡(exogenous distortion)과 정책에 의한 왜곡(policy-dependent distortion(이것은 시장 경쟁에 대한 정부규제에 의하여 발생한다))이라고 한다. 중요한 구별을 하고 있다. 그 이전의 W. M. Corden(1957)의 논문은 국내산업을 보호하는 형태로서의 생산보조금 및 수입관세의 평가에 관한 James Mead의 방법을 개선하여 간략하게 한 것이다.

괴리가 전면적으로 국내적인 것이며, 그리고 그 나라가 국제무역에 참가하고 있는가 아닌가에 관계없이, 국내의 생산물시장·요소시장에 나쁜 영향을 미치는 것이라면, (수입관세와 수출보조금이라는) 무역간섭은 이상적인 대책이 아니다. 무역간섭을 포함하는 다른 여러 정책이 차선·삼선의 정책으로서 그 괴리를 어느 정도 완화하고, 실질국민소득을 증가시킬 것이다. 그러나 그것은 간접적이고 비효율적이며, 또 동시에 다른 종류의 '부산물적인' 왜곡을 낳고, 최선의 정책이 실현하는 효율의 일부를 상계하는 것이다.

이 국내괴리의 이론은 자유무역론이 몇 가지 상상 위의 시장 실패에 의하여 입는 비방을 경감하는 강력한 일반이론을 수립하는 것이라는 의미에서, 중요한 랜드마크인 것이다. 예를 들면, 가끔 자유무역론은 경쟁시장이 사회의 희소자원을 유효하게 배분하고, 국제무역에 참가하는 기회를 만든다는 논의를 한다. 이것에 대하여 자유무역 반대론자는 가끔 만약 시장이 자원의 효율적인 배분을 낳지 않는 것이 분명하게 되면, 자유무역의 주장은 필연적으로 약화된다고 결론 맺는다. (다른 표현을 하면, 자유무역의 배후에 있는 이론은 분명히 현실 세계에서는 통용되지 않는 이론적 가정에 입각한 것이기 때문에 자유무역에 대한 편애를 포기하고, 보호찬성으로 바꾸어야 한다는 것이다.) 국내괴리의 이론은 이들의 논의가 정당하지 않은 것을 분명히 하고 있다.

마노이레스코의 논의는 진정으로 이들 모양 좋은 적용의 예이다. 표준적인 이론은 부문 사이에 있어서 노동이동의 가능성에 의하여, 노동의 한계생산물 및 임금이 부문 사이에서 균등화함으로써 경제효율이 확보된다는 것이지만, 마노이레스코는 그와 같은 가정은 바보스런 이야기이며, 그런 의미에서 시장은 결코 효율적이지 않고, (이유는 무엇이든), 따라서 자유무역의 주장은 그와 같은 상황에서는 살아남지 않는다고 말하는 것이다. 그러나 국내괴리의 이론은 만약 시장 실패의 존재가 분명하게 된다면, 그것을 그 근원에서 시정하는 정책이 최선인 것을 나타내고 있다. 보호라는 무역간섭은 결코 최선일 수 없는 것이다.[17) 마노이레스코의 논의의 취지를 살려, 노동이 공업에 불완전고용의 상태에서 비효율적으로 배분되고 있는 것을 인정한다면, 최선의 정책은 공업에서 고용보조금을 부여하는 것이며, 차선책은 생산보조금(그것은 생산량의 확대에 의하여 고용을 간접적으로 확대시키지만, 국내소비의 면에서 부산물적인 왜곡을 야기한다)이다.[18)

---

17) 한 나라에 있어서 가장 강력한 최선의 무역간섭은 수입세·수출세에 의한 교역조건에 영향을 주는 것이며, 그것에 관한 교역조건에 의한 보호론에 관해서는 제9장에서 고찰하였다. 이 형태의 무역간섭은 여러 상품의 국내생산의 전환비율과 외국의 전환비율을 같게 함으로써, 경제효율의 최적조건을 실현하는 것이다.
18) 요소시장의 다종다양한 괴리에 관해서는 Stephen Magee(1973)가 고찰하고 있다. 아마 가장

이 순위를 매김에 따라 최적정책간섭은 이 괴리를 시정하는 효율이 떨어져, 국민소득의 실현수준도 낮게 되는 것이다.

국내괴리이론의 영향은 정말 처절한 것이었다. 자유무역론은 이것을 마지막으로 자유방임론과의 관계를 단호히 단절한 것이다. 19세기 초기에 있어서 자유무역주의 흥융은 자유방임에로의 친근감과 밀접하게 결부하고 있고, 가끔 이 두 가지 사고방식은 성쇠를 함께한다고 생각하고 있었다. 일찍이 그러하지 않았다. 그리고 사람들은 시장실패의 존재를 승인하고, 그 시정을 위하여 정부의 역할을 인정하게 되었지만, 그들은 여전히 자유무역으로부터 벗어나는 것은 인정하지 않는다.

물론 자유무역의 주장도 무상으로는 지낼 수 없었다. 시정을 위한 무역간섭으로서 방법이 없다는 것은 아니라, 차선·삼선의 정책이 남는 것이다. 그러나 국내괴리의 이론은 시장의 실패가 존재한다는 이유에서 자유무역정책은 바람직하지 않다고 하는 비난으로부터, 자유무역론을 격려하는 데에 도움이 되었다. 또 수입저지의 보호보다도 다른 정책행동 쪽이 우수하다는 것이 되며, 그리고 상정되는 시장의 실패의 시정을 위하여, 어떤 보호가 제안될 때는 그 시장의 실패가 실제로 존재하는 것을 증명할 의무 및 그 정책조치의 순위를 매김으로써, 그 효율이 나쁘게 되고, 코스트가 높게 되는 것을 정당화하는 의무가 (제안자에게) 남는 것이다. 경제효율이라는 관점에서는 국내에 있어서 시장실패의 존재는 자유방임의 주장을 붕괴시키는 것이지만, 자유무역의 주장은 그 범위를 조금 좁히는 것만으로 그치는 것이다.

무역과 임금과의 관계에 관한 부단한 논쟁은 경제이론이 명확히 해야 할 문제이다. 국제간의 임금격차에 관해서는 고전학파의 분석이 임금격차는 국제간의 생산성의 차이에 의한 것이어서, 자유무역의 매력을 죽이지 않는 것을 분명히 하였음에도 불구하고, 높은 임금국은 가끔 낮은 임금국으로부터의 경쟁을 두려워하여 왔다. 또 국내부문 사이에 있어서 임금격차에 관해서는 그것이 참된 격차를 반영하는 것이라면, 겨우 수많은 어느 시장실패의 한 예에 지나지 않고, 그것에 대한 대책은 무역보호가 아니라, 국내정책에 의하여 처리하는 것이 최선이다. 국내시장 실패의 시정책으로서는 보호보다도 다른 정부정책 쪽이 우수한 것이기 때문에, 자유무역은 여전히 바람직한 것으로서 남는 것이다.

흥미 있는 케이스는 Johnson Harris and Michael Todaro(1970)가 고찰한 것이다. 거기에서는 만약 공업부문(혹은 도시부문)에서 높은 수준의 최저임금제가 실시되고 있다면(따라서 공업의 노동의 한계생산물이 농업에 있어서 그것을 초과하고 있게 되면) 공업의 장려정책은 그 원인인 요소시장에 있어서 괴리를 시정하던가, 실업을 악화시킬 것이라고 하였다.

참고문헌

1) Balogh, Thomas., "The Concept of a Dollar Shortage", The Manchester School of Economic and Social Studies 17 (May 1949): 186−201

2) Bastable, Charles F., The Theory of International Trade, 3d ed. London: Macmillan, 1900.

3) Bhagwait, Jagdish. "The Generalized Theory of Distortions and Welfare", In Jagdish Bgagwati et al., Trade, Balance of Payments, and Growth. Amsterdam: North Holland, 1971.

4) Bhagwati, Jagdish., and V. K. Ramaswami. "Domestic Distortions, Tariffs, and the Theory of Optimum Subsidy", Journal of Political Economy, Newly Expounded. London: Macmillan, 1874.

5) Coats, A. W., "Changing Attitudes to Labor in the Mid−Eighteenth Century", Economic History Riviews 11(August 1957): 235−42.

6) The Grand Concern of England Explained. London: n.p., 1673.

7) Haberler, Gottfried., "Some Problems in the Pure Theory of International Trade", Economic Journal 60(June 1950): 223−40.

8) Hagen, Everett E., "An Economic Justification of Protectionism", Quarterly Journal of Economics 72(November 1958): 496−514.

9) Harris, John R., and Michael P. Todaro. "Migration, Unemployment, and Development: A Two−Sector Analysis", American Economic Review 60(March 1970): 126−42.

10) Hont, Istvan., "The 'Rich Country−Poor Country 'Debate in Scottish classical Political Economy", In Wealth and Virtue: The Shaping of Political Economy in the Schottish Enlightenment, edited by Istvan Hont and Michael Ignatieff. New York: Cambridge University Press, 1983.

11) Hume, David., Essays and Treatises on Seaveral Subjects. London: A. Millar, 1758.

12) ______________, Writings on Economics. Edited by Eugene Rotwein. Madison: University of Wisconsin Press, 1955.

13) Hognson, Harry., "Optimal Trade Intervention in the Presence of Domestic Distortions", In Robert E. Baldwin et al., Trade, Growth and the Balance of Payments. Chicago: Rand McNally & Co., 1965.

14) Longfield, Montiford., Three Lectures of Commerce and One on Absenteeism. Dublin: Milliken & Son, 1835.

15) Low, J. M., "An Eighteenth Century Controversy in the Theory of Economic Progress", Manchester School of Economics and Social Science 20(September 1952): 311−30.

16) Magee, Stephen P., "Factor Market Distortions, Production, and Trade: A Survey",

Oxford Economic Papers 25(March 1973): 1−43.

17) Maitland, James (Earl of Lauderdlae)., An Inquiry into the Mature and Origin of Public Wealth. Edindurgh: Archibald Constable & Co., 1804.

18) Manly, Thomas., Usury at Six Percent Examined. London: T. Radcliffe and T. Daniel, 1669.

19) Manoilescu, Mihail., The Theory of Protection and International Trade. London: P. S. King, 1931.

20) ______________, "Arbeitsporduktivitat und Auaenhandel", Weltwirschaftliches Archiv 42(1935): 13−43.

21) Meade, James E. Trade and Welfare. London: Oxford University Press, 1955.

22) Hyint, Hla., "The 'Classical Theory' of International Trade and Underdeveloped Countires", Economic Journal 68(Une 1958) 317−37.

23) Nicholson. J. S, Principles of Political Economy. Vol.2, London: Macmillan, 1897.

24) Ohlin, Bertil, "Protection and Non−competing Groups", Weltwirtschaftliches Archiv 33 (1931): 30−45.

25) [Powell, John]. View of Real Grievances. London: n.p., 1772.

26) Propositions for improving the Manufactures, Agriculture, and Commerce of Great Britain. London: W., Sandby, 1763.

27) Semmel. Bernard., "The Nume−Tucker Debate and Pitt's Trade Proposals", Economic Journal 75(December 1965): 759−70.

28) Senior, Nassau., Three Lectures on the Cost of obtaining Money. London: John Murray, 1830.

29) Taussig, Frank., "Wages and Prices in Relation to International Trade", Quarterly Journal of Economics 20(August 1906): 497−522.

30) ____________, International Trade. New York: Macmillan, 1927.

31) Tucker, Josiah, Four Tracts Together with Two Sermons, ON Political and Commercial Subjects. Gloucester; R. Raikes, 1774.

32) Viner, Jacob., "Review of Mihail Manoilescu's 'The Theory of Protection and International Trade'", Journal of Political Economy 40 (February 1932): 121−25.

33) Wallace, Robert., Characteristics of the Present Political State of Great Britain. London: A. Millar. 1758.

제15장

오스트레일리아와 보호무역론

　19세기에 미국, 독일 기타 나라의 경제사상은 대체적으로 보호주의를 강하게 지향하고 있었다. 거기에서의 유력한 사고방식은 영국에서는 자유무역이 적합할지 모르지만, 그것은 여러 신흥공업국의 경제환경에서는 부적당하다는 것이다. 자유무역을 부적당하다고 하는 하나의 근거는 이들 나라의 생산요소의 부존상태와 무역패턴이 영국과는 다른 것이라는 데에 있다. 리카도 및 고전학파의 경제학은 국내의 농업생산을 수입품에 의하여 대체하고, 농업에 있어서 수확체감을 회피하는 수단으로서, 또 생산량의 확대가 쉽게 될 수 있는 공업에로 생산요소를 이동시키는 수단으로서 자유무역을 지지한 것이다. 그러나 농업의 수확체감에 직면하는 농산품의 수출국에 있어서는 어떨까. 이 경우 자유무역은 영국의 경우와 같이 유리할까. 약간의 경제학자는 그렇게는 생각하지 않았다. 그리고 그 사고방식이 1920년대에 오스트레일리아의 보호무역론(The Australian Case for Protection)으로서 알려진 논쟁[1]에서 열매를 맺는 것이다. 이 논쟁은 자칫하면 기술적이며, 이론의 핵심이 파악되기 어려운, 자유무역에 대한 직접적인 비판으로서는 약간 역부족이었다. 그러나 이 논쟁은 자유무역에 대한 부당한 비난으로부터 정당한 주장을 분별하는 것에 도움이 되며, 동시에 무역의 소득분배에 대한 영향에 주목하는 것이었다.

---

1) Gary Manger(1981)와 Paul Samuelson(1981)이 이 논쟁의 문제점을 재점검하고, 명확히 하고 있다.

이 '오스트레일리아의 보호무역론'이라는 명칭은 1920년대의 오스트레일리아의 수입관세의 효과에 관한 정책지향적인 논쟁에 유래하는 것이다. 이 '오스트레일리아논쟁'의 중심은 상호 밀접하게 연관되어 있지만, 이론적으로는 차이가 있다. 그것은 관세와 무역에 관한 두 가지 사고방식이며, 경제학자 브리그덴(James Bristock Brigden)에 유래하는 것이다. 먼저, 그 유명한 준공식문서인 <브리그덴보고서 (Brigden Report of 1929)>의 기원은 실제로는 훨씬 먼 토랜스(Robert Torrens, 1821)에까지 거슬러 올라가는 것이다. 브리그덴이 교역조건에 의하여 보호무역론을 전개하기 이전은 토랜스(1821, p.276)는 "자유로운 외국무역이 한 나라를 가난하게 하고, 인구를 감소시킬지도 모르는 사태"를 생각하였다. 그는 충실한 자유무역론자였다. 즉, 그 생산은 다양하지만, 추가생산요소를 1차부문(농업부문)에 유리하게는 사용할 수 없는 나라들을 생각한다.[2] 이어서 토랜스는 다음과 같은 사태를 가정한다. "그 가운데 한 나라가 갑자기 공산품생산으로 기술진보를 달성하였다고 가정한다. 만약 그 공산품이 다른 여러 나라에 자유로이 수입된다고 한다면, 다른 나라들의 자본의 대부분은 재투자의 전망이 없는 대로 추방되는 것이 되며, 그 공업에 일하고 있는 사람들은 다른 나라로 이주하든가, 빈곤화하든가 하는 상황에 빠질 것이다." 이 경우, "국내의 공업으로부터 추방된 노동·자본은 외국섬유품(수입품)의 지불을 위하여 외국으로 송출되지 않으면 아니 되는 충분한 양의 식량·원료품(수출품)을 토지로부터 획득할 수가 없을 것이다." 이 경우, 자유무역은 "그 나라에 큰 재해를 가져오는 것이 된다." 그러나 토랜스는 그와 같은 수확체감의 상태가 세계의 모든 나라에서 현실문제가 되는 데에 몇 세기의 세월이 걸린다고 생각하였다.

약 반세기 뒤, 시지위크(Henry Sidgwick)는 1차부문의 한계이익은 체감하지만 제로(0)는 아니라는, 동일한 케이스를 따로 고찰하였다. 즉, 시지위크(1883, pp.494−95)는 다음과 같은 "생각할 수 없는" 것은 아니지만, "매우 가정적인" 예를 들고 있다.

> "어느 나라(A)를 생각하자. 이 나라는 인구가 조밀하며, 토지로부터 보다 많은 농산물을 획득하고자 하게 되면, 비용이 급격하게 상승한다. 또 이 나라는 지금까지 엄중하게 보호되어 왔지만, 자유무역을 채택하게 되어, 그 결과, 문제의 공산품(지금까지 보호되고 있던 공산품)이 곡물과의 교환에 의하여 다른 나라(B)로부터 반값으로 입수할 수 있도록 되었다고 가정하자. …… 그렇게 하면, 이 변화에 의하여 직장으로부터 쫓겨난 공업의 노동자들은 어떻게 할 것인가. 이런 상황으로부터 바로 생각한 것은 그들이 B국으로 이주하여, B국에

---

2) Torrens(1821, p.227)는 다시 현실적으로 1차부문에 있어서 자본의 한계생산물이 2%, 즉 '자본가가 생산활동에 종사하기 위한 최저이윤율'에 빠진 상태를 시사하고 있다.

서의 공업의 노동수요의 증가에 따르는 것이다. …… 만약 그들이 그렇게 하지 않는다면, 그들이 A국에서 지금까지와 같은 보수의 고용을 발견할 수가 있다고 생각하는 이유는 없다. 말할 필요도 없이, 농업의 생산비가 연속적으로 상승한다고 가정되고 있기 때문이다. 어느 양의 추가노동은 무역이 개시되기 이전에 고용되어 있던 노동의 일부보다도, 전체로서 보다 생산적으로 고용될 것이다. 즉, 새로운 노동의 각 단위에 의하여 생산되는 곡물 양의 감소보다도, 곡물의 공산품에 대한 구매력의 증가 쪽이 클 것이다. 그러나 만약 추가노동의 고용이 생산비의 급격한 상승에 의하여서만 가능하게 되면, 드디어 이 관계는 역전할 것이다. 그리고 공업으로부터 쫓겨난 노동의 일부가 …… 전적으로 고용되지 않고 방치되는 것은 이론적으로 고려된다. 따라서 자유무역의 자연적 귀결은 A국은 유복하게 되었다 하여도 감소된 인구를 갖게 되는 것이다. 그것(자유무역)에 의한 경제적 이익은 사회 전체로서는 이익일 것이지만, 이로부터 쫓겨난 노동자를 부양하기 위해서는 분배에 대한 정부의 강한 간섭이 필요하다.”

뒤에, 시지위크는 이 결론을 1인당의 부는 크게 될 것이지만, “자유무역의 자연적 귀결은 이 변화에 의하여 A국은 보다 적은 인구를 지지하고, 부의 총량은 감소할 것이다.”라고 바꾸어 말하였다.

이 시지위크의 분석은 고전학파의 주장과는 얼핏 크게 차이가 있음에도 불구하고, 이것에는 놀랄 정도로 반론이 없었다. 니콜슨(J. S. Nicholson, 1897, p.315)은 거의 언급하지 않고 이것을 승인하였다. 에지워스(F. Y. Edgeworth, 1894, p.622)는 이것을 “매우 훌륭한 솜씨”라고 하였다. 바스테이블(Chares F. Bastabe, 1887, p.104)만이 시지위크가 이 예로부터 도출한 결론을 의문시하였다. 바스테이블은 예를 들어 사회 전체가 자유무역으로부터 이익을 얻는다 하여도, 자유무역이 소득분배에 심각한 영향을 가져오는 것을 인정한다. 수확체감의 농산물의 수출에 의하여, 자유무역 아래에서 노동과 자본은 손해를 입고(지주는 이익을 얻고), 무역정책의 위에서 ‘심각한’ 이익의 충돌을 일으킨다. 그 반면, 이 손실은 외국의 공업에 있어서 규모에 대한 수확체감과 그것에 기초하여 농산물의 수출국이 교역조건을 장기에 걸쳐 유리하게 함으로써 경감시킬 것이다.3)

그러나 동시에 바스테이블은 단순한 비교생산비의 추론에 의하면 “자유무역이 인구를 감소시킨다는 효과는 이론적으로는 있을 수 없다.”라고 주장하였다. 바스테이블(1890, p.123)의 주장은 이러하다. 한 나라의 수입부문은 일반적으로 수출부문보다도 쉽게 수확

---

3) 시지위크가 상정한 상황은 아일랜드에는 적용할 수 있다고 하여도, 재산분포가 광범하며, 자유무역을 하고 있거나 토지가 풍부한 다른 나라들에는 적용할 수 없다고 바스테이블은 언급하고 있다.

체감의 조건에 따르기 쉽고, 또 수출농산물의 체증생산비는 여러 나라 사이의 비교생산비 차이를 최종적으로는 소멸 혹은 역전시켜, 어느 것으로 하여 그 무역을 정지시키거나, 그 나라의 공산품의 수출을 촉진하는 것이다. 이 에지워스의 주장이 에지워스의 반발을 불렀다. 에지워스는 1차부문의 체증생산비는 전적으로 그 상품들의 상대가격의 등귀에 의한 것이라고 지적하여, 바스테이블의 추론의 과오를 지적하였다.[4]

그 밖에도 약간의 저자들이 한 나라의 수출부문의 수확체감을 보호의 논거로 하고자 시도하였지만, 어느 것도 토랜스＝시지위크 예의 기초에 있는 경제이론에 실리는 데는 이르지 못하였다. 그들의 대부분은 보호가 영국에 있어서 해롭다는 것과 같은 이유로, 자유무역이 새로운 나라들의 확대하고 있는 1차부문의 생산에 있어서 유해하다는 유추를 약하게 설명하는 데 그쳤다. 예를 들면, 미국에서 패턴(Simon Patten, 1890)은 케어리(Henry Carey)의 필라델피아보호주의(Philadelphia School of Protection)의 전통에 따라, 자유무역은 자연의 독점을 조장하고, 노동자의 희생으로 지주를 풍요롭게 한다고 논하였다. 이것에 대하여 타우싱(Frank Taussik, 1803, p.174)은 예를 들어 수확체감이 무역이익을 감소시킨다고 하여도, 한 나라의 보호의 아래에서보다도 여전히 풍요롭다고 단호히 응답하고 있다. 즉, "예를 들어 그 결과, 부의 분배에 수정이 필요하다고 하여도, 이 방법(자유무역)은 사회 전체의 생산력의 저하를 가져오는 것은 없는 것이다."

이상과 같은 일반적인 사고방식이 1929년에, 오스트레일리아 정부가 준비한 관세의 경제적 효과에 관한 보고에 재현된 것이다. 이 보고서는 브리그덴(James Bristock Brigden)을 수장으로 하는, 오스트레일리아의 우수한 경제학자의 그룹에 의하여 집필된 것이다. 이 보고서는 오스트레일리아가 시지위크가 상정한 바와 같은 상황에 있는 것을, 즉 오스트레일리아의 한계수입체감의 농산물·1차산품의 수출국으로서, 시지위크의 사고방식에 (그 이름을 내는 것 없이) 크게 의존하면서, 그것에는 아무것도 부가하는 것이 없는 것이었다. 즉, 자유무역은 자원을 1차부문으로 향하게 함으로써, 소수의 지주의 수입을 증가시키지만, 고용기회를 많이 창출하는 것 없이, 노동자의 임금을 저하시킨다는 것이

---

4) 바스테이블의 저서에 대한 에지워스(F. Y. Edgeworth, 1897, 1900)의 서평 및 바스테이블(1901)의 혼란스런 그것에 대한 답변을 보라. 바스테이블은 부주의에도 공산품가격의 소유의 하락이 1차산품의 수출자의 무역패턴을 역전시켜, 그 사람을 공산품의 수출자로 하고자 한, 이상한 입장에 빠졌다. 또 바스테이블(1903, pp.187－197)은 임금의 하락이 이민의 유출과 기아를 수반하지 않아도 일어날 것이라고 언급하여, 시지위크가 멋대로 생산요소의 국제이동을 도입한 것을 비판하고, 시지위크가 틀려 있다고 계속 주장하였다. 로리아(Achill Loria, 1901)가 제안한 바스테이블의 옹호론도, 에지워스(1901)가 지적한 바와 같이, 그것이 수확체감이 이루어지지 않는 리카도의 불변생산비의 예를 사용하고 있는 점에서 틀려 있는 것이다.

다. 브리그덴보고서(1929, p.1)의 결론은 "입수가능한 증거는 자유무역의 아래에서는 오스트레일리아가 현재의 인구를 이렇게 높은 생활수준으로 유지할 수 있다는 사고방식을 지지하는 것은 아니다."라는 것이다. 이 보고서는 "적어도 현재의 '유럽계의' 인구를 현재의 생활수준으로 유지하는 것을 문제 전체의 기본으로 하는 한", "이 목적을 달성하기 위하여 유효한 수단은 보호관세이다."라고 결론 맺는다. 실제로 이 보고서는 "만약 보호가 없다고 한다면, 지금과 같은 크기의 인구로 지금과 같은 평균수입을 줄 수가 없었다고 하는 것에 우리는 만족한다."라고 설명하고 있다.

이 보고서는 앞의 시지위크보다도 다시 많은 논쟁을 경제학자 사이에 불러일으켰다. 그러나 이 보고서는 이론적 기반에서 자유무역에 대한 효과적인 고발은 되지 않았다. 보호가 총국민소득을 증가시킬 것이라고 주장하지 않았기 때문이다. 즉, "관세가 없어도 1인당 국민소득이 증가한다는 것은 전적으로 확실하다. ― 단, 아마 상당히 적은 인구에 관하여" 관세의 주요목적은 소득의 재분배이다. 관세에 의하여 "(처음) 지가의 하락 아래에서 고용이 조성되고, 급증하는 인구의 생활수준이 유지되는 것이다."(p.70)

이 두 가지(보다 적은 인구와 1인당 생활수준)가 이 보고서에 대한 바이너(1929)의 신랄한 비평의 기초가 되었다. 바이너는 오스트레일리아의 사람들(이 보고서의 집필자들)이 '생활수준'을 노동자의 임금수입만으로 정의하고, 경제에 있어서 기타의 사람들에 귀속하는 자본·토지수입을 제외하고 있는 것을 지적한다. 그는 관세가 임금을 인상하는 것을 인정하지만, 지주의 수입을 감소하여, 그것보다도 적은 금액을 노동자에게 이전하는 정책에는 찬성할 수 없다고 말한다. 같은 목적을 위해서는, 더욱 유효한 수단이 다른 데에도 있기 때문이다. 바이너는 이 오스트레일리아의 보호무역론을 그 목적이 국민소득의 극대가 아니라, 국민소득을 어느 선에 따라 재배분하고자 하는 것이라는 이유에서 보호의 비경제적 논의로 하여 이것을 거부하였다. 보고의 집필자의 한 사람인 코프랜드(D.B.Copeland, 1931, p.291)가 뒤에 집필한 바와 같이 "프리그덴위원회는 관세가 없어도, 천연산품 개발이 보다 적은 인구에 대해서 보다 많은 1인당 소득을 가져온다고 생각하는 자유무역의 입장을 어떠한 의미에서도 부정하는 것이 아니다. 물론 경제적 이유에서는 인구가 많은 것에는 특별한 가치는 없어도, 정치적 이유에서는 오스트레일리아는 그 자원이 허용하는 한, 빠르게 인구를 증가하는 것이 중요한 것이다."

둘째의, 그리고 더욱 교묘한 오스트레일리아의 보호무역론의 별판(別版)이 이번은 프리그덴(1925) 한 사람에 의하여 전개되었다. 그는 다시 수확체감이 오스트레일리아 1차부문의 특징이며, 1차부문에 보다 많은 자원을 투입하는 것이 1인당 생산량을 저하시킨다고 하는 사고방식을 제안하였다. 이 점에서는 유출이민에 의한 인구감소에 대해서는 언급하고 있지 않지만, 오스트레일리아의 1차산품의 시장지배력에 관하여, 즉 오스트레일리아의 수출증가가 1차산품의 세계가격을 인하하는 바와 같이 작용한다는 사고방식을 도출하였다. 그 결과, 인구의 자연증가 혹은 이민의 유입이 수출산업의 수확체감과 1인당 생산량의 저하경향을 강화, 그것과 동시에, 생산량의 증가가 오스트레일리아의 교역조건을 다시 악화시켜, 사태를 한층 악화시킬 것이다. 이 두 가지 효과가 함께 되어, 오스트레일리아 및 그것과 같은 상황에 있는 나라들의 임금소득을 상대적으로 그리고 그 총국민소득을 전반적으로 저하시킬 것이다. 관세는 이 디램마로부터의 도망길이며, 그리고 현실에 경제적 이익을 가져온 것이다. 관세에 의한 교역조건의 유리화는 총국민소득을 증가시킬 뿐만 아니라, 그것을 바람직한 방향으로 재배분할 것이다.

이 표준적인 교역조건의 효과를 가져온 것 자체는 결코 새로운 것은 아니지만, 오스트레일리아의 보호무역론에 새로운 맛을 더하여, 그것을 비판에 대하여 강한 것으로 하였다. 그러나 과연 노동이 보호에 의하여 실제로 이익을 얻을 것인가. 바스테이블은 어떤 조건 아래에서 노동이 자유무역에 의하여 손해를 입는 것을 인정하고 있지만, 많은 경제학자는 그 결론에 저항하였다. 하벌러(1936, pp.194-195)는 토지와 같은 특정의 생산요소는 손해를 입을지도 모르지만, 부문 사이를 이동할 수 있는 생산요소(예를 들면 노동, 적어도 단기적이 아니라)는 자유무역에 의하여 손실을 입는 것은 없다고 논하였다. 하벌러의 추측은 자유무역론에 호의를 갖는 논자에게 많은 안도감을 주었다고는 하지만, 결코 충분하지는 못하였다.

교역조건의 변화와 무역정책에 의하여 야기되는 국내물가의 변동에 대한 요소가격의 반응을 정확하게 확정할 수가 없었던 데에서, 1920년대 및 1930년대의 국제무역론이 불완전하다는 것이 점점 분명하게 되었다. 이 시기는 고전학파(본질적으로는 리카도) 기반으로부터 신고전학파(핵셔=오린=새뮤엘슨) 기반에로의 전환기였다.[5] 이 전환은 적어도 1인의 논자가 잘못한 자유무역 옹호론을 전개한 것으로부터 가속되었다. 앤더슨(Karl Anderson, 1938)이 오스트레일리아의 보호무역론을 거부하고, 관세가 (외국수요가 비탄력적이 아닌 한) 교역조건의 유리화를 경유하여 국민소득을 증가하는 것을 부정하고, 그

---

5) 리카도와 기타에 의하여 개발된 고전학파의 이론은 단일의 생산요소(노동)로 나타낸 실질생산비를 둘러싸고 전개되었다. 이것에 대하여 신고전학파의 이론(이것은 스웨덴의 경제학자 Eli Heckscher와 Bertil Ohlin 및 미국의 Paul Samuelson에 의한)은 국제무역을 추진하는 요인으로서 여러 나라의 요소부존상태의 차이와 기회비용의 차이에 보다 많은 초점을 맞추었다.

리고 자유무역이 총국민소득뿐만이 아니라, 각 생산요소의 소득까지도 극대화한다고 주장하였다. 새뮤엘슨(Mario C. Samuelson, 1939)은 바로 그 주장이 어느 것도 잘못된 것을 증명하였다. 즉, 관세에 의하여 교역조건을 변화시키고자 하는 유인은 외국(상호)수요가 무한히 탄력적이 아닌 한, 항상 어느 정도 존재하는 것이며, 또 생산요소의 한계생산물이 부문 사이에서 균등하다는 것은 각 생산요소의 수입(收入)이 극대인 것을 의미하지 않는 것이다.6)

그러나 그녀(새뮤엘슨)는 상품가격에 따라 요소가격이 어떻게 변화하는가에 관해서는 분명하게 하지 않았지만, 이것을 단서로서 스톨프와 새뮤엘슨(Wolfgang Stolper and Paul Samuelson, 1941)이 이 관계에 관하여 엄밀한 분석을 하였다. 이것이 뒤에 표준적인 헥셔·오린·새뮤앨슨 모델(HOSmodel)로서 알려진 것－거기에서는 완전하게 이동 가능한 두 생산요소(예를 들면 자본과 노동)가 상이한 비율로 두 상품의 생산에 사용된다－이 되는 것이다. 스톨프＝새뮤엘슨 모델은 다음과 같은 것이다. 어느 특정의 생산요소를 다른 나라에 비하여 상대적으로 풍부하게 가진 나라(그 나라의 자본/노동비율이 다른 나라의 그것보다도 높은 나라)는 그 생산요소를 집약적으로 사용하는 상품(이 예에서는 자본집약상품)을 수출하는 경향이 있다. 즉, 스톨프＝새뮤엘슨은 다음의 내용을 분명히 한 것이다. 보호에 의하여 수입품의 국내가격이 등귀하는 경우, 수입품의 생산에 집약적으로 사용되는 희소생산요소의 실질보수율(어느 상품으로 표시하여도 좋다)은 확실히 증가하고, 반면, 수출품의 생산에 집약적으로 풍부한 생산요소의 실질보수율은 감소한다. 이것의 의미는 분명하다. 만약 수입품과 경쟁하는 부문이 노동집약상품을 생산하고 있다면, 관세는 의심 없이 노동의 실질수입을 증가시켜, 자본의 실질수입을 감소시킬 것이다. 이제는 자유무역론자는 보호가 생산요소의 절대수입을 감소시킨다고는 (예를 들어 총소득에 점하는 그 몫이 증가한다고 하여도) 말하지 않는 것이다.7) 그리고 예를 들어, 모든 토지(상대적으로 풍부한 생산요소)가 몇몇 사람들의 소유였다 하여도, 자유무

---

6) 여기에서 언급하는 외국수요란 엄밀하게 말하면, 제13장에서 취급한 관세와 교역조건의 논의에서 John Stuart Mill이 전개한 외국상호 수요를 말한다.

7) 어떤 종류의 생산요소가 어느 부문에 있어서 특수하며, (그리고 비이동이다)라고 하는 모델은 헥셔＝오린＝새뮤엘슨 모델보다도, 이 오스트레일리아의 보호무역론의 모델에 상응하는 바와 같이 생각된다. 만약 노동이 1차부문과 공업부문과의 사이를 이동하는 것이 가능하며, 그리고 토지가 1차부문에 또 자본이 공업부문에 특수하다고 하면(따라서 비이동이라고 하면), 임금에 대한 보호 효과는 불확정하게 되며, 그 효과는 노동의 소비패턴에 의존하는 것이 된다. 또 Roy Ruffin과 Ronald Johnes(1977)는 보호가 실질임금을 인하할 것이라고 한다. 합리적인 추정을 작성하여, 하벌러 기타의 주장에 상당한 지지를 부여하고 있다.

역은 인구의 대부분의 사람들의 실질소득을 감소시키는 것이 될 것이다.

스톨프＝새뮤엘슨 정리는 자유무역과 보호무역의 양쪽에 의한 소득분배에 대한 영향을 확실히 묘사해 낸 것이다. 물론 교역조건의 효과를 따로 하면, 자유무역은 여전히 국민소득을 극대화하는 것이다. 보호에 의하여 희소요소에 귀속하는 이익은 풍부한 요소가 입는 손실보다도 적기 때문이다. 생각건대 프리스덴은 보호에 수반하는 이 문제를 교역조건의 효과를 도입함으로써 회피한 것은 없을까. 그 경우, 관세는 소득분배를 바람직한 방향으로 (노동의 임금수입을 늘리는 방향으로) 재배분함과 함께, 국민소득을 보다 높은 수준으로 (그 사이의 교환 없이) 도출하기 때문이다.

그러나 사태가 브리그뎬이 상정하는 상태에 가까이 되면 될수록, 이 결과의 일어나지 않을 가능성이 크게 되는 것이다. 브리그뎬의 최초의 논문이 발표되고서부터 20년 뒤에, 이 오스트레일리아의 논쟁에 놀라워해야 할 결론이 나온 것이다. 브리그뎬의 결론을 수정한 것은 관세의 교역조건 및 소득분배에 미치는 영향에 관한 메츨러(Lloyd Metzler, 1949)의 분석이다. 메츨러는 다음의 것을 분명히 하였다. 만약 외국수요(여기에서도 외국 상호 수요를 나타낸다)가 비탄력적이라면, 관세는 기대한 대로 국민소득을 증가시키면서도, 희소생산요소의 실질수입을 증가시키지는 않고 감소시키는 것이다. 이 경우, 기묘한 비틈에 의하여, 브리그뎬의 이중의 목적은 양립하지 않는 것이다. 이 메츨러의 결론을 직관적으로 이해하는 데는 상품의 상대가격과 교역조건을 구별하면 좋다. 그 교역조건에 영향을 미치는 것이 될 수 있는 나라에 있어서 관세는 일반적으로 그 수출품의 세계시장에 있어서 상대가격을 인상하고, 그 반면, 보호되고 있는 국내시장에서 수입품의 상대가격을 인상하는 효과를 갖는다. 그러나 외국수요가 비탄력적이라면, 대외가격효과가 대내가격효과보다 크게 되어, 수입품의 국내상대가격도 또한 하락할 것이다. 그 결과, 관세가 수입경쟁산업에 대한 보호는 될 수 없는 것이다. 브리그뎬은 오스트레일리아 상품에 대한 외국수요가 어느 정도 비탄력적인가에 관해서는 언급하지 않지만, 이 메츨러의 역설은 오스트레일리아가 1차산품에 큰 시장지배력을 가지면 가질수록, 관세에 의한 교역조건의 유리화가 노동의 실질임금을 인상하는 목적과는 모순하는 것이 되는 것이다.

오스트레일리아의 보호무역론은 결코 자유무역을 직접적으로 고발하는 것이 아니라 하여도, 한 나라 경제의 모든 그룹이 반드시 자유무역으로부터 이익을 받는 것이 아닌 것을 분명히 하였다. 곡물법에 관한 리카도의 논의는 그것이 소득분배에 미치는 심각한 영향에 초점을 맞추었지만, 이 분배효과에 관한 이론분석은 이 오스트레일리아의 논쟁이 발생하기까지의 수십 년 사이, 무시되어 왔다.

　이 오스트레일리아의 논쟁은 흥미 있는 비경제적 보호무역론으로서 인식되고는 있지만, 동시에 그것은 다음의 보다 중요한 문제를 제기하는 것이다. 즉, 자유무역에 의하여 어느 개인 혹은 경제계급이 불리하게 되는 것이라면, 과연 경제학자는 소득분배에 관하여 암묵리에 가치판단을 하는 것 없이, 자유무역이 보호무역보다도 훌륭하다고 정말 말할 수 있는 것일까. 다음 장에서 취급하는 이 문제가 1930년대의 학문적인 논의의 전면에 등장하는 것이다.

참고문헌

1) Anderson, Karl L., "Protection and the Historical Situation: Australia", Quarterly Journal of Economics 53(November 1938): 86−104.

2) Bastatble, Charles F., The Theory of International Trade. Dublin: Hodges and Figgis, 1887; 3d ed. London: Macmillan, 1903.

3) ＿＿＿＿＿＿＿＿＿, "Economic Notes", Hermatherna 7(1890): 109−25.

4) ＿＿＿＿＿＿＿＿＿, "On Some Disputed Points in the Theory of International Trade", Economic Journal 11(July 1901): 226−29.

5) Brigden, J. B., "The Australian Tariff and the Standard of Living", Economic Record 1 (November 1925): 29−46.

6) Brigden, J. B., (et al) The Australian Tarriff: An Economic Inquiry. Melbourne: Melbourne University Press, 1929.

7) Copland, D. B., "A Neglected Phase of Tariff Controversy", Quarterly Journal of Economics 45(February 1931): 289−308.

8) Edgeworth, F. Y., "The Theory of International Values, 3", Economic Journal 4(December 1894): 06−38.

9) ＿＿＿＿＿＿＿＿＿, "Review of Charles Bastable's 'The Theory of International Trade, 2nd ed.'", Economic Journal 7(September 1897): 397−403.

10) ＿＿＿＿＿＿＿＿＿, "Review of Charles Bastable's 'The theory of International Trade, 3rd ed.'", Economic Journal 10(September 1900): 389−93.

11) ＿＿＿＿＿＿＿＿＿, "Disputed Points in the Theory of International Trade", Economic Journal 11(December 1901): 582−95.

12) Loria, Achille., "Notes on the Theory of International trade", Economic Journal 11(March 1901): 85−89.

13) Manger, Gary., "The Australian Case for Protection Reconsidered", Australian Economic Papers 20(December 1981): 193−204.

14) Metzler, Lloyd., "Tariffs, the Terms of Trade, and the Distribution of National Income", Journal of Political Economy 62(February 1949): 1−29.

15) Nicholson, J. S., Principles of Political Economy, vol.2. London: Macmillan, 1897.

16) Patten, Simon N., The Economic Basis of Protection. Philadelphia: Lippincott, 1890.

17) Ruffin, Roy J., and Ronald W. Jones. "Protection and Real Wages: The Neoclassical Ambiguity".

18) Journal of Economic Theory 14(April 1977): 337−48.

19) Samuelson, Marion Crawford., "The Australian case for Protection Reexamined", Quarterly Journal of Economics 54(November 1939): 143−49.

20) Samuelson, Paul A., "Summing Up on the Australian Case for Protection", Quarterly Journal of Economics 96(February 1981): 147−60.

21) Sidgwick, Henry., Principles for Political Economy. London: Macmillan, 1883: 3rd ed., 1901.

22) Stolper, Wolfgang F., and Paul A. Samuelson. "Protection and Real Wages", Review of Economic Studies 9(November 1941): 58−73.

23) Taussig, Frank W., "Recent literature on Protection", Quarterly Journal of Economics 7(January 1893): 162−76.

24) Torrens, Robert., An Essay on the Production of Wealth. London: Longman, Hurst, Rees, Orme, and Brown, 1821.

25) Viner, Jacob., "The Australian Tariff: A Review Article", Economic Record 5(November 1929): 306−15.

제16장

자유무역의 후생경제학

앞의 15장의 오스트레일리아의 보호무역론에 관한 논쟁은 간접적으로는 스톨퍼＝새뮤엘슨 정리에로 계속된 것이었지만, 그것은 또한 다음의 문제와 밀접하게 관련하는 것이다. 즉, "만약 자유무역이 어느 개인 혹은 어느 집단을 불리(후생수준의 저하)하게 한다면, 과연 경제학자는 특정의 소득분배의 바람직함에 관하여 무언가의 암묵의 가치판단을 갖는 것 없이, 그 정책을 옹호할 수가 있는 것일까", 이 의문의 배후에 있는 심각한 문제는 과연 경제이론이 경제정책의 후생효과에 결론을 줄 수가 있는가라는 어려운 방법론 위의 문제이다.

고전학파의 경제학자들은 (아담 스미스는 그렇지 않았다 하여도) 한 나라의 물적 부의 최대 가능량의 달성이라는 것을 경제목적으로서 주어져 있다고 생각하고 있었다.[1] 그렇지만 그들은 결코 물적 부가 항상 또 어디에서도 경제정책의 유일한 목적이라고는 논하지 않았다. 경제분석은 사회의 선택이 어떻게 하여야 하는가에 관해서는 언급하지 않는 것, 또 경제분석이 반대할 수 없는 것을 경제학자는 분별하고 있었다. (국방은 부

---

1) 밀(J. S. Mill)은 경제학을 개인에 관계하는 문제로서 다음과 같이 말한다. 경제학은 "부를 가지려고 바라는 존재(인간)에게만 관계하는 것이어서, 기타의 인간의 정열이나 동기라는 것은 전부 버린다. 그것은 결코 경제학자가 인간을 실제로 그렇다고 생각할 정도로 바보이기 때문은 아니라, 그것이 과학이 밟아야 할 절차이기 때문이다."

유보다도 중요하다는 스미스의 신념은 이 입장을 나타낸다.) 그러나 물적 배려가 중요하다고 생각되는 한, 그와 같은 배려는 (거의 항상 어느 정도) 중요하며, 그리고 경제분석은 경제정책에 관하여 많은 지식을 제공하고, 물적 환경의 개선에 공헌하는 것이라고 고전학파 경제학자는 굳게 믿어 왔다.

스미스 및 고전학파의 사람들은 한 나라의 부를 한 움큼으로, 생산가능성으로 표시한 물적 부의 총량 혹은 그 나라의 본원적 생산요소(토지, 노동 및 자본)의 생산력에 의하여 입수 가능한 상품의 총량으로 정의하였다. 한 나라의 부의 총량을 의미하는 스미스의 용어는 매년의 생산물(annual produce) 혹은 실질수입(real revenue)이며, 그것은 지금 실질국민소득으로서 알려져 있는 것이다. 이 물적 부의 정의는 그 나라에서 생산된 모든 상품을 (경쟁시장가격으로) 가중하여 합계한 것을 암묵리에 의미한다. 또 스미스와 고전학파의 경제학자들은 국제무역을 한 나라 자원의 유효생산성을 증가시켜, 그 나라의 물적 부(혹은 실질국민소득)를 증가시키는 중요한 수단이라고 생각하였다. 스미스는 분업과 무역이 수행하는 "위대하고 중요한 서비스"를 찬양하고, 그것은 매년의 생산물을 최대한으로 증가시켜, "사회의 실질수입을 증가하는" 것에 도움이 되는 것이라고 하였다.2) 또 고전학파 경제학자는 비교우위 이론에 따라 무역을 개시하는 것은 생산성의 증가와 동일하며, 사회의 입수 가능한 모든 상품의 총량을 잠재적으로 증가시키는 것이라는 것을 확신하였다. 밀(John Stuart Mill, (1848) 1909, p.579)이 설명한 바와 같이, 한 나라는 무역에 의하여 "그 나라가 필요로 하는 상품을 동일 양의 노동과 자본에 의하여 보다 많이 입수하는 것이다."3)

아담 스미스와 고전학파 경제학자들은 거의 예외 없이, 자유무역정책은 무역이익을 가져오고 국민소득을 극대화하는 최선의 방법이라고 생각하고 있다. 물론 생산성 경유의 물적 부 그 자체가 목적은 아니다. 스미스는 "모든 생산활동의 유일한 목적과 목표는 소비이다."라고 명확히 말하고 있다.4) 밀((1848)1909, p.45)도 또한 조금 다른 표현으로, 생산의 궁극적 목적은 그 상품을 구입하고 소비하는 사람들에게 효용을 제공하는 것이라고 언급하고 있다.

그러나 자유무역정책과 기타의 정책을 평가하는 데 있어서, 사고방식을 생산에서 소

---

2) Adam Smith, The Wealth of Nations(Ⅳ), p. i .31.
3) 케안즈(John E. Cairnes, 1874, p.418)는 "외국무역이익의 참된 기준은 그것이 어느 정도 상품을 저렴한 가격으로 풍부하게 하는가라는 것이다."라고 쓰고 있다.
4) Adam Smith, The Wealth of Nations(Ⅳ), p. i .viii.49.

비로 옮기는 것은 간단하지는 않았다. 고전학파의 분석은 자유무역이 물적 부를 증가시킨다는 설명에 있어서는 대체로 성공하였다. 그렇지만 물적 부의 증가가 반드시 사회 전체의 경제적 복지의 향상이 되는 것을 나타내는, 보다 야심적인 시도에 있어서는 충분하지 못하였다. 부(wealth)와 후생(wealfare)의 차이가 이 문제를 명확하게 한다.[5] 부란 사회가 이용할 수 있는 상품의 전량(경쟁가격으로 평가한다)으로 표시한 물적 부이다. 후생이란 더욱 막연한 개념이며, 밴담(Jeremy Bendtham)이 생각하는 개인의 효용(행복이라든가 만족이라는)을 의미하고 있다. 그리고 한 나라의 경제후생을 개념화하기 위하여 사회의 모든 개인의 효용을 어떠한 방법으로 합계하지 않고서는 아니 되는 것이다.

고전학파 경제학자들은 경제후생(그것은 사회의 부의 분배와 소비에 일부 의존한다)의 결정요인에 관해서보다도, 물적 부(생산효율)의 배후에 있는 여러 요인에 의하여 많이 주목하였다.[6] 물론 고전학파 경제학자는 경제적 부(직접적으로 혹은 무역을 개입하여 간접적으로 생산되는 상품의 양)와 경제후생(그 모든 상품의 소비로부터 얻어지는 소비자의 만족)이 직접적으로 관련하여, 그 사이에 기본적인 모순이 없는 것을 가정하였다. 즉, 무역은 "상품의 양의 증가에 대하여, 즐거움의 총량(sum of enjoyments)의 증가에 대하여, 매우 많이 공헌한다."라고 리카도((1817), 1951, p.128)가 언급한 때와 같이, 부의 증가는 가끔 후생의 증가를 의미한다고 이해되었다.

그러나 부와 후생을 동의어로 이해하는 것은 두 가지 이유로 방법론적으로 문제이다.

첫째로, 부와 후생은 항상 개념적으로 상이한 것으로 이해되어 온 것이며, 그것을 함께하는 것은 단순한 편의에 지나지 않는다.

둘째로, 고전학파 경제학자는 분명히 자유무역의 (소득)분배효과를 인식하고 있었다. 예를 들어, 실질적 국민소득의 증가가 한 나라 전체의 이용가능한 상품의 증가를 의미한다고 하여도, 자유무역에 의하여 어느 개인 혹은 어느 집단은 불리(후생수준의 저하)하게 될 것이다. 그것이 리카도의 농업보호문제(곡물법)의 요점, 즉 곡물가격의 등귀에 의한 소득의 자본가로부터 지주에로의 이전이었다. 가끔 고전학파 경제학자는 단지 소

---

5) 현대의 경제학자 가운데에서는 힉스(J. R. Hicks, 1940)가 최초로 생산능력 척도로서 실질소득과 경제후생 척도로서 실질소득을 구별하여, 이 두 가지가 전적으로 다른 것을 시사하였다. 이 문제의 자세한 논의에 관해서는 센(A. K. Sen, 1979)을 보라.

6) 밀(J. S. Mill, 1836, p.9)은 다음과 같이 쓰고 있다. "우리는 이렇게 생각한다. 경제학이 부의 소비에 관하여 고려하는 것은 그것이 생산 혹은 분배에 관하여 고려하기 위하여 불가결하기 때문이며, 그 이상의 이유에 의한 것은 아니다. 우리는 명확한 (객관)과학의 주제로서 부의 소비의 법칙을 갖고 있지 않다. 소비의 법칙은 인간의 즐거움의 법칙에 지나지 않기 때문이다."

득분배의 문제를 회피할 목적에서 부와 후생을 동일시한 것이다. 고전학파의 사고방식은 먼저 정책은 여러 종류의 정책을 사용하여 경제적 부의 극대화를 추구하고, 그 뒤에 소득분배에 관한 배려를 한다고 하는 것이다. 그러나 만약 각 정책 혹은 모든 정책이 소득분배에 바람직하지 않은 변화를 가져와, 그것의 시정이 필요하다고 하는 것이라면 경제정책의 변경은 너무나도 귀찮게 되어 실시할 수 없게 될 것이다.

그러나 시니어(Nassu Senior, 1836, pp.2−4)는 무역에 의하여 모든 상품의 이용가능성이 증가하는 것이기 때문에 경제후생(어떤 방법으로 측정한)이 잠재적으로 증가한다는 것만으로는 불충분하다고 통렬하게 비판하였다. 그는 말한다. "경제학자가 취급하는 주제는 우리가 협의의 의미로 사용하는 행복이 아니라, 부이다." 시니어는 그 자신 자유무역의 입장임에도 불구하고, 경제학자는 그 과학적 지식에 기초하여 정책제언을 할 수는 없다고 논하였다. 즉, "어느 행위가 부를 가져온다고 주장하는 저자가 그 이유만으로 그 행위를 장려하거나 혹은 그 이유만으로 그 행위가 추구되어야 한다고 생각한다면, 그는 행복과 부의 소유를 동일시하는 과오를 범하게 된다." 이러한 저자의 과오는 "부에 주의를 한정한 것이 아니라, 부를 행복과 혼동한 것이다." 경제학자의 결론은 "그 일반성·진리성이 어떠한 것이든, 그것은 결코 경제학자가 경제정책에 관하여 한 쪽의 충고조차도 줄 자격을 부여하는 것은 아니다." 왜냐하면 부는 행복을 구성하는 단순한 한 요인에 지나지 않기 때문이다.[7]

이 시니어의 제언은 다른 경제학자들에게는 지나치게 엄격하게 받아들이지만, 그가 제기한 문제는 회피할 수 없는 것이다. 즉, 과연 경제과학은 정부의 정책이 경제후생에 미치는 영향에 관하여 윤리적으로 중립적인 발언을 할 수 있는 것일까. 지주가 1달러의 손해를 볼 때마다 자본가가 2달러씩 득을 보는 바와 같은 경우, 어떠한 의미에서 그 상태가 경제후생 전체의 향상이 된다고 말할 수 있을까. 그와 같은 것이 말할 수 있기 위해서는, 화폐가 효용을 측정하는 것에 타당한 척도인 것, 또 소득의 한계효용이 두 개의 집단에 있어서 불변이며, 동일하지 않으면 아니 된다. 예를 들면, 지주의 소득의 한계효용이 자본가의 그것보다도 크다면, 사회는 자본가의(보다 많은) 이익보다도 지주의 (보다 적은) 손실 쪽을 보다 중요하다고 평가할지도 모르는 것이다.

---

7) 시니어(Nassou Senior, 1860, pp.183−84)는 다음과 같이 언급하고 있다. 다시 경제학자가 "독자에게 있는 것을 행하는 것 혹은 행하지 않는 것을 충고하여, 어떤 종류의 인상을 준다면, 그 자신이 과학의 영역으로부터 기술의 영역으로 보다 일반적으로 도덕의 기술 혹은 통치의 기술 영역으로 파고드는 것이 되는 것이다. …… 우리가 권하거나 혹은 승인하거나 비난하기조차도 우리는 과학적이지 않게 되는 것이다."

이 문제를 회피하여, 부와 후생과의 갭을 메우기 위하여, 밀(J. S. Mill, 1825, p.299)
은 '곡물법'논쟁과 관련하여, 보상원리로서 알려져 있는 바와 같이 되었던 사고방식을
제창하였다.

> "만약 …… 이 전 과정에서 이전(移轉) 밖에 아무것도 없었다고 한다면 그리고 소비자와
> 자본가가 입는 손실이 그대로 지주의 이익이 되는 것이라면, 그것은 약탈이지만, 아무것도
> 잃은 것은 없다. 그것은 사회의 부의 나쁜 분배이라도, 부의 총량을 적극적으로 감소시키
> 는 것이 아니다. 그것(곡물법)은 어느 경우라도, 절대적인 손실을 가져오는 것이며 그 손실
> 은 지대의 수취인이 얻는 것이 될 수 있는 이익보다도 훨씬 많은 것이다. '곡물법'의 결과,
> 지주의 호주머니에는 1파운드마다, 사회는 몇 파운드를 빼앗기는 것이다."

그리고 밀은 이렇게 결론 맺는다. "곡물법을 철폐하는 것은 예를 들어 보상이라는 귀
찮음이 있다고 하여도, 전적으로 폐지하지 않는 것보다도 유리한 것이다. 예를 들어 그
것이 우리가 할 수 있는 유일한 선택이었다 하여도 그것에는 누구도 간섭을 말할 수
없는 것이다. 그것에 의하여 많은 폐해가 방지되고, 그리고 누구나 손해를 보지 않기
때문이다." 밀의 이 제안은 이익의 충돌을 해결하는 것이다. 즉, 만약 보호무역에 의하
여 소득이 감소하는 사람들에게 보상금이 지불된다면, 나쁘게 되는(후생저하) 사람은 없
게 되며, 모든 사람이 잠재적으로 좋게 되게(후생향상) 될 것이다. 그리고 이 경우, 자
유무역은 국민의 부만이 아니라 국민의 후생에 있어서도 가장 좋게 될 것이다.

밀의 통찰력 있는 평론에도 불구하고, 이 문제는 19세기 말에 유럽의 일반균형이론의
논자가 효용의 개념을 보다 조작 가능한 것으로 하기까지는 거의 방치되어 있었다. 그
러나 이태리의 경제학자 파레토(Vilfred Pareto)가 효용의 개인 사이의 비교를 피하여 그
리고 소득분배에 암묵의 가치판단을 가져오지 않는다는 동료들의 요망에 답하여, 모든
상품의 배분의 상이한 두 개의 상태의 후생수준을 비교하는 기준(그것은 밀이 제안한
것과 밀접하게 관련한다)을 고안하였다. 파레토(1894)의 논의는 다음과 같다. 유효배분
이라는 것은 누군가를 불리하게 하지 않고, 누군가를 유리하게 하는 것이 될 수 있는
상태이다. 우리는 이 기준에 의하여 만약 몇 사람도 불리하게 하지 않고, 적어도 한 사
람을 유리하게 할 수 가 있다면, 그 상품의 배분(예를 들면, 보호의 아래에 있어서)보다
도 훌륭하다고 말할 수 있다. 이와 같은 후생기준은 어느 것이나 자의적이며, 가치판단
을 포함하는 것이라고는 하지만, 이 파레토의 지침(pointline)은 광범한 지지를 받았던
것이었다. 이것의 기준이 되고 있는 원칙-만약 몇 사람이나 불리하게 되지 않고-에는

쉽게 반대할 수 없기 때문이다.

그렇지만 이 조건에서는 자유무역이 보호무역보다도 파레토개선이라고는 할 수 없다. 약간의 사람이 불리하게 되기 때문이다. 그러나 보상을 수반하는 자유무역은 이 엄격한 기준을 충족하고 있는 것이다. 파레토(1895) 자신도 이 이론을 사용하여 자유무역의 (후생 위의) 최적성을 확립하고자 하였다. 그렇지만 그 시도는 치프만(John Chipman, 1987, p.1: 526)이 지적한 바와 같이, 실패였다.

파레토는 무역이 국내가격으로 균형 잡는 것을 가정하고, 그 때문에 교역조건의 유리화의 효과와 관세수입증가의 효과를 고려하지 않았기 때문이다.[8]

보상원리와 파레토 후생기준의 이론무장에 의하여 경제학자는 자유무역과 경제후생에 관하여 보다 엄격한 명제를 확립할 수가 있게 되었다. 새뮤엘슨(1939)이 분배문제와 교역조건효과의 양쪽을 배제함으로써, (전자에 관해서는 한 나라가 전적으로 동질의 생산자·소비자의 개인으로부터 구성된다고 가정하고, 후자에 관해서는 한 나라가 무역에 의하여 모든 상품을 원하는 만큼의 양을 임의로 선택한 국제가격의 벡터(vector)에서 입수할 수 있다고 가정함으로써), 무역이익의 엄밀한 증명의 명확한 제1보이라고 현대의 경제학자가 인정하는 사고방식을 확립하였다. 즉, 새뮤엘슨은 현시선호(reveal preference)의 개념을 사용하여, 한 나라가 자급자족(autarky) 때와 같은 상품의 묶음을 자유무역의 아래에서 구입할 수 있다는 것, 따라서 새뮤엘슨의 증명은 무역이 일어나는 경우가 최선이라고 하는 것이어서, 자유무역이 그 나라에 있어서 최선이라고 하는 것은 없었다.

물론 이 두 가지 가정-동질의 소비자 및 교역조건효과가 없다-이 중요하다. 캠프(Murray Kemp, 1962) 및 새뮤엘슨(1962)은 보상원리를 사용하여, 동질의 소비자라는 강한 가정을 완화하여, 그 뒤, 그랜드몬트(Daniel Grandmont) 및 맥파댄(Daniel McFadden(1972)이 그것을 보다 기술적으로 보다 상세하게 하였다. 파레토기준을 승인하고, 불이익을 입은 사람에게 실제로 보상을 하여, 그리고 교역조건의 일정을 가정한다는 조건 아래에서, 자유무역이 자급자족보다도 또 관세를 포함하는 균형상태보다도 파레토우위라고 순위매김할 수가 있게 되었다. 그러나 제9장에서 논한 바와 같이, 각 나라가 그 교역조건에 영향을 미칠 수가 있는 경우에 있어서 자유무역의 후생상태에 관해서는 문제는 다시 복잡하게 되었다. 그라프(J. V. J, de Graff(1949))는 최적관세 아래에서, 보호의 수익자가

---

8) 치프만(John Chipman, 1976) 및 마네스치(Andrea Maneschi, 1993)를 보라. 1908년의 바로네(Enrici Barone)의 선구적인(그러나 무시된) 무역이익의 그림 표시는 지적해 두지 않으면 아니된다. 이것은 마네스치와 드위트(William Thweatt, 1987)에 수록되어 있다.

자유무역으로부터 이익을 받을 것이라는 사람들을 보상할 수 있는 것을 지적하였다.

　이와 같이 하여 보상원리는 자유무역에 의하여 누구라도 불이익은 되지 않는다고 하는 파레토기준을 충족시키기 위하여 불가결한 것이 되었다. 이어서 1930년대에 만약 보상이 없다면, 자유무역은 지지될 수 없는가라는 논쟁이 발생하였다. 이 논쟁은 보상원리의 재발견 그리고는 가상적 보상(hypothetcal compensation tests)의 정합성 문제에로 계속하는 것이었다. 당시 영국에 있어서 후생경제학은 여전히 (측정 가능하다고 생각되었다) 효용의 개인 사이 비교를 전제로 하고 있었다. 로빈스(Lionel Robbins)가 1932년에 출판한 저서에서 이 접근법의 약점을 경제학자에게 호소하였다. 즉, 효용의 개인 사이 비교는 암묵리에 가치판단을 포함하는 것이며, 경제과학으로서는 지지될 수 없다고 주장한 것이다. 그와 같은 견해는 적어도 해로드(Roy Harrod)에게 있어서는 경제정책에 무언가를 발견하고자 바라고 있는 경제학자에게 너무나도 엄격한 것이었다. 해로드(1938, pp.396－97)는 소득의 한계효용이 모든 개인에게 동일하다는 것을 전제로 하고, 모든 개인을 평등하게 취급할 것을 제창하여, 다음과 같은 수사적인 의문을 제기하였다.

　‘곡물법의 철폐’를 상기하여 보자. 그것은 특정의 생산요소(토지)의 가치를 저하시키는 경향을 갖는다. 시회 전체에 있어서의 이익이 지주의 손실을 상회하는 것은 의심의 여지가 없는 것이다. 단, 그것에는 각 개인을 어떤 의미에서 같다고 가정하지 않으면 아니 된다. 그렇지 않으면 어떻게 하여 우리는 어느 사람의 손실을 또 손실의 존재를 부정할 수 없는 것이라는 것을 사회 전체의 이익과 비교할 수 있는 것일까. 만약 효용의 개인 사이 비교가 불가능한 것을 극단적으로 주장한다면, 후생학파의 진단뿐만 아니라 어떠한 진단도 모두 배제되게 된다. 충고자로서의 경제학자는 전적으로 무용한 존재가 되어 버려, 그리고 경제학자의 사색에 영원의 심미적 가치가 인정되지 않는다면, 경제학자의 존재는 완전히 말살되는 쪽이 더 좋을 것이다.

　그러한 것은 터무니없는 것이라고 해로드는 정책권장을 위하여 “그러한 가정은 허용되지 않는다.”라고 주장하였다.

　이것에 로빈스(138, p.638)는 답하여 모든 개인을 평등하게 취급하는 것이 일반적으로 인정되고 있는 것에 관해서는 싸우지 않았지만, 로빈스는 특정의 규준이 경제학의 밖으로부터 초래하는 것을 주장하였다. 실제로 모든 “정책에 관한 진단은 경제학의 영역 밖의 규범을 승인한 위에서 이루어지는 것이다.” 로빈스는 경제학자가 경제정책을 논하는 것을 억제하고자 한 것이 아니라, 단지, 그와 같은 논의에는 반드시 경제과학으로부터 벗어나는 것을 인식해야 한다고 주장한 것이다. 경제과학은 경제활동의 경로가 달성해야 할 목표로부터 어느만큼 벗어났는가를 평가할 수 있지만, 경제과학은 그 자체(의 타당성)를 판단할 수는 없다. 로빈스는 '곡물법 철폐' 케이스를 취급하여, "자유무역이 정당한 것이라는 것을 경제과학은 나타낼 수가 없다."라고 주장한다. 왜냐하면, 경제학자가 자유무역을 권장하는 경우, 거기에는 '자의적인 요인'이 포함되기 때문이다. 자의적 요인이란 자유무역이 개인 혹은 집단 사이의 후생비교를 필요로 하고 새로운 소득분배를 야기하기 때문이다.

칼도어(Nicholas Kaldor, 1939, p.550)가 이 논쟁에 가담하였다. 그는 "자유무역의 고전적 주장에는 그와 같은 자의적인 요인은 전적으로 포함되어 있지 않다."라고 언급하며, 무의식 가운데에 해결책으로서 파레토(그리고 밀)기준을 다시 제안하였다. 즉, 종래의 소득분배는 "지주의 소득감소를 '보상'함으로써 그리고 그 보상의 자금을 소득이 증가한 사람에 대한 특별과세로 메움으로써" 항상 유지할 수가 있다. 그리고 칼도어는 계속한다. 이와 같은 방법으로 "모든 사람은 소득수령자로서는 지금까지와 동일한 후생상태이지만, 곡물가격이 저렴하게 되는 것으로부터 소비자로서 유리하게 된다." 말할 것까지 없이, 이것은 밀의 보상원리를 바꾸어 말한 것에 지나지 않다.

그러나 칼도어는 다시 계속한다.

"어느 정책에 의하여 물적 생산성이 향상하고, 총실질소득이 증가할 때는 어떠한 경우라도 경제학자가 그 정책을 권장하는 것은 개인의 만족의 비교가능성의 문제에는 전적으로 영향을 받지 않는 것이다. 이와 같은 경우에 있어서는 몇 사람도 불리함이 없이, 모든 사람이 유리하게 되는 것이 가능하기 때문이다. 경제학자로서는 어느 방책을 실시함으로써 손실을 입는 사람이 없다는 것을 증명할 필요는 없다. 사실 그와 같은 증명은 될 수 없는 것이다. 그렇게 주장하는 것에는 가령 그것에 의하여 손실을 입은 사람을 완전히 보상하였다 하여도, 사회의 기타 사람들이 이전보다도 유리하게 되어 있는 것을 나타내는 것만으로 충분하다. 자유무역의 경우, 지주가 실제로 보상되는가 아닌가는 경제학자에게 있어서는 정치적인 문제이며, 경제학자의 자격으로 의견을 말할 문제는 아니다. 중요한 것은 자유무역의 찬성론의 입장에서는 지주의 운명은 전연 관계가 없는 것이다. 예를 들어 지주의 손실이 완전히 보상되었다 하여도, 자유무역의 이익은 남기 때문이다."(pp.550－51)

이리하여 칼도어의 입장은 예를 들어 보상이 실제로 이루어지지 않아도, 가상적인 보상에 의하여 파레토개선이 될 수 있는 것이라면, 그와 같은 정책의 변경은 바람직하다는 것이다. 이 '가능적' 파레토개선의 기준은 어느 의미에서 경제적 총량의 증가가 경제후생이 개선하는 것 혹은 개선할 수 있는 것을 추정할 충분한 근거라는 고전학파의 견해와 같은 것이다.

만약 정책분석이 불가능하게 되면, "생생한 문제가 취급되지 않아도", "우리의 학문이 안락사하는" 것을 두려워한 힉스(John R. Hicks, 1939, p.697)는 바로 칼도어의 일반적 입장을 지지하여, 지금 하나의 테스트를 제안하였다. 힉스(1940)의 제안은 만약 지주가 자본가를 매수하여, 자유무역정책에 반대시킬 수가 없다면, 그 정책은 '가능적' 파레토 개선을 가져온다는 것이다. 이와 같은 다른 제안을 제출한 이유는 제안된 정책(자유무역)에 의하여 불이익을 입는 사람들에게 그것을 중지시키기 위한 보상계획을 수립할 의무를 지는 것이다. 이리하여 만약 자본가가 돈으로 지주를 자유무역으로 찬성시킬 수가 있다면(칼도어 기준) 혹은 지주가 돈으로 자본가를 자유무역으로 반대시킬 수가 있다면(힉스 기준), '곡물법'의 철폐는 후생에 관하여 '가능적' 파레토개선을 실현한다는 것이다.

이 '신후생경제학'이라고 일컬어지는 것의 큰 목표는 경제정책에 관하여 후생명제의 객관적 기반을 제공하는 것이다. 그러나 자유무역이 '가능적' 파레토개선이기 위해서는 '가정적' 보상테스트를 통과하면 좋다고 하는 칼도어=힉스기준은 바로 두 가지 문제에 직면하였다.

첫째 문제점은 만약 사람들이 보상이 지불되는가 아닌가에 관하여 관심이 없다면, 가치판단으로부터 자유로운 입장에서 경제정책을 평가한다는 목적이 상실되어 버린다. 보상이 (실제적이 아니라) 가정적인 성격인 것이 두 테스트의 기본적인 특징이다. 치프만(John Chipman, 1987, p.524)이 언급하는 바와 같이, "가치판단이 보상원리에 더하게 되어, 가장 중요하고 그리고 문제가 되는 것은 이 가능성과 현실성 사이의 모순이다. 만약 모든 사람이 새로운 상태에서 유리하게 될 수 있는 것이라면, 가령 누군가가 현실로 불리하게 되었어도, 그것이 옛 상태보다도 좋다고 판단되는 것이다." 이와 같은 가정적 보상원리로 만족하는 것은 (칼도어가 확실히 지적한 바와 같이) 경제적 부의 논의에 본래적으로 되돌아가는 것에 지나지 않는다. 그리고 그와 같은 처리의 방법은 경제후생에 의문을 가지면서 경제정책의 이론을 가치판단으로부터 면제시키고자 하는 것이다.

둘째 문제점은 씨토브스키(Tivor Scitovski, 1941)가 가정적 보상테스트에는 논리적 정합성에서 문제가 있는 것을 지적한 것이다. 그는 예를 들어 자본가가 지주에게 보상금을 지불하여 자유무역을 실시시켰다고 하여도(칼도어 테스트를 통과), 지주도 또한 마찬가지로 자본가에게 보상금을 지불하여 보호를 실시시키는 것이 가능한 것(힉스 테스트를 통과)을 증명하였다. 이것이 씨토브스키가 말하는 것이다. 자유무역이 보호무역보다도 좋은(칼도어 테스트) 동시에 보호무역이 자유무역보다도 좋은(힉스 테스트) 것이다. 그 결과, 칼도어 기준과 힉스 기준은 함께, 그것이 단독으로는 경제정책의 순위 매김에는 불충분하다는 것이다. 씨토브스키가 설명하는 바와 같이

"먼저 최초로 우리는 새로운 상태에서 그 소득을 재분배함으로써, 모든 사람들을 최초의 상태에서보다도 유리하게 할 수 있는지 어떤지를 결정하지 않으면 아니 된다. 다음으로 우리는 최초의 상태로부터 출발하여, 그 소득을 단지 재배분하는 것만으로 모든 사람들의 관점으로부터 새로운 상태에서보다도 좋은 것이 가능하지 않다는 것을 결정하지 않으면 아니 된다. 만약 제1의 조건이 가능하고 제2의 조건이 불가능하면, 새로운 상태는 옛 상태보다도 좋다. 만약 제1의 조건이 불가능하고 제2의 조건이 가능하면, 새로운 상태가 나빠지게 되는 것이 된다. 만약 양쪽 함께 가능 또는 불가능하면, 우리는 후생명제의 수립을 단념하지 않으면 아니 된다."

따라서 그 결과로서의 씨토브스키의 '이중'기준은 정책이 칼도어 테스트와 힉스 테스트의 양쪽을 통과하는 것을 찾는 것이다. 각종 정책의 경제후생 효과 평가에 단일·특정의 척도를 사용한다는 희망은 무너진 것이다.[9]

신후생경제학은 실패였다고 일반적으로 생각되고 있다. 파레토명제를 가정적 보상테스트에 의하여 확립할 수 없기 때문이다. 경제후생에 관한 논의가 깊고 먼 데서 귀찮은 방법론 분야에 급속하게 들여와 버렸기 때문에, 경제후생에 관하여보다도 경제적 부에 관하여 명제를 만드는 쪽이 훨씬 쉽게 되었다. 자유무역은 국부를 극대화하고 모든 상품을 입수하기 쉽게 하는 기회를 만든다는 고전적 명제에 사람들은 되돌아왔다. 그러나 그것으로도 또 자유무역이 '최선'이라는 주장에는 분배 면의 어려운 문제가 많은 실제적 반론으로서 남는 것이다. 약간의 집단이 불리하게 되며, 그런데도 보상되지 않을 것이기 때문이다.

말할 필요도 없이 파레토 기준은 매우 엄격한 것이며, 모든 정책제언에 엄격한 척도를 부과하는 것이다. 파레토 기준은 현상유지의 편향―무언가의 척도로 공정하다는 것을 필요로 하지 않는 편향―을 갖는 것이다. 보호(혹은 이것과 마찬가지 모든 경제정책)에 찬성하는 것에도, 같은 절망적인 분배 위의 어려운 문제가 따라다니기 때문이다. 그럼에도 불구하고, 무역정책과 경제후생에 관한 논의는 자유무역의 주장에 대하여 한계를 긋고, 경제이론과 경제정책과의 관계를 분명히 하는 것에 도움이 되는 것이다.

---

9) 그 뒤의 문헌에서 제안된 여러 가지 후생기준에 관한 여러 가지 어려운 문제에 관한 전망은 John Chipman and James Moore(1978)를 보라.

참고문헌

1) Chipman, John S., "The Paretian Heritage", Revue Europeenene des Sciences Sociales et Cahiers Vilfredo Pareto. 14(1976): 65－171.

2) ＿＿＿＿＿＿＿＿＿＿＿, "Compensation Principle", In He new Palgrave: A Dictionary of Economics, edited by J. Eatwell et al. New York: Stockton Press, 1987.

3) Chipman, John s., and James C. Moore. "The New Welfare Economics, 1939－1974", International Economic Review 19(October 19787): 547－84.

4) Graaf, J. de V., "On Optimum Tariff Structures", Review of Economic Studies 17(1949－50): 47－59.

5) Grandmont, Jean M.m and Daniel McFadden. "A Technical Note on Classical Gains from Trade", Journal of International Economics 2(May 1972): 109－25.

6) Harrod, Roy., "Scope and Method of Economics", Economic Journal 48(September 1938): 383－412.

7) Hicks, John., R "The Foundations of Welfare Economics", Economic Journal 49(December 1939): 696－712.

8) ＿＿＿＿＿＿＿＿, "The Valuation of Social Income", Economica N.S.. 7(May 1940): 105－24.

9) Kaldor., Nicholas. "Welfare Propositions of Economics and Interpersonal Comparisons of Utility", Economic Journal 49(September 1939): 549－52.

10) Kemp. Murray C., "The Gain from International Trade", Economic Journal 82(December 1962): 803－19.

11) Maneschi, Andrea., "Pareto on International Trade Theory and Policy", Journal of the History of Economic Thought 15(Fall 1993): 210－28.

12) Maneschi, Andrea, and William O. Theweatt. "Barone's 1908 Representation of an Economy's Trade Equilibrium and the Gains from Trade", Journal of International Economics 22(May 1987): 375－82.

13) [Mill, John Stuart] "The Corn Laws", Westminster Review 3(April 1925): 394－420.

14) Mill, John Stuart., "On the Definition of Political Economy; and on the Method of Investigation Proper to It", London and Westminster Review 26(October 1836): 1－29. Reprinted in Essays on Some Unsettled Questions of Political Economy. London: Parker, 1844.

15) Pareto, Vilfredo., "I will Massimo di Utilita dato dalla Libera Concorrenza", Giornale degli Economisti 9(July 1894): 48－66.

16) ＿＿＿＿＿＿＿＿＿＿＿, "Teoria Matermatica del Commercio Internazionale", Giornale degli Economisti 10(April 1895): 475－98.

17) Robbins, Lionel., An Essay on the Nature and Significance of Economic Science. London: Macmillan, 1932.

18) ＿＿＿＿＿＿＿＿＿, "Interpersonal Comparisons of Utility: A Comment", Economic Journal 48(December 1938): 635－41.

19) Samuelson, Paul A., "The Gains from International Trade", Canadian Journalk of Economics and Political Science 5(May 1939): 195－205.

20) ＿＿＿＿＿＿＿＿＿, "The Gains from International Trade Once Again", Economic Journal 82(December 1962): 820－29.

21) Scitovsky, Tibor., "A Note on Welfare Propositions in Economics", Review of Economic Studies 9(November 1941): 77－88. Wen, A. K. "The Welfare of Real Income Comparisons", Journal of Economic Literature 17(March 1979): 1－45.

22) Wenior, Massau, Outline for the Science of Political Economy. London: W. Lowes & Sons, 1836.

23) ＿＿＿＿＿＿＿＿＿, "Presidential Address to Section F of the British Association for the Advancement of Science", Report of the British Association for the Advancement of Science. London, 1860.

제17장

케인즈와 보호의 거시경제학

케인즈(John Maynard Keynes, 1893∼1946)는 20세기에 있어서 가장 영향력 강한 경제학자의 한 사람이다. 그의 저서 <고용, 이자 및 화폐의 일반이론(The General Theory of Employment, Interrest and Money, 1936)>은 경제학의 연구동향을 거시경제학의 방향으로, 즉 총수입, 총생산, 물가수준 및 총고용의 방향으로 전환시키는 것이었다. 1920년대 후기 및 1930년대 초기의 항구적인 높은 실업에 어떻게 대처해야 하는가라는 논의에서, 케인즈는 영국의 특수사정에 감안, 자유무역을 포기하여 보호무역으로 추진해야 한다고 논하였다. 그 특수사정에는 세 가지 중대요인 ─ ① 임금의 하방경직, ② 고정환율유지에 대한 정부의 집착, ③ 대량의 실업노동의 존재 ─ 이 포함된다. 그와 같은 상태 아래에서 케인즈는 (밀의 유치산업론의 경우와 같이) 자신의 위신을 걸고, 생산량의 확대와 고용의 증가를 위하여 관세를 사용하는 것을 제안하고, 그 정당화에 노력하였다. 그가 관세의 이용을 제안한 것이 그와 같은 특수사정 아래에서였음에도 불구하고, 그의 견해는 경제이론과 경제정책에 큰 충격을 주어, 수십 년에 걸쳐 자유무역 지지의 주장도 약하게 하는 것으로 이해되었다.[1]

---

1) 케인즈의 자유무역과 보호무역에 관한 견해의 개요에 관해서는 Randell Hinshaw(1947), Barry Eichengreen(1984), Bernard Wolf and Nicholas Smook(1988), Hugo Radice(1988) 및 Peter Clark(1988)를 참조하라.

케인즈의 경력은 완고한 자유무역론자로서 시작하였다. 그는 학생시절, 캠브리지대학교 자유무역협회(Cambridge University Free Trade Association)의 간사로 근무, 몇몇 토론에서 자유무역 지지의 논의를 전개하였다. 일찍이 그는 훌륭한 지도적 경제학자로서의 지위를 확립하여, 확신에 가득 찬 언어로 자유무역을 주장하고 있다.

"그것에 관한 결정이 위임되었을 때, 우리는 항상 가장 넓은 의미로의 '자유무역' 예외를 허용하지 않는, 흔들림 없는 신조로서 봉사하지 않으면 아니 된다. 우리는 어떤 담보의 조치가 얻어질 수 없는 경우에서도, 또 그것에 위반함으로써 실제로 직접적인 경제적 이익을 받을 수 있다는 매우 드문 경우에서조차도, 자유무역을 준수하지 않으면 아니 된다. 우리는 '자유무역'을 단순한 경제이익의 교의(doctriune)로서가 아니라, 국제윤리의 원칙으로서 고수하지 않으면 아니 된다."2)

다시 케인즈는 관세가 실업을 경감한다고 가끔 언급하는 주장을 강한 언어로 공격하였다. "만약 보호에 의하여 할 수 없는 것이 있다고 한다면, 그것은 실업을 없애는 것이다. …… 보호론의 몇 가지는 간단한 해답을 찾지 못하고, 그리고 가능하지만, 일어날 것 같지 않은 근거에 기초한 것이다. 그러나 그것이 실업을 완화한다는 주장에는 보호주의의 오류가 최대의 난폭한 형태로 포함되어 있다. …… 공산품에 관세를 부과함으로써 현재의 실업을 시정한다는 것은 가당찮은 기만이다."3)

그렇지만 케인즈는 1928년에는 그 입장을 완화하여, "이제부터의 자유무역은 지금은 대부분의 사람이 인정하지 않는 자유방임의 추상적인 원칙의 위에서가 아니라, 자유무역의 실제적인 편의성·유리성의 위에 그 기초를 두지 않으면 아니 된다.4)"라고 논하는 바와 같이 되어 있었다. 이 케인즈의 실리적인 자유무역의 양보는 1930년의 새로운 정세 아래에서 결정적 전기를 맞이, 그리고 그 이론구성의 전환을 진행하게 되었다. 즉, 1920년대 영국의 가혹한 높은 실업을 배경으로서 케인즈는 관세가 총생산·총고용의 증가에 도움이 된다고 논하게 되었다. 젊은 날의 케인즈였다면, 가령 관세가 피보호부문의 고용을 증가시킨다고 하여도, 그것은 다른 산업(아미 수출산업)에 있어서 상계적인

---

2) XⅦ, p.451. 케인즈가 언급하는 직접적인 경제적 이익이란 교역조건의 개선을 말한다. (이하의 케인즈의 저서에 관한 인용은 Collected Writings of John Maynard Keynes, London: Macmillan for the Royal Economics Society, 1971－89에 의한 것이다.－John Maynard Keynes(이하, JMK 라 함))
3) 케인즈는 자유무역에 대한 합법적 예외로서, 다음의 네 가지를 인정하였다. 즉, ① 비경제적 목적(예를 들면 농업보호)의 달성, ② 기간산업의 과도한 대외의존의 방지, ③ 유치산업의 육성 및 ④ 약탈적 덤핑방지 등이다.－JMK, XⅨ, pp.151－152.
4) JMK, XⅨ, pp.729－730.

고용의 감소를 수반한다고 논하였을 것이다. 그러나 이 때의 케인즈는 노동 전부가 충분하게 이용되지 않을 때에는 관세는 총고용을 증가시킨다고 논한 것이다.[5]

케인즈가 그 견해를 수정한 것의 힌트는 1925년에 있어서 영국의 제1차대전 전, 평가(平價)로의 금본위제 복귀로 엄격하게 비판한 <화폐론(A Tratise on Money, 1930)>의 한 문장에서 볼 수가 있다.[6] 케인즈는 전시 인플레이션이 파운드의 가치를 하락시켰다고 논하고, 파운드를 전전의 금 가치에 고정하는 결정에는 매우 비판적이었다. 케인즈에 의하면, 파운드의 전전 금 평가에로의 복귀는 파운드의 다른 나라의 통화에 대한 과대평가를 가져온다. 그것은 영국의 대외투자를 증가시켜(외국자산의 파운드가격이 하락하기 때문에), 또 무역수지의 흑자를 축소시키는(국내의 임금 및 물가가 외국에 비하여 상대적으로 등귀하고, 영국의 수출업자·수입경쟁생산자의 경쟁력을 감쇄하기 때문에) 경향을 갖는다. 만약 대외대부와 대외균형(케인즈의 용어에 의하면)이 유지되지 않으면, 국제수지의 갭(대외대부가 대외균형을 초과한 분)을 메우기 때문에, 금유출이 필요하게 된다. 영국정부의 금준비는 한정되어 있는 것으로, 그 금유출은 결국 대외투자의 축소 혹은 수출초과의 증가에 의하여 저지되지 않으면 아니 된다.

파운드의 금가치 절하는 현행 환율의 부적정성을 시정하여, 국제수지의 균형을 회복하고, 금유출을 정지시키는 것이지만, 케인즈는 금본위의 파운드를 현행환율로 유지하는 정부의 방침은 변하지 않다고 생각하였다. 그렇다면, 영란은행(Bank of England)은 디플레이션적 화폐정책을 채용하여, 이자율을 그러한 경우보다도 높게 설정하여, 대외투자를 억제하고, 수입수요를 감소시켜, 금유출을 억제하지 않으면 아니 된다. 그러나 이 화폐정책의 긴축은 동시에 국내생산량과 고용을 억제하는 경향을 갖는다. 경제마찰이 존재하지 않는 세계에 있어서는 이 생산량과 고용의 감소는 일시적일 것이다. 즉, 흄의 물가＝정금이동메커니즘(제5장에서 간단히 설명한)이 고전적인 수단으로서 작동, 완전고용수준의 생산량과 국제수지의 균형이 회복할 것이다. 금유출의 디플레이션압력이 국내의 임금 기타의 생산코스트의 명목파운드가치를 인하시킨다. 그리고 영국의 상품가격이 하

---

5) 자원이 절반 이하밖에 사용하지 않는 상태에서는 자유무역은 성립하지 않는다는 주장은 적어도 중상주의로 거슬러 올라가는 옛날부터의 논의이다. 슐러(Richard Schuller, 1905)는 그와 같은 상태 아래에서 보호론을 전개하고자 시도하였다. 그것은 케인즈와 같은 거시경제학적인 것은 아니었다. 또 그 논의도 충분한 이론적 기초를 갖고 있지 않았다. 슐러의 영어판은 타우싱(Frank Taussig, 1921, pp.371－91)을 보라, 또 그 비판적 평가는 C. F. Bickerdike(1905) 및 Gottfried vom Haberler(1936, pp.253－59)를 보라.

6) JMK, Ⅵ, pp.162－69.

락함에 따라, 수출(및 생산량과 고용)이 증가하고, 무역수지가 개선되어, 대외균형이 회복하고, 금유출이 정지하는 것이다.

그러나 케인즈에 의하면, 불행하게도 이 조정메커니즘은 현대의 여러 조건 아래에서는 원활하게 기능하지 않는 것이다. 그는 <화폐론>에서 다음과 같이 설명하고 있다. "내가 믿는 바에 의하면, 격심한 소득디플레이션에 대한 저항은 항상 매우 크다. 그러나 조직노동조합과 무산자선거로 되는 현대사회에서는, 그것은 압도적으로 강력하다. 이 사회조직을 기능시키고자 한 기업 쪽 노력은 1926년의 제너럴 스트라이크에 있어서 최고조에 이르렀다. 그러나 스트라이크를 타파하여 (기업자 쪽이) 이익을 손에 넣는 것은 정치적·사회적 배려로부터 허용되지 않았다."[7] 명목임금의 인하에는 노동조합과 선거민이 저항하는 것에서, 디플레이션적인 화폐정책은 물가를 인하하여도, 임금코스트는 하락하지 않으므로, 기업의 손실과 실업을 초래할 것이다. 사실, 케인즈는 1925년 그와 같은 화폐정책을 "실업의 의도적 증가"라고 비난하였다.[8] 물론 심각한 실업은 최종적으로는 임금인하에 대한 저항에 승리하는 것이다. 그는 <화폐론, 1930> 가운데에서, "사회적·정치적 여러 힘 때문에, 자유무역의 입장이 약화되었다는 인식을 약화시키기 때문에 그와 같은 사태에는 견딜 수가 없다." 그 결과, 영국의 어려움에는 다른 정책으로 대처하지 않으면 아니 되었다고 논하였다. 케인즈가 선택한 이 디램마로부터의 탈출의 길은 국내투자를 조성함으로써, 국내경제를 확대시켜, 대외투자로의 유인을 감소시키는 것(또 그렇게 함으로써, 국제수지균형을 유지하기 위하여 수출초과를 확대할 필요를 작게 하는 것)이다. 그러나 동시에 그는 내외상품가격 차이를 낳기 때문에, 무언가 다른 데에 유효한 수단이 없는가라는 문제로 되돌아오는 것도 인정하였다.[9]

'대불황'의 발생에 있어서 영국정부에 경제적 조언을 하기 위하여 설립된 <금융 및 산업에 관한 맥밀란위원회(Mcmilllan Committee on Finance and Induystry)>에서 1930년 케인즈가 행한 한 사적 증언에서, 그는 심각하게 되는 경제위기에 대한 해결책을 제안하였다. 그의 견해에 의하면 근본적인 문제는 영란은행에 디플레이션적인 화폐정책을 어쩔 수 없이 유지시키고 있는 환율의 과대평가에 의한 심각한 실업이다. 케인즈는 이 '2월증언(February testimony)'에서 사업수익성을 회복하고 생산량과 고용을 다시 확대시키기 위하여 일곱 가지 방책에 관하여 고찰하였다.

---

7) JMK, Ⅵ, p.164.
8) 그의 유명한 논문 <처칠씨의 경제적 귀결>에서. ─ JMK, Ⅸ, p.218.
9) JMK, Ⅵ, p.169.

첫째, 영국은 파운드를 금에 결부하고 있는 가격을 변경함으로써(파운드의 절하와 금가치의 인하에 의하여), 확장적 화폐정책을 추구할 수가 있다. 그는 이것에 언급하여, 정치적 이유에서 "현상에 있어서는 이 방법이 채용될 가능성은 없다."라고 하였다.[10]

둘째, 화폐임금 인하의 일반협정을 성립시켜, 고전적 조정메커니즘의 원활화를 도모하는 것이 고려되었다. 이것에 관하여 케인즈는 "어떤 의미에서 이상적인 시정책이지만" 현상에서는 '공상적'이라고는 말할 수 없어도 아마 실시 불가능할 것[11]이라고 믿었다.

셋째, 산업계에 보조금을 지급함으로써, 화폐임금의 절하를 수반하지 않고 사업수익을 회복시키는 것이 고려된다. 그러나 이것은 실제상의(주로 재정상의) 어려움에 직면하고, 그 실행은 "매우 어렵다."[12]

넷째, 산업계는 생산성을 향상시킴으로써, (생산의 합리화에 의하여), 동일임금코스트로 보다 많은 상품을 생산할 수가 있지만, 이 방법은 불확실하며, 효과가 늦어, 그런데 단기적으로는 실업을 실제로 악화시킬 우려가 있다.

이상의 네 가지 방책은 "어느 것도 동일한 것의 변종"에 지나지 않다고 케인즈는 말한다. 즉, 그것들은 어느 것이나, 내외화폐생산코스트의 균형을 도모하고, 영국의 수출초과의 확대와 국제수지의 균형을 회복시켜, 영란은행에 이자율을 인하시킴으로써, 경기의 회복을 촉진하고자 하는 것이다.

다시 케인즈는 이것과는 다른 세 가지 시정책을 제시한다.

다섯째, <화폐론>에서 설명한 바와 같이, 수입관세의 부과는 무역수지를 개선하고 동시에 국내생산량과 고용을 확대한다. 보호는 실질임금을 인하, 물가를 인상하고, 이 상태에 바람직한 결과를 창출한다.

여섯째, 국내투자를 간접적으로 조성하는 것은 국내생산량을 확대하고, 대외대부를 삭감할 것이다. 케인즈는 이것을 "나의 선호하는 시정책"이라고 한다. 이것에는 외국증권에 대한 과세, 대외대부를 증가시키기 위한 은행조직의 개혁, 다시 정부에 의한 직접적 자본지출도 포함된다.[13]

일곱째, (여러 나라의) 주요 중앙은행이 공동하여 확장적 화폐정책을 실시하는 것, 이것에 의하여 (각 나라는) 국제수지의 제약과 환율조정을 필요에 직면하는 것 없이, 자국

---

10) JMK, ⅩⅩ, p.100.
11) JMK, ⅩⅩ, p.102.
12) JMK, ⅩⅩ, p.108.
13) JMK, ⅩⅩ, pp.126, 138.

경제를 확대시켜, 실업을 경감할 수가 있다. 그러나 이것은 프랑스은행(Bank of France)의 무지와 (미국)연방준비제도(Federal Reserve System)의 편협한 국내 우선책 때문에, 매우 어렵게 되었다.[14]

이들 시정책의 대부분이 여러 가지 이유에서 인정되지 않는 것에서, 이 경우, 선택은 본질적으로 수입관세와 국내투자의 자극의 어느 것을 채택하는가라는 것이었다. 과연 자유무역을 포기하는 것이 보호의 잠재적인 (실업)개선효과에 값어치가 있는가라는 의문에 대하여, 케인즈는 자신이 선택하는 수단은 여전히 국내투자 자극책인 것을 시사하면서도, "어느 쪽이 유리한가에 관해서는 나는 확실히 의견을 갖고 있지 않다."라고 답변하였다. 케인즈는 관세의 효과를 불황의 해결이라기보다도, 그것의 경감이라고 생각하고 있었던 것이지만, 그는 그것을 인정하는 것에 주저하였다. 그는 증언하여 말한다. "나는 장기정책으로서의 보호를 매우 걱정한다. 그러나 우리는 언제나 장기적 견해를 채택할 수는 없다. …… 나의 의견으로는, 현재의 절박한 상태로부터 얼마라도 탈출하기 위하여 어느 정도의 장기적 위험을 모면할 용의가 우리에게 있는가라는 것이 문제이다." 다시 그는 부언한다. "이 비상사태에 임하여 말하자면 자유무역의 밭에서 자란 사람들에 대하여 약간의 의문도 품지 않는 것, 또 그것이 전적으로 진실이며 감싸지 않는 것이라고 그 자신이 믿고 있는 바와 같이 말하고, 그 자신이 실제로 믿고 있는 이상으로 이것을 권하는 것은 정말 어려운 것이다."

1930년 7월까지 경제상황이 한층 악화하여, 정부활동도 볼 수 없었던 것에서 일반관세의 매력이 그에 있어서 다시 크게 되었다. 케인즈는 수상의 자문에 응하여[15], "자신은 부득이 약간의 보호주의적 조치가 취해져야 한다고 생각하게 되었던 것"을 분명히 하였다.[16] 고용의 증가는 수출증가 혹은 수입감소의 어느 것에 의하여도 가능하겠지만, 후자에 의한 쪽이 정책행동에 옮기기 쉽고, 또 그것은 재정수입을 가져와, 다시 교역조건을 유리하게 한다는 이점도 갖고 있다. 그러나 케인즈는 관세를 사적 혹은 공적으로 지지하는 경우, 그와 같은 자신의 사고방식은 "어느 것이나 바람직하지 않은 여러 수단 가운데에서의 선택에 의한 것임"을 항상 부언하였다.[17]

그 뒤, 케인즈는 먼저 보호로의 강하게 경사하여, 그 견해를 강하게 설명하게 되었다.

---

14) JMK, ⅩⅩ, pp.150, 154.
15) JMK, ⅩⅩ, p.120.
16) JMK, ⅩⅩ, p.378.
17) JMK, ⅩⅩ, p.497.

1930년 9월, <경제자문위원회전문부회(Committee of Economists of the Economic Advisory Council)>에서의 각서 가운데서, 케인즈는 관세의 장점에 관하여 상세히 설명, 그것을 정말 훌륭하다고 표현하였다.[18] 그 장점에는 화폐생산비와 환율과의 부정합이라는 근본문제의 해결－관세가 국내물가를 인상하고, 실질임금을 인하하며, 그것들을 균형 값으로 가까이 하여, 다시 화폐임금의 파괴적 하락을 회피하는 것－이 포함된다. 동시에 그는 관세가 산업계의 자신을 회복시켜, 새로운 투자에 유리한 상황을 창출하며, 다시 노동조합의 높은 임금의 요구에 불을 붙였다. 고용을 악화시키는 것은 없을 것이라고 설명하고 있다.[19]

또 케인즈는 위원회의 토론용으로 준비한 다른 논문에서, 수입에 대한 일률 10%의 관세부과와 수출에 대한 같은 비율의 보조금지급을 제안하였다. 그것은 화폐임금을 인하하는 것의 대안으로서, 자유무역의 아래에서 화폐생산비가 10% 저하한 경우와 같은 상태를 효과적으로 창출한다고 논하였다. 이것은 경제적으로는 금으로 측정한 파운드채무의 가치가 불변으로 그치는 것 밖에는 10%의 평가절하와 같다.[20] <전문부회(Committee of Economists)>는 몇몇 위원의 다른 의견과 반대에도 불구하고, 산업계가 합리화의 노력을 하는 것을 조건으로서, 10월에 다수찬성으로 보호를 결정하였다는 보고서를 발표하였다. 이것과 대응한 케인즈의 수출보조금 제도 제안은 그것이 외국의 대항적인 반덤핑조치를 초래하는 이유로 부결되었다. 또 이 보고서는 실업이 충분히 감소하고 혹은 물가가 1925－28년 수준으로 돌아갔다면 이 관세계획이 철폐되는 것을 요구하였다.[21]

이 시점까지의 케인즈의 견해는 준정부적인 위원회와 자문그룹 가운데에서 내밀하게 표명된 것이다. 그러나 1931년 3월에 그는 그 입장을 신문의 논설에서 분명히 하여, <케인즈전집>의 편집자에 의하면, "자유무역논자를 스스로 인정하는 사람의 변절(變節)로서, 센세이션을 불러일으켰다."[22] 케인즈는 고용을 확대하고 산업에 활력을 주기 위하여 세 가지 가능한 정책을 고려하고 있었다. 즉, ① 평가절하, ② 명목화폐임금의 인하 및 ③ 수입관세부과이다. 케인즈는 1925년의 금본위제 복귀에 반대하였음에도 불구하고,

---

18) JMK, XⅢ, p.191.
19) 케인즈는 그것을 <화폐론>에서 설명, 저축, 투자 및 교역조건의 사이에 있어서 이론적 관계에 의하여 설명하고 있다. 총투자(케인즈가 정의하는 의미에서의 대외·대내투자)가 저축에 대하여 상대적으로 증가하지 않는 한, 1차고용의 증가는 불가능하다. 관세에 의한 대외균형 (흑자)의 증가는 투자와 같은 효과를 생산과 고용에 대해서도 가져온다.
20) JMK, ⅩⅩ, pp.416－19.
21) 이 위원회의 보고는 Susan Howson and Donald Winch(1977, pp.180－227)에 게재되어 있다.
22) JMK, ⅩⅩ.231

평가절하에 반대하였다. 그 이유는 이미 약화되고 있는 런던금융시장의 신용을 다시 약화한다는 것이다. 사실, 당시 케인즈는 "세계에서 상실된 금융주도권을 회복하기 위해서는 영국의 환포지션은 매일 철저하게 방위되지 않으면 아니 된다."라고 생각하였다. 다른 한편, 임금의 인하는 "확실히 사회적 불공정과 격렬한 저항을 불러일으킬 것이다. …… 좋은 것을 위하여 긴축정책을 충분한 정도로 하는 것은 전적으로 실제적은 아니다."23) 그 대신, 케인즈는 "모든 공산품과 반제품에 예외 없이 15%의 수입세, 또 모든 식량과 약간의 원료에는 5%의 수입세를 부과하고, 기타의 원료에 관해서는 면제한다."라는 것을 제안하였다. 그리고 그는 솔직하게 말한다. "그것이 지금까지 수입된 상품의 국산품에 의한 대체를 가져오는 한, 그것은 이 나라의 고용을 증가하는 것이다."24)

1931년 9월, 케인즈는 다른 신문에서, 이 세 가지 기본적 정책선택, 즉 ① 평가절하, ② 임금인하, ③ 수입관세를 반복하였다. 이 몇 개월 사이에 그는 평가절하의 사고방식을 완화하여, "나 개인으로서는 (이것을) 올바른 정책이라"는 것이지만, 정책당국이 "모든 어려움을 배제하여 금본위제의 유지를 결의하고 있는 것", 또 평가절하가 "지금 이 나라의 어느 정당의 정책으로도 되어 있지 않다."라는 이유에서, 케인즈는 이것을 단념하였다. 임금삭감이 균형회복에 타당하다고 생각하는 것은 "엄격한 임금인하와 사회정의 실행 면 양쪽 이유에서 아마 해결 불능한 어려움을 포함하는 것이며, 따라서 그 대안의, 보다 온화한 수입제한의 효과를 우선 확인하지 않는 쪽이 오히려 광기(狂氣)의 사태라고 해야 하는 것이다."25) 이리하여 케인즈는 다시 관세로 되돌아오는 것이지만, 그것이 최선의 수단으로서가 아니라, 경제회복을 촉진하기 위한 단순한 하나의 수단인 것이었다.

케인즈는 여러 가지 문서와 발표문에서, 자유무역의 확고한 입장이 균형유지의 메커니즘으로서 임금의 탄력성이 유효하게 기능하지 않았기 때문에 붕괴하였다고 논하였다. 그는 "가변성이 큰 임금률과 결부한 자유무역이 사리에 맞는 지적인 입장인" 것을 앞서 인정하면서도, "그러나 여러 가지 형태의 화폐(임금)수입이 계약에 의하여 보호되고 있고, 그것이 쉽게 변경될 수 없는 것인 한, 공정한 문제가 발생한다."26)라고 논하였다.

---

23) JMK, Ⅸ, p.235.
24) JMK, Ⅸ, pp.231, 237.
25) JMK, Ⅸ, pp.241, 242.
26) 케인즈의 서명이 있는 <맥밀란보고서>의 부속문서는 다음과 같이 설명하고 있다. "무제한의 자유무역을 기본적으로 주장하는 논의는 균형상태가 아니고 혹은 그 전망이 없는 경제체제에는 무조건으로 적용할 수는 없다. …… 만약 어느 기간 완전고용의 조건이 만족되지 않으

그리고 케인즈는 관세에 의하여 노동이 어느 산업의 고용으로부터 다른 산업으로 교묘하게 이동하여, 총고용에는 영향을 미치지 않는다고 생각하며, 표준적인 견해를 거부한다. 즉, "관세는 고용을 증가시키지 않고, 고용을 한 산업으로부터 다른 산업으로 이동시킬 뿐이라고 자유무역론자가 주장할 때, 그 자유무역론자는 암묵리에 한 산업에서 실직한 자가 다른 산업으로 직장을 찾기까지는 그가 바라는 임금률을 인하하여 신청하는 것을 가정하지만, …… (그것은) 현상에서는 전적으로 넌센스이다." 그리고 케인즈는 이렇게 시사한다. 자유무역의 어려운 점은 "노동자를 한 직장으로부터 방출하여, 다른 직장이 그들을 재고용한다."라고 하는 가정이다. "이 연쇄가 파괴될 때, 자유무역론의 전 체계가 붕괴되는 것이다."27)

케인즈의 이 이단적인 관세관(關稅觀)은 정부 내의 정책관계자 사이에, 이어서 신문 논설에 의하여 일반인 사이에, 반대와 논쟁을 불러일으켰다. 로빈스(Lionel Robbins)는 같은 <경제자문위원회>의 한 사람으로서 케인즈의 관세에 관한 권고를 엄하게 비판하고, 그것의 최종보고서에 서명하는 것을 거부하였다. 그리고 로빈스는 관세는 경제활동의 부진을 완화하는 것 없이, 외국의 보호주의자를 자극하여 보복을 유발시켜, 국제관계에 나쁜 영향을 미칠 것이라고 논하였다. 로빈스(1971, pp.155-56)는 (뒷날 그것을 철회하였지만) 자유무역 원칙의 준수를 주장하였다. 그 이유는 "다시 수입을 방해하지 않는다는 터부가 파괴되면, 그 과정이 멈출 전망이 적은" 것이다. 로빈스에 의하면 케인즈는 관세가 목적을 달성하였다면 바로 철폐된다고 믿음으로써, "놀랄 정도의 소박함"을 보였던 것이다.28)

면 혹은 만족될 것 같지 않으면, …… 관세는 생산의 순증가를 가져와, 그것이 단순한 생산전환으로 끝나지 않을 것이다."-JMK, ⅩⅩ, p.298.

27) 케인즈는 다음과 같이 논하고 있다. 완전고용의 조건 아래에서는 또 경제가 유동적으로 기능하고 있는 경우는 자유무역은 훌륭할지 모른다. 그러나 "실업을 움직일 수 없게 되었다 하자. …… 그 경우, 자유무역의 방책은 잠시 우리를 가장 나쁜 상태에 둘지도 모르는 것이다. 왜냐하면, 그 경우의 선택은 어느 상품을 생산할지 아니면 아무것도 생산 못하는가의 선택이기 때문이다."-JMK, ⅩⅩ, p.115.

28) 로빈스(Lionel Robins, 1931)를 보라. 로빈스의 <위원회보고서>에 대한 반대의견은 Howson and Winch(1977, pp.221-31)에 게재되어 있다. 로빈스(1971, p.154)는 뒷날 케인즈의 확장정책에 반대한 것을 "나의 전문가로서의 경험에 있어서 최대의 오류"라고 설명하면서 후회하였지만, 관세에 반대한 것은 옳았다고 믿었다. "내가 케인즈의 의견에 반대하였던 것은 나빴지만, 그의 수입제한에 반대한 것은 좋았다고 생각한다." 관세에 관해서는 로빈스는 옳았다. Donald Moggridge(1992, p.514)가 언급한 바와 같이, "케인즈가 평가절하에 명확히 반대하고, 보호를 공공연히 지지함으로써-이것은 케인즈가 두 가지 방법(평가절하와 보호)의 비용과 이익을 무리하게 틀린 방법으로 비교한 결과이다-영국이 금본위를 이탈하여 이제 케인즈가 언급하는 이유에서 보호를 할 필요가 없게 된 뒤에 있어서, 영국은 고도의 보호관세의 체계

또 다른 저명한 경제학자들도 케인즈의 제안에 대하여, 분명한 적의(敵意)는 아니라 하여도 많은 의문을 안았다.[29] 배버리지(William Beveridge)의 지도 아래에서, 당시 런던 경제대학(London School of Economics) 몇 사람의 저명한 경제학자－로빈스, 그래고리 (T. E. Gregory), 프랜트(Anold Plant), 힉스(J. R. Hicks) 기타)－가 저서 <관세: 실증연구(Tariffs: The Case Exemind)>를 공동편집하여, 거기에서 표준적인 관세비판을 재현하였다.[30] 이 경제학자들은 보호가 실업구제가 되지 않는 것을 특히 다루어, 다른 높은 관세국이 영국보다도 높은 실업률에 고민하고 있는 것을 지적하였다. 그들은 고전학파의 무역이론이 실업의 조건 아래에서는 유효하게 기능하지 않는 것을 인정하고자 하지 않았다. 즉, 그들은 노동, 토지 및 자본의 고용을 최대로 하는 것이 최적인 것이 아니라, 자원이용도의 여하에 관계없이, 자유무역을 하는 것이 최선이라고 논하였다. 만약 국내생산량과 고용을 자극하기 위하여 공산품의 수입을 억제하는 것이라면, 수입의 감소와 같은 금액의 수출의 감소 혹은 대외투자의 증가가 필요하게 된다. 투자가 고용을 자극하고, 수출산업에서의 고용감소를 회피한다고 가정하는 것은 '전적인 도박임'이라고 <베버리지 보고서(Beveridge Report, 1931)>는 설명하고 있다. 그렇지만 경제학자들은 관세가 수입(수요)을 국내에서 생산되지 않는 다른 상품(외국상품)으로 향하여, 그 결과, 수입액이 불변으로 그런데 영국의 수출품에 대한 외국수요가 감소하지 않는다는, 있을 수 있는 것같이 생각되지 않는 상태 아래에서, 높은 수준의 총고용이 실현하는 것을 인정하고 있다.

이들의 비판에 대하여 케인즈는 그 리스크는 과장된 것이며, "사정에 따라서는 우리는 그 리스크를 모험하지 않으면 아니 된다."라고 응답하였다.[31] 이전에, 케인즈는 다음과 같이 설명하고 있다. 관세를 사용함으로써 "당신은 나쁜 습관에 젖어, 그 결과, 10년 뒤에는 그것을 당신이 웃고 그것을 자랑한 경우보다도, 더욱 나쁘게 되어 있을지도 모르지만, 동시에 당신은 사회적 파멸을 피할 수가 없을 것이다."[32] 케인즈는 베버리지

를 가져야 한다는 여론의 형성에 케인즈는 힘을 기울인 것이다."
29) 예를 들면, Ralph Hawtrey(1931, pp.59－60)는 다음과 같이 말한다. "관세는 업계의 불황 때에는 긴급조치로서 약간의 효과를 갖는다고는 하지만, …… 현실적으로는 그 효과는 매우 적으며, 아마 거의 무의미하며, 많은 수출국에 있어서는 세계의 부흥을 지연시킬 우려가 있는 조치는 어떠한 것이든 유해한 것이다."
30) Robins(1971, p.158)은 뒷날 다음과 같이 인정하고 있다. "이 문서는 평범한 것이며", "이 평범하고 취약한 전통적 자유무역론은 시끄러운 사람들을 도저히 만족시킬 정도의 것은 아니었다."
31) JMK, ⅩⅩ, p.495.
32) JKM, ⅩⅢ, p.199.

앞으로 편지로, <관세: 실증연구>에 수록된 많은 논문에는 동의하지만, 관세와 실업이라는 중대한 문제를 풋내기 티가 나는 방법으로 취급하고 있음으로서, 제8장을 거부하였다.33) 또 케인즈는 배버리지 및 다른 자유무역론자의 주장-수입의 감소는 상계적인 수출의 감소를 수반하는 것이기 때문에 그것은 순 자극을 낳은 것은 아니다-에는 강하게 반발하였다. 그는 수입량과 수출량의 사이에 단순하고 직접적인 관계가 있는 것을 강하게 부정하였다. "자유무역의 옹호는 국제무역의 균형이론을 완전하게 오해하였다. 전적으로의 지적 오류의 결과라고 나는 말하고 싶다."라고 설명, 케인즈는 다음 의문을 제기한다. "만약 내가 미국의 자동차를 구매하는 것으로 하여도, 이 나라의 고용량에는 변화가 없다고 그는 믿을 것인가."34)

케인즈는 이러한 비판에 이 이상 응할 기회를 갖지 않았다. 얼마 뒤, 사태가 급변하여 관세논쟁이 무의미하게 되어, 타파되어 버렸기 때문이다. 케인즈는 그 밖에는 대체안이 없다는 전제로, 관세를 지지하여 온 것이다. 그가 1939년 9월, 신문 논설에서 관세지지를 반복한 며칠 뒤, 영국정부가 금본위제를 포기하고, 외환시장에서 파운드를 대폭적으로 절하한 것이다. 바로 케인즈는 <타임>지 앞으로 편지로, 그 관세 지지를 철회하고, 그리고 다른 정책에 의한 경제회복의 논의로 옮기는 것을 제안하였다. 즉, "최근까지 나는 자유당원 기타에게, 내외화폐코스트의 분명한 불균형의 영향을 완화하는 방법으로서, 일반관세의 채용이 중요하다고 논하여 왔지만, …… (지금) 높은 보호를 요구하는 제안은 긴급하지 않았다." 그는 "금의 구속으로부터의 벗어나는 것"을 환영하고, 지금부터는 화폐정책을 국내적 경제목적에 사용하는 것, 즉 저이자율을 환율유지를 위해서가 아니라, 경제를 자극하기 위하여 사용될 수 있도록 되었다고 설명하고 있다.35)

1931년이라는 해는 관세문제에 지적 십자포화를 맞는 대단한 해였다. 1931년 9월에, 영국이 금본위제도를 이탈하여 관세논쟁이 진정되자, 이어서 1932년 2월에, 일반관세법이 (의회를) 통과하였다. 그러나 케인즈가 경제학계의 거물이었기 때문에(지금까지도 그러하지만), 그의 자유무역과 보호무역에 관한 부수의견(obiter dictum)에서조차도 주목을 일으켜, 당시 지적 환경의 일부가 되었다. 1932년에, 케인즈는 이렇게 연설하고 있다. 무역의 이익이 분명한 것이기 때문에, "자유무역론자는 가당찮게 좋은 제멋대로 논의를 하고 있다."36) 그러나 "관세는 노동자를 비교적으로 혜택 없는 산업으로 끌어들인다는

---

33) JMK, ⅩⅩ, pp.513-514.
34) JMK, ⅩⅩ, pp.508-509.
35) JMK, Ⅸ, pp.243-245.

이유에서, 관세에 반대하는 자유무역론자는 만약 관세가 없다면, 그 노동자는 다른 보다 혜택받는 산업에 고용되는 것을 기본적으로 상정하여 어느 분야에서도 그들이 전적으로 고용되지 않는다는 상태를 생각하지 않고 있다." 물론 세계적 관세체계는 세계적인 실업을 증가시킬 것이지만, 한 나라만이 관세를 사용하는 경우, 그것은 그 나라의 실업을 다른 나라로 이전할 뿐이다.37) 또 이 시기의 케인즈는 가끔 국제분업의 이익을 경시하여, 보호의 코스트는 무시할 수 있다고 생각하였다.38)

케인즈는 보수적 경향을 강하게 보이면서도, 내향적 정책에 관하여 호의적으로 설명, 그것은 경제적으로는 코스트가 들지만, 대외적으로 귀찮음을 피하기 위한 대상이라고 쓰고 있다. 그는 새로운 산업(자동차), 낡은 산업(제철·제강) 다시 농업에 대한 보호를, 즉 영국의 유산과 장래 있어야 할 모습으로서 생각되는 모든 산업에 대한 보호를 인정하였다. 그리고 다음과 같이 설명하였다.

> "자유무역과 보호무역 어느 것이 현실에 있어서 자신이 상대보다 우수하다고 주장하는 이론적 근거를 갖지 않는 것이다. 보호는 한 나라 경제의 안전과 균형이 붕괴되었을 때, 그것을 수복하기 위한 고가의 그리고 위험한 방법이다. 그러나 경제의 맹목적인 힘에 안심하고 맡기는 것이 될 수 없는 시기, 또 관세와 같이 유효하게 작용하는 수단이 다른 데에 발견할 수 없는 시기가 때로는 있는 것이다."39) 유명한 1936년의 논문 <국가의 자급자족성(National Self-Sufficiency)>에서, 케인즈는 이 테마를 계속, "국가 사이의 경제적 분규를 극대화하는 사람들보다도 극소화하는 사람들"에 공감을 나타내고, "착상, 지식, 예술, 친절, 여행-이것들은 그 성질상 본래적으로 국제적인 것이다. 그러나 그것이 합리적으로 가볍게 할 수 있는 것이라면, 그것은 국내에서 생산되어야 하며, 그 가운데에서도 금융은 먼저 국내적이어야 한다."라고 설명하고 있다.40)

---

36) 다음의 1절은 그의 훌륭한 래트릭 일단을 나타내는 것이다. "자유무역논자는 10회 가운데 9회는 괴변과 때로는 부정한 수단에 의하여 이웃 나라와 자국의 희생 아래에서 자신의 이익을 도모하고자 하는 약간의 재미없는 사람과는 달리, 지혜와 진실의 말을 하는 것이다. 자유무역논자는 매우 당당하게 활보하고, 모든 통행인에게 차별적이지 않고 우호적으로 얘기하지만, 보호주의자는 모퉁이에서 불평하며 말하고 있을 뿐이다."-JMK, ⅩⅪ, p.495.

37) JMK, ⅩⅪ, pp.207-208.

38) 이전에 케인즈는 다음과 같은 의견을 설명하고 있었다. "현재 나는 거의 모든 공산품에 관하여 그것이 고도의 국제특화에 의하여 많은 이익을 얻을 것인지 어떤지에 관하여 의문을 갖고 있다." "어떠한 공업국도 아마 다른 여러 나라와 같은 정도로 대부분의 상품의 제조에 적합하고 있는 것이다." "바로 나는 …… 한 나라의 고도의 특화를 믿고, 당면하지 않았던 산업의 포기를 고려할 정도로 자유무역논자는 아니다."-JMK, ⅩⅩ, p.379.

39) JMK, ⅩⅪ, p.210.

40) JMK, ⅩⅪ, p.235.

영국의 관세정책에 관한 정치적인 논쟁은 시간의 흐름과 더불어 진정되었지만, 경제학적인 논쟁은 계속하였다. 케인즈는 실업의 상황 아래에서 자유무역을 하는 것에 관한 경제학적 근거와 그 바람직함을 비판하여, 자유무역에 대한 참된 도전을 하여, 그리고 전통적인 자유무역론자와 그 자신과의 사이의 의견의 큰 차이를 명확히 한 것이다. 그러나 그는 경제이론에 관한 주요저서에 있어서 정책제언과는 달리, 고용촉진을 목적으로서 관세를 사용하는 것의 일반성에 관해서는, 매우 신중하였다. 예를 들면, <일반이론> 제23장은 중상주의 사상의 부활로서 유명하다. 그는 중상주의자가 무역수지에 주목한 것에 관해서는 시인하였지만, 무역에 대한 체계적인 규제에는 찬성하지 않고, 자유방임의 이론기초에 대하여, 특히 "이자율과 고용량이 자동적으로 최적수준으로 조정된다는 사고방식"에 반대하였다. 사실 그는 "그것이 특별한 이유에서 정당화되지 않는 한, 무역제한에 반대의 강한 일반적인 감정을 볼 수 있다. 국제분업의 이익은 예를 들어 고전학파가 과장하였다고는 하지만, 그것은 현실적이며, 상당한 것이다."라고 설명하고 있다. 그리고 그는 부언한다. "무역제한이라는 것은 개인적 이익, 행정적 불비 그리고 일본래의 어려움에 의하여, 소기의 목적과는 정반대의 결과를 낳을 가능성이 있는 것이며, 명확한 목적을 달성하는 수단으로서는 정말 의지할 데 없는 것이다."[41]

무역수지의 흑자는 국내고용의 촉진에 도움이 된다고는 하지만, 그것은 다른 나라의 희생에 의해서만 가져오게 되는 것이다. 모든 나라가 그 무역수지를 다른 나라에 대하여 유리하게 할 수는 없는 것이다. 거기에서 케인즈는 완전고용을 확보하기에는 국내정책이 최적이며, 무역수지의 흑자를 가져오도록 하는 정책은 피해야 한다고 결론 맺는다.

"만약 각 나라가 자국상품을 다른 나라로 밀어붙이거나, 이웃나라의 판매를 배제하거나, 한심스러운 동기는 없어질 것이다. …… 국제무역이 자국상품을 외국시장에 판매함으로써, 또 외국상품의 구입을 제한함으로써, 국내고용을 유지한다는 한심스러운 수단인 것에 종지부를 찍을 것이다. 그와 같은 것은 예를 들어 잘 되었다 하여도, 실업문제를 이웃나라로 떠넘겨 악화시킬 뿐이다. 바람직한 것은 상호이익을 위한 상품·서비스의 의식적이고 무조건의 교환이다."[42]

이와 같은 케인즈의 자유무역의 견해에 관하여 어떻게 결론 내려야 할 것인가. 1930년대 초기의 케인즈는 무역이익에는 때때로 나쁜 말을 하였지만, 분명히 그는 자유무역의 이익을 높이 평가하고 있었다. 그러나 경제의 대혼란 가운데, 영국의 경제위기에 최

---

41) JMK, Ⅶ, p.235.
42) JMK, Ⅶ, p.235.

선의 치료를 시행하지 않으면 아니 된다는 정치적 배려에서 그는 관세를 쓸데없는지도 모르지만 경제회복을 위한 편법이라고 생각하게 되었다. (그러나) 1940년대의 그의 정책제언에 의하면, 그 자신은 자유무역의 편은 아니었던 것이다.[43]

그러나 케인즈는 이 매우 드물고 극단적인 조건 아래에서 보호를 주장하였을 뿐만 아니라, 그 이상의 것을 한 것이다. 즉, 만약 생산요소의 이동 가능성과 요소가격의 신축성이라는 기본적 가정이 제외되게 되면, 자유무역에 어떠한 문제가 일어날 것인가를 나타내는 데에 성공한 것이다. 하벌러(Gotfried Harberler, 1950)는 이 문제를 다분히 전통적인 국제무역론의 틀에 의하여 (거기에서는 생산가능곡선이 중심으로, 무역은 항상 균형을 이룬다), 솜씨 좋게 처리하였다. 먼저 하벌러는 노동이 부문 사이에서 이동하지 않지만, 임금이 신축적이라면 자유무역이 여전히 최선의 정책인 것을 증명하였다. 그러나 생산요소가 이동하지 않으므로, 그런데 요소가격이 경직적이라는 극단적인 케이스에서는, 자유무역은 실업과 자원배분의 악화를 가져올지도 모르는 것이다. 하벌러(1950, p.231, p.235)는 이 케이스에서는 "무역하는 것은 매우 위험하며", "적어도 단기적으로는 실제상 우려해야 할 사태이다."라고 설명하고 있다.

그러나 만약 요소의 불이동을 총수요 부족의 문제로 본다면, 이미 케인즈는 본질적으로 같은 결론에 도달하고 있었던 것이다. 다시 케인즈는 완전고용이라는 국내적 경제목적과 고정환율제도 아래의 국제수지균형이라는 대외적 목적 사이의 모순을 해소하기 위하여, 수입제한이 적정하고 유익한 수단이라는 인식을 보급시킨 데에 큰 역할을 수행한 것이다. 이를테면 이 모순은 다음과 같이 하여 일어나는 것이다. 즉, 완전고용의 실현에 필요한 수요확대정책은 고정환율의 아래에서는, 동시에 수입을 증가시켜 무역수지를 적자로 빠지게 한다. 만약 이 확장정책이 철회되면, 대외적인 외환준비의 상실을 방지하기 위하여 국제수지의 조정이 필요하게 되는 것이다.

---

43) 제2차대전 기간 중에, 케인즈는 국제경제 관계에 관한 정책입안의 조언자로서, 수입할당제의 폐지에 가끔 반대하여, 수입관세보다도 수입의 수량제한 쪽이 바람직하다는 의견을 표명하였다. 수입할당제가 그것을 구입할 여유가 없는 상품의 수입을 배제하는 것에 유효하였던 바와 같이는, 수입할당제의 폐지는 "전후의 세계에서 행하여진다고 생각되는 경제계획에 있어서, 전적으로 부적당하다."라는 것이다. (케인즈는 수입품 구입을 위한 외국환의 할당은 정부의 당연한 의무라고 생각하고 있었던 것이다.) 케인즈는 영국의 제안을 언급하여, 다음과 같이 쓰고 있다. "나는 특히 수입규제에 적의(敵意)를 갖는 것은 아니다. 그것(수입규제는)은 우리가 하여 보고 싶게 되는 바와 같은 종류의 것을 하는 것에 사용할 수 있는 가장 적합한 수단인 바와 같이 (그것도 일시적이 아니라, 영속적으로 적합한 수단인 바와 같이), 나에게는 생각되기 때문이다. 국영무역 및 국가계획의 확대가 관세와 보조금에 비하여 수입규제의 수단으로서 좋은지 어떤지의 평가는 아직 충분하지 않은 것 같다."-JMK, ⅩⅩⅥ, pp.258, 261, 284.

1920년대, 1930년대의 케인즈였다면, 해결책으로서 통화가치의 절하를 제안하였을 것이지만, 1940년대의 케인즈는 무역제한에 호의를 갖게 되었다. 즉, "수입제한이 필요하게 되는 경우, 다른 수단에 의해서가 아니라, 환율의 절하에 의하여 수입품가격을 인상하는 쪽이 어떻든 건전할 것이라는 사고방식은 과거의 유물이어서 나는 그것에는 동정하지 않는다."44)라는 것이다. 만약 탄력성의 조건이 충족되지 않는다면, 환율인하는 무역수지를 악화시킨다는 이유로, 케인즈는 환율인하의 효과에는 회의적이었다. 그리고 그의 견해에는 환율인하에는 교역조건을 악화시키는 경향－관세에는 존재하지 않는 단점－이 있는 것이다.

케인즈는 경제활동을 완전고용수준으로 유지하기 위한 무기고(武器庫)에는 관세 기타의 수입제한수단을 필요에 따라 제거하도록 준비하여 두어야 한다는 사고방식을 부동의 것으로 하였다. 보다 열광적인 그의 제자들은 케인즈가 고전학파의 국제수지(균형)메커니즘이 원활하게 작동하지 않는 것을 나타냄으로써, 자유무역론을 "부인하였다", "엉망진창으로 하였다."라고 거짓말을 하였다. 로빈슨(Joan Robinson, 1946－47, p.112)이 설명하는 바와 같이, "완전고용의 가정이 제외되자마자, 국제무역 분석의 고전학파모델은 와해하였다." 그녀는 말한다. "균형이라는 독특한 중립적인 관념이 신기루가 되고", "좋든 나쁘든 국제무역은 의식적인 정책에 좌우되게 되었다." 그러나 케인즈의 제자들은 고전학파 분석을 거부하였음에도 불구하고, 국내생산량과 고용을 목적으로 하여 관세를 사용하는 것을 회피하도록 하는 <일반이론>의 호소에는 대체로 따랐다.45)

이와 같은 사태의 추이의 결과, 1951년에 힉스(J. R. Hicks, 1959, pp.41－42)는 케인즈가 하였던 이론변혁을 위하여 자유무역이 중대한 문제에 직면한 것을 깨달았다. "이 이론(자유무역론)은 기존의 경제이론과 협력함으로써 많은 힘을 얻어온 것이지만, 지금 그 힘의 전부를 상실하기에 이르렀다."라고 힉스는 말한다. "이제 자유무역은 이전과 같이는, 이상이라는 형태에서조차도, 경제학자가 인정하지 않게 되었다. …… 압도적으로 우세한 경제논의는 이전에 그러하였던 바와 같이는, 자유무역 쪽에 선 것은 아니다." "영국의 여론이 이렇게 많은 자유무역에 대한 신뢰를 상실한 주된 원인은 대량실업에 직면하였을 때에 있어서 옛 자유주의의 무력함과, 실업대책에 수입제한을 적극적으로

---

44) JMK, XXVI, p.289.
45) 예를 들면 Robinson(1937)은 다음과 같이 결론 맺는다. 환율절하, 임금인하, 수출보조금, 수입관세, 수입할당은 어느 것이나 '근린궁핍화(beggar－thy－neigbour)'와 같은 실업구제책이며, 관세가 그 목적에서 다른 수단보다도 좋다는 것을 결코 인정하는 것은 아니다.

이용할 수 있는 가능성이다. 정말 이것에 의하여, 그리고 아마 이것만으로, 케인즈는 그의 초기의 자유무역에 대한 신념을 포기한 것이다."(p.48) 그리고 힉스는 케인즈가 목표를 정한 정책선택을 승인하였다. "만약 우리가 (신축환율제 혹은 자본통제)로 진행하는 것을 바라지 않는다면, 국제수지의 악화를 가져오지 않고 경제를 확대하는 수단으로서, 수입제한이 유력하게 되는 것을 인정하지 않으면 아니 된다. 자유무역의 이론적 기초를 붕괴한 것임에 틀림없다. 정말 이것인 것이다."(p.53) 그리고 힉스는 이 디램마로부터 벗어나는 길도 지적하였다. 우리는 실업이 있는 자유무역보다도 완전고용을 가져오는 완전보호를 선택할 수 있는 것이다. 그러나 "문제는 과연 자유무역이 있는 완전고용이, …… 정말 달성 불가능한 것인가라는 것이다. 이 고차적인 목적이 실제로 달성 불가능인 것을 확인하지 않는 한, 우리는 이 목적을 단념해야 하는 것은 아니다."

이러저러한 가운데, 강력한 논의가 여러 가지 나타나게 되었다. 그것들은 케인즈의 수입제한 찬성론을 분쇄할 정도로 강력하지는 않지만, 적어도 케인즈의 논의를 그 밖에는 보다 좋은 방법이 없는 경우에 한정하는 것이었다. 1930년대 초기에 있어서 케인즈의 관세 지지론은 두 가지 중요한 가정 — ① 고정환율과 ② 명목임금의 경직성 — 에 입각하고 있다. 제2차 세계대전 뒤는, 1930년대 초기와 같이, 고정환율이 국제통화체제의 일부이어서, 임금의 하방신축성이 현대경제사회의 특징이라고는 생각하지 않았다. 그러나 거시경제정책의 사고방식, 특히 환율에 관한 사고방식의 변화가 마지막으로, 케인즈가 주장하는 고용을 위한 보호론을 붕괴, 그리고 자유무역의 입장이 약하게 되었다는 인식을 약화시킨 것이다.

처음 경제학자들은 서서히 대외조정수단으로서 수입제한보다도 환율의 변경을 선호하게 되었다. 케인즈와 그 추종자들은 환율안정을 위하여 자유무역을 희생으로 하고자 하였지만, 그 선택은 경제이론에 정당하게 뿌리내린 이유에 의한다라기보다는 그 때의 상황과 케인즈의 선택선호에 의한 것이었다.46) 그 뒤의 환율절하와 관세와의 비교연구는 대외균형을 유지하는 수단으로서 환율의 조정에 대신하는 것으로서 무역제한에 찬성하는 경향을 약화하게 되었다.47) 국제수지에 관한 흡수접근법의 발전에 의하여 무역수지의 개선에는 수입제한보다도 환율절하 쪽이 유효하다는 것을 알았다. 이를테면 무역수

---

46) 이미 설명한 바와 같이 수입제한이 교역조건을 유리하게 하는 효과를 갖는다는 이유에서, 케인즈는 환율절하보다도 수입제한을 선호하였다. 그러나 하벌러(Gottfried Haberler, 1952)도 또한 "환율절하는 수입품가격과 수출품가격의 양쪽을 자국통화로 인상, 외국통화로 인하할 것이기 때문에, 환율인하는 반드시 교역조건의 악화를 가져오지 않는다."라고 설명하고 있다.
47) Sidney Alexander(1951)가 환율의 조정에 찬성한다. 초기적인 딱딱한 주장을 하고 있다.

지는 국내생산과 총지출과의 차이에 의하여 결정되는 것이다. 예를 들면, 수요가 수입품으로부터 국산품으로 이동시키는 지출전환정책(expenditure-switching policies)에 관하여 말하면, 환율절하 쪽이 국내지출과 외국지출 양쪽을 국산품으로 향하게 하지만, 수입규제는 국내지출만을 자국상품으로 향하게 하는 데 지나지 않는 것이다.

동시에, 점점 대부분의 경제학자가 고정환율의 바람직함에 의문을 품게 되었다. 프리드만(Milton Friedman, 1953)은 그 고전적인 논문에서, 변동환율은 화폐정책을 환평가(換平價)의 구속에서 해방하여, 국내물가의 안정성 유지라는 중요한 경제정책목표에 집중시킬 것이라고 논하였다. 화폐정책에 큰 신축성을 인정하는 것은 케인즈를 먼저 처음에 관세에 눈을 돌린 디플레이션 쇼크를 완전히 회피할 것이다. 또 프리드만은 변동환율이 국제수지의 균형유지에 가장 직접적이고 유효한 수단이며, 그것이 정책의 금준비 혹은 외화준비의 필요성을 없애고, 대외균형을 위한 직접적인 정책을 불필요하게 하는 것을 강조하였다.

사실, 미드(James Mead, 1955, p.6)도 "현대의 세계에서는, 자유무역과 고정환율은 양립하지 않는다. 현재의 자유무역논자는 모두 변동환율에 찬성해야 한다."라고 논하였다. 미드에 의하면 세 가지 중요한 경제정책목표 - ① 국내물가의 안정, ② 환율의 안정 및 ③ 자유무역 - 가운데, 두 가지까지는 달성이 가능하지만, 세 가지 전부의 달성은 불가능하다. 1930년대 초기의 불황과 그것에 수반하는 경제의 수축을 회피하기 위하여, 미드는 국내물가의 안정을 제1순위에 두어야 한다고 논하였다. 그러나 만약 화폐정책이 이미 다른 목적, 즉 고정환율을 뒷받침하기 위하여 사용되고 있어, 환율의 변동이 실시되지 않는다면, 그 경우, 무역규제가 국내물가안정과 환율의 평가(parity) 사이의 모순을 그 어느 것도 희생하지 않고, 해결하기 위한 수단이 된다. 예를 들어, 고정환율제도의 아래에서, 영국의 수출품에 대한 수요가 감소하였다고 하자. 그 결과, 무역수지의 적자가 외국환준비를 감소시켜, 화폐정책에 디플레이션압력을 가한다. 만약 국내물가의 하락이 고용 면의 이유로 바람직하지 않게 되고, 그런데 환율의 변동이 부정되고 있다면, 국제수지의 균형을 회복 그리고 경제의 침체를 회피하는 유일한 방법은 대외거래를 직접적으로 통제하는 것이다. 만약 외환시장에서 자국통화의 가치절하가 인정되게 되면, 자유무역과 국내물가의 안정이 유지될 수 있을 것이다.

원래 디플레이션과 실업의 조건 아래에서 고려된 케인즈 체계의 전체가 인플레이션과 실업이 문제가 된 1960년대 후기에 의문시되게 되었다. 프리드만(1968) 기타에 의한 자연실업률 이론의 전개가 거시경제학의 주요내용으로서 케인즈 경제학에 있어서 대신하기 시작하였다. 이 접근법에 의하면, 예를 들어 명목임금을 단기적으로 고정하였다고 하여도, 정부의 확장적인 화폐·재정정책에 의하여 항구적으로 실업을 경감하는 것은 그것이 기대와는 관계없이, 할 수 없는 것이다. 즉, 이 틀에서는 보호는 실업문제에 있어서 아무런 도움도 되지 않는 것이다.

이와 같은 사태의 추이는 케인즈의 보호론을 크게 제약하였지만, 1970년대 중기에 캠브리지의 경제학자들이 변동환율과의 관련에서 이 논의를 재개하는 것을 방해하지 않았다. '캠브리지경제정책그룹(CEPG, Cambridge Economic Policy Group)'이 1970년 중기 영국의 불황을 문제로 하여, 실업을 완화하기 위하여 수요확장정책을 실시하면서 경상계정의 적자를 줄일 것을 제창하였다. 이 CEPG는 실질임금을 고정한 명시적인 계량경제모델을 기초로 하여, 불황의 악화와 파운드의 대폭절하를 초래하지 않고, 영국의 대외적자를 시정하는 유일한 방법은 수입할당과 높은 관세부과라고 결론 내린 것이다.[48] CEPG에 의하면, 환율절하는 교역조건을 악화시켜, 수입품가격을 등귀시켜(인플레이션을 초래) 그리고 이 양자(교역조건악화와 수입가격등귀)는 수요를 감퇴시킨다. 이것에 대하여 수입할당은 인플레이션을 재발시키지 않고, 수요와 고용을 확대시킨다는 것이다.

이 CEPG의 제안은 논의를 불렀지만, 대부분의 지지를 받지 못하였다. 사실, CEPG의 경제학자 고드리(Wayne Godley)와 메이(Robert May)는 이 제안이 "지금까지의 일반으로부터의 반대, 특히 경제학의 전문가들로부터의 반대를 받은" 것을 인정하고 있다. 다수의 비판자는 환율절하와 긴축재정이 대외불균형의 시정에는 최선의 수단이라는 표준적 주장이 지금 그대로 살아 있다고 논하였다.[49] 그러나 이 CEPG모델의 구조가 그 결과의 신빙성에 중대한 의혹을 안았던 것이다. 곤란한 점은 수입할당과 무역제한이 수입품가격의 등귀를 불러일으키지 않는다고 가정한 것이다. 그 결과, 이 모델은 수입할당의 인플레이션과 같은 가격효과를, 즉 그들이 환율인하를 거부한 논거 그 자체를 가정에 의하여(CEPG가 명확히 부정한 가정에 의하여) 배제한 것이다. 그리고 이 모델에는 현대 거시경제모델의 중요한 특징인 임금과 가격과의 기대형성에 관하여 명시적인 취급이 시행되지 않다. 다시 또 CEPG가 제출한 정책선택도 기묘한 것이다. 즉, 외국환율은 일찍이 환율절하라는 용어가 의미하는 바와 같은, 직접적인 정책수단은 아니라는 것이다.

---

48) Department of Applied Economics(1975과 1976).
49) W. M. Corden, I. M. Little, M. FG. Scott(1975)를 참조. 그들은 CEPG모델이 반드시 그들이 제안하는 정책을 조화로운 결론을 가져오지 않는다고 설명하고 있다. 그리고 Charles Collyns(1982), M. W. Corden(1985)을 참조.

왜냐하면, 변동환율제도는 파운드의 환가치를 시장에 의하여 결정되는 가격(market-determined price)으로 하여 버리는, 외환시장에서의 외환절하가 일어나는 특별한 메커니즘의 설명이 필요하다는 것이다.

이와 같은 전문적인 의혹은 CEPG의 주장이 경제이론의 뒷받침을 결여하고 있음으로써 강화되었다. 아이헨그린(Barry Eichengreen, 1983)은 변동환율과 경직적 실질임금을 규정한 거시경제의 체계에 의하여 약간 있을 수 있는 상황 아래에서 관세가 실제로 생산량과 고용을 감소시키는 것을 분명히 하였다.[50] 먼델(Robert Mundell, 1961)도 또한 변동환율과 경직적 명목임금을 가정한 표준적인 케인즈의 모델 아래에서 수입제한이 축소적으로 작용하여, 생산량과 고용의 저하를 유도한다는 마찬가지의 놀랄 만한 예견을 이미 확립하고 있다. 먼델의 케이스에서는 관세에 의한 교역조건의 유리화가 저축의 증대를 가져오는 것이기 때문에, 보다 적은 수요에 대응하기 위하여, 총공급이 감소하지 않으면 아니 되는 것이었다. 그 뒤, 관세수입이 어떻게 배분되는가에 따라 결과가 약간 상이하다고는 하지만, 그 결론이 여러 가지 이론의 가정 아래에서도 타당하다는 것이 분명하게 되며, 이 논의가 적어도 일반성을 갖는 것이라는 것이 분명하게 되었다.[51]

그런데 우리는 이 무역정책에 관한 케인즈의 유산을 어떻게 평가해야 하는 것일까. 분명히 그는 대부분의 경우 자유무역논자여서, 관세를 사용하는 것을 거시경제의 병을 고치기 위해서는 전적으로 아무것도 하지 않기보다는 더 좋은, 그러나 우수하다고는 하지만, 일시적 편법으로 본 것이다. 케인즈는 금본위제에 의하여 환율(혹은 이자율)의 조정을 봉쇄당하였기 때문에, 경제 긴급사태 때의 합리적인 선택으로서 일시적으로 관세에 의존한 것이다. 그러나 케인즈의 관세에 관한 주장이 흔들리게 되었다. 변동환율의 장점이 평가받게 되었기 때문이다. 또 보다 근본적으로는 높은 균형실업률을 포함하는 케인즈의 거시경제체계가 비판받게 되었기 때문이다. 변동환율제도의 아래에서 대외균형의 유지가 정책목표가 되게 되면, 가끔 케인즈 모델까지도 관세가 경제축소적인 것을

---

50) 이 결론은 관세수입의 배분에 관하여 어떻게 가정하는가에 따라 달라진다. 여기에서 든 가정은 관세수입을 경제 각 주체에게 중립적으로 배분한다는 것이었다. 만약 관세수입이 생산보조금을 지급하기 위하여 사용된다면, 이 관세는 경제에 있어서 확장적 효과를 갖는 것이 된다. 덧붙이자면, 예를 들어 실질임금이 경직적이어서, 그것이 조정이 늦어지는 것이라면, 관세는 단기적으로는 확장적이 될 것이다.(그러나 장기적으로는 그렇지 않다). 그리고 Barry Eichengreen(1981)을 참조할 것.

51) 이들 무역정책과 고용에 관한 케인즈의 거시경제모델은 어느 것이나 그것이 경제후생과 실업문제를 해결하기 위한 정책수단의 최적성을 고려하는 데 적합하지 않다는 것에 유의하지 않으면 아니 된다.

나타내게 되었다. 관세가 고용을 증가하고, 대외수지를 개선하게 되는 케이스를 만드는 것은 불가능하지는 않지만, 그와 같은 관세의 기본이론은 아직 확립되어 있지 않다. 이들 여러 조건이 충분히 이해되게 되기까지는 케인즈의 논의는 지금부터도 장기간에 걸쳐, 자유무역의 사상을 의심하는 가운데 머물게 하고, 그 옹호자를 방어적 입장에 두게 될 것이다.

참고문헌

1) Alexander, Sidney S., "Devaluation versus Import Restriction s as an Instrument for Improving the Foreign Trade Balance", IMF Staff Papers 1 (April 1951): 375−96.

2) Beveridge, William, ed., Tariffs: The Case Examined. London: Longmans Green, 1931.

3) Bickerike, C. F., "Review of Rchard Schuller's 'Schutzzoll und Freihandel'", Economic Journal 15(September 1905): 413−15.

4) Clark, Peter., The Keynesian Revolution in the Making, 1924−1936. Oxford: Oxford University Press, 1988.

5) Collyns Charles., Can Protection Cure Unemployment? Thames Essay No.31. London: Trade Policy Research Centre, 1982.

6) Corden, W. M., "Real Wage Rigidity, Devaluation, and Import Restriction", In Protection, Growth, and Trade, New York: Basil Blackwell, 1985.

7) Corden, W. M., I. M. D. Little, and M. FG Scott. "Import Controls versus Devaluation and Britain's Economic Prospects", Guest Paper No.2. London: Trade Policy Research Centre, March 1975.

8) Department of Applied Economics. University of Cambridge. Economic Policy Review. February 1975, March 1976.

9) Eichengreen, Barry., "A Dynamic Model of Tariffs, Output, and Employment under Flexible Exchange Rates", Journal of International Economics 11(August 1981): 341−59.

10) _____________________., "Protection, Real Wage Resistance, and Employment", Weltwirtschaftliches Archiv 119(1983): 429−51.

11) _______________., "Keynes and Protection", Journal of Economic History 44(June 1984): 363−73.

12) Friedman, Milton., "The Case for Flexible Exchange Rates", In Essays on Positive Economics. Chicago: University of Chicago Press, 1953.

13) ________________, "The Role of Monetary Policy", American Economic Review 58(March 1968): 1−17.

14) Godley, Wynne, and Robert M. May., "The Macroeconomic Implications of Devaluation and Import Restrictions", Economic Policy Review, March 1977.

15) Gottfried Haberler., "Currency Depreciation and the Terms of Trade(1952)", In Selected Essays of Gottfried Haberler, edited by H. Y. C. Koo, Combridge: MIT Press, 1985.

16) ________________., edited by A. Y. C. Koo. Cambridge: MIT Press, 1985.

17) Hawterey, R. G., "Trade and Modern Economics", IN Essays in World Economics. Oxford: Clarendon Press, 1959.

18) Hinshaw, Randall., "Keynesian Commercial Policy", In The Economics: Keyens' Influence on Theory and Public Policy, edited by Seymour E. Harris. New York: A. A. Knopf, 1947.

19) Howson, Susan, and Donald Winch., The Economic Advisory Council, 1930−39. Cambridge: Cambridge University Press, 1977.

20) Keynes, John Maynard., The Collected Writings of John Maynard Keynes. Edited by Elizabeth Johnson and Donald Moggridge. London: Macmillan for the Royal Economics Society, 1971−89.

21) Meade, James., "The Case for Variable Exchange Rates", Three Banks Review, September 1955.

22) Moggridge, D. E., Maynard Keynes: An Economist's Biography. New York: Routledge. 1992.

23) Mundell, Robert A., "Flexible exchange Rates and Employment Policy", Canadian Journal of Economics and Political Science 27(November 1961): 509−17.

24) Radice, Hugo., "Keynes and the Policy of Practical Protectionism", In J. M. Keynes in Retrospect: The Legacy of the Keynesian Revolution, edited by John HIllard. Aldershot, England: Edward Elgar Pub,. 1988.

25) Robbins, Lionel., "Economic Notes on \Some Arguments for Protection", Economica 11(February 1931): 45−62.

26) ________________., Autobiography of an Economist. London: Macmillan, 1971.

27) Robinson, Joan., "Beggar−my Neighbour Remedies for Unemployment", In Essays in the Theory of Employment. New York: Macmillan, 1937.

28) ________________., "The Pure Theory of International Trade", Review of Economic Studies 14(1946−47): 112.

29) Taussig, Frank W., ed. Wlected Readings in International Trade and Tariff Problems.

Boston: Ginn & Co., 1921.

30) Wolf, Bernard M., and Nicholas P. Smook. "Keynes and the Question of Tariffs", In Keynes and Public Policy After Fifty Years, edited by O>F. Hamouda and J.N. Smithin, vol.2. New York: New York University Press, 1988.

제18장

종속학파와 국제무역이론

1. 서 론

지배적인 이론체계에 집착하고 있는 사람들은 주류파그룹을 형성하여 그들이 연구하고 발표하는 논문들은 일단 그 분야의 학문 내에서는 권위가 부여된다. 따라서 이들 그룹 내 논문은 상호 인용되지만 그룹 밖의 학자들이 집필한 문헌은 거의 인용되지 않는 것이 상례라 할 수 있다. 특히 주류파그룹에 공통된 어프로치와 이론에 극단적인 형태로 이의를 제기하는 반역적인 학자가 존재한다면 이들은 그것을 결코 용인하지 않을 뿐 아니라 또한 인용하려 하지도 않는다. 그리하여 이들은 인접 사회과학분야에 대해서뿐만 아니라 동일 분야 내에 있어서조차도 의견을 달리할 때는 서슴없이 격리된 공간을 만드는 데 주력한다.[1]

이런 현상은 국제무역이론의 분야에 있어서도 예외가 될 수 없다.

이미 권위가 부여된 리카도(Davido Ricado)의 비교생산비설을 기점으로 한 고전학파의 이론은 불후의 학설로 국제무역에 관한 학문분야를 지배해 왔다.

이 이론 이후 새로운 혁신과 독창성은 높이 평가되기는 하나 대부분의 경우에 이들

---

1) Gunar Myrdal, Against the Stream Critical Essay on Economics, Random House, Inc., New York, 1973

이 지금까지의 어프로치와 이론에 어떤 것을 부가하거나 일부 수정할 때에만 상당한 평가를 받아 왔다.

이것이 바로 고전학파의 이론을 이어받은 마샬(Alfred Marshall), 타우싱(F. W. Taussing) 등 신고전학파 그리고 그 후, 이들의 대(代)를 계승하는 사람들, 즉 하벌러(Gottfried von Harberler), 오린(Bertil Ohlin), 해로드(H. R. Harrod) 등의 근대무역이론이 그 주류를 형성하고 있다는 것은 아무도 부인할 수 없을 것이다.[2]

이와 같은 중심적인 이론은 전통적으로 가장 높은 평가를 받아 왔고 그래서 이들 지식에 관한한 비판적 검토가 거의 가해지지 않았기 때문에 낙관적인 이론으로 정착되지 않았나 생각된다.

그러나 어느 분야를 불문하고 확립된 어프로치와 이론의 기본체계를 문제시한다는 것은 하나의 비전이라 할 수 있겠으나 어느 정도의 논쟁의 여백은 남아 있을 수 있다.

확실히 우리는 전통적인 국제무역이론의 늪에 빠져 헤어나지 못하고 있는 것이 아닌가 하고 착각할 때가 많다. 개도국에 살고 있는 우리 현실과 유리된 선진국학자의 이론-가공된 가정 아래에서 전개되고 또 그것마저 못마땅해 수학적, 기하학적 어프로치의 시도에 의한 이론-이 만연되어 이 분야의 학문을 연구하는 자들을 어떤 의미에서는 현실을 왜곡시켜 방황케 하고 있는 것은 아닐지, 왜냐하면 학문은 특정인의 소유물일 수 없기 때문에 관심 있는 자들에 의하여 거듭되는 비판이 가해질 때 더욱 빛이 나는 법이기 때문이다.

전통적인 국제무역이론은 부가되고 수정되어 주류의 맥을 이어 왔지만 이에 대한 비판이 전혀 없었던 것은 아니다. 뮤르달(Gunnar Myrdal), 바그와티(J. N. Bhagwati), 민트(Lla Myant), 넉시(R. Nurkse) 등 많은 선진국들의 학자들에 의하여 역사적으로 이론적으로 비판을 받아 왔지만 '무역에 의한 이익'에 관한 한, 큰 충격을 주지 못한 것은 주지의 사실이다. 그 이유는 이들 역시 선진국에 살고 있는 학자들이기 때문에 현상파악이 예리하지 못하다고나 할까.

여기에 등장한 것이 종속학파의 국제무역이론이고 그 대표적인 학설이 바로 '싱거·프레비쉬명제'라 하겠다.

이 명제가 부각된 것은 프레비쉬(Ra'ul Prebish)라는 소위 개도국의 학자에 의하여 이론이 전개되었다는 것과 개도국도 오늘날 공업화-그 자체의 성격에 많은 문제를 내포

---

2) 이 균, 국제무역이론의 체계와 그 전망, 경영연구(제6집), 홍익대학교경영연구소, 1982, pp.117-132.

하고 있지만-가 진행되고 있지만 국내시장의 협소로 경제성장의 원동력이 되지 못하므로 이에 새로운 전략을 제시한 데 큰 의의를 인정하지 않으면 아니 될 것이다.

따라서 이 명제는 UNCTAD 무대에서 많은 개도국으로부터 뜨거운 환영을 받아 왔다.

이에 우리는 1930년대의 세계적 대공황 때에 라틴아메리카에서 처음으로 추진된 공업화를 배경으로 '싱거·프레비쉬명제'라는 이론과 이 이론을 바탕으로 새로운 이론이 전개되고 곧 이것은 오늘날 제3세계를 지배하는 경제이론으로 부각된 것은 사실이며, 이 이론을 다시 지적 원천이라는 각도에서 볼 때 확립되고 있는 신종속학파의 이론3)의 본질과 성격을 알고 그 의의를 찾는 데 관심을 가져야 할 것이다. 신종속학파의 이론으로는 크게 두 개의 흐름으로 나눌 수 있다.

첫째, 싱거·프레비쉬명제를 다시 발전시킨 것으로 라틴아메리카의 학자들이 광범하게 받아들이게 된 종속이론이다. 이 이론은 1950년대 초의 인플레이션에 관한 구조학파와 마니터리스트 사이의 논쟁을 기회로 라틴아메리카경제의 독자성을 탐구하려는 것으로 아주 빠른 템포로 각 나라에서 발전되어 왔다. 그 대표적인 학자로서 칠레의 선켈(Osvaldo Sunkel), 프랭크(A. G. Frank), 브라질의 산토스(Theo tonio Dos Santos), 프르타도(Celso Fultado), 멕시코의 마리니(Ruy Mauro Marini), 스타벤하겐(rodolfo Stavenhagen), 베네주엘라의 알다나(Ramon Losada Aldana) 등이 있다.

둘째, 리스트(Friedrich List)로부터 역사학파, 슘피터(J. S. Schumpeter) 등 앵글로색슨 지배경제에 대항하여 대륙유럽에서 형성된 지배-피지배의 이론을 계승하여, 이것을 제3세계의 현실에 비추어 검증, 저개발경제의 특성을 제시하려는 흐름으로 그 대표적인 이론가로서는 바란(Paul A. Baran), 에마뉴엘(A. Emmanuel), 에집트의 아민(Samir Amin), 레바논의 살키즈(N. Sarkis), 알제리아의 아카슈(Ahmed Akkache) 등을 들 수 있으며, 프랭크도 이 흐름의 영향을 크게 받고 있다.

이 흐름의 학자들은 때때로 마르크스주의의 제국주의이론을 제3세계의 현실로서 설명하는 기본적 관점으로 받아들이지만 이 경우에도 마르크스주의 그 자체를 제3세계의 입

---

3) 신종속학파의 대표적인 저서를 들면 다음과 같다.
　① P. Baran, The Political Economy of Growth, New York, 1957.
　② A. Emanuel, Unequal Exchange: A Study of the Imperialism of Trade, New York, 1972.
　③ Samir Armin, Accumulation on a world Scale, Monthly Review Press, New York, 1974.
　④ A. G. Frank, Capitalism and Underdevelopment in Latin America, New York, 67.
　⑤ Osvaldo Sunkel, Integration Capitaliste tramnsnationale et desintegration nationale en Amerique Latine, Palitique Etrangere, No.6, 1970.

장에서 재검토하려는 지향이 강하다.

여기서 먼저 종속학파와 신종속학파의 주된 차이점을 들자면 종속학파는 임금을 결정하는 것을 가격에서 찾고 있는 반면, 신종속학파는 가격을 결정하는 것은 임금이라고 주장하는 데 있다 하겠다.

이 장에서는 이들 이론 가운데 국제무역에 관련된 부분만을 검토하기로 하며, 먼저 종속학파의 이론을 고찰하고, 그 뒤, 신종속학파의 이론에 들어가고자 한다. 그리고 비판과 비판의 거듭에 의한 학문의 발전이라는 의미에서 이들 이론에 대한 주류파이론, 즉 하벌러 등의 반론도 제시해 두고자 한다.

1964년 제네바에서 120개 나라가 참가한 남북문제에 관한 미증유의 국제회의인 UN 무역개발회의(UNCTAD: United Nations Conference on Trade and Development)가 개최되었다. 이 회의에서는 '원조보다는 무역'이라는 슬로건 아래, 저개발국들이 결집하여 선진국들과 격렬하게 논쟁한 것이지만, 그 때, 저개발국 쪽 주장의 기본으로서 큰 역할을 담당한 것은 UNCTAD사무국장인 프레비쉬(Rául Prebisch)가 제출한 보고서 <새로운 무역정책을 향하여>4)였다. 이 보고서야말로 프레비쉬의 그때까지 연구의 하나의 집약이라고 하여도 좋지만, 그 밑바탕에는 1950년대 초반 이래 계속 주장되어 온 저개발국들의 교역조건악화론—'싱거·프레비쉬명제(Singer—Prebisch thesis)'—이 흐르고 있다. 그리고 실은 이 시점에 이르기까지 다시 그 이후도 이 명제를 둘러싸고 격렬한 논쟁이 확대되고 있었던 것이다. 이 장에서는 이러한 말하자면 'UNCTAD경제학'의 초석으로서의 '싱거—프레비쉬명제'와 이 명제를 둘러싼 논쟁을 개관하고자 하지만, 먼저, '명제'를 든다고 해서, 싱거(H. W. Singer)와 프레비쉬의 모든 이론을 다루는 것은 아니다. 특히 '프레비쉬이론'이라는 경우, 라틴아메리카의 특수문제에 관한 것으로부터 UNCTAD에 있어서 남북문제 전반에 걸친 정책론에 미치는 다양한 측면을 포함하고 있지만, 여기에서는 그 가운데 교역조건악화론(그것은 '프레비쉬이론'의 토대이기도 하지만)에 초점을 좁히고 있다. 또 두 사람의 견해에 큰 공통점이 있기 때문에 '싱거—프레비쉬명제'로서 일괄되고 있는 것이지만, 그러나 이 장에서는 두 사람 논의의 미묘한 차이에 관해서도 주의하는 것으로 한다. 말하자면, 교역조건 문제에 관해서는 프레비쉬 쪽이 보다 정치하게 전개하고 있기 때문에, 자연히 그의 논의에 많은 부분을 할애하는 것이지만, 싱거의

---

4) 西川潤, 南北問題, 日本放送協會, 1979.
　　Rául Prebisch, Towards a Dynamic Development Policy for Latin America UN. E / CN, 1964.

견해에 관해서는 프레비쉬와의 차이에 착안한다. 그것이 논쟁의 전개, 나아가서는 이 '명제'의 의의를 고찰하는 위에서 일정한 의미를 갖고 있는 것 같이 생각되기 때문이다.

2. 종속학파의 교역조건악화론

(1) 불평등에 관한 논의

서유럽 선진국들에서 발전되어 온 개도국 개발이론이 근대화이론이든 마르크스주의이론이든가를 불문하고 어떻게 본질적으로 개도국 쪽의 독자적인 발전능력에 대한 불신으로 일관되어, 개도국이 발전의 길을 걷기 위해서는 선진국으로부터의 외부적 충격(원조)이 불가결하다고 슘페터(J. S. Schumpeten)는 주장하였다.[5] 이것은 저개발성을 경제발전의 '지연'으로 간주하는 구미 여러 나라의 전통적인 사고에 입각한 것이다. 그러나 대공황의 시기부터 제2차대전을 거쳐 개도국 쪽의 이론가들은 점차로 선진국들에서 발달한 경제이론의 프레임으로서는 자신들이 처한 현실을 설명할 수 없다는 것을 의식하여 스스로 저개발성을 생각하기 시작하게 되었다.

이에 관심을 둔 최초의 한 사람이 빈학파와 케인즈경제학을 배우면서 대공황에 의하여 아르헨티나경제가 입은 충격에 직면하여 "대중심지에서 만들어진 이론적 설명과 현실과의 차이는 너무나도 크다."[6]라는 것을 알게 된 프레비쉬였다. 그가 제2차대전 뒤 바로 제기한 저개발성에 관한 설명의 이론적 모델이 '중심국－주변국(Centre－Periphery)이론'으로 일컬어져, 남측의 경제학자들에게 적지 않은 영향을 미치게 되었다. 이와 같은 시기에 싱거(W. A. Singer)도 같은 설명의 가설을 제기하였기 때문에 그들의 명제는 '싱거·프레비쉬명제(Singer－Prebish thesis)'라고도 한다.

이 명제가 의미하는 1차산품 교역조건의 장기악화설, 여기서부터 결과적으로 나타나는 주변국의 공업화이론, 그리하여 프레비쉬이론으로 탄생한 UNCTAD의 경제학을 검토하겠지만 프레비쉬이론에 들어가기에 앞서 구미 여러 나라 내부에서의 자기반성을 뮤르달의 이론을 먼저 논해 보고자 한다. 그것은 프레비쉬 등의 설명에 관한 독창성을 보

---

5) J. S. Shumpeter, The Theory of Economic Development, Harvard Univ. Press, 1934.
6) R. Prebisch, Hacia unadinamical del desarrollo latinaamericano, Mexico, 1963, p.12.

다 잘 제시하게 되기 때문이다.

뮤르달은 <경제이론과 저개발지역> 등[7])에서 케인즈 이래의 중앙집권적인 재정·금융·사회정책에 의한 한 나라 수준에서의 복지국가의 실현이 국제적 수준에서는 어떻게 국경을 구분시켜 국제적인 비통합(internation disintegration)을 야기하였는가를 지적하였다.[8]) 한편으로 남측에 있어서 '빈곤의 악순환(vicious circles of poverty)'[9])은 단지 악순환에 멈추지 않고 "가난한 자는 더욱 가난하게 된다."라는 하강적인 악순환인 것이다. 그는 이것을 '누적적 인과관계(cumulative circular causation)'에 바탕을 둔 것이라 하지만 이 인과관계는 국제경제무대에서 다음 2개의 시장력이 가지는 작용의 진행에 의하여 확대될 수 있다.

그 하나는 역류효과(backwash effects)이다. 이것은 어느 확장의 중심지가 출현하면 그 장소 밖에서 일어나는 모든 반대의 변동을 가리킨다. 예를 들면 이태리 북부에서 공업발전이 시동하면 남부의 농업지역보다 빈곤화한다는 의미에서의 상관효과이다.

다른 하나는 파급효과(spread effects)이다. 이것은 확장중심지로부터 확장력이 다른 지역으로 파급하여 그 지역의 경제활동을 확대시키는 효과이다.

개도국은 공업중심지로부터의 역류·파급의 두 효과에 의하여 경제의 확장·정체(두 효과가 한계 부분에서 균형을 이루는 경우)·후퇴를 규정한다. 그러나 시장력을 그대로 방치해 두면 지역 사이 불평등은 오히려 확대되는 경향이 있다. 이러한 불평등의 진행을 방치하게 되면 이것은 국제수준에서의 전체적인 개발수준을 저하시켜, 한 나라 수준에서의 평등화정책(복지정책)의 기초도 동요시키게 될 것이다. 그렇지만 위에서 설명한 상관관계에 있어서 경제발전수준이 높은 나라의 경우에 있어서는 국내에서 파급효과가 역류효과보다 앞선다는 현상을 보게 된다.

여기서 뮤르달의 권고는 국제수준에서 원조 등 적극적으로 소득의 재분배를 목표로 하는 것과 같은 개발정책을 취함으로써 역류효과보다도 파급효과의 힘을 높이라는 점이며, 이를 위해서는 선진공업국은 국제무역의 무대에서도 이중의 도덕기준(double standard of morality)을 채용, 가격메커니즘에 의하지 않는 발전정책을 단지 국내수준뿐만 아니라

---

7) 뮤르달(Gunar Myrdal)의 저서는 다음과 같다.
　　① An International Economy, New York, 1956.
　　② Economic Theory and Underdevelopment Region, London, 1957.
　　③ Beyond the Welfare State, New York, 1960.
8) Gunar Myrdal, An International Economy, New York, 1956.
9) R. Nurkse, Problems of Capital Formation in Underdeveloped Countries, Oxford, 1953.

국제수준에서도 실행하여 '국제적인 비통합' 현상을 '통합' 현상으로 전환시킬 필요가 있다고 주장한다.[10]

뮤르달은 남측에 있어서 주민의 '자각의 증가'에 대하여 북측의 '부유한 나라의 책임'을 강조하지만, 그러나 동시에 그는 전통적인 시장메커니즘을 기초로 한 경제이론이 오늘날의 세계의 "경제불평등 문제와 맞추는 데는 확실히 부적절하다."라는 문제를 느꼈다.

여기서 그는 프레비쉬의 이론을 대폭적으로 수용하여 전통적인 경제학의 시장어프로치에 대하여 비시장적 교환의 형태인 증여＝원조 등 요소를 도입하여 오늘날 남북문제(뮤르달은 이를 국제경제의 비통합화문제)로 접근하려 하였다.

이런 의미에서 발전문제는 그에 있어서는 다시 국제관계의 시야 가운데 고쳐 놓았지만(리카도 이래로), 그러나 그는 남측의 저개발 자체에 관한 해명은 아니었다.

그렇지만 프레비쉬 등의 어프로치는 다시 근본적으로 남측의 독자성을 '중심국'에 대한 '주변국'으로서의 성질로 보이기 시작, 이 주변성을 변혁해 감에 따라 남측의 발전의 길을 찾으려 한 것이다.

바야흐로 우리는 뮤르달의 논의에 10여 년 앞서 발표된 '싱거 · 프레비쉬명제'를 검토해 보고자 한다.

1964년 제네바에서 남북문제에 관한 국제회의인 UN무역개발회의(UNCTAD: United Nation Conference on Trade and Development)가 120여 개 나라의 대표들이 참가한 가운데 성대하게 개최되었다.

이 회의에서는 '원조보다는 무역을'이라는 케치프레이즈 아래에 개발도상국들이 한자리에 모여 선진국들에 대한 격렬한 대항을 하기로 하였으며, 이 때 개도국 쪽의 주장을 바탕으로 하여 적지 않은 역할을 담당한 사람은 당시 UNCTAD 사무총장직을 맡고 있었던 프레비쉬(Raul Prebisch)였으며 이 회의에 제출한 자료는 <새로운 무역정책을 향하여>라는 보고서였다.

이 보고서야말로 프레비쉬가 그때까지 연구한 결과를 종합한 하나의 결정체라 하여도 과언은 아니겠지만, 이 보고서의 밑바탕에는 1950년대 초반 이래로 계속 주장해 온 개도국의 교역조건악화론, 즉 '싱거 · 프레비쉬명제'가 주류를 형성하고 있었다. 실제 이 회의가 개막되는 시점까지 그리고 그 이후에 있어서도 이 명제를 둘러싸고 격렬한 논쟁이 벌어지고 있었던 것이다.

---

10) Gunar Myrdal, An International Economy, New York, 1956. pp.288－298.

여기서는 소위 국제무역이론에 관한 종속학파이론의 초석이 된 '싱거·프레비쉬명제'
에 관한 내용 가운데 몇 가지 논점에 한정하여 소개하고자 한다(구체적인 내용은 다음
장에서 설명한다).

먼저, 명제에 관한 내용을 들고자 하지만 싱거와 프레비쉬의 전 이론을 취급할 수
는 없다. 특히, 프레비쉬이론이라고 할 경우 라틴아메리카의 특수문제에 관한 것부터
UNCTAD의 남북문제 전반에 걸쳐 정책론에 미치는 여러 가지 측면을 내포하고 있지
만, 여기서는 그 가운데서도 프레비쉬이론의 기반이기도 한 교역조건악화론에 초점을
두고자 한다.

다음으로, 두 사람의 견해에 커다란 공통점이 있다는 것 자체야말로 '싱거·프레비쉬
명제'로서 일관되어 있지만 양자의 논의에 있어 미묘한 차이점에 관해서도 주의 깊게
관찰하고자 한다. 결국 교역조건의 문제에 관해서는 프레비쉬 쪽이 보다 정밀하게 전개
시키고 있기 때문에 그의 이론을 중심으로 하며 다만 싱거의 견해에 관해서는 프레비쉬
와의 차이점만 소개하고자 한다.

3. 교역조건악화론의 출발점

먼저, 논의의 전제로서 교역조건에 관하여 간단히 언급하기로 하자. 여기에서 말하는
교역조건(terms of trade)이란 어느 나라의 수출품 단위가격을 수입품의 그것으로 나눈
상품가격지수를 말한다(한 시점의 교역조건 그 자체는 그다지 의의가 없고, 오히려 그
변화가 중요한 것으로 지수로 표시된다). 즉, 어느 나라의 기준시점의 수출품단가를 eP_0
로, 비교연도의 수출품단가를 eP_1라고 하면, 마찬가지로 두 시점의 수입품단가를 각각
iP_0, iP_0라고 하면, 이 나라의 비교연도의 교역조건(Ti)은 다음과 같이 계산한다. 즉,

$$Ti = eP_1 / eP_0 / iP_1 / iP_0 \times 100$$

이 된다. 상세히 언급하면, 이것은 순교역조건(net barter terms of trade) 또는 상품교역
조건(commodity terms of trade)이라고 한다. 다른 교역조건과는 구별되지만, 이 장에서
오로지 사용되는 것은 이 순교역조건이므로, 여기에서 단지 교역조건이라고 설명하는

것으로 하자. 그러면 어느 나라의 수입품단가 변동에 비하여 상대적으로 수출품단가가 상승한 경우, 일정량의 수출품으로 보다 많은 수입품을 획득할 수 있게 되는 것으로, 이 나라에 있어서 무역이 유리하게 되었다고 일단 말할 수 있다. 그때, 교역조건은 정(+)의 방향으로 움직여 무역의 유리함을 나타내고, 반대의 경우는 부(-)의 방향으로 이동하여 무역의 불리함을 나타내기 때문에, 한계는 있다고 해도, 그 나라의 무역의 상대적 의의의 변동을 나타내는 하나의 기준으로서 교역조건이 사용되는 것이다.[11] 특히 1차산품 등을 수출하고, 국내경제개발에 불가결한 자본재를 수입에 의존하고 있는 저개발국에 있어서 교역조건의 변화는 경제발전에 큰 영향을 주기 때문에 중대한 관심사기 되지 않을 수 없다. 그러나 농산물 등 1차산품 생산에서 수확체감의 법칙보다 강하게 작용한다는 고전학파 세계에 있어서는 세계의 개발이 진행함에 따라 공산품가격에 비하여 1차산품 가격은 상승하는 경향을 갖는다고 생각하고 있기 때문에 저개발국의 교역조건 등 문제가 되지 않았다고 해도 좋다.

그렇지만 이것과는 정말로 역설적인 사태를 싱거와 프레비쉬는 이론화하고자 하였다. 그런 의미에서 본래적으로 전통적인 경제학에 대한 도전이라는 색채를 띠고 있다고 할 수 있지만, 그렇지만 1차산품의 수출국, 즉 저개발국의 교역조건이 장기적으로 악화하고 있다는 현상의 지적까지도 그들에 의하여 처음으로 제기된 것은 아니다. 대개 하나의 이론 형성에 있어서는 몇몇 선구자들의 연구가 그 나름대로의 기여를 하는 것이지만, 이 문제에 관해서도 옛 국제연맹 내에서 일정한 논의가 이루어지고 있었던 것은 두 사람의 주요한 활동무대가 국제연맹이었던 것에 유의해 두어야 할 것이다.[12] 여기에서는 국제연맹 경제금융운수부(the Economic, Financial and Transit Department of League f Nations)의 두 저서-힐가트(F. Hilgert)와 넉시(R. Nurkse)에 의한-로부터 선구자들의 사고방식을 간단히 고찰해 보기로 하자.[13]

먼저, 힐가트를 보자. <그림 18-1>의 B와 같은 1차산품의 교역조건의 변화를 나타 내면서, 다음과 같이 설명하고 있다. 세계무역에서 공산품무역액이 1차산품의 그것과 같은 베이스로 변화할 수 없었던 이유를 교역조건이 공업국들 쪽에 유리하게 작동함으로

---

11) J. Viner, Studies in the Theory of International Trade, 1955, pp.555-570.
12) United Nations, Post War Price Relations in Trade between Underdeveloped and Industrialized Countries, E / CN 1, Sub. 3 / W. 5. Feb. 1949.
    League of Nations(F.Hilgerdt), Industrialization and Foreign Trade, 1945.
13) League of Nations(F. Hilgerdt), op.cit.
    League of Nations(R. Nurkse), International Currency Experience, 1944.

써 이들 나라가 일정량의 1차산품을 입수하는 데에, 점점 소량의 공산품으로 끝낼 수 있었다는 점에서 찾는다고 하면, 이것은 잘못된 주장이다. 그리고 원인은 오히려 공업국들의 보호주의에 있다[14]고. 뒤에 1차산품 수요의 소득탄력성이 공산품수요의 그것보다 낮은 것이 논의되지만, 어느 것으로 하여도 교역조건을 그만큼 중시하고 있지 않은 것은 분명할 것이다. 그렇지만 그의 연구 전체는 다각적무역이 붕괴한 1930년대의 '비정상적인' 시기를 제외하면, 후진국들의 공업화가 세계무역의 발전에 공헌하였다는 주장이 관철되고 있고, 그런 의미에서는 공업화의 필요성을 설파하는 프레비쉬 등의 입장을 지지하는 것이라고 할 수 있다.

다른 한편, 넉시를 보면 역점이 약간 변화하고 있다. 두 대전 사이의 기간의 국제통화의 경험으로부터 전후 재건되어야 할 통화체제의 방향을 탐구하고자 한 그의 연구는 상세하게 저개발국들의 무역문제를 취급한 것은 아니지만, 주목해야 할 암시가 몇 군데에서 볼 수 있다. 특히 구조적인 문제를 취급하고 있는 곳에서는 먼저 "가끔 농업국이 '단일작물국'으로서 특징 매김된 것은 대개 과장이 있었던 것은 아니다."라고 논한 뒤, "일반적으로 농업생산은 가격변화에 관하여 오히려 비탄력적이지만, 그러나 일기 때문에 불안정한 변동을 겪는다. 또 수요도 일반적으로 가격에 관하여 비탄력적이며, 동시에 특히 원재료에 관해서는 공업소비국에 있어서 소득과 운용의 스토크, 투기적인 스토크의 변화 때문에 변동하기 쉽다. 이것들의 공급과 수요의 여러 조건이 결합하여, 농업국의 수출가격, 국제수지, 국민소득에 심각한 동요를 불러일으키는 경향이었다." "공업국에서는 불황은 주로 생산의 저하와 실업으로서 나타나는 데 대하여, 농업국에서의 불황은 주로 수출가격의, 그리고 생산자소득과 수입능력의 저하를 통하여 경험한다." 그리고 후진국들의 '위장실업', 아르헨티나, 오스트레일리아, 케나다 등의 소위 '신정주지역'에 있어서 농업생산력의 상승, 제1차 세계대전에 의한 생산의 자극, 공업국의 농업보호주의 등 여러 요인의 결과, "최근 1차산품 생산자의 교역조건의 지속적인 저하는 위에서 설명한 주기적인 동요에 의하여 다시 악화시켰다." 이러한 사태에 대하여, 1차산품의 국제적인 완충스토크의 형성, 수출품목의 다각화 등이 필요하지만, "국제수지의 블안정성에 대항하기 위하여 농업국이 채택한 다른, 보다 근본적인 조정은 공업화였다. 그렇지만 부분적으로는 공산품가격에 비하여 농산물가격이 만성적으로 하락한 것(교역조건의 악화)의 반동으로서도, 그것은 간주하지 않으면 아니 되지만", 그리고 "농업국에로부터 공업

---

14) League of Nations(F. Hilgerdt), op.cit. pp.16-18.

에로의 여러 자원의 상대적인 이행은 일반적으로 1차산품 생산국의 실질소득 수준을, 예를 들어 증가시키지 않는다 하여도, 유지하는 경향을 갖는 매우 자연적인 귀결인 것"이라고 결론 맺는다.[15] 1차산품의 본래적 성질에도 유래하는 저개발국들의 교역조건악화를 소득상실로 결부시켜, 극복을 위하여 공업화의 필요성을 설명하는 이러한 논리적 전개는 실제로 '싱거-프레비쉬명제'와 중복되는 것이 많아, 그 프로트타입이라고 할 수 있을지도 모른다. 아직 '남북문제'라는 용어조차 없었던 당시에, 국제연맹 내에서 이것만의 인식이 이루어지고 있었던 것은 붕괴하기 시작하는 식민지체제에 대신하여 무언가의 새로운 세계경제체제의 수립이 보다 통절하였던 것을 대변하고 있는 것일 것이다.

1947년 싱거는 신생 국제연합의 사무국에 들어가, 또 1년 늦게 프레비쉬는 넉시 등이 주목한 1930년대의 아르헨티나의 공업화정책을 담당한 경험을 뒤로하고,[16] UN라틴아메리카경제위원회(Economic Commission for Latin America, 이하 'ECLA'이라고 함)에 등장하였다. 요는 이미 재료는 상당히 정비되어 있었던 것으로, 거기에서 두 사람의 견해의 공통성의 기반을 볼 수가 있는 것이다.

4. 싱거-프레비쉬명제

이미 설명한 바와 같이, '싱거-프레비쉬명제'라 하여도 교역조건의 문제를 상세히 취급하고 있는 것은 프레비쉬 쪽으로, 먼저 그의 논의를 중심으로 개관하고, 이어서 싱거에 관해서는 프레비쉬와의 차이에 보다 중점을 두고 검토하기로 한다.

(1) 프레비쉬[17]

프레비쉬의 설명을 보는 데 있어서 첫째 어려움은 다음의 주요저서 사이에서 설명에 상당한 차이가 있기 때문에, 해석이 구구하게 되거나, 극단적인 경우에는 몇 가지 '프레

---

15) League of Nations(R.Nurkse), op.cit. pp.192-199.
   W. A. Lewis, Economic Survey 1919-1939, 1949, part.3.
16) 西川潤, ラウル・プレビッツュの經濟思想(堀江忠男 編, 體制改革の課題と方向, 新評論, 1974).
17) L. E. di Marco(ed), International Economics and Development-Essays in Hournor of Raul Prebisch, 1972, pp.487-499.

비쉬명제'가 있다고 보는 논자조차 있는 것이다.[18)

그의 주요저서는 다음과 같다.[19)

① 라틴아메리카의 경제발전과 그 주요문제(1950)
② 저개발국들에 있어서 통상정책(1959)
③ 라틴아메리카의 동태적 개발정책을 향하여(1963)
④ 새로운 무역정책을 향하여(1964)

확실히 이러한 경향은 부정할 수 없다고 하여도, 그것은 오히려 '프레비쉬명제'가 점차 형성되어 가는 도상의 것으로 이해해야 하며, 그가 제출한 여러 요인을 종합적으로 파악하는 것은 가능할 것이다. 말하자면, ①의 단계에서는 뒤에서 설명하는 바와 같이 주로 노동자계급의 임금협상력의 격차가 문제가 되어 있을 뿐으로, '명제'가 충분히 확정되어 있다고는 말하기 어려우며, ④에서는 너무나 간단하다. 더욱이 정리되어 있는 것은 ③이지만, 보다 엄밀히 전개되어 있는 것은 ② 쪽이다. 여기에서는 완성된 모습을 취하고 있다고 생각되는 ②와 ③을 중심으로 기타에서 보완하면서 설명하기로 한다.

그의 이론을 보다 잘 이해하기 위하여, 처음 두 가지 정도 예비적인 논의를 하여 두자. 하나는 기술진보 혹은 생산성향상의 이익에 관해서이다. 프레비쉬도 싱거도 이것에는 ① 상품가격의 저하 혹은 ② 가격저하가 아닌 임금을 포함한 소득의 상승이라는 두 가지 형태가 있다고 한다. 두 형태 가운데 한쪽이 전적으로 일어나는 것이라면 문제는 없지만, 양자가 동시에 발생하면 복잡하게 된다. 어떤 원인으로 기술진보의 결과, A국에서는 ②의 소득상승이, B국에서는 ①의 가격저하가 있다고 하면, 두 나라가 무역함으로써 B국은 대가 없이 그 기술진보의 이익이 그대로 A국에 이전하는 것이 되기 때문이다. 이 경우, B국은 '주변(Periohery)'이며, A국은 '중심(Center)'이 된다.

그러면 '중심국', '주변국'이란 어떤 의미인가. 주로 공산품을 수출하는 나라가 중심국

---

18) M. J. Flanders, Prebisch on Protectionism: An Evaluation, Economic Journal, June 1964, p.305.
19) 여기에서는 프레비쉬의 문헌은 영문판에 의함.
① The Economic Development of Latin Americas and Its Priciple Problems, Economic Bullitin for Latin America, Feb. 1962.
② Commercial Policy in the Underdeveloped Countries, American Economic Review, May 1959.
③ Towards a Dynamic Development Policy for Latin America, UN. E / CN, 12 / 680 / Rev. 1. 1963.
④ Towards a New Trade Policy for Development, UN. E / CONF, 46 / 3, 1964.

으로, 일반적으로 말하는 선진국이라 생각해도 좋다. 주변국은 1차산품수출국으로 대개 저개발국들을 지칭하지만, 고소득국이면서 주로 1차산품을 수출하고 있는 나라－이전의 캐나다, 오스트레일리아, 뉴질랜드－도 포함되는 점에 주의를 요한다. 이것뿐이라면 아무런 의미도 없지만, 그러나 감히 양자를 중심·주변으로 호칭하는 배후에는 후자의 전자에 대한 일방적 의존관계가 포함되어 있다고 보아도 좋다. 주변국의 교역조건의 악화를 통하여 그 기술진보의 이익이 일방적으로 중심국으로 이전되어, 두 나라의 자본축적에서, 따라서 경제발전에서 질적 차이가 발생한다는 것이 '프레비쉬명제'의 핵심을 이루고 있기 때문이다.

역사적으로 보아, 기술진보의 파급은 불균등하였다. 이것이 세계경제를 공업적 중심과 1차산품생산에 종사하는 주변국들로 분할하는 것에 기여하고, 그 결과, 소득의 성장에 있어서 격차를 가져왔다. <그림 18－1>를 보자. 프레비쉬가 나타낸 (A)를 포함하여, 장기적으로 주변국의 교역조건은 악화하고 있다. 이것은 공업부문 생산성의 상승보다도 1차산품부문의 그것이 상회하였기 때문이라고는 도저히 말하기 어렵다.

먼저, 공산품과 1차산품과의 차이를 생각해 보면, 전자에 대한 수요의 소득탄력성은 후자에 대한 그것보다도 높다고 한다. 왜냐하면, 공산품에서는 "시간의 흐름과 함께 어느 제품에 대한 수요가 포화상태에 이르는 징조를 보이자마자, 신제품과, 기존제품에서도 새로운 형태가 등장하여, 공산품수요를 계속하여 자극한다."라는 것에 대하여, 1차산품에서는 이러한 것은 드물며, 식량에 관해서는 소위 '엥겔법칙'에 의하여 수요의 소득탄력성이 낮은 것은 잘 알려져 있다. 또 원재료에서는 기술혁신에 의하여 합성품에 의한 대체가 진행하거나 혹은 투입에 차지하는 비율이 저하하거나 하기 때문이다.

〈그림 18-1〉 저개발국들의 교역조건의 악화

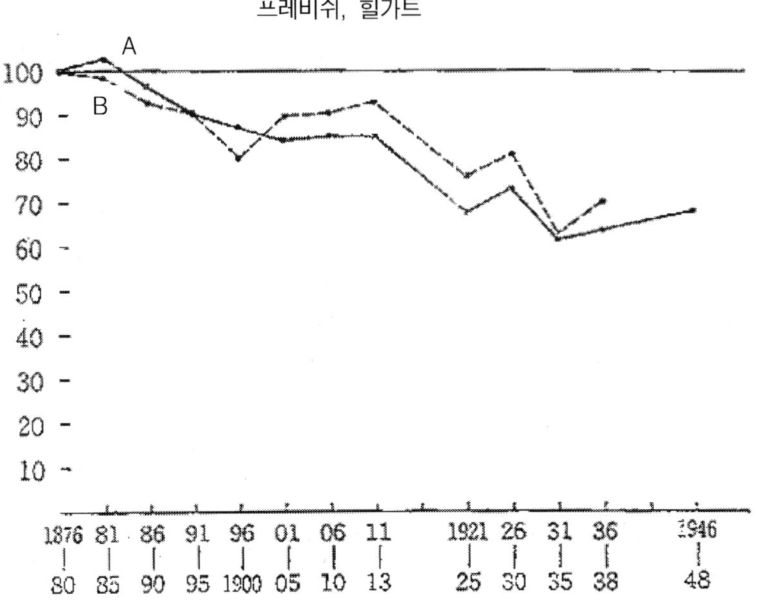

(주) A: 영국의 교역조건의 역수
　　　(Raul Prevbisch, The Economic Development of Latin America
　　　and Its Principal Problem, Economic Bulletin for Latin America,
　　　Feb. 1962, p.4)
　　B: 1차산품가격(세계) / 공산품가격(세계)
　　　(Hilgert, Industrialization and Foreign Trade, p.157)

　　이 수요의 소득탄력성 격차에 의하여 1차산품에 특화하고 있는 주변국의 경제성장은 중대한 제약을 받지 않을 수 없다. 프레비쉬의 간단한 숫자 예로 나타내자. 중심국의 소득성장률(연간)을 3%, 1차산품수입에 대한 수요의 소득탄력상을 0.80%, 주변국의 공산품수입수요의 소득탄력성을 1.30%로 하고, 자본이동이 없다고 하면, 중심국의 수입＝주변국의 수출증가율(연율)은 2.40%(3x0.80)가 된다. 그렇지만 주변국의 소득성장률 1.84%를 초과할 수가 없다. 왜냐하면 그 이상 성장하면 수입증가율이 2.40%를 초과하기 때문이다. 이 성장률의 차이는 이미 앞의 수요의 소득탄력성의 격차에 의하여 결정되는 것이지만, 다시 앞서 그것은 두 나라 내에 정반대의 현상을 야기한다. 즉, 이 차이에 의하여 공업부문에 비하여 1차산품부문의 노동력흡수율은 둔화시키지 않을 수 없기 때문에, 주변국 내에서는 보다 대규모로 존재하는 상대적 과잉인구가 점점 팽창하여, 노동자계급의 협상력과 임금수준에 하향압력을 더하는 것에 대하여 중심국 내에서는 이것과는 반대로 노동력부족의 경향이 나타날 것이다. 다시 숫자 예로 설명하자. 각각 공산품·1차산품에 우위를 갖지만, 생산성격차의 정도에 편향함이 없는 중심국(A), 주변국(B)에서, 임금률은 같고, 두 나라의 한계생산성이 같은 점에서 무역이 균형하고 있다고 가정하자. 그와 같은 한계에서는, 두 나라의 1인당 물적 생산성 비율을 나타내는 생산성비율은 1.0이 된다. 그리고 A국의 공업생산의 생산성을 B국의 그것의 3배, B국의 1차산품의 생산성을 A국의 그것의 3배로 하자. 그러면 1차산품수요의 소득탄력성은 공산품수요의 그것보다 낮기 때문에 "만약 B국이 A국의 노동력을 보내 A국의 공업화율을 높일 수가 없지만 혹은 그것을 좋아하지 않는다면 B국에 있어서 노동력의 증가분의 배분을 이전의 경우와는 상이함으로써, 1차산품 생산활동의 비율을 낮추어, 공업활동의 비율을 높이는 밖에는 피할 길은 없다." "여기에 중대한 국면이 온다. B국에서는 노동력은 생산성의 유리한 비율을 가진 제1차산업으로부터 불리한 비율을 가진 공업부문으로 이동된다. 결과적으로 노동력의 압력은 고용을, 생산성비율곡선을 따라 1.00에서 예를 들면 0.80까지 저하시켜, 그것에 따라 임금률은 새로운 경쟁적 균형점까지 저하할 것이다. 임금률 0.80으로의 조정과정에서 수출가격은 저하하고, 소득을 A국으로 이전하게 될 것이다."라는 것은 임금저하는 수출업자로 하여금 보다 낮은 수요의 신장에 가격인하에 의하여 대응하는 것을 가능하다고 하기 때문이다. 그렇지만 "A국에서는 정반대의 일이 일어난다. 보다 높은 비율의 공산품수요에 대응하여 노동력은 제1차산업에서 공업생산으로 이동하지만, 여기에서는 생산성비율이 보다 높기 때문에, 임금률은 개선될 것이다." 말하자면, 공산품가격은 하락하지 않기 때문에, 주변국의 교역조건은 악화되지 않을 수 없다.

  이미 설명한 바와 같이, 기술진보 세계에로의 파급은 불균등한 것이기 때문에, 주변국의 기술밀도(technical densities) — 기술지식의 양과 그것을 생산에 이용하는 능력 — 와 중심국의 그것과는 큰 격차가 있다고 해야 할 것이다. 예를 든 것에서는 B국수출산업의 생산성비율을 이전과 같이 하면서, 공업의 그것을 더욱 낮다고 상정하여 보자. 그렇다면 제1차산업에서 고용될 수 없는 잉여노동력이 보다 많이 낮은 생산성의 부문으로 향하게 되기 때문에, 임금 및 수출품가격의 저하는 보다 크게 되지 않을 수 없다. 그리고 B국의 제1차산업의 생산성이 향상하여, 필요한 노동력이 감소하는 것이라면 그 몫의 잉여노동력의 압력은 강해져, 결국 수출가격의 저하로 귀착한다.

  이상과 같이 수요의 소득탄력성 내지 기술집약도의 격차에 의하여, "중심국에서는 생산성의 일반적 개선은 임금률의 증가분에 완전히 반영되는 경향이 있는 것에 대하여, 주변국에서는 수출가격의 저하와 그것에 일치한 교역조건의 악화를 통하여 그것이 이전되어 버린다."라는 것이다. 그런데 중심국에서는 가끔 이루어지고 있는 제1차산업에 대한 보호정책과, 호황기에는 임금을 상승시켜, 불황기에는 그 저하를 저지하는 노동조합의 압력-주변국에서는 그러한 활동은 어렵다-에 의하여,[20] 이 경향은 점점 강화되는 게 틀림이 없다.

여기에서 중심국의 보호주의에 관하여 보면, 주변국에 대하여 절대적인 영향을 미치기 시작한 것은 1930년대의 대공황 이후의 일이다. 그 이전, 특히 제1차세계대전까지의 세계의 중심국, 영국은 그 빈약한 자원과 당시의 기술수준을 배경으로서 대외적으로 발전하여, 공산품을 수출하고 1차산품을 수입한다는 방식을 취하였다. 그런데 경제의 발전과 더불어 그 수입계수(국민소득에 대한 수입의 비율)는 계속적으로 상승하고, 주변지역에 있어서는 1차산품수요의 소득탄력성의 저하를 상계하는 데 충분한 정도였다. 그렇지만 대공황 뒤 세계의 중심국이 된 것은 막대한 천연자원에 혜택받고, 발전의 당초부터 강력한 보호정책을 채택하여 온 미국이었다. 그 수입계수는 지속적으로 저하하여 왔기 때문에, 주변국들은 현저한 타격을 받았다. 이리하여 낡은 질서는 해체되고, 주변국들은 새로운 질서를 찾아 모색하지 않으면 아니 되었던 것이다.

여기에서 먼저, 수요의 소득탄력성의 격차로부터 주변국에서는 중심국과 같은 성장률을 달성할 수 없는 것이 나타났지만, 그 극복을 위해서는 주변국의 수입계수의 인하, 즉 수입대체공업화를 추진할 필요가 있다. 그것은 또한 상대적 과잉인구의 흡수에도 도움이 되지만, 그러나 보호관세 기타의 수단에 의한 보호정책을 불가결하게 할 것이다. 동시에 공업부문의 생산력의 증가에도 노력하지 않으면 아니 된다. 왜냐하면, 그렇게 하지 않고서는 1차산품부문의 생산성향상의 성과가 교역조건악화를 통하여 중심국으로 흘러가 버리기 때문이다. 그런 의미에서, 여기까지의 논의는 소위 유치산업보호론의 연장선상에 있는 것과 같이 위치 매김할 수 있을 것이다. 그러나 이러한 수입대체공업화는 중심국으로부터의 자본재수입을 전제로 하는 것이지만, 초기의 쉬운 단계로부터 점차 높아지게 됨에 따라 이 자본재수입의 무역수지에 대한 압박은 강화되는 경향을 갖는다.[21] 그 때문에, 1차산품의 수출을 점점 확대함과 더불어 주변국이 우위를 갖는다고 생각되는 노동집약적인 공산품 등의 새로운 수출을 개시할 필요가 있을 것이다. 그러나

---

20) Commercial Policy in the Underdeveloped Countries, American Economic Review, May 1959. p.6.
21) Towards a New Trade Policy for Development, UN. E / CONF, 46 / 3, 1964.

거기에는 중심국의 보호주의라는 큰 장벽이 가로막고 있다. 여기에서 그 철폐를 요구하면서, 자국의 공업화를 위한 보호주의를 주장하는 것은 조금 지나치게도 보인다.

거기에서 이번은 세계경제에 있어서 호혜개념이 다시 검토되지 않으면 아니 된다. 앞에서 소개한 바와 같이, '중심'과 '주변'에서는 필연적으로 후자에 불리하게 되는 구조가 있기 때문에, GATT 등의 전통적인 호혜주의 원칙을 바로 적용하면(라고 하여도 실제는 가끔 중심국에 유리하게 적용되어 왔지만), 주변의 발전이 억압되는 것은 분명하기 때문이다. 그러므로 격차해소를 위한 주변국의 보호주의는 시정되지 않으면 아니 되며, 주변국의 성장을 저해하는 중심국의 보호정책을 기본적으로 폐지하여야 한다고 하는 것이다.

이상과 같이 논한 뒤, 그는 다양한 세계경제의 변혁을 위한 정책제안을 하지만, 그 주된 것은 중심국들에 의한 주변국들의 1차산품·공산품에 대한 수입수량목표, 1차산품 가격안정을 위한 국제협정, 주변국들의 공산품수출에 대한 일반특혜제도, 주변국들의 교역조건악화에 대한 보상융자제도, 공동시장 등에 의한 주변국들의 통합 등등이다.22) 여기에서 주의해야 할 것은 적절하게 <새로운 무역정책을 향하여>라는 제목이 나타내는 바와 같이 이들 제안은 거의 무역문제를 중심으로 하고 있고, 그것은 그의 논의가 교역조건론을 기축으로 하는 것으로부터의 필연적 귀결이라는 것이다. 그 때문에 '원조보다는 무역을'이라는 슬로건을 이론적 기초로서의 위치 매김을 부여할 수가 있는 것이지만, 이것은 그의 견해의 이론적 성격을 단적으로 나타내는 것이라고 해도 좋을 것이다.

또 이들의 대외적 문제를 극복하면서 공업화를 추진한다고 하여도, 주변국 내부의 다양한 저해요인을 제거하지 않으면 아니 된다. 여기에서 그가 든 국내적 제약요인을 단지 지적해 두고 싶은 것은 점차 그의 논의 가운데 차지하는 이들 비중이 높아져 있다는 것, 그럼에도 불구하고 대외적 어려움의 극복을 위한 정책제기 정도이며 체계적으로 구체적인 해결책이 수립되어 있지 않은 것이다.23) 그 탓도 있지만, '프레비쉬명제'라는 경우 오로지 대외적인 문제가 중심이 되는 것이지만, 어느 것으로 하던, 이러한 경향은 흥미 깊고, 그 의의에 관해서는 다시 반복하고 싶다.

이어서, 싱거의 견해를 검토하자.

---

22) 이상은 제1회 UNCTAD총회에서 제안된 것이다.
23) Towards a Dynamic Development Policy for Latin America, UN. E / CN, 12 / 680 / Rev.1. 1963.

5. 싱거의 이론[24]

여기에서는 싱거의 저명한 문헌(<투자국과 피투자국의 이익배분>)[25]에 의거한다.

싱거는 머리말에 가끔 고려되고 있는 이상으로 저개발국들에 있어서 무역이 중요한 것 그리고 그 국내에는 높은 생산성을 자랑하는 1차산품수출부문과 낮은 생산성밖에 갖지 않은 국내시장지향부문이 있어서, 소위 '이중경제구조(dualistic economic structure)'를 이루고 있는 것을 지적한다. 그렇지만 수출부문은 외국으로부터의 투자에 의하여 창출되어, 대부분 외국기업의 소유물이 되어 있기 때문에, 소위 승수효과가 피투자국보다도 오히려 투자국 쪽에 나타나, "공업국들의 '대외투자'라고 생각되어 온 저개발국들에 대한 투자는 실은 공업국의 국내투자의 일부라고 생각해야 하는" 상황이 되어 있다. 둘째로, 공업은 마샬이 언급하는 직접적인 외부경제를 창출함과 아울러, 기술적 지식의 증가와 도시육성의 출발점을 이루고, 도시문명에 수반하는 활력을 제공한다는 것이지만, 1차산품 생산에 특화함으로써 이러한 이익을 단념시키고 있는 것이 저개발국들의 모습이다. 그런데 셋째로, 보다 중요한 점으로서 1차산품의 교역조건이 악화하고 있기 때문에 저개발국들에 귀속하는 이익이 점점 감소하고 있는 것[26]이라는 것은 먼저 "공업에 있어서 기술진보는 소득의 상승으로서 나타난 것에 대하여, 저개발국들의 식량·원재료생산에서는 가격저하로서 나타났다." 그리고 공산품과 비교하여 1차산품에 대한 수요의 소득 내지 가격탄력성이 낮기 때문에, 1차산품의 가격은 대폭적으로, 주기적으로뿐만이 아니라 구조적으로도 저하하는 결과가 되었기 때문이다. 이리하여 투자국과 피투자국의 이익배분에 있어서, 전자는 그 투하자본의 몇 배의 이익을 얻는다고 하지 않을 수 없다. 그런데 대공황기에 그 자본까지 회수한다고 한 것은 1파인드(약 0.57리트) 병에서 2파운드분을 뽑고자 하는 것과 같은 것이었다.

여기에서 먼저, 첫째로, 세계경제의 발전을 위하여 외국투자와 무역의 목적을 새로이 정의할 필요가 있다. 말하자면 상이한 나라들의 기존의 비교우위와 자원의 부존에 기초

---

24) 싱거(H. W. Singer)는 1910년 독일에서 태어났다. 슘피터 아래에서 경제학을 공부한 뒤, 1932년 영국 캠브리지로 건너가, 이후 영국의 여러 연구기관·정부기관에서 일하였다. 1947년 UN사무국에 들어가, 개발과 과장, 경제사회이사회 고문을 거쳐, 1969년 UN사무국을 퇴임, 다시 영국으로 돌아와 연구활동을 하였다. 그의 저서목록으로서는 A. Cairncross and M. Puri(ed), Employment, Income Distribution and Development Strategy — Essays in Honour of H. W. Singer, 1976, pp.245 — 253을 참조할 것.

25) H. W. Singer, The Strategy of International Development, 1975.

26) Relative Prices of Exports and Imports of Underdeveloped Countries.

하여 무역시스템을 발전시키는 것이 아니라, 오히려 그러한 비교우위와 자원의 상대적 부존의 구조를 점차 변화시켜 가야 한다는 것으로 되지 않으면 아니 된다. 그런 의미에서 기술원조는 중요하다. 둘째로, 저개발국들은 다양한 수단을 행사하여, 유출하고 있는 기술진보의 이익을 국내에 계류하여, 그것을 경제발전을 위하여 동원하도록 하지 않으면 아니 된다. 결국, 저개발국들에 대한 국제투자의 이동은 그것이 현지의 경제시스템에 편입한 경우에만, 즉 상당한 보완적인 국내투자가 발생하여, 필요한 국내적 여러 자원이 발견된 경우에만 저개발국들의 경제발전에 공헌하는 것이다.

이상과 같이 그의 이론전개에서 저개발국의 교역조건의 악화는 보다 중요한 문제라고는 하지만, 투자국과 피투자국의 이익배분의 불평등을 체현하고 있는 일환으로서의 위치매김밖에 주어져 있지 않다. 따라서 추상적이지만 그의 정책제언의 초점은 투자정책, 기술발전 등에 있는 것으로, 결코 '원조보다는 무역을'이라는 슬로건은 태어나지 않을 것이다. 여기에서 프레비쉬 견해와의 차이를 명확하게 인정할 수가 있는 것이지만, 그럼에도 불구하고, 프레비쉬와 대개 같은 시기에 출현한 것도 있어, 이 논문도 저개발국들의 교역조건의 장기적 악화경향을 주장한 것으로서 널리 알려지게 되었다. 여기에서 '싱거-프레비쉬명제'는 확립하여,27) 비교우위에 의한 국제분업과 그것에 기초한 조화적 발전의 세계관을 갖고 있다. 특히, 선진국의 정통적인 경제학에 대한 반대명제(Antithese)의 의미를 가지기에 이르렀다. 그리고 양자의 상극 가운데에 논쟁은 전개되어 간다.

6. 논쟁의 전개

여기에서 논쟁의 전부를 소개할 수 없으며, 그럴 필요도 없을 것이다. 대표적인 비판을 몇 가지 들어, '명제'가 어떻게 취급되어 평가되어 온 것인가. 거기에는 어떠한 문제가 발견된 것인가라는 관점에서 추적해 보기로 하자. 먼저, 초기의 가장 포괄적인 논의로, 그 뒤의 '명제'비판의 원점이라고 해야 하는 하벌러(Gottfried von Haberler)의 견해를 들자. 이어서 실증적인 입장에서의 비판으로서 킨들버그(Charls P. Kindleberger)의 논의를 개관하고, 마지막으로 1960년대 갑자기 주목받게 된 소위 '신종속학파'의 학자들의 평가를 검토하기로 한다.

---

27) M. G. Meier, Long Period Determinants of Britain's Terms of Trade, 1880−1913, Review of Economic Studies, 1952−1953, p.123.

(1) 하벌러의 비판

1958년, <국제경제학회(International Economic Association)>의 비공식 원탁회의가 리오 데 자네이로에서 개최되어, 정통파 무역이론의 대가인 하벌러는 <교역조건과 경제발전>[28]이라는 제목으로 보고를 하여 격렬하게 '명제'를 비판하였다.

처음 경제적 후생과의 관계를 표시하는 점에서 상품교역조건이 생산요소교역조건과 소득교역조건보다도 떨어진다고 하면서, 그는 교역조건과 경제후생 사이에는 다양한 요인이 개재하는 것으로 교역조건을 해석하고, 거기에서 정책목적을 정립하는 데 있어서 충분하게 신중해야 하는 것, 또 교역조건의 장기비교를 하는 경우, 신제품의 도입과 품질의 개선 등 측면이 간과되기 쉬운 것 등을 주장한다.[29]

그리고 다시,

(가) 먼저, 1870년대 이래의 1차산품 수출국의 교역조건악화는 정말 있었던 것일까. 교역조건악화설의 주창자들은 영국의 교역조건의 역수를 사용하고 있지만, 거기에서는 세 가지 반론이 성립한다. ① 무역품의 품질개선이 전적으로 무시되고, 신제품의 도입에 관해서는 충분하게 고려되어 있지 않다. 그런데 이러한 점이 문제가 되는 것은 거의 공산품이다. ② 영국의 무역통계서는 수입액은 운송비·보험료 등을 포함한 CIF가격으로, 수출액은 그것들을 포함하지 않는 FOB가격으로 표시되어 있기 때문에, 예를 들면 운송비가 하락한 경우에서도 마치 1차산품 가격이 저하한 것같이 나온다. 실제, 19세기 후반 이래 교통수단의 발달과 함께, 운송비는 대폭적으로 하락하여 온 것이다. ③ 영국의 교역조건을 공업국의 그것으로 간주할 수는 없다. 이렇게 보면 저개발국들의 교역조건의 장기적 불리화 경향은 도저히 확인되지 않는다.

(나) 다음으로, 교역조건악화의 논리를 검토하여 보면, 먼저 ① 공업국들에서 기술진보의 이익이 임금상승이라는 형태를 취한다는 것은 옳다. 그러나 그것에 의하여 희생이 된 것이 1차산품생산자라는 것은 절대적인 가격수준의 동향과, 공산품과 1차산품 사이의 상대적인 가격 이동을 혼동하는 것이다. 또 독점에 관해서는 국내적으로는 어떻던 국제적으로는 오히려 19세기 후반 이후 공업국이 다수가 되었기 때문에 경쟁이 격화하

---

28) G. Haberler, Terms of Trade and Economic Development, H. S. Ellis(ed), Economic Development for Latin America, 1961, pp.275−307.

29) R. E. Badwin, Secular Movement in the Terms of Trade, American Economic Review, May 1955.

고 있다. ② '엥겔법칙'에 관해서는 식량에는 적합하여도 원재료에는 타당하지 않고, 그리고 공급 쪽의 조건도 고려하지 않아서는 아니 된다, 말하자면 여기에서는 수확체감의 법칙이 있어서, 장기적으로 어느 쪽 법칙의 방향으로 진행하는가 즉각 판단하기 어렵다.

(다) 따라서 장래 저개발국들의 교역조건이 어떻게 되는가는 불명확하며, 또 악화하였다 하여도 경제후생이 손상된다고는 할 수 없다.

(라) 교역조건 불리화로부터 도출되는 정책적 귀결은 보호주의이지만, 이상의 이유에서 충분한 기초를 가지고 있다고는 생각되지 않는다. 만약 다른 조건이 같음에도 불구하고, 점차 교역조건이 악화하는 것이라면, 발생시점에서 그때마다 무언가의 수단에 호소하면 좋은 것이다.

이어서, 하벌러는 교역조건의 단기적 변동의 문제도 논하고 있지만, 여기에서는 생략하자. 이 보고에 이은 뒤의 토론에서는 상당히 격렬한 응수가 교환되었지만, 나름대로 두세 가지 코맨트를 추가한다.

〈그림 18-2〉 해상운임율의 변동(영국, 1911-013=100)

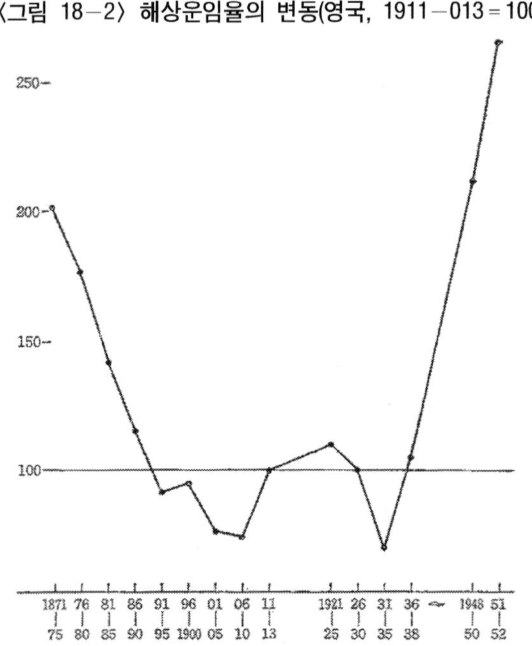

〈참조〉 C. P. Kindleberger, The Terms of Trade: A European Case Study, 1955, p.19.

먼저, 첫머리의 이론적인 문제에 관해서는 일단 가장 중요하다고 하여도, 프레비쉬 등이 설명하고 있는 것은 저개발국들의 특수한 상황의 문제인 것을 잊어서는 아니 된다. 분명히 신제품을 지수통계로 계산하는 데에는 상당히 어려운 문제가 있는 것은 부정할 수 없지만, 품질이 보다 좋은 것을 얻는다는 것은 생산력상승의 하나의 성과여서, 본래 모든 사람들에게 향수될 수 있는 것이다. 그럼에도 불구하고 저개발국들에는 많은 빈곤이 누적적으로 일어나고 있는 사실에서야말로 문제의 핵심을 보지 않으면 아니 되는 것이다. (가)의 ②의 수송비의 문제에 관해서는 킨들버거에 의한 데이터를 보는 것으로 하자(<그림 18-2>). 정말 1870년대부터 1910년경까지는 현저한 저하경향을 나타내고 있지만, 상당한 변동은 있음에도 그 뒤는 오히려 상승기조에 있다고 보는 쪽이 좋을 것이다. 또 이러한 운송에서 얻어지는 수익의 대부분은 선진국에 귀속하고 있는 것도 유의해야 할 것이다. 따라서 하벌러의 이 비판은 적어도 1910년대 이후는 적용되지 않는 것같이 생각된다. 뒤의 토론에서도 문제가 되고 있는 바와 같이, (나) ①에서 독점기업의 행동을 부정하고 있는 것은 이해하기 어려운 것이다. 이것은 다양하고 우연한 국제카르텔과, 최근에는 다국적기업의 트랜스파·프라이싱 등 문제를 보면 분명할 것이다.

그렇지만 하벌러의 비판에서 볼 수 있는 바와 같이, '명제'의 실증적 기초는 매우 박약하다고 하지 않을 수 없다.

실제로, 단지 영국의 교역조건을 뒤집는 것만으로는, 과연 저개발국들 전체의 교역조건이 될 수 있는 것일까. 여기에서 이번은 실증적인 입장에서의 비판에 눈을 돌리기로 하자.

(2) 킨들버거 대 싱거

유럽의 8대 공업국(영국, 프랑스, 독일, 이태리, 네덜란드, 벨기에, 스웨덴, 스위스)의 교역조건을 산정하여 '명제'에 도전한 것이 킨들버거이다.[30] 먼저, <그림 2-3>을 보자. 이것은 영국과 유럽8개국의 교역조건을 표시한 것이지만, 후자의 변동은 전자 정도는 아닌 것을 알 수 있다. 그리고 프랑스, 이태리의 교역조건은 불리화 경향을 나타내고 있고, 영국의 그것이 유리하였기 때문이라고 하여 공업국들 전체가 유리화하였다고 하

---

30) C. P. Kindleberger, Industrial Europe' Terms of Trade on Current Account, 1870-1953, Economic Journal, March 1955.

기 어렵다. 말하자면 영국의 교역조건을 가지고 공업국 전체의 그것을 대표시키는 것은 어렵다.[31]

이어서, <그림 18-4>에 의하면 유럽8개국의 1차산품과 공산품과의 교역조건을 나타낸 A, B, C와 반드시 전자의 불리화를 나타내고 있는 것은 아니다.

〈그림 18-3〉 영국과 유럽 8개국의 교역조건(1911-13 = 100)

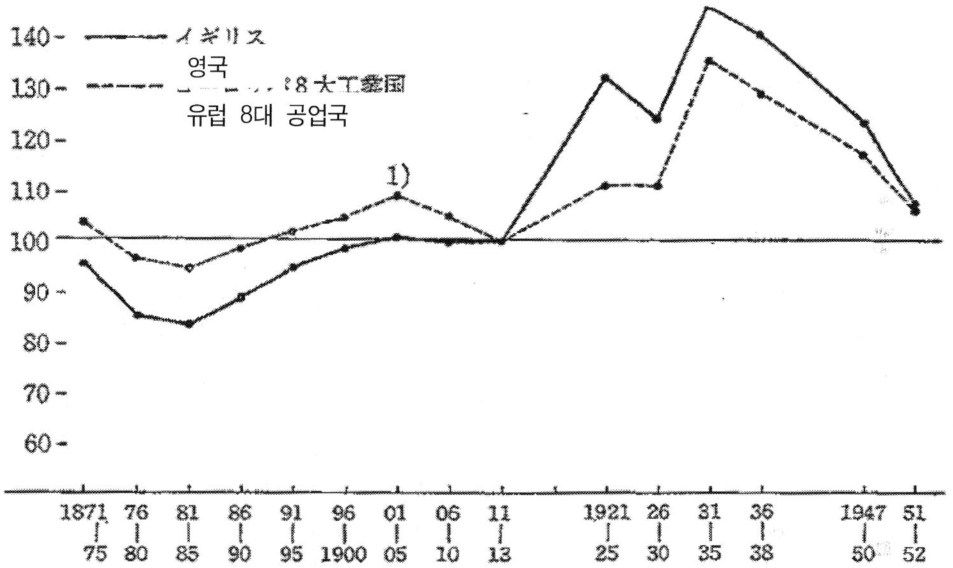

〈주〉 1901-05년 이후는 유럽 8개국 사이의 거래가 제외되어 있다.
〈참조〉 C. P. Kindleberger, The Terms of Trade: A European Case Study, 1955, pp.12-13.

---

31) The Economic Development of Latin Americas and Its Priciple Problems, Economic Bullitin for Latin America, Feb. 1962. p.27.

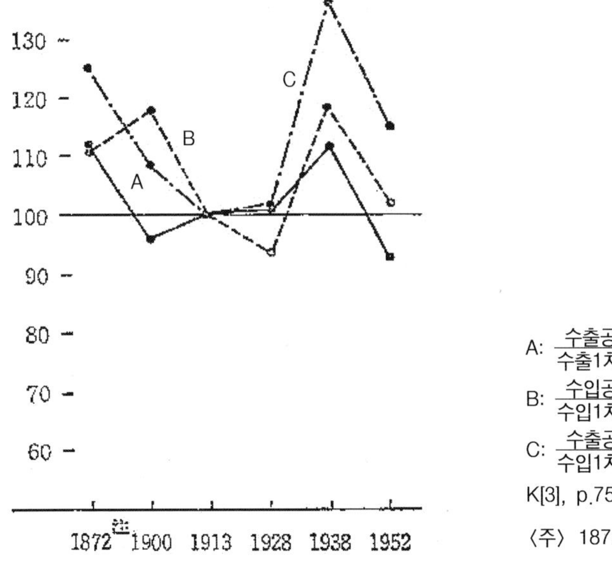

〈그림 18-4〉 유럽8개국의 1차산품과 공산품의 교역조건(1913＝100)

K[3], p.75-77에서 작성

〈주〉 1872년의 수출은 독일을 포함하지 않는다.

〈그림 18-5〉 유럽8개국의 교역조건

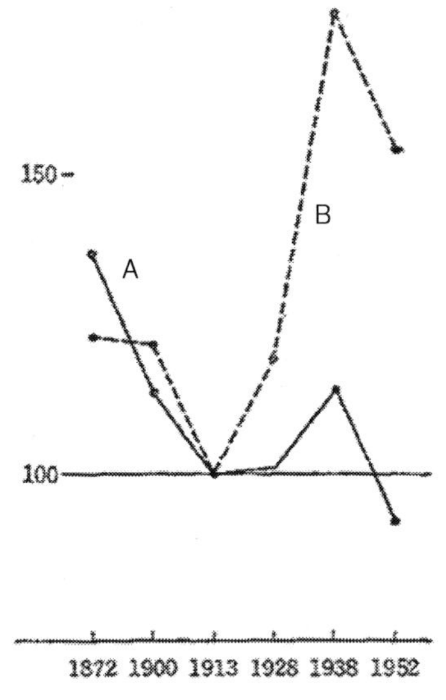

A: 미국에 대하여
B: 비유럽에 대하여(미국, 신정주지역[아르헨티나, 오
   스트레일리아, 캐나다, 뉴질랜드, 남아프리카,
   우루과이}를 제외

K[3], p.82에서 작성

〈참조〉 C. P. Kindleberger, The Terms of Trade: A European Case Study, 1955,
       pp.12-13.

그렇지만 <그림 18-5>를 보면, 유럽 8개국의 미국에 대한 교역조건은 장기적으로 악화하고 있는 것에 대하여, 신정주지역을 제외하고 기타 비유럽에 대한 교역조건(B)은 오히려 유리화의 경향을 보이고 있다. 말하자면 경제발전의 수준을 미국-유럽공업국들-기타 여러 나라의 서열로 고려한다면, 보다 저개발지역에 있어서 교역조건이 불리하게 되고 있다고 할 수 있다. 그런데 1차산품과 공산품의 동향으로부터 그것은 설명할 수 없는 것이다. 여기에서 그는 다음과 같이 결론 맺는다.

　　"데이터가 불충분하여, 실험이 어렵기 때문에, 결론적인 논증은 할 수 없지만, 사실은 공급 쪽의 적응능력을 강조하는 논의를 지지하고 있는 것같이 생각된다. 급속하게 발전하고 있는 경제에서는 가장 유리한 부문으로 여러 자원은 배분된다. 만약 교역조건이 변화하게 되면, 여러 자원은 새로운 방향으로 향하여, 보조적인 변화를 일으킨다." 그렇지만 "너무 급속하게 발전하지 않는 나라에서는 …… 교역조건은 유연성 결여의 징조로서 불만을 말하거나 걱정되는 것이다. 공급 쪽에 적용능력을 결여하고 있으면, 교역조건이 잘 될지의 여부는 행운에 따르지만, 다분히 유리하게 되기보다도 일관되게 불리하게 될 것이다. 그것은 가격상승은 다른 생산자의 참여를 촉진하지만, 가격하락에 의하여 그 부문으로부터 철퇴하는 것이 쉽지 않기 때문이다. 그 위에 싱거-프레비쉬의 저개발국의 교역조건에 관한 견해는 보다 철저한 통계적 연구에 의하여 지지되지 않는 것같이 생각된다."

이 공급 쪽의 결점을 중시하는 킨들버거에 대하여 싱거가 언급하였다. 처음에 저개발국들의 교역조건의 단기적 변동의 문제를 장기적인 그것과는 단절하여 고려할 수가 없다고 설명한 뒤, 그는 다음과 같이 반박하고 있다.

① 먼저, 킨들버거가 언급하는 바와 같은 "여러 자원에 적응능력이 있다고 하는 것은 경제발전의 귀결이며, 선진국의 지표이다." 그리고 "경제발전에는 투자가 필요하며, 투자의 증가에는 외화를 필요로 한다. 외화(가득액)는 수출수입의 95%에 해당하며, 수출수입은 적어도 수출가격의 50%를 차지한다. 여기에서 우리는 또한 교역조건으로 되돌아가는 것이다!"

② 자신은 1차산품수출국의 교역조건악화를 "공업국 쪽에 있어서 독점적 행동"의 덕택이라고 한 것은 아니다. "주로 두 가지 유형의 나라에 있어서 소득배분의 메커니즘과 자원의 유연성에" 말하자면 "1차산품가격의 큰 주기적 변동 때에 공업국들에서 도입될 가능성을 가진 수입절약적인 기술진보와 투자의 수직적 통합(특히 광업부문) 혹은 경제발전에 대하여 제1차생산은 공업보다도 약한 잠재력밖에 갖지 않은 것에" 원인을 찾는

것이다. 그런데 전후 점점 이러한 경향은 현저하게 되고 있다.

③ 싱거는 다시 부언한다. 1차산품과 공산품 사이에 참된 문제가 있는 것이 아니라, 저개발국과 선진국과의 관계에 있는 것이라는 킨들버거의 견해를 "나는 기꺼이 받아들인다." "당초 나는 1차산품과 그 특징을 지나치게 강조하여, 저개발국과 그 특징에 관해서는 충분히 보지 않았다. 그리고 이 점은 프레비쉬가 끊임없이 강조하고 있었던 것같이 생각한다."

여기에서 우선 주목되는 것은 ③이다. 확실히 저개발국의 특수성을 프레비쉬는 문제로 하고 있지만, 그러나 이것은 1차산품과 공산품 사이에 얽혀 있다는 것이었다. 그런 의미에서, 싱거가 이 점에 대한 킨들버거의 비판을 받아들인 것은 이미 프레비쉬와는 다른 길을 걷고 있다고 할 수 있다. 또 ①에 관해서는 일단 납득할 수 있다고 하여도, 저개발국의 내부구조의 규명이 불가결하다는 것은 아니다. 그렇지 않으면 외화를 획득하여도 개발정책을 수립할 수가 없기 때문이다. 이리하여 첫째로 저개발국 교역조건 현상을 단지 1차산품과 공산품과의 관계와 수평적인 것으로 할 수가 있지만,[32] 둘째로 저개발국의 내부구조를 어떻게 이해해야 하는가라는 두 가지 문제점이 분명하게 되었다.[33]

1960년대에 들어 특히 프레비쉬가 UNCTAD사무국장으로 취임하였기 때문에, '명제'는 점점 주목을 받게 되어, 예를 들면 프랜더스(M. J. Flanders)와 배어(W. Baer)와의 논쟁[34] 등과 같이 논의도 활발하게 되었지만, 다른 한편으로 새로운 논점이 부족하게 된 것도 부인할 수 없는 것같이 생각된다. 이 때문에 논쟁은 점차 평행선을 걷게 되어, 반대로 정체되어 버렸다고 하여도 좋다. 또 문제의 초점이 조금씩 변화하여 온 것을 이야기할지도 모른다. 사실 1960년대 말에 이르면 오히려 저개발국 쪽 입장에서의 비판을 받게 되기 때문이다.

(3) 신종속학파

소위 '신종속학파'(제21장 참조)의 한 사람으로서 그 이름을 잇고 있는 에마누엘(A. Emanuel)은 저서 부등가교환(unequel exchange)으로 일약 주목받게 되었지만, 그 학설사

---

32) H. G. Johson, Economic Policies Towards Less Developed Countries, 1967, pp.249−250.

33) J. Sparo, The Statiscal Debate on the Net Barter Terms of Trade between Primary Commodities and Manufactures, Economic Journal, March 1980.

34) M. J. Flanders, op.cit., "The Economics of Prebisch and ECLA: A Comment", Economic Development and Cultural Change, April 1964.

적 검토 가운데서 '명제'에 하나의 위치 매김을 하고 있다.[35] 그는 언급한다.

"공식적인 이론을 부인하여, 임금이 가격에 대하여 독립변수라고 하는 입장을 취하고 있는 경제학자의 예는 매우 드물다. 그리고 유명한 싱거·프레비쉬명제가 공식적인 이론을 거부하고 있다고 간주할 수 있는지의 여부는 의문이다." 먼저, '명제'에서는 선진국·저개발국 사이 기술진보 이익의 불평등한 배분이 문제가 되어, 1차산품과 공산품의 차이에서 원인을 찾고 있지만, 예를 들면, 선진국의 섬유산업에서는 지금 남아 있는 사치적인 것이 생산되고 있음에도 불구하고 높은 임금인 것에 대하여, 저개발국들에서는 초현대적인 기술을 채용하고 있음에도 불구하고, 낮은 임금이다. 또 프레비쉬는 처음으로 임금수준을 결정하는 것이 각 부문의 생산성이라고 상정하고 있다. 1차산품부문에서는 그 낮은 생산성의 이유로 임금이 낮기 때문에, 가령 공업부문의 생산성이 향상하여도 임금상승으로 연결되지 않는다. 그리고 이것이 수출품가격의 저하를 초래, 가격의 대외적 이전을 일으킨다. 말하자면, 그는 가격저하의 원인을 임금의 동향에서 찾고, 그런데 임금을 결정하는 것을 생산성이라고 하지만, 그러나 생산성의 변화는 가격 동향을 통해서밖에 임금에 영향을 미치지 않는 것이다. 이러한 어려운 점이 발생하는 것은 결국 그들이 가격을 결정하는 것이 임금이라고 주장한다고.

이어서 같은 '종속학파'에 속하는 프랑크(A. G. Frank)의 비판을 검토하기로 하자. "프레비쉬 등은 중심국의 착취를 개탄하면서도, 라틴아메리카의 국내의 식민지구조를 관찰하거나 분석하거나 하지 않는다. 이 구조를 통하여 국내중심은 '봉건적인' 농촌으로부터 자기 자신에 한정된 공업투자와 발전을 위한 자본의 대부분을 취급하고 있는 것이다. 그것보다도 민족부르주아 쪽에 선 이들 이론가는 '엘리트', '사회층'의 분석을 위한 최신의 기술을 미국으로부터 수입하고 있고, 그 제자들은 점점, 라틴아메리카 문제의 과학적, 정치적 분석과 해결에 대신하여 객관적인 통계를 하는 중심국의 새로운 제안의 먹이가 되고 있다."[36]

이들 비판의 전부가 타당하다고 하는 것은 아니다. 특히 에마누엘의 '명제'이해에는 문제가 있을 것이다. 단, '명제'가 소위 부등가교환론에 연결되는 내용을 갖고 있음에도 불구하고,[37] 같은 저개발국 쪽에 선다고 지목되는 논자들로부터 엄격한 공격을 받게 된

---

35) A. Emanuel, Unequal Exchgange, 1972, pp.80−87.
36) A. G. Frank, Latin America: Underdevelopment or Revolution, 1969, p.406.
37) '명제'를 '부등가교환론'의 계열에 위치 매김하고 있는 것에 R. T. Bell, op.cit., 그리고 싱거 자신도 J. A. Ansari와의 공저(Rich and Poor Countries, 1977, p.71)에서는 자신과 프레비쉬의 논의를 에마누엘의 연구와 결부시키고 있다.

사실에 주목하여 두고 싶다. 그러면, '명제'에 거의 어려운 점이 있었다고 해야 하는 것은 아닐 것이다.[38]

(4) 의의와 문제점 – 왜 공업화인가

지금까지 '싱거·프레비쉬명제'의 개요와 그것을 둘러싼 논의를 검토하였다. 여기에서는 몇 가지 점을 지적하여 정리하기로 한다.

첫째로, 프레비쉬가 명명한 '주변국' 입장의 사람에 의하여 이 '명제'가 탄생되었다고 하는 것에 먼저 큰 의의를 인정하여야 할 것이다. 실제 그때까지 혹은 그 이후 오늘에 이르기까지 저개발국 쪽 주장의 공통적 기본으로서 이 '명제'정도로 크게 공헌한 것은 없었다고 해도 과언이 아니기 때문이다.

그러나 오늘날 교역조건의 문제가 과도하게 강조되어, 기타 것이 약간 임시변통으로 아무렇게나 되어 버렸던 것도 부인할 수 없는 것같이 생각된다. 공업생산에 비하여 1차 상품 생산이 불리한 것으로, 공업화가 필요하다고 하는 것이 '명제'의 안목이라고 해도 좋지만, 그 앞에 약간 공업화의 의미가 음미되어야 하였다고 생각된다. 근대사회를 피상적으로 '공업사회'라고 하는 데에서 보아도, 오늘날의 경제발전에 있어서 공산품 생산활동이 불가결한 점은 다시 지적할 것까지도 없을 것이다. 그리고 저개발국들의 공업화 자체도 무언가 이 '명제'에 의하여 처음 주장되어, 실행된 것은, 제1절에서 설명한 대로이며, 또 식민지정책의 일환으로서 공업화되는 것이 이루어진 것도 주지의 사실이다. 따라서 전체로서 저개발국들의 공업화는 이미 반세기 이상의 역사를 갖게 되어, 그 사이의 성장률은 선진국의 경험에 비하여 반드시 뒤떨어졌다고 할 수 없다(예를 들면, 1950 – 1960년대에는 선진국의 공업성장률은 5.5%였음에 대하여 저개발국들은 6.5%이다). 또한 공업화가 불충분하다는 것이지만, 그러나 지금 왜 공업화인가 혹은 단순한 공업화가 구제되고 있는가라는 문의를 우리는 다시 생각하여 볼 필요에 압박받고 있는 것은 아닐까.

프레비쉬에 의하면, 수요의 소득탄력성 격차에 의하여 주변국에서는 노동력이 저생산성 공업부문으로 상대적으로 이동하기 때문에 임금이 하락하지 않을 수 없다는 것이지만, 이것은 현실적으로는 급속한 도시화를 의미한다 하여도 좋을 것이다. 실제, 주변국의 도시에로의 인구집중은 놀라워해야 할 것이 있다. 루이스(W. A. Lewis)에 의하면,[39]

---

38) W. A. Lewis, The Evolution of the International Economic Order, 1977, chap.4.6.7.

라틴아메리카에서 도시인구는 이미 전 인구의 절반을 차지하게 되었다고 한다. 인구증 가율은 연 3%이지만, 만약 농촌인구가 불변이라고 한다면, 도시의 인구증가율은 실제로 연 6%를 초과한다. 그렇지만 지금까지의 경험으로 보아 특수한 예외를 제외하고, 공ㆍ광 업생산에 있어서 고용증가율은 연 4%를 초과한 것은 없는 것이다(최대인 것은 1960년 대의 일본의 3.8%). 따라서 도시에로 집중이라 하여도, 그것은 실업과 빈곤의 집중ㆍ집 적에 지나지 않는 것이어서, 이상하게 비대화한 저개발국들의 제3차산업이 이것을 웅변 으로 대변하고 있다. 그런데 도시대중의 상당한 부분은 기아선상에 있다고 해도 좋다.

다른 한편, 저개발국들의 공산품수출의 증가는 그 생산의 증가보다도 상당히 높다(연 율 10%), 산유국을 제외하면, 1975년에는 전 수출액의 3분의 1을 차지하기에 이르렀다. 이대로의 페이스로 가면 10년 뒤에는 전 수출액의 절반에 이른다고 추측되고 있다. 이 것은 다른 한편으로 국내시장의 협소를 나타낼 것이다. 말할 필요도 없이, 이들 공산품 대부분은 노동집약적인 것이지만, 국내시장의 협소로부터 저개발국들 전체가 수출드라 이브를 건다고 하면, 교역조건이 악화하는 경향이 되는 것은 분명할 것이다. 그러한 사 태가 진전하여 가면, 농업의 낮은 생산성과 어울려, 오히려 저개발국들이 농산물의 순수 입국으로 전화하여 버린다고 예상되는 것이다. 여기에 이르면 더 이상 문제를 단지 1차 산품인가 공산품인가라는 구별에서 찾을 수가 없다.

여기에서, 공업부문의 확대가 허용하는 이상으로 도시인구의 증가를 볼 수 있다고 하 는 것에 먼저 초점을 설정해야 할 것이다. 이들 인구는 어디에서 오는 것인가. 확실히, 도시인구가 상당한 부분을 차지하게 된 현상에서 도시에 있어서 자연증가도 무시할 수 없다고 하여도, 대량 인구이동의 원천을 이루고 있는 것은 변함없이 대중의 식량을 충 분히 충족할 수 있을 정도의 생산력도 가지고 있지 않은 농촌지역이다. 따라서 이러한 농촌부의 문제야말로 경제개발에 있어서 먼저 첫째로 눈을 돌리지 않으면 아니 되는 것 이다. 그것은 무엇보다도 점차 국내구조 요인을 중시하게 된 프레비쉬 자신에 의하여 제시되고 있는 바와 같이 생각된다.

이어서, 현재 어느 정도 진행하고 있는 공업화 자체의 성격이 검토되지 않으면 아니 된다. 프레비쉬에 대한 비판으로서 가끔 주장되는 것은 선진국의 독점기업 혹은 다국적 기업의 행동에 관하여 너무 무경계하다는 것이다. 실제 저개발국의 공업화 담당자를 외 국기업 특히 기업 내의 세계분업이라고 일컬어지는 세계적으로 통합된 생산활동을 하고

---

39) H. W. Singer, The Distribution Gains Revisited, op.cit., pp.60－66.

있는 다국적기업에 의거한다고 하면, 어떠한 것이 될 것인가. 원료·중간재료의 공급, 생산계획, 판매전략 등등의 생산·유통의 다양한 부문에서 현지 나라 쪽 의존도는 점점 심화될 것이다. 그리고 무엇보다도 약간의 고용기회와 교환으로 다국적기업이 가져오는 기술이 어느 정도 저개발국 쪽 필요성에 맞았는가, 그러한 기술을 도입함으로써 점점 종속성은 강화되는 것이 아닌가라는 여러 가지 의문이 제기됨에 틀림없다. 이상 문제점에 관해서는 싱거 자신의 반성 변명이 보다 적절한 해답을 나타내고 있다고 할 수 있다.

"선진국과 저개발국이라는 상이한 유형의 나라들 사이에 있어서 기술진보로부터 이익의 불평등한 분배가 발생하는 원인 규명에는 실패하고 있는 것같이 생각된다. 이 불평등한 분배는 근대기술의 본성이며, 특히 새로운 기술의 개발력이 선진국에 집중하고 있는 것에 의한 것이다." "이 일방적인 집중은 보다 낡은 기술을 차례로 매장시킴으로써, 개발도상국에 있어서 종속성과, 실업과 국내적인 불평등을 지속적으로 확대하는 상황을 낳고 있다." 따라서 "수입대체는 제조공장의 지리적인 배치를 이동시키지만, 기술진보의 일방적인 분배에 기인하는 기술적 종속성의 강화는 확실히 참된 교역조건을 계속하여 개발도상국에 불리하게, 중간재료의 공급자인 선진국에 유리하게 할 것이다. 이 관계가 다국적기업과 개발도상국에 있어서 그 자회사와의 사이의 것이라면, 특히 명료하다." "어떤 종류의 수출지향형 공업화도 교역조건의 도망길은 되지 않을 것이다." 여기에서, 참된 해결책은 공업화에서 찾는 것이 아니라, 오히려 개발도상국 내에 고유의 과학적인, 기술적인 능력을 확립하는 것이며, 유해하기도 한 여러 문제와 방법론에 대한 연구개발이 집중하고 있는 현재의 시스템의 개혁의 길을 쌓아 가는 곳이 있는 것같이 생각된다.[40]

이리하여 '싱거·프레비쉬명제'와 그 정책적 의의는 이미 현상에 적합하지 않게 되었을 뿐인가. 지금 그것을 바로 주장하는 것은 오히려 저개발국에 있어서 불리하다고조차 언급할 수가 있다. 요는 현실은 거기까지 진행하고 있는 것이다.

그렇게 하여도 교역조건은 그 뒤 어떠한 전개를 나타내고 있는 것일까. <그림 2-6>을 보자.[41] 대개 그 저개발국들의 교역조건은 1950·1960년대는 불리화의 경향을 나타내고 있지만, 1970년대의 오일·쇼크는 이 경향에 일대선회를 하였다. 추세적으로 전쟁 등 위기의 시대에 1차산품가격은 등귀하는 것은 항상 있었던 것이지만, 그러나 이 오일·쇼크는 지금까지 위기와는 현저하게 양상을 달리한다. 내부에 다양한 모순과 어려운 점

---

40) Spraos, op.cit., G. Bird, The Terms of Trade of Developing Countries, Economic International, November 1979.
41) Spraos, op.cit.,

을 안고 있으면서도,[42] 좌우지간 기존의 국제경제질서에 많은 영향을 미칠 수 있는 하나의 세력으로서 저개발국들이 자신들의 역량을 과시한 사건이었기 때문이다. 기본적으로 국내구조의 변혁이 저개발국들의 '자조(自助)'에 의하지 않으면 아니 된다고 마찬가지로 국제적인 구조변혁도 또한 '자조'에 의하지 않으면 아니 되는 것을 명확히 하였기 때문이다. 그러한 저개발국들의 연대와 행동을 담당한 하나의 원점으로서, 하나의 진지한 노력으로서 '명제'는 오래 회고될 것이다.

참고문헌

1) J. Viner, Studies in the Theory of International Trade, 1955, pp.555−570.

2) United Nations, Post War Price Relations in Trade between Underdeveloped and Industrialized Countries, E / CN 1, Sub. 3 / W. 5. Feb. 1949.

3) League of Nations(F. Hilgerdt), Industrialization and Foreign Trade, 1945.

4) League of Nations(R. Nurkse), International Currency Experience, 1944.

5) W. A. Lewis, Economi, Survey1919−1939, 1949.

6) L. E. di Marco(ed), International Economics and Development−Essays in Hournor of Raul Prebisch, 1972.

7) M. J. Flanders, Prebisch on Protectionism: An Evaluation, Economic Journal, June1964, p.305.

8) Raul Prebisch
   ① The Economic Development of Latin Americas and Its Priciple Problems, Economic Bullitin for Latin America, Feb. 1962.
   ② Commercial Policy in the Underdeveloped Countries, American Economic Review, May 1959.
   ③ Towards a Dynamic Development Policy for Latin America, UN. E / CN, 12 / 680 / Rev.1. 1963.
   ④ Towards a New Trade Policy for Development, UN. E / CONF, 46 / 3, 1964.

9) Commercial Policy in the Underdeveloped Countries, American Economic Review, May1959.) Towards a New Trade Policy for Development, UN. E / CONF, 46 / 3, 1964.

---

42) Bird, G., The Terms of Trade of Developing Countries, Economica Internationale, November 1979.

10) A. Cairncross and M. Puri(ed), Employment, Income Distribution and Development Strategy —Essays in Honour of H. W. Singer, 1976.

11) H. W. Singer, The Strategy of International Development, 1975.

12) Relative Prices of Exports and Imports of Underdeveloped Countries.

13) M. G. Meier, Long Period Determinants of Britain's Terms of Trade, 1880−1913, Review of Economic Studies, 1952−1953.

14) G. Haberler, Terms of Trade and Economic Development, H. S. Ellis(ed), Economic Development for Latin America, 1961.

15) R. E. Badwin, Secular Movement in the Terms of Trade, American Economic Review, May 1955.

16) C. P. Kindleberger, Industrial Europe' Terms of Trade on Current Account, 1870−1953, Economic Journal, March 1955.

17) ＿＿＿＿＿＿＿＿＿, The Economic Development of Latin Americas and Its Priciple Problems, Economic Bullitin for Latin America, Feb. 1962.

18) H. G. Johson, Economic Policies Towards Less Developed Countries, 1967.

19) J. Sparo, The Statiscal Debate on the Net Barter Terms of Trade between Primary Commodities and Manufactures, Economic Journal, March 1980.

20) M. J. Flanders, "The Economics of Prebisch and ECLA: A Comment", Economic Development and Cultural Change, April 1964.

21) A. Emanuel, Unequal Exchgange, 1972, 28) A. G. Frank, Latin America: Underdevelopment or Revolution, 1969, p.406.

22) H. W. Singer, and J. A. Ansari, (Rich and Poor Countries, 1977).

23) W. A. Lewis, The Evolution of the International Economic Order, 1977, chap.4.6.7.

24) H. W. Singer, The Distribution Gains Revisited,

25) G. Bird, The Terms of Trade of Developing Countries, Economia Innternationale, November 1979.

26) 西川潤, 南北問題, 日本放送協會, 1979.

27) 西川潤, ラウル・プレピッツュの經濟思想(堀江忠男 編, 體制改革の課題と方向, 新評論, 1974).

28) 細野昭雄, ラテン・アメリカの構造學派, アジア經濟(第6卷第1號), 1965.1.

제19장 | 보수적 경제학의 반론—넉시와 케안크로즈

1. 서 론

제2차세계대전 뒤의 사회주의 체제의 성립과 식민지제도의 붕괴는 이데올로기 위기의 반영으로서, 근대경제학 가운데에 '후진국개발론'이라는 새로운 분야를 탄생시켰다. 그 기본적 테마는 어떠한 발전전략이 저개발국의 성장에 있어서 가장 유용한가를 찾는 것 이었지만, 단계적으로 구분하면, 그것은 발전의 방향으로서, ① 1차산품의 무역을 통한 발전이 바람직한가 혹은 공업화를 통한 발전이 바람직한가라는 문제와 ② 공업화가 바 람직한 경우, 어떠한 형태의 공업화가 바람직한가라는 보다 차원 높은 문제로 나누어질 수가 있을 것이다. ①은 공업화의 논거를 둘러싼 논의이며, ②는 공업화의 전술을 둘러 싼 논의이다.

이 장은 그 가운데 특히, ①의 공업화의 논거를 둘러싼 문제를 취급하는 것이지만, 특히, 외국무역과 경제발전을 주제로 하고 있다. 그것이 "오늘날에 있어서 외국무역의 발전촉진효과에 관한 평가", 바꾸어 말하면, "저개발국이 비교우위를 갖는다고 간주되는 1차산품의 무역이 오늘날에도 여전히 성장의 추진력으로서의 기능을 갖는가의 여부에 관한 평가"로 크게 관련되어 있기 때문이다. 만약 외국무역, 특히 1차산품의 무역이 오늘날에도 여전히 강력한 발전촉진효과를 갖고 있다고 생각한다면, 1차산품부문을 희생으로 한 공업화(따라서 국제특화의 이익을 희생으로 한 공업화)는 필요하다고 간주될 수 없을 것이며, 반대로 만약 1차산품무역의 성장파급효과가 약하다고 생각되면, 그 경우, 공업화의 필요성이 요구될 것이다. 그런 의미에서, ①의 문제는 ②의 공업화의 전술 문제와 깊게 관련되어 있고, 저개발국의 발전전략 전체를 크게 좌우하는 성격을 갖고 있는 것이다.

그러면 이 장은 이러한 문제에 관련하는 논의를 소개하는 것을 목적으로 하고 있지만, 이것을 넉시(R. Nurkse)와 케안크로즈(A. K. Cairncross)의 주장을 중심으로 진행하고자 한다. 두 학자의 견해는 이 문제에 관한 근대이론 가운데의 선구적으로 그리고 서로 대립한 조류를 대표하는 것이며, 그 뒤, 내외의 연구자에 의하여 몇 번이나 다루어져, 이 분야의 연구에 많은 영향을 미쳐 왔기 때문이다. 이 문제의 최초로 시작한 것은 넉시였지만, 간단히 그 대립점을 요약하면, 넉시가 20세기(특히 제2차 대전 뒤) 외국무역의 성장파급효과를 비관시하여 공업화를 제창한 것에 대하여, 케안크로즈는 정통파의 입장에서 그것을 비판하는 것이었다. 이하는, 넉시, 케안크로즈의 순서로 그 주장을 소개하고, 그 뒤에 이들을 둘러싼 여러 논의의 소개와 이 논쟁 본질에 관한 저자의 생각을 정리하기로 한다.

2. '외국무역과 경제발전'에 관한 넉시의 주장

국제특화에 기초한 외국무역이 과연 한 나라 경제성장의 추진력이 될 수 있는가라는 동태적 문제는 고전학파 이래의 관심사이며, 그 평가는 대개, 외국무역은 한 나라의 발전에 크게 기여할 수 있다는 것이었다. 그 이후, 이와 같은 고전학파적 낙관론은 19세기에 있어서 농업과 공업 사이의 국제분업의 발전과 저개발지역(특히 유럽으로부터의 이민이 이루어진 신정주지역)의 발달이라는 경험에 뒷받침되어, 신고전학파로부터 근대경제학에 이르는 부르지아경제학 가운데 굳게 뿌리내려 왔다. 그러나 제2차 대전 뒤의 식민지의 독립과 동서대립의 격화는 근대경제학 가운데에, 저개발국의 개발문제가 하나의 과제로 제기되고, 이것은 20세기, 특히 제2차 대전 뒤에 있어서 세계경제의 구조변화와도 맞물려, 위와 같은 낙관론에 관한 문제의식은 외국무역에 관한 일반론으로서가 아니라, 1차산품무역이 "과연 19세기(그는 이 기간을 1815-1914년으로 하고 있다)에 있어서와 마찬가지로, 오늘날에도 여전히 저개발국의 경제발전을 촉진하는 요인이 되는지 어떤지"라는 것이었다. 이와 같은 문제의식 아래에서 그는 19세기에 있어서 1차산품의 수출추세와 20세기에 있어서 그것과 비교하여, 저개발국이 취해야 할 발전전략을 전망한 것이다. 이하, 이 문제를 주로 논한 <무역과 발전의 유형>[1]을 중심으로서, 그 개요를 설명하기로 하자.

먼저 넉시는 19세기의 세계를 영국을 중심으로 하는 유럽의 공업국과 유럽으로부터 이민이 이루어진 신흥의 1차산품국(미국, 케나다, 오스트레일리아 등)으로 구성되는 것으로 상정하여, 이와 같은 틀 가운데에서 다음과 같이 19세기의 무역을 개관한다. 그것에 의하면 19세기에 있어서는 1차산품에 대한 수요는 선진국의 높은 공업성장에 뒷받침되어 활발하며, 신정주지역(新定住地域)이라는 당시의 저개발지역은 증가하는 선진공업지역에로의 식료와 원재료의 수출수요를 통하여 공업중심지에서 일어나고 있던 높은 성장률을 향수할 수가 있었다. 다른 한편, 공업중심지 쪽도 신정주지역으로부터의 저렴한 식료와 원재료의 수입에 의하여 공업생산을 비약적으로 신장시킬 수가 있었다. 그리고 1차산품에 대한 활발한 수요는 당해 부문 또는 철도 등, 수송관련 부문에로의 외국투자 및 이민을 유발하여, 또 1차산품의 수출증가를 촉진한다는 방식에, 저개발지역의 성장과정에 누적적인 발전의 촉진작용을 미쳤던 것이다. 즉, 19세기에 있어서 외국무역은 국제특화에 의한 국제자원스톡의 최적배분이라는 정태적 기능 밖에, 경제성장을 중심지로부터 주변국으로 전파한다는 동태적 기능=성장의 추진력(engine of growth)으로서의 기능도 수행한 것이다. 넉시에 의하면 이것이야말로 19세기적 무역의 가장 현저한 특징이며, 고전학파 정태적 무역이론이 무시한 것이었다.

이와 같이 19세기의 세계에 있어서는, 공업중심지의 1차산품에 대한 활발한 수요가 1차산품의 수출을 증가시켜, 외국자본 및 이민의 유입과도 어울려서, 저개발지역의 경제성장을 결정한다는 중요한 요인이 되고 있었던 것이지만, 넉시는 20세기에 들어 1차산품의 수출은 정체하고, 1차산품무역은 이제는 공업중심지의 높은 성장을 저개발지역으로 전파하는 중요한 요인은 되지 못하여 왔다고 한다. 즉, 성장의 추진력으로서의 기능이 저하하였다는 것이다. 넉시는 그 논거를 <Trends in international trade, GATT, Geneva, 1958>에서 구하고 있지만, 이 GATT의 자료(<표 19-1>, <표 19-2>)에 의하면 1차산

---

1) R. Nurkse, Patterns of Trade and Development, 1959(R. Nurkse, Equibrium and Growth in the World Economy, ed. by Gottfried F. Haberler and R.M. Stern, 1961.)

품국들(비공업국들)의 수출은 공업국의 수출에 비하여, 수량·금액 함께 뒤처지는 경향이 있고, 석유를 제외하면 그 정체는 보다 현저한 것이었다. 그 결과, <표 19-2>의 세계의 무역액에 차지하는 비공업국들의 비율은 산유국을 포함하면 1928년의 33.8%에서 1957년의 31.3%로 약간의 하락밖에 보이지 않지만, 산유국을 제외하면 1928년의 32.2%에서 1957년의 24.4%로 심하게 하락하였던 것이다. 1차산품의 동향을 보는 경우 석유를 포함할까 제외할까는 현재에서도 중요한 문제이지만, 넉시는 석유를 제외하고 보는 것이 정당하다고 하고 있다.

<표 19-1> 수출수량지수

(1928년=100)

내용	1955년도	1957년도
1.공업국들의 수출(a)	139	162
2. 비공업국들의 수출(b)	138	151
(1) 석유	(479	(———)
(2) 기타 모든 제1차산품	(118.5)	(———)

〈주〉 (a)는 OEEC의 유럽국들, 미국, 케나다 및 일본.
　　　(b)는 소련권을 제외한 기타 나라들.
〈자료〉1. 〈Trends in international trade, GATT, Geneva, 1958〉.
　　　 2. R. Nurkse, Equiblium and Gr owth in the World Economy, 1961, p.292.

<표19-2> 세계의 무역액에 점하는 비공업국들의 100분비(a)

	석유수출국을 포함		석유수출국을 제외	
	1928년도	1957년도	192i8년도	1957년도
수출	33.8	31.3	32.2	24.4
수입	28.0	35.0	26.9	30.4

〈주〉 (a)는 소련권전역의 수출입을 제외.
〈자료〉 Trends in international trade, GATT, Geneva, 1958.

그 이유는

"석유는 불균등하게 분포하는 하늘이 내린 자원이라는 것 및 수출할 수 있을 정도로 그것이 채취될 수 있는 것은 한정된 한 무리의 나라들만이라는 것 그리고 대다수의 저개발국들은 현재의 석유경기로부터 은혜를 받는 수단을 갖고 있지 않다."[2]라는 것이기 때문이다.

이와 같이 넉시는 석유를 제외하고 1차산품의 수출추세를 가지고 1차산품의 수출정체를 통계적으로 뒷받침하고 있지만, 그러면 석유를 제외한 1차산품의 수출은 왜 20세기에 들어서 정체한 것일까. 넉시는 그 이유로서 다음 여섯 가지를 들고 있다.

① 선진국 경제의 산업구조가 경공업에서 중공업(기계공업, 화학공업 등), 즉 완성품에 포함되는 원료의 비율의 높은 공업에서 낮은 공업으로 이전하는 것.

② 특수 케이스로서, 선진공업국들의 총생산량에 차지하는 서비스부문의 비율이 상승하고 있고, 이것이 선진국의 원재료수요를 국민생활의 신장보다 뒤떨어지고 있는 것.

③ 대부분의 농산품에 대한 소비지수요의 소득탄력성이 하락하는 경향이 있다는 것.

④ 농업보호주의가 저개발국에서 공업국들에로의 1차산품의 수입에 나쁜 영향을 미친 것.

⑤ 천연자원의 공업적 이용으로 대폭적인 절약이(예를 들면, 전기도금법과 금속의 조직적 회수와 재가공을 통하여) 달성되고 있는 것.

⑥ 적지 않은 중요한 것으로서 지도적인 공업중심지에서는 천연자원을 대부분은 그 토지에서 생산하는 2, 3의 기초적인 요소로 만들어지는 인조제품에 의하여 대체되는 경향이 점점 강화되어 왔다는 것.

이러한 내용이 20세기(특히 제2차대전 뒤)에 있어서 저개발국의 수출무역의 정체를 설명하는 주요인이며, 이와 같은 요인이 작동하는 것의 결과로서, 예를 들면 미국 및 유럽에로의 1차산품의 수출은 1920년대의 후반 이후, 이 공업지역의 국민총생산 합계의 약 3.5%에서 3%(석유를 제외하면, 3.5%에서 2.5%)로 하락하였다고 넉시는 언급하는 것이다. 이것은 1957년까지의 30년 동안, 공업세계의 생산량과 국민소득에 비하여, 1차산품국으로부터의 수출의 중요성이 현저하게 하락한 것을 의미하는 것이었다. 이리하여 넉시는 다음과 같이 언급한다.

> "만약 오늘의 세계무역의 통계만을 고찰하면, 저개발국들의 1차산품수출의 지연은 무엇인가, 다음의 인정하는 문제와 같은 것을 제안하였는지도 모른다. 즉, 지연은 이들 나라에 있어서는 외부적인 수요 쪽의 요인에 의한 것이었을 것이다. 혹은 이들 나라 자체의 공급 한계에 의한 것이었을 것이다. 그 배경에 있는 주요한 여러 요인을 알고 있기 때문에, 우리는 이 지연을 많은 공산품 소비자로부터 발생하는 해외수요의 상대적 정체를 주로 반영하는 것으로서 취급하여 왔다. 약간의 경우에는 생산국의 공급 쪽에 한계를 가져온 국내정책도 작용하고 있는 것은 부정할 수 없다. 그러나 이와 같은 정책은 가끔 1차산품에 대한 수요조건이 상대적으로 불리한 것의 반작용으로 해석할 수 있다."3)

---

2) Ibid., p.292.

이와 같이 넉시는 1차산품수출 정체의 원인으로서 공급 쪽의 요인보다도 수요 쪽의 요인을 중시하는 것이지만, 위와 같은 여섯 가지 요인은 ④의 정책적 요인을 제외하면, 전부 자본주의의 합리성이 요구하는 필연적이고 구조적인 요인이며, 이러한 이유를 가지고 넉시는 다음과 같은 결론을 도출한 것이다.

> "만약 이것이 20세기 중기의 상황이라면, 경제학자가 19세기 중기부터 계승하여 온 지적 습성(국제특화에 기초한 발전)은 이제 전적으로 부적당한 것일지 모른다. 저개발국들은 제1차상품 수출에 대한 세계수요가 확대하여, 자신의 경제성장이 밖으로부터 유발되는 것에 의존하는 것은 이제 목적으로 할 수 없는 것이다. 이러한 상황에서는 국제무역에 의한 유발적 확장에 의존하는 것으로는 경제발전이라는 과제에 대한 해결책을 제공할 수 없는 것이다."[4]

그러면, 그 해결책이란 어떠한 것일까. 먼저, 첫째로 고려해야 하는 것은 이민과 자본이동에 의하여 저개발국들의 생산요소를 공업중심지로 이전하는 것이지만, 넉시는 이와 같은 방책은 노동의 경우에는 받아들이는 나라에 의하여, 자본의 경우에는 주는 나라에 의하여 제한되기 때문에, 과히 기대할 수 없다고 한다. 여기에서 넉시는 가장 현실적인 해결책으로서, 즉 국제무역에 있어서 대신하는 성장의 추진력으로서 공업화를 통한 발전의 길을 추천하는 것이라고 한다. 그러면 공업화란 어떠한 패턴의 공업화인가. 넉시는 그것을 두 가지 유형으로 분류하고, 어떠한 패턴이 저개발국에 있어서 가장 현실적인가 검토하고 있다.

첫째 패턴은 저개발국 국내시장의 협소에 착안한 수출지향공업화이며, 공업국들용 수출품을 생산하는 것을 목적으로 하는 공업화이다.

둘째 패턴은 선진공업국의 수입보호에 착안한 수입대체공업화이며, 주로 저개발국들의 국내시장을 마련하기 위한 공업화이다.

이들 두 가지 공업화 패턴을 검토하면, 다음과 같은 장점과 단점이 고려된다.

먼저, 첫째 수출지향공업화에 관해서는 국내농업의 급격한 어려움에 가득한 개혁과 혁명을 감행할 필요성을 회피한다는 점에서 매력적인 해결책이지만, 이 유형의 공업화가 성공할지 어떨지는 선진국들의 관대한 무역정책에 달려 있다. 수출지향의 공산품이 급속하게 증가하는 총수요를 갖는 것이라고 하면 그다지 어려움은 없지만, 이런 종류의

---

3) Ibid., p.292.
4) Ibid., p.247.

상품의 생산에 있어서는 선진공업국이 압도적인 비교우위를 가질 것이다. 따라서 저개발국은 섬유와 같은 경공업에 공업화를 찾지 않으면 아니 되지만, 원칙적으로 이것들에 대한 총수요는 급격하게는 증가하지 않는다. 여기에서 이들 제품의 수출을 신장하는 데에는 선진국의 동업자와 경쟁하는 것이 된다. 그러나 이러한 선진국의 동업자를 구축한다는 형태로의 수출은 저개발국에 있어서 이익이 되는 것이 아니라, 오히려 경쟁과 저항과 좌절의 원인이 된다. 수출을 위한 공업화란 발전의 패턴은 옛 공업국들에 있어서 국내의 노동의 가동성과 적응성(산업구조의 조정, 보다 고차적인 산업에로의 이행)에 강하게 의존하지만, 이것은 어렵다.

다음으로, 넉시는 제2의 국내시장지향 공업화에 관한 논의를 진행, 다음과 같이 생각한다. 저개발국에 있어서는 농업생산성이 낮고, 때문에 공산품에 대한 구매력이 부족하다. 따라서 이 유형의 공업화를 위해서는 농업 면에 있어서 보완적인 진보, 즉 농업생산성의 향상이 필요하다. 그러나 저개발국의 농업은 보수적이고 봉건적이며, 항상 어려움에 속박되어, 수동적으로 비자본가적인 경제활동부문이므로, 이와 같은 것을 실천하는 데에는 농촌에 있어서 개혁과 혁명을 필요로 한다. 그것은 첫째 유형의 공업화의 것으로 설명한 바와 같이 저개발국에 대하여 어려운 과제를 제공한다. 그러나 이것은 전적으로 불가능한 것은 아니다.5) 그리고 만약 이와 같은 농업과 공업의 결합적 진보라는 2부문론이 받아들여지게 되면, 같은 원리가 공업부문 내에도 적용되지 않는 것은 아니다. 즉, 그것은 각각에 관련한 공업이 상호 시장을 제공하는 바와 같이, 국내의 수요의 소득탄력성에 따라 공업을 수립하는 방법(=균형발전)이며, 이와 같이 서로가 시장을 제공함으로써, 국내의 구매력의 부족으로부터 오는 어려움을 어느 정도 해소할 수 있다는 것이다. 이 원리는 또한 저개발지역 사이에 있어서 상호적인 시장제공(=공동시장의 창출)이라는 형태로 국제적인 부문에도 원용된다. 그리고 다시 넉시에 의하면, 이와 같은 국내시장지향의 공업화가 괘도에 오르면 이들 저개발국들은 수출지향의 공업화로 이행하는 것이 되며, 선진국의 기존의 생산자를 구축함이 없이, 거대한 시장으로 수출할 수 있는 '진보적인' 생산물을 보다 다량으로 생산하는 방법과 수단을 개발할 가능성도 개척하는 것이다.

이리하여 넉시는 이 두 가지 공업화 패턴을 검토한 결과, 둘째 공업화 패턴을 보다 현실적인 발전전략으로 간주, 이와 같은 발전을 걷는 모델로서, 일본을 예로 듦으로써,6)

---

5) 넉시는 국내시장지향 공업화의 전제로서 농촌에 있어서 개혁과 혁명의 필요성을 강조는 하지만, 그것을 어떠한 방법으로 달성할 것인가를 신중한 문제에 관해서는 거의 언급하지 않고, 이 점에서 이론(및 정책)의 철저함을 결여하고 있다.

균형성장에 기초한 국내시장지향 공업화를 추천한다는 결론에 이르는 것이다.[7]

이상의 내용을 아주 간단하게 요약하면, 넉시의 공업화에 이르는 명제는 다음과 같은 관점에서 구성되고 있다는 것을 언급할 수 있을 것이다. 즉, 저개발국의 발전을 전망하면, 크게는 세 가지 패턴으로 구분할 수가 있다. ① 1차산품의 수출을 통한 성장, ② 수출지향 공업화를 통한 성장, ③ 국내시장지향 공업화를 통한 성장이다. 그러나 현재 1차산품무역을 둘러싸고 환경은 좋지 않고, ①의 패턴을 통한 발전에는 기대할 수 없다. 여기에서 공업화, 그것도 ③의 국내시장지향 공업화를 통한 발전의 방향이 모색되지 않으면 아니 된다.[8]

3. '외국무역과 경제발전'에 관한 케안크로스의 주장

이상 넉시의 주장에 대하여 정통파의 입장에서 반론이 시작된 것은 케안크로스이다. 그 주안점은 넉시의 1차산품무역의 동향에 관한 인식과, 외국무역의 발전촉진작용(＝성장파급효과)에 관한 견해에는 문제가 있고, 공업화를 주장하는 경우 충분한 논거가 되어 있지 않다는 것이었다. 이하는 이 문제를 주로 논한 <국제무역과 경제발전>[9]에 의거하여, 케안크로스의 넉시에 대한 반론을 검토하고자 한다.

먼저 케안크로스는 넉시의 1차산품 수출추세에 관한 사실인식에 의문을 던진다. 그것은 이러하다. 넉시는 1928－1957년 동안을 가지고, 1차산품의 수출추세를 판단하고 있지만, 이 기간에는 두 가지 매우 상이한 시기가 포함되어 있다. 하나는, 1929－1937년 기간이며, 공산품의 무역은 정체하고 있던 것으로, 1차산품무역은 순조로웠다. 다른 하나는, 전후기이며, 공산품무역은 현저하게 확대하였지만, 1차산품무역은 정체하는 경향에 있었다. 예를 들면, 1950년 1차산품의 무역수량은 여전히 전전 이하였던 것에 대하여 세계의 공산품무역은 1950년에는 전전수준을 훨씬 상회하고 있었다. 그리고 1950년 이후, 이들 두 시기의 무역은 어느 것이나 급속하게 증가하였지만, 그 증가 정도는 공

---

6) Ibid., p.321.

7) 麻田四郎, 經濟發展の戰略, 巖松堂, p.75.

8) 넉시는 제3의 패턴에만 고집하고 있는 것은 아니다. 이 제3의 주요한 패턴은 쉽게 결합할 수 있고, 그 경우, 각각에 부여되는 웨이트는 그 나라의 국내자원과 해외수요의 상황에 따라, 당연히 상이한 것이다.

9) A. K. Cairncross, International Trade and Economic Development, Kyklos, vol. xiii, Fasc.4, 1960.

산품 쪽이 훨씬 많았다. 따라서 넉시는 1928년과 1957년의 비교로, 19세기와 비교한 20세기에 있어서 1차산품의 수출정체를 설명하고자 하지만, 현실적으로는 이 기간에는 이와 같은 두 가지 대조적인 시기가 포함되어 있고, 한쪽 시기(전후기)의 현상을 가지고, 그것을 바로 20세기 전체의 현상으로까지 연장하는 것에는 문제가 있다고 하는 것이다.

　이상은 비교의 시간대에 관한 반론이지만, 다음으로 케안크로스는 넉시가 1차산품으로부터 석유를 제외한 것에 대하여 다음과 같이 반론한다. 넉시가 비교하는 것은 GATT (Trends in International Trade, 1958)의 숫자에 기초하며, 그것은 비공업국의 세계무역에 차지하는 쉐어가 (가격으로) 1928년의 33.8%에서 1957년에는 31.3%로 하락하였다. 혹은 만약 산유국을 제외하면, 32.2%에서 24.4%로 하락한 것을 나타내고 있다. 여기에서 넉시는 산유국을 제외한 것으로 1차산품의 수출추세를 보고 있지만, 한편으로 공업국의 산유국에 대한 공산품의 수출(이것은 공산품무역의 증가로 연결된다)을 인정하면서, 다른 한편으로 산유국의 공업국에 대한 석유의 수출(이것은 1차산품무역의 증가로 연결된다)을 통계에서 배제하는 것은 논리적 일관성을 결여한 것이다. 그리고 넉시가 산유국을 제외하는 이유로서 들고 있는 것은 산유국을 1차산품무역으로부터 배제하기 위한 충분한 이유라고는 할 수 없다. 같은 이유로, 커피, 코코아 및 차 혹은 광석, 비금속의 생산국도 배제할 수 있을지도 모르지만. 이상 두 가지 반론은 넉시의 1차산품 수출추세의 인식에 대한 기술적 결함의 지적이지만, 케안크로스는 다시 이와 같은 넉시의 인식에 대한 전면적 반대 명제(Antithese)로서 에이츠(L. Yates)의 <외국무역의 40년>[10](케안크로스가 말하는 데에는, 이것은 넉시가 보는 데에는 약간 늦게 출판되었다)을 사용하여, 넉시가 사용한 GATT의 자료의 신빙성을 의심한다. 에이츠의 자료에 의하면, 세 개 빈곤대륙(three poor continental), 즉 아프리카, 아시아(일본 제외) 및 라틴아메리카는 1913－1953년의 기간, 세계수출에 차지하는 각각의 쉐어를 증가시키고 있다(<표 19－3> 참조). 그런데 이 좋은 추세는 석유를 제외하여도 그러하며, 세 개 빈곤대륙은 전부 자료의 연료 수출국을 제외하여도, 1913－1953년의 기간 중, 부유한 대륙보다도, 그 수출총액을 증가시키고 있었던 것이다. 이것은 넉시의 공업화라는 명제에 대한 중요한 반증이 될 수 있는 것이지만, 케안크로스는 이 점을 이 이상 깊이 추구하지는 않았다. 다음으로 가령 넉시가 언급하는 바와 같이, 1차산품의 수출정체가 사실로 된 경우, 그것은 어떠한 이유에 의한 것인가라는, 1차산품의 수출정체의 원인을 둘러싼 논의에 관련된다.

---

10) L. Yates, Forty Years of Foreign Trade, 1959.

〈표 19-3〉 3대 빈곤대륙이 세계수출에서 차지하는 쉐어(시가, 사회주의국가 제외)

(단위: %)

	수출총액		1차산품(1)		공산품(2)	
	1913년	1953년	1913년	1953년	1913년	1953년
1. 아프리카	4.0	6.5	7.1	10.9	0.3	2.2
2. 아시아 (일본 제외)	9.5	10.2	13.6	17.5	4.3	2.8
3. 라틴아메리카	9.1	11.3	15.6	21.1	0.9	1.4
합계	22.6	28.0	36.3	49.5	5.5	6.4

〈주〉 (1)은 SITC0-4, (2)는 SITC5-8.
〈자료〉 P. Lamartine Yates, Forty Years of Foreign Trade, TableA.23.

먼저 1차산품의 수출정체에 관하여 넉시가 든 여섯 가지 요인을 검토하였지만, 이 요인에 관하여 케안크로스는 다음과 같이 언급한다.

"이것은 그 정도로 설득력이 있는 항목은 아니다. ②와 ③의 요인이 20세기가 되어 갑자기 작용하기 시작한 것은 아니다. 그리고 예를 들어 ⑤의 요인이 최근 보다 강력하게 작용하고 있다 하여도, 그것은 비철금속의 가격등귀라는 순수하게 경제적인 이유 때문이었는지도 모른다. ④ 요인에 관해서는 넉시 자신, 열대농업보다도 비열대농업에 보다 영향을 미친 것 같다고 경시하고 있다. 그리고 그가 지적하고 있는 바와 같이 공산품도 또한 보호되고 있다. 이것들을 제외하면, ①과 ⑥의 요인이 남는 것이 된다. ①의 요인에 관하여 말하면, 선진국에 있어서 중공업의 발전은 부분적으로 섬유와 같은 경공업에 있어서 대신하는 것이며, 그것은 소멸한 것이 아니라, 저개발국으로 이전한 것이다.[11] 이 중공업의 발전은 또한 어느 정도까지, 완전고용을 수반하는 높은 수준의 세계적 투자의 특징이기도 하다. 따라서 ①의 요인의 영향을 세계무역의 수량과 구성에 복잡한 영향을 미치고 있는 다른 여러 요인과 단절하여 논의하는 것은 어렵다. ⑥의 합성원료의 도입은 분명히 1차산품 무역을 제한하는 주요한 요인이다. 그러나 그것이 단지 높다는 것만이 아니라, 전전과 비교하여도 상대적으로 높은 원료의 사용을 절약시키도록 작용한 것은 전적으로 우연일까. 넉시가 들고 있는 마지막 두 가지 요인에 있어서는 (천연원료의 가격등귀라는) 경제적인 자극요인이 (합성원료의 개척이라는) 기술적인 영향력을 강화하였는지도 모른다. 이 요인은 상대가격에 변동이 있었다고 한 경우, 이전에는 배제할 수 없는 것이다."[12]

---

11) 이것은 산업구조의 전환에 의하여 발생한 선진국의 원료수요 감퇴를, 저개발국이 어느 정도 메운다는 것을 의미한다.

12) A. K. Cairncross, op.cit, pp.196-197.

요는, 넉시가 든 여섯 가지 요인 가운데, 설득력이 있는 것은 ⑤와 ⑥의 요인이지만, 이것들은 전부 1차산품의 가격등귀라는 요인에 유래하고 있고, 넉시가 언급하는 바와 같은 자본주의 합리성이 요구하는 필연적이고 구조적인 요인에 의한 것은 아니라는 것이다. 바꾸어 말하면, 20세기에 있어서 1차산품 수출정체의 원인으로서, 넉시는 수요 쪽의 요인을 중시하고 있지만, 이를 규명해 보면 그것은 결국, 1차산품의 가격등귀라는 공급쪽의 요인에 기인하고 있다는 것이다. 그리고 이 점을 다시 분명히 하여야 하고, 케안크로스는 마이젤스(A. Maizels)의 미공표 자료를 사용하여, 비공업국의 1차산품수출과 공업국의 그것을 비교·검토하고 있다. 그것에 의하면, 1937년의 공업국으로부터의 1차산품의 수출수량은 1913년보다 약간 낮았지만, 비공업국으로부터의 수출은 50% 이상 높았다. 다른 한편, 공업국의 수출단가는 약 10% 상승하였지만, 비공업국의 그것은 약간 저하하였다. 그렇지만 1950년까지 현저한 변화가 일어나고 있었다. 공업국으로부터의 수출은 증가하고 있지만, 비공업국으로부터의 수출은 현저하게 저하하였다. 동시에 수출단가는 공업국의 경우 2배로 상승하였지만, 비공업국의 경우는 3배 이상으로 상승하였다. 1957년에 두 그룹은 1950년에 비하여 1차산품의 수출수량을 50% 증가시켰지만, 수출단가의 폭은 약간밖에 축소되지 않았다.(공업국의 경우, 수출단가는 (1950년의) 200에서(1957년의) 225(1913년=100)로 상승하고, 비공업국은 326에서 335로 상승하였다.)

<표 19-4> 1차산품의 수출수량(1899-1957)

(1913년=100)

	1899	1913	1929	1937	1950	1955	1957
공업국가들	71	100	113	96	108	141	163
기타국가들	62	100	144	157	132	183	198
세계합계	65	100	132	134	123	167	185

<주> 이들 숫자는 마이젤스의 미공개 연구에서 인용한 것.

케안크로스는 여기에 가장 중요한 의의를 가진 두 가지 문제점이 있다고 한다.

첫째 문제점은 비공업국은 1937년 이후 수출수량에서 공업국보다도 진행이 늦고, 1950년 이후에서조차도 현저한 전진을 볼 수 없었다는 것이다. 즉, 비공업국은 1937년 이전 기간과는 대조적으로 세계의 1차산품에서 공업국보다 많은 쉐어를 차지하는 징후를 나타내고 있지 않은 것이다.

둘째 문제점은 1937년 이후, 두 그룹 사이의 크게 지속적인 수출단가 폭이 거의 축소되지 않았다는 것이다. 여기에서 케안크로스는 다음과 같이 결론 맺는 것이다.

> "만약 20년 뒤(즉, 1957년 시점에서), 비공업국이 1차산품에 관하여 공업국이 수취하고 있는 가격의 절반 이상이나 높은 가격을 향수하고 있다고 한다면, 예를 들어 그들의 수출품에 대한 수요가 정체의 징후를 나타내고 있다 하여도, 그것은 아무런 놀랄 것은 아니다. 여기에 분명히 공업국이 1차산품의 국내공급을 늘려, 수입원료의 사용을 절약하고, 대체품의 도입을 가속화하기 위한 강력한 이유가 있다."

실제, "만약 우리가 이 가격요인을 고려 밖으로 두고자 하면, 전후의 10년 동안을 이해하는 것은 어렵다. 그것은 완전고용상태 경제 아래에서의 1차산품공급에 대한 예리한 압력―이 압력은 1차산품공급의 낮은 탄력성 때문에 그 뒤도 계속하였다―을 반영하고 있다. 이 낮은 탄력성은 대부분 저개발국의 노력이 농업의 개발보다도 공업화에 집중됨으로써 가속되었다. 그들이 그 경제기반을 확대하고자 하는 데에는, 좋든 싫든, 많은 이유가 있었지만, 그 과정에서 그들은 농업을 외부수요에 대하여 보다 민감하게 대응시킬 수가 없었던 것이다. 공업국이 수입을 절약하는 행동에서 나온 같은 원인은 가격의 갑작스런 상승과, 전후 5년 동안에, 전전 수준의 공급조차 확보할 수 없다는 것에 의한 것이었다. 공업국이 비공업국에 대하여도 전적으로 같은 정도로, (1차산품공급을) 상호 의존하게 된 것은 수요가 어느 정도 높은 가격의 상품에서 낮은 가격의 상품으로 변동한 것을 나타내고 있다."[13]

즉, 저개발국의 수출정체에 관한 진정한 이유는 저개발국이 전체로서, 공업국의 1차산품수출가격에 비하여, 자신들의 1차산품의 수출가격을 인하하지 못한 것에서 찾아내야 한다는 것이다. 넉시는 19세기에서 1차산품무역이 활발하였던 이유로서 선진국 쪽의 왕성한 수입수요만을 강조하고 있지만, 실은 그 배후에는 저개발국이 낮은 가격으로 1차산품을 공급할 수 있다는 가격요인이 작동하고 있었던 것이며, 케안크로스에 의하면, 이것이야말로 유럽의 선진국을 1차산업으로부터 2차산업으로 이동하여, 19세기에 있어서 저개발국의 1차산품무역을 활발하게 한 근본적인 이유였던 것이다.

이와 같이 넉시가 1차산품 수출정체에 관하여 수요 쪽의 조건을 강조한 것에 대하여, 케안크로스는 공급 쪽의 조건(공업화에 의한 1차산품 공급의 낮은 탄력성=가격등귀)을 강조하고, 저개발국의 노력에 따라 1차산품무역이 아직 신장할 가능성을 암시하는 것이

---

13) Ibid., pp.201－202.

지만, 다음으로 주장을 진행하여, 이번에는 하벌러(Gottfrjed G. Haberler)가 카이로에서 한 <국제무역과 경제발전>14)이라는 제목으로 강연한 내용을 원용하여, 무역을 통한 성장전파에 관한 넉시의 사고방식을 문제로 삼았다. 즉, 19세기에 있어서 무역의 메커니즘은 넉시가 생각하고 있던 정도로 한정된 것이었는지 아닌지 보다 구체적으로 말하면, 19세기에 있어서 무역은 단지 시장을 제공하거나, 자원의 합리적 재배분을 촉진하거나 할 뿐의 직접적 효과밖에 갖지 못하였는지 어떤지라는 문제이다. 이와 같은 문의에 대하여 케안크로스는 무역이 가져오는 간접적인 이익을 강조하고, 다음과 같이, 넉시가 무역의 경제발전 촉진작용을 과소평가하고 있는 것을 비판한다.

"경제성장은 어느 나라로부터 다른 나라에로 직접적으로나 간접적으로나 전파될 수 있다. 무역은 시장을 제공하거나, 성장과 필요한 자원의 재배분을 촉진하는 이상의 것을 한다. 그것은 또한 경험과 사고(idea)를 전파하고, 태도와 제도를 바꾸고, 보다 좋은 개발을 위한 장해를 파괴한다. 하벌러는 네 가지 그와 같은 간접적 이익을 들고 있고, 그것들은 어느 것이나, 무역이 일어나는 규모에 의하여 변화하는 경향을 갖고 있다. 그것들은 다음과 같은 것을 포함하고 있다. 즉, ① 국제투자를 통한 자본의 제공, ② 원료·반제품 및 기계형태로의 개발수단에 대한 접근, ③ 지식·숙련·경영능력 등등에 대한 접근, ④ 경쟁에 대한 자극이다. 이것들의 간접적 이익은 고도의 공업국에서보다도 저개발국에서 보다 많은 것 같다. 그리고 그것들은 특화 그 자체로부터 발생하는 이익을 당연하면서도 상회한다. 간접적인 이익이 많게 되면 될수록 경제발전의 수단으로서의 수출증가는 점점 중요하게 된다. 예를 들어, 수출이 전적으로 소극적이었다 하여도, 미국경제로 하여금, 그것에 대응하는 수출의 증가 없이 성장을 가능하게 한 그러한 힘이 다른 저개발국의 경우에는 마찬가지로 작용하지 않는다는 명백한 이유는 없다. 시장력은 약간의 수출증가를 많은 국민소득의 증가로 바꾸는 데 적합할지 모른다. 이와 같은 것이 일어날 기회는 무역의 간접적인 이익이 전반적인 생산성의 상승이 되어 나타나는 경우에 최대가 될 것이다."15)

요는 무역의 경제발전에 대하여 미치는 작용은 넉시가 생각하고 있는 바와 같이 한정된 것이 아니라, 다면적인 작용을 하는 것이기 때문에, 1차산품의 수출정체라는 수량적 사실을 가지고 바로 공업화라는 결론에 이르는 것은 문제가 아닐까라는 것이다.

이상이 케안크로스의 넉시에 대한 비판의 대충 개요이지만, 간단히 요약하면, 그 비

---

14) Gottfried F. Haberler, Internatioal Trade and Economic Development, 1959.
15) A. K. Cairncross, op.cit, p.203.

판의 골자는 다음 세 가지 점으로 정리할 수가 있을 것이다. 즉, ① 넉시의 1차산품 수출정체에 관한 사실인식에는 문제가 있다는 것, ② 예를 들어, 1차산품의 수출정체라는 사실을 인정하여도, 그 원인을 수요 쪽의 요인에서 구하는 것은 문제가 있다는 것, ③ 넉시는 무역이 경제발전에 대하여 미치는 작용을 과소평가로 예상하고 있다는 것이다. 이와 같은 관점에서 케안크로스는 넉시의 공업화를 통한 발전이라는 명제에 대하여 문제를 던진 것이다.

4. 1차산품 수출정체의 원인과 개발전략에 관한 논의

(1) 민트(La Myint)의 견해

먼저, 1차산품 수출정체의 원인과 개발전략을 둘러싼 논의이지만, 이 문제에 관한 넉시와 케안크로스의 주장을 검토하기 전에 다른 논자가 이 문제를 당시 어떻게 받아들이고 있는지에 관한 견해를 검토하자. 먼저 민트는 이 문제에 관한 한, 넉시보다는 케안크로스를 지지하는 입장을 취하고 있고, 저개발국의 1차산품 수출정체의 원인에 관한 넉시의 지적에 대하여 다음과 같이 반론한다.[16]

첫째, 넉시는 저개발국=1차산품수출국이라고 생각하고 있지만, 저개발국은 1차산품의 세계 총수출의 한 부분을 생산하는 데 지나지 않는다. 때문에 예를 들면, 넉시가 든 불리한 요인의 하나－유럽 여러 나라에 있어서 농업보호는 주로 온대지방에 영향을 미칠 뿐이며, 설탕을 제외하면, 열대저개발국은 그것에 의하여 영향을 받지 않는 것이다.[17]

둘째, 넉시는 다양한 유형의 1차산품을 하나의 일반적 범주에 일괄함으로써, 1차산품의 동향을 보고 있다. 그러나 만약 그렇다면, 전후의 석유붐을 일반원칙에 대한 예외로 간주하는 것은 보다 장기적인 전망에서 말하면, 약간 독단적이라고 하지 않으면 아니된다. 1차산품과는 기술혁신의 과장에 있어서, 항상 운·불운(運·不運)을 둘러싼 각종 상품의 집합체이며, 어느 특정의 상품이 특히 활발한 수요를 향수하고 있기 때문이어서, 그것을 제외하는 것은 도리에 맞지 않기 때문이다. 만약 넉시의 논법으로 간다면, 여러

---

16) Hla Myint, The Economics of the Developing Countries, 1964.
17) 森田桐郎, 南北問題, 日本評論社, 昭和43年, p.62.

가지 이유로, 19세기에 있어서 성장의 추진력의 중심적 역할을 과연 면공업의 발전에 의한 원면에 대한 수요도 배제되지 않으면 아니 된다는 것이다.

셋째, 넉시는 저개발국 자체의 내부에서 일어나는 두 가지 큰 변화를 무시하고 있다. 즉, 그 변화란 ① 국내소비공업의 성장이 다음으로 수입품에 있어서 대신하는 것이다. 지금 저개발국은 그 총공산품소비의 3분의 1밖에 수입하지 않고, 나머지 3분의 2를 국내에서 생산하고 있는 것으로 산정되어 있다. 이와 같은 저개발국에 있어서 경공업의 발전은 선진국들이 원료사용을 대폭적으로 절약하고, 원료 부분을 이전 정도로 사용하지 않는 중기계 및 화학제품으로 산업구조를 전환한 것에서 발생한 선진국으로부터의 수요감퇴를, 어느 정도 상계하는 원료에 대한 새로운 수요를 창출할 것이다. ② 저개발국에 있어서 인구폭발이며, 그것은 예를 들어 구매력에 한계가 있다고 하여도, 식료수요에 많은 압력을 더하지 않은 것이다.

넷째, 넉시는 그 밖의 균형성장론과 마찬가지로, 수요의 소득탄력성에 중점을 두지 않고, 코스트와 가격의 비교라는 가장 중요한 요인을 경시하고 있다. 예를 들면, 그는 19세기의 1차산품을 둘러싼 세계수요용의 확대가 마치 단지 공업국에 있어서 수요의 증가에서 일어난 것같이 간주한다고 하지만, 이것은 케안크로스도 지적하고 있는 바와 같이, 해외의 1차산품의 생산자가 낮은 코스트로 생산하는 생산자임으로서, 서유럽, 그리고 특히 영국의 시장에서 보다 많은 쉐어를 획득할 수 있었던 능력에 의한 것이다. 그것과 같은 것으로, 만약 현재의 저개발국이 1차산품에 있어서 세계시장의 보다 많은 쉐어를 획득하고 싶다고 바라게 되면, 낮은 코스트 생산자인 지위를 되돌리지 않으면 아니 된다.

다섯째, 이것은 넷째와도 관련되지만, 넉시는 합성품의 등장을 운운하지만, 그것에 대하여 가격요인이 미친 영향을 무시하고 있다. 합성대용품의 발명 내지 산업적 개발은 가격 및 코스트 요인과 관계가 없는 과학기술 독자의 일반적·자연적 진보에만 의해서 가져오는 것은 아니었다. 그것은 대개 특정의 천연산물의 이상한 상품부족과 높은 가격에서 유도된 것이다. 예를 들면, 합성고무는 제2차대전 중, 동남아로부터 천연고무를 입수할 수 없었기 때문에 가져온 것이었다. 따라서 만약 말라야가 그 고무생산을 개량하기 위하여 필요한 자금과 근대기술을 충당하면, 그 특정상품의 생산에 있어서 비교우위는 유지할 수 있는 것이다.

이상이 민트의 넉시에 대한 비판이지만, 민트의 이 문제에 관한 입장은 저개발국의 기술적 정체가 1차산품 수출정체의 주요원인이었다는 것이며, 여기에서 그는 기술수준의 개선을 제외하여 국내공업을 중시하고, 1차산품 수출을 전면적으로 경시하는 넉시의 안이한 수입대체공업화론을 비판하는 것이다. 이 점을 그는 다음과 같이 설명하고 있다.

"대부분의 저개발국의 수출확대의 과거 패턴이 낮은 생산성과 기술적 정체로 특징 매김되고 있다. 소농수출부문은 전통적 농업방식에 훌륭한 변혁을 더함이 없이, 단지 보다 많은 토지를 경작함으로써 확대된 데에 불과하다. 공업 및 원예부문은 근대기술과 개량방식의 파이오니아가 될 수 있었던 것이다. 그런데 그것은 첫째, 낮은 임금·낮은 생산성이라는 낮은 임금노동정책 때문에 또 최근에는 외국기업에 대한 신흥독립국들의 민족주의적 반발 때문에, 약체화되어 버렸다. 이것들이 장기적 생산성을 높이는 데 필요한 새로운 투자를 생각할 수 없는 경향에 있다. 이러한 기술적 능률을 개선할 수가 없기 때문에, 1차산품 수출생산의 확대가 수확체감에 빠지는 경향에 있는 것은 불가사의하지 않다. 그러나 비능률적 그리고 정체적인 기술의 조건이 같다고 하면, 수입대체에 의하여 국내공업을 확대하는 데에도, 마찬가지로 엄격한 한계가 있다. 그것은 지금 대부분 저개발국이 관심을 갖기 시작하고 있는 것이다."[18]

그러면 민트는 어떠한 방책이 저개발국의 발전전략에 있어서 가장 바람직한 것일까. 이 점에 관하여 민트는 저개발국의 수입대체공업화정책은 수입제한 등 보호정책을 취하였다 하여도, 수요 면으로부터 한계와 국제수지 면으로부터의 한계에 부딪힌다고 하여, 그와 같은 막다른 골목으로부터 탈출하는 방법으로서, 각각의 저개발국이 자신들의 유형에 상응하는 전략을 모색하는 것을 제창한다. 즉, ① 천연자원에 대한 인구의 압력이 지금 작고, 보다 많은 자본과 기술적 자원의 충당에 의한 개선의 여지를 남겨 두고 있는 나라는 1차산품으로부터의 외화수입을 확대하는 것, ② 인도와 같이 경제 전체의 규모가 크고, 그리고 인구과잉으로 국민소득에 대한 수출비율이 낮은 나라는 국내자본재공업을 설립하여 국내소비재공업을 위한 수입 부분을 단절시키는 것, ③ 국토가 협소하여, 인구과잉으로 이 이상 1차산품의 수출확대를 바라지 않는 나라는 노동집약적인 공산품의 수출을 도모하는 것이다. 민트의 특징은 이와 같이, 저개발국의 다양성·특수성의 발견에 노력, 각각의 유형에 상응하는 개발전략을 제시하는 것이지만, 이 세 가지 방책 가운데 그가 가장 어렵다고 간주한 제3의 수출지향공업화가 다른 방책에 비하여 일단 성공을 거두고 있는 것은 역사의 아이러니라고밖에 할 수 없다.

---

18) Hla Myint, op.cit, p.173.

(2) 고지마(小島清)의 견해

다음으로 고지마의 견해를 보자.[19] 이 문제에 관한 그의 입장은 케안크로스보다도 넉시의 주장을 지지하는 쪽에 가깝다. 그 내용은 다음과 같다.[20]

이 문제에 대한 접근방법으로서 헥셔＝오린의 요소부존비율의 이론을 사용하여 N(자연적 요인(natural factors: 천연자원, 기후, 지세 등), L(노동(labor with some skill: 어느 정도의 숙련을 가진 노동), C(자본설비, capital stocks)라는 세 가지 생산요소를 가정하여, ① L＝N형, ② L＝C형, ③ N＝C형이라는 세 가지 비교우위에 기초하는 국제분업의 유형을 고찰한다. L＝N형은 영국이 지도적이었던 19세기 무역에서 전형적이며, L＝C형은 전후의 공업국 사이 무역에서 전형적이며, N＝C형은 후진국의 석유와 선진국의 투자재라는 무역에서 전형적으로 찾아볼 수 있다. 그의 문제의식은 세계경제의 구조변동이 이와 같은 비교우위 결정요인의 패턴 차이와 그 시간적 변화에 의하여 어떠한 영향을 입는가라는 것에 착안한 것이며, 이 점의 검토를 통하여 저개발국이 나아가야 할 길을 제시하는 것이다. 먼저 비교우위의 결정요인의 역할의 변화에 관하여 보면, 이 점에 관하여 그는 다음과 같이 설명하고 있다.

> "19세기의 영국 중심의 세계무역에서는 비옥한 토지, 특산품에 적합한 기후, 천연자원과 같은 '자연적 요인'이 비교우위의 결정요인으로서 결정적인 역할을 연출하였지만, 지금 자연적 요인에 대신하여 기술과 자본이 보다 중요한 결정요인이 되기에 이르렀다. 이것은 자연적 요인에 혜택받지 않은 영국을 대신하여 그것에 현저하게 혜택받은 대륙적 미국이 세계경제의 주역이 되었다는 첫째 구조변동과 깊은 관련을 갖는다. 그것에 대개 역시 중요한 것은 기술진보가 자연적 제약을 극복하고, 자본에 의하여 자연적 요인에 대체되기에 이르렀던 것이다."[21]

이 결과, 그는 세계경제의 구조 그리고 특히 저개발국의 1차산품무역에 다음과 같은 변화가 일어났다는 것이다.

"19세기와 1950년대 사이에 일어난 세계경제 구조변동의 핵심은 비교우위패턴의 중심이 L＝N형에서 L＝C형으로 이동한 것이며, 이것이 자연적 요인의 비교우위에 의존하

---

19) 小島淸, 世界經濟の構造變動とその理論, 一橋論叢, 1960年7月號.
20) 原覺天, 1次産品貿易の不利化とその問題背景, アジア經濟, 第4卷第11號, p.10.
21) 小島淸, 앞의 논문, p.60.

여 왔다. 또 의존하지 않을 수 없는 현재의 후진국에 치명적 어려움을 초래하고 있는 것은 명백하다. (이것은) 선·후진국 사이의 무역의 상대적 축소경향으로서 표현되고 있다. 이러한 구조변동은 또 이전의 1세기에 볼 수 있는 무역확대를 통한 경제성장의 세계적 전파, 결과로서의 소득수준의 균등화, 이것들을 종식시켰다. 선진국은 빠른 성장을 향수하고, 후진국의 성장은 정체하여, 소득수준의 차이는 점점 확대하여 온 것이다."[22]

이상에서 볼 수 있는 바와 같이, 그는 1차산품의 수출정체에 관하여 기본적으로 넉시와 대개 같은 수요 측면에 서 있다고 할 수 있지만,[23] 여기에서 그는 저개발국이 앞으로도 여전히 자연적 요인에 의지, L=N형 분업을 계속하는 한, 저개발국의 궁핍화성장은 피할 수 없다고 하고, 그 타개책으로서 다음과 같은 내용을 포함하는 저개발국의 공업화와 경제통합의 필요성을 주장하는 것이다. 즉, ① 저개발국도 또한 공업화하여, 이전의 L=N형 분업에서 L=C형 분업으로 이동하지 않으면 아니 되는 것, ② 선진국과 비교하여 노동의 큰 질적 차이와 노동/자본비율의 큰 차이가 있다는 제약에서 대개 유사한 노동/자본비율의 여러 나라 사이의 광역적 공업화=경제통합을 도모하지 않으면 아니 되는 것, ③ 선진국과는 L=N형이나 L=C형도 아닌 N=C형 분업을 계속·발전시켜, 이것을 경제개발의 촉진제로 하여야 한다는 것이다. 그는 이것을 뮤르달이 언급하는 "제2급 국제특화(second grade international specialization)의 제언으로 요약할 수 있다고 하지만, 제2급 국제특화란 간단한 공산품은 저개발지역 내에서 상호 분업하여 생산하고, 고도의 투자재는 선진국에 맡긴다는 의미의 특화"를 말한다. 이 구상은 기본적으로 앞에서 설명한 넉시의 그것과 매우 유사한 것이라고 할 수 있다.

(3) 공업화에 대한 넉시와 케안크로스의 기본적 자세의 차이

이상 우리는 1차산품 수출정체의 원인과 개발전략을 둘러싼 넉시와 케안크로스의 논쟁과 관련하여, 고지마·민트의 견해를 검토하였다. 이 밖에도 1차산품 수출정체의 원인에 관하여 케안크로스의 주장을 지지한 GATT의 연차보고서(1956년, 1957년, 1958년)와

---

22) 小島淸, 앞의 논문, p.61.
23) 고지마(小島淸)는 넉시가 든 여섯 가지에 더하여, 선진국 쪽에서는 국방상의 관점과 완전고용 정책이 농업보호주의와 합성공업촉진의 기초에 걸쳐 있다는 것, 다른 한편, 후진국 쪽에서는 인구 희박한 비옥지에서 수확체증적 개발의 시대로부터 인구과잉국의 수확체감적 개발로 이동한 것 등을 들고 있다고 한다. 그는 일부 케안크로스의 공급부족설도 용인하고 있다는 것이다.

하벌러의 보고서, 및 그것을 비판적으로 검토하여, 회귀분석에 의하여 넉시의 주장을 지지한 마이젤(A. Maizel)[24]의 연구 그리고 마이젤의 분석에 결함이 있는 것을 지적하고, 케안크로스의 주장을 지지한 아사다(麻田四朗)[25]의 연구가 있다. 이들 문헌을 읽고 통감하는 것은 결국 1차산품의 수출정체에 관한 원인의 규명이 예를 들어 저개발국의 발전전략에 어느 정도의 의미를 가져도, 그것에 대한 객관적인 회답을 구할 수 없는 한, 이 논의를 이 이상 계속하여도 별로 의미가 없는 것은 아니라는 것과, 이 문제가 해명되지 않으면, 저개발국은 공업화할 수 없는 것인가라는 것이다. 오히려 이 논쟁에서 우리가 주목해야 하는 것은 1차산품의 수출정체를 운운하기 전에, 이 논쟁의 배후에 숨겨진, 저개발국의 공업화에 대한 넉시와 케안크로스의 기본적 태도일 것이다. 넉시와 케안크로스에게서는 원래 저개발국의 공업화에 대한 기본자세에 명확한 차이를 볼 수 있고, 1차산품 수출정체의 원인을 둘러싼 두 사람의 논쟁은 진정 이 부분에서 출발하고 있다고 생각하기 때문이다.

먼저, 케안크로스이지만, 바이너와 하벌러 등 정통파의 계보를 잇는 케안크로스의 입장에서 본다면, 외국무역과 공업화는 그들이 신봉하는 비교생산비의 이론에서 서로 대립하는 것으로서 파악하고 있다. 한정된 자원의 최적배분을 문제로 하는 비교생산비의 이론에서는, 자원은 당연히 어느 나라가 비교우위를 갖는 부문에 우선적으로 투하되지 않으면 아니 되며, 공업에 비교우위를 갖지 않은 저개발국이 공업화를 위하여 자원을 이용하는 것은 비교우위부문인 수출부문(1차산품부문)을 희생으로 하는 것이며, 그것은 경제 전체의 효율을 해치는 것을 의미하기 때문이다. 따라서 비교생산비원리에 절대적인 신뢰를 두는 정통파의 입장에서 보면, 비교우위에 따른 발전이야말로 정통적인 발전에의 길인 것이며, 공업화라는 나쁜 길로 빗나가는 것은 허용되어야 하는 것은 아니었던 것이다. 케안크로스가 넉시의 수요부족설에 대하여 공급부족설을 대치시켜, 외국무역이 갖는 간접적인 성장파급효과를 강조한 것은 진정 넉시에 의하여 분쇄된 고전학파 이래의 그와 같은 신념을 보강하기 위한 것이었던 것이며, 그러한 의미에서는 처음부터 예측된 것이었다고 할 수 있는 것이다.

그러나 넉시의 외국무역과 공업화에 대한 태도는 정통파와는 전적으로 다른 것이다. 즉, 넉시는 국제특화 그 자체에는 반대하지 않지만, 정통파와 같이 외국무역과 공업화를

---

24) A. Maizels, The Effects of International on Exports of Primary－Producing Countriues, Kyklos, vol.14, Fasc.1, 1961.
25) 麻田四郞, 低開發國貿易についての3つの反省, 國際經濟, 第14號.

모순되는 것으로는 보지 않았기 때문이다. 이하 세 문장은 그것을 명확히 나타내고 있다.

　　"이 논점은 특화 그 자체에 찬성하는 근거는 지금도 변함없이 강력하지만, 성장을 선진국으로부터 저개발국으로 전파되는 것에 관계하는 힘이 백 년 이전 정도 강력하지 않을지는 모른다는 것이다. 이와 같은 상황에서는, 자본을 포함한 생산요소의 공급이 증가하고 있는 나라에서는 국제특화의 이익을 포기하는 것 없이, 국내시장지향의 생산확대에 찬성해야 하는 논거가 있을 것이다."26)

　　"또, 이 개념(균형성장)은 자급자족이 아니다. 국제무역을 저해하는 것 없이 국내시장을 확대할 여지는 충분히 있다."27)

　　"만약 국제무역에 의해서는 적절한 발전을 할 수 없는 경우에는, 적어도 다음의 내용에 주의해야 한다. 즉, 국내경제의 확장이 국제특화에 의하여 입수되고 있는 것 같은 각종의 이익을 파괴하여, 필요가 없는 부가적 코스트를 수반하는 것이 없도록. 결론적으로 말하면, 국내소비지향 생산의 확대는 오히려 이미 설명한 여러 이유에서, 오늘날에는 19세기의 정도는 강력하지 않다고 생각한다. 어느 성장전파기구의 대용을 하는 것이다."28)

　이것들은 분명히 저개발국에 있어서 위장실업 등 유휴자원의 존재를 전제로 한 것이며(이것은 정통파가 언급하는 바와 같이 공업화가 전통적 수출부문을 희생으로 하는 것을 의미하지 않는다), 유휴자원의 존재를 부정하고, 비교생산비원리에 기초한 발전을 무조건으로 신봉하는 정통파의 입장과 전적으로 상이한 것이었다. 즉, 넉시는 유휴자원의 존재라는 새로운 요소를 도입함으로써, 고전학파 이래의 비교생산비원리에 기초한 발전이라는 명제에 대담한 수정을 실시하여, 거기에서 외국무역과 공업화의 보완적·조화적 발전 가능성을 도출한 것이다. 그는 말한다.

　　"균형성장은 국제무역이 가져올 수 있는 가장 좋은 벗이다. 국내경제의 공백을 메우는 것은 생산수준과 실질구매력과의 상승을 의미하기 때문에, 외국무역에 대한 최선의 기반을 만들게 된다. 말하자면 그것은 선진국들이 상호 최선의 고객이라는 이유이다. 그것은 세계무역을 확대하기 위한 첫째의 의존의 망(網)이 되는 것이다."29)

---

26) R. Nurkse, op.cit, p.225.
27) Ibid., p.250.
28) Ibid., p.257.
29) Ibid., p.257.

이와 같이 넉시와 케안크로스에게서는 처음부터 저개발국의 공업화에 대한 기본자세에서 명확한 차이를 볼 수 있었던 것이지만, 넉시의 외국무역과 공업화에 대한 태도를 이와 같이 본다면, 당연히 하나의 의문이 남는다. 즉, 왜 넉시는 일부러 "케안크로스가 지적한 바와 같이, 석유수출국을 제외한다는 형식논리적 일관성을 침해하기까지도, 후진국의 수출무역의 지연을 지적하고",[30] 저개발국의 공업화라는 명제를 도출한 것인가라는 것이다. 만약 넉시가 언급하는 바와 같이 공업화가 처음부터 외국무역에 있어서의 가장 좋은 벗이라면, 일부러 1차산품의 수요정체를 가지고, 공업화를 주창할 필요성 등은 없었을 것이다. 이 점이 넉시에서 불명료한 것이지만, 아마 그 이유는 넉시가 근대경제학자 가운데, 전후에 있어서 식민지제도의 붕괴와 사회주의체제의 성립에 의한 이데올로기적 위기를 가장 예민하게 느꼈던 것[31]과, 외국무역과 공업화는 모순하지 않는다는 주장만으로는, 공업화를 주창하는 경우 논거가 약하고, 정통파의 주장을 타파할 수 없다고 느꼈기 때문일 것이다. 이와 같은 이유 때문에, 넉시는 1차산품의 수요정체라는 구조적 요인으로 공업화를 위한 강한 논거를 제시하고, 비교생산비원리에 기초한 발전이라는 정통파의 낙관적인 기분에 경종을 울릴 필요가 있었다고 추측하는 것이다. 넉시가 수요부족설을 그리고 케안크로스가 공급부족설을 제창한 것은 진정으로 이상과 같은 두 사람의 저개발국 공업화에 대한 기본적 자세의 차이, 자본주의 전반적 위기에 대한 인식의 정도를 농도 짙게 반영하고 있다고 생각되는 것이며, 정말 여기에서야말로 이 논쟁의 본질이 있다고 생각되는 것이다.

(4) 외국무역의 간접적 성장파급효과를 둘러싼 논의

그러면 케안크로스의 넉시에 대한 또 하나의 비판은 넉시는 외국무역의 성장전파효과를 직접적으로 1차산품의 수요확대라는 수량적 측면에서만 파악, 외국무역이 갖는 간접적 성장전파효과는 거의 언급하지 않고, 1차산품의 수요정체라는 수량적 사실을 가지고 바로 공업화를 주창하고 있는 것으로, 이 비판은 얼핏 타당한 것같이 보인다.[32] 외국무

---

30) 木下悦二, 앞의 논문, p.21.
31) 이 점은 木下悦二의 의견에 의존한 것이 많다.
32) 더욱이 넉시의 국내시장지향 공업화는 반드시 무역을 배제한 폐쇄경제(autarky)적인 것은 아니기 때문에, 그러한 의미로 보면, 이 비판은 그 자체로서는 지적에 대한 충분한 비판이 되고 있지 않다고도 할 수가 있다.

역에 이와 같은 간접적인 성장전파효과가 있는 것을 부정하는 것은 아니기 때문이다. 그러나 문제는 넉시가 과연 이와 같은 외국무역의 간접적 이익을 의식하고 있지 않았는지 여부이다. 이 물음에 답하기 전에, 먼저 케안크로스가 언급하는 외국무역의 간접적 이익이 도대체 어떤 내용인가를 그가 의거한 하벌러의 카이로강의에 따라 보자. 하벌러는 이 강의 가운데, "무역은 가난한 나라에 이익을 주는 것인가, 실제는 가난한 나라를 다시 가난하게 하여, 부유한 나라를 다시 부유하게 작용을 한다는 취지의 신(新)마르크스이론"33)에 둔 비마르크스주의자(구체적으로는 뮤르달을 지칭한다)에 대한 비판으로서 고전학파 경제학자(특히 J. S. Mill)에 의하여 거론된 외국무역의 간접적ㆍ동태적 이익을 다음과 같이 강조하고 있다.

"만약 공업국이 발전하여 생산량과 소득이 증가하면, 원재료ㆍ식량, 여행자서비스 및 상품에 대한 수입수요가 일반적으로 증가할 것이다. 그것이 이것들을 수출하는 모든 저개발국의 이익이 되는 것은 분명하다."34)

"선진국에서는 소득이 증가하는 데 따라 저축률이 증가할 것이며, 추가자본의 일부를 저개발국지향의 투자로 돌리는 기회가 증가할 것이다."35)

"만약 선진국에서 이루어진 순수하게 과학적인 진보와 '문화적'진보를 비롯한 모든 기술상 및 의학상의 개선을 이용할 수 있었다고 한다면, 후진국은 어떻게 되어 있을까. 또는 앞으로의 발전의 기회는 무엇으로 찾아내면 좋을까. 만약 선진국이 충분하게 발전하여 유효수요를 신장하는 데 이르지 않으면, 브라질은 커피를, 말라야는 주석과 고무를, 이라크와 베네수엘라 등은 석유를 각각 어디에 판매하면 좋은 것인가. 만약 고도로 발전한 선진국이 급속하게 발전하여, 비교적 단순한 상품의 생산과 수출로부터 비교적으로 정교하고 복잡한 상품의 생산과 수출로, 즉 면제품에서 인견(人絹)과 나일론으로, 섬유제품에서 기계류, 차량, 의약품 및 기자재로, 단순한 형식에서 숙련 및 과학적 능력 등을 다시 많이 필요로 하는 고도로 인위적인 상품으로 전환하지 않으면, 인도는 그 섬유품을 어디에 판매할 수 있을 것인가. 또 다른 반공업국은 완성품을 수출하거나 혹은 수출원재료를 점차 정교 혹은 정제도를 높여 수출하고자 하여도 어떻게 하여 그것이 가능하게 될까."36)

---

33) Gottfried F. Haberler, op.cit, 앞의 논문(稅關調査月報, 第12卷第4號, p.20).
34) 위의 논문 p.34.
35) 위의 논문 p.34.
36) 위의 논문 pp.34－35.

이리하여 하벌러는 다음과 같이 언급하는 것이다. "이것들을 고려하면, 선진공업국의 이 이상의 발전은 가난한 후진국에 이익을 부여한다는 가정이 문제없이 확립되는 것같이 나는 생각한다."[37]

이것은 또 뭔가 노골적인 선진국 본위의 이론일까. 이것이 그들이 말하는 외국무역의 간접적·동태적 이익의 내용이며, 정말 이 "저개발국은 선진국의 발전에 의하여 최선의 발전을 할 수 있다"는 것이라고 한다. 선진국 이기주의의 논리 가운데에, 그들이 저개발국의 공업화를 주저하는 진정한 이유를 보는 생각을 하는 것이지만,[38] 그것은 좌우지간, 넉시가 고전학파의 이론 가운데에 그와 같은 부문이 있는 것을 알고 있었던 것은 사실이다. 오히려 그는 이것들의 간접적 이익이 때로는 마이너스영향조차 준다는 것을 알고 있었다. 그는 <후진국의 자본형성> 가운데서 다음과 같이 언급하고 있기 때문이다.

"국제경제관계에 관한 전통적 견해는 일반적으로 한 나라에 있어서 생산성과 실질소득의 높은 수준은 아마 다른 나라를 해롭게 하는 것이 아니라, 오히려 번영이 전파하는 경향이 있는 것을 암시하고 있다. 물론 한 나라의 번영이 그 이웃 나라를 이롭게 하는 길은 수많이 있다. 예를 들면 신참국은 지도국에 의하여 수행된 과학적 진보로부터 이익을 받을 수가 있다. 그렇지만 현재 논의하고 있는 특정의 효과에 관해서는 불리하다. 선진국에 있어서 높은 소득 및 소비수준은 저개발국에 있어서 자본형성의 국내적 수단을 감퇴시키는 경향이 있다는 점으로 손해가 될는지 모른다. 즉, 그것은 상대적으로 낮은 소득을 가진 여러 나라에 그 가운데의 높은 비율을 지출시키도록 하는 여분의 압력을 가한다."[39]

이것은 전시효과(demonstration effect)가 저개발국의 자본형성에 나쁜 영향을 주는 것을 지적한 문장이지만,[40] 이것에서 볼 수 있는 바와 같이, 넉시는 케안크로스와 하벌러 등이 언급하는 무역의 간접적·동태적 이익이 여러 '양 날의 칼'의 성격인 것이라는 것을 혹은 경제발전에 있어서의 객관성을 가질 수 없다는 것을 알고 있었던 것이다.[41] 때문에 넉시는 케안크로스의 비판에도 불구하고 외국무역의 발전파급효과를 1차산품의 수

---

37) 위의 논문 p.35.
38) G. M. Meier, International Trade and Economic Development, 1965.
39) R. Nurkse, Problem of Capital Formation in Underdeveloped Countriues, 1953.
40) R. Nurkse, Problem of Capital Formation in Underdeveloped Countriues, 1953. p.219.
41) 고전학파의 무역이론이 외국무역의 간접적·동태적 이익을 설명하고 있음에도 불구하고, 감히 전통적 무역이론은 성장의 추진력으로서의 외국무역의 기능을 다소 무시하고 있다고 단정한 것은 정말 이와 같은 이해에 의한 것일 것이다.

요증가라는 보다 객관적인 기준에서 구하여, 외국무역의 간접적 파급효과를 감히 경시한 것일까. 여기에 우리는 외국무역의 간접적·동태적 이익을 중시하고, "간접적인 이익이 크게 되지 않으면 아니 될 정도로, 경제발전의 수단으로서의 수출증가는 점점 중시하게 된다."라는 케안크로스와 하벌러 등의 주장과의 중대한 대립점을 보는 것이다.

그러나 그렇게 하여도, 무역이 이와 같은 간접적 성장전파효과를 갖는다는 것은 과연 1차산품 특화를 지지하는 하나의 논거가 될 수 있는 것일까. 이 점에도 중대한 의문을 느끼지 않는 것은 아니다. 이 간접적 성장전파효과에 관해서 말하면, 1차산품 특화보다 공업화 쪽이 그 작용은 보다 강력하다고 생각하기 때문이다. 예를 들면 공업화가 그 발전파급효과에서 1차산품보다 강력한 이유로서 다음의 여러 점을 들 수 있다. 그것은 ① 규모에 관한 수확체증이 기대되는 것, ② 기술진보가 급속하며, 그것이 강한 침투력을 갖는 것, ③ 자본형성률, 숙련형성률이 큰 것, ④ 전방·후방연관효과 등 여러 가지 외부경제효과가 강한 것, ⑤ 장래에 투자흡인력이 큰 것, ⑥ 사회의 가치체계를 경제성장에 유리한 방향으로 변혁할 수 있는 것 등에 있어서 투자 1단위당 많은 한계적 성장공헌도(marginal growth contribution)를 가지고 있는 것이다.[42] 이러한 관점에서 공업부문을 수출산업으로서 육성·강화하는 것을 제창하는 것이지만, 케안크로스와 하벌러 등의 주장이 얼마나 보수적인 것인가, 쉽게 이해할 수 있는 것이다.

5. 결 론

어떻던, 넉시의 수입수요부족 → 공업화라는 명제는 케안크로스 등의 비판에도 불구하고, 저개발국을 대표하는 프레비쉬=싱거 등의 장기교역조건악화론으로 계승되어, 1차산품수출정체(따라서 또 공업화의 논거)를 둘러싼 논의는 이론적 결착을 보이지 않은 대로 정책만이 선행하고, 저개발국은 공업화에로 돌입하여 갔다. 그런 의미에서는 바이너와 하벌러, 케안크로스 등 정통파의 주장은 저개발국을 둘러싼 공업화 파도의 비가역적인 추세에 대하여 패퇴한 것이라고 할 수 있다. 그러나 넉시의 주장도 완전한 승리를 거둔 것은 아니었다. 그가 주장하는 국내시장지향 공업화는 많은 저개발국에서 실패로 돌아가, 오히려 그가 어렵다고 간주한 수출지향 공업화가 많은 성공을 거두었기 때문이

---

42) 村上敦, 貿易構造, 板垣 等編, 東南アジア, ダイヤモンド社, 1970, p.345.

다. 그 원인의 하나는 그가 주장하는 균형성장이 자본주의적 방법으로 가능한지 어떤지 라는 것은 어떻던, 그가 비교적 낙관적으로 본 국제수지의 적자에 저개발국이 고민하였 던 것에 기인하고 있다. 넉시는 "만약 국제수지에 역조가 있으면, 그것은 인플레이션이 며, 결과적으로, 국내시장지향 생산이 확대한 결과는 아니다."[43]라고 하여, 수입대체공업 화가 직접적으로 국제수지의 적자를 가져오는 것은 아니라는 것을 강조한 것이지만, 현 실적으로는 "이 수입대체공업화가 이 대상상품의 수입을 삭감하는 것의, 이것을 국내생 산하는 데 원료, 중간재, 기계, 설비 등 수입급증을 초래하는 결과를 가져와, 오히려 수 입의존적 방책이라는 것이 분명하게 되었기"[44] 때문이다.

그 뒤의 공업화론의 방향은 "1차산품수출의 부진, 이것을 극복할 목적으로 개시된 수입 대체 공업화정책에 의한 국제수지 어려움의 가중, 그리고 후자에 수반하는 여러 가지 현 실적 결함[45]은 드디어 1960년대에 이르러, 새로운 공업화계획을 모색하기에 이르렀던 것 같이 생각된다. 이것은 프레비쉬에 의하여 내향적 공업화(inward-looking industrialization) 에서 외향적인 공업화(outward-looking industrialization)에로의 동향이라 명명되어, 존슨 (Harry B Johnsos)에 의하여 자급자족적인 공업화에 대신하는 선진국과 일체화한 공업화 혹은 한 나라 기반의 공업화에 대신하는 지역적 기반을 가진 공업화로서 파악된 경향이 며, 이것을 보다 단적으로 표현하면, '수입대체 공업화'에 대신하는 '수출지향 공업화'에 로의 대체이다."[46]

그러면 넉시의 수입대체공업화정책은 현대에 있어서 전적으로 의미를 상실하여 버린 것일까. "그렇지만 수입대체공업화정책은 더 이상 고려할 가치가 없는 것일까. 그렇다고 는 말할 수 없을 것이다. 국내의 공업화정책과 수출을 관련시키기 위해서는 순서는 어 떻던 한 번은 수입대체의 단계를 거칠 필요가 있다. 예를 들어 수출가공지역과 같은 보 세지역을 설치, 수출촉진을 하는 경우에도 그 지역을 외화획득을 위한 곳으로서 끝내지 않기 위해서는, 국내 산업의 기반을 서서히 확립하여 가지 않으면 아니 된다. 이와 같 이 수입대체정책이 그 나라의 산업기반의 형성과 결부하고 있는 것을 볼 때, 수입대체 자체의 필요성은 결코 현대에도 줄어들지 않는다."[47] 만약 이대로라고 하면, 그것이 자

---

43) R. Nurkse, Equiblium, p.258.
44) 村上敦, 앞의 논문, p.334.
45) Raul Prebish, Toward a New Trade Policy of Development, 1964(外務省 譯, 新しい貿易政策 を求もとめて, pp.58-60.
46) 村上敦, 앞의 눈문, pp.335-336.
47) 唐木圀和, ヌルクセの均衡成長論の現代的意義, 三田學會雜誌, 第71卷第2號, pp.198-199.

본주의적 방법으로 가능한지 어떤지라는 것도 포함하여,[48] 넉시의 수입대체공업화 혹은 균형성장론의 현대적 의의를 다시 한 번 재검토할 여지는 남아 있는 것은 아닐까.

참고문헌

1) Cairncross, A. K., Internatioal Trade and Economic Development, Kyklos, vol. x iii, Fasc.4, 1960.

2) Haberler, Gottfried F., Internatioal Trade and Economic Development, 1959.

3) Maizels, A., The Effects of International on Exports of Primary－Producing Countriues, Kyklos, vol.14, Fasc.1, 1961.

4) Meier, G. M., International Trade and Economic Development, 1965.

5) Myint, H., The Economics of the Developing Countries, 1964.

6) Nurkse, R., Patterns of Trade and Development, 1959(R. Nurkse, Equibrium and Growth in the World Economy, ed. by Gottfried F. Haberler and R. M. Stern, 1961.

7) Nurkse, R., Problem of Capital Formation in Underdeveloped Countriues, 1953.

8) Raul Prebish, Toward a New Trade Policy of Development, 1964(外務省 譯, 新しい貿易政策を求もとめて).

9) Yates, L., Forty Years of Foreign Trade, 1959.

10) 麻田四郞, 經濟發展の戰略, 巖松堂.

11) 麻田四郞, 低開發國貿易についての3つの反省, 國際經濟, 第14號.

12) 唐木圈和, ヌルクセの均衡成長論の現代的意義, 三田學會雜誌, 第71卷第2號.

13) 小島淸, 世界經濟の構造變動とその理論, 一橋論叢, 1960年 7月號.

14) 村上敦, 貿易構造, 板垣 等編, 東南アジア, ダイヤモンド社, 1970.

15) 森田桐郞, 南北問題, 日本評論社, 昭和43年.

16) 原覺天, 1次産品貿易の不利化とその問題背景, アジア經濟, 第4卷第11號.

17) 楊二克己, 後進國資本主義と國際貿易についての一考察, 國際經濟, 第14號.

---

48) 楊二克己, 後進國資本主義と國際貿易についての一考察, 國際經濟, 第14號.

제20장

세계경제와 저개발

'남북문제'를 국제사회 질서의 유지와 안정이라는 선진국의 입장이 아니라, 후진국의 입장에서 논의하는 경향이 1960년대 이후 널리 수용되는 것 같다. 이런 입장은 말할 필요도 없이 후진국경제의 자립과 발전을 가능하게 하는 여러 조건의 창출과 정비, 또 그것을 방해하고 있는 장해를 찾아내는 것을 목표로 하는 것이다. 이런 변화는 다시, 보다 깊은 사회과학의 방법론에 대한 재검토에까지 및 종래의 여러 이론이 갖고 있던 '서유럽중심관'의 편향에 대한 강한 의심이 표명되어 있다.[1] 그것은 후진국 사회의 역사와 현실을 정확하게 반영하는 것이 될 수 있다. 새로운 개념과 이론적 틀을 찾아, 끊임없는 모색이 계속되고 있지만, '저개발의 발전(the development of underdevelopment)'이라는 착상도 이 노력이 낳은 하나의 이론적 성과라고 할 수 있다.[2] 이 장의 목적은 아민(Samir Amin)의 이론을 소개·검토하는 것을 중심으로, '내부로부터의' 관점에서 후진국 경제론의 도달점과 한계를 분명히 하는 데 있다.

소위 저개발론에 공통하는 방법적 특징은 '세계자본주의론적 접근방법'[3]이라고 일컫

---

1) 마르크스주의 민족·식민지론에 있어서도 사정은 마찬가지이다. —H. B. Davis, Nationalism and Socialism, Marxst and Labor The ories of Nationalism to 1917.
2) 제3세계론적 입장의 '저개발론'의 동향에 관해서는—西川潤, 經濟發展の理論, 日本評論社, 1976, 第11·12章.
3) 原田金一郎의 명명에 의함.—原田金一郎, 第3世界研究の動向, インパクト(創刊號), 昭和54年.

어지는 것이다. 현재의 후진국에 특유한 사회경제구조는 그 내부로부터 자주적으로 탄생된 것이 아니라, 세계체제로서의 자본주의의 발전 가운데에서 필연적으로 탄생하였다는 인식이 출발점에 두어져 있다. 즉, 세계체제 한쪽 끝에서의 발전이 불가피하게, 다른 쪽 끝에서의 저개발을 가져온다고 주장하는 것이다. '중심(center)'과 '주변()periphery'이라는 이론적 틀을 바탕으로, 이 주장을 일찍이 전개한 경제학자가 싱거(H. W. Singer)라는 데에는 누구도 의심하지 않을 것이다.

투자국·피투자국 사이의 무역에 관하여 싱거는 이 무역이 각각 상이한 구성원리를 갖는 이질적인 사회를 전제로 진행하고, 그 결과, 쌍방이 받는 영향은 당연히 상이하지 않을 수 없다는 점을 바탕으로 고찰을 진행하고 있다.4) 외국투자와 무역이 피투자국에 창출하는 수출부문은 그 나라의 다른 여러 생산분야와의 사이에 유기적 연관을 갖지 않고, 그 발전은 경제 전체에 파급적 효과를 가져오는 것은 없다. 반대로 수출부문은 1차산품을 중심으로 하기 때문에, 이 부문이 생산요소를 흡수하는 것은 공업화의 기회를 뺏는 것이 되어 버린다. 더하여, 국제특화에 의하여 추출할 수 있다고 기대된 무역수지 위의 이익은 투자이득 환류와 교역조건의 악화에 의하여 소멸한다. 투자국과의 경제관계는 피투자국에 있어서 경제발전의 저해요인이 되는 데 지나지 않는다. 1950년대에 있어서 싱거의 견해에서는 이와 같이 산업구조의 왜곡화와 유기적 연관의 결여에 관해서도 언급하였지만, 결국은 1차산품의 교역조건에 최대의 역점이 두어져, 이 문제에로 집약되는 형태로 논의가 정리되고 있다. 싱거 자신이 뒤에 반성하고 있는 바와 같이, '중심'과 '주변'의 관계를 공산품과 1차산품이라는 상품의 차이에 수렴시켜, "공업화야말로 위대한 구세주"라고 생각하고 있는 것이 그 원인이었다. 그러나 뒤의 논문에서는 이 편향이 바뀌어, 당초에는 시사되었을 뿐이었던 여러 논점이 보다 선명하게 제시되어 있다.5) '중심'과 '주변'의 관계를 파악하는 데에는 여러 나라 사이 유형의 차이에 주목하는 것이 중요하게 되어, 교역조건에 관한 데이터도 상품보다 나라의 특성에 관하여 충분히 고려를 하여 검토해야 한다고 지적되어 있다. 그리고 분석의 기초에 "개개의 지리적 나라라는 단위를 넘어, 체계적, 도식적으로 그려진 세계체계"를 두는 선켈(O. Sunkel) 등의 견해에 찬성을 표시하여, 세계체계(world system) 가운데에 위치 매김된 나라들의 유형의 차이라는 인식이 보다 분명하게 되어 있다.

---

4) H. B. Singer, "The distribution of gains between investing and borrowing countries", in The Sterategy of International Development, 1975, p.48.
5) H. B. Singer, "The distribution of gains revisited" in op.cit., p.60.

후진국의 특성에 관하여 싱거는 기술의 이중구조를 고찰한 논문 가운데에서, 후진국에 있어서 고용위기의 첨예화에 주목하여, 그 이중구조를 "노동잉여라는 특징을 가진 이중구조"[6)라고 개괄하고 있다. 투자국의 '징금지역'과 '전진기지'에 지나지 않는 외국투자부문과 수출산업과 경제전체의 상호작용 가운데에서, 후진국 사회의 이중구조를 가져오는 참된 원인이 있다. 광범하게 존재하는 "가족에 의한 자가경영의 시스템"은 팽대한 인구를 포용하고는 있지만, 그것은 바로 잠재실업의 존재를 의미하는 것은 아니다. 외국투자와 수출산업이 가져오는 노동수요가 이 팽대한 인구에 자극을 주어, 직장을 찾아 이동할 수 있는 사람들을 유리시킴으로써, 대량의 노동공급을 발생시킨다. 그렇지만 이들의 분야의 기술은 그 대외의존성 때문에, 본래 자본집약도가 높고, 또 다른 부문에로의 침투력도 한정된 것에 지나지 않는다. 따라서 증가하는 인구에 의해서도 가속된 노동력증가와 근대적 분야의 흡수력의 사이에는 현저한 격차가 있으며, 노동잉여가 상태화(常態化)한다. 이 노동잉여는 잠재실업으로서 여러 가지 한계적 고용에 흡수되지만, 농촌부문에만 유폐되어 있는 것이 아니라, 도시에도 침투하여 도시적·근대적 부문에도 '자가영업의 시스템'이 번영하게 된다. 싱거는 "노동잉여를 특징으로 하는 이중구조"의 형성을 이와 같이 정리하고 있다.[7)

"1차산품의 교역조건의 동향에 관한, '싱거·프레비쉬명제'는 UNCTAD의 성립과도 결부하여, 1960년대에 있어서 남북문제의 논의에 많은 영향력을 미쳤다."[8) 그리고 그 뒤에 저개발론의 전개는 한쪽에서는 '싱거·프레비쉬명제'를 비판한 것으로, 다른 한편에서는 위에서 본 싱거의 문제제기를 계승하고 있다. 즉, 저개발의 대외적 요인에 관해서는 '중심'과 '주변'이라는 일반적인 개념으로 파악되고 있던 세계체제의 구조를 엄밀하게 규정하고, 그 내부에 작동하는 메커니즘의 특질을 분명하게 하는 방향으로 논의가 추진되었다. 또 저개발 내부요인에 관해서는 이중구조와 과잉인구로서 표면적으로는 나타나는 사회경제구조의 본질을 어떻게 파악할 것인가라는 것이 항상 문제가 되어 왔다. 그리고 이들 두 가지 요인의 상호 관련이야말로 저개발을 해명하는 위에서의 중요한 열

---

6) 저개발국에 있어서 노동잉여를 이론적으로 어떻게 파악하는가가 개발론의 주요테마의 하나였다.—R. Nurkse, Problems of Capital Formation in Underdeveloped Countries, 1953.
   W. A. Lewis, "Economic Development with Unlimited Supply of Labor Manchester School of Economic and Social Studies", vol.22, May 1954.
7) H. B. Singer, "Dualism revisited: a new approach to the prblems of te dual society in developing countries", in H. B. Singer, op.cit., p.80, passim.
8) '싱거·프레비쉬명제'에 관해서는. 앞의 제18장을 참조하라.

쇠로 보고 있다. '싱거·프레비쉬명제'에 관한 비판에 발단된 저개발론의 전개는 진정으로 이들 과제에 대하여 수미일관한 논리로 해답을 주도록 하는 것이었다고 할 수 있다.

저개발이 갖는 대외적 측면을 중시하면서, 대담한 가설을 제기한 것은 프랭크(A. G. Frank)였다. 그는 세계체제의 구조가 자본주의에 고유한 지배관계에 의하여 규정되고 있는 것을 주장하였다. 자본주의란 경제잉여(economic surplus)를 독점적으로 수탈하는 체계이며 그리고 자신을 세계적으로 확장하고자 하는 경향을 갖는 것으로 지적한 위에서, '중심'과 '주변'의 관계의 본질은 이 잉여의 수탈에 있는 것을 강조한다. 피수탈에 의하여 내부축적능력을 상실한 '주변'은 수출경제(export economy)로서 저개발을 어쩔 수 없게 하게 된다. 그러나 잉여수탈이 가져오는 분극화작용은 '주변'의 사회구조에도 침투하여, '주변' 내부에도 '중심'과 '주변'의 관계가 창출되어, 자본주의에로의 '주변'사회가 재편성되어 간다.[9]

이리하여 프랭크는 저개발의 본질이 공업화의 지연과 생산력의 열위에 있는 것이 아니라, 세계체제 가운데에서 '주변'이 불가피하게 취해지지 않을 수 없는 사회경제구조에 있는 것을 분명히 하였다. 그리고 "경제잉여의 독점적 수탈체계인 자본주의 세계체제에로의 포섭과 동질화"라는 주장을 축으로, 이 구조의 해명을 하고자 하였다. 그러나 이 체제의 내부에 작동하는 메커니즘에 관해서는 경제잉여의 독점적 수탈 및 '도시'와 '위성'에로의 분극화라는 단순한, 그 위에 명쾌한 논리밖에 준비되어 있지 않았던 것이며, 이 점에 그의 한계가 있었다.

프랭크의 세계체제의 내부에서는, '중심'은 끊임없이 '주변'으로부터의 수탈을 유지·강화함으로서만 존속·발전할 수 있는 것 같으며, 한편, '주변'에도 분극화의 침투·정착에 의하여 '중심'과 동질의 사회구조가 형성되게 되는 것이다. 그리고 세계체제는 '중심'의 '도시'를 정점으로서 '주변'의 '위성'을 저변으로 한다. 일원적인 연쇄체계라는 구조를 가짐으로써 파악되는 것이 되지 않을 수 없다. 이들 점을 비롯하여, 프랭크에게서는 여러 가지 이론적 비판이 더해졌지만, 그것은 무엇보다도 그의 사회적·경제적 여러 개념이 현저하게 엄밀함을 결여하는 것이 그 근본원인이었다. 이 프랭크의 결점을 극복하여, 여러 개념을 엄밀하게 규정한 위에, 저개발의 구조적 특질에 다가가고자 하는 것이 아민이다. 그는 사적 유물론의 기초이론으로부터 '생산양식(mode of production)', 사회구성(social formation) 등 여러 개념을 차용함으로써, 이 과제를 수행하고자 한 것이다.[10]

---

9) A. G. Frank, Capitalism and Underdevelopment In Latin America, 1967, pp.3－13.

　A. G. Frank, Dependent Accumulation and Underdevelopment, 1978, preface.

1. '주변'자본주의 사회구성 – 아민의 '저개발'의 이론

아민은 저개발을 '주변'이 취하는 사회구성의 문제로서 고찰하고자 한다.[11] 세계자본주의 체제(world capitalist system)는 결코 등질적인 존재가 아니라, 자본주의의 세계에로의 확대는 '중심'과 '주변'에 각각 독특한 사회구성을 낳는다. 아민은 이 양쪽에 '자본주의적'이라는 형용사를 부가하고 있지만, '주변'의 사회구성이 '중심'과 마찬가지로 자본주의적 생산양식에 의해 일원적으로 형성되고 있다고 생각하고 있지 않다. 자본주의의 확대에 의해 탄생되고, 그리고 그 내부에 있어서 자본주의적 생산양식이 우세한 생산양식의 자리를 차지하고 있다는 의미에서, '주변'자본주의 사회구성이라는 용어가 사용되고 있을 뿐이다. 세계체제 내에서의 이 사회구성의 차이가 발생하는 것은 '중심'에서 발전한 자본주의적 생산양식이 '주변'의 옛날부터 내려오는 사회구성으로 작동하는 것을 통해서이다. 자본주의적 생산양식에 고유의 확장력이라는 개념은, 그 위에, 그의 저개발이론의 출발점을 이루는 것이다.

세계자본주의 체제에 있어서 무역의 역할의 고찰에 있어서, 아민은 룩셈브르그(R. Luxemburg)의 문제제기를 높이 평가하여 다음과 같이 설명하고 있다.

"중심과 주변 사이의 여러 관계가 원시적 축적의 메커니즘에 기초하고 있는 것을 이해하고 있는 것은 룩셈부르그의 많은 공적이었다. 왜냐하면 문제는 자본주의적 생산양식의 내부적 작용에 특징적인 메커니즘이 아니라, 이 생산양식과 그것과는 상이한 사회구성과의 사이의 여러 관계인 것이기 때문에."

이 문제의 고찰에 있어서는 자본주의적 생산양식에 고유한 확장력의 파악이 필요하다고 한 위에서, 그는 자신의 견해를 룩셈부르그의 것과는 구별하고 있다.

아민은 이 확장력에는 두 가지 측면이 있는 것을 지적한다. 자본주의적 생산양식은,

한쪽에서, 소위 순수자본주의라는 '폐쇄된 체계' 가운데에서, 즉 자본주의적 생산양식만으로 형성된 세계에서, 내부시장을 확대하면서 발전을 이룩한다는 측면을 갖는다. 마르크스와 레닌의 표식론(表式論)은 이 발전과정에서 필연적으로 나타나는 여러 경향을 분명히 하기 위한 것이며, 실현의 이론과는 이 측면에 관한 것이다.

다른 한쪽에서, 자본주의적 생산양식은 순수체계의 외부에도 시장을 확대하여 간다.

---

10) J. H. Boeke, Economics and Economic Policy of Dual Sosieties as Exemplifed by Indonesia, 1953.
11) Samir Amin, Unequal Development, 1976.

비자본주의 사회의 해체와 변용을 낳으면서 시장을 외적으로 확대함으로써 발전을 수행한다는 측면이며, 마르크스의 원축론(原蓄論)은 이 측면에 관한 것이다. 이와 같이 아민은 내포적 발전(內包的 發展)＝실현이론, 외연적 확대(外延的擴大)＝원축론과 정식화한 위에서, 무역의 역할에 관한 고찰은 후자에 기초해야 한다고 한다. 그리고 룩셈부르그가 전자의 문제인 잉여가치의 실현을, 후자로 고찰해야 하는 무역의 역할에 관한 문제와 직접 결부시켜 논하고자 한 것을 잘못이라고 비판하고 있다.

'주변'자본주의 사회구성의 형성은 다음과 같은 틀로 파악되게 된다. '중심'에서 발전한 자본주의적 생산양식의 고유한 확장력은 전 세계에로의 자본주의적 여러 관계의 확대를 가져와, 세계자본주의 체제가 탄생된다. 이 체제 가운데에서는 '중심'과 '주변'의 사이에 자본주의에 상응하는 국제분업(특화)관계가 창출되지만, 이 불평등한 특화의 진전에 의하여 '주변'의 경제활동의 발전방향이 왜곡된다. 그 결과, '주변'에는 유기적 연관에 결여한 산업구조(사회적 분업의 조립)가 형성된다. 이와 같은 산업구조의 형성에 수반하지 않는 '주변'에 독특한 자본주의적 생산양식이 발전하지만, 그것은 자본주의에 고유한 확장력을 갖지 못하고, 그 때문에 다른 여러 생산양식을 해체하는 것은 없다. '주변'의 사회구조의 가운데에서는 자본주의적 생산양식이 점차 우세하게 되어 가지만, 예부터 내려오는 여러 생산양식도 존속하고, 그것들이 상호 의존하여 복합적인 사회구성이 형성되게 된다. 이와 같이 하여, '주변'에는 일원화의 경향을 갖지 않은 자본주의적 생산양식에 규정된 독특한 여러 생산양식의 결합형태가 성립한다. 이것이 '주변'자본주의 사회구성이다. 이 아민의 이론적 틀에서는 외적요인에 의한 '주변'의 분업구조의 왜곡과 그것을 기초로 한 독특한 유형의 자본주의의 형성에 최대의 역점을 두고 있는 것이 하나의 특징이다.

국제분업 → 분업구조의 왜곡 → 자본주의의 유형 → 사회구성의 특질이라는 '주변'자본주의 사회구성의 형성의 논리를 아민이 더욱이 포괄적인 형태로 제시하고 있는 것은 "주변자본주의 경제에로의 이행에 관한 아홉 가지 명제"이다. 이하에서는 이 아홉 가지 명제를 실마리로서 그의 주장을 보다 깊이 들어가 검토하기로 하자.

먼저, 아홉 가지 명제를 간단히 소개하여 두자.

(1) 자본주의 경제로의 이행은 현상적으로는 현물경제로부터 화폐경제로의 이행이라는 형태를 취하여 진행하지만, '주변'에서는 이 이행의 패턴이 '중심'의 그것과는 전혀 상이한, '주변'에서는 이 이행이 선진자본주의적인 여러 생산양식에 의하여 형성되고 있는 사회구성에 '중심'의 자본주의적 생산양식이 작용을 미침으로써 진행한다. 이 외적

강제력은 무역 기타를 통해서도 이루어지지만, '주변'의 수공업의 파괴와 농업의 위기라는 중대한 퇴보도 발생시키는 것이다.

(2) 이 이행과정은 또 '주변'에 있어서 불평등한 국제특화가 진행하는 과정이기도 하다. 그 결과는 '주변'의 경제활동의 발전방향으로 세 종류의 왜곡이 되어 나타난다. 먼저, 경제활동에 있어서 외향적 편향(extraversion)으로서, 수출활동은 당장은 자연적 우위성을 갖는 생산물을 보완적으로 공급하고서부터 시작한다. 또 수출활동에 주도된 국내시장은 협소하며, 공업발전은 제약되지 않을 수 없다.

(3) 다음으로, 3차부문의 비대화로 향하여 행정부문의 이상한 확장도 이것의 한 측면이지만, 그것은 국가자본주의에로의 경향을 가져온다.

(4) 다시, 경제활동 가운데 경분야(자본집약도가 낮은 분야)로 향하여, 그런데 이 분야에서 처음부터 수입된 근대적 기술이 사용된다.

(5) 투자의 승수효과가 파급하지 않는다. 이것은 내부축적에 의한 투자에도 해당되지만, 특히 외국으로부터의 투자에서는 이윤의 송금이라는 누출 때문에 보다 한층 심하다. 가속도인자의 작용도 물론 기대할 수 없다.

(6) '주변'의 세계시장에로의 통합화라는 도그마(dogma)를 타파하지 않는 한, 이 상태로부터 탈출할 수 없다. 다국적기업에 의한 수직적 통합을 통한 공업화도 이 도그마에 기초한 것이다.

(7) 저개발과 발전의 초기단계와는 전적으로 별개의 것이다. 저개발은 ① 생산성의 분포와 물가체계의 극단적인 불균등, ② 경제활동의 비접합성, ③ '중심'의 경제적 지배를 고유한 특징으로 하고 있다.

(8) 이들 특징이 강화되면 성장의 폐색(閉塞)이 발생한다. 자율구심점 그리고 자율동태적인 성장은 '중심'에 고유한 것이며, 저개발의 경로로부터 그것에로의 이전할 수는 없다.

(9) '주변'의 자본주의적 생산양식은 배타성을 갖지 않는다. '주변'사회구성은 세계체제에로의 통합화의 시기와 형태 및 그 본래의 선진자본주의 구성의 여하에 따라서 여러 가지 변종이 있다. 그것에 비하여, 젊은 '중심'사회구성은 단순상품생산의 우세함에 보다 특징적이며, 자본주의적 생산양식이 배타성을 갖는다. '주변'사회구성에 있어서 여러 생산양식의 통합은 대체로 종속적 상인자본과 농업자본이 지배하는 것이 전형적이다.

첫째 명제에서는 '중심' 자본주의적 생산양식의 고유한 확장력에 의하여 '주변'의 선진자본주의 사회구성이 '내적 발전'의 씨앗을 잘라 버리는 것이 지적되고 있다. 외국무역과 결부하여 '주변'의 국제특화가 진행하지만, 그것은 ① 한쪽에서의 수공업의 파괴와 ② 다른 쪽에서의 농업의 정체·쇠퇴를 가져온다. 선진자본주의 사회구성에 있어서 생산의 2대 기초부문인 수공업과 농업의 퇴보는 '주변'의 '내적 발전'의 기초 그 자체가 상실되는 것을 의미하고 있다. 아민은 '내적 발전'의 여러 조건에 관해서는 반드시 정리된 주장을 하고 있는 것은 아니지만, '주변'과의 대비하여 유럽에 관하여 언급한 곳에서, ① 유럽에 있어서 상품경제에로의 이행과정에는 생산력의 진보가 수반하고 있는 것, ② 산업혁명에 앞서 농업혁명이 발생한 것, ③ 농업에 있어서 노동생산성의 상승에 의하여 발생한 잉여생산물과 잉여노동력이 공업화를 위한 기초적 여러 조건이 된 것 등을 지적하고 있다. 또 제9명제에서 '중심'자본주의에로 발전을 수행할 수 있는 젊은 사회구성의 특징으로서 단순상품 생산양식의 광범위한 형성을 들고 있다. 이들 점에서 보아, '내적 발전'에 관한 그의 견해는 스미스(Adam Smith)의 발전모델로 일컬어지고 있는 것과 많은 격차가 있는 것[12]은 아니라고 생각해도 좋을 것이다.

농업생산력의 상승에 의한 잉여의 발생과 그것을 구매력으로 하는 광범한 시장의 형성. 농·공분리를 기초로 하는 사회적 분업의 전개. 공업은 넓고 깊은 대중적 소비수요를 기반으로 하면서 진전하고, 소비재부문의 확장과 설비재부문의 확립이 나란히 진행한다. 이 두 부문의 접합을 축으로 하는 '중심'적 분업구조가 형성된다. 이 과정은 동시에 농업과 수공업에서 단순상품생산이 확대하여, 그 상품생산으로서의 발전이 노동력의 일부분 해방을 통하여 자본주의적 상품생산으로의 전화를 가져오는 과정이다. 아민은 내적 발전의 경로를 대개 이와 같이 염두에 떠오르고 있는 것일 것이다.

'주변'에 있어서도 '현물경제'로부터 '화폐경제'로의 이행이 발생하지만, 그 과정은 먼저 본 경로와는 현저하게 다른 것이다. '주변'의 예부터 내려오는 사회구성이 어떠한 것이든, 농업과 수공업의 위축에 의하여 사회구성 내에서의 시장의 순조로운 확대와 단순상품 생산양식 형성의 가능성이 빼앗겨 버린다. 그것 대신에, 수출생산과 이것과 관련하는 3차부문의 비대화가 발생, 상품경제화는 왜곡된 시장구조를 수출하면서 진행하여 간다. '주변'에서는 먼저 최초로 수출부문이 시장의 창출과 확대에서 결정적 역할을 수행하는 것이다.

제2-4의 명제는 강한 외향적 편향에 의하여 '주변'에는 독특한 분업구조가 가져오는 것을 설명한 것이다.

---

12) 아담 스미스의 모델에 관해서는 內田義彦, 增補經濟學の生誕, 未來社, 1962, pp.133-144.

"수출부문의 성장이 일정한 수준에 이르면 내부시장이 탄생한다. 이 시장은 대중적 소비재보다도 오히려 사치적 소비재에 대한 수요에 편향한 것이다. 이렇게 하여, 수출부문과 사치적 소비재의 결합으로서 나타난다. 특수한 결합이 이 종속적, 주변적인 축적모델과 경제적·사회적 발전의 특징이 된다."(p.193)

대중적 구매력이 결여한 왜곡된 시장구조 아래에서, '주변'의 공업화는 진전되지 않을 수 없다. 농업과 수공업에 흡수되고 있던 증가한 인구는 그것들의 쇠퇴에 수반하여, 한계화(marginaluxation)되어 잉여노동을 발생시키는 기반이 된다. 이 노동력을 이용하여 공업화가 시작되지만, 시장구조의 왜곡의 제약 아래에서는 수출부문이 그렇지 않으면 사치재의 생산에 한정되지 않을 수 없다. 그런데 이 공업화는 외국으로부터의 투자와 결부된 수입기술에 의존하는 것이 적지 않다.

"수입품에 대체하는 상품을 생산하는 것은 있지만, 공업화가 처음부터가 아니라 마지막부터 시작한다. 바꾸어 말하면, '중심'의 가장 진보한 단계에 따르는 상품, 즉 내구소비재로부터."(p.193)

그 결과로서, '주변'에서는 수출품생산과 사치재생산의 결합(소위 '주변'적 결합)에 전형적으로 상징된다. 독특한 분업구조가 정착하는 것이 된다.

제5명제에 있어서 승수와 가속인자의 작용에 관한 언급은 '주변'의 분업구조가 유기적 연관이 결여, 그 내부에서 성장을 전파하지 않는 것을 강조하기 위해서이다. 아민은 이 점을 비접합(disarticulation)이라는 인상적인 용어로 표현하고 있다.

이상에서 본 '주변'의 분업구조가 갖는 편향성은 '주변'이 세계시장에 통합되어 있는 한, 결코 해결되지 않는 것을 설명하고 있는 것이 제6명제이다.[13] 이 분업구조의 편향성은 공업화정책만으로는 교정할 수 없다. 즉, 수입대체적 방향은 대중적 소비수요에 결여하고 있다는 시장의 협소에 의하여, 바로 한계에 부딪히게 돼 버리는 것이며, 다른 한편, 수출지향적 방향은 다국적기업 내에서의 '수직적 통합화'의 일환에 지나지 않는다. '주변'에 심심풀이로 '징검지역'을 창출할 뿐이다. 그런데 한층 나쁜 것에는 공업화정책의 전개는 적극적인 외자도입을 수반하는, 기술의존도 심화되지 않을 수 없는, '주변'의 사태의 개선으로는 연결되지 않는다.

제7명제에서는 표면적인 유사성은 있어도, 저개발과 발전의 초기단계가 전적으로 상이한 것이라는 것이 지적되고 있다. 그때까지의 제6명제를 기본으로, '주변'의 분업구조

---

13) Samir Amin, op.cit., p.203.

의 특징이 요약되어, 저개발에 있어서는 강한 외향적 편향성과 내적 연관성 결여가 존재한다고 강조되어 있다. 그리고 제8명제에서는 '주변'경제는 그 독특한 분업구조 때문에 독자적인 발전경로를 걷는 것이며, 일정한 단계에서 자연히 '중심'의 그것에로 이전하는 것은 없다고 한다. 이 구조적인 특징이 한층 강화되어 가면, 드디어 성장의 폐색(閉塞)이라는 사태에까지 이르는 것이다.

이들 여덟 가지의 명제를 전제로서, '주변'의 자본주의적 생산양식의 특질과, 그것에 의하여 규정된 '주변'사회구성의 형성을 설명하는 것이 마지막 제9의 명제이다. '중심'에 있어서 자본주의적 생산양식은 유기적 연관을 갖는 분업구조에 입각하여, 그 위에 확장력을 내장하고 있다. 따라서 다른 생산양식에 작동, 그것들을 해체하고, 자본주의적 생산양식으로 재편하여, 사회구성을 자본주의적 생산양식으로 일원화하여 간다. 그렇지만 '주변'에 있어서 자본주의적 생산양식은 비접합적 분업구조에 입각하기 때문에, 확장력을 갖지 않는다. 따라서 사회구성 내 여러 모든 생산양식과 공존하고, 다시 그것들에 의존하게 된다. '주변'사회구성은 여러 생산양식의 복합체라는 형태를 갖는 것이 된다고는 하지만, 사회구성의 내부에서는 화폐축적 → 자본투하를 통하여, 다른 여러 생산양식으로부터의 잉여가 자본주의적 생산양식으로 이전하는 현상이 나타난다. 자본주의적 생산양식은 우세한 생산양식으로서, 사회구성 내 여러 생산양식의 결합형태를 규정하게 된다.

이와 같이 하여, '주변'자본주의적 사회구성이 형성되지만, 이 사회구성에 특징적인한 현상을 아민은 한계화라고 하며, 다음과 같이 설명하고 있다.

"사회적 입장에서 보면, 이 모델(주변적 접합)은 독특한 현상, 즉 대중의 한계화로 연결된다 ─ 바꾸어 말하면, 수많은 빈곤화메커니즘으로, 그것들은 소농업생산자와 소수공업자의 프롤레타리아화, 농촌의 반(半)프롤레타리아화와 농촌공동사회에 조직된 농민의 프롤레타리아화를 수반하지 않는 빈곤화, 도시화 그리고 도시에서의 분명한 실업과 불완전취업의 대량의 증가 등이다.

'주변'사회구성 내에서는 팽대한 잠재잉여노동력이 형성되어, 그 압력은 임금을 최저한으로 고정하고, '주변'의 독특한 분업구조의 존속과 확대를 뒷받침하는 역할을 수행한다. 그리고 외국으로부터의 투자와 결부하여, 국제적 부등가교환의 원인이 됨으로써 이 구조의 왜곡을 한층 격심하게 한다. 아민의 아홉 가지 명제의 결론은 "이 모델은 스스로 그것에 기초하여 기능하는 사회적·경제적 여러 조건을 재생산한다."라고 하는 것이다.

아민의 '주변'자본주의 사회구성이라는 개념이 이상의 내용으로부터 지금은 분명하게 되었다. 그것은 밖으로부터의 '강제력'에 의한 자본주의적 생산양식의 형성과 그 지배를 특징으로 하는 사회구성이다. 이 자본주의적 생산양식은 수출생산과 사치재생산을 기초로 하여, 3차부문의 비대화를 수반하는 왜곡된 분업구조에 입각하기 때문에 내발적인 확장력도 갖지 않는다. 옛 모든 생산양식은 해체되지 않고, 그 때문에 반대로, 국내시장의 확대는 늦고, 분업구조의 근본적 전환은 어렵게 된다. 사회구성 내에서의 자본주의적 생산양식의 지배는 주민대중의 한계화 현상을 낳고, 팽대한 잉여노동력을 창출한다. 이 노동력을 기반으로 하여 왜곡된 분업구조는 존속하고, 사회구성은 반복하여 같은 구조를 취하면서 재생한다. 결국, '주변'자본주의 사회구성이라는 개념은 세계시장에로의 통합이라는 조건이 폐지되는 한, 변화하고자 하지 않는 고정적 개념으로서 구성되고 있는 것이다. 이와 같은 개념을 아민은 저개발지역의 사회경제구조의 분석에 있어서 적용하고자 한다. 저개발지역의 현실의 사회는 거기에서 탈출하고자 하지 않는 고정적인 사회로서 파악되지 않을 수 없는 것은 당연한 결과이다.[14]

아민의 '주변'자본주의 사회구성론이 갖는, 이 경직적 성격은 단지 우연한 것이 아니라, 그 '사적 유물론'의, 바꾸어 말하면, 사회인식 방법의 근본적 결함에 기초하는 것이다. 다음 절에서는 이 점에 관하여 상세히 검토하기로 한다.

2. '생산양식'과 '사회구성' - 아민의 '사적 유물론'

아민의 저개발론의 큰 특색은 저개발을 주변적 지역의 사회경제적 구조의 특질의 문제로서, 즉 '주변'자본주의 사회구성의 문제로서 파악하고 있는 것이다. 그 때문에 그는 사적유물론의 이론체계로부터 몇 가지 개념을 빌려, 자신의 논리를 보강하고 있다. 이 절에서는 그가 사용하는 기초개념의 몇 가지를 음미하여, 그 '사적 유물론'이 내포하는 사실을 분명히 하고자 한다.

'역사적 개체'로서 존재하는 한 사회(a society in realty or a society as the whole)의 특질을 구조적으로 파악하는 위에서, 아민이 사용하고 있는 것은 사회구성이라는 개념이다. 그는 사회구성이야말로 구체적이고 조직적인 구조를 가진 개념이며, 그 위에, 현실의 사회의 특질의 파악에 사용할 수 있다고 생각하고 있다.[15] 그의 사회구성에 관한

---

14) P. A. Baran and Sweezy, P. M., Monopoly Capital, 1968, penguin Books, p.22.

개념은 구성요소인 여러 생산양식의 결합에 의하여 형성되는 것이다. 즉, 각 사회구성은 각각에 독자적인 여러 생산양식의 조합으로 되며, 하나의 우세한 생산양식의 둘레에 다른 여러 생산양식이 접합하는(articulate) 구조를 갖고 있다. 여기에서 생산양식은 어디까지나 사회구성을 조립하기 위한 개념적 용구에 그치고, 현실과 대비할 수 있는 사회구성이라는 개념 가운데에서만 의미를 가질 수 있는 데 지나지 않다.

아민은 "생산양식의 개념은 추상적인 것이며, 최초의 분화한 사회구성으로부터 자본주의로까지 이르는 여러 문명사의 전 기간에 관하여 역사적인 계승순서라는 내용을 갖고 있지 않은 것이다."라고 설명하면서, 이 용어가 마르크스의 <경제학비판> 서문에서의 그것[16]과 전적으로 상이한 방법을 사용하고 있는 것을 분명히 하고 있다. 그 위에서 그는 다섯 가지 주요한 생산양식을 개념적으로 구별하고 있다. 그것들은 ① 공동체적 양식, ② 공납적 양식, ③ 노예소유적 양식, ④ 단순소상품양식, ⑤ 자본주의적 양식이며, 각각이 갖는 독자적인 계급관계 및 그것과 밀접하게 관련하는 잉여의 형태에 기초하여 상호 구별된 여러 유형이다.[17]

① 공동체적 양식은 맹아적(萌芽的)인 계급분화를 갖는 유형이다. 공동체에 의한 토지소유와 구성원에 의한 그 사용이익을 특징으로 하지만, 토지보유에 관한 불평등·계층화가 존재하고 있다. 양식 내부에서는 상품교환은 이루어지지 않고, 잉여는 상품의 형태를 취하지 않는다.

② 공납적 양식은 촌락공동사회에 착취를 위한 사회장치가 부가된 유형이다. 사회는 공동사회의 농민층과 통치계급으로 분화하고 있고, 후자는 잉여를 공납으로서 수취한다. 이 유형은 공동사회가 장악하고 있는 최고토지수용권(the dominium eminers over the soil)이 상실되어, 공동사회의 쇠퇴가 발생하고 있는 정도에 따라 여러 가지 아류형(亞流型)을 고려할 수가 있다. 봉건적 양식은 이 유형의 한 변종이며, 최고토지수용권이 통치계급의 사적영유(私的領有)에 있어서 대신된 것이다. 공납적 양식에서는 잉여의 착취가 존재하지만, 양식 내부에서의 상품교환은 이루어지지 않는다.

③ 노예소유적 양식은 예외적인 유형이며, 노예가 상품유통에 들어 있는지의 여부에 따라, 가부장적인 것과 그리스·로마적인 것으로 나누어지게 되어 있다.

④ 단순소상품양식은 자유로운 소생산의 평등과 그들 사이에서의 상품교환 조직을 특

---

15) Samir Amin, op.cit., p.16.
16) B. Hindess and Hirst, P., Mode of Production and Social Formation, 1977, pp.54－55.
17) Samir Amin, op.cit., pp.14－16.

징으로 하는 유형이다. 이 유형은 사회구성 가운데 한 영역으로서 존재하는 데 있어서도, 우세한 양식이 되는 것은 아주 드물게 된다.

⑤ 자본주의적 양식은 말할 필요도 없이 일반적인 상품교환과 자본가 대 임금노동자라는 계급관계를 내용으로 하는 유형이다.

이들 여러 양식은 각각 그 내부에 "대립하면서 통치된" 한 조의 계급을 포함 그리고 각각에 고유 잉여의 형태를 갖고 있다. 계급에 관하여 아민은 "생산에 있어서 수행하는 기능에 기초하여" 정의된다고 한 위에서, 이 기능은 생산수단의 소유관계에만 해소할 수 있는 것이 아니라, 보다 널리 잉여의 유통과정에도 관련한다고 지적하고 있다.[18] 그리고 그는 정치적·이데올로기적 기능의 수행이 잉여의 유통에 미치는 영향을 중시한다. 그 위에, 계급에는 정치적·이데올로기적 여러 관계도 포섭되어, 생산양식은 단지 경제적 측면만이 아니라, 정치적 및 이데올로기적 측면도 마련한 것으로서 개념이 구성되어 있는 것이다. 이들 여러 측면 사이의 상호 관계는 각 생산양식에 고유한 것이며, "경제적 심판이 궁극적인 분석에서는 결정적인 것은 있어도, 경제적 심판 혹은 정치적 및 이데올로기적 심판의 어느 것이 지배적인가는 각 양식에서 다르다."라는 주장에서도 이 점은 분명하다.

이상의 내용에서, 아민이 사용하고 있는 생산양식이라는 개념의 특징을 정리하면 다음과 같을 것이다. 그것은 "물질적 생활의 생산양식, 인간의 물질적 생산력의 일정한 발전단계에 대한 여러 생산관계"[19]의 총체로서, 사회의 경제적 토대를 형성한다는 종래의 개념과는 현저하게 상이한 것이다. 아민의 개념에서는 먼저 무엇보다도, 생산력의 요소가 전적으로 배제되어, 역사적 계기성(繼起性)은 미리 부정되고 있는 것이 특징이다. ① 한쪽에서 그것은 일정한 단계의 상호 의존 유형으로서, 극단적으로 추상화·형식화되어, 어디까지나 인식론 위에서의 도구에 지나지 않는 개념이 되어 있다. ② 다른 한쪽에서는 그것은 사회적 여러 측면을 마련, 미리 그 내부에 그것들의 상호 연관의 특정 방법을 갖는, 그 위에, 고유한 내적 메커니즘을 마련한 완결된 사회체계이기도 하다. 따라서 아민의 생산양식에 관한 개념은 자기완결적인 메커니즘을 갖는 사회체계 유형이며, 현실 사회의 한 영역에 꼭 그대로 적용될 수 있는 모델이라는 것이 된다.

사회구성은 그 구성요소인 여러 생산양식을 특정하고, 이어서 그것들 여러 생산양식

---

18) Ibid., p.23.
19) K. Marx, Zur Kritik der politischen Okonomie, 1849(杉本俊郎 譯, 經濟學批判, 國民文庫, 1966, p.15).

의 결합형태를 확정함으로써 개념적으로 구성된다.[20] 객관적으로 존재하는 사회는 이 개념구성의 과정을 거쳐, 각각 독자적인 구조적 특색을 갖는 사회구성으로서 관념적으로 파악되는 것이 된다. 아민은 이 "구체적인 한 사회구성의 분석"에 있어서는, 잉여에 초점을 맞추는 것이 중요하다고 생각하고 있다. 즉, 현실의 한 사회를 한 사회구성으로서 파악하는 데에는, 그 사회 내부에 있어서 잉여의 생산, 유통, 분배의 특색을 분명히 하는 것이 결정적인 의미를 갖는다고 보는 것이다.[21] 잉여의 형태는 사회구성의 요소인 생산양식의 여러 유형을 나타낸다. 또 지배적인 잉여 형태와 잉여의 유통·분배는 그것들 여러 생산양식의 결합형태를 나타내는 것이다. 이리하여 잉여의 해명을 통하여 사회구성을 개념적으로 구성하는 것이 가능하게 된다. 이 아민의 인식방법에서는 여러 생산양식의 결합형태에서 교환의 형태가 중요한 역할을 수행하는 것이 되지 않을 수 없다. 사회구성의 분석에는 "이 권위의 내부에서 잉여가 생산되는 방법, 다른 권위에로 혹은 권위로부터 실현될지도 모르는 잉여의 이전, 이 잉여의 내부에서의 분배"가 분명하게 되는 것이 불가결하게 된다. 즉, 여러 생산양식의 종류와 우세한 생활양식의 특정과 나란히, "일정한 사회가 스스로 생산한 잉여에 의존하는 범위 및 다른 사회로부터 이전된 잉여에 의지하는 범위"를 아는 것이 필요하게 된다. 잉여에 초점을 맞춘 분석은 여러 사회 사이에서의 그 이전의 문제, 특히, "독립의 여러 구성이 연결되는 방법"으로 어느 원격지무역이 갖는 상대적 중요성의 확정[22]에 역점을 두는 것이다. 아민은 특정 사회구성에서는 이 무역이 여러 생산양식의 결합형태에 많은 영향력을 갖는다고 주장하고 있다. 이리하여 사회구성은 원격지무역의 방법에 규정되면서, 조합과 결합관계가 확정하고 있는 여러 생산양식의 결합체라고 하게 된다.

현실의 한 사회에 있어서 잉여는 그 사회 내부에서의 여러 계급의 존재와 밀접하게 결부되어 있다. 아민은 잉여의 해명을 중시하는 입장이 사회구성에 관한 개념에 있어서 여러 계급관계의 확정에도 유효성을 갖는다[23]고 지적하고 있다. 사회구성은 한 무리의 여러 생산양식에 의하여 형성되고 있다. 각 생산양식은 각각 고유의 계급관계를 갖기 때문에, 사회구성은 두 가지 이상의 계급의 복잡한 조합을 갖게 된다. 잉여의 해명에 의한 분석이 이들 여러 계급의 상호 관계와 그 동향을 파악하는 위에서도 많은 역할을

---

20) Samir Amin, op.cit., p.16.
21) Ibid., p.18.
22) Ibid., p.17, pp.38−40.
23) Ibid., p.23.

수행할 수 있다고 하는 것이다.

아민은 "한 사회는 그 기초구조에 해소될 수 없다. 물질적 생활이 조직되는 방법은 특정의 정치적 및 이데올로기적 기능을 불가결하게 한다."라고 설명하고 있다. 그러나 아민의 사회구성에 관한 개념에는 이 점에 관한 논술이 거의 나타나지 않는다. 사회구성에서 중시되고 있는 것은 잉여를 둘러싼 여러 계급의 상호 관계이며, 위에서 설명한 점은 오히려 생산양식에 관한 개념의 문제로 되어 있는 것이다.

이상의 설명에 의하여, 잉여의 생산·유통·분배의 해명에 의하여 "구체적인 한 사회 구성의 분석"을 한다고 하는 아민의 주장이 갖는 내용이 분명하게 되었다. 그것은 잉여의 해명을 바탕으로, 몇 가지 사회체계(생산양식)를 선택하여, 그 가운데 우세한 것을 확정하고, 그것들 상호의 결합형태를 원격지무역이라는 외적 요인도 고려하여 결정한다. 이와 같이 하여 사회구성의 개념이 형성되어, 현실의 사회의 구조적 파악이 이루어지게 된다. 객관적 대상의 구체적 분석은 관념의 세계에서의 개념구성작업에 있어서 대신하며, 현실의 사회의 구조적 분석이 이론적 설명의 차원의 문제로 해소하여 버리는 것이다.[24] 아민은 현실의 사회를 사회구성이라는 개념에 의하여 파악하고자 한다. 그 위에, 현실의 사회의 역사적 변용은 사회구성의 이행으로서 개념화되는 것이다. 생산양식의 개념에서는 배제되어 있던 생산력의 요소가 사회구성의 개념으로 처음 취급된다.

"기술적 과정-생산력의 발전수준은 누적적이다. 그것은 사회구성이라는 틀의 내부에서 발생하고, 역사적 여러 단계를 구획하는 것을 가능하게 한다."

생산력의 요소는 사회구성에 고유한 작용으로서, 여러 생산양식의 결합형태의 변화와 생산양식 그 자체의 교대를 발생시켜, 그것을 통하여 사회구성의 이행을 가져온다. "사회구성이라는 개념은 역사적 개념"이 된다. 거기에서는 아민은 현실의 사회의 역사적 과정을 어떻게 개념화하고 있을까.

공동체적 양식이 우세한 사회구성 내에서의 생산력의 발전은 양식의 교대를 발생시킨다. 잉여의 증가, 계급분화의 완성, 착취를 위한 장치의 부가 등에 의하여 공동체적 양식은 공납적 양식으로 교대하여 간다. 사회구성도 그것에 의하여, 공동체적 양식이 우세한 것으로부터 공납적 양식이 우세한 것으로 이행한다. 관념적으로 상정된 이 이행과정은 논리적 비약이 가장 적은 것이며, 그 위에, 현실의 역사에 있어서도 더욱 보편적으로 발생하였다고 추정할 수 있는 것이다. 아민은 공납적 구성이야말로 선진자본주의적

---

24) 權寧＝神戸仁 譯, 資本論を讀む, 合同出版, 1974, B. Hindess and Hirst, P., pp.46－47.

문명사에 있어서 더욱 광범하게 존재한 사회[25]라고 주장하고 있다.

그러나 공납적 양식이 갖는 유형으로서의 다양함은 사회구성 내이며, 이 양식이 해체하거나 다른 양식과 교환하는 것을 어렵게 한다. 이 양식은 생산력의 전개를 흡수하면서 강고하게 존속할 수 있는 것으로, 공납적 사회구성은 안정적이며, 변화는 그 자체 완성화의 방향에 따라 진행하는 것이다.[26] 이리하여, 주된 발전경로에 있어서는, 생산력의 전개와 사회구성 내의 여러 사회관계의 충돌이 발생하기 어렵고, 사회구성의 이행이 일어나지 않는다. 유럽을 제외하고 대부분의 지역이 이 발전경로에서 파악할 수 있는 사회발전의 길을 걷는 것이 결국은 유럽 밖의 지역의 현재에 있어서 '후진성'의 원인(遠因)이 된 것을 아민은 시사하고 있다. 이 경로로부터 떨어져, 사회구성의 계기적(繼起的) 이행이 발생하는 것은 여러 조건의 예외적 조합이 작용할 수 있는 경우만이다. 아민은 유럽에만 적용되는 '다른 한계적인 발전경로'에 관하여 언급하고 있다.[27]

'한계적인 발전경로'는 '주변성'과 결부하고 있다. 공납적 사회구성이 일반적인 선진 자본주의적 세계의 '주변'에 미성숙한 혹은 예외적인 유형의 생산양식이 우세한 사회구성이 형성된다. 이 취약한 사회구성은 내적인 생산력의 전개와 외적인 힘(특히 원격지 무역)의 작용에 의하여, 해체하거나 이행을 수행하거나 하는 것이다. 아민은 그 가운데에서, 예외적인 여러 조건의 존재와 결부한 유일한 경우에 있어서만, ① 노예소유적 사회구성[28] → ② 봉건적 사회구성 → ③ 자본주의적 사회구성이라는 발전경로가 성립할 사회구성의 이행에 관해서도, 결국은 관념의 세계에서의 발전경로의 설정이 주된 작업이며, 현실의 과정은 어느 것인가의 경로로 나누어질 뿐이다. 그러나 주의할 가치가 있는 것이 하나 있다. 사회발전이 가능하였던 것은 단지 유럽뿐이며, 다른 세계는 태반이 주된 발전경로를 걸어, 정체적 사회가 된다고 되어 있다. 아민은 자본주의 세계체제의 등장을 기다릴 것 없이, 저개발지역은 본래 '후진성'을 갖는 것을 선언하고 있는 것이다.

그의 이론은 확실히 종래의 제3세계론적인 입장으로부터 한 발짝 앞선 것이었다. '저개발'을 '주변'의 사회경제구조의 문제로서, 그것을 내적 및 외적 요인에 충분한 고려를 하면서 분석하고자 한 것, 또 그것을 위한 사회적·경제적 여러 개념의 구성에 한층 엄밀화를 요구한 것, 이것들은 그의 주장이 갖는 훌륭한 측면이라고 할 수 있을 것이다.

---

25) Samir Amin, op.cit., p.19.
26) Ibid., p.21.
27) Ibid., p.21, p.54.
28) Ibid., p.20, p.54.

그러나 과제는 많이 남게 되었다. 문제가 되는 대상 그 자체가 갖는 복잡함에 더하여, 그의 기초개념과 인식론상의 결함[29])이 많은 제약이 되어 있다. 아민의 견해도 결국은 극복되어야 할 미숙한 이론체계의 하나에 지나지 않는 것이다.

참고문헌

1) S. Amin, Unequal Development, 1976.

2) P. A. Baran and Sweezy, P. M., Monopoly Capital, Penguin Books, 1965.

3) J. H. Boeke, Economics and Economic Policy of Dual Sosieties as Exemplifed by Indonesia, 1953.

4) _______________, Economics and Economic Policy of Dual Sosieties as Exemplifed by Indonesia, 1953.

5) A. G. Frank, Capitalism and Underdevelopment in Latin America, 1967.

6) __________, Dependent Accumulation and Underdevelopment, 1978, preface.

7) Hindess, B. and Hirst, P., Mode of Production and Social Formation, 1977.

8) W. A. Lewis, "Economic Development with Unlimited Supply of Labor", Manchester School of Economic and Social Studies, vol.22, May 1954.

9) C. Maillassoux, Femmes, Greniers et Capitaax, 1976(川田順造＝原口武彦 譯, 家族制共同體の理論, 菠摩書房, 昭和52).

10) K. Marx, Zur Kritik der politischen Okonomie, 1849(杉本俊郎 譯, 經濟學批判, 國民文庫, 1966).

11) R. Nurkse, Problems of Capital Formation in Underdeveloped Countries, 1953.

12) H. B. Singer, The Sterategy of International Development, 1975.

13) 西川潤, 經濟發展の理論, 日本評論社, 1976.

14) 原田金一郎, 第3世界硏究の動向, インパクト(創刊號), 昭和54年.

15) 權寧＝神戶仁 譯, 資本論を讀む, 合同出版, 1974.

---

29) C. Maillassoux, Femmes, Greniers et Capitaax, 1976(川田順造＝原口武彦 譯, 家族制共同體の理論, 菠摩書房, 昭和52, pp.191－195.

제21장

공정무역론의 대두

1. 서 론

오늘날 공정무역(fair trade)에 관한 문제는 국제무역의 전개과정에서 가장 광범위하게 그리고 집중적으로 논의되고 있으며 또한 쟁점으로서 관심의 대상이 되고 있다. 어느 나라를 막론하고 무역정책에서 일반적으로 문제의 대상이 되는 것은 그것이 자유무역(free trade)인가 아니면 보호무역(protection)인가라는 문제였다. 그러나 1970년대 이후 선진국 사이는 물론 선·후진국 사이 무역관계에서 심각하게 논의되는 문제는 국제무역에 있어서 그것이 공정(fair)한가 아니면 불공정(unfair)한가라는 데 관심이 집중되고 있다.[1)]

이러한 공정무역의 문제에 관한 역사적 고찰과 이론적 해명 없이 현상적으로 나타나는 무역정책의 문제만 가지고 논의를 전개하기보다는 문제의 본질적인 차원에서 공정무역을 거론하여 학문적으로 명확히 규명하는 것이 무엇보다도 선행되어야 할 주요과제라 하지 않을 수 없다. 이런 점에서 공정무역이라는 용어가 내포하고 있는 총체적인 함의(含意)를 포함하여 학문적으로 정립해 두는 것은 아주 중요한 과제라 하겠다.

1993년 12월 국제무역의 무대인 '관세 및 무역에 관한 일반협정(GATT: General

---

1) 공정무역에 관한 구체적 내용은 <이균, 국제무역의 정치경제학, 법문사, 2000년>을 참조.

Agreement of Tariffs and Trade)'의 우루과이 라운드협상 결과, 보다 자유로운 무역을 지향하는 세계무역기구(WTO: World Trade Organization))가 창설되었다. 그러나 국제무역은 그 어느 때보다도 보호무역주의가 팽배한 가운데 선진국 사이는 물론 선·후진국 사이 무역마찰은 격화의 양상을 띠고 있다.

이처럼 선진국 사이와 선·후진국 사이에 무역마찰은 왜 일어나는가. 무역마찰(trade friction)이란 그 본질을 고려해 보면 그동안 세계경제를 지배해 왔던 선진공업국이 지향해 온 자유무역주의와, 선진공업국의 지배를 받아 온 후진국이 공업화를 위해 지향하지 않을 수 없는 보호무역주의 사이의 투쟁이라고 할 수 있을 것이다.

그러므로 무역마찰은 나라 사이 경제거래에서 어느 한 나라가 불이익을 입었을 때 마찰이 발생하게 되어 있으므로 그것은 어느 의미에서 필연적이라고 할 수 있다. 천연자원과 같은 상품을 불가피하게 수입하는 경우에는 나라 사이에 문제가 일어날 가능성은 적다. 그러나 어느 한 나라가 수입과 경합하는 산업이 있는 경우 수입상품과의 경쟁에서 이겨 국내경제의 건전한 발전을 촉진하면 문제 삼을 것이 없지만, 국내산업이 외국산업과의 경쟁에서 패하여 피해를 입게 되면 결과적으로 조업중단, 도산, 실업 등 문제를 유발시켜 여러 가지 문제가 제기되지 않을 수 없다.

한 나라의 일정한 산업이 비교우위에서 비교열위로 전락한 경우에 제기되는 무역마찰을 해소하기 위하여 먼저 자국의 산업을 어떻게 재생시켜 이를 다시 비교우위로 전환시켜 해결의 실마리를 도출할 것인가라는 문제는 실제 1970년대부터 국제무역의 중심과제가 되고 있다.

사실 '공정'이라는 용어의 해석조차 분분하다. 그것은 '공생(共生)'으로, '군서(群棲)'로, '정의(正義)'로 또는 '공존(共存)'으로 해석되기도 한다. 한 예로 생물학에서 '군서' 또는 '공생'이라는 용어를 들어 보자. 생물의 세계에서는 한 쌍의 암수가 서로 돕고 생활하거나, 꿀벌과 꽃과 같이 서로 다른 종류 사이에 상부상조하면서 살아간다. 동물이 무리지어 생활하는 것은, 하나는 '이기적인 무리'이고, 다른 하나는 '상호이익'이라는 해석으로 풀이되기도 한다. 또 다른 비둘기와 매의 예를 들어 보자. 비둘기집단에 매가 침입하면 비둘기를 멸종시킨다. 매만 있는 집단은 서로 싸워 생존의 확률이 감소한다. 반대로 비둘기만의 집단은 생존의 확률이 높다. 나라를 이런 동물의 예와 비교할 때 무엇이 다른가.

국제무역의 무대에서도 지구상의 많은 나라가 국경이란 선을 분명히 긋고 있으면서도 동물 세계와 같이 한편으로는 경쟁하면서 다른 한편으로는 협력하면서 자국의 이익을 더 많이 향유하기 위해 어떤 나라는 자유무역을 또 어떤 나라는 보호무역을 무역정책으로 수립하여 시행해 왔다. 그것을 오늘날에는 국제무역은 스포츠게임처럼 공정해야 한다면서 공정무역을 외치고 있다.

동물의 세계에서도 스포츠게임에서도 각자의 행동 룰에 따라 행동하고 있음을 알 수 있다. 예를 들어 축구게임에서 선수가 '평탄한 경기장(a level playing field)'[2]에서 경기를 진행할 경우, 각 선수에게 공정한 룰과 기회를 똑같이 부여함으로써 각 선수가 결과에 승복하도록 하는 것이다. 그러나 국제무역에서 공정무역을 '평탄한 경기장'에 비유한다면 여기에는 몇 가지 문제가 제기될 수 있음을 알 수 있다. 즉

첫째, 룰 자체가 각 선수에게 동일한 기회를 부여하는가의 여부,
둘째, 각 선수의 능력이 동일한가의 여부,
셋째, 평등한 기회가 보장되고 있다 해도 결과가 충분히 납득될 수 있는가의 여부, 등의 문제가 남아 있다. 이들 세 가지 문제는 상호 연관이 있기 때문이다.

따라서 이 장이 목적으로 삼는 것은 공정무역이 국제무역의 영역에서 자유무역의 편인가 아니면 보호무역의 편인가, 그것도 아니면 그 실체는 무엇인가라는 문제를 역사적·이론적·정책적으로 검토함으로써 최소한의 학문적 틀을 제시하려는 데 있다. 그리고 이러한 틀은 나아가 다양하게 사용하고 있는 공정무역이라는 현상이 포괄하는 의미를 올바로 규정하고자 하는 것이다. 이를 구체적으로 세분하면 다음과 같다.

첫째, 공정무역론이 자유무역주의와 보호무역주의가 서로 투쟁하는 국제무역의 영역에서 언제 어떻게 대두되었는가, 다시 말해서 그 역사적 배경은 무엇인가.

둘째, 공정무역론이 국제무역론의 영역에서 이론적으로 인정되고 있는지의 여부, 만약 그것이 인정된다면 언제 누구에 의해 이론의 기초가 확립되고 계승, 발전되어 왔는가.

셋째, 공정무역이라는 용어에 관한 개념, 정의와 그 유형을 어떻게 정립할 것인가. 그리고 일반적으로 사용되고 있는 상호주의, 관리무역 등과 어떤 차이가 있는가.

넷째, 공정무역론이 정책적으로 어느 시기에 어느 나라가 가장 앞서 시행하였고 또 시행하고 있으며, 그 정책의 구체적 내용은 무엇인가.

마지막으로, 국제무역이론에서 공정무역론의 인정 여하를 불문하고 실제로 이것이 국

---

2) 볼드윈(Robert E.Baldwin)은 'a level playing field'라는 용어를 'to make foreign markets as open as U.S. market'이라는 것과 동일하게 사용하고 있다. ─Robert E. Baldwin, "U.S. Trade Policy 1945─1988: From Foreign Trade to Domestic Policy", in the Direction of Trade edited by Charles S. Pears.

제무역기구(WTO)의 영역을 지배하는 하나의 논리 또는 이념으로 그 영역을 확보, 확장해 가고 있을 때 선진국이나 후진국의 입장에서 이를 어떻게 수용할 것이며 또 적절한 정책대응이 어떻게 강구되어야 하는가.

이상이 이 장에서 고찰하고자 하는 구체적 내용이다.

실제 국제무역이라고 할 때 그 범위는 넓다. 국제무역이 취급하는 것은 상품뿐만이 아니라 자본·서비스·기술·노동 등도 포괄적으로 포함된다. 또한 국제무역은 상품과 상품의 교환, 즉 물물교환이 아니라 상품과 화폐의 교환이다. 특히 각 나라는 고유의 화폐를 가지므로 환율이라는 문제도 개입된다. 그러나 이 장의 제목이 그러하듯 별도의 언급이 없는 한, 이 장이 다루는 범위는 상품무역에만 한정할 것이다.

미국은 200여 년의 역사 가운데 1930년대에 이르기까지의 160년 동안은 보호무역주의인 고관세의 시대였다. 특히 1930년에 제정된 스무트·호레이관세법(The Smoot-Hawley Tariff Act of 1930)은 상당히 높은 관세장벽을 보다 높게 함으로써 1930년대의 무역전쟁을 일으키는 방아쇠를 당겼다. 그 뒤 1934년에 호혜통상협정법(The Reciprocal Trade Agreements Act of 1934)을 제정함으로써 미국은 보호무역주의에서 자유무역주의로 전환하려고 시도하였다. 이 법률로 미국은 관세인하정책을 채택하려 한 것이다.

그러나 전통적으로 보호무역주의 입장에 있는 의회가 이 정책에 강력히 반대하였기 때문에 일종의 타협안으로서 상호주의(reciprocity)라는 개념을 도입하였다. 이것은 미국이 관세를 인하한 경우, 상대국이 상호주의로 동등한 관세인하를 하지 않을 때는 그 나라에 대하여 관세인하를 적용하지 않는다는 것이다. 이와 같이하여 1934년 이후 미국의 무역정책은 고관세로부터 저관세로, 보호무역에서 자유무역으로 크게 전환해 갔다.

제2차세계대전 이후 국제경제 제도의 틀에 관한 설계는 전전의 반성에서 출발하여 무역자유화가 급속하게 진전하였다. 어느 의미에서는 자유무역주의들의 황금시대라고 해도 좋을 것이다. 이 시기에는 세계최대의 경제대국이었던 미국의 자유무역정책이 세계무역의 확대를 주도해 왔다.

이 시기를 약간 언급하자면 1941년 미국의 루즈벨트 대통령과 영국의 처칠 수상이 대서양 선상에서 회담하여 대서양헌장을 발표하였다. 이 헌장은 전후 세계경제의 상황에 관한 기본적 철학, 즉 자유무역주의를 분명히 하였다. 이 헌장에 따라 먼저 국제통화기금(IMF: International Monetary Fund))이 성립되고, 전후에 아바나헌장으로 국제무역기구(ITO: International trade Organization)가 조인되었다. 미국 행정부의 주도로 영국과 기타 유럽 여러 나라들을 설득하여 광범한 자유무역의 틀과 룰을 만들어 갔다. 그러나 이 아바나헌장은 내용이 지나치게 자유무역주의적이고, 의회의 권한을 지나치게 침해한다는 등 이유로 미국 의회는 이것을 비준하는 것을 거부한 것이다. 여기서 행정부는 수습책으로서 아바나헌장 가운데 관세에 관한 부분과, 당시 제네바에서 추진했던 관세인하협상의 결과를 관세양허표로서 정리, 본문에 부속시켜 '관세 및 무역에 관한 일반협정(GATT: General Agreement for Tariffs and Trade)'을 만들었다. 그렇지만 미국 의회는 이 협정조차 비준을 거부하였다. 이 때문에 유럽 여러 나라들과 기타 나라는 GATT가 조약임에 반하여, 미국에 있어서는 1993년 세계무역기구(WTO: World Trade Organization)가 창설될 때까지 그것은 조약이 아니라 행정협정에 지나지 않았다.

그렇지만 1950-60년대를 통하여 GATT는 세계무역의 기본적인 룰로서 기능하였다. 미국에 있어서도 산업의 경쟁력이 강한 시기에는 의회도 GATT의 룰에 대하여 이의를 제기하는 일도 없이, 행정부가 GATT 지향적인 무역정책을 수행하는 것을 추인하는 입장을 취해 온 것이다. 이상이 제2차 대전을 전후한 시기에 자유무역주의와 보호무역주의의 상극에 관한 개요이다.

이상과 같이 개략적인 내용을 통하여 알 수 있는 것은 자유무역이란 유토피아의 추구나 학자의 이론만으로 실현되는 것이 아니며, 더구나 아담 스미스가 주장하는 이론이 정당하기 때문에 세계가 자유무역으로 전개되는 것은 더욱 아니다. 자유무역주의가 현실세계 가운데 정착할 수 있었던 것은 자유무역을 지지하고 추진하는 정치적 권력이 존재하였기 때문이다. 독일관세동맹에는 프로이센이라는 정치권력이 존재하였고, 19세기 후반에는 영국의 정치권력이 그리고 1940년대 이후에는 미국의 정치권력을 배경으로 하여 자유무역체제가 현실화되었던 것이다.

요는 강력한 정치권력과 튼튼한 경제가 결부되어 있지 않으면 자유무역주의는 그 생명을 유지하기가 어려운 것이다. 그 좋은 예가 영국이다. 영국은 제1차 대전 후 정치권력과 경제력의 낙조가 격심하여, 그 때문에 자유무역은 급속하게 쇠퇴의 길을 걷게 된 것이다.

한편 1920년대 이후 강력한 미국의 경제가 1970년대에 접어들어 상대적으로 저하하게 된 것은 미국기업의 국제경쟁력이 약화되어 수입의존도가 높아진 데 그 원인을 찾을 수 있다. 따라서 국내산업을 보호해야 한다는 목소리가 점차 높아지게 되었다. 특히 하이테크산업을 보호하고 육성해야 한다는 입장에서 보호주의적인 정책이 많이 도입되었다. 섬유·철강·자동차·반도체 등 산업에서 구조조정이라는 명목으로 엄격한 수입제한과 수출억제를 단행하였다.

이런 관점에서 1980년대까지 미국은 여전히 세계최대·최강의 정치력과 군사력을 유지하였지만, 경제 면에서는 상대적으로 약화되어 갔다. 즉, 정치력·군사력과 경제력 사이에 갭이 발생한 것이다. 여기서 오늘의 자본주의세계, 그 가운데서도 미국에서 다시 보호무역주의가 대두하기 시작하였다고 생각할 수 있다.

이와 같은 보호주의가 만연하는 가운데 자유무역주의의 세력은 점차 약화되어 갔다. 현대의 보호주의는 여러 가지 새로운 옷을 갈아입고 있다. 상호주의나 공정무역이라는 사고방식이란 자국은 자유무역이 좋다고 생각하지만, 상대국이 자국과 동등한 정책을 채택하지 않을 경우에 대항하기 위하여 보호적인 조치를 취한다는 것이다. 이것은 진정 보호주의라는 겉옷을 걸친 자유무역 밖의 아무것도 아니다. 일종의 상호주의(reciprocity)라고 해야 할 것이다.

실제 상호의존관계(interdependence)는 오늘날 군사·외교라는 문제에서 경제라는 문제로, 특히 국제무역 면에서 두드러지게 나타나는 현상이다. 무역의 측면에서 볼 때, 당연히 각 나라는 무역균형을 먼저 논하게 된다. 주로 선진국이 수출과 수입의 균형을 유지하면서 무역량을 점점 증가시켜 경제성장을 이룩할 때에는 문제의 대상으로 삼지 않는다. 그렇지만 무역의 불균형이, 특히 무역적자가 발생할 때에는 이를 해소하기 위해 전체적(global)인 것보다 오히려 국가별·상품별 수출입을 검토하여 쌍무적으로 무역불균형을 축소 시정하려는 것이 일반화돼 버렸다. 이것을 상호주의에 의한 공정무역전략(fair tade strategy)이라고 한다.

미국은 다른 나라의 무역장벽을 감소시키도록 촉구하는 리더십을 당연히 발휘할 수 있었다. 적어도 1970년대까지 미국의 무역정책은 농산물과 의류 등의 수입제한은 있었다고 하지만, 상대국을 가리지 않고 자유무역을 일방적으로 지지하였다. 흥미 깊은 것은 미국이 개방적인 국제무역시스템을 강력하게 지지한 것은 세계경제에서 미국과 대등한 나라가 존재하지 않았고, 오늘날만큼 미국이 다른 나라와의 상호의존관계가 심화되지 않았던 시기였다.

그러나 1970년대부터 미국의 무역정책에 분열현상이 나타났다. 한쪽에서는 일련의 GATT협상과 다른 자유무역의 수단을 지원하였지만, 다른 쪽에서는 현실적으로 제한적인 무역수단에 호소하게 됨으로써 이제 다국간주의(multilateralism)에 대한 지지는 희박해지게 되었다. 무역의 문제가 발생할 때마다 '자유로운, 그러나 공정한 무역을'이라는 캐치프레이즈를 내걸었다. 이것은 다른 나라가 '불공정한' 무역을 한 경우에 무역에 대한 간섭이 보증된다는 의미를 내포하고 있다. 1980년대 무역정책은 개방적인 다국간무역시스템에 대한 확실한 지지로부터 '두 괘도 접근방법(two track approach)'으로 이행해 갔다. 이것은 GATT에 대한 지원을 특정한 나라와의 자유무역협정의 체결과 조합시킨 접근방법이다.

이 접근방법은 전적으로 상이한 의미를 갖기 때문에 비관세장벽에 관해서는 두 가지 종류를 구별하지 않으면 아니 된다. 그것은 GATT에 의한 법의 지배를 피해 이루어지는 고괘도(high track)와, 규정을 '인질'로 하여 이용하는 저괘도(low track)이다. 고괘도―예컨대 표면에 나타나거나 정치적 협상을 수반한다―란 무역상대국에 의한 수출의 자숙이라는 '정부 사이 규제'의 장벽이며, 저괘도란 상계관세・반덤핑규정이라는 'GATT편승 규제'의 제한을 말한다.[3]

무역의 제한수단은 개별 산업의 국내보호주의파의 압력에 의해 생겨난다. 나라별・분야별 문제에 관한 두 나라 사이 협상이나 국내생산자를 보호하는 수단으로서의 '관리보호무역 조치(administrated protection)'에 빈번히 호소하는 것도 이 수단에 포함된다.

여기서 미국의 무역정책이 자유무역에서 공정무역으로 서서히 이행하게 된 것은 적어도 두 가지 주요한 요소를 들 수 있다. 첫째, 국제경쟁력이 상대적으로 저하하였다는 것이고, 둘째, 1980년대 초부터 거시경제상태의 악화, 말하자면 재정적자와 국제수지적자의 누적이다. 개략적으로 말하면 세계경제에 차지하는 미국경제의 비중이 상대적으로 저하하였다는 것을 지적할 수가 있다.

국제무역은 균형되어야 한다. 어느 나라를 막론하고 무역균형이 가장 바람직하다. 그런데도 각 나라 사이 무역수지는 불균형되어 있으며, 특히 한국・미국・일본 세 나라의 무역불균형은 심화되어 있다.

이러한 무역불균형은 일본이 보호무역에 의해 무역흑자국으로 등장한 이후, 한국과 미국에 대한 무역흑자는 해를 거듭할수록 증폭되어 온 반면, 한국과 미국의 무역적자폭은 상대적으로 증폭되어 한국・미국・일본 세 나라의 무역마찰은 심각한 상황에 이르렀다.

무역마찰이라는 경제문제는 최근 정치문제로 비화하면서 무역적자국은 무역흑자국에 대해 무역불균형의 시정을 요구하는, 특히 미국이 자유무역을 신봉하면서도 자국산업의 경쟁력향상과 국제시장의 확보를 위해 무역상대국―선・후진국을 불문하고―에 공정무역에로의 이행을 촉구하면서, 만약 이들 상대국이 불공정무역으로 나아갈 경우에는 단호한 보복조치로 대응하고 나섰다.

미국은―비록 대폭적인 무역적자를 안고 있다 할지라도―1970년대 이후 세계경제를

---

3) Jagdish Bhagwati, Protectionism, The Simul Press, Inc., 1988, chart.3.

주도해야 할 리더십을 발휘해야 함에도 불구하고, 무역정책을 자국에 얼마만큼 이익을 가져올 것인가라는 근시안적이고 자기중심적인 기준을 가지고 판단하게 되었으며, '미국쇠퇴론'을 강조한 당시 클린턴의 정치적 성공으로 이러한 경향에 더욱 박차를 가해 왔다.

20세기 말 미국의 무드는 19세기 말 영국과 일맥상통하는 점이 있다. 당시 미국과 독일이 세계에서 새로운 플레이어(player)로 등장하여 '영국의 세기'에 위협을 가하기 시작하였다. 지금 눈을 돌리면 일본이 새로운 플레이어로 등장하여 '태평양의 세기'라는 막을 열고 있다. 한편 미국은 1980년대에 생활수준이 저하하여 이전의 영국과 같이 '황폐한 거인말기증상(巨人末期症狀)'에 **빠졌다**. 이러한 문제가 일어난 것은 미국이 전후 유지해 왔던 자국의 무역정책에 대한 자신감을 상실하였기 때문이라는 해석이 지배적이다.

영국이 이러한 증후군(syndrome)에 **빠졌던** 당시 주요한 무역독트린은 일방적인(unilateral) 자유무역이었지만, 다른 한편 미국과 독일은 유치산업의 보호를 위해 보호관세를 설정하였다. 그 결과, 영국에서는 그때까지 반세기에 걸쳐 적극적으로 실천해 온 일방주의를 포기해야 할지의 여부가 논의되었다. 미국에서도 똑같은 논의가 형성되고 있다. 아마 클린턴 정부의 입장이 크게 영향을 받고 있었겠지만, 미국 내에서는 다른 여러 나라가 '불공정'한 무역활동에 종사하고 있기 때문에 미국만이 무기도 갖지 않고 무역에 종사하고 있다고 간주하는 세력이 힘을 발휘하고 있다. 그 결과, 지금까지 무역에 대한 정책을 바꾸어 공격적인(aggressive) 무역정책에로의 전환을 시도해야 한다고 주장하고 있다.

19세기 영국은 다른 여러 나라가 보호주의적인 무역을 하였다고 간주하여 비대칭성을 문제로 하였지만, 이것은 20세기 말 미국의 무역장벽에 대한 사고와 똑같다. 그러나 이러한 미국 쪽 인식은 현실과는 너무나 동떨어져 있다. 그런데도 불구하고 그것이 미국의 무역정책에 영향을 미쳐, 40여 년 동안 일관해 온 노력의 선물인 전후 무역시스템 그 자체가 위협을 받지 않을 수 없는 상황에 이르렀다. 이러한 인식은 '황폐한 거인말기증상'에 수반하는 당황과 초조에 대한 반동으로, 현실을 자국의 사정에 좋도록 과장 혹은 왜곡시켜 자의적으로 해석하는 데서 오는 결과라고 봐야 할 것이다. 여기에 두 가지 예를 들어 보자.

첫째 예는 제2차 세계대전 이후 반세기 동안 미국은 무역 면에서 다른 나라와 타협하는 데 일관하여 그 담보물건은 약간밖에 없었다고 하는 사고이다. 이것은 현재 미국 의회의 지배적 사고이기도 하다. 확실히 제2차 세계대전 직후 유럽과 개발도상국과의 무역으로 말하면 이런 견해가 타당할지도 모르지만, 오히려 미국은 다각적인 협상에서 항상 균형 잡힌 타협을 하는 데 주력하여 그것을 실현시켜 왔다. 그 대표적인 예가 이미 타결을 본 우루과이라운드 협상의 결과로 창설된 WTO는 많은 점에서 미국에 상당히 유리한 내용이 포함되어 있다.

미국은 지금까지 일방주의가 아니라 실제 상호주의를 무역정책의 기본으로 일관해 왔다. 일방주의란 실제 환상에 지나지 않지만, 대외무역에 상당한 불만을 느끼고 있는 미국은 상호주의에 대한 강한 집념 때문에 다각적인 타협보다도 오히려 상대국에 일방적인 양보를 강요해야 한다는 성급한 사고를 갖기 시작하였다. 미국은 지금까지의 협상이 이기주의에 바탕을 둔 '불공정'한 것이었기 때문에 불균형이 초래되어, 그 결과 지금까지와 같은 이기주의적인 태도를 취할 여유조차 상실하였다고 그들은 보고 있다. 따라서 새로운 무역질서는 이러한 이기주의가 가져온 불균형을 시정하지 않으면 아니 된다는 것이다.

둘째 예는 1980년대 이후 일본에 이어 한국의 시장이 '폐쇄적'이라는 인식이 움직일 수 없는 관념으로서 미국인에게 널리 수용되어 있다는 것이다. 미국은 이러한 인식 아래 상대국에 수입목표나 수출자율규제에 대한 약속을 요구하면서 상대국에게 관리무역을 요구하고 있다. 그렇지만 이러한 요구가 '개방성'과 '시장에의 침투(penetrability)'를 구별한 상황에서 이루어지고 있는 것은 아니다. 일본 시장은 1980년대 초에 무역자유화 정책을 수립한 일도 있어 상품수입에 관해서는 이미 상당한 수준으로 개방되어 있다. 한편 미국의 시장으로 말하면 다른 나라에 의한 자동차 등 품목에서 알 수 있는 바와 같이 수출자율규제조치나 반덤핑조치가 많아지는 사례를 볼 때, 반드시 자유경쟁이 실현되고 있다고는 단언하기 어렵다. 그러나 일본의 상업환경이나 상관습이 의도적 혹은 무의식적으로 시장접근에 대한 장벽요인을 만들어 내고 있다는 이유만으로 시장의 투명성에 관한 문제에 매달리는 미국 쪽 불만을 해결하기가 쉽지 않은 상태에 있다.

이상의 예에서 알 수 있는 바와 같이 미국의 공격적 일방주의(aggressive unilateralism)의 채택을 외치는 소리는 나날이 증폭되고 있다. 그렇다고 해서 상대국이 여러 나라 사이 혹은 두 나라 사이 조약 위의 의무를 수행하지 않았을 경우에 보호주의적인 보복조치를 취해야 할지의 여부가 문제의 중심이 될 수는 없다. 미국 정부는 경제력을 배경으로 하여 상대국이 불공정하다든가 혹은 미국의 요구를 받아들이지 않는다고 상대국을 일방적으로 불공정 무역국으로 지정, 새로운 조건을 붙여 상대국의 무역활동을 변화시키고자 하고 있다. 오히려 이러한 미국의 자세가 문제인 것이다. 보호주의적인 보복조치는 문제의 일단에 지나지 않는다. 그런데도 미국이 이러한 위협적 수단을 취하고 있기 때문에 미국은 '법의 지배'보다도 '법의 횡포'를 지지하고 있다는 비판을 받고 있다. 실제 무역 위의 보복조치는 GATT규정은 물론 WTO협정에도 금지되어 있다.

미국 디트로이트의 3대 자동차회사는 반덤핑제소를 무기로 이용하고 있는 좋은 예가 될 것이다. 그들은 클린턴 정부가 외국의 경쟁세력에 대하여 강경한 태도로 임할 것이라고 판단하여 자신들의 목표를 실현시키기 위하여 예상한 대로 불공정무역 메커니즘을 이용하는 행동으로 나왔다. 그러나 대부분 나라가 미국이 외국의 기업을 약탈적이라든가, 정부의 지원을 받고 있어 불공정하다든가, 정부가 산업보호정책을 실시하고 있다고 해서 일방적으로 정책을 결정하게 되면, 앞으로 걷잡을 수 없는 무역전쟁으로 비화할 가능성이 높아질 것으로 보고 있다는 데 문제의 심각성이 있다.

여기에서 공정무역에 관한 역사를 검토하여 보자.

1879년대에 영국의 대외무역 부진은 영국 경제 전반이 부진하다는 것을 반영한 것이기도 하다. 당시 불경기는 여러 가지 요인에 기인된 것이라 할 수 있다.

제본스(W. S. Jevons)는 다음과 같이 기술하고 있다.[4] 즉, "대외경쟁, 음주, 과잉생산, 노동조합주의, 전쟁, 평화, 금부족, 은과잉……, 이들은 현재 산업과 신용의 비참한 붕괴를 설명하는 것으로서 기꺼이 수미일관 끊임없이 시사되는 것 중의 일부이다."라는 것이다.

한편 이에 관한 많은 문헌들이[5] 있지만, 다음의 문헌을 인용하고자 한다.

먼저 <영국무역과 대외경쟁>[6]에서 문제의식의 기조는 대략 다음과 같이 요약할 수 있다. 장래 전망은 어둡고 지금까지 향유해 온 번영과 진보는 이제 기대할 수 없다. 공업의 중심지대에서는, 이전에는 어떻든지 간에, 현재의 경제상황에 대하여 자유무역체제가 적절한지 어떤지는 의문시된다. 몇 사람이 모이면 기간산업에 관한 미증유의 쇠퇴에 관한 것이 화제가 된다. 호텔이나 열차, 회사나 상점에서 가장 먼저 귀에 들어오는 말은 아일랜드 문제가 아니라 '상호주의'라는 말이었다.

또 영국시장에서 외국노동자가 생산한 산물에 인위적으로 유리한 제도를 부여하는 데 우리들은 만족지 않는다. 당연한 원칙은 평등이어야 한다. 이익을 얻는 자는 소비자이기 때문에 그것으로 좋다고 주장하는 사람도 있다. 그러나 불평등과 불공정에 바탕을 둔 이익은 소비자에게도 바람직한 것이라고는 생각지 않는다고 여론에 민감한 정치가들은

---

4) Jevons, W. S. Investigation in Currency and Fiance, Macmillan and co., 1884.
5) ① T. H. Farrer, *Free Trade Versus Fair Trade*, Cassel & Company, 1881,
  ② "The Fallacies of Fair Trade", *Edinburgh Review*, Vol.CLIV, No.CCCXVI(Oct. 1881).
  ③ "English Trade and Foreign Competition", *Quarterly Review*, Vol.152, No.303(July 1881),
  ④ "Fair Trade and British Labour", *Quarterly Review*, Vol.152, No.303 (Oct. 1881).
6) "English Trade and Foreign Competition", *Quarterly Review*, Vol.152, No.303(July 1881).

말하고 있다. 여기서 '인위적으로 유리한 제도'란 영국이 수입하는 모든 외국공산품에 관세를 면제하는 것을 뜻한다. 약간의 예외가 있었던 것은 담배, 차, 커피, 건포도, 포도주, 람주 등 41개 품목이다. 이들 상품은 산업보호에 목적이 있었던 것이 아니라 단지 재정수입에 그 목적을 두고 있었던 것이다.

프랑스는 보·불전쟁(1870∼71년)의 패전으로 독일에 배상금을 지불하기 위해 관세를 인상하고, 그 뒤에 1881년에도 공산품은 물론 커피, 설탕 등에 대한 관세를 인상하였다.[7]

이 시기에 영국 내의 주요공업지대는 불황과 쇠퇴에 휩싸였다. 면제품의 생산지인 만체스터에서는 오랫동안 향유해 온 번영은 두말할 것도 없이 '면직물왕국의 수도'의 자리에서 물러나게 되었다. 양모제품의 주산지인 브렛포트에서는 설비가동률이 50%까지 떨어졌으며, 설상가상으로 3년분의 재고가 쌓여 있었다. 이들 제품은 유행에 크게 좌우되기 때문에 1년 이내에 시장에 내놓지 않으면 안 되는 상품이었다. 브렛포드 공장을 폐쇄하여 미국이나 유럽대륙에 공장을 신설하는 경영자도 나타났다. 철강생산지에 관해서도 사정은 마찬가지였다. 이들 지역에서는 실업노동자 수가 증가함은 물론 임금도 몇 년 전보다 20%나 하락하였다.

'상호주의' 또는 '평등주의'의 요구는 제조공업지대에서 전반적으로 일어났으며, 그들은 끝까지 이를 고집하였다. 만약 보호주의에 대한 어떤 호소가 있었다면, 그것은 그들을 위한 보호주의가 철폐된 이해관계자 자신들에게 발생한 것이다. 이런 문제가 제기된 것은 화장터도 아니고 곡물시장도 아니며, 그 존립은 자유무역에 있다고 생각하는 대도시의 작업장이며 공장이었다.[8]

이런 시기에 영국은 무제한으로 대외경쟁을 촉진하고, 다른 모든 국가는 자유로운 경쟁을 금지시킨다는 것은 영국에서 생활해야 하는 모든 국민에게 아무런 이익도 안겨 주지 않는다는 것이다.

공정무역동맹(The Fair Trade League)을 추진한 에크로이드(W. F. Ecroyd)는 다음과 같이 주장하였다. "외국과의 관계로 우리 산업이 받는 피해의 증가 및 인도와 식민지의 자원을 조속히 개발하는 데 중요성을 감안하여 가능한 한 빨리 통상협정의 제약으로부터 해방되는 것이 적절하다. 식민지로부터 수입되는 커피, 차, 코코아와 마른 과일에 대한 관세는 폐지되어야 한다. 기타 모든 외국으로부터 수입하는 같은 종류의 산물 및 소

---

7) Taussig, F. W. The History of American Customs(長谷田·安藝共 譯, 米國關稅史, 弘文堂, 昭和13).
8) 津村秀松, 「商業政策(上券)」, 寶文館, 大正4年.

맥분, 설탕에 관해서는 관세(10% 이상의)를 부과해야 한다. 외국공산품에 대해서도 관세를 부과해야 한다. 다만 이들 나라가 영국제품에 대하여 자유로운 수입을 인정한다면 영국은 관세를 바로 철폐해야 한다."[9]

이렇게 주장한 에크로이드는 선거(1881년 5월) 때, 프레스톤에서 출마하여 하원의원에 당선되었다. 또 당시의 보수당 당수인 로드 새리스버리(Lord Salisbury)는 1881년 10월 12일에 뉴캣슬에서 다음과 같은 취지의 연설을 하였다.[10] 즉,

"정부에 대하여 현재 사태에 의한 폐해를 지적하면, 정부는 바로 우리들을 정신이상자로 불러 버리든지 아니면 우리의 주장을 무마하기 위해 자유무역이라는 북을 쳐 울리든 어느 것 중의 하나이다. 그러나 다음과 같은 사실은 덮어 둘 수 없다. 결국 35년 전 자유무역의 창도자들은 우리나라가 자유무역 원리를 채택하게 되면 세계의 다른 나라들도 이 예에 따를 것이라고 주장하였을 때에 그들은 계산할 수 없는 큰 오산을 범한 것이다. 이와 같은 주장은 코브뎬(R. Cobden)과 필(Robert Peel) 두 사람이 반복하여 당시 많은 사람들에게 영향을 미친 것은 의심의 여지가 없다. 그 뒤 3분의 1 세기가 흘렀다. 우리를 둘러싸고 있는 모든 나라는 모두 자유무역에 가까워진 것이 아니라 오히려 전체적으로 점점 보호주의자가 되었다. 미국, 프랑스, 독일, 러시아 그리고 우리의 영향력이 미치는 식민지에서조차 보호주의적 감정이 고조되고, 우리 자신의 생산물이 우리 자손들의 시장에서조차 따돌려지고 있는 것이다."

"이것은 무시할 수 없는 사실이다. 우리의 예가 긴 세월이 흐르면 이들 모든 나라에 어떤 영향을 미칠 것이라고 상상하는 것은 유치한 생각이다. 우리가 철저하게 해명해야 할 것은 우리 산업의 생산물이 세계시장으로부터 따돌려지고 있는 이상한 관세장벽을 다른 모든 나라가 낮추도록 유도하는 목적에 대하여, 현재 우리는 올바른 방책을 실시하고 있는지 어떤지가 문제이다. 이런 문제 제기에 대하여 바로 다음과 같이 회답할 수 있다. 그것은 상호주의이며 보복주의이다. 그 배후에 보호주의의 그림자가 보인다! 보호주의! 보복주의! 그러나 상호주의의 원칙을 채택하지 않는 통상조약이 있단 말인가. 나는 말씀드리고 싶다. 통상조약의 원칙을 받아들인 이래, 즉 기념해야 할 1860년 이래, 그들이 어떻게 부르던 '상호주의와 보복'의 원칙은 용인되어 있다. 수입목적에 있어서 유익한 관세를 포기함으로써 외국에 많은 이익을 준다는 것은 의심의 여지가 없다. 왜 이 대가를 요구하지 않는가. 왜 외국에 부여한 것에 상당하는 이익을 우리나라의 산업을 위해 획득하지 않는가."

---

9) T. H. Farrer, Fair Trade Versus Fair Trade, Cassel & co, 1881, 2nd ed., pp.6~7.
10) Ibid, pp.86−87.

상호주의자들은 다시 위대한 경제학자인 스미스(Adam Smith)와 밀(J. S. Mill)을 거론하면서 당시 자유무역론자의 편협함을 비웃고 있었다. 즉, 스미스는 "이런 종류의 보복은 불평의 불씨가 되고 있는 고율관세 또는 수입금지가 이 때문에 폐지된다면 좋은 정책이 될지도 모른다."[11]라고 하였다. 밀도 "상호주의는 보호관세를 문제로 삼는 경우에는 전혀 중요하지 않지만, 비보호관세의 폐지를 문제로 삼는 경우에는 아주 중요하다는 것은 명백하다. 생각건대 한 나라는 다른 나라가 과세권을 포기하지 않는 한, 다른 나라에 과세할 권리를 포기해서는 아니 된다."[12]라고 하지 않았는가.

"당시 자유무역론자는 자유무역 일변도였지만, 이것은 그들이 현상의 인식력이 부족하고 시야가 좁기 때문이며 위대한 경제학자 스미스와 밀을 더욱 공부하여 처음부터 다시 시작하는 것이 좋았을 것이다."[13]

이와 같은 논쟁이야 어떻든지 간에 당시 노동자도, 제조업자도 보호주의 아래에 있는 미국은 진보하고 그리고 자유무역 아래에 있는 영국은 쇠퇴하고 있다는 것을 알고 있었다. 또한 그들이 생산한 제품이 외국의 항구에서 버림받고 있지만, 외국인이 생산한 제품은 영국에 자유로이 수입되고 있다는 것을 알고 있었다. 그들은 이것을 불공정이라고 하였다. 그들의 뇌리에 이런 사고가 박히면 그 사고가 바뀌는 것이 아니었다. 즉, '눈에는 눈을, 이에는 이를(tit for tat).' 값싼 외국제품이 구입될 수 없게 되면 단기적으로는 희생을 치르지 않으면 아니 된다. 그러나 장기적으로는 확실히 이익을 얻을 수가 있다. 이와 같은 장기적 이익을 놓칠 때에 자유무역 학설의 우를 범하게 되는 것이다. 경제학의 정책문제이다. 그것은 도덕과는 다르다. 도덕은 결과가 좋다고 해서 나쁜 짓을 해도 좋다고 할 수 없지만, 경제학은 도덕과는 다르다. 외국과의 경쟁은 점점 어려워질 것이다. 영국 제조업이 세계시장을 독점한다는 것은 이제는 어려운 문제이다. 영국 밖에서는 생산되지 않았던 제품을 이제 다른 나라에서도 쉽게 저렴하게 생산할 수 있게 되었다. 다른 모든 나라는 이전과 같이 영국 제품을 필요로 하지 않는다. 산업의 전환(shifting of industries)을 부르짖는 식자도 있을 것이다. 그러나 이와 같은 전환은 이전과 같이 영국 내에서의 전환이 아니라 현재의 상황에서는 영국으로부터 다른 나라에로의 전환을 뜻한다.[14] 사태는 심각하였다. 런던의 경제학자, 평론가, 저널리스트들은 런던의 상업활

---

11) Adam Smith, *An Inquiry into the Nature and Causes of the Wealth of Nations*, 1776, (Charles E. Tuttle Co. 1981).
12) J. S. Mill, Principles of Political Economy, (George Routledge and Sons, ltd., 1891).
13) "Fair Trade and British Labor", Quiterly Review(vol.152, no.303), Oct 1881, pp.581-582.
14) Ibid, p.584.

동만을 관찰하고, 또 통계숫자만으로 사태를 판단하여 안락의자에 깊숙이 파묻혀 "경제는 잘 돌아 가고 있다."라고 낙관하고 있었다. 그러나 런던으로부터 50마일도 떨어져 있지 않은 사방팔방의 지역에서는 실업자도 많고 도산도 많았다. 그들은 직업을 찾고 있는데, 이에 반하여 식자들은 통계숫자를 제시하는 일뿐이었다. 상업활동에서 어떤 고정된 법칙은 존재하지 않는다. 현재의 불황을 구제하는 데는 적대관세에 대한 보복, 상호주의 밖에는 있을 수 없다는 것이었다. 자유무역정책은 그 당시의 경제상황에는 더 이상 적절하다고는 말할 수 없는 상태였다. 공업노동자는 농업노동자와 같이 순종치 않으며 쉽게 단결될 수 있다는 것도 인식해야 한다는 것이다.

1846년에 영구히 침묵시켰던 자유무역에 관한 논의가 다시 되살아난 듯하였다. 그것을 어떤 때는 보복이라는, 어떤 때는 아주 감미로운 반향을 불러일으키는 상호주의라는 또는 가장 도덕적 가치를 지닌 듯한 공정무역이라고도 하였다. 어떻든 그것은 보호주의 밖에는 아무것도 아니었다.

이와 같은 관점에서 자유무역주의자들의 반론이 개시되었으며 이에 대한 최대의 논객은 패러(T. H. Farrer)였다. 패러는 상호주의자의 견해를 다음과 같이 규정하고 있다.

> "영국노동자는 자유무역 때문에 비참한 상황에서 보호주의에로의 회귀를 해야 한다고 절규, 특수계급의 편견과 이기주의에 대한 호소, 누가 보더라도 틀렸다는 것을 알고 있는 나라 파멸의 진술, 내가 기억하고 있는 역사적 사실에 관한 잘못 기술, 비스마르크와 씨어스의 탁월한 견해의 암시, 만약 필이나 코브덴의 입장에 핏트나 허스킷슨이 있었다면 채택했으리라는 대제국 정책의 상상, 세계주의의 공격과 제국주의의 찬미, 저자 말의 난폭함과 동일하게 그 무지의 경향이 명백한 경제학에 대한 매도, 급진파 학자 또는 코브덴 크럽에 대한 매도연설－이들 모든 것에 관해 오직 깊은 슬픔을 느낄 뿐 아무런 대답도 할 기분이 나지 않는다."15)

패러는 상호주의를 여러 측면에서 비판하면서 자유무역정책의 옹호·우위성을 적극적으로 전개하였다. 그에 의하면 상호주의자(공정무역론자)의 견해에 대한 배후에는 다음과 같은 세 가지 기본적인 가정이 있다고 한다. 즉,

　첫째, 영국산업은 항구적인 정체에서 계속 파멸되고 있다는 것,
　둘째, 수입이 수출을 초과하고 있다는 것이 무엇보다도 그 증거라는 것,

---

15) Ibid, p.584.

셋째, 영국은 세계시장에서 제조업자로서의 지위를 계속 상실해 간다는 것 등이다.

그러나 이들 가정은 어떤 사실에 의하여 지지를 받는 것은 아니었다. "국민적 번영의 통상적인 테스트-무역·선박·소득세·은행·빈민·범죄·음양·사치품의 일반소비 등에 관한 통계-를 보게 되면 전체로서 나라의 진보는 의심의 여지없이 위대하고 계속적이라는 것, 또 최근의 불황 및 변동은 어느 시기에도 일어났던 것과 같은 것으로 특수한 원인으로 쉽게 설명할 수 있는 것이며 또 다른 많은 논자에 의하여 이미 지적되었다."16)라고 패러는 설명하고 있다.

패러는 "통계숫자로 진실을 말하라."라는 자세로 가능한 한 1840년까지 거슬러 올라가 영국의 경제상태에 관련된 각종 통계수치를 부록에 수록하고 다음과 같이 결론을 맺고 있다. 이들 통계는 "확실히 다음과 같은 일반적 결론을 도출한다. 즉, 우리나라 산업은 쇠퇴해 있지 않다. 그 상황은 악화된 것이 아니다. 그래서 영국은 파멸의 상황에 있는 것이 아니다."17)

패러의 설명이 긍정적이 아니라 부정적인 표현이라는 데 주목하고 싶다. 이미 살펴본 바와 같이 영국의 수출액이 1872년 이래 감소하였다는 것은 통계에서도 밝혀져 이것을 인정하지 않을 수 없다. 그래서 이것이 실질적인 불황의 징조이며 결과라는 것도 인정해야 할 것이다.

그러나 패러에 의하면 "그것 자체는 우리나라 제조업에 대한 시장이 항구적으로 상실되었기 때문에 이렇게 되었다는 것이 증명되지 않는 한 어떤 문제의 본질과 관련이 있는 것이 아니다."18)라는 것이다. 실제 1872년과 1873년의 번영은 이상할 정도로 과장되어 있다. 왜냐하면 이 2년 동안은 물가고등의 시기였기 때문이다. 예를 들면 1873년의 수출가격을 100이라고 하면 1883년은 72이며 실질수출량은 1880년이 최고였다. 이래서 1872년 전후의 번영은 외관상에 불과하다. 단지 이때에 수출액과 수입액의 감소원인이 상품이 아니라 금의 가치가 등귀하였다는 데 있다. 이와 같은 상황은 대상인에 있어서는 불리하다. 왜냐하면 이전의 차입금을 상환하는 데 있어서는 그 상환액은 실질적으로 높게 되고 또 그 차입금으로 구입한 상품의 화폐가치는 감소하기 때문이다. 한편으로 대외무역 환경 자체의 변화도 고려하지 않으면 아니 된다.

---

16) T. H. Farrer, op.cit., pp.1 -2.
17) Ibid, p.8.
18) Ibid,. p.9.

"현재의 시장상황은 전보(電報)로 어디든지 바로 타전할 수 있고 수송기간도 증기선으로 단축되었다."19) 따라서 옛날부터 전통적인 상인의 활동무대가 좁아졌다.

"이 두 가지 원인, 즉 금의 등귀와 무역방법의 변화는 동일계급에 영향을 미친다. 이들 계급은 그들의 불황감을 나타내는 데 영향력이 있다. 이들 계급이 피해를 받는다는 것은 가슴 아픈 일이다. 그러나 이들 계급의 손실은 다른 계급의 이익이며, 이들 계급이 전체로서 한 나라의 부와 번영의 실질적인 감소를 구성한다는 것은 잘못된 생각일 것이다."20)

상호주의자들의 견해에 의하면 영국은 공산품에 대한 독점력을 가져야 하며, 영국이 생산하는 어떤 품목이라도 그것이 해외에서 생산되도록 하는 것은 영국의 입장에서 위협이라는 것이다. 그러나 이처럼 바보스러운 견해는 없다.

"신은 우리에게 천부재능의 독점을 위해 아무것도 주지 않았다. 자유무역 학설의 가장 본질적인 것은 각 나라가 최상으로 할 수 있는 것을 수행한다는 것이다. …… 우리는 금속제품이나 섬유제품 분야에서는 제1위였고, 여전히 일반적인 기계적 숙련에 있어서도 제1위이다. 그러나 아마 다른 나라들은 전통적인 공산품과 조제품 생산에서 점차 우리와 근접하는 데 성공하게 될 것이다. 또 아마 우리는 과학제품이라는 가장 새로운 제품을 발명하여 세계에 계속 공급하게 될 것이다. 실제로 그렇게 하고 있는 것이다." 예를 들면 비스켓, 의약품, 화학제품, 그림도구, 악기, 전보관련제품 등의 생산과 수출이 크게 신장되었다. 상호주의자는 미국이 보호주의 아래에서 현저히 발전하고 있다고 주장하였다. 그러나 이것은 전적으로 오해라 하지 않을 수 없다.

당시 미국이 세계에서 가장 번영하고 있는 나라 가운데 하나라는 것은 틀림없는 사실이다. 그렇지만 그 원인은, ① 비옥하고 기후가 좋고 넓은 국토, ② 세계에서 가장 근면하고 활력이 넘치는 5,000만의 인구, ③ 미국 내의 교통망의 정비, ④ 미국 내에서의 완전한 자유거래, ⑤ 식량을 필요로 하는 구대륙의 존재 등이다.

보호무역정책이 미국의 번영에 관한 원인은 아니다. 미국은 보호하고 있지 않은 생산물을 세계에 공급하고 보호를 받고 있는 산업에서는 세계적인 경쟁에 견디어 내지 못한다. 이것은 올바른 자유가 보호보다 훌륭하다는 증거이다. 미국으로부터 배워야 할 교훈은 자연적 우위의 자유로운 발전과 자연적 생산물의 자유로운 교환이 상업 위의 번영의 원천이라고 하는 자유무역의 교훈인 것이다.21)

---

19) Ibid,. p.133.
20) Ibid,. p.137.

"보호주의의 강력함은 집중된 보호에 의한 이익관계자의 세력에 있다. 그들의 특권을 지키기 위해 그들은 돈을 뿌리고 시간을 들여 노력을 아끼지 않는다. 그들은 왕권의 배후에서 음모를 꾸민다. 그들은 의회공작에 분주하다. 그들은 협상 실패에 의한 대중의 공분을 교묘히 이용한다. …… 일부의 이기주의적인 이해관계자가 군중을 오해시켜 단지 공정무역만이 아니라 모든 특정의 이해관계자에 대한 절대적인 보호를 찾는 질투심에 가득 찬 광분하는 운동을 전개한다는 것이 이 나라에 있어서조차 얼마나 빨리 또 얼마나 쉬운가는 프레스톤 등 지역에서 최근의 불평불만이 입증하고 있다."[22]

몇달 전에 개최된 노동조합회의에서 공정무역동맹이 어떻게 지원받고 있는가가 폭로되었다. "회의에 출석한 대표단은 노동단체에서 파견된 것이 아니다. 그들의 열차요금은 입체되었다. 그들은 일당과 식대로서 15씰링을 받았다."라고 합동기술자조합의 바네트 씨는 말하면서 또 "런던의 무료여행과 교환으로 공정무역동맹 또는 어떤 다른 단체에 자기를 팔고 싶은 사람은 그렇게 하는 것이 좋다. 그러나 동료의 조합원 이름을 도용, 그들의 의견을 대표하고 있다는 것을 공언함으로써 동료조합원을 매도할 권리는 없다."[23]라고 하였다. 이와 같이 폭로한 뒤 설탕보조금 선동으로 주도적인 역할을 한 대표자를 포함한 몇몇 대표가 비판받고 추방되었다.

<그림 21-1>과 같이 영국의 대외무역은 입초이며 또 그것은 증가하는 경향이었다. 상호주의자에 의하면 이것은 영국 국민의 빈민화를 뜻하는 것이었다. 그러나 자유무역주의자의 입장은 전혀 달랐다. 수입이란 영국이 원하는 것을 해외로부터 획득하는 행위이며 수출은 그것을 획득하기 위한 지출(수단)이다. 따라서 수입이 수출을 초과한다는 것은 보다 적은 지출로 보다 많이 원하는 것을 획득하는 것을 뜻하므로 영국은 이익을 얻는다는 것이다.

"보통 소매상인의 경우를 생각해 보자. 먼저 유의해야 할 것은 거리에서 소매상인이 거래하는 것과 큰 나라 사이의 무역에는 거래량의 차이를 별도로 하면 아무런 차이도 없다는 점이다. 소매상인이 예를 들면 1,000파운드에 상당하는 상품의 스톡크를 전부 매각하여 만약 장사를 계속한다면 별도의 스톡크를 구매하던가 또는 폐점한다면 그 대금을 수취하게 될 것이다.

대금이 많으면 많을수록 또 초기 스톡크보다 많은 스톡크를 구매할 수 있는 정도로

---

21) Ibid,. p.127.
22) Ibid,. pp.1119-200.
23) The Fallacies of Fair Trade, Edinbugh Review vol.CLIV, No.cccxvi, OCT.1881, p.593.

그의 장사는 보다 순조롭게 보다 많은 이익이 있다는 것은 명백하다. 처음의 스톡크와
교환으로 그가 1,000파운드 이상의 새로운 스톡크를 획득할 수 있다면 또는 1,000파운드

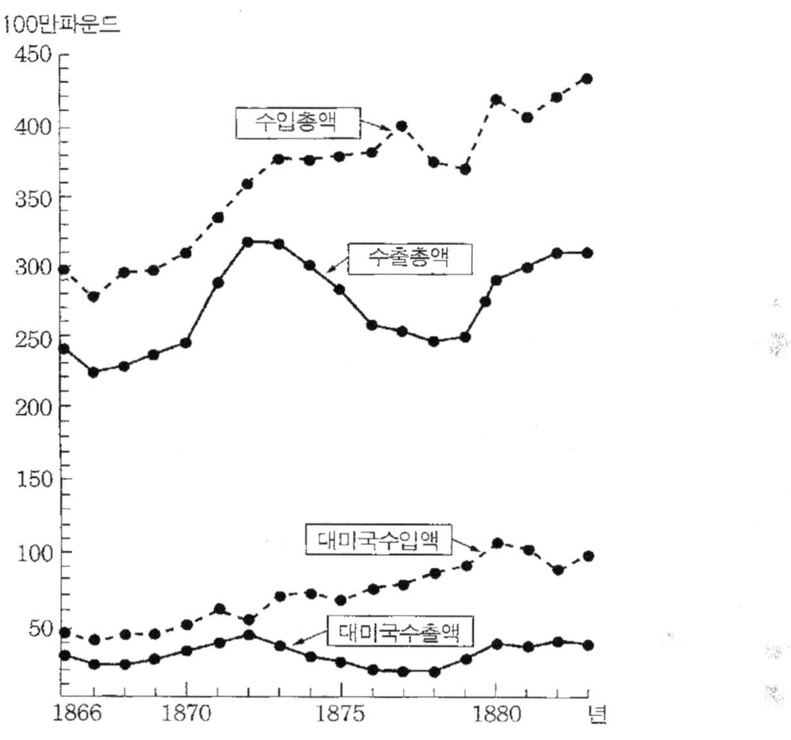

〈그림 21-1〉 영국의 무역

이상의 대금을 손에 넣을 수 있다면 그는 이윤을 올리게 된 것이다. 그러므로 소매상인
의 경우 첫 스톡크의 갱신은 한 나라의 수입의 경우와 같다. 따라서 이 경우에서 알 수
있는 바와 같이 수입이 수출을 초과하지 않는한, 무역은 이윤을 올릴 수가 없다."24)

　그러므로 포드 새리스버리는 1843-44년 당시에 코브덴이나 필이 보편적 무역을 신
봉하고 있다고 기술하고 있지만 이것은 심한 과장이었다.

　"외국이 부과하는 관세는 하나의 장해다. 이에 관해서는 여러분은 어떻게 할 수도 없
다. 여러분이 부과하는 높은 관세도 또 하나의 장해이지만 전혀 별개의 것이다. 이것에
관해서는 여러분의 힘이 미칠 수 있다. 여러분이 미칠 수 있는 힘의 범위 내에 있는 장

---

24) Ibid,. p.576.

해를 제거하라. 여러분이 미칠 수 있는 힘의 범위 밖에 있는 장해를 제거할 것을 기다
릴 필요가 없다. 전부는 획득할 수 없지만 그러나 얼마만큼은 획득될 수 있다. 반 근의
빵은 아무것도 없는 것보다 낫다.”25)

요는 상호주의자들은 경제를 전체적으로 파악할 수 없기 때문에, 지역적이고 국부적
인 불황을 마치 전체적인 것처럼 과장하여 부주의하거나 무지한 독자와 청중을 잘못 유
인하고 있다는 것이다.

“자유무역의 확고한 입장은 현대경제가 확대되고 복잡해져 불투명하게 되어 있다. 그
러나 그것은 극단적으로 단순한 진리이다. 즉, 첫째, 모든 사람은 무엇을 매매하고 싶은
가를－그들을 위해 정부가 알 수 있는 것보다도－잘 알고 있다. 만약 그들이 그들의 선
택에 따라서 자유로 매매될 수 있게 되면 그는 가장 유리하게 매매할 것이다. 둘째, 구
매자는 동시에 매도자이기도 하다. 그의 구매는 실제 교환에 지나지 않는다. 그가 구매
하는 상품에 대하여 지불하는 화폐는 매도자에게 줄 수 있었던 다른 상품에 대한 주문
에 지나지 않는다. 셋째, 같은 거리, 같은 마을, 같은 나라 주민 사이의 거래에 관해서
는 위에서 말한 진리를 의심할 사람은 한 명도 없다. 이 진리는 서로 다른 나라 주민
사이에 있어서도 역시 타당하다.”26)라는 것이다.

이상에서 다소 길게 소개한 상호주의자와 자유무역주의자의 견해를 요약해 보자.

상호주의자들은 1870년대 영국경제는, 특히 수출의 감소와 수입의 증가에서 볼 수 있
는 바와 같이, 불황상태에 있고 실제로 공업중심지역은 심각한 타격을 받고 있었다. 그
기본적인 원인은 다른 모든 나라의 보호주의·시장 폐쇄성과 영국의 자유무역정책에 있
었다고 한다. 이러한 경제적 정체 내지 붕괴로부터 벗어나기 위해서는 영국도 외국 제
품에 대하여 관세를 부과해야 하며 또 외국이 영국 제품에 대한 관세를 철폐한다면 영
국의 관세도 바로 철폐해야 한다는 것이다.

앞에서 언급한 바와 같이 상호 보호무역 또는 상호 자유무역의 어느 한쪽이 되지 않
으면 아니 된다. 일방적인 보호무역이나 일방적인 자유무역은 불공정이다. 이것이 바로
상호주의라 할 수 있는 원인이다.

그러나 자유무역주의자들에 의하면, 1870년대 영국경제는 확실히 경기의 후퇴기에 있
었지만, 그것은 자연계의 조류와 같이 일시적인 현상이지 항구적인 것은 아니라는 것이
다. 여러 가지 통계지표를 전체적으로 판단한다면 영국산업은 쇠퇴해 있지 않으며 악화

---

25) T. H. Farrer, op.cit., p.92.
26) Ibid,. p.210.

되지도 않았다. 더구나 파멸적인 방향으로 가고 있는 것도 아니었다. 만약 영국이 보호무역정책을 채택하고 있었다면 사태는 더욱 심각하게 되었을 것이다.

상호주의자들은 특정 불황지역이나 산업을 들어 "나무를 보고 숲을 보지 않는" 격이다. 경제의 진보와 함께 보다 능률적인 산업으로 전환해 가는 것이 도리이며 이와 같은 산업전환을 저지하는 것은 진보를 저지하는 것이다. 무역의 이익은 수입에 있다는 것을 인정해야 한다. 영국에 의한 일방적인 자유무역정책은 견지되지 않으면 아니 된다. 또 다른 모든 나라의 번영을 질투할 것이 아니라 이를 환영해야 할 일이다. 고객이 부자가 되면 상점도 번창한다. 자유무역주의자는 또한 코스모폴리탄이기도 하기 때문이다. 공정무역을 국제무역사 가운데 어떻게 위치 매김해야 하는가. 공정무역은 자유무역과 대비되는 보호무역에 가깝지만, 과거의 보호주의와는 분명히 다르다. <표 21-1>에서 알 수 있는 바와 같이 역사를 거슬러 올라가 볼 때, 18세기 영국은 산업혁명에 의해 선발공업국으로 부상하여 세계의 패권국이 되었다. 즉, 팍스 브리테니카(pax britannica)이다.

영국은 스미스(Adam Smith: 1723-1790)에 의해 탄생된 자유무역론의 깃발을 더 높인 데 반하여, 당시 후발국이었던 독일이나 미국은 공업화를 추진하기 위해 유치산업의 보호·육성을 도모할 수밖에 없었다. 그 때문에 이들 나라는 자유무역정책을 채택한 영국과 정면으로 대립하였다. 영국의 아담 스미스 등이 비교우위의 원칙에 기초하여 국제분업과 자유무역을 주창한 데 반하여, 미국의 공업장려론자인 해밀턴(Alexander Hamilton: 1757-1804)이나, 독일의 유치경제보호론자인 리스트(Friedrich List: 1789-1846)와 슈몰러(Gustav von Schumoller: 1838-1917)는 보호무역에 의해 공업화를 추진하도록 주장하였다.[27] 말하자면 자유무역은 선발국인 '강자의 논리'이며, 보호무역은 후발국인 '약자의 논리'라 할 수 있다.

---

27) 이균, 관세이론, 법경사, 1993, 제4장제2절을 참조.

〈표 21-2〉 구미 여러 나라의 무역정책의 약사

시기 \ 국별	미 국	영 국	독 일 등
① 영국중상주의 (15C 말 – 18C 중반)	〈보호주의〉 •18C말: 영국제품 수입금지 •1776: 독립전쟁	〈중상주의〉 •1651: 크롬웰 항해법 •17C후반: 영난전쟁 •17C말–18C중반: 영불 전쟁 이상으로 패권을 잡다 •18C: 미국 식민지억압	
② 과도기 (18C 말 – 19C 초)	•1791: 해밀턴의 「제조업에 관한 보고」로 보호주의 주장 •1812–1814: 영·미전쟁 •1816–1828: 관세법 세율 강화	•1776: 아담 스미스의 「국부론」에서 자유무역 주장 •1815: 곡물법	〈관세동맹〉 •1815: 빈회의(나폴레옹 후) •1818: 프러시아 관세율(유럽 최초) •1834: 독일 관세동맹 •1841: 리스트의 「경제학의 국민적 체계」로 보호관세 주장
③ 자유무역의 확대 (19C 중반 – 19C 후반)	〈보호완화로부터 자유무역으로〉 •1833: 타협관세법 •1846: 워커관세법(저율관세)	〈자유무역주의〉 •19C전반: 기술자 이주, 기계수출 해금 •1846: 곡물법 폐지, 관세 폐지	〈보호완화로부터 자유무역으로〉 •1860: 영·불 통상조약 •1862: 불·프러시아 통상조약 •1865: 영·프러시아 통상조약 •1871: 통일독일, 관세폐지
④ 보호주의의 대두 (19C 말 – 20C 초)	〈보호관세 강화〉 •1861–65: 남북전쟁 •1873–75: 공황 •1875: 관세강화 •1890: 맥킨레이관세(평균 관세율 49.5%) •1897: 딩그레이관세(평균 관세율 57%) •19C 말: 2국간 상호관세 인하협정	〈보호주의의 압력의 고조〉 •1890: 「Made in Germany」간행 •1896: 의회의 독일상품 비난, 전국 공정무역동맹 결성 •1903: Joseph Chamberlin 관세개혁운동	〈보호주의로〉 •1873–75: 공황 •1878: 비스마르크 보호관세 •19C 말: 양국 간 관세인하 협정 •1892: 프랑스, 메리누관세
⑤ 보호무역·블록화의 진행 (20C 전반)	〈보호주의의 극치〉 •19C말: 하와이 병합, 필리핀·푸에르토리코 취득 •19C말–20C초: 산업집중화, 반트러스트 운동 •1913: 언더우드관세(저율관세) •1929: 공황 •1930: 스무트·호레이관세 (평균세율 59%) •1934: 통상협정법(상호관세 인하)	〈제국주의, 보호주의, 블록화〉 •19C 말: 식민지를 급격히 확대 •20C 초: 산업의 집중화 •1932: 보호관세로 전환(수입세법), 제국특혜관세, Sterling Bloc.	〈카르텔화〉 •19C말: 카르텔화 촉진 •1900: 275개의 카르텔이 존재 •1910: 약 100개의 국제카르텔에 가맹
⑥ GATT 자유무역체제 (20C 후반)			

〈자유무역체제〉

- •1947: GATT 조인   •1948: OEEC 결성(마샬플랜 수용)
- •1972: EC 가맹   •1957: EC 로마조약
- •1986: GATT우루과이라운드 개시   •1987: EC 시장통합 합의
- •1988: 포괄통상법   〈관리무역의 대두〉
- •1989: 수퍼301조 적용
- •1993: NAFTA 결성   •1993: EU 결성
- •1994: WTO 결성

미국과 독일의 공업화가 진전함에 따라 19세기 후반에는 일시적으로 보호무역이 완화되었다. 그러나 공업화에 수반하여 수요 공급의 균형이 깨져 공황이 발생하자 국내에서는 카르텔화를 진행함과 더불어 대외적으로는 다시 보호주의가 고개를 들어, 19세기 말에는 관세를 인상하기 시작하였다. 제1차 세계대전의 결과, '팍스 브리테니카'가 붕괴되었다. 1930년에 고조된 보호주의가 급기야는 고율보호관세, 지역블록화됨으로써 세계는 마침내 불황에 빠져 제2차 세계대전을 유발하는 비극을 초래하였다.

제2차세계대전에서 승리하여 패권국이 된 미국은 달러를 주축으로 하는 국제통화기금(IMF)의 창설과 자유무역을 목표로 하는 '관세 및 무역에 관한 일반협정(GATT)'체제를 구축하였다. 이것이 팍스 아메리카나(pax americana)를 지지한 세계경제시스템이다. 강자가 된 미국은 자유무역의 주도자가 되어 적극적으로 자국시장을 개방하여 세계경제의 부흥을 도모함과 더불어 막대한 원조를 여러 나라에 제공하였다.

전후 동서 냉전이 지속되는 가운데 서유럽과 일본의 경제는 급속히 부흥하였다. 한편 세계경제력의 절반 가까이 차지했던 미국은 1960년대 초부터 미국의 산업경쟁력이 저하하여 섬유·철강을 비롯하여 국민경제상 중요한 기존 산업 가운데서 보호주의 압력이 고조되었다. 이 때문에 미국 정부는 자유무역을 주창하면서도 차례로 상품별 수출자율규제를 포함한 수입제한을 하지 않을 수 없게 되었다.

미국은 19세기의 보호무역이 유치산업을 육성하는 데 있었지만, 1960−80년대 초기의 보호무역은 쇠퇴산업(senile industry) 내지 성숙산업(mature industry)을 보호하기 위한 정책이었다.

1970년대는 닉슨 대통령 임기 중 미국의 경제적 패권이 겨우 4반세기 만에 무너지기 시작한 것이 특징이었다. 변동환율제로의 이행도 그러하다. 설상가상으로 1980년대 레이건 경제정책은 미국 경제가 회생되지 않고, 오히려 산업공동화와 쇠퇴의 결과를 초래하였다. 이 시기의 보호정책은 자유무역 아래에 전개되던 시장경쟁을 봉쇄함으로써 산업에 대하여 수입제한에 의한 랜트(초과이윤)를 주었다. 이 때문에 미국 기업은 일시적 이익에 안주하여 경쟁력강화를 위한 합리화와 근대화를 하고자 노력하지 않았다.

한편 일본 기업은 수출자율규제에 수반하여 수출가격의 인상이 가능하게 되어 기업의 이윤이 현저하게 증가하였다. 이 이윤을 설비투자와 연구개발에 투자함으로써 하이테크화, 고부가가치화(高附加價値化)하여 일본 산업은 경쟁력이 붙게 되었다. 동시에 수출규제에 대한 대책으로 미국시장에서 미국기업의 쉐어는 저하하였다. 또 엔화의 평가절하는 일본기업의 수출이익을 증대시켰으며, 한편 엔고(円高), 즉 엔화의 평가절상은 자동화와 합리화를 촉진함으로써 그 어느 것이나 미국의 기대와는 정반대로 나타났다.

1980년대에는 미국의 기술우위가 무너지기 시작, 기존산업뿐만 아니라 하이테크 부문에서도 경쟁력이 떨어져 시장쉐어가 갑작스럽게 감퇴하기 시작하였다. 미국은 항공우주와 화학, 컴퓨터 등에서는 우위를 유지하고 있지만, 기타 하이테크 부문에서의 우위는 차례로 무너져, 1990년대에는 컴퓨터산업에까지 파급해 갔다. 컴퓨터산업의 성쇠를 결정하는 것은 식물연쇄(食物連鎖)와 같이 반도체와 소프트웨어로 이어지지만, 메모리 반도체산업은 재생의 전망이 서지 않았다. 유일한 우위를 과시한 소프트웨어 부문에서도 외국의 추월은 격심하여 전략적으로 중요한 산업부문까지도 쇠퇴가 뚜렷하게 나타나기 시작하는 듯하였다.

1980년대 후반 공정무역정책으로서의 관리무역은 이러한 국가적 위기감에서 태동된 정책론이며, 또한 구체적인 무역정책이기도 하다. 그것은 보호주의적 수입제한으로도, 달러의 평가절하로서도 해결될 수 없는 산업쇠퇴 — 특히 하이테크산업에서 — 에 대한 마지막 대응책으로서 등장한 것이다. 그 목표는 미국이 지닌 패권의 경제적 기초를 파헤친 외국 산업의 미국 진출에 목표를 두었다. 즉, 외국의 수출 및 투자에 제동을 걸어 '미국인에 의한 미국경제'를 회복하자는 것이다. 그런 의미에서 공정무역론에 입각한 관리무역은 '팍스 아메리카나'의 마지막 국면에서 등장한 보호주의라고 해야 할 것이다.

그러나 세계경제는 다시 미국에 성조기의 깃발을 들어 주었다. 1990년대는 다시 '팍스 아메리카나'가 강화되어 새로운 2,000년을 맞이하게 되었다. 과거와는 다른 '새로운 세계경제시스템'을 구축하게 되었다. 따라서 어떤 의미에서 낡은 시스템으로부터 새로운 시스템에로의 불안정한 이행기이기도 하다.

한편, 유럽연합(EU)의 완전한 시장통합은 본래 동맹국 내의 역내무역은 완전 자유화하지만, 역외무역에 대해서는 관리무역화 · 블록화를 가속시켰다. 미국은 이에 대항하여 1990년대에 북미자유무역지역(NAFTA)을 결성하여, 미국과 유럽이 함께 지역주의(regionalism) 방향으로 선회하였다. 지역주의와 관리무역이 완전히 결합하면 자유무역이 부정되어, 특히 아시아 여러 나라에는 심각한 문제가 되지 않을 수 없게 되었다.

새로운 세계경제시스템은 여기에다 옛 사회주의 나라들을 포함한 복잡한 구도 가운데 형성되겠지만, 거기에는 '팍스 아메리카나'에 대신하여 유럽 · 북미 · 아시아의 집단지도체제, 즉 팍스 컨솔더스(pax consoldus)가 형성될 것으로 예상된다. 팍스 컨솔더스가 구체화되기까지에는 상당한 시간이 걸리고 엄청난 항쟁이 전개될 것이다. 이렇게 보면 새로운 2000년대에는 공정무역정책인 관리무역이 단순히 국제무역뿐만이 아니라 국제경제, 국제정치를 변혁시켜가는 가운데 중요한 문제점의 하나가 될 것이다.

그러면 이론적으로 공정무역론을 정리하자.

먼저 그 개념이란 무엇인가.

한 나라가 산업구조의 조정원인과 국제수지 위의 불균형 — 무역적자 — 이 발생했을 때 이것을 시정하는 조건으로 자국의 산업을 보호하고 국내시장을 확보하고자 하는 논의는 일찍이 1750년대에 스튜어트(James steuart)에 의하여 제기되었다(제4장 참조).

스튜어트는 자신의 저서[28]에서 '상업사회발전의 3단계'라는 경제발전단계설을 주창하였다. 상업사회발전의 3단계란, ① 초기상업(infant trade), ② 외국무역(foreign trade) 및 ③ 국내상업(inland commerce)의 각 단계에서 보호주의적 통제의 원리를 말한다. 스튜어트에 의하면 보호주의란 때와 장소에 관계없는 추상적이고 보편주의에 입각한 것이 아니라, 특수·역사적인 상업사회의 발전과정에서 정책의 역할을 가정하면서 그의 특유한 발전단계설에 입각하여 공공이익을 위한 정부의 통제로 해석하고 있다.

따라서 스튜어트는 상업을 ① 초기상업, ② 외국무역 및 ③ 국내상업 등 3단계로 구분하면서 이 3단계를 인생에 있어서 ① 유년기(infancy), ② 성년기(manhood) 및 ③ 노년기(old age)로 비유하고 있다.

그러면 스튜어트의 '상업사회발전의 3단계'란 어떤 내용이며 어떤 정책체계가 각 단계에 내포되어 있는가.

여기서 제1단계인 초기상업단계란 유치한 거래단계를 지칭하며, 한 국민의 필수품을 공급하는 것을 목적으로 하는 그러한 종류의 상업을 말한다. 이 단계에서는 국내공업을 외국무역으로 발전해 갈 수 있도록 보호·육성하기 위한 여러 정책이 요구된다. 이러한 단계에서 국내공업이 성장되면 외국무역의 일정한 기초가 완성되어 드디어 외국과의 의존관계를 맺게 된다.

이것이 제2단계인 외국무역단계이다. 물론 외국무역의 전개과정에는 공업화된 나라의 능동무역(active foreign trade)과 그렇지 못한 나라의 수동무역(passive foreign trade)이 성립된다. 스튜어트는 능동무역을 전개하는 선진국을 무역국(trading country)으로, 수동무역을 전개하는 후진국을 비무역국(non-trading country)으로 표현하는 바와 같이, 무역국은 근대적 공업을 초기상업단계에서 육성·발전시킨 결과로 나타난다. 물론 비무역국도 당연히 유치산업으로부터 발전하여 능동무역으로 진출할 것을 염원할 것이다. 때

---

28) Steurt, James., An Inquiry into Principle of Political Econony, 1767.

문에 비무역국은 보호주의의 여러 정책, 즉 보호관세를 설정하게 된다. 그 결과 보호주의와 보호주의가 드디어 무역국과 비무역국 사이에 충돌하게 된다.

이 시점에서 무역국은 제3단계인 국내상업단계로 진입하여 경쟁상대국의 출현에 대비하여 어떤 조건을 제시하게 된다. 그 조건이 용어상 공정무역이라고 할 수 있다. 비무역국인 후진국이 경쟁상대국으로 부상함으로써 무역국인 선진공업국은 그동안 전개되어 왔던 쌍방의 경쟁(double competition)은 그 기능을 상실하여 일방적 경쟁(simple competion)으로 전환하게 된다. 말하자면 외국무역은 쇠퇴일로를 걷게 되어 이를 만회하기 위한 새로운 무역전략, 즉 공정무역정책을 도입하지 않을 수 없게 된다.

특히 제3단계인 국내상업단계란 수출공급의 확대를 뒷받침해 온 외국수요가 가격등귀로 인하여 수출은 점점 감소하여 오히려 외국의 경쟁력 강화로 결국에는 수출이 불리해지는 단계를 말한다. 이러한 단계에 처하게 된 나라는 '정부의 역할'로 수입을 차단하여 실업을 방지하고 생산을 촉진하며 국내시장을 확보해야 한다는 것이다.

스튜어트가 이와 같이 주장한 것은 1870년대 영국에서 처음으로 공정무역이라는 용어의 등장과 함께 공정무역을 정책으로 수립해야 한다는 주장이 페러(T. R. Farrer)[29] 등에 의하여 최초로 주장되었다.

영국에 있어서 공정무역동맹이 결성됨과 아울러 이 동맹의 계획에 관한 주요 특징은 다음 네 가지이다. 즉, ① 제조공업의 원료는 자유로이 수입하며, ② 식민지 밖의 외국으로부터 수입하는 식료품에는 관세를 부과하며, ③ 커피, 과일, 담배 등의 수입은 식민지보다 다른 외국으로부터 수입할 때는 10%를 부과하며 그리고 ④ 외국의 공산품에는 금지적 관세 또는 보호관세를 부과하는, 즉 외국공산품에 수입관세를 부과한다. 단, 자국상품을 자유로이 수입하는 어떤 나라에 대해서는 이러한 관세를 제거한다.

특히, 공산품에 관한 한, 상호주의와 보복의 원칙을 적용하겠다는 것이 당시 공정무역동맹의 프로그램 가운데 하나였다. 그러나 패러는 상호주의를 여러 가지 측면에서 비판하여 자유무역정책의 우위성을 옹호하고, 이것을 적극적으로 전개하였다. 그에 의하면 상호주의자(공정무역주의자)의 견해의 배경에는 당시 영국의 경제사정을 기본적으로 가정하고 있지만, 이러한 사실은 어떤 것도 지지될 수 없다는 것이다.

그러나 상호주의자에 의하면 1870년대 영국경제는 특히 수출의 감퇴와 수입의 증가에서 볼 수 있는 바와 같이 불황상태에 있었고 실제로 공업중심지역은 심각한 타격을

---

29) T. H. Farrer, *Free Trade Versus Fair Trade*, Cassel & Company, 1881.

받고 있었다. 그 근본적 원인은 해외 여러 나라의 보호주의·시장폐쇄성에 있음과 아울러 영국의 자유무역정책에 있었다는 것이다. 이러한 경제정체 내지 붕괴로부터 탈출하기 위해서는 영국도 외국 공산품에 대하여 관세를 부과해야 하며 또 외국이 영국 공산품에 대한 관세를 철폐한다면 영국의 관세도 철폐해야 한다. 상호 보호무역 아니면 상호 자유무역이어야 한다. 일방적인 보호무역이나 일방적인 자유무역은 불공정이다. 상호주의라고 일컬어지는 이유가 바로 여기에 있다.

공정무역의 내용은 쇠퇴해 가는 영국산업의 유지·발전과 대외무역에서 흑자로 반전시키기 위해서는 외국과의 경쟁조건, 즉 무역당사국이 함께 자유무역 아니면 보호무역으로 공정한 무역을 해야 한다는 것이지만 이러한 주장이 실제 정책으로 반영되지는 못하였다.

그러나 왜 공정무역을 해야 하는가라는 논제는 그 후 슐러(Richard schuller)[30]에 의해 정치화되었다. 저렴한 외국상품이 수입될 때, 당연한 귀결이지만, 동일상품의 국내가격이 저하되고 그 상품의 생산이 감소하며 미사용의 생산요소를 이용하는 것을 저해할 뿐만 아니라 사용되는 요소도 유휴 또는 실업으로 전락하게 된다. 외국과의 경쟁의 결과로서 국내생산력이 약화되어 결국 수입 때문에 구축되는 생산요소가 기존의 생산부문에서 다른 생산부문으로 이동되는 것은 일부는 불가능하며, 또 일부는 이동이 가능하지만 상당한 손실을 입는 상태에서만 가능하게 된다.

이와 같은 상태를 슐러는 '외국과의 경쟁에 의한 국내생산의 압박'이라고 하며 이러한 국내산업의 압박을 ① 국내생산의 부분적 압박, ② 국내생산의 전면적 압박 등 두 가지로 분류하고 있다.

외국과의 경쟁에 의한 국내생산의 압박이 부분적이든 전면적이든 간에 이에 의하여 당해 상품의 국내생산은 그만큼 감소하게 된다. 때문에 보호관세는, 한편으로는 자유무역 아래에서 발생하는 생산전환에 따른 마찰손실을 방지할 수 있을 뿐만 아니라, 다른 한편으로는 유휴생산요소를 동일산업의 생산과정에 도입함으로써 생산을 증가시킬 수 있다는 것이다.

그러나 오늘날 공정무역에 관한 문제는 스미스(R. F. Smith),[31] 크라인(W. R. Cline),[32]

30) Richar Shuller, Schutzoll und Freibandel, Die Voraussetzunen ibrer Berecbtigung, Wien und Leipzig, 1905.
31) Robert F. Smith, "Reciprocity", in A. Decond(ed)< Encyclopedia of American Foreign Pokicy, vol.3, New York, 1978.
32) William R. Cline, "Reciprocity: A New Approach to World Trade Policy?" in W. R. Crine(ed),

커헤인(R. O. Keohane),33) 바그와티와 어윈(J. N. Bhagwati and D. A. Irwin)34) 등에 의하여 논의되고 있다.

공정무역은 커헤인에 의하면, ① 조건부 무역이며, ② 교환되는 가치가 같은 것이라고 정의한다. 국제무역-넓은 의미로는 노동, 상품, 화폐 등의 교류-에 관하여 상호주의를 말할 때, 거기서 교환되는 '가치'는 일반적으로 상업상의 '(경쟁)기회'이며, 공정무역의 내용은 '기회의 평등'이다.

기회라는 관점에서 볼 때, 그 판별기준은 '가치' 면과 '시장제도' 면으로 나눠 볼 수 있다. 전자의 경우 가격의 국제경쟁력은 환율변경으로 어느 정도 회복이 가능하지만, 후자의 경우 참여의 기회가 평등하지 않으므로 거기서 시장개방은 무역불균형의 해소에 연관되며 무역의 공정화를 실현하는 길이 된다. 따라서 공정무역론은 시장개방과 결부된다.

이러한 공정무역은 무역당사국이 상호 자유무역으로 흐르던가 아니면 상호 보호무역으로 흐를 수밖에 없다는 '조건부 무역'이다. 이를 구체적으로 보면 '교환되는 가치가 같은 것'으로 그 가치는 상업상의 '(경쟁)기회'이며, 그 내용은 '기회의 평등'이다. 물론 공정무역이라고 할 때, '결과의 균등'을 포함하여 논의되는 것도 있으며 또 그것은 단지 두 나라 사이 관계뿐만 아니라 시스템 전체의 룰에 관한 것도 있다.

'기회의 평등'은 나라 사이의 상품무역을 고려할 때, 하나의 판단기준이 된다. '기회의 평등'은 그 자체가 달성되지 않으면 아니 되는 가치가 됨과 동시에 현실적으로는 다른 가치와 비교하여 평가되는 것도 있다. 여기서 '기회의 평등'과 나란히 다른 두 가지 가치-① 효율과 ② 결과의 균등-를 고려해 보자.

국제간의 상품무역을 고려할 때, 그 하나의 판단기준은 자유로운 무역, 자유로운 투자, 글로벌한 효율-경제적인 후생-을 증가시킨다는 것이다.

여기서 공정무역의 기준인 '기회의 평등'은 반드시 자유로운 무역과는 직결되지 않는다. 보다 자유로운 무역은 '실질적인 공정무역'을 달성한다는 것과는 '무관계로', 일방적으로 시장을 개방함으로써 그것이 촉진될 수도 있다. 예를 들면 19세기 영국은 자국 시장을 일방적으로 개방함으로써 자유무역을 촉진시켰다. 제2차 대전 후 미국은 여러 나

Trade Policy in the 1980's, Washington, D.C., Institute for International Economics, 1983.

33) Rober O, Keohane, "Reciprocity in International Relation", International Organization, 40-1, 1986, pp.1-27,

34) J. NBhagwati and D. A. Irwin, "The Return of the Reciprocitarians-U.S. Trade Polkicy Today", World Economy, 10-2, 1988.

라 사이 협상을 개입한 자유화를 추진하면서도 일방적으로 자국의 시장을 개방함으로써 자유무역체제를 배양해 갔다. 만약 영국이나 미국이 자유무역보다도, '실질적인 공정무역'을 제1목표로 추진하였다면 자유무역은 그렇게 진전하지 못하였을 것이다. 여기에 자유무역과 공정무역은 전적으로 상이한 또는 서로 대립하는 개념이라는 논의가 있게 된다. 그러면 '기회의 평등'을 부여하고자 하는 공정무역을 자유로운 무역과 관련시켜 고려할 때, 어떤 조건 아래에서 공정무역이 자유로운 무역을 촉진하는 – 혹은 저해하는 – 방향으로 나아갈 것인가를 명확하게 규정할 필요가 있다.[35]

또한 일정한 '기회의 평등 – 혹은 기회의 불평등 –'이 부여된 경우 그 '룰' 아래에서 무역을 함으로써 그 결과로 나타나는 무역수지, 경제성장 등에서 여러 가지 차이가 있을 것이다. 이와 같은 사실을 배경으로 할 때, 공정무역은 결과로부터 '기회의 (불)평등'이 평가된다. 즉, 만약 한 나라에 있어 무역의 결과가 상대국보다 현저하게 불리하게 된 경우 – 예를 들면 무역의 불균형 –, '기회의 불평등'을 시정하도록 상대국에 요구할 것이다. 또한 그 나라의 경제적인 영향력이 크면 클수록 시스템 전체에 대한 영향도 클 것이다. 역사적인 '채권국'이었던 영국 및 미국이 그 상대적인 힘이 저하하고 무역수지가 대폭적으로 악화하였을 때, 공정무역에 대한 드라이브가 강하게 나타난 것은 주지의 사실이다.[36]

일반적으로 '공정'이란 용어는 웹스터가 발행한 <신세계사전(New World Dictionary)>에 "공평하며 정직·중립·편견이 없는 것"이라고 정의하고 있다. 이런 의미에서 미국은 "무역은 자유롭고 공정해야 한다."라고 주장하고 있다.

그러나 '공정무역'이란 개념 자체가 학문적으로 정립되지 않은 오래되었으면서도, 새로운 용어임에 틀림없다. 특히 미국이 공정무역의 깃발을 내걸고 자국의 유리한 방향으로 해석하고 있기 때문이기도 하다. 따라서 공정무역이라는 용어가 그때그때에 사용되고 있는 문맥을 통하여 이해하는 수밖에 다른 방법이 없다. 왜냐하면 공정무역은 전통적인 무역, 즉 자유무역과는 전적으로 상이하며 보호무역과도 거리가 먼 것으로, 때로는 이들과 대립 모순되기도 하기 때문이다.

실제 국제무역에서 무역불균형이 발생했을 때, 특히 무역적자를 입고 있는 나라가 이를 해소하기 위한 협상개념으로 공정무역이라는 용어를 도입하였다. 따라서 공정무역이라는 개념은 미국의 전통적 무역협상의 이념인 상호주의와 밀접한 연관을 맺고 있으며,

---

35) Robert O, Keohane, op.cit., pp.1 – 27.
36) Edmond Dell, "Of Free Trade and Reciprocity", World Economy, 9 – 2, 1986, pp.125 – 139.

그 저변에는 '수출이 이익'이라는 것으로, 이것은 '수입이 이익'이라는 전통적인 자유무역의 개념과는 대립적이다. 그런 의미에서 공정무역과 자유무역과는 상호 대립되는 개념이라 할 수 있다.

무역협상이라는 측면에서 보면 공정무역이라는 개념은 자국이 반드시 무역을 자유화하는 것을 의미하는 것이 아니라 오히려 상대국의 제한적 수입정책을 비난, 무역자유화와 개방경제화를 요구하는 의미가 강하게 나타나고 있다.

그러나 1980년대에 국제적으로 무역마찰에서 나타나고 있는 바와 같이 시장개방의 요구만으로 무역불균형을 해소할 수 없는 문제가 대두하였다. 즉, 미국은 상대국의 국제경쟁력이 강화되어 대미수출이 격증하게 됨으로써 상대국에 수입자유화를 요구해도 뚜렷한 해결책이 되지 못할 뿐만 아니라, 미국이 수입제한을 가하는 것은 자유무역의 기수로서의 대의명분에도 반하게 된다. 여기서 안출된 고육책이 바로 공정무역이라는 협상개념이다. 말하자면 상대국의 대미수출이 '공정'하지 않다고 비난, 수출을 상대국의 손으로 감소시키도록 유도하거나 또는 미국이 자국의 시장개방이나 경쟁기회의 수준과 비슷하게 무역상대국의 시장 또는 경쟁기회를 제공토록 요구하는 전략이다.

사실 '공정'이라는 용어는 다의적인 내용을 내포하고 있다. 그 내용을 간략하게 정리하면 다음과 같다.

첫째, '공정'이란 용어는 '공생'이라는 의미가 있다. 서구 사람들과는 달리 동양 사람들에게는 불교적 개념인 '같이 살기(공생)'라든가, 생물학적 개념인 '같이 살기(공서)'라고 이해하는 경우도 많다.

둘째, 공정이란 '군서'라는 의미가 있다. 모든 것은 서로 의지하고 서로 기대며, 서로 도움을 주고받으면서 살아가고 있음을 강조한다.

셋째, 공정이란 '정의'의 의미가 있다. 정치학자 액셀로드는 '죄수의 딜레마' 상태에 있는 생물이 연명하는 데 가장 유효한 전략은 '보복'이라고 주장하였다. 그는 장래의 코스트를 '미래의 그림자'라고 한다. 미국 통상법 제301조도 '미래의 그림자'를 이용하여 무역상대국에 협조를 촉구하고자 하는 것이다.

일반적으로 공정무역이라는 개념을 추상적으로 파악하여 단지 그 자체가 좋은 것인가 아니면 나쁜 것인가라는 관점에서 무역정책을 판단해 버린다. 우리는 공정무역의 이상과 현실 사이의 갭에 관해 이해할 필요가 있다. 공정무역이란 정부가 '공정'이라는 이름 아래 광고하는 통상법과 제한의 범위 내에서 공정하다고 할 뿐이다.

위에서 우리는 '공정'을 '공생'이라는 불교적 개념, '군서(群棲)'라는 생물학적 개념,

‘정의’라는 정치적 개념과 공존 등과 결부시켜 그 개념을 파악해 보았다. 특히 생물학에서 공생에 관한 두 가지 상이한 견해가 있는 것과 같이, 무역이론에서도 공정에 관하여 두 가지 상이한 해석을 할 수가 있다.

하나는, 경쟁기업과의 카르텔행위나 업무제휴 그리고 수출자율규제나 수입자율규제 등 상대방을 고려하여 자숙하는 행위를 가리키는 사고이다. 다른 하나는, 생물학에 있어서 ‘공생’이나 ‘군서’는 교환, 즉 자유무역에 대응한다는 견해이다.

여기서는 후자의 설을 지지하고 싶다. 생물계의 자연도태메커니즘에서 경쟁은 환경에 가장 잘 적응하는 생물이 살아남기 위해 존재하지만, 경제활동에서는 교환을 통한 상부상조가 경쟁을 통하여 달성될 수 있다는 데 그 특징이 있다.

그러면 국제무역에서 개별적으로 공정무역관행이라는 배후에 있는 ‘공정’이란 무엇인가.

‘공정’이라 할 때 그것은 나라마다 문화의 차이가 있고, 또 내용적으로 상이하기 때문에 매우 감정적인 것으로 나타나 ‘조직과정모델’로서의 역할을 강하게 수행하게 된다. 조직과정모델에서의 정책이란 조직 내의 표준작업절차에 기초한 기계적 또는 반기계적인 프로세스의 산물을 말한다. 상대국에 ‘불공정’이란 낙인을 찍는 것은, 하나는 상대국에 대하여 정치적으로 압력을 가하는 수단이며, 다른 하나는 자신을 정당화시켜 자기가 취하는 행동에 대하여 국내로부터의 지지를 확보하려는 수단이다.

이러한 ‘조직과정모델’로서의 기능이 존재하는 것을 인정한 상태에서 ‘인식과정모델’로서의 공정무역을 고려해 보자. 인식과정모델에서의 정책이란 인간의 인식과정 혹은 심리과정의 산물이기 때문에 정책결정자는 반드시 환경의 변화를 인식하거나 지각한다고는 할 수 없다. 또 그것을 인식했다 해도 외부로부터의 투입이 자신이 갖고 있는 신조체계나 이미지라는 렌즈를 통하여 굴절한 형태로 파악되기 때문에 반드시 현실을 그대로 정확하게 파악한다고 할 수 없다. 정책결정자가 환경의 변화가 매우 복잡한 위기적 상황에 직면하여 조속히 결정을 내려야 할 경우에는 자신의 신조체계나 이미지의 일관성을 유지해 가는 경향이 짙기 때문에 그들의 두뇌에 무의식적으로 여러 가지로 조작을 하게 된다.

이렇게 볼 때 공정무역이란 개인이나 나라의 행동 룰에 관련될 뿐만 아니라 개인이나 나라의 행동에도 관련된다. 그것이 기본적으로 룰이든 행동이든 어느 한 나라에 유리하게 하거나 불리하게 되지 않는 것을 의미한다. 예를 들어 같은 능력을 가진 운동선수가 ‘평탄한 경기장(a level playing field)’37)에서 경기진행을 할 경우 각 선수에게 공정한 룰과 기회를 똑같이 부여된 상태에서 각자가 룰에 따라 게임을 하는 것이지, 그것이 특정선수에게 특히 유리하게 하거나 불리하게 하지 않도록 하는 것이다. 따라서 각 선수에게 '룰의 공정함'이라는 정당성을 부여함으로써 각 선수가 결과에 승복하도록 하는 것이다.

공정무역을 '평탄한 경기장'에 비유한다면 여기에는 몇 가지 문제가 있다는 것을 알 수 있다. 즉

첫째, 룰 자체가 각 선수에게 동일한 기회를 부여하는가의 여부,

둘째, 각 선수의 능력이 같은가의 여부,

셋째, 평등한 기회가 보장되고 있다 해도 결과가 충분히 납득할 수 있는가의 여부 등이다.

이들 세 가지 문제는 상호 연관이 깊다.

결국 공정이란 무엇인가라는 판단기준이 문제의 핵심이다. 운동경기에서 '평탄한 경기장'에서 각 선수에게 똑같은 룰과 기회를 부여하는 것이 공정의 기준으로 판단하는 것이다. 이런 점에서 미국 무역대표부가 매년 정리한 외국무역장벽보고서(National Trade Estimate of Foreign Barriers)의 몇 가지 특징 가운데, 국제무역에서 불공정한지의 여부를 판단하는 기준으로써 국제적인 합의를 얻은 룰을 채택한 데 관심을 기울일 필요가 있다. 이 보고서는 WTO협정을 기준으로 삼고 있다.

운동경기란 승패를 가름하는 것이기 때문에 각 선수의 능력과 관계없이 '평탄한 경기장'과 경기룰이 적용되어야 한다. 그렇지만 국제무역이란 거기서 발생한 이익을 무역당사국에 적정하게 배분되어야 하기 때문에 원인을 중시하는 합의된 국제 룰도 중요하지만, 그 결과가 더욱 중요하다고 하지 않을 수 없다.

특히 경제발전단계가 상이한 나라 사이의 무역은 그 발전단계가 앞선 나라보다 뒤쳐진 나라―비록 비교우위산업이 있다 할지라도―는 무역이익의 배분이 전체적으로 적거나, 극단적인 경우 무역을 함으로써 착취 당하는 불리한 상황에 처해 있을 때, 원인만을 중시하는 국제 룰이 이들 나라에 무슨 의미가 있겠는가. 국제 룰, 즉 WTO협정 그 자체가 선진국 경제수준에 맞추어 만들어진 '잣대(barometer)'이기 때문에 후진국은 어쩔 수 없이 강요된 상태에서 그 '잣대'를 추종하지 않을 수 없는 불공평한 국제 룰이

---

37) 볼드윈(Robert E. Baldwin)은 'a level playing field'라는 용어를 'to make foreign markets as open as U.S. market'이라는 것과 동일하게 사용하고 있다.―Robert E. Baldwin, "U.S. Trade Policy 1945―1988: From Foreign Trade to Domestic Policy", in the Direction of Trade edited by Charles S. Pears.

결코 모든 나라에 만족을 주는 기준이 될 수 없음은 분명하다.

따라서 국제무역의 영역에서 공정과 불공정이란 무엇인가라는 개념을 다음과 같이 정립할 필요가 있다. 먼저 불공정무역이란 "무역당사국 사이의 무역이 비교우위가 아니라 인위적인 수단으로 경쟁적 우위를 확보하기 위해 '불평등한 기회'가 부여된 상태에서 '불균등한 결과'를 가져오는 거래"라고 규정하고자 한다.

그렇다면 공정무역이란 "무역당사국이 상호 '결과의 균등'을 가져오는 '기회의 평등'이 부여된 상태에서 거래하는 것"으로 개념화 하고자 한다.

어느 한 나라의 무역정책은 정책의 이념 및 정책에 관련되는 경제적·정치적 이익관계와 정책의 기획·실행을 위한 제도적 '틀'의 상호작용에 의해 결정된다고 해도 좋다. 무역정책이 경제적·정치적 이익관계에만 지배되고 있다면, 각 나라가 보호주의 정책을 채택함으로써 무역마찰이 일상화되는 것은 분명하다. 왜냐하면 무역제한으로 소수의 생산자가 이익을 얻는 반면, 다수의 소비자가 손해를 입기 때문이다. 무역제한이 직접적으로 자국의 자원배분을 왜곡시키고, 다시 상대국의 보호주의를 불러일으켜 무역기회를 감소시킴으로써 결과적으로 무역이익을 감소시킨다.

그러나 현실의 무역정책은 이념 면에 있어서 미국을 중심으로 크게 변화하고 있으며, 특히 '자유로운 무역'과 함께 '무역의 공정함'이 부각되고 있다. 1980년대 경제력이 상대적으로 뒤떨어진 미국이 일방적인 자유무역이 아니라 무역은 모든 나라에 자유로워야 하며 또한 공정하지 않으면 아니 된다는 것이 지도적 이념이다.

미국이 공정무역을 실현하는 수단으로서, 첫째, 외국이 보조금지급 및 덤핑 등의 '불공정'한 수출에 대하여 상계조치를 적극적으로 강구해야 하며, 둘째, 미국기업에 대한 시장접근을 개선하기 위하여 정부가 적극적인 무역정책을 실시해야 한다는 것이다. 이 때문에 성립한 '1988년 포괄통상경쟁력법'에는 미국기업의 상업기회를 인위적으로 손상시키는 해외의 '불공정한 무역관행', 특히 외국의 수입제한조치에 대하여 보복조치를 취하는 것이 가능하게 되었다.

위에서 불공정무역이란 무엇인가에 관한 개념을 규정하였다. 즉, 그것은 "무역당사국 사이의 무역이 비교우위가 아니라 인위적인 수단으로 경쟁적 우위를 확보하기 위해 '불평등한 기회'가 부여된 상태에서 '불균등한 결과'를 가져오는 거래"라고 규정한 바 있다.

여기서 인위적인 수단으로 자행되는 불공정무역의 정책과 조치에 관하여 일본 통상산업성[38]이 규정한 제도적인 인정기준에 따라 다음 두 가지 측면에서 고려할 수 있다. 하나는 '룰 지향형 기준'이고, 다른 하나는 '결과 지향형 기준'이다.

전자는 국제적으로 합의된 룰, 즉 당시 GATT-현재의 WTO-및 관련한 여러 규정 등을 전제로 하는 기준이며, 후자는 국제적으로 합의된 룰을 반드시 전제로 하지 않고 무역의 결과에 따라 그것이 공정한가 불공정한가를 판단하고자 하는 기준이다.

첫째 문제는 동등한 경쟁기회, 즉 '기회의 평등'을 부여하는 것이 공정무역이라 할 수 있을 것이다.

둘째 문제는 선수의 능력이 상이한 상황에서 어느 특정선수에게 핸디캡을 부여하거나 긍정적 조치를 취하는 등 시스템을 고려할 수 있다.

셋째 문제는 '결과의 평등'과 '불균형의 시정'을 룰에 포함시키지 않으면 아니 된다.

이들 세 가지 문제를 구체적으로 검토해 보자.

첫째 문제로서, 동등한 경쟁기회를 서로 부여하는 것이 공정무역의 내용이라고 한다면 이것은 '내외동일시스템'이다. 예를 들면 대폭적으로 개도국에 대한 일반특혜관세제도를 들 수 있다.

둘째 문제로서, 무역에 참가하는 나라의 능력이 상이한 경우, 즉 자유무역체제 아래에서도 나라마다 경제발전에는 격차가 있기 때문에 핸디캡 혹은 긍정적 조치로 보완할 필요가 있을 것이다. 그것은 공식적인 국제 룰이기도 하지만 재량적인 시정지표의 적용이라는 것은 있을 수 있다. 예를 들면 미국이 전후 일본에 대하여 시장을 개방하면서 일본의 제한적인 조치를 인정해 온 것을 지적할 수 있다.

셋째 문제로서, 결과의 평등이라는 의미에서 미국의 클린턴 정부가 대일 무역정책에 대하여 강경한 정책을 취하고 있었던 바와 같이, 엄청난 무역적자를 안고 있는 미국이 대미 무역흑자를 안고 있는 나라에 대하여 강제적으로 불균형을 시정토록 제도화하는 것을 들 수 있다. 이와 같은 경우에는 상대국이 대미수출을 제한하거나 수입목표를 정하여 균형을 도모하는 등 몇 가지 방법을 고려할 수 있을 것이다. 또한 '결과의 균등'을 말할 때 이상과 같이 무역 전체에 관련하는 거시적 조정이 있을 수 있고, 또 무역당사국 사이에 경쟁력이 비슷한 분야에 대해서는 분야별로 균형을 요구하는 미시적 조정이 고려될 수도 있다.

물론 국제무역을 자유무역의 입장에서 볼 때, 가장 바람직한 것은 무역당사국에 평등한 기회를 부여하는 것이지만, 그 결과가 불균형으로 나타났을 때는 정부의 개입이 불가피하기 때문에 국제무역에는 국내거래와는 상이한 특징이 있으며, 그것이 무역의 이

---

38) 不公正貿易政策措置調查小委員會, 不公正貿報告書, 日本通商産業省, 第1章.

중성이기도 하다.

따라서 이미 개념화한 공정무역이란 "무역당사국이 상호 '결과의 균등'을 가져오는 '기회의 평등'이 부여된 상태에서 거래하는 것"이며, 이에 부합하지 않는 것을 불공정무역이라고 규정한 바 있다.

여기에는 '룰 지향형 기준'만을 다루면서 불공정무역정책과 조치로서 수량제한, 정부조달 등 10개 항목을 열거하여 다음 네 가지, 즉 ① WTO명문 금지형, ② WTO 편승형, ③ 일방주의형 및 ④ 신분야형 등으로 유형화하고 있다.

그러나 이 장에서는 불공정무역의 정의, 즉 '불평등한 기회'와 '불균등한 결과'에 준하여 전자의 내용으로서 '원인중시형', 후자의 내용으로서 '결과중시형'으로 유형화하고자 한다.

첫째, '원인중시형'이다. 이 유형을 파악하기 위해서는 다음의 내용을 이해할 필요가 있다. '기회의 평등'이란 측면에서 공정무역이란 ① 조건부 무역이며, ② 교환되는 (상품의)가치가 같은 것이라고 정의한다. 국제무역에 있어서 상호주의를 말할 때, 거기서 교환되는 '가치'는 통상 상업상의 '(경쟁)기회'이며, 공정무역의 내용은 '기회의 평등'이다.

'기회'라는 관점에서 볼 때, 그 판단기준은 '가치' 면과 '시장제도' 면으로 나눠 볼 수 있다. 전자의 경우 가격의 국제경쟁력은 환율변경 등으로 어느 정도 회복이 가능하지만, 후자의 경우 시장참여의 기회가 평등하지 않으므로 시장개방은 무역불균형의 해소에 연관되며 무역의 공정화를 실현하는 길이 된다. 따라서 공정무역론은 무역불균형의 해소에 연관되며 무역의 공정화를 실현하는 길이 된다. 따라서 공정무역론은 시장개방과 결부된다. 이러한 공정무역은 무역당사국이 서로 자유무역으로 흐르던가 아니면 상호 보호무역으로 흐를 수밖에 없을 것이다. 이를 구체적으로 보면 '교환되는 가치가 같은 것'으로 그 가치는 상업상의 '(경쟁)기회'이며, 그 내용은 '기회의 평등'이다.

물론 공정무역이라고 할 때 '결과의 균등'을 중심으로 논의되고 있으며, 그것은 시스템 전체의 룰을 포함하지만 주로 두 나라 사이의 관계에 집중되고 있다.

둘째, '결과중시형'이다. 결과중시형이란 좁은 의미로는 수출입에 관한 정부의 관리로 수량적인 '결과'정책이라 할 수 있지만, 여기서는 시장메커니즘에 맡겨야 할 무역에 정부가 개입하여 어떤 영향을 미치고자 하는 정책을 말한다. 여기에는 수입보호와 수출보호 두 가지가 있다. 수입보호에 해당하는 것은 외국상품의 수입제한, 수출자율규제 등이 있으며, 수출보호에 해당하는 것은 전형적으로 미국상품의 외국시장, 특히 대미 무역흑자국의 시장에 있어서 시장쉐어를 확보하는 것이지만 외국제품에 대한 우대정책 등 수입확대의 정책도 여기에 포함할 수 있다.

공정무역론에 기초한 무역정책은 구체적으로 미국통상법의 301조와 수퍼 301조의 발동으로 나타나며, 결과중시형이 강한 것은 수퍼 301조이다. 즉, 불공정한 무역관행에 대해서는 제재조치를 취한다는 것이다.

한편 수정주의(revisionism)라는 입장에서 일본은 외관상으로 미국이나 유럽과 같은 자유주의적 경제시스템을 갖고 있는 것같이 보이지만, 실은 정부와 기업 사이의 밀접한 관계 등 서구와는 상이한 룰을 가진 사회라는 것이다. 때문에 미국이 일본과 접할 때에는 자유무역의 룰을 채용해야 할 것이 아니라 다른 룰, 예를 들어 관리무역으로 대응해야 한다는 것이다.

이상에서 알 수 있는 바와 같이 결과중시형이란 특정국과의 무역에 불리한 결과가 발생하고 있는 경우에 적용되고 있는 정책과 조치를 '불공정' 또는 '불합리'로 인정하는 것을 말한다. 예를 들면 특정국과는 무역불균형이 큰 경우, 특정상품의 수출이 기대하고 있는 정도로 신장하지 않을 때에 상대국의 무역정책과 조치를 불공정하다고 인정해 버리는 사고이다.

먼저, 이 유형은 소위 결과주의적인 사고이며, 무역의 결과가 문제되는 정책조치로 초래된 것이 아니라는 인과관계가 있다고 간주하여 '불공정'이라고 판단하는 기본적인 문제를 안고 있다. 이러한 결과주의적인 사고의 배경에는 거시적인 경상수지와 무역수지의 불균형을 시장접근의 불완전성과 직접 관련시켜 버리는 경향이 뚜렷하다.

다음으로, 이 유형에는 판단기준이 특정국에 의해 일방적으로 만들어진 것이며 객관성과 투명성이 없다는 기본적인 문제를 안고 있다. 이와 같은 사고의 배경에는 국제규범이 충분한 규율을 제공하고 있지 않은 경우나, 규율이 있어도 충분히 실시되고 있지 않은 경우에는 차선책으로서 일방적인 판단은 허용되어야 한다는 견해이다.

참고문헌

1) Aheam, Raymond J, "Political Determints of U.S. Trade Policy", Orbis26, Summer, 1992.

2) Bland, A. E., P. A. Brown and R. H. Tawney, English Economic History: Select Documents, G. Bell & Sons, 1914.

3) Baldwin e., Robert., "U.S. Trade Policy 1945−1988: From Foreign Trade to Domestic Policy", in the Direction of Trade edited by Charles S. Pears.

4) Bhagwati, Jagdish., Protectionism, The Simul Press, Inc., 1988.

5) J. N. Bhagwati and D. A. Irwin, "The Return of Reciprocitarians−U.S. Trade Policy Today", World Economy(10−2), 1988.

6) J. N. Bhagwati and Hugh T. Patrick, Agressive Unilateralism The Univ. of Michigan, 1990.

7) Cline, William R., "Reciprocity: A New Approach to World Trade Policy?" in W. R. Crine(ed), Trade Policy in the 1980's, Washington, D.C., Institute for International Economics, 1983.

8) Jevons, W. S. Investigation in Currency and Fiance, Macmillan ad co., 1884.

9) T. H. Farrer, *Free Trade Versus Fair Trade*, Cassel & Company, 1881.
  ② "The Fallacies of Fair Trade", *Edinburgh Review*, Vol.CLIV, No.CCCXVI(Oct. 1881).
  ③ "English Trade and Foreign Competition", *Quarterly Review*, Vol.152, No.303(July 1881),
  ④ "Fair Trade and British Labour", *Quarterly Review*, Vol.152, No.303(Oct. 1881).
  "English Trade and Foreign Competition", *Quarterly Review*, Vol.152, No.303(July 1881).

10) Mill J. S. Principles of Political Economy, (George Routledge and Sons, ltd., 1891).

11) Taussig, F,. W. The History of American Customs(長谷田・安藝共 譯, 米國關稅史, 弘文堂, 昭和13).

12) Robert, Smith., "Reciprocity in A Decond", Encyclopedia of American Foreign Policy, vol.3, New York, 1978.

13) Steurt, James., An Inquiry into Principle of Political Economy, 1767.

14) Smith, Adam., *An Inquiry into the Nature and Causes of the Wealth of Nations*, 1776, (Charles E. Tuttle Co. 1981).

15) 이균, 관세이론, 법경사, 1993, 제4장 제2절을 참조.

16) 이균, 국제무역의 정치경제학, 법문사, 2000년.

17) 津村秀松, 「商業政策(上券)」, 寶文館, 大正4年.

18) 不公正貿易政策措置調查小委員會, 不公正貿報告書, 日

제22장

전략적 무역정책

국제무역을 나라 사이의 한 상품과 다른 상품과의 교환(barter trade)이라고 생각하는 표준적인 무역이론에서는 국제경쟁의 장소에서 서로 대치하는 현실의 기업 사이의 대항관계라는 문제가 결여되어 있다. 1980년대 초기, 경제학자들은 상호 경쟁하는 소수의 기업 사이의 거래를 관찰하여, 거기에 자유무역과는 다른 새로운 이론적 기초가 있는 것에 관심이 집중되었다. 경쟁자의 수가 적은 시장(과점시장)은 기업 사이의 전략적 의존관계(한 기업의 가격매김, 투자, 생산에 관한 의사결정이 다른 기업에 영향을 미치는 것) 및 불완전경쟁(기존의 기업 사이의 대항관계와 신규참여가 이윤을 정상수준으로 끌어내리는 것에 불충분한 것)이 그 특징이다. 그와 같은 시장에서는 정부의 자국기업의 행동에 영향을 미칠 수가 있다. 예를 들면, 이익을 자국기업에 이전시켜, 자국의 국부의 증가를 도모하고자 한다. 이 선에 따른 연구는 처음, 불완전경쟁 아래의 자유무역의 바람직함에 의심을 가졌지만, 그 뒤의 연구에 의하여 이 종류의 분석의 정책적 의미가 불확정적인 것이며, 대부분의 치명적인 가정에 좌우되는 것을 알았다. 결국, 전략적 무역정책의 이론은 여러 가지 시장조건 아래에서 국제경쟁의 여러 측면을 분명히 하였다고는 하지만, 자유무역에 대한 확고한 무조건의 반론의 근거를 부여할 수는 없었다.

고전학파 무역이론은 나라 사이의 상품교환을 일괄하여 취급하고, 기업 사이의 대항관계를 음미할 여지를 남기지 않았기 때문에, 전략적 무역정책의 논의는 오랜 지적 혈

통관계를 갖고 있지 않았다. 중상주의 저자들은 17세기 특허 독점무역회사(state‑chartered monopoly trading companies)의 보급(및 그 사이의 치열한 항쟁)에 자극되어, 때때로, 돈벌이가 많은 외국시장에서의 두 가지 혹은 그 이상의 기업 사이 경쟁관계에 관하여 서술하고 있다. 제3장에서 간단하게 설명한 바와 같이, 중상주의 사상의 주제의 하나는 세계의 무역량은 일정하며, 그것이 당시의 약간의 대무역국(독점회사에 의하여 대표되는)에 의하여 분할되고 있다는 것이었다. "세계에는 일정량의 무역밖에 존재하지 않는데."라는 관념이 페티(William Petty)의 "모든 나라의 부는 그 나라가 무역세계 전체와의 대외거래 하는 그 비율에 크게 의존한다."라는 결론에 쉽게 결부한 것이다. 무역은 그 이상의 교통량을 받아들이는 것이 될 수 없는 수로(channel)에 따라 이루어지는 것이기 때문에, 그것에 대한 참여는 기존의 상인을 배제함으로써만이 가능하다. 이 관념은 1693년의 차일드(Josiah Child)의 다음의 논의에 잘 나타나 있다. 즉, 무역은 사려 있는 정부개입에 의하여 "같은 목적으로 우리와 경쟁하는 다른 나라들이 우리로부터 무역을 탈환하는 것이 없도록, 또 우리가 그것을 계속, 증가하도록, 그리고 다른 나라의 그것이 감소하도록" 관리되지 않으면 아니 된다.[1]

이들 중상주의자들은 현재의 전략적 무역정책론의 통찰의 몇 가지를 막연하게 예감하였지만, 그들에게는 이 경쟁관계를 평가하기 위한 확고한 경제이론이 결여되어 있다.[2] 아담 스미스와 기타 고전학파 경제학자는 이 통찰을 다시 추구하는 것 없이, 다른 나라의 무역의 성공에 관해서는 이것을 훌륭하다고 지켜보고, 그 경영의 실패에 관해서는 정부원조를 받은 무역회사를 엄격하게 비판한 것이었다.[3] 소수의 기업 사이의 경쟁관계를 아마 처음으로 상세하게 고찰한 것은 프랑스의 경제학자 꾸르노(Augustin Cournot, 1838)이다. 그는 2기업 사이의 경쟁적 상호 관계(복점, duopoly)의 이론을 고찰하였지만, 그 국제무역과 관세에 의한 가능적 이익에 관한 그의 간결한 서술은 많은 주목을 받기에 이르지 못하였다.[4]

---

1) 이 부분의 인용에 관해서는 <제3장>을 보라.

2) 이 점의 보다 상세한 논의 및 중상주의와 전략적 무역정책과의 비교에 관해서는 어윈(Douglas Irwin, 1991 및 1992)을 보라.

3) Garry Anderson and Robert Tollison(1982)이 정부특허회사에 관한 Adam Smith의 견해에 관하여 설명하고 있다.

4) 꾸르노(1838)는 그 제16장에서, 수입관세의 철폐에 의하여 명목 및 실질국민소득이 저하할 가능성이 있는 것을 나타내고자 하였다. 꾸르노의 그렇게 확실하지 않은 분석에는 그 뒤의 논자는 비판적이었다. 예를 들면 바이너(Jacob Viner, 1937, p.587)는 꾸르노가 그와 같은 결론에 이른 것은 "지금까지의 누구도 충분히 설명할 수 없는 추론에 의한 것이다."라고 설명하고 있다. 꾸르노(1838)는 제14장에서, 수출세가 어떻게 자국과 외국의 두 시장의 가격을 인하하는

　무역정책의 이론에 관한 그 뒤의 분석은 때때로, 독점 혹은 과점의 상태를 들었지만, 이 선의 연구는 체계적이지 않고, 또 시장의 본질을 잡고 기업의 상호 의존관계를 설명한다고 하였던 이론적 틀에 결여한 것이었다. 그러나 1970년대의 산업조직론 및 게임이론의 발달이, 기업행동이 상대기업의 행동에 의하여 좌우되는 여러 가지 시장구조에 있어서 경쟁분석을 정치화(精緻化)하였다. 예를 들면, 어느 기업이 생산설비에 확실하게 대량투자를 하여, 생산량의 확대를 도모하고 있다고 생각하고 있다면, 그 행동은 다른 기업의 투자를 감소시켜 혹은 잠재적 경쟁자의 참여를 저지한다고 한, 전략적인 효과를 갖는 것이다.

　이와 같은 사태는 당연히 국제관계의 분석에도 파급하였다. 브랜더(James Brander)와 스펜서(Barbara Spencer)는 다른 사람에 앞서, 기업 사이에 전략적인 상호 관계를 볼 수 있는 시장에 있어서 수출보조금 및 수입관세의 영향을 검토하였다.[5] 브랜더와 스펜서 (1985)는 꾸르노의 복점이론(duopoly theory)을 국제관계에 적용하는 새로운 시도에 의하여, 자국기업과 외국기업이 제3의 시장에서 동질의 상품을 경쟁하여 판매한다는, 단순한 케이스를 고려하였다. 만약 두 기업이 불변한계생산비(매몰고정비를 고려한)의 아래에서 생산하고, 그리고 카르텔과 같은 양자의 이윤의 합계를 극대화 하는 바와 같은 결탁이 이루어지지 않는다고 하면, 꾸르노가 설명한 비협조적인 복점경쟁(non-cooperative duopolistic competition)이 성립한다. 즉, 각 기업이 상대기업의 생산량을 주어졌다고 하여(자기의 생산량의 변화가 상대기업의 생산량에 영향을 미치지 않는다고 생각하여), 자기의 이윤을 극대화하는 바와 같이 생산수준을 결정한다. 균형에서는, 어느 기업도 상대기업의 경상생산량을 주어진 것으로 하여 받아들여, 자기의 생산량을 바꾸어 이윤을 늘릴 수가 없다. 이 시장의 경쟁은 거기에 참가하고 있는 기업이 생산량을 제한하여 시장가격을 한계생산비까지 인하하는 바와 같은 것은 하지 않는다는 의미에서 불완전하다. 즉, 이윤은 완전경쟁의 경우보다도 크지만, 두 기업이 결탁하는 경우보다도 작다.

　그러나 정부가 자국기업의 수출에 보조금을 지급하는 결정을 하였다고 가정하자. 만

가라는 설명에서, 중대한 개념상의 과오를 범하고 있다. 이태리의 경제학자 파레토(Vilfredo Pareto)는 1892년 편지에서 꾸르노를 어느 점에서 비판하여, 다음과 같이 설명하고 있다. "이들의 수리경제학자들은 보호에 찬성하는 논거를 보는 것에 이상한 집념을 안고 있다." -Enrich Schneider (1961, p.162).

5) 브랜더＝스펜서(1981)는 이 연구를 수입관세를 사용하여 외국의 수출독점자로부터 이윤을 끌어내는 것에 관한 연구로부터 시작하였다. 이 연구는 여러 가지 분석도구를 사용하고 있는 것을 제외하면, Stephen Enke(1944)의 수입독점자가 교역조건을 유리하게 하기 위하여, 관세를 이용하는 것과 본질적으로 같다.

약 이 결정이, 각 기업이 주어진 기간의 생산량을 결정하기 이전에 발표되어, 그 발표가 신용하기에 충분한 것이며, 자국기업과 외국기업의 쌍방이 그것이 실시되는 것을 믿게 되면, 이 보조금은 두 기업 사이의 경쟁에 전략적인 효과를 갖고, 그 결과, 시장균형을 변화시키게 될 것이다. 즉, 이 수출보조금은 자국기업의 생산을 확대시키는 효과를 갖고, 시장가격을 인하, 그리고 이것에 대한 외국기업의 최적(이윤극대)행동이 그 생산량을 감소시키는 것이다. 이와 같이 하여 수출보조금은 (혹은 그것이 수출보조금에 관한 신빙하기에 충분한 예측이라도), 자국기업에 외국기업을 수출품시장에서 (어느 정도) 배제하는 것을 가능하게 하는 것이다. 사실, 브랜더와 스펜서는 잘 선택한(최적)보조금이 보조금의 코스트를 상회하는 이윤을 자국기업에 가져오고, 자국의 국부를 증가시키는 것을 증명하였다.6) 이 국가이익의 일부는 외국기업의 생산축소가 자국기업의 (보조된) 생산증가에 기초한 시장가격의 저하를 완화하는 것에 의한 것이다.

그러나 이와 같은 수출보조금의 이익은 그것이 일방적 행동이라는 조건에 의한 것이다. 특정의 한 나라가 이익을 받는 것은 그 나라만이 보조를 실시하고, 그리고 외국의 보복이 없는 경우에 한한다. 만약 두 나라 함께 자국기업을 보조한다면, 두 나라 함께 불리하게 될 것이다. 이 경우, 어느 쪽 기업도 시장으로부터 배제되는 것은 아니다. 보조금은 두 기업의 생산량을 확대시킬 뿐이며, 시장가격을 인하 그리고 그 보조금의 코스트는 두 기업이 벌어들이는 이윤을 상회할 것이다. 최적교역조건 관세의 케이스와 마찬가지로, 수출보조금에 의하여 국부가 증가하는 것은 그것이 일방적인 근린궁핍화정책이기 때문이다. 즉, 이익이 외국기업의 희생의 아래에 자국기업으로 이전되어, 그리고 그 산업 전체의 이윤은 보조금이 없는 경우보다도 작은 것이다. (물론 제3국 시장의 소비자는 가격하락의 이익을 향수한다.)

브랜더와 스팬서가 제시한 이론의 틀은 각 기업이 전략적 상호 의존적으로 행동한다. 여러 가지 형태의 불완전경쟁을 취급하는 것이 가능하다. 매우 탄력적인 것이다. 그 이전에, 브랜더와 스팬서(1983)는 이것과 관련한 자국기업과 외국기업과의 2단계경쟁(two-stage competition)의 시나리오를 생각하였다. 처음으로, 두 기업은 연구개발(R&D)지출의 금액을 선택한다. 그것은 제2단계에서 생산코스트의 삭감에 체감적인 한계효과를 갖는 것으로 한다. 두 기업은 각각의 R&D수준을 결정하고, 그 뒤에, 생산해야 할 극대이윤

---

6) 이 단순화된 상황에서는 국부의 결정에는 자국의 소비가 고려되어 있지 않다. 자국생산자의 이익만이 고려되어 있는 데 지나지 않다. 그리고 정부보조금이 경제의 다른 분야에 부여하는 뚜렷한 효과도 고려되어 있지 않다.

의 생산량수준의 선택에 착수한다. 앞의 사례와 마찬가지로, 정부의 정책은 이윤을 외국 기업으로부터 자국기업으로 재배분한다는 역할을 수행한다. 만약 두 기업이 각자의 R&D 투자수준을 결정하기 이전에, 정부가 자국기업에 대한 수출보조 혹은 R&D보조를 공표 하게 되면, 보조받는 기업은 제1단계의 코스트삭감을 위한 투자를 보다 많이 하여, 제2 단계의 생산을 유리하게 확장할 수가 있다. 여기에서 다시, 신빙할 수 있는 정부의 간 섭이 각 기업의 R&D지출과 생산량에 대하여 전략적 영향을 갖는 것이다. 즉, 경쟁의 초기단계에서 자국기업을 보조하는 것은 그 기업의 생산비를 인하, 생산량을 확대시켜, 그것에 의하여 외국기업은 다시 그 생산량을 어쩔 수 없이 축소시킨다. 그리고 자국기 업의 이윤의 증가(그것은 외국기업의 시장으로부터의 철퇴에 의한)는 정부보조금의 코 스트를 상회할 것이다. 마찬가지로, 두 정부가 함께 R&D지출을 보조하게 되면, 두 나 라는 함께 불리하게 될 것이다. 단, 두 기업이 함께 생산량을 확대하고, 시장가격이 하 락하고, 그것에 수반하여 두 기업의 이윤이 하락하기 때문이다.

브랜더와 스팬서는 정부의 전략적 개입이 원칙적으로 잠재적 혹은 현실적 경쟁상대를 억제하여, 원조된 기업의 이윤을 증가시킨다는 사고방식을 국제관계에 단순하고 현명하 게 가져온 것이다. 물론 각 기업은 상대기업의 희생 아래에서 자기의 이윤을 증가하고 자 하는 모든 유인을 갖는 것이지만, 이 균형상태에서는 기업 쪽에서 전략적으로 움직 일 가능성은 이미 소멸하였다고 생각되고 있다. 그리고 이 시장에 변화를 일으키는 전 략적 요인으로서 정부의 정책이 시장의 밖으로부터 가져온 것이다. 그러나 정부의 간섭 이 기업의 경제활동에 영향을 미치기 위해서는, 두 가지 특성을 갖지 않으면 아니 된다. 첫째, 정부는 각 기업이 생산계획을 결정하기 이전에, 그 정책을 공표하지 않으면 아니 된다. 그렇지 않으면 최종결정에 영향을 미치는 데는 늦어 버린다. 둘째, 정부의 정책이 신빙되지 않으면 아니 된다. 이것은 정부의 발표가 실행되는 것에 관한 신뢰가 있는 것 혹은 어떠한 제도적 조치(예를 들면, 자동적인 입법화)에 의하여, 그 정책이 확실하며 철회되지 않는 것이 보증되지 않으면 아니 된다.

이 브랜더와 스팬서의 발견은 경제학자들의 많은 주목을 모아, 무역정책의 통속적인 논의에 점차 침투하게 되었다. 그리고 이 연구가 불완전경쟁시장에 있어서 무역정책분 석을 유행시키는 단서가 되었다.[7] 예를 들면, 딕시와 킬(Avinash Dixit and Albert Kyle, 1985)은 규모에 관한 내부경제가 매우 크고(즉, 참여에 대한 고정비가 매우 큰), 세계수

---

7) 이 선의 연구동향에 관한 보다 상세한 전망은 James Brander(1995)이다.

요가 한 기업의 생산밖에 유리하게 뒷받침될 수 없는 바와 같은 사태를 고찰하였다. 만약 상이한 나라의 두 개의 경쟁기업이 시장참여를 고려하고 있게 되면, 한쪽 정부가 그 시장의 자국기업을 지지한다는 신빙할 수 있는 약속(commitment)을 주는 것은 외국기업의 시장참여를 억제하여 자국기업의 독점이윤을 옹호한다는 전략적 효과를 갖는다. 기타에도 정부의 정책이 무역패턴을 변화시키는 사례가 여러 가지 고찰되지만, 어느 것이나 그 나라의 경제적 부에 영향을 명시적으로 나타내기까지에는 이르지 않았다. 그것들은 정부의 정책이 불완전경쟁시장에 있어서 무역패턴을 변화시키는 것을 나타낼 뿐이며, 그 정책이 경제적 이유에 의하여 바람직한 것이라는 것을 나타내는 데에는 좀 먼 것이었다.

이 종류의 연구의 대부분은 어떤 종류의 상품(예를 들면 대형항공기)의 국제거래가 몇몇 기업에 장악되어 있는 현실에 동기 매김된 것이다. 이 불완전경쟁시장의 구조가 흐트러짐 없이 실제 존재하기 때문에, 전략적 무역정책의 이론이 직접적이고 현실적 의미를 갖는 것이다. 그러나 이 이론의 주창자들은 이 이론모델을 경제정책에 적용하는 것에 신중하였다. 예를 들면 브랜더(1986, p.45)는 "여기에서 표명된 간섭주의적인 무역정책의 주장은 한정된 좁은 것이며", 이 새로운 이론은 "일반적으로 인정되고 있는 보조금정책에 관하여 어떤 합리성을 부여하는 것은 아니다."라고 부언하였다. 그리고 그는 "이 결론은 국제무역이론의 주류에 있어서 표준적 평가 및 그 용인된 것과는 예리하게 대립하는 것이다."라고 설명하고 있다.

크루그만(Paul Krugman, 1987, pp.131-32)은 다시 논의를 진행, 자유무역에 관한 현재의 사고방식은 이 새로운 이론에 고려, 심각하게 다시 생각하지 않으면 아니 된다고 논하였다. 크루그만은 주장한다. "국제무역이론에서 최근 일어난 변화에 의하여(그는 그것을 실체적이며 혁신적이라고 한다), …… 지금 자유무역의 주장은 1817년 리카도의 <경제학 및 과세의 원리>의 출판 이후의 어떠한 시기에 있어서도, 많은 의혹에 쌓여 있게 되었다." 크루그만에 의하면, 자유무역은 "순결함을 회복불능하기까지 상실된 사고방식이며", "바로 경제이론이 우리에게 가르치는 정책이 항상 올바르다고는 말할 수 없게 되었던" 것이다.

크루그만의 주장은 대부분의 비판적 언급을 불렀다. 대부분의 경제학자는 전략적 무역이론에 의심을 품고, 이 이론의 최근의 진전을 보다 넓은 관점에서 조망함으로써, 자유무역을 옹호하고자 시도하였다. 바그와티(Mjagdish Bhagwati, 1989, p.19, p.41)는 크루그만의 주장을 "참으로 이상한 것"이라고 평하였다. 왜냐하면 (제13장에서 논한) 국내괴리의 이론이 의미하는 바와 같이, "'경제이론이 우리에게 항상 올바르다고 가르치는 정책'이 자유무역이라고는 이제 우리는 주장할 수 없는 것이다. …… 어느 논의의 흐름은 자유무역의 주장을 강화하고, 다른 흐름은 그것을 약화한다. …… (그리고 후자(자유무역의 주장을 약화하는 논의)는 그것이 교실을 떠나, 정책형성의 무대로 옮기자, 여러 가지 장해에 직면하는 것이다." 볼드윈(Robert Baldwin, 1992)은 전략적 무역정책의 이론을 기존의 이론체계로 쉽게 파악할 수가 있다고 생각하였다. 이 새로운 이론은 무역간섭에 의하여 상대방의 희생의 아래에서 '근린궁핍화적인' 이익을 가져오는 것이라는 의미에서, 관세의 교역조건론(최적관세)과 같은 성질이며, 그 전략적인 개입이 수출세가 아니라, 수출보조금을 적절한 정책도구로 한다는, 새로운 차원을 개척한 것이라고 하는 것이다. 그리고 대부분의 사람들은 가령 정부간섭이 소수의 사례에서 자유무역보다도 좋다고 하여도, 그것이 자유무역을 바람직하다고 생각하는 기본적 전제를 근본적으로 뒤집는 데는 이르지 못하였다고 믿었다.

이러한 여러 가지 반론은 새로운 이론의 필요 이상의 주장을 완화하였지만, 가장 중요한 반론이 이 이론으로 정면으로부터 대처하여 갔다. 브랜더＝스팬서모델은 하나의 큰 특성을 갖고 있다. 즉, 지금까지의 몇 가지 케이스와는 달리, 특히 분명하게 유치산업보호론과는 달리, 전략적 무역정책의 분석에 사용되고 있는 이론구조가 이 형식적인 경제모델을 보는 모든 사람에 있어서, 명시적 구체적 그리고 투명하다는 것이다. 이것은 그 기초에 있는 여러 가정이 견실하다는 것이 이 이론의 정책적 의미를 고려하는 데 있어서 결정적으로 중요하기 때문이다. 이들 가정의 단순한 변경이 이 이론의 정책적 의미를 민감한 것이 분명하게 되었다. 전략적 무역정책의 이론에 많은 조건이 추가된 결과, 이 이론이 자유무역론으로부터의 이탈의 일반적 근거가 된다고 하는 신념이 흔들려, 이것에 대한 의심을 남기게 되었던 것이다.

예를 들면, 브랜더－스팬서의 분석(1985)에서는, 경쟁이 두 기업 사이에서 이루어지는 것을 가정하고 있다. 만약 일정 수의 기업이 존재한다고 가정하면, 최적수출보조금은 기업의 수에 반비례하여 변화한다. 만약 기업의 수가 충분하게 적다면(그것의 정확한 수는 생산비조건 및 수요조건에 의하여 결정된다), 수출보조금에 의하여 이윤이 이전하는 사태가 성립한다. 그러나 딕시(1984)가 나타낸 바와 같이, 국내기업의 수가 많아져 시장이 완전경쟁에 가깝게 됨에 따라, 수출보조금의 바람직함은 작아진다. 고정된 복점이라는 가정은 시장참여의 가능성을 배제한다는 비판을 불러왔다. 만약 참여의 장애가 존재하지 않는다면, 새로운 생산자가 생산을 개시하여, 잉여이윤을 소멸시켜, 이 이윤이전 정책의 주장을 무효로 할 것이다.[8] 호스트만과 마쿠센(Ignatius Horstmannand James R.Markusen)은 다음의 내용을 나타냈다. 즉, 만약 수출보조금의 대상이 되는 산업에 규모에 대한 수확체증이 작용한다면, 관세정책과 보조금정책은 동시에 비효율적인 시장참여를 촉진하고, 평균생산비와 소비자가격을 등귀시킬 것이다.

그리고 브랜더＝스팬서의 결론은 두 개의 기업이 꾸르노 모델의 경쟁자이라고 하는 가정－각 기업은 일정기간에 있어서 상품의 생산량을 선정하는－에 입각하고 있다. 이 것에 대신하는 방식(소위 버트란트접근방식(Bertrand approach))은 상호 경쟁하는 것은 생산량에 있어서가 아니라, 판매가격의 선택에 있어서이다.[9] 이튼과 그로스맨(Jonathan Eaton and Gene Grossman, 1986)은 버트란트 모델의 가격경쟁의 아래에 있어서 최적무역정책을 취급하여, 만약 두 기업이 이윤극대를 위하여 수량경쟁이 아니라 가격경쟁을 선택하였다면, 브랜더＝스팬서의 결론을 역전하는 것을 발견하였다. 일반적으로 가격경쟁은 수량경쟁보다도 경쟁적인 결과를 낳는 것이다. 거기에서는 상대의 가격보다도 낮은 가격으로 많은 시장쉐어를 얻도록 하는 유인이 크기 때문이다. 이와 같은 보다 경쟁적인 상황에서는 기업은 시장지배력을 발휘할 여지는 없고, 정부의 생산량제한이 최적정책이 된다. 수출세는 국내생산량을 축소시켜, 시장가격을 등귀시켜, 동시에 자유국 기업의 이윤을 증가시킨다. 만약 경쟁에 관한 꾸르노의 가정이 버트란트의 가정보다도 타당하다고 생각하는 것에 납득할 수 있는 이유가 없다면, 수출세와 수출보조금의 어느 쪽이 최적정책인 것인가에 관하여 결론이 나지 않게 된다.

---

8) 사실, 이윤이라는 것이 실제로 본 정도로는 분명하지 않은 것을 우리는 명심하지 않으면 아니 된다. 그로스맨(Gene Grossman, 1986, p.57)은 다음과 같이 설명하고 있다. 가끔 이상하게 높다고 생각되는 이윤율도 지금까지 이루어진 위험이 많은 투자에 대한 보수인 것이다. 예를 들면, 연구개발에 대한 지출은 아주 거액에 이르며, 대부분의 시도는 실패로 끝난다. 성공하여 이윤을 올리는 것을 기대할 수 있어 비로소 기업은 대규모투자를 하게 되는 것이다. 말할 필요도 없이, 현실의 시장에서는, 우리는 성공한 회사만을 눈을 돌린다. 따라서 우리는 이윤율이 이상하게 높다고 결론 맺기 쉽다. 그러나 산업의 이윤은 시장에 등장하지 않았던 기업의 손실을 포함하여 평가하지 않으면 아니 되는 것이다.

9) 이 가격설정방식은 1838년의 꾸르노에 대한 Joseph Bertrand의 비평에 기초하는 것이다. 그러나 Jean Magnan de Bornier(1992)는 이 견해를 들어, 그와 같이 해석하는 것은 Joseph Bertrand의 오해에 의한 것이라고 논하고 있다. Robert Ekelund와 Robert Hebert(1990, p.145)는 Poul－Gustave가 (1864년)의 꾸르노에 대한 비평에서 기업이 가끔 가격경쟁을 하는 것 그리고 기업 사이의 결탁이 이루어지지 않는 가격경쟁이 생산량을 경쟁수준으로 가져가는 것을 지적하고 있다.

브랜더=스팬서의 분석이 꾸르노와 다른 또 하나의 측면은 각 기업이 상대기업의 생산량을 주어진 것으로 하고 있는 것이다. 이 기업의 생산량에 대한 상대기업의 생산량 조정을 이 기업이 고려한다고 가정하고 있는 것(추측적 변경방식(conjectural variation approach)이라고 하는 것)이다.[10] 그리고 이튼과 그로스만(1986)은 추측적 변경의 가정을 변경함으로써, 최적무역정책이 어떠한 영향을 받을 것인가에 관하여 고찰하였다. 만약 자국기업이 상대기업을 실제로 그 이상으로 공격적이라고 상정하게 되면-자국기업의 생산증가가 외국기업의 생산량을, 그것이 실제로 이루어진 정도로는 크게는 감소시키지 않을 것이라고 기대하게 되면-, 수출보조금에 의하여 이익을 경쟁의 상대기업으로부터 가져올 수 있는 것이다. 이 가능성은 자국기업이 생산을 확대할 때, 외국기업이 그 생산량을 실제로 축소하는 것을 자국기업이 고려하지 않았다는 것에 의한다. 그 반면, 만약 자국기업이 경쟁상대를 그것이 실제로 그러한 이상으로, 소극적이라고 생각하게 되면-, 자기의 생산증가에 대하여 외국생산량의 감소를 예측하여도, 실제로 그 정도 크게 감소하지 않는다면-, 이번은 수출세가 바람직한 정책이 된다. 이 경우, 자국기업이 자기의 시장지배력을 과신한 것이 된다.[11] 따라서 (수출에 대한) 과세와 보조금 어느 것이 최선의 정책인가는 두 기업 사이에서 실제로 어떠한 형태의 경쟁적 상호작용이 이루어지는가에 결정적으로 의존하는 것이다. 정부는 올바른 정책을 실시하기 위하여, 시장의 행동에 관하여 사기업 이상의 보다 많은 정보를 갖지 않으면 아니 된다.

지금 하나의 문제점은 (전략)결정의 타이밍이다. 브랜더=스팬서의 처음 분석에서는, 먼저 정부가 특정의 보조율을 신빙하는 데 충분한 형태로 공표한다. 그 보조율은 두 기업이 선택한 생산량과는 관계가 없으며, 그것은 두 기업이 생산량을 결정하기 이전에 선정된 것이었다. 카미캘(Calum Carmicheai, 1987)은 이 순서를 반대로 하여, 두 기업이 생산량을 결정한 뒤에, 정부가 보조율을 공표하는 것으로 가정하고, 그 경우에는, 기업이 보조금 전부를 자신의 것으로 하여 버린다고 결론하였다. 그 경우, 기업이 보조금이 가격에 의존하는 것을 알고, 그 정보를 자기의 가격결정에 이용하기 때문이다. 그 결과,

---

10) 현재, 이 '추측적 변경'방식은 그 이론적 어려운 점 때문에, 불신감을 초래하고 있다. 엄밀하게 말하면, 정태적인 꾸르노 모델에서는 기업이 상대기업에 반응하여 행동할 여유는 없을 것이다. 왜냐하면, 두 기업은 각자의 생산량을 동시에, 일발승부(one-shot game)로 결정하기 때문이다. 꾸르노 모델은 단지 최종균형을 분명히 할 뿐이며, 그 균형을 성립시키는 가상적 조정에 관해서는 고찰될 수 없는 것이다.

11) 만약 각 기업이 자기의 생산변경에 대한 상대기업의 반응을 완전히 예상하는 것이라면, 즉, '정합적' 추측을 하는 것이라면, 이윤이전의 기회는 전적으로 없고, 정부개입의 여지도 없다. 그러나 이 점도 또한 앞의 (주 10)의 경고에 따르지 않으면 아니 된다.

보조금은 그 기업에 대한 순수한 무상이전이 되며, 소비자에 부과하는 가격은 불변, 생산량의 변화도 없고, 그리고 (기업 사이의) 이윤이전도 없는 것이기 때문이다. 그 나라의 복지도 불변이다.

그리고 딕시＝그로스만(1986)은 전략산업육성의 논거가 약체화하는 케이스를 시사하였다. 그것은 이 산업이 공통의 중요한 생산요소에 의존하고 있는 경우이다. 브랜더＝스팬서의 예에서는, 여러 자원이 각각의 한계생산물에 의하여 가격이 매겨졌다. 그런데 그 자신 랜트를 가져오지 않는 다른 분야로부터 수출보조금이 여러 자원을 흡수함으로써, 자국의 생산량을 증가시키는 것이었다. 그렇지만 만약 몇 개의 전략산업이 숙련노동이나 연구개발용의 과학자라는, 공급이 한정된 공통생산자원을 필요로 하게 되면, 한 부문의 확대는 다른 부문에 있어서 그 자원의 가격을 등귀시켜, 따라서 기타 부문의 생산량을 감소시키는 것이다. 딕시＝그로스만은 이 경우, 한 산업의 이익이 다른 산업의 손실에 의하여 상계되어, 오히려 차감한 마이너스가 되는 것을 나타내었다. 만약 정부가 전략적인 여러 산업 가운데에서 어느 산업으로 수출보조금의 한계수익이 가장 큰가에 관하여 정확한 정보를 갖고 있지 않으면, 정부의 간섭이 오히려 해롭게 되는 것이다.

또 외국인에 의한 자국기업의 소유(보다 일반적으로는 국제주식보유(international equity holding))의 가능성을 인정하게 되면, 전략적 무역정책의 논거는 한층 약체화한다. 만약 자국기업에 대한 소유권을 국내거주자와 외국거주자 쌍방이 갖게 되면, 국부를 극대화하기 위한 정부간섭은 두 나라 사이 배당금지불을 고려하지 않으면 아니 된다. 리(Sanghack Lee, 1990)는 수출확대를 시도하는 산업에 대한 외국인의 소유비율이 클 정도로, 최적보조의 금액이 적게 되는 것을 지적하였다. 자국기업이 완전히 외국인의 소유가 되기 이전, 또는 외국기업이 완전히 국내거주자의 소유가 되는 한계적 케이스에 이르기 이전의 어딘가의 점에서, 자국에서 생산하는 기업에 대한 보조금이 그 나라의 부를 감소시키게 되는 것이다.

이들의 비판은 어느 것이나 브랜더＝스팬서의 기본적 틀을 소유로 하여 수취하며, 그리고 만약 그 가정의 하나에, 있어야 할 혹은 약간의 수정을 더하게 되면, 그것의 무역정책에 대한 영향이 어떻게 변화할까를 묻게 되는 것이었다. 거의 모든 수정은 (그 정책적)의의를 매우 크게, 그리고 가끔 예상하지 않았던 방법으로 변화시키는 것이었다. 요는, 이상의 여러 비판은 전략적 고찰이 어느 종류의 적극적 무역정책에 찬성의 일반명제를 가져온다는 주장에 파괴적인 영향을 가져오는 것이다. (전략적 무역정책이) 어떠한 명확한 결론을 정책에 관하여 갖기 위해서는 많은 전제와 가정이 필요하게 되는 것이지만, 만약 이것들의 전제·가정의 하나에도 불확정한 것이 있다면, 무역정책에 대한 의미가 애매하게 되는 것이다. 이것은 자유무역을 최적이라고 하는 일반명제가 그대로 남는 것을 의미하는 것은 아니다. 이들의 전략적 경쟁모델의 거의 모든 경우, 일방적인 자유무역은 최적은 아니었다. 그러나 어떠한 정책이 최적이라고 하게 되면, 전적으로 분명하지 않은 것이다. 이와 같은 결론의 민감성(불확실성)이 이 이론으로부터 도출되는 전략적 무역정책의 실제적 주장을 제로(0)로 한다고는 말할 수 없기까지도, 크게 구속, 그 운용상의 가치를 상계하는 것이다.

크루그만(1992, p.432)은 그의 이전의 언급에도 불구하고, 뒤에 브랜더=스팬서 모델을 "장기적 중요성의 점에서 엄청난 차이의 이론적·정치적 흥분을 불러일으켰다." "홀륭한 모델 빌딩의 직인"이라고 불렀다. 그것은 이 전략적 무역정책론의 이론적 약점이 브랜더=스팬서가 근본적으로 올바른 원리를 수립하였다는 관념을 일소하는 데 힘을 더 하였기 때문이다. 전략적 무역정책 분석은 교역조건의 경우와 마찬가지로 자유무역으로부터의 일방적 이탈(자국만이 자유무역을 중지하는 것)이 상대국의 희생 아래에서 자국에 이익을 가져오는 것이라는 것을 명확히 하였다. 그러나 그것은 관세와 교역조건의 논의와 같이, 외국의 무역정책도 또한 자국기업과 자국의 경제후생에 잠재적으로 손해를 입힐 가능성을 시사한 것이다.

그러나 이 전략적 무역정책모델의 진정한 의미는 무역제한이 한정된 경우에 잠재적으로 유리하다는 것은 아니다. 오히려 이 이론은 무역이 경제의 상호 의존관계의 한 형태이라는 관념을 재확인하는 것이다. 만약 각 나라가 다른 나라의 존재를 무시하고, 자국의 일방적 이익을 추구하게 되면, 결국, 모든 나라가 불리하게 된다는 것이다. 그와 같은 정책을 일체 하지 않는다고 하는 여러 나라 사이의 '협력'협정이 모든 나라를 최종적으로 유리하게 하는 것이다.

꾸르노의 복점의 분석은 전략적인 국제경쟁에 있어서 자국기업을 지지하도록 하는 정부의 개입에 대하여 아주 단순하고 직관적인 합리성을 주는 것이었다. 돈벌이의 큰 시장에서 두 개의 기업이 경쟁할 때, 한쪽의 기업이 상대기업을 시장으로부터 내쫓는 것을 정부가 원조하는 것은 지금까지 상대기업에 귀속하고 있던 이윤을 원조를 받은 기업에 주는 것이 된다. 이 단순한 논리는 특허 받은 독점무역회사의 중상주의 시대와 같이, 지금 또 매력적인 것이다. 그러나 이 단순한 논리에 홀륭한 경제학적 기초 매김을 하고자 한다면, 많은 이론적인 복잡화에 의하여, 그 무역정책에 대한 의미가 제한되어, 그 명제는 간단명료하고 유망한 것은 되지 않게 되는 것이다.

참고문헌

1) Gary M. Anderson, and Robert D. Tollison, "Adam Smith's Anlaysis of Joint Stock Companies", Journal of political Economy 90(December 1982): 1237−56.

2) Robert E. Baldwin, "Are Economists' Traditional Trade Policy Views Still Valid?" Journal of Economic Literature 30(June 1992): 804−29.

3) Jagdish. Bhagwati, "Is Free Trade passé After All?" Weltwirtschaftliches Archiv 125 (1989): 17−44.

4) James A. Brander, "Rationales for Strategies Trade and Industrial Policy", In Strategic Trade Policy and the New International Economies, edited by Paul R. Krugman. Cambridge: MIT Press. 1986.

5) _______________, "Strategic Trade Policy", In The Handbook of International Economics, vol.3, editied by Gene M. 6)Grossman and Kenneth Rogoff. Amsterdam: North Holland, 1995.

6) James A. Brander, and Barbara J. Spencer. "Tariffs and the Extraction of Extraction of Foreign Monopoly Rents under Potential Entry", Canadian Journal of Economics 14 (August 1981): 371−89.

7) _______________, "Export Subsidies and International Market Share Rivalry", Journal of International Economics 18(February 1985): 83−100.

8) Calum M. Carmichael, "The Control of Export Credit Subsidies and its Welfare Consequences", Journal of International Economics 23(August 1987): 1−19

9) Augustin. Cournot, Researches into the Mathematical Principles of the Theory of Wealth(1838). Translated by Nathaniel T. Baon. Mew York: Mcmillan, 1927.

10) Avinash. Dixit, "International Trade Policy for Oligopolistic Industries", Economic Journal (Supplement) 94(1984): 1−16.

11) Avinash. Dixit and Gene M. Grossman. "Targeted Export Pormotion with Weveral Oligopolistic Industries", Journal of International Economics 21(November 1986): 233−49.

12) Avinash. Dixit, and Albert S. Kyle. "The Use of Protection and Subsidies for Entry Promotion and Deterrence", American Economic Review 75(March 1985): 139−52.

13) Jonathon. Eaton, and Gene M. Grossman. "Optimal Trade and Industrial Policy Under Oligopoly", Quarterly Journal of Economics 101(May 1986): 383−406.

14) Jr., Robert B. Ekelund, and Robert F. Hebert. "Cournot and His Contemporaries: Is an Obituary the Only Bad Review?" Southern Economic Journal 57(July 1990): 139−49.

15) Stephen. Enke, "A Monopsony case for Tariffs", Quarterly Journal of Economics

58(February 1944): 229-45.

16) Gene M. Grossman, "Strategic Export promotion: A critique", Instrategic trade Policy and the New International Economics, editied by Paul R, Krugman. Cambridge: MIT Press, 1986.

17) Ignatius J. Horstmann, and James R, Markusen, "Up the Average Cost Curve: Inefficient Entry and the New Protectionism", Journal of International Economics 20(May 1986): 225-47.

18) Douglas A. Irwin, "Mercantillism as Strategic Trade Policy: The Anglo-Dutch Rivalry for the East India Trade", Journal of Political Economy 99(December 1991): 1296-1314.

19) ________________, "Mercantillist Trade Rivalries and Strategic Trade Policy", American Economic Review (Papers and Proceeding) 82(May 1992): 134-39.

20) Paul R. Krugman, "Is Free Trade Passe?" Journal of Economic Perspectives 1(Fall 1987): 131-41.

21) ________________, "Does the New Trade Theory Require a New Trade Policy?" The World Economy 15(July 1992): 423-41.

22) Sanghack. Lee, International Equity Markets and Trade Policy. Journal of International Economics 29(August 1990): 173-84.

23) De Bornier, Jean. Magnan "The 'Cournot-Bertrand Debate': A Historical Perspective", History of Political Economy 24(Fall 1992): 623-56.

24) Erich. Schneider, "Vilfredo Pareto: The Economist in Light of His Letters to Maffeo Pantaleoni", Banca Nazionale del Lavoro Quarterly Review 14(September 1961): 247-95.

25) Barbara J. Spencer and James A. Brander. "International R&D Rivalry and Industrial Strategy", Review for Economic Studies 50(October 1983): 707-22.

제5편

국제무역론의 과거와 미래

제23장

국제무역이론의 과거와 장래

　국제무역이론에 있어서 자유무역의 이론은 1776년에 아담 스미스의 <국부론>에 의하여, 경제학의 분야에서 다른 어떠한 학파도 미치지 못할 정도로 탁월한 지적 권위를 확립하였다. 자유무역론은 그 뒤 2세기에 걸쳐 보호무역론자들에 의해 엄격한 비판을 받았음에도 불구하고, 대체적으로 그 특별한 지위를 유지하여 왔다.

　자유무역의 이론으로서의 강점은 그 경제학의 기본적 원리, 즉 개인이 서로의 자발적 교환으로부터 이익을 얻는 바와 같이, 나라도 국경을 초월하여 무역으로부터 발생하는 이익(gains from trade)을 얻을 수가 있다는 사고방식에 기초한 것이다. 다음으로, 그 무역이익은 분업 즉 특정한 상품에 있어서 개인 혹은 나라 사이의 특화에 의한 것이다. 아담 스미스는 다음과 같이 쓰고 있다. 분업은 "인간의 하나의 성향이다. …… 어느 상품을 다른 상품과 교환, 물물교환, 거래하는 성향 …… 의 아주 완만하고 점진적이긴 하지만, 필연적인 결과인 것이다. 만약 이 교환, 물물교환, 거래의 성향이 없었다면, 모든 사람은 필요로 하는 생활의 필수품과 편의품을 스스로 조달하지 않으면 아니 된다."[1] 특화의 이익은 개인, 가계, 공동체, 도시, 지역, 나라의 모든 수준에서 발생한다. 그 결과로서의 많은 양의 상품이 이들 경제주체 사이에서 교환되어, 그 물적 필요 · 욕구가 크

---

1) Adam Smith, The Wealth of Nations, Ⅰ, ⅱ, p.1, p.5.

게 충족되고, 상호의 이익에 이바지한다.

제2장에서 고찰한, 수 세기에 걸쳐 보편경제의 사상이, 국제무역이 그것에 종사하는 모든 나라의 부의 총량을 증가시킨다는 기본적 사상을 처음으로 확립한 것의 영예를 받아야 한다.[2] 그 뒤의 모든 경제사상가는 이 기본적 통찰을 받아들여 무역이익을 널리 인식하고, 그것을 높이 평가하였다. 사실, 개인과 마찬가지로, 나라가 특화와 교환에 의하여 이익을 받는다는 관념은 너무나도 강력하고 근원적이며, 누구라도 그것에 반대할 수 없는 것이었다. 주요한 사상계열에서, 완전한 자급자족이 무역에 이긴다고 논한 것은 하나도 없었다. 그러나 스미스 이전의 거의 모든 철학자·지식인들은 무역이익에 관해서는 의심하지 않았던 것으로, 무역은 자유이어야 한 것은 아니라고 믿었던 것이다. 예를 들면 제3장에서 설명한 바와 같이, 중상주의자들은 국제무역에 대한 적당한 규제가 자유무역 아래에서 가능한 이상으로, 한 나라의 자원을 확대하는 것이라고 주장하였다. 기타 사상가들도 그와 같은 규제를 비경제적인 근거로부터 옹호하였다.[3]

이것에 대하여 무역통제에 반대하는 사람들은 제5장에서 논한 바와 같이, 다음의 점을 지적하여 그것에 반응하였다. 즉, 국제무역은 각지의 상품의 가치평가(시장가격으로 측정)가 상이한 것의 바람직한 결과이며, 그것에 의하여 상품이 풍부한 지역에서 희소한 지역으로 수송되는 것이다. 그리고 그들은 무역장해는 이와 같은 이익을 가져오는 무역관계를 저해하는 것이며, 무역장해는 그 자체 부와 고용을 증가시키는 것은 아니라고 주장하였다. 특히 마틴(Henry Martin)은 무역의 효율에 관하여 그것이 한 나라의 노동을 사용하여 상품을 그렇지 않은 경우에 비하여 저렴하게 입수하는 방법이라는, 근본적인 문제를 제기, 보호는 노동을 생산성이 낮은 용도로 몰아넣을 뿐이라고 논하였다.

그러나 완전한 자유무역이 다른 나라와 무역할 기회를 가장 유효하게 살리는 방법이라고 논한 사람은 적었다. 제7장에서 설명한 바와 같이, 아담 스미스가 경제행동의 서술과 무역정책의 분석에 모순 없는 설득적인 이론체계를 채용하여, 최종적으로 자유무

---

2) 이와 같이, 자유무역의 지적 주장은 결코 아담 스미스가 최초로 주창한 것은 아니다. 그러나 그는 〈국부론〉에서 그것에 찬성하는 특별하고 강력한 경제이론을 전개하기까지는 자유무역론은 결코 확립된 것도 또 일반적으로 용인된 것도 아니었다.
3) 말할 필요도 없이, 자유무역에 반대하는 비경제적 논의를 모으는 것은 쉽다. 반대 목적(안전보장, 농업에 있어서 자급자족, 기타)의 결정적 중요성을 명시하고, 그리고 그 목적달성에는 상당한 물적 후생을 희생으로 한다. 가끔, 그와 같은 희생은 전적으로 필요하지 않다고 논의되었다. 바그와티가 상세히 설명한 바와 같이, 비경제적 목적이 무역부문과 특히 결부되고 있는 경우를 제외하고는, 비경제적 목적이 자유무역으로부터의 이탈을 정당화하는 것은 아닌 것을 통상정책의 근대이론이 분명하게 하고 있다. ―Jagdish Bhagwati, 1971.

역의 경제적 이익을 지지하는 강력한 명제를 확립한 것이다. 그리고 스미스는 자유무역을 지지하는 것과 마찬가지로, 설득적인 보호반대론을 전개하여, 보호에 찬성하는 강력한 경제적 논거를 찾아내고자 하는 노력의 앞에 가로막았다. 또 고전학파 경제학자들이 비교우위의 이론에 의하여 자유무역론의 기초다지기를 하고, 그 위에 자유무역론을 확립하여 오늘에 이른 것이다.[4]

아담 스미스 이전의 경제사상가들이 심정(orientation)에 있어서 전적인 보호주의자는 아니었던 것과 마찬가지로, 스미스 이후의 경제사상가들도 자유무역을 의심 없는 교의(dogma)로서는 받아들이지 않았다. 스미스는 자유무역 지지의 강력한 논의를 만들었다 하여도, 그것은 경제학자 사이의 문제를 완전히 해결하는 것은 아니었다. 스미스 이후, 경제학자들은 자유무역의 한계를 확인하고자 노력, 그 결과, 보호가 유리하다고 생각되는 여러 가지 케이스를 발견하였다. 이런 이유에서 스미스가 자유무역을 경제학의 중심적 교의로 만든 뒤에, 자유무역에 대한 모든 중대한 제약조건이 경제학자의 저서에서 볼 수 있는 바와 같았던 것이다. 생각건대 그것은 자유무역에 가장 정통한 사람들(그것에 맹목적으로 따랐던 사람들)이 그 약점을 좋게 인식하였기 때문이다.[5]

가장 명료한 제약은 개인과 나라가 마찬가지로 무역의 이익을 받는다는 유추(analogy)의 약점이다. 이 유추는 나라가 각각 다른 개인으로부터 구성되어 있어, 그 전부가 자유무역의 이익을 받는 것은 아니라는 사실을 무시하는 것이다. 오스트레일리아의 보호론과 자유무역의 후생경제학을 취급한 제15장과 제16장이 이 점을 분명히 하고 있다. 가령 자유무역이 경제적 부를 (적어도 잠재적으로 경제후생을) 극대로 한다고 하여도, 만약 소득이 감소하는 사람들에게 보상이 이루어지는 것이 아니라면, 모든 사람이 유리하게 되었다고는 말할 수 없다. 이 소득분배의 효과가 자유무역에 대한 중요한 반론이 되어(아마 그것은 현실의 정책형성의 무대에서는, 이 책에서 취급하는 이론 문제 이상으로 중대한 관심사이다), 그리고 자유무역에 대한 중대하고 실제적인 장해가 되는 것이다. 물론 소득분배의 문제는 거의 모든 경제정책의 분석에 관련하는 문제이며, 특히

---

4) 이 책이 무역이익의 논의를 제8장의 고전학파 경제학의 논의에서 종료하고 있는 것은 이 문제에 관하여 또 보다 실질적 정치화가 이루어지지 않았다는 것을 의미하는 것은 아니다. 과거 2세기에 걸쳐, 무역패턴에 관한 여러 가지 설명(예를 들면 요소부존비율의 차이), 무역이익의 여러 가지 원천(예를 들면 상품차별화의 문제)이 경제학자들에 의하여 이루어져 왔다. 그러나 이들 업적의 기본적인 메시지는 아담 스미스 및 고전학파 경제학자들과 정신에서 전적으로 동일한 것이다.
5) 유치산업보호론은 아주 오랜 지적 전통을 갖는 것이지만, 19세기까지는 훌륭한 형태를 취하지 못하였다.

무역정책에 관련된다고 한 것은 아니다.

지금까지 전개된 것으로 가장 강력한 자유무역에 대한 경제적 반대론은 제9장에서 고찰한 교역조건론이다. 이것은 개인 혹은 기업의 수준에서 볼 수 있는 사태이며, 어느 사람이 충분한 시장지배력을 갖고 그 상품의 시장가격에 영향을 미칠 수가 있다면, 그가 시장지배력을 행사하여 생산량을 제한함으로써 시장가격을 인상하도록 하는 것은 당연할 것이다. 마찬가지로, 만약 한 나라가 세계의 여러 나라와 상품을 무역할 때의 교환비율이 그 나라의 수출량과 수입량에 의존하게 되면, 정부가 무역에 간섭함으로써 교환비율을 조작하여, 그 나라에 그렇지 않는 것보다도 많은 이익을 가져오는 것이 잠재적으로 가능하다. 이것이 일방적 무역간섭(자국만이 무역간섭을 하는 것)이 이루어지는 이유이다. 즉, 일방적 무역간섭이 상대국에 보다 많은 손실을 줌으로써 자국에 이익을 가져오는 것이라고는 하지만, 자유무역(무역간섭을 하지 않는 것)은 그 나라에 있어서는 바람직하지 않은 것이다. 그러나 모든 나라가 그와 같은 일방적 동기에 의하여 행동하고, 다른 나라의 희생에 의하여 자국의 교역조건을 유리하게 하기 위하여 관세를 부과하게 되면, 모든 나라가 무역이익을 얻을 수가 없게 된다. 이와 같은 이유에서, 자유무역이 성립하는 바와 같이 국제협력을 하는 쪽이 모든 나라가 무역제한에 의하여 교역조건을 움직이게 하기보다도 좋은 것이다.

또 그 이상으로도 많은 사례에서 보호가 자유무역보다도 좋다는 것이 주장되었다. 그 대부분은 농업과 공업(또는 1차부문과 가공부문)의 사이에 근본적인 차이가 있는 것을 가정하는 것이다. 17세기의 중상주의 시대부터 오늘에 이르기까지, 공업이 농업에 비하여 명백한 장점을 갖는다고 생각하여 왔다. (혹은 어떤 종류의 공업이 다른 공업보다도 좋다고 믿어 왔다). 그리고 그것들의 장점은 시장에서는 충분히 평가되지 않는(예를 들면, 시장가격에 반영되지 않고, 따라서 시장관계자에게 인식되지 않은)다고 말하는 것이다. 이러한 신념이 임금격차론, 유치산업론, 수확체증론 그리고 전략적 무역정책의 논의를 끌어내는 것이었다.

이러한 정당한 보호이론을 수립하고자 한 몇몇 시도는 이론명제로서는 어느 정도 입장을 굳히는 데에 성공한 것으로, 그것이 중대한 제약조건으로 직면하는 것이었다. 즉 어느 경우에서도 보호는 시장의 실패를 보완하는 것으로는 최적·최선은 아니었던 것이다. 어느 조건 아래에서는 무언가의 다른 보호조치 쪽이 제한이 없는(자유방임) 균형보다도 차선·3선·4선의 대책이어서, 최고의 경제효율을 달성하기 위해서는 수입제한보다도 다른 수단 쪽이 좋은 것이었다. 따라서 그 밖에, 보다 직접적으로 코스트가 적은 다른 정책이 없다는 충분한 이유가 없는 한, 보호는 경제적 이유로 바람직한 정책은 아닌 것이다. 제14장에서 논한 바와 같이, 예를 들면 국내의 임금왜곡(그 존재가 분명하다고 하여)을 시정하기 위한 무역간섭은 다른 가능한 시정수단에 비하여 기껏 3선의 대책에 지나지 않고, 경우에 따라서는, 다른 왜곡을 악화시킬지도 모르는 것이다.

이러한 중대한 이유와는 따로, 이들 보호의 주장은 어느 것이나 자유무역의 일반적 명제를 뒤집기에 이르지 않는 것이다. 동시에, 그것들은 그것이 타당한 범위를 제한하는 다면적인 제약조건의 무게에 의하여 붕괴되는 것이다. 제17장에서 설명한 바와 같이, 전략적 무역정책에 의한 지대(만약 그 존재가 분명하다면)의 나라 사이 이동은 경쟁의 모양, 시장의 구조에 관한 많은 전제조건에 의하여 결정적으로 좌우되는 것이다. 거기에는 적어도 임금격차론의 경우와 마찬가지로, 그것이 경제의 포괄적인 기준구조를 분명히 한다는 장점이 있었다. 그러나 유치산업론(제12장)은 명확한 정의도 없는 대로 수세기를 경과하여, 지금 또 정부원조가 없다면, 유치산업의 육성을 저해하고 있는 시장의 실패의 시정이 불충분하다고 말하고 있는 바와 같은 것이다. 그리고 외부경제(제13장)와 같은 수확체증 개념의 애매성이 그것의 자유무역에 대한 영향에 관한 논쟁의 해결을 저해하고 있다.

이와 같이 이들의 보호론은 그것이 교역조건론에 필적하는 견실한 이론적 기초를 갖지 않는다는 의미에서 전적으로 비유가 되지 않는 것이다. 이들 자유무역 반대의 주장이 타당하며, 그리고 분명한 의미를 가질 수 있는 범위는 이들 명제의 기초에 있는 경제적 논리를 음미함으로써 크게 한정되는 것이다. 이들 명제는 대부분의 경우 그것을 문제로 해야 분명한 동기가 있음에도 불구하고, 그것이 본질적으로 전적인 관념적이고 이론적인 것이었다. 그 위에, 당연히 이들 명제는 그것이 실제상 얼마나 중요한가, 또 어떻게 실시되어야 하는가에 관하여 아무런 시사도 포함된 것은 없었다.

그러나 이러한 엄격한 이론적 제약에도 불구하고, 이들의 주장은 자유무역의 주장을 제한하는 논리로서의 역할을 수행한 것이다. 보호는 임금격차의 시정을 위한 3선의 대책이 되며, 전략적 무역정책은 준지대(準地代)의 나라 사이의 이동을 가능하게 하고, 또 보호는 유치산업을 육성할 수 있었던 것이다. 그러나 이러한 주장에는 이론적인 제약조건뿐만 아니라, 그것을 자유무역 지지에 사용할 때의 조작 면에서, 기본적인 어려운 점이 있는 것이다. 즉, 참된 임금격차를 어떻게 하여 분별하는 것인가. 국제시장의 어디에 지대가 숨어 있는 것인가. 어느 쪽 산업이 유치산업으로서 상응하는 것인가. 외부경제는 정확하게는 어디에 존재하는 것인가. 이러한 것은 어느 것도 답변하는 데에는 매우 어렵고, 경제정책에 활용하는 데에는 매우 귀찮은 문제이다. 이런 이유에서 마샬(Alfred Mashall, 1903)은 자유무역은 유용한 편법이라고 말하고 있다. 즉, "자유무역은 인간의 궁리가 아니라, 일절 궁리하지 않는(absence of device) 것이다. 어떠한 여러 조건의 세트를 취급하기 위한 궁리는 조건이 바뀌면 무효하게 된다. 자유무역—즉, 일절 궁리하지 않는 것—의 단순성·자연성은 과학적으로 교묘한 관세조작에 의하여 얻어진다. 상이한 형태의 약간의 이점보다도 훨씬 중요하다."

이와 같은 통찰에 충분한 충고에도 불구하고 혹은 사람들은 다음과 같이 생각할지도 모른다. 즉, 어느 자유무역에 대한 예외(무역의 간섭)가 실제적 의의 혹은 경험적 크기에서 어느 정도의 중요성을 갖는가를 생각하는 데 있어서, 아마 경험적 사실 쪽이 부가적인 그리고 결정적인 정보를 주는 것은 아닐 것이다. 그리고 이러한 자유무역에 관한 논쟁을 경험적 사실에 호소하여 평가하고자 하는 것은 이전에 한 번도 하지 않았다. 또 경험적 사실인 것은 자유무역 반대론을 강화하기 위해서는 전적으로 무력하며, 또 경험적 사실은 보호찬성의 경제론의 실체를 평가하기 위해서는 사실상 아무런 도움도 되지 않았으며 (임금격차, 수확체증, 오스트레일리아의 논의, 케인즈의 논의에서) 혹은 아주 약간의 부모역할밖에 수행하지 않았다(교역조건, 유치산업, 유치경제보호론, 전략적 무역정책의 논의에서). 그 대신, 문제가 지금 당장 경험적으로 중요함에도 불구하고, (그 경험적 중요성이 그 문제의 이론적 중요성을 결정한다), 그것을 해결하기 위하여 경제논리상의 개념적 논쟁이 교차하는 것이 보통이었다.[6]

자유무역에 대한 가장 중대한 예외인 교역조건론에 관하여 고찰하여 보자. 이 보호찬성론의 배후에 있는 논리에는 밀과 토랜스가 이론구성을 하였지만, 그 뒤, 이 논의의 의의를 수량적으로 평가하는 점에서는 경험적 사실은 아무런 역할을 수행하지 못하였다. 관세의 교역조건에 미치는 영향을 수량적으로 평가하고자 하는 두 가지 근대적 방법이 일반균형적 '상호수요'접근법과 부분균형적 '탄력성'접근법이다. 일반균형접근법은 일관하여 관세의 일방적 변경이 교역조건에 대하여 큰 영향을 미치는 것을 분명히 한

---

6) 대부분의 과학이 경험적이라기보다도 개념적이라는 것은 과학사의 연구에 있어서 중요한 의미를 갖는 것이다. 로단(Larry L명무, 1977, p.47)이 설명하고 있는 바와 같이, "경험주의의 과학자들(Popper, Carnap, Reichenbach라는 학자들을 포함) 및 그 정도로 시끄럽지 않은 경험주의적 방법론자들(Lakatos, Collingwood, Feyerabend)이라는 학자들을 포함—그들은 어느 것이나 과학에 있어서 이론선택은 전면적으로 경험적 배려에 의해야 한다고 몽상한다—하는 과학에 있어서 개념문제의 역할을 간단하게 단념하여 버리며, 그 결과 실제의 과학의 발자취의 대부분을 설명 혹은 재구성하는 데는 그들 자신이 너무나도 빈약한 것이 되어 버렸다.—Lally Laugan(1977, 47).

다. 예를 들면, 화리(John Whalley, 1985, p.182)는 어떠한 주요 무역지역도 일방적 관세를 인하한 경우, 그것에 의한 교역조건효과(교역조건의 불리화)가 효율향상효과를 상회하기 때문에, 국민복지가 감퇴하는 것을 나타내었다.[7] 이러한 효과는 높은 관세의 소국이 관세개혁을 하는 경우에도 볼 수 있지만, 일반균형 시뮬레이션에서 놀랄 정도로 현저하였다.

그 뒤의 연구는 무역상품을 원산국에 의하여 구분하는 가정(컴퓨터 이용의 모델로, 완전특화가 발생하지 않기 위하여 가끔 필요한 가정)에 의하여, 위에서 설명한 계측결과가 크게 영향받는 것을 분명히 하였다. 이 구별화는 가령 그 상품의 세계시장에서 그 나라의 쉐어가 매우 작아도, 그 나라의 시장지배력을 크게 하는 것이다. 사실, 브라운(Drucill Brown, 1987, p.512, p.523)에 의하면, "만약 (자국상품과 외국상품 사이의) 대체의 탄력성이 최초의 균형에서 1에 가까이 되면, 최초의 보호관세의 높이와는 관계없이, 현행관세가 최적관세보다도 낮은 것을 이 모델은 항상 나타낸다."라는 것이다. 그리고 이와 같은 영향은 소비에 있어서 자국상품과 외국상품과의 대체의 탄력성이 증가하여도, 완화되지 않았다. 그리고 브라운은 이렇게 결론 맺는다. "일방적 관세인하는 보호수준의 매우 높은 소국에 있어서조차도, 후생개선효과를 갖지 않는 것 같다. …… 상품의 나라별 구별을 그대로 하여, 수입수요탄력성의 수치를 바꾸어 보아도, 그것이 교역조건 변경의 후생효과에 미치는 압도적 중요성을 크게 바꾼다고는 생각하지 않는 것이다."

부분균형접근법은 수출품과 수입품의 수요 및 공급의 가격탄력성의 계량적 추계 값을 사용하여, 빅다이크방식에 의하여 최적관세를 산출하고자 시도하였다. 이 전통적 추계는 거의 예외 없이 수출수요가 거의 비탄력적인 것을 나타내었다. (통상은 −0.5부터 −0.1의 범위 내에 있어 불변이라고 생각된다) 그리고 이것은 최적관세가 매우 높은 것(가끔 100%)을 의미한다. 특히 믿기 어려운 것은 자국의 교역조건에 대하여 분명한 유효한 인상수단이 없는 나라에서조차도, 그와 같은 탄성치를 볼 수 있는 것이다. 이들 탄성치는 실제 국제시장의 경험을 정확히 나타낸 것은 아니며, 추계에 사용된 무역방정식에 특유한 계량경제적 특성에서 나온 것일 것이다. 아듀코라라와 리델(Premachandra Athukorala and James Riedel, 1991, p.140)은 다음과 같이 보고하고 있다. "'무역의 탄력성에 관한' 통상의 추계치는 소국의 가정(그 나라는 교역조건에 영향을 미칠 수가 없다

---

7) 이 응용일반균형모델은 한 나라 경제를 상세한 기준데이터로 표시한 한 조의 방정식에 의하여 표시, 그것으로부터 생산과 소비에 있어서 대체가능성에 특정의 관계 값을 주어, 무역과 국민소득에 대한 관세변동의 영향을 예측하고자 하는 것이다.

는 가정)을 올바르게 테스트한 것은 아니다. 사실, 그 추계치는 수출수요의 바로미터의 추계방식에서, 이 '소국가정'을 배제하고 있는 것이다. 이 '소국가정'을 테스트하기 위하여, 다른 추계방법을 사용하여도, 특히 수출량의 변동이 그 상품의 수출가격 혹은 세계가격에 영향이 없는 경우는 가끔 그것을 배제할 수가 없었다. 또 표준적 추계가 외국수요의 비탄력적인 것을 나타내고 있는 경우에도 그러하였다.[8]

따라서 대부분의 수량적 연구에 의하여 관세가 많은 교역조건효과를 가질 수 있는 것이 분명함에도 불구하고, 이와 같은 결과를 가져오는 모델의 구조 혹은 방법에 기초하는 것이다. 이리하여 이들 방법이 올바른 경제관계를 복사해 낸 정도에 의심을 품고, 그것이 교역조건론의 실제적 중요성을 어디까지 나타내는가에 관하여(그 정책이 잘 실시될지 어떨지는 별도로 하고) 회의적이 되는 것에는 충분한 이유가 있는 것이다. 경제학에 있어서 우리의 개념적·이론적 지식은 최근 발달한 실제적·경험적 지식에 비교한다면, 훨씬 큰 것인 것이다.

기타의 자유무역에 관한 논쟁은 다시 경험적 검증에 익숙한 것은 없었다. 널리 논의된 유치산업보호론은 주로 케이스 스타디에 기초하여 평가되었지만, 유치산업정책이 어떠한 조건 아래에서 성공하는 것인가 혹은 그것에 대한 정부보호의 사회적 수익률이 어느 정도인가의 검증에는 항상 어떠한 정보도 제공하지 않았다. 전략적 무역정책의 이론을 데이터로 조회하는 시도가 이를 위하여 궁리된 시뮬레이션에 의하여 전면적으로 이루어졌지만, 그 결과는 지대의 존재를 실증한다기보다는 오히려 그 모델의 특정의 구조와 그것에 포함된 여러 가정의 특성을 반영하는 것이었다. 부문 사이의 임금격차는 쉽게 눈에 들어오는 것이지만, 그 경험적 사실을 참된 시장의 왜곡 혹은 시장에 의하여 만들어진 왜곡으로서 특정하는 것은 결코 쉬운 것은 아니다. 외부경제의 한 형태로서의 수확체증은 지금 또 개념적 논쟁의 테마로서 계속하고 있는 것이어서, 수확체증의 존재, 그것의 영향의 인식, 무역정책에 있어서의 의의의 확정에 관한 실증연구라는 것은 거의 이루어지고 있지 않다.

이들 자유무역에 관한 논쟁에서 실증적 연구가 결여하고 있는 이유의 일부는 그러한 연구를 위한 고도의 도구가 겨우 최근 개발된 것이다. 또 지금 하나의 이유는 우리의 지식의 당연한 한계, 즉 이렇게 파악되는 것이 없는 경제현상에 충분하고 정확한 판단을 내리는 것이 매우 어렵다는 것이라고는 하지만, 이들 논쟁에서 실증연구가 지금 또

---

8) James Riedel(1988)의 홍콩에 관한 소국가정의 테스트는 예를 들어 그 통상적 추계치가 수출에 대하여 외국수요가 비탄력적인 것을 나타내고 있다 하여도, 무시할 수가 없는 것이다.

중요한 재정자(裁定者)가 되지 않으면 아니 되는 것이지만, 그것은 자유무역의 주장이 개념(이론)의 수준만으로 결착하는 것은 아닌 것을 의미하고 있다. 상이한 무역제도로 운영되고 있는 여러 나라 경제의 실적이 자유무역정책의 효과에 관한 중요한 증거가 되고 있다. 세계은행(World Bank, 1987) 기타의 연구는 (약간 인상파적이긴 하지만) 세계시장에 대하여 개방적인 정책의 나라가 그러하지 않는 나라보다도 훌륭한 퍼포먼스를 보이고 있는 것이다(그리고 자유무역은 기타의 시장지향적인 경제정책 혹은 제도와도 상관하는). 보호주의적 정책에 의하여 실제로 왜곡이 발생한 대부분 사례가 이안 리틀, 씨토브스키, 스코트(Maurice Scott, 1970)의 저개발국들에 관한 권위 있는 연구에 의하여 제시되고 있다.

그러나 자유무역의 주장이 그것이 갖는 부단한 매력 때문에 경제학자 사이에서 존경받고, 자유무역의 이론적 측면을 취급하는 저서의 모양 좋은 테마가 된 것은 분명하다. 사실, 아담 스미스 이후, 자유무역에 대한 경제학자의 지지는 성쇠(盛衰)를 반복하였지만, 그것은 여러 나라가 경험한 사실의 명확한 변화에 의하기보다는 자유무역의 배후에 있는 경제이론의 일반적인 박력과 신빈성의 변화에 의한 것이었다. 이론적 진보가 경제학자에 의하여 진지하게 이루어져, 그것이 자유무역의 배후에 있는 지적 체계의 경제명제로서의 활력을 좌우한 것이다.

예를 들면 19세기 중기의 초반, 고전학파 경제학자는 자유무역을 이론명제로서 강력하게 지지하였다. 비교생산비설이 자유무역을 과학적 진리의 미답의 높이에 도달시켰다고 생각하기 때문이다.9) 고전학파 경제학자 및 초기 신고전학파 경제학자들은 자유무역을 공리(axiom)로 간주하였다. 제본스(William Stanley Jevons, 1883, pp.181−182)는

---

9) 그래함은 이 견해의 배후에 있는 논리를 교묘하게 설명하고 있다. 비교우위는 "자유무역의 기초를 이루는 보편적으로 올바른 분석이다. 시간, 장소, 환경이라는 것과는 모두 관계가 없다. 한 나라가 부유한가 가난한가, 큰가 작은가, 낡은가 새것인가, 생활수준이 높은가 낮은가, 농업국인가 공업국인가 아니면 혼합국인가, 그와 같은 것은 모두 문제가 아니다. 그것은 환경과는 전적으로 관계가 없는, 수학의 문제이며, 자유로운 무역이 향할 것이라는 비교우위성에 따라 특화하는 것에는 내재하는 본래적인 이익인 것이다. 이 분석에는 반론의 여지는 없다. 제한적인 통상정책의 찬성자는 이것을 논리로서 인정, 그리고 보다 중요성이 큰 경제적 이유 기타에 의하여, 이 이익을 소멸시킬 수 있는 것을 증명하지 않으면 아니 된다. …… 이 추론은 항상 자유무역을 지지하는 것이다. 왜냐하면, 그 이익은 확실하며, 가령 손실이 있다 하여도, 그것은 우연의 사정에 의한 것이기 때문이다. 이 추론에는 반론이 가능하다고는 하지만, 그것이 현재 존재하고 있는 것이다. 이런 의미에서 자유무역은 보편적인 시간을 초월한 원리이라고 하는, 고전학파 경제학의 통찰은 올바른 것이다. 다른 조건과 같다면, 자유무역은 모든 사람에게 모든 종류의 상품을 그렇지 않은 경우에 비하여, 보다 많이 가질 수가 있는 것이다." − Frank Graham(1934, 58−59).

1869년의 저서에서 다음과 같이 논하고 있다.

"무역의 자유는 경제학의 기본적 공리로 지목되는 것이다. 공리라 하여도 때로는 틀릴 것이며, 그것과는 다른 의견을 갖는 것도 허용될 것이다. 그러나 우리는 공리에 대한 의문에 비겁할 필요는 전적으로 없다. 우리는 무역의 현상과 현재의 불황의 원인에 관한 성실한 조사를 환영한다. 그러나 그 조사에 의하여 우리의 견해가 바뀐다고는 기대할 수 없는 것이다. 그것은 어려운 문제의 연구의 과정으로, 유크리트의 공리가 부정되는 것을 수학학회Mathematical Society)가 기대하는 바와 같은 것이다."10)

19세기 중기 이후, 논리명제로서의 자유무역에 관한 경제학자의 발언은 이전의 확신을 결여 그리고 새로운 착상의 발전과 그것의 평가에 수반하여 당연히 일어나는 기존논리의 재평가에 의하여, 그 확신이 흔들리는 것과 같이 되었다. 토랜스와 밀이 교역조건과 유치산업을 자유무역의 예외로 인정, 그것이 점차 다른 경제학자에게도 인정받게 됨에 따라서, 경제학자들은 자유무역 찬성의 이론적 논의를 하는 것에 보다 주의 깊고 신중하게 되었다. 시지위크(Henry Sisiwick, 1887, p.488)는 이렇게 설명하고 있다. 즉, 경제학자가 19세기 초기에 자유무역에 관하여 언급한 확신은 그 뒤 소실되어 버렸다. 그 이유는 "사회 전체의 이익이 산업계 각층과 조화하고 있다는 낡은 신념의 체계(소위 자유방임주의)가 우리 세대의 심정을 파악할 수가 없게 되며, 생산을 촉진하기 위하여 정부의 간섭이 필요하다는 것이 경제학자에 의하여 널리 인정되게 되었기 때문이다." 그 때문에 시지위크가 이렇게 논한 것이다. "유크리트가 증명한 바와 같은 자명한 내용조차도 이해할 수 없는 바보-혹은 이해하려고 하지 않는 사람-로서 보호주의자를 취급하는 풍조가 이전의 완고하였던 교의의 비논리적 명칭으로서 실제로 존재하고 있다."

몇 년 뒤, 타우싱(Frank Taussig, 1905, pp.30−31)은 미국경제학회(American Economic Association)의 회장연설에서, 자유무역에 대한 신뢰감이 경제학자 사이에서 감퇴하고 있다는 견해를 피력하였다.

"자유무역의 교의에 관한 한, 그것에 대한 정열은 증가하는 경계심 혹은 공공연한 의심에 의하여 대신 취급되었다. …… 자유무역은 생기를 상실한 신조가 되고, …… 그리고

---

10) 영국의 법정변호사인 페리에(T. H. Farrer, 1886, 1)는 마음으로부터 곤혹스러워하여, 이렇게 쓰고 있다. "'자유무역'의 옹호에 관하여 뭔가 쓰지 않는다고 말할 때, 그것은 나에게는 유크리트의 공리를 증명하려고 하는 것같이 생각되었다."

유행하지 않게 된 자연적 자유의 사상체계의 일부인 것 이상의 존엄·권위를 갖지 못하게 되었다. 그리고 관세에 의한 수입규제의 장점·단점이 나라마다의 경험에 비추어 냉정하게 평가되게 되었다."

반세기 뒤, 케인즈는 시장이 잘 기능하여 완전고용을 유지한다는 사고방식을 비판하였지만, 힉스(John Hicks, 1951, pp.41-42)가 이 비판에 일부 호응하여 이렇게 설명하였다.

"자유무역은 사정의 변화뿐만이 아니라, 경제사정의 변화에 의해서도 의문시되게 되었다. 기존의 경제이론과의 협력에 의하여 큰 힘을 얻어 온 자유무역의 교의도 또한 그 힘을 상실하였다. 이제 자유무역은 이상으로서조차도, 경제학자가 용인하는 것은 없었다. …… 압도적 다수의 경제학자의 의견은 이전의 자유무역 쪽에 있었던 때의 상태와는 확실히 다른 것이다."

이때부터 약 40년 뒤, 전략적 무역정책의 출현과 수확체증의 재평가에 호응하여, 크루그만(Paul Krugman, 1987, pp.131-132)은 이렇게 발언하였다.

"지금 자유무역론은 1817년 리카도의 <경제학 및 과세의 원리> 출판 이후의 어떠한 시기에 있어서 보다도 많은 의문에 싸여 있다. …… 그것은 국제무역이론의 내부에서 최근 일어났다. 실체적으로 과격한 변화에 의한 것이다." 그리고 그는 언급한다. "자유무역은 과거의 것은 아니다. 그것은 순결함을 완전히 상실한 관념으로서 현존하고 있다." "그것은 최적(optimun)이라는 것에서 합리적인 암산(reasonable rule of thumb)으로서 그 입장을 바꾼 것이다. …… 경제이론이 우리에게 가르치는 정책이 항상 올바르다고는 이제 말할 수 없는 것이다."

물론 이와 같이 말하는 방법에 대하여, 그것은 자유무역의 주장이 1776년(국부론) 이후 일관하여 약화되었다고 하는 직선적인 견해이라고 비판할 수가 있을 것이다. 그리고 뒤에 지혜에 의한 것이었지만, 이와 같은 자유무역에 관한 어두운 비관적인 견해는 어느 것도 동일한 현상을 반영하는 것이라고 말할 수 있는 것이다. 즉, 이러한 견해는 어느 것도 새로운 이론이 출현하고, 자유무역의 일반성이 한정되는 것같이 되었다. 그 시대를 반영하는 것이다. 보호에 관한 새로운 견해가 경제논의의 전면에 등장하는 데 미치게 되어, 재평가의 시기가 되며, 그리고 자유무역이 빛을 상실한 것이다. 그러나 시간의 경과와 더불어 이러한 자유무역 반대론의 한계(가끔 엄격하게)도 또한 분명하게 되어 왔다. 그 결과, 이론적인 자유무역론에 대하여 많은 비판이 반복되었음에도 불구하고, 자유무역의 배후의 대명제(Broad presumption)는 실질적으로 붕괴되지 않고, 상처 없이 그대로 남았던 것이다.

예를 들면, 위에서 설명한 경제학자들은 누구 한 사람으로서, 경제분석은 크게 바뀌고, 자유무역의 경제이론적 기초는 강력하게는 되지 않았다고 논할 준비를 갖지 못하였다. 타우싱(1905, p.59, pp.63-65)은 자유무역에 관한 몇 가지 "이것저것 조건"을 지적하면서, "그것들은 고작 조건이 있는 것, 다시 다른 예외가 있는 것을 시사하는 것이어서, 고전학파의 무역이론의 중핵에 강요되는 것은 없었다. 고전학파 무역이론에는 본질적으로 강력한 경쟁자는 존재하지 않다."라고 설명하고 있다. 사실, 타우싱은 이렇게 결론 맺고 있다. "자유무역의 기본원리는 과거 반세기의 모든 논쟁, 모든 사정이 나쁜 사건에 의해서도 조금도 흔들리지 않았다." 그러나 "그 적용은 반세기 전의 경제학자가 생각한 정도로는 쉽지 않았다." 이유는 분명하다. 즉,

> "자유무역론의 본질은 얼핏 보아 국제무역은 이익을 가져오고, 그것을 제약하는 것은 아마 손실을 가져온다는 것이다. 이 원칙으로부터 벗어나는 것은 그것을 정당화하는 것은 불가능하지 않지만, 그 주장의 정당함을 입증하지 않으면 아니 된다. 만약 자유무역으로부터 벗어나는 것이 자유무역에 반대하는 압력을 고려하는 것이라면, 그것은 유감스러운 일이다. 그러나 이런 의미에서는, 자유무역의 이론은 정치의 세계에서는 널리 거부되면서, 지식인의 세계에서는 그 입장을 유지하고 있는 것이다."

힉스(1959, p.42)는 독자적인 입장에서 이렇게 경고한다.

> "자유무역의 적극론은 지금 또 정당한 논의이다. 현재 일어나고 있는 사태는 예외가 증가하여, 이 적극론이 사람들의 기분 가운데 그림자가 엷게 되었다는 것이다. 생각건대, 이들 예외는 (그 대부분은 예부터 알려진 것이지만), 옛날은 거의 무시된 것이다. 그러나 지금 우리는 그것에 과대한 중요성을 부여하지 않는 것같이 유의하지 않으면 아니 된다."

시지위크와 크루그만은 그 자유무역 지지의 입장을 재확인하면서도, 지지의 이유를 경제적 근거로부터 정치적 근거로 교묘하게 전환하였다. 시지위크(1887, p.489)는 이렇게 논하였다. "산업계의 위기·위험 때에 생산자·상인들이 자신의 선견성·독창성·활

력에 의지하지 않고, 정부원조에 의존하고자 하는 그들의 행동은 특정한 경우의 보호에 의하여 가져오게 되는 이익을 말소하는 이상의 나쁜 영향을 일반적으로 낳는 것이다.” 또 크루그만(1987, p.143)에 의하면, 현재의 자유무역론은 “시장은 유효하게 기능하고 있는 것이기 때문에 자유무역은 최적이라는 왕년의 논의와는 다르다.” “정치도 시장과 마찬가지로 불완전한 세계에서는 자유무역론은 겨우 암산에 지나지 않는다. 빈약한 그러나 현명한 논의인 것이다. …… 따라서 성가신 통제에 의하여 이익을 찾아, 그리고 자유무역의 원칙을 포기하는 것은 자유무역의 가능적 이익을 써버릴 정도의 큰 정치적 나쁜 영향을 초래하게 될 것이다.”

이와 같은 표현은 자유무역에 관한 논의에서 볼 수 있다. 지금 하나의 규칙을 나타내고 있다. 그것은 자유무역이 경제적 부를 극대로 하지 않는다는 이론적 근거를 인정하면서도, 그것은 무역통제를 적극적으로 지지하는 것은 아니라고 경제학자가 가끔 급하게 부언하는 것이다. 예를 들어 자유무역을 적극적으로 지지하는 논거가 없다고 하여도, 보호에 반대하는 데에는 강한 논거가 있다는 것이다. 이 수십 년 사이, 경제학자들은 보호가 부를 증가하는 것을 암묵리에 인정하면서도 보호에 반대하는 세 가지 논의를 사용하여 왔다. 그 세 가지 논의라는 것은 허슈만(Albert O. Hirshuman)이 그의 저서 <반발의 래드릭(The Rhedric of Reaction)>에서, 다른 정책변경에 반대하여 전개한 반대론과 약간 유사한 것이다. 허슈만(1991, p.7)은 정치적·경제적 혹은 사회적 변동(그는 그것을 ‘개혁’이라고 한다)에 대한 반대자가 “개혁자가 표명하는 목적에는 정면으로부터 반대하는 것은 하지 않고, 그것을 인정한 위에서 (본심인지 아닌지는 따로 하고), 거기서부터 제안된 혹은 실시된 행동이 잘못이었던 것을 분명히 하고자 하는 경향이 있는 것”을 관찰하고 있다. 그리고 그는 개혁반대의 재삼재사 사용되는 논의에는 세 가지 유형─① 역효과형(perversity), ② 무익형(futility), ③ 파멸형(jeoparrdy)─이 있다고 분석한다.11) 이것과 마찬가지로, 수입저지(import protection)의 보호(수입제한)에 반대하는 경제학자가 사용하는 세 가지 방어선은 어느 것이나 보호에는 경제적 이유가 있는 것을 상황·정치·보복 면에서 원리적으로 인정하는 것이다.

첫째 방어선(상황)은 어느 점에서 보호하는 것에 이론적 근거가 있는 것을 인정하면

---

11) 역효과형(逆效果型)의 논의라는 것은 정치적, 사회적 혹은 경제적 질서가 있는 특성의 변경을 목적으로 한 행위가 시정해야 할 조건을 악화시킬 뿐이라고 논하는 것이다. 무익형(無益型)이라는 것은 그 사회개혁의 행위 자체가 쓸데없고, “사람 눈에 띄는 것조차도 간단하게는 할 수 없는 경우이다. 마지막으로, 파멸형(破滅型)은 제기하는 변화 혹은 개혁의 코스트가 너무나 커, 지금까지의 귀중한 실적을 위험에 빠트린다는 것이다.”

서도, 그와 같은 보호는 그것이 문제가 되는 상황에서는 부적당하다는 것 혹은 그 상황에서는 그 이유가 타당하지 않다는 것이다. 예를 들면, 20세기로 바뀔 때에 있어서 영국의 상호주의의 논의에서, 마샬(Alfred Marshall, 1890, 263)은 "이들 계획의 약간의 것은 만약 그것이 어느 조건 아래에서 실제로 실시되게 되면, 대체로 손해보다도 이익이 많을지도 모른다는 논의에 상당한 힘을 주는 것일 것이다."라고 논하였다. 그러나 바로 그는 "현상에서는 그러한 조건이 실제로 실현할 가능성은 없는 것같이 생각된다."라고 부언하였다. 다른 실제의 예를 든다면, 가끔 타우싱은 유치산업에 관한 논의에서, 19세기 초두의 미국에서는, 그와 같은 보호를 필요로 하는 이유가 있었지만, 그러한 조건·상태는 훨씬 옛날에 없어져 버렸다고 인정하고 있다.

둘째 방어선(정치)은 보호찬성론에 이론적인 이유가 있는 것을 인정, 그리고 현상으로는 보호하는 것이 적당하다고 양보하는 것이지만, 정치의 프로세스가 올바른 형태의 무역간섭을 한다고는 생각하지 않고, 오히려 사태를 악화시킬 것이라고 논한 것이다. 이전에 아담 스미스(1987, p.272)는 다음과 같이 설명하고 있다. 무역통제는 "내가 생각건대, 언제라도, 특정의 상인계급의 이익을 위하여 나라와 국민의 이익을 부단히 희생으로 하는, 완전한 속임수의 도구라고 할 수가 있다." 정부의 무역규제에 대한 이와 같은 의심은 이상한 것이 아니라, 오늘날에도 (충분한 이유로) 통용하는 것이며, 자유무역을 공적으로 옹호하는 쪽에는 상당한 부담이 되는 논의이다. 시지위크(1885, pp.90−92)는 보호찬성론을 결코 무시하지는 않는다 하여, "(보호에) 반대하는 결정적인 이유는 오히려 현실의 정부에는 이 어려운 미묘한 일을 처리할 능력이 없다고 하는, 정치적 배려이다."라고 논하고 있다.12) 에지워스(F. Y. Edgeworth, 1894, p.48)는 마찬가지 견해를 반복하여, 100년 뒤의 대부분 경제학자가 계속 믿고 있는 것, 즉 "만약 정부가 그것들의 사태를 현명하게 선별하여, 그것에 집중하는 데 충분한 능력을 갖고 있다면, 보호에 의하여 경제적 이익을 도출할 수가 있을 것이지만, 그와 같은 조건은 거의 충족되어 있지 않다."13)

---

12) 시지위크는 다음과 같이 주장한다. "추상이론의 관점에서 고려하면, 부적당하지 않는 상황에 있어서 보호는 그 실시하는 나라에 직접적인 경제이익을 가져올 것이다. 그러나 보호를 사회에 유리한 한도에서 실시하여, 공공의 이익이 그 철회를 요구할 때에는 의연하게 빠르게 그것을 단절하는 데 충분한 지혜와 능력을 한결같음을, 현실의 정부가 갖는 것의 어려움을 생각할 때, '세입목적만의 과세'라고 하는 폭의 넓이, 단순한 원칙에 고집하는 쪽이 실제로는 정치가에 있어서 최선인 것이다."−Sidgewick(1883, 485−486).

13) 거의 대부분 보호론이 차선책의 논의인 것에서, 이 주장은 특히 적절하다. 이전의 존슨은 다음과 같이 설명하였다. "근본적인 문제는 모든 차선의 논의와 동일하게, 차선의 정책이 실제로 사회후생의 개선을 가져오는 조건을 결정하는 데에는 제1급의 경제학자에 의한 상세한 이론적·실증적 연구가 필요하다고 하는 것이다. 불행하게도, 정부는 대체적으로 4선의 경제

라고 설명하였다.

셋째 방어선(보복)은 보호에는 어느 의미에서 이론적 이유가 있는 것을 인정한다. 또 당면한 상황에서 보호가 타당하다는 것을 인정한다. 그리고 정치프로세스가 정책을 올바르게 운영하는 합리적 기회가 있는 것도 인정한다. 그러나 그와 같은 조치는 외국의 보복을 불러온다고 설명하는 것이다. 그와 같은 외국의 보복은 있을 것 같은 것일 뿐만 이 아니라, 아담 스미스에 의하면 (따라서 모든 나라가 이와 같은 방법으로 보복하지 않는 것은 거의 없다), 그 보복이 간섭에 의하여 달성된 모든 이익을 소멸 혹은 무위로 하는 것이다. 가령 그 보복이 적대적인 형태로 이루어지지 않는다고 하여도, 시지위크 (1887, p.489)는 보호를 하자는 전시효과가 "한 나라에 있어서 가장 현명한 보호가 세계에 있어서 현명하지 않는 보호를 여러 가지 형태로 자극하는" 것으로부터 보호는 바람직하지 않다고 설명하고 있다.

따라서 경제학자가 자유무역에 적극적으로 찬성하는 논거를 찾아낼 수 없는 경우에서 조차도, 그들은 그것과는 다른, 보호에 반대하는 비경제적 논거를, 즉 그것보다도 다시 강력한 반대론의 예비군을 갖고 있는 것이다. 그 위에 경제학자는 자유무역 찬성론의 일반적 논거를 너무나 큰 '정부의 실패'에서 찾아서는 아니 된다. 그렇게 하는 것은 경제학자가 보다 중요한 문제를 쉽게 누락하여, 보호가 필요하다고 생각되는 사태에 변화되지 않기 때문이다. 자유무역에 관한 논쟁의 각각을 상세하게 검토한다면, 자유무역에 반대하는 어느 논의에도 많은 결함이 있는 것을 알 수 있는 것이다. 그 가장 현저한 예는 아미 유치산업보호론일 것이다. 경제학자가 특히 19세기 및 20세기 초기의 경제학자가 그것에 대하여 정부가 적극적인 역할을 수행할 가능성을 너무나도 기분 좋게 받아들인 것이다. (그 결과) 지금 또 유치산업보호론에는 특별한 합리적 논리가 확립되지 않고, 보호에 관한 확실한 비용＝이익분석이 훨씬 늦게까지 이루어졌기 때문이다.

자유무역의 교의는 과거 2세기에 걸쳐 예리하게 추구한 눈에 폭로되어 왔다. 자유무역의 경제적 메리트는 지금 또 논의되고 있는 것이며. 경제분석이 진행됨에 따라, 이 논의의 풍부함과 심원함이 점점 분명하게 되는 것이다. 무역정책의 이론에 관한 우리의 이해에 대하여 새로운 이론과 새로운 착상이 출현하여 도전하는 것이기 때문에, 자유무역의 이론은 지금부터도 부단한 변화를 경험할 것이다. 그러나 이 책에서 설명한 역사

학자에 의하여 작성되고, 3선의 경제학자에 의하여 운영된다. 따라서 차선의 정책에 기초한 정책으로부터 차선의 최적후생이 가져오게 되는 것은 거의 있을 수 없는 것이다."－Harry Johnson(1970, p.101).

적 경험이 계속되는 한, 자유무역은 경제분석이 경제정책에 제공해야할, 가장 영속적이
고 건전한 명제의 하나로서 살아남을 것이다.

참고문헌

1) Athukorala, Premachandra, ad James Riedel. "The Country Assumption: A Reassessment
with Evidence from Korea", Weltwitshcaftliches Archiv 127(1991): 138−51.

2) Jagdish. Bhagwati, "The Generalized Theory of Distortions ad Welfare", Trade, Balance of
ayments and Growth: Papers in International Economics in Honor of Charles P. Kindleberger,
Edited by J. N. Bhagwati, R. A. Mundell, R. W. Jones. And J. Vanek. Amsterdam:
North−Holland. 1971.

3) Drusilla K. Brown, "Tariffs, the Terms of Trade and National Product Differention",
Journal of Policy Modeling 9(Fall 1987): 503−26.

4) F. Y. Edgeworth, "The Pure Theory of International Values", Economic Journal 4(March
1894): 35−50.

5) Thomas H. Farrer, Free Trade versus Fair Trade, 3d ed. London: Cassell & Co., 1886.

6) Frank D. Grahan, Protective Tariffs. Mew York.: Harper & Bros., 1934.

7) Hicks, John R. "Free Trade and Modern Economics", In Essays in World Economics.
Oxford: Clarendon Press, 1959.

8) Willia Stanley. Jevons, Methods of Social Reform. London. L Macmillan, 1883.

9) Johnson, Harry. "Optimum Tariffs and Retaliation", Review of Economic Studies 21(1953
−54): 142−53.

10) _____________, "Implications of the International Corporation", In Studies in International
Economics, edited by I. A. McDougall and R. H. Snape. Amsterdam: NorthHolland,
1970.

11) Paul R. Krugman, "Is Free Trade Passe?" Journal of Economic Perspectives 1(Fall
1987): 131−44.

12) Larry. Laudan, Progress and Its Problems: Towards a Theory of Scientific Growth
Berkeley: University of California Press, 1977.

13) Little, Ian, Tibor Scitovsky, and Maurice Scott, Industry and Trad in Some Developing
Contires. London: Oxford University Press, 1970.

14) Marshall, Alfred. "Memorandum of Fiscal Policy of International Trade(1903)", In

Official Papers by Alfred Marshall, edited by J. M. Keynes. London: Macmillan, 1926.

15) Riedel, James, "The demnd for LDC Exports of Manufactures: Estimates from Hong Kong", Economic Journal98(March 1988): 138−48.

16) Sidgwick. Henry, The Scope and Method of Economic Science, London: Macmillan, 1885.

17) ＿＿＿＿＿＿＿＿＿. Principels of Political Economy. 2nd ed. London: Macmillan, 1887.

18) Taussig, Frank W. "The Present Position of the Doctrine of Free Trade", Publication of the American Economic Association, 3d serr. 6(February 1905) 29−65. Reprinted in Frank W. Taussig, Free Trade, the Tarriff, and Reciprocity. New York: Macmillan, 1920.

19) Whalley, John, Trade Liberalization among Major World Trading Areas. Cambridge: MIT Press, 1985.

20) World Bank. The World Development Report, 1987. New York: Oxford University Press for the World Bank, 1987.

· 저자 ·

이 균   **·약 력·**
현 홍익대학교 무역학과 교수
경제학박사 · 무역사 · 상사중재인
부산대학교 상과대학 무역학과 졸업
고려대 · 早稻田大 · 성균관대 각 대학원(석사 · 박사과정)졸업
홍익대학교 경영연구소 소장 · 경영대학 학장 · 세무대학원 원장
한국무역학회 회장 · 무역학대사전편찬위원회 위원장
한국무역포럼 회장 · 일본 와세다대학 초빙교수
요코하마 상과대학 객원연구원

·저 서·
『국제경제』(일본어판, 공저)
『국민경제형성과 보호무역』(한국무역학회 제2회 학술상수상저서)
『관세이론』(日本貿易奬勵會 1993년도 학술상수상저서)
『국제무역의 정치경제학』,
『관세론』
『국제무역론』
『무역학원론』(공저)
『자원과 무역』
『국제무역의 역사』
『일본경제 근대화의 발자취』
『보호무역론의 원류를 찾아서』
『리스트 평점』
『국제무역이론사』

·역 서·
『결혼경제학』
『생산시스템의 리엔지니어링』
『21세기의 아시아』
『세계를 움직인 경제학명저88』

·논 문·
「수출이 경제성장에 미치는 영향」
「전략적 관리무역과 한국의 무역정책」
「무역불균형과 공정무역전략」 등 60여 편

국제무역이론사

(History of International Trade Theory)

- 초판 인쇄　　2008년 9월 30일
- 초판 발행　　2008년 9월 30일

- 지 은 이　　이 균
- 펴 낸 이　　채종준
- 펴 낸 곳　　한국학술정보㈜
　　　　　　경기도 파주시 교하읍 문발리 513-5
　　　　　　파주출판문화정보산업단지
　　　　　　전화　031) 908-3181(대표) · 팩스　031) 908-3189
　　　　　　홈페이지　http://www.kstudy.com
　　　　　　e-mail(출판사업부)　publish@kstudy.com
- 등　　록　　제일산-115호(2000. 6. 19)
- 가　　격　　46,000원

ISBN　978-89-534-4233-7 93320 (Paper Book)
　　　　978-89-534-4234-4 98320 (e-Book)